경제편

재정 · 금융정책(2)

일제강점기 특수은행과 각종 금융기관의 동향

경제편

일제침탈사
자료총서 41

재정·금융정책(2)

-일제강점기 특수은행과 각종 금융기관의 동향

동북아역사재단 일제침탈사 편찬위원회 기획
김명수·조명근 편역

동북아역사재단
NORTHEAST ASIAN HISTORY FOUNDATION

| 발간사

일본이 한국을 침탈한 지 100년이 지나고 한국이 일본의 지배로부터 벗어난 지 70년이 넘었건만, 식민 지배에 대한 청산은 이루어지지 못하고 있다. 일본의 독도영유권 주장은 도를 넘어섰다. 일본은 일본군'위안부', 강제동원 등 인적 수탈의 강제성도 인정하지 않고 있다. 일본군'위안부'와 강제동원의 피해를 해결하는 방안을 놓고 한·일 간의 갈등은 최고조에 이르고 있다. 역사문제를 벗어나 무역분쟁, 안보위기 등 현실문제가 위기국면을 맞고 있다.

한·일 간의 갈등은 식민 지배의 역사를 어떻게 볼 것인가 하는 역사인식에서 기인한다. 역사는 현재와 과거의 대화이며 이를 기반으로 미래로 나아갈 수 있다. 과거 침략의 역사를 미화하면서 평화로운 미래를 말하는 것은 불가능하다. 식민 지배와 전쟁발발의 책임을 인정하지 않고 반성하지 않으면 다시 군국주의가 부활할 수 있고 전쟁이 일어날 위험성도 배제할 수 없다. 미래지향적 한일관계를 형성하고 나아가 동아시아의 평화와 번영의 기틀을 조성하기 위해 일본은 식민 지배의 책임을 인정하고 그 청산을 위해 노력해야 할 것이다.

식민 지배의 역사를 청산하기 위해서는 식민 지배는 어떻게 이루어졌는지 그 실상을 명확하게 규명하는 일이 긴요하다. 그동안 일본제국주의에 맞서 조국의 독립을 위해 헌신한 독립운동가들의 활동을 찾아내고 역사적으로 평가하는 일에는 상당한 성과를 거두었다. 반면 일제 식민침탈의 구체적인 실상을 규명하는 일에는 충분한 노력을 기울이지 못했다. 제국주의가 식민지를 침탈했다는 것은 너무나 당연한 사실로 여겨졌기 때문에, 굳이 식민 지배에서 비롯된 수탈과 억압, 인권유린을 낱낱이 확인할 필요가 없었는지도 모른다. 그러는 사이 일본은 식민 지배가 오히려 한국에 은혜를 베푼 것이라고 미화하고, 참혹한 인권유린을 부인하는 역사부정의 인식을 보이는 데까지 이르고 있다. 일제의 통치와 침탈, 그리고 그 피해를 종합적으로 조사하고 편찬할 필요성이 여기에 있다.

일제침탈사를 체계적으로 정리하는 일은 개인이 감당하기 어렵다. 이에 우리 재단은 한국학계의 힘을 모아 일제침탈사 편찬위원회를 꾸렸다. 편찬위원회가 중심이 되어 일제의 식민지 침탈사를 정치·경제·사회·문화 모든 방면에 걸쳐 체계적으로 집대성하기로 했다. 일제 식민침탈의 실체를 파악하기 위해 2020년부터 세 가지 방면으로 사업을 추진하고 있다. 하나는 일제침탈의 실상을 구체적이고 생생한 자료를 통해서 제공하는 일로서 〈일제침탈사 자료총서〉로 편찬한다. 다른 하나는 이들 자료들을 바탕으로 연구한 결과물을 〈일제침탈사 연구총서〉로 간행한다. 그리고 연구의 결과를 대중들이 이해하기 쉽게 〈일제침탈사 교양총서〉를 바로알기 시리즈로 간행한다. 자료총서 100권, 연구총서 50권, 교양총서 70권을 기본목표로 삼아 진행하고 있다.

〈일제침탈사 자료총서〉에서는 정치·경제·사회·문화 모든 방면에 걸쳐 침탈의 역사를 자료적 차원에서 종합했다. 침략과 수탈의 역사를 또렷하게 직시할 수 있도록 생생한 자료를 제공하는데 목표를 두었다. 그동안 관련 자료집도 여러 방면에서 편찬되었지만 원자료를 그대로 간행한 경우가 많았다. 이번에 발간되는 자료총서는 해당 주제에 대한 침탈의 실상을 체계적으로 이해할 수 있는 구성방식을 취했으며, 지배자의 언어로 기록되어 있는 자료들을 독자들이 쉽게 읽을 수 있도록 모두 번역했다. 자료총서를 통해 일제 식민 지배의 실체와 침탈의 실상을 있는 그대로 이해할 수 있게 되기를 기대한다.

2023년

동북아역사재단 이사장

| 편찬사

1945년 한국이 일제 지배로부터 해방된 지 78년의 세월이 지났다. 그럼에도 불구하고 일본 사회 일각에서는 여전히 일제의 한국 지배를 합리화하고 미화하는 주장이 나오고 있으며, 최근에는 한국 사회 일각에서도 일제 지배를 왜곡하고 옹호하는 주장이 나오고 있다. 이는 한국과 일본 사회, 한일 관계와 동아시아 국제관계의 미래를 위해서도 결코 바람직하지 않은 일이다.

이에 동북아역사재단은 일제의 한국 침략과 식민 지배에 대한 학계의 연구 성과를 총정리한 〈일제침탈사 연구총서〉를 발간하기로 하였다. 이에 따라 2019년 9월 학계의 전문가를 중심으로 편찬위원회를 구성하였으며, 편찬위원회는 학계의 연구 성과를 토대로 정치·경제·사회·문화 부문에서 일제의 침탈이 어떻게 이루어졌는지 정리하여 연구총서 50권을 발간하기로 하였다.

주지하듯이 1905년 일제는 러일전쟁에서 승리한 뒤, 한국에 군대를 주둔시키면서 한국의 외교권을 빼앗고 통감부를 두어 내정에 간섭하였다. 1910년 일제는 군사력으로 한국 정부를 강압하여 마침내 한국을 강제 병합하였다. 이후 35년간 한국은 일제의 식민 통치를 받았다.

일제는 한국의 영토와 주권을 침탈하였을 뿐만 아니라, 군사력과 경찰력으로 한국을 지배하면서, 정치·경제·사회·문화의 모든 부문에서 한국인의 권리와 자유, 기회와 이익을 박탈하거나 제한하였다. 정치적으로는 군사력과 경찰력, 각종 악법을 동원하여 독립운동을 탄압하고, 한국인의 정치활동을 억압하고 참정권을 박탈하였으며, 집회와 결사의 자유를 억압하였다. 경제적으로는 일본자본이 경제의 주도권을 장악하고, 일본인 위주의 경제정책을 수행했으며, 식량과 공업원료, 지하자원 등을 헐값으로 빼앗아 갔고, 농민과 노동자 등 대다수 한국인의 경제생활을 어렵게 하였다. 사회적으로는 한국인들을 차별적으로 대우하고, 한국인의 교육의 기회를 제한하고, 한국인으로서의 정체성을 박탈하여 결국은 일본의 2등 국민으로 만들고자 하였다. 문화적으로는 표현과 창작의 자유, 종교와 사상의 자유를 억압하고, 한

글 대신 일본어를 주로 가르치고, 언론과 대중문화를 통제하였다. 중일전쟁, 아시아태평양전쟁을 도발한 뒤에는 인적·물적 자원을 전쟁에 강제동원하고, 많은 이들을 전장에 징집하여 생명까지 희생시켰다.

〈일제침탈사 연구총서〉는 침탈, 억압, 차별, 동화, 수탈, 통제, 동원 등의 단어로 요약되는 일제의 침략과 식민 지배의 실상과 그 기제를 명확히 밝히고자 하였다. 이를 통해 일제의 강제 병합을 정당화하거나 식민 지배를 미화하는 논리들을 비판 극복하고, 더 나아가 일제 식민 지배의 특성이 무엇이었는지, 식민 통치의 부정적 유산이 해방 이후에 어떤 영향을 미쳤는지를 밝히고자 하였다.

편찬위원회는 연구총서와 함께 침탈사와 관련된 중요한 주제들에 관하여 각종 법령과 신문·잡지 기사 등 자료들을 정리하여 〈일제침탈사 자료총서〉도 발간하기로 하였다. 아울러 일반인과 학생들이 보다 쉽게 읽을 수 있는 〈일제침탈사 교양총서〉를 바로알기 시리즈로 발간하기로 하였다.

일제의 한국 침략과 식민 지배의 역사는 광복 후 서둘러 정리해냈어야 했지만, 학계의 연구가 미흡하여 엄두를 내기 어려웠다. 이제 학계의 연구가 어느 정도 축적되어 광복 80주년을 맞기 전에 이와 같은 작업을 할 수 있게 된 것을 다행으로 생각한다. 한일 양국 국민이 과거사에 대한 올바른 역사인식을 갖고 성찰을 통해 미래를 향해 함께 나아갈 수 있기를 기대하면서 심가 이 책들을 펴낸다.

2023년

동북아역사재단 일제침탈사 편찬위원회

| 차례

Ⅳ 금융기관으로서의 동척과 서민금융

| 일러두기

1. 국한문 혼용 자료는 현대어로 바꾸되 최대한 원문을 훼손하지 않는 방향으로 정리하였다. 내용 이해에 큰 문제가 없을 경우 한자어를 그대로 두었고, 현재 사용하지 않는 용어의 경우 현대어로 바꾼 후 괄호 안에 한자를 써주거나 내용이 길면 주석으로 설명했다. 한문 번역에 가까운 경우, 한문 부분의 해석을 해주고 괄호로 해당 한문 문구를 넣었다. 어려운 한자어는 각주로 설명했다.
2. 모든 사료는 현대어로 번역하거나 풀어쓰는 것을 원칙으로 했다. 단 인명, 지명 등의 고유명사나 특정 한자어 등 원 상태로만 의미가 분명하게 전달되는 단어는 한자나 원어를 괄호 안에 병기하였다. 풀어 쓴 단어, 외국인명의 원음 표기 등의 경우에도 괄호 안에 병기하였다.
3. 각 장과 절의 서두에 배치된 해제에서는 시대적 배경과 사료의 역사적 의미를 서술하였다.
4. 원자료에 각주가 있는 경우 각주에 '*원저주'로 표기하였다. 편자의 각주는 일반 각주 처리를 하였다. 원자료에 있는 '중략'은 '중략-원문', 편자가 중략한 경우 '중략-편자' 등으로 기재하여 구분하였다.
5. 원문이 보이지 않는 경우에 '■■'로 입력했다. '…' 등으로 입력한 것은 원문 그대로 입력한 것이다.

| 편역자 서문

이 책은 동북아역사재단에서 발간하는 '일제침탈사 자료총서' 중 재정·금융 관련 주요 자료들을 선별해 편역한 것이다. 총 3개년에 걸친 기획 중 2022년 12월에 그 첫 번째 성과가 『재정·금융정책(1)-대한제국기 일제의 재정 및 금융 침탈』이란 이름으로 발간되었고, 이 책은 그 두 번째에 해당하는 일제강점기 전반부를 다루고 있다. 전시기 재정과 금융을 다룬 세 번째 자료집 역시 곧 발간될 예정이다. 첫 번째 자료집에서 주로 일본제국주의에 의한 한국 재래 금융의 강제 개편과 자국 금융제도에 종속된 식민지 금융의 형성을 다루었다면, 이 자료집에서는 일제강점기에 금융이 어떻게 전개되어 갔는지를 보여 주는 자료를 편역하였다.

현대 한국의 금융제도를 생각해 보면, 금융제도를 총괄하는 중앙은행으로 한국은행이 있고, 중앙은행과 긴밀한 협조 관계를 유지하며 가계와 기업의 금고 역할을 하는 시중은행과 지방은행이 있다. 이와는 별도로 「특수은행법」에 입각해 설립된 특수은행이 있는데, 무역금융을 담당하는 한국수출입은행, 산업금융을 담당하는 KEB산업은행, 중소기업금융을 담당하는 IBK기업은행, 그리고 농업금융을 담당하는 NH농협은행과 어업인과 수산물가공업자에게 금융을 제공하는 수협이 있다. 증권사, 보험사, 저축은행 등의 제2금융권이 있고, 제3금융권으로 대부업 목적의 금융회사가 있다. 중앙은행을 정점으로 피라미드 형태로 금융기관이 분포되어 있는 것이다. 일제강점기 한국에서도 마찬가지였다. 중앙은행으로 조선은행이 있었고, 특수은행으로 조선식산은행이 있었으며, 시중은행과 지방은행, 그리고 신탁회사, 무진회사, 보험회사, 금융조합 등이 있었다. 여기에 재래의 금융제도인 계(契)도 나름의 역할을 수행하고 있었다. 역시 지금과 마찬가지로 자본주의 계통적으로 정비되어 있었음을 알 수 있다.

일제에 의해 강제 이식된 자본주의적 금융제도가 재래의 경제제도와 맞물리면서 일제강점기의 금융제도를 이루었던 셈이지만, 식민지적 특징도 있었다. 중앙은행의 역할을 해야 할 조선은행은 일제의 대륙 침략을 금융적으로 뒷받침했다. 조선은행이 국내보다는 국외에 그것도 '만주'나 중국 내륙에 지점을 더 많이 보유했음은 이를 여실히 증명한다. 이런 조선은행을 대신해 실질적으로 국내 금융을 주도한 것은 '식은'이라 불리던 조선식산은행이었다. 식은은 일제의 산업정책을 금융적으로 뒷받침하기 위한 정책기관이었다. 1906년부터 약 1년 남짓한 기간 동안 설립된 농공은행이 통합을 거쳐 6개 은행을 토대로 설립된 것이 식은인 만큼 농업과 공업은 말할 것도 없이 상업이나 광업, 수산업 등 거의 전 분야에 걸쳐 식민통치에 금융적인 지원을 다했다. 시중은행이나 지방은행도 많이 설립되었다. 다만 그 규모가 크지 않았기 때문에 경쟁이 격화하였고, 그것은 1920년대 은행합동론이 대두되는 계기가 되었다. 1923년 5월 이시모리(石森久彌)가 「조선 통치라는 대국적 견지에서 은행합동을 종용한다」는 글을 통해 다음과 같이 비판한 것도 그 때문이다.

> 조선의 금융기관도 역시 이 군소배타적 국민성에 사로잡혀 각지에 군소기관을 설치한 것은 조선 통치의 일대 과오라고 하지 않을 수 없다. 고양이 마빡만 한 천지에 다수의 기관을 설립하고, 서로 배타와 시의(猜疑)와 중상과 참무(讒誣)하고 있는 추태는 제정신을 가진 사람의 짓이라고는 보이지 않는다. 원래 금융업자는 경제계의 선각자로서 시류에 앞서가야 한다. 그런데 실제적인 문제로 이를 보게 되면 두부 장수의 경쟁, 이발소의 고객 쟁탈과 하등 다를 것이 없다.

이시모리는 또한 은행합동론을 '문화정치'라는 식민정책의 파산과 관련지어 중대한 문제로 보았다. 조선인의 사상 악화의 근본 원인이 경제적 불안정에 있다고 보고 그 해결의 시발점을 군소은행의 합동에서 시작되어야 한다고 주장했다. 그러면서 궁극적으로 조선이 '하나의 낙원으로서 인류 공영공존이 실현되는 땅으로 만들어질 것을 기대한다'는 이루지 못할 꿈을 꾸었다.

> 조선이 경제문제로 인해 진퇴양난에 빠진 것은 중대한 일이라고 해야 할 것이다. 조선총독부 당국자는 극구 조선의 평온을 설명하고 있지만, 사실 그것을 깊이 배반하는 것이 있다. 조선인의 사상 악화도 근본 원인은 생활 안정의 결여에 있기 때문이다.(중략-편역자) 은행의

합동을 단지 경제계의 일이라고 간과하게 되면 결국 조선의 문화정책은 파산하게 될 것이다. 이는 조선 통치와 중대한 관계를 갖는다. 금융조합이 얼마나 조선 개발을 위해 크게 공헌했음을 알게 된다면, 위정 당국자는 최선을 다하여 금융기관 개선에 노력해야 한다. 은행업자 역시 위정 당국자의 뜻을 따르고, 보다 크게는 인류의 복지를 위해, 또 문화정책 목적 성취를 위해 상부상조함으로써 유종의 미를 거두어야 할 것이다. 나는 불안과 위협에 전 세계가 전율하고 있는 상황에서 조선은 하나의 낙원으로서 인류 공영공존이 실현되는 땅으로 만들어질 것을 기대한다. 이를 실현하기 위해서는 우선 제일 먼저 금융기관의 개선을 도모해야 한다. 그리고 개선의 첫걸음은 군소은행의 합동에서부터 시작해야 한다.

이상과 같은 은행합동론에 입각해 일제는 금융제도조사회를 열고 1928년 11월 은행령을 개정하고 은행합동을 대대적으로 추진했다. 많은 은행들이 지방적 합동을 통해 서울의 주요 은행과 합병하였고, 그 결과 1943년에는 조선상업은행과 조흥은행 2개만 남았다. 신탁업에서도 이러한 경향이 나타났다. 1931년 6월 공포된 「조선신탁업령」에 의해 한때 29개까지 있었던 신탁회사가 1932년 설립된 조선신탁주식회사를 중심으로 합동하여 최종적으로 1개만 남았다. 무진회사 역시 마찬가지였다. 즉 일제의 식민통치를 안정적으로 유지하고, 식민지 개발자금을 현지에서 조달한다는 목적하에 금융기관을 강제적으로 재편한 것이다. 그 외에 정책적 '식민' 기관인 동척이 이민자들에 대한 대부를 통해 금융기관의 역할을 담당했다.

이러한 일제강점기 금융기관의 동향을 구체적으로 검토하기 위해 이 책을 총 4부로 구성하였다. 제1부에서는 중앙은행인 조선은행 관계 자료를 정리했다. 먼저 조선은행을 이해하기 위한 기초자료로서 「조선은행법」과 조선은행의 정관을 소개했다. 두 번째로 조선은행의 '만주' 진출 관련 자료를 통해 조선은행이 스스로를 평가하면서 '당행의 본질은 단순한 중추은행에 있지 않고 소위 해외은행의 일종으로 보아야' 한다고 했던 이유를 알게 될 것이다. 세 번째 자료에서는 제1차 세계대전 호황기에 확대했던 해외 대출이 1920년 전후공황을 계기로 대량 불량채권으로 바뀌면서 위기에 처한 조선은행이 정리되는 과정을 다루었다. 네 번째는 1930년대 조선은행을 중심으로 한 금융기구 개편 관련 자료이고, 마지막 다섯 번째 자료는 『조선은행25년사』로 조선은행의 사사이다. 이를 통해 상기 조선은행의 역사를 개괄할 수 있을 것이다.

제2부에서는 조선식산은행을 개관할 수 있는 자료를 위주로 정리했다. 먼저 식은 설립위원회와 창립 과정을 다룬 자료를 실었다. 이를 통해 식은이 최초 하층 금융기관으로 계획되었다는 사실과 조선권업은행 설립계획에 한국인 기업가의 협조를 요청했다는 사실, 그리고 이것이 식은 창립의 계기가 되었음을 알 수 있다. 몇 개의 신문기사에서는 식은을 식민통치의 상징으로 보고 식은에 폭탄을 투척한 사건과 독립운동 자금을 마련하기 위해 식은을 습격했다는 내용이 담겨 있다. 두 번째 자료는 식은의 사사인 『조선식산은행10년지』(1928)를 완역해 실었다. 앞에서도 언급했듯이 식은은 거의 모든 산업에 관여하고 있어서 그 전모를 파악하기가 쉽지 않은데 식은의 사사를 통해 산업금융이 어떤 범위로 어떻게 이루어졌는지를 개관할 수 있을 것이다. 세 번째는 좀 더 후대의 자료로 1940년 2월에 발간된 『약진반도와 조선식산은행』을 완역해 실었다. 식은의 활동을 데이터와 함께 알기 쉽게 정리한 것으로 식은이 조선의 산업경제에 얼마나 밀접하게 관련을 맺고 영향을 미치고 있었는지 알 수 있게 될 것이다.

제3부에서는 일제강점기 보통은행의 동향을 알 수 있는 자료이다. 주로 은행합동에 초점이 맞추어져 있다. 조선금융제도조사회의 자료 중 '보통은행 개선에 관한 방책'을 먼저 실었다. 여기서는 보통은행 업무 부진의 원인을 제시하고 그에 대한 대책을 놓고 심의했다. 이를 통해 당시 보통은행이 안고 있던 문제가 무엇이었는지 알 수 있을 것이다. 또한 「은행령」 개정에 관한 조사'에서는 보통은행 업무 부진의 원인을 대내적 측면과 대외적 측면으로 나누어 검토하고 이에 대한 대책을 은행령 개정을 통해 제도적으로 어떻게 뒷받침할 것인가가 담겨 있다. 마지막으로는 보통은행의 은행합동을 개괄할 수 있는 자료로 『조선금융기관발달사』(1930) 중 '조선의 보통은행'을 발췌해 실었다. 특히 앞에서 인용한 이시모리의 「조선통치라는 대국적 견지에서 은행합동을 종용한다」라는 1920년대 은행합동촉진론과 관련하여 그 배경과 의도를 파악할 수 있어서 일독할 가치가 있다.

제4부에서는 금융기관으로서의 동척에 대한 개관과 함께 주로 당대 서민금융으로 불렸던 신탁업과 무진업에 대한 자료를 정리했다. 제3부에서 언급한 『조선금융기관발달사』 중 '금융기관으로서의 동척'을 먼저 실어 동척이 일본인 농업 이주자를 중심으로 부동산 경영에 대한 지원 특히 자금 공급을 담당한 금융기관의 성격을 가지고 있었음을 검토했다. 또한 신탁업 관련 신문기사를 대거 선별해 실었다. 여기서는 일제강점기 신탁업의 현황, 「조선신

탁업령」 제정까지의 경위와 조선 내 동향, 조선신탁주식회사의 설립 과정, 조선신탁 설립 후 기설 신탁회사를 흡수 합병해 가는 과정을 상세히 알 수 있을 것으로 기대한다. 신탁회사와 함께 서민금융기관의 하나로 여겨지던 무진업 관련 자료도 실었다. 무진이란 우리나라의 계(契)와 유사한 제도로 일정한 구수(口數)와 급부 금액을 정해 가입자를 모으고, 가입자가 적립한 정기적인 괘금에 기초하여 추첨 또는 입찰 등을 통해 순서에 따라 급부를 받는 금융의 한 방법이었다. 여기서는 일본 무진업의 역사적 형성 과정을 앞서 다루고, 무진업을 제도화하고 통제하기 위한 「조선무진업령」의 제정 관련 자료를 정리해 두었다. 이를 통해 무진업에 대한 이해가 높아질 수 있으리라 기대한다.

이 책에 실린 자료들은 자료적 가치로 보면 그리 높지 않을 수도 있는 개관 자료들이 많다. 독자들이 일제강점기 당대의 금융제도와 금융기관에 대해 이해도를 높일 수 있는 자료들을 주로 선정했기 때문이다. 그럼에도 많은 난관들이 있었다. 특히 고어 투의 일본어와 법률 관련 자료는 난이도가 더 높아 오역의 가능성도 적지 않다. 일본어 자료를 자주 접하고 번역하는 필자들에게도 이러한 문제는 여전해 해결해야 할 숙제이다. 이렇게 변명을 늘어놓고 있지만 혹시나 눈에 띄는 실수는 전적으로 편역자에게 있음은 물론이다. 그럼에도 방대한 자료를 맥락을 짚어 가며 정리했다는 데 자부심을 느낀다. 거기에 독자들이 일제강점기 금융을 이해하는 데 조금이나마 도움이 될 수 있다면 그 기쁨은 더할 나위 없을 것 같다. 마지막으로 작업 과정에서 힘들어하는 우리를 격려해 주시고, 항상 이런저런 핑계로 원고 제출 일정을 맞추지 못할 때도 오히려 우리를 염려해 주신 동북아역사재단의 조건 선생님께 지면을 빌려 심심한 감사의 인사를 전한다. 아울러 꼼꼼한 교정과 편집으로 애써 주신 출판 관계자분들께도 감사의 인사를 드린다.

편역자를 대표하여

김명수

전체 해제

Ⅰ. 일제하 조선은행 관계 자료

1. 「조선은행법」 및 「조선은행정관」

「조선은행법」과 「조선은행정관」에 규정된 중요 내용을 정리하면 다음과 같다.

첫째, 존립 기한 50년의 주식회사 조직으로 자본금은 1,000만 원, 1주당 100원으로 정부가 30%인 3만 주를 인수하였다. 조선은행은 제1차 세계대전의 호경기를 기반으로 세 차례에 걸쳐 자본금을 8,000만 원(1920년 2월)까지 증액하였다. 그러나 1920년대 전후(戰後) 반동공황의 여파로 불량대출이 급격히 증대되었고, 일본 정부의 지원을 받아 정리를 하게 되었다. 이로 인해 자본금 역시 1925년 8월 4,000만 원으로 반토막이 났다. 패전 직전인 1944년 9월에 자본금은 8,000만 원으로 회복되었다. 존립 기간은 주주총회의 의결에 따라 정부의 인가를 받으면 연장할 수 있었다. 주주는 '제국신민'으로 규정하여 일본인도 참여할 수 있었으며 주주의 절대 다수는 일본인이 차지하고 있었다.

둘째, 중역은 총재(1인), 부총재(1인), 이사(3인 이상), 감사(2인 이상)인데, 부총재는 1918년에 추가되었다. 총재·부총재는 임기 5년으로 일본 정부에서 임명하였다. 이사는 임기 3년으로 100주 이상 소유한 자 중에서 주주총회에서 2배수를 선거한 후 조선총독이 임명하는 것으로 되어 있으나 사전에 대장대신과 협의해야만 했다(1924년 이후 대장대신 임명). 감사는 임기 3년으로 50주 이상 소유한 자 중에서 주주총회에서 선출하였다.

셋째, 감독권을 보면 「조선은행법」 제28조에서 "정부는 조선은행의 업무를 감독한다"고 규정하여 일본 정부가 행사하는 것을 기본 원칙으로 하고 있다. 그런데 1924년 이전에는 일부 업무에 대해서는 조선총독이 감독권을 행사하였고, 이사 임명권도 조선총독에게 있었다. 1920년대 조선은행이 부실화되자 감독권의 대장성 이관 논의가 본격화되었고, 1924년에 「조선은행법」 개정으로 인해 조선은행 감독권 일체가 대장대신에게 이관되었다. 제7장 「정부의 감독과 보조」의 모든 주체는 대장대신으로 변경됨으로써 조선총독의 권한은 거의 사라졌다.

넷째, 영업 조항의 가장 큰 특징은 민간인을 대상으로 예금과 대출 업무를 수행함에 아무런 제한이 없다. 즉 일반은행과 마찬가지로 영리를 추구할 수 있도록 제도화되었다. 조선은행은 국고금을 취급하고 독점적인 은행권 발행 특권을 가지는 중앙은행으로 설립되었다. 그러나 법령에서는 일반은행과 하등 차이가 없을 정도로 상업금융을 운영하는 데 아무 지장이 없다. 이 점이 일본의 중앙은행인 일본은행과 본질적으로 다른 지점이라 할 수 있다. 상업은행 업무를 겸영한다는 것은 영리 추구가 당연히 전제되는 것이기 때문에 조선은행은 수익을 올리는 데 누구보다 열성적이었다.

2. 1910년대 조선은행 대만주 진출 관련 자료

'1) 조선은행 의견서 「조선은행의 과거와 장래」(1912년 12월)'의 경우, 창립 이래의 영업 상황과 장래 영업 방침이라는 두 항목으로 이루어져 있다. 전자에서 조선은행은 조선 재정 및 경제계를 위해 큰 기여를 했다는 점을 여러 사례를 들어 증명하고 있다. 후자에서 조선은행은 향후의 진로를 조선의 '중앙은행'이 아니라 해외은행이라고 규정하고 있다. 조선은행은 스스로 대륙 침략이라는 일제의 국책에 순응하여 만주 지역에서 경제적 원조자로서 기능해야 한다고 주장하였다. 이를 실현하기 위해서는 조선은행의 만주 진출이 급선무라고 하면서 그 당위성을 강조하였다. 조선은행을 조선에 국한시키지 않겠다는 의지를 설립 초기부터 노골적으로 드러내고 있었던 것이다.

'2) 조선은행 의견서, 「만주 금융기관의 정비에 관한 의견」(1915.7.3.)'은 만주 금융기관 재편성에 대한 조선은행의 요구를 담은 문건이다. 제1차 세계대전 발발을 계기로 일제는 대중국 침략을 적극적으로 추진하였다. 이 과정에서 만주 특수은행 설립론이 대두되었는데, 조선총독부와 조선은행은 만주 화폐제도를 조선은행 중심의 금본위로 통일하자고 주장하였다. 반면 일본 내각에서는 이와 반대로 별개의 만주 금융기관 신설을 추진하고 있었다. 조선은행은 '선만일체화(鮮滿一體化)'의 관섬에서 볼 때 자행이 진출하는 것이 당연하다는 논리를 앞세우며 만주를 일본 경제권에 포섭하기 위한 최우선 과제로 양 지역 화폐제도의 통일을 강조하였다.

'3) 「조선은행 확장 계획」(1916년 5월)'은 조선은행 2대 총재 쇼다 카즈에(勝田主計)가 데라우치 마사타케(寺內正毅) 조선총독에게 제출한 문건이다. 쇼다는 제1차 세계대전으로 인한 경기 호황과 중국 정세의 변화는 조선은행에게는 큰 기회라고 보면서 이를 계기로 해외은행으로 발전해야 한다고 주장하였다. 그는 조선은행의 조선 내 '중앙은행'으로서의 임무보다는 일본의 대외국책수행기관으로서의 사명을 강조함과 동시에 또 적극적인 상업금융을 통한 이윤 추구를 노골적으로 지향하고 있었다. 그런데 이 문건에는 당시 조선총독부 총무국장인 고다마 히데오(兒玉秀雄)의 메모가 첨부되어 있는데, 그는 쇼다의 탈(脫)조선 지향에 대해 비판적인 시각을 드러냈는데, 흥미로운 지점이라 할 수 있다.

'4) 「만주에서의 특수은행 기능의 통일에 관한 건」(1917.6.8.)'의 경우, 일본 내각에서 조선은행의 만주중앙은행화 방침을 공인한 문건이다. 앞의 자료에서 드러났듯이 조선은행은 만주 진출을 매우 희망하였는데, 그 결실을 맺은 것이다. 일본 정부의 결정으로 조선은행의 영업 범위는 만주, 러시아령 시베리아, 산둥성(山東省)으로 확대되었고, 조선은행권은 만몽에서 강제 통용력을 부여받아 요코하마정금은행(橫濱正金銀行)의 금권을 인계하여 그 회수를 담당하도록 하였다.

3. 1920～1930년대 조선은행 정리 및 인식 관계 자료

제1차 세계대전으로 인한 일본의 전쟁 특수는 조선은행에도 큰 영향을 미쳤고, 대출과 순이익에서 전례 없는 성장세를 보여 주었다. 조선은행 대출의 경우, 개업 당시인 1909년과 비교해 보면 1919년에 약 86배나 증가하였다. 그러나 이 증가세를 이끈 지역은 조선이 아닌 만주 및 일본이었다. 영업소 역시 만 10년 만에 약 3배나 증가했는데, 이를 주도한 지역 역시 만주로 전체의 절반에 이를 정도였다.

그러나 1920년 반동공황이 발생하자 조선은행은 막대한 불량채권을 안게 되었고, 일본 정부에게 자금을 지원받아 불량채권을 겨우 정리할 수 있었다. 조선은행은 1920년 내내 정리은행이라는 오명 속에서 제대로 된 활동을 할 수 없었다. 그런데 조선은행 정리로 인한 피해는 고스란히 조선에 전가되고 있었다. 조선은행은 조선에서 긴축금융을 실시하였고, 조선은행이 조선 금융계를 위해 원래 부여된 기능을 전혀 발휘하지 못하고 있다는 불만이 곳곳에서 제기되었다.

조선은행 정리에 대한 조선 내에서의 비판은 불량대부로 인한 조선은행의 파탄 그 자체보다는 그 자금 운용이 누구를 대상으로 한 것이었는가에 초점이 맞춰져 있었다. 즉 경제 호황 속에서 자금 대출이 만주나 일본에 있는 일본인 기업을 주대상으로 하였다는 것이다. 호황의 이익은 만주나 일본 지역이 차지한 반면, 불황의 고통은 모두 조선에 전가되었다는 것이다. 특히 《동아일보》나 《조선일보》의 경우 지역과 민족의 중첩된 차별을 언급하고 있다. 이들 조선인 언론은 향후 조선은행의 운영 방향에 대해서도 조선인 산업개발을 위한 자금 공급이 필요함을 역설하여 그 대상을 조선인으로 분명히 하였다. 즉 1920년대 조선은행에 대한 비판의 핵심은 정리 자체보다는 일본이나 만주에 투자된 돈이 조선(인)에 투자되어야 한다는 것이었다. 한편 조선은행은 자체 정리를 위해 수익을 창출해야 했기 때문에 노골적인 이윤 추구 태도를 보이고 있었다. 이와 같은 조선은행의 적극적 영업 전략은 필연적으로 일반은행의 영업 기반을 침탈할 수밖에 없었고 여기에 대한 비난 역시 피할 수 없었다.

4. 1930년대 조선은행을 둘러싼 금융기구 개편 자료

'1)「동아은행(가칭)설립안 요강」(1936.6)'은 조선은행이 일본 정부에 제출한 문건이다. 이 문건의 핵심 요지는 조선은행·대만은행·조선식산은행 3행을 합병하여 '동아은행(東亞銀行)'이라는 새로운 은행을 수립할 필요가 있다는 것이다. 조선은행은 일제의 대외정책과 내부 사정이라는 두 가지 점에서 그 필요성을 역설하였다. 우선 대외 금융 확장이라는 국책을 담당하기 위해서는 영국의 홍콩상하이은행과 같은 거대 해외은행이 필요하기 때문에 3행을 합병하여 동아은행을 설립해야 한다고 주장하였다. 또한 3행의 설립 당시와는 많은 변화가 있었기 때문에 기존 역할의 조정이 필요한 시점이라고 보았다. 뿐만 아니라 조선은행은 만주 철수로 인한 영업 기반이 축소된 점, 대만은행은 1920년대 공황으로 인한 타격에서 회복하지 못한 점, 조선식산은행은 조선 내 조선은행과의 경쟁으로 인해 기득권 유지가 어렵다는 점 등 각 행의 내부 사정을 들어 변화가 필요한 시점이라고 보았다.

동아은행 구상안의 핵심은 자금 조달력의 확대·강화에 있었다. 동아은행은 3행의 기득권인 은행권 및 채권 발행의 양 특권을 그대로 계승할 뿐만 아니라 채권 발행 한도도 대폭 확장할 것이다. 그리고 자본금은 종래보다 3배 증액하는데, 이는 모두 정부에서 출자하는 것으로 하였다. 이렇게 강화된 자금력을 바탕으로 지점망의 증설, 특히 중국 지역에서의 업무 확장을 기대하고 있었다. 감독권은 대장대신이 일원적으로 행사하고, 영업은 종래의 업무를 그대로 계승하는 것으로 하였다.

'2) 「조선금융제도 개선 요항」(1936.12)'은 조선총독부가 대장성에 제출한 문건이다.

이 문건에는 조선은행 및 조선식산은행과 동양척식주식회사 등의 금융기관 개선의 기본 방향과 해당 법령의 개정안 등이 실려 있다. 조선총독부는 조선은행은 상업금융 업무 폐지 등 실질적인 조선의 중앙은행으로 정립시키고, 조선식산은행은 업무를 농업에 집중시키고 나머지 업무를 축소·폐지하는 것으로 하였다. 동양척식주식회사는 기업금융 전담기관으로 하여 일반은행 업무는 폐지토록 하였다. 또한 조선은행과 동양척식주식회사에 대한 감독권을 조선총독이 행사해야 한다고 주장하였다.

조선총독부 개편안의 방향은 식민지 조선금융의 최대 현안이었던 특수은행의 상업금융 겸영 문제를 해결하고자 한 것으로 보인다. 그러나 특수은행 비대화의 주역인 조선식산은행은 조선은행이나 동양척식주식회사와 달리 상업금융은 유지하는 것으로 되어 있다. 이는 총독부와 조선식산은행 간의 특수한 관계에서 비롯된 것으로 보인다.

'3) 「조선식산은행에서 도입하는 단기자금에 관한 요망」'의 경우, 1935년 조선식산은행이 대장성에 제출한 문건이다. 당시 대장성이 조선식산은행의 일본 내 단기자금 도입 한도를 제한하려 한다는 소식을 접하고, 이에 대한 입장을 표명함과 동시에 요구 사항을 담은 문건을 대장성에 제출하였다. 조선식산은행은 대장성의 의도가 조선은행을 중심으로 한 조선금융 기구 개편에 있다고 파악하고 자행의 기득권을 지키기 위해서 민감하게 반응하였던 것이다.

조선식산은행은 문건에서 '연혁' 및 '실질'적 이유라는 두 측면에서 대장성의 조치가 부당한 처사라고 반박하였다. 콜머니 한도가 정해진 연혁은 순전히 조선은행 때문으로 자행과는 상관없을 뿐만 아니라 조선식산은행이 사실상 '조선에서는 중앙은행과 같은 위치'에 있다는 점을 여러 지표를 들어 증명하고자 하면서 대장성이 이러한 사실을 무시하고 있다고 반박하였다. 다음으로 '실질'적인 측면에서 보면 조선식산은행 자체 신용만으로도 일본 금융시장에서 채권 발행이나 일시적 수요에 의한 단기자금 도입이 충분히 가능하기 때문에 굳이 조선은행에서 빌릴 필요는 없다는 것이다. 오히려 이 방식은 조선은행의 자금 여력을 고갈시키는 결과가 되어 조선은행에게 더 불리한 결과를 낳을 것이라고 주장하였다.

5.『조선은행 25년사』

이 자료집에는『조선은행 25년사』중 '제1장 서언'과 '제3장 조선은행의 업무와 실적'을 수록했는데, 조선은행 스스로가 자행의 역사를 어떻게 평가하고 있는지를 확인할 수 있다. 우선 1장 서언에서는 지난 25년간 조선은행의 역사를 '해외은행'이라는 관점에서 정리하고 있다. 조선뿐만 아니라 만주 진출과 은행권 유통, 일본의 지점 개설과 그 업무 등을 소개하고 있다. 조선은행의 창립 이후 자행의 업무를 두고서 "당행의 해외은행이라는 사명에 따른 것"이라고 정리하고 있다. 즉 조선은행은 스스로의 정체성을 조선 내 '중앙은행'이 아닌 일제의 대외국책을 수행하는 해외은행으로 정립하고 있음을 분명히 알 수 있다. 3장에서는 은행권 발행 실태 및 국고금 취급을 설명한 후 조선·만주·일본의 영업 실태를 예금·대출·환업무 중심으로 설명하고 있다. 그리고 조선은행 해외(중국, 러시아, 런던·뉴욕) 지점의 실태도 간략히 언급하였다.

Ⅱ. 일제하 조선식산은행 관계 자료

조선식산은행(또는 '식은')은 일제의 산업정책을 금융 면에서 뒷받침하기 위한 정책기관으로서 1918년 10월 기존의 6개 농공은행을 통합하여 설립되었다. 화폐정리사업이 한창이던 1906년 3월「농공은행조례」(칙령 제13호)가 공포되고 이에 따라 각 지역의 금융경색을 타개하기 위해 농공은행이 설립되었다. 1906년 6월 한성농공은행을 시작으로 1907년 7월 함흥농공은행까지 약 1년 남짓한 기간 동안 11개의 농공은행이 설립되었다. 이 은행들은 1907년 6월과 1908년 8월 두 차례의 합병 과정을 거쳐 한호, 경상, 평안, 선주, 광주, 함흥의 6개 농공은행으로 재편되었다. 1918년 10월 이들 6개 농공은행을 통합해 출범시킨 것이 조선식산은행이다.

식은은 농공은행에 비해 더 많은 채권을 발행할 수 있었고, 이는 장기자금 조달의 주요 통로였다. 불입자본금의 5배까지 채권을 발행할 수 있었던 농공은행에 비해 식은은 불입자본금의 10배까지 채권을 발행할 수 있었고, 1924년 이후에는 불입자본금의 15배까지 발행 한도를 늘렸다. 농공은행이 자금 조달을 위해 주로 단기성 예금에 의존했던 반면 식은은 채권 발행을 통해 장기자금을 확보할 수 있었다. 이를 통해 식은은 유통 부문을 넘어 생산 부문에까지 투자할 수 있게 되었다. 1918~1936년간 식은이 발행한 채권의 90% 이상을 일본에서 인수하였다. 반면 1937~1945년간은 발행 채권의 조선 내 인수 비중이 높아져 50%를 상회하였다. 식은의 채권 발행은 주로 일본에서 자금을 유입하는 통로였고, 전시기에는 조선 내 자금을 흡수하는 기능도 강화되었다. 전쟁 수행 자금의 현지 조달 경향을 보여 준다.

1937년 7월 중일전쟁의 발발을 계기로 전시체제에 돌입하면서 조선 또한 전시경제로 전환되었다. 전시경제는 말 그대로 기본적으로 전쟁 수행을 위해 물자·인력을 동원하는 것으로 금융 역시 이를 뒷받침하는 역할을 부여받았다. 조선총독부는 일본의 금융통제 상황에 발맞추어 조선 내 금융에 대한 통제를 강화했으며, 이에 따라 식은의 역할도 변화했다. 1937년 중일전쟁 이후 식은의 대출 및 유가증권 투자는 군수 광공업 및 이를 뒷받침하는 기초산업에 집중되었다. 또한 전쟁 말기로 갈수록 각종 통제기구에 대한 자금융통도 증대했다. 식은은 해방 이후 1950년 한국식산은행으로 개칭되었다가 1954년 설립된 한국산업은행에 승계되었다.

제2부 일제하 조선식산은행 관계 자료는 다음과 같은 자료로 구성되었다.

'**1. 조선식산은행의 창립과 조선인의 인식: 신문기사 및 관보 등**'에서는 상기 조선식산은행의 약사에서 언급했던 내용 중 창립될 때까지의 과정을 신문기사, 『조선총독부관보』, 그리고 식은의 창립 과정에 직접 참여했던 한상룡의 회고록 중 관련 부분 등을 모아 놓았다. 이를 통해 식은이 당초 무진업과 같은 하층 금융기관으로 계획되었다는 사실, 1917년 6월 7일 조선식산은행령이 공포되기 전 아라이(荒井) 탁지부장관이 한상룡을 불러 자본금 300만 원의 조선권업은행 창립에 협조해 주라고 요청한 사실, 그리고 이 조선권업은행 설립 계획이 식은 창립의 기초가 되었다는 사실, 설립 위원들의 설립사무에 관한 명령, 주식 공모 취급점, 식은 창립 총회 당일에 대한 스케치 등을 알 수 있다. 또한 말미에는 식은을 식민통치의 상징으로 보고 식은에 폭탄을 던진 사건과 독립운동 자금을 마련하기 위해 금융조합과 식은을 습격하려고 했던 상황을 담은《신한민보》의 기사를 소개하였다.

'**2. 『조선식산은행10년지』(1928)**'에서는 1928년 창립 10주년을 맞이해 발간한 『조선식산은행10년지』를 완역한 것이다. 여기서는 식은이 자체적으로 정리한 창립 사정과 이후

10년 동안의 업적이 어떻게 변천해 왔는지를 약술해 놓았다. 식은이 식민지 조선의 산업이나 공공사업과 얼마나 밀접한 관계를 맺고 있었는지 알 수 있는 자료이다. 주지하듯, 식은의 목표는 조선의 산업개발이었다. 조선의 산업개발은 궁극적으로 일본제국주의를 위한 상품시장, 원료 공급지, 자본 투하시장으로서의 '사명'을 충실하게 수행하도록 여건을 마련하는 것에 불과했다. 결국은 침탈이고 수탈이었을 뿐이다. 전시기에는 이러한 역할에 더해 대륙침략을 위한 병참기지의 역할도 부여받았다. 특히 이 자료에는 1928년까지 과거 10년 동안을 개관할 수 있는 내용과 함께 각종 표와 사진이 수록되어 있어 많은 참고가 될 것으로 기대한다. 다만, 이 책에는 표만 수록하고 사진은 생략하였다. 사진은 국립중앙도서관의 원문보기 서비스를 통해 직접 확인할 수 있다. 163쪽 분량의 본문이 끝나면 54쪽 분량의 부록이 첨부되어 있다. 부록에는 주식회사 조선식산은행 연표, 「조선식산은행령」, 주식회사 조선식산은행 정관, 「농공은행령」, 「농공은행조례」, 「수형조합조례」, 조선식산은행 제12기 대차대조표, 조선식산은행 관계 수리조합 일람표 등이 수록되어 있다.

'3. 『약진반도와 조선식산은행』(1940)'은 1940년 2월에 발간된 78쪽의 소책자로 창립 이후 식은의 활동 내용을 '비교적 간단하게' 정리해 놓은 것을 완역한 자료이다. 식은은 6개 농공은행을 승계한 이후 조선의 산업경제 다방면에 걸쳐 밀접한 관계를 맺고 있었기 때문에, 식은을 검토하는 것은 조선의 산업경제를 이해하는 데 있어 필수적이다. 이상의 자료를 통해 일제강점기 식은에 의한 조선금융 지배의 이미지를 형성할 수 있을 것으로 기대한다.

Ⅲ. 일제하 보통은행 관계 자료

제3부에서는 주로 1920년대에 진행된 보통은행 합동에 관련된 자료, 그중에서도 특히 조선금융제도조사회의 자료를 정리하였다.

일본은 1920년대 '공황의 시대'라 불릴 정도로 내내 만성적인 불황에 시달렸다. 회사의 경영은 악화하였고 이는 금융기관의 부실로 이어졌다. 이에 일본의 대장성은 1926년 금융제도조사회를 구성하여 금융제도 개편에 나섰다. 조선도 예외가 아니었다. 1927년 8월에 관민 합동으로 조선금융제도조사회를 설치하였다. 1928년 8월에 제1차 조선금융제도조사회가 개최되어 동 준비위원회가 준비한 초안을 심의하였고, 그 결과 1928년 12월에 「은행령」, 「저축은행령」이 개정되었다. 1929년 1월의 제2차 조선금융제도조사회의 심의 결과 1929년 4월에 「금융조합령」이 개정되었다. 1931년 1월의 제3차 조선금융제도조사회에서는 「조선신탁업령」이 제정되고 「무진업령」이 개정되었다.

조선금융제도조사회의 제도 개선안은 주로 금융조합의 업무 확대와 보통은행의 합동을 통한 축소였다. 금융조합에 대해서는 업무 제한 규정을 철폐함으로써 은행의 지위를 확립해 준 반면, 은행에 대해서는 최소 자본금 규정을 일본보다 더 강화함으로써 은행들 사이의 흡수와 합병의 근거를 마련해 주었다. 이를 통해 조선총독부는 조선은행-조선식산은행-조선저축은행-금융조합으로 연결되는 특수 금융기관 중심의 금융 통제의 기초를 제도적으로 확립하였다.

'**1. 보통은행 개선에 관한 방책**'에서는 보통은행 업무의 부진 원인에 대한 조사 결과를 담고 있다. 조선금융제도조사회가 조사한 바에 따르면, 보통은행 업무의 부진 원인은 크게 자력(資力)이 충실하지 못하고 기초가 박약한 점, 업무 경영이 견실하지 못한 점, 부당 경쟁이 이루어지고 있는 점, 내부 감독이 철저하지 못한 점이었다. 부진 원인을 위와 같이 진단한 조선금융제도조사회에서는 그에 대한 대책을 내놓고 심의하였는데, 이 자료에는 그 심의 내용이 정리되어 있다. 또한 금융제도조사회에서는 외부적 요인도 같이 언급하고 있다.

'**2. 「은행령」 개정에 관한 조사**'는 앞에서 진단한 보통은행 영업 부진의 원인을 내외 양 측면에서 살펴본 뒤 이에 대한 대책을 '은행령' 개정을 통해 제도에 어떻게 담을 것인지를 논의한 자료이다. 각 항목별로 어떻게 바꿀 것인지, 그 이유는 무엇인지, 그에 대한 근거 또는 참조한 법령은 어떤 것인지 구체적으로 정리해 놓았다. 아울러 경성, 대구, 부산의 조합은행이 각각 해당 항목에 대해 어떤 반응을 보이고 있는지도 언급해 놓았다.

'**3. 조선의 보통은행-은행합동**'은 이러한 법령 공포 후에 조선의 보통은행들이 어떻게 합병되었는지를 정리한 자료인데, 이시모리의 '은행합동촉진론'을 소개한 뒤 은행 합동이 어떻게 진행되었는지를 정리해 놓았다. 이시모리의 '은행합동촉진론'은 당대 조선총독부와는 다른 비판적 견지에서 정리한 글이라 일독하면 1920년대 내내 진행된 은행합동의 배경을 이해하는 데 도움이 될 것이다.

Ⅳ. 금융기관으로서의 동척과 서민금융

제4부에서는 동양척식주식회사(이하 '동척')의 기능 중 금융기관으로서의 성격을 보여 줄 수 있는 간단한 자료를 소개하고, 이어서 서민금융기관이라고 할 수 있는 신탁업과 무진업에 관한 자료를 정리하였다.

'1. 금융기관으로서의 동척'은 다카스기 도호(高杉東峰)가 펴낸 『조선금융기관발달사』 중 「금융기관으로서의 동척」만을 따로 번역한 것이다. 1908년 설립된 동양척식주식회사를 줄여 보통 '동척'이라고 부른다. 동척의 설립 근거가 되는 「동양척식주식회사법」은 한일 양국에서 제정되고 공포되었다. 동척이 설립된 것은 1908년 12월 28일이었다. 한일 양국 정부가 총 116명의 창립위원을 임명하였고, 그중 한국인은 조진태, 백완혁, 한상룡, 이근배 등 33명이었다. 창립 자본금은 1,000만 원으로 총 20만 주, 주당 50원이었고, 한국 정부는 토지로 투자하여 6만 주를 인수하였다. 「동양척식주식회사법」 제1조에 기록되어 있듯이 동척은 '한국에서 척식사업을 영위할 목적으로 하는 주식회사'였다. 동법 제11조 7항에는 동척의 업무 중 하나로 '척식상 필요한 자금의 공급'이 규정되어 있었다. 보통 동척을 금융기관의 하나로 보는 근거는 이 규정 때문이다. 또한 동법 제13조에는 자금 공급의 방법이 규정되어 있다.

① 일한 이주민에 대해 25년 이내의 연부상환 방법에 의한 이주비의 대부
② 이주민 및 한국 농업자에 대해 15년 이내의 연부상환 방법에 의한 한국에 있는 부동산을 담보로 하는 대부
③ 이주민 및 한국 농업자에 대해 5년 이내의 정기상환 방법에 의해 한국에 있는 부동산을 담보로 하는 대부
④ 이주민 및 한국 농업자에 대해 그 생산 또는 획득한 물품을 담보로 하는 대부
⑤ 한국에 있는 부동산을 담보로 하는 3년 이내의 정기상환 방법에 의한 대부

동척은 척식상 필요한 부동산 경영 및 일한 이주민의 모집 및 분배, 그리고 그에 필요한 자금 공급을 목적으로 하는 회사인 것이고, 따라서 동척을 금융기관의 하나로 보는 이유도 여기에 있다. 이 자료의 내용은 다음과 같다. 첫째, 부동산 금융기관으로서의 동척이 설립될

때까지 한국에서 부동산 소유권 증명과 부동산 담보 금융을 위한 관련 법령이 어떻게 정비되어 왔는지를 다룬 뒤, 1918년 농공은행을 합병해 설립된 조선식산은행과 부동산 금융기관으로서 쌍벽을 이루고 있음을 명확히 밝히고 있다. 둘째, 동척이 조선, 만주, 북중국(원문에는 '북부지나'), 남양 등 지역별로 동척이 얼마나 자금을 공급하고 있는지 1912~1940년까지의 시기를 대상으로 비교해 놓았다. 또한 동척 관련 주요 수리조합을 정리하고, 산미증식계획과 관련하여 구체적으로 어떻게 자금이 공급되고 있는지를 보여 준다. 셋째, 1917년 7월 동척법 개정 이후 '이민취급업과 기타 척식사업의 영위를 목적으로 하는 회사의 주권 또는 채권의 응모 인수'가 영업과목에 추가되었는데, 이때 동척이 주식 인수 또는 사채 인수를 통해 관계하고 있는 55개 주요 회사가 정리되어 있다. 넷째, 이 자료에는 동척이 주요 영업과목 중 하나인 농사경영과 관련한 사항들이 정리되어 있다. 1913년 현재 도별 매수지 현황, 1913년 현재 도별 출자지 현황, 그리고 1938년 현재 사업용 사유지(社有地)의 면적과 가격이 표로 정리되어 있다.

요컨대 이 자료는 동척이 금융기관의 성격을 가지고 한국을 중심으로 한 식민지 또는 점령지를 척식 개발하기 위해 어떤 분야에 어느 정도의 자금을 공급했는지 알 수 있는 자료이다.

이어서 서민금융기관 관계 자료로는 크게 4가지를 정리하였다.

'**2. 신탁 관계 법규 제정 조사에 관한 요항**'은 1931년 6월 개최된 제3차 금융제도조사회의 심의 내용 중 일부를 정리한 것으로, 「은행령」 개정 때와 마찬가지로 각 조항의 개정 내용과 그 이유, 그리고 참고 법령을 정리했다. '**3. 신탁회사 관련 신문기사: 신탁회사 대합동**'에서는 「조선신탁업령」의 공포 이후 신탁업의 동향과 신탁회사 합동 과정을 신문기사를 통해 상세하게 보여 주고 있다. 특히 신문기사의 경우 조선 신탁업의 현황, 「조선신탁업령」의 제정 과정, 조선신탁주식회사의 설립 과정, 조선신탁 설립 이후의 합동과 신탁 일원화 과정 등을 이해할 수 있도록 다량의 기사를 정리하였다. '**4. 무진업**'은 서민금융업의 한 형태인 일본의 무진업이 어떤 것인지를 보여 주고 역시 제3차 금융제도조사회 심의를 위해 1930년 12월에 만들어진 '**5. 무진 관계사항 참고서**'를 통해 무진업의 현황과 참고 조문을 상세하게 정리하였다.

I

일제하 조선은행 관계 자료

해제

1. 「조선은행법」 및 「조선은행정관」

일제는 강제 병합 후 1909년에 제정된 「한국은행조례」(법률 제22호, 1909.7.26.)를 대신하여 「조선은행법」 제정을 준비하였다. 당시 한국은행은 강제 병합 후 제령(制令) 제1호에 따라 영업을 계속하고 있었는데, 「한국은행조례」는 형식적으로는 대한제국 법률로 제정된 것이었다. 따라서 이를 일본 법률에 따라 새로 제정할 필요가 있었고, 일본 제국의회의 심의 과정을 거친 후 1911년 3월 29일 「조선은행법」(법률 제48호)이 공포되었다. 「조선은행법」의 시행 기일이 8월 15일로 규정되었기 때문에 이 날짜로 조선은행으로 개칭하였다. 그리고 10월 29일의 임시주주총회에서 「조선은행정관」을 원안 그대로 가결하였다.

다음으로 「조선은행법」과 「조선은행정관」에 규정된 중요 내용을 정리하면 다음과 같다.

첫째, 존립 기한 50년의 주식회사 조직으로 자본금은 1,000만 원, 1주당 100원으로 정부가 30%인 3만 주를 인수하였다. 자본금은 1910년대 후반에 급격히 증가하였는데, 2,000만 원(1917년 2월) → 4,000만 원(1918년 8월) → 8,000만 원(1920년 2월)의 추이를 보이고 있다. 조선은행은 제1차 세계대전의 호경기를 타고서 만주 등지에서 적극적으로 영업을 전개하였고, 그 결과 호성적을 거둘 수 있었다. 이런 점을 반영하여 조선은행의 자본금 역시 약 2~3년 만에 2배씩 증가하고 있었다. 설립된 지 10년도 안 돼 8배나 증가하는 전례 없는 경과를 보였다. 그러나 1920년 이후의 반동공황 과정에서 조선은행의 불량대출이 급격히 증대되었고, 일본 정부의 자금 지원을 받아 정리할 수밖에 없게 되었다. 그 결과 자본금 역시 1925년 8월 4,000만 원으로 반토막 났다가 패전 직전인 1944년 9월에 8,000만 원으로 회복되었다(이하 「조선은행정관」 8조). 존립 기간은 주주총회의 의결에 따라 정부의 인가를 받으면 연장할 수 있었다. 주주는 '제국신민'으로 규정하여 일본인도 참여할 수 있었으며 주주의 절

대 다수는 일본인이었다.[1]

둘째, 중역은 총재(1인), 부총재(1인), 이사(3인 이상), 감사(2인 이상)로 구성되었다. 단 부총재는 1918년에 추가되었다. 총재·부총재는 임기 5년으로 일본 정부에서 임명하였다. 이사는 임기 3년으로 100주 이상 소유한 자 중에서 주주총회에서 2배수를 선거한 후 조선총독이 임명하는 것으로 되어 있으나 사전에 대장대신과 협의해야만 했다(1924년 이후 대장대신). 감사는 임기 3년으로 50주 이상 소유한 자 중에서 주주총회에서 선출하였다. 조선은행 중역에 조선인이 임명된 적은 단 한 번도 없었다. 조선은행에서 중역을 역임한 인물은 총재 8명, 부총재 7명, 이사 23명 등 총 38명인데 이 중 중복된 자를 제외하면 34명이다.[2] 조선은행 중역 인사의 가장 큰 특징은 소위 낙하산 인사, 즉 외부 영입형 인사가 절반 이상을 차지한다는 점이다. 낙하산 인사의 경우 대장성을 중심으로 한 경제 관료 및 특수은행 출신이 대부분이었다. 직급별로 보면 정·부총재의 경우 외부 영입이 압도적인 비율을 보이는 반면 이사는 조선은행 내부 출신이 더 높은 비중을 보인다. 시간이 지날수록 조선은행 출신 이사 비중이 높아지는 것은 실무에 능통한 전문가가 필요했기 때문이다. 그러나 조선은행 출신 중 정·부총재에 오른 인물은 단 한 명으로 사실상 행내 출신으로 가장 높은 자리에 오를 수 있는 자리는 이사였다.

1 한국은행 창립 당시 한국인 주주는 217인으로 전체의 2.1%, 보유 주식은 2,046주로 전체의 2.9%에 불과하였다(朝鮮銀行史硏究會 編,『朝鮮銀行史』, 東洋經濟新報社, 1987, 92쪽).

2 이상은 조명근,『일제하 조선은행 연구』, 아연출판부, 2019, 91~92쪽의 〈부표 1-2 조선은행 중역 이력표〉 참조.

조선은행 중역진 구성

	총재	부총재	이사	감사
정원	1	1	3인 이상	2인 이상
임면권	정부	정부	주주총회 선거(2배수) → 조선총독 임명 [→ 대장대신(1924)]	주주총회 선거
임기	5년	5년	3년	2년
겸업 금지	조선총독 [→ 대장대신 (1924)] 인가 사항	좌동	좌동	좌동
보수	주주총회 (정관)	좌동	좌동	좌동

셋째, 감독권을 보면 「조선은행법」 제28조에서 "정부는 조선은행의 업무를 감독한다"라고 규정하여 일본 정부가 행사하는 것을 기본 원칙으로 하고 있다. 또한 일본 정부는 조선은행의 영업기한 및 자본금 등 기본적인 존립 근거에 대한 인가권을 획득하였다. 그런데 1924년 이전에는 일부 업무에 대해서는 조선총독에게 감독권이 부여되어 있었다. 가령 정관의 변경, 주주 배당금 분배, 은행권 발행에 관한 통제 사항, 규정 위반 시 제재, 영업 상황의 보고, 감리관 파견 등 운영 전 범위에 걸쳐 조선총독이 감독 및 통제를 할 수 있도록 제도화되었다. 또한 중역 중 이사 임명권은 조선총독에게 있었다. 이와 같이 법안에는 조선총독이 상당한 정도의 감독·통제를 행사할 수 있도록 되어 있어 일본 정부와 조선총독이 이원적인 감독체제를 형성했다고 여겨질 수 있다. 그러나 법안과는 별도로 대장성과 총독부 간에 「조선은행 감독에 관한 타협안」이 작성되었는데, 조선총독이 행사할 수 있는 권한 중 핵심

적인 내용은 사전에 대장성과 협의해야 했기 때문에 사실상 조선총독의 감독권은 매우 제한적인 것이었다. 타협안에 따르면 조선총독은 정관의 변경, 은행권 발행에 관련된 제반 사무, 제한외발행세율, 정부대상금, 일본 내 영업소 설치, 이사 인사권을 행사하기 위해서는 우선 대장성과 사전에 협의를 거쳐야만 한다. 특히 정관의 변경 및 이사 임명권은 조선총독부가 사후 보고로 할 것을 요구하였으나 수용되지 못하고 대장성의 주장대로 관철되었다. 이 내부 타협은 결국 조선총독 감독권의 제한적 행사를 의미한다. 근본적으로 「조선은행법」은 일본 법률이기 때문에 법안을 개정하려면 제국의회의 절차를 거쳐야 한다. 이 점에서 조선총독이 법안 개정에 개입할 여지는 사실상 없다고 해도 과언이 아니다.

1910년대 후반부터 제기되고 있던 조선은행 감독권의 대장성 이관은 조선은행이 보유한 불량채권의 심각성이 알려지게 된 1922년 들어 본격적으로 대두되었다. 당시 조선은행 부실화의 진원지는 조선이 아닌 일본과 만주였는데, 이 지역은 조선총독부가 직접 감독할 수 없다는 것이 문제였다. 또한 조선은행 불량채권을 정리하기 위해서는 정부가 구제금융을 실시해야 하는데, 조선총독부는 이를 감당할 여력이 없었다. 당시 대장성은 감독권 이관을 전제조건으로 구제금융 지원의 여부를 결정하겠다는 입장이었다. 즉 대만은행 역시 불량채권 문제를 안고 있었는데, 대만은행은 대장성의 감독을 받고 있었기 때문에 대장성 예금부 자금을 융통받아 고정대출 정리가 진행되고 있던 것과 대비되고 있었던 것이다. 조선은행에게 구제금융을 실시할 주체는 대장성밖에 없는 상태에서 그 감독권 또한 일본 정부로 이관되는 것이 당연한 것이었다. 그 결과 1924년 「조선은행법」 개정을 통해 조선은행 감독권 일체가 대장대신에게 이관되었다. 제7장 「정부의 감독과 보조」의 모든 주체가 대장대신으로 변경됨으로써 조선총독의 권한은 거의 사라졌다. 「조선은행법」 안에서 조선총독은 조선은행과 하등의 관련을 갖지 않는 존재가 되었다. 즉 영업 및 대출에 관한 일체의 인가권이 대장성으로 옮겨졌고, 이사도 대장대신이 임명하게 되었다. 유가증권의 매입, 공공단체에 대한 무담보대부 등 자금 운영에서도 조선총독이 행사하던 권한은 사라지게 되었다. 은행권 발행 규정에서도 대장대신이 각종 인가권을 가졌으며 제한외발행 역시 대장대신의 허락을 받아야만 했다. 특히 조선은행의 업무를 수시로 감독할 수 있는 감리관을 일본 정부에서 파견하도록 하였다.

넷째, 영업 조항을 보면, 민간인을 대상으로 한 예금과 대출 업무 수행에 전혀 제한이 없다. 즉 일반은행과 마찬가지로 영리를 추구할 수 있도록 규정되었다. 조선은행은 국고금을 취급하고 독점적인 은행권 발행 특권을 가지는 중앙은행으로 설립되었다. 그러나 법령에서는 일반은행과 하등 차이가 없을 정도로 상업금융을 운영하는 데 아무 지장이 없다. 이 점이 일본의 중앙은행인 일본은행과 가장 큰 차이점이었다. 일본은행은 상업은행 업무를 취급하지 않는 순전한 중앙은행으로 제도화되었는데, 일본은행은 정부가 발행하였거나 특별한 경우("미리 거래를 약정한")에 한해서만 대출 업무를 할 수 있도록 규정되어 있다. 또 부동산이나 유가증권 담보대부는 아예 금지 업무로 규정하였다. 또 어음 할인의 요건을 정관에서 엄격하게 규정하고 있는데, 이는 조선은행에서는 전혀 찾아볼 수 없는 조항이다. 상업은행 업무를 경영한다는 것은 영리 추구가 당연히 전제되는 것이기 때문에 조선은행은 수익을 올리는 데 누구보다 열성적이었다.

2. 1910년대 조선은행 대만주 진출 관련 자료

1) 조선은행 의견서, 「조선은행의 과거와 장래」(1912년 12월)

원제목은 '朝鮮銀行 意見書, 「朝鮮銀行ノ過去及將來」'로 이 문서의 원 소장처는 대장성 은행으로 소장 문서 『勝田家文書』 57-3이다. 또한 朝鮮銀行史硏究會 編, 『朝鮮銀行

史』, 東洋經濟新報社, 1987, 918~927쪽에 자료 전문이 게재되어 있다. 이 문건은 1912년 12월에 조선은행이 작성한 것으로 '제1절 종래의 영업 상황'에서는 과거를, '제2절 장래의 영업 방침'에서는 장래를 서술하고 있다. 제1절에서는 창립 후 조선은행의 영업 실태를 주로 대출금 사용처를 중심으로 분석하는데, 여기서 강조점은 조선은행이 조선총독부 재정에 지대한 공헌을 하였다는 것이다. 조선은행 대출금 중에서 공채 및 공공단체까지 포함한 넓은 의미의 정부대상금으로 볼 수 있는 금액이 전체의 70%에 달한다는 것이다. 즉 조선은행이 "과거 3개년간 미력하나마 그 자력(資力)을 경주하여 봉공의 성을 다하고자 한 것은" 다름 아닌 "정부에 대한 대상금"이었다고 역설하고 있다. 조선은행은 "특권인 은행권 발행을 통해 획득한 자금의 대부분을 그대로 정부 재정"에 제공한 것에서도 알 수 있듯이, 조선은행이 "전력을 다해서 정부 재정을 위해서 몸과 마음을 다 바쳐 쓰러질 정도로 열심히" 한 것을 확인할 수 있을 것이라고 주장한다. 이상의 정부대상금 이외에도 산업 진흥을 위한 대출 노력, 수이출 장려를 위한 수이출환 우대 조치, 환 결제, 금리 인하 등을 들어 조선은행이 조선 경제에 많은 노력을 기울였음을 강조하고 있다. 이와 같이 제1절에서 조선은행은 조선 재정 및 경제계를 위해 큰 기여를 했고, 이는 자행의 이윤 추구 차원이 아니라 국책의 견지에서 그 임무를 충실히 수행한 것임을 강조하였다.

다음 제2절에서는 조선은행의 향후 진로에 대해 서술하고 있는데, 첫머리에서 "조선은행은 해외은행으로서 양변의 임무를 가지고 있다"라고 스스로를 '중앙은행'이 아니라 해외은행이라고 규정하고 있다. 조선은행은 크게 국내와 국외의 두 가지 임무를 수행한다고 하면서 국내의 경우 재정과 산업개발에 자금을 조달해야 하고, 국외는 대륙 침략이라는 국책에 순응하여 만주 지역에서 경제적 원조자로서 기능해야 한다는 것이다. 그런데 조선에서 재정 자금과 경제개발 자금을 공급하기 위해서는 우선 조선은행의 자금 조달 능력을 강화시켜야만 한다. 그러나 당시 식민지 조선은 일본과의 무역에서 항상 수이입 초과를 기록, 만성적인 정화(일본은행권) 유출 구조를 지니고 있었다. 조선에서 정화가 일본으로 빠져나간다는 것은, 그만큼 조선은행권의 발행 준비를 감소시켜 은행권 발행 여력이 줄어들게 되는 것을 의미한다. 그러나 당시 조선의 경제 사정을 감안할 때, "조선이 수출 초과의 지역으로 되는 것은 가까운 장래에서는 도저히 기대할 수 없기 때문에 조선의 수이입 초과 추세"는 지속될 수밖에 없다는 것이다.

조선에 요구되는 자금 수요를 해결하기 위한 방법으로 제시된 것이 조선은행의 만주 진출이었다. 즉 조선은행 지점을 "수출 초과 지역에 확장함으로써 조선에서 잃은 정화"를 그 지역에서 보충해야 하는데, 당시 만주는 일본과의 무역에서 수출 초과를 보이고 있었기 때문에 만주에서 조선은행권으로 일본은행권을 매입하면 "환결제자금의 안전을 기도"할 수 있다는 것이다. 만주는 조선에서 빠져나간 일본은행권을 되찾을 수 있다는 점에서 조선은행이 조선에서 가질 수밖에 없는 구조적 한계를 극복할 수 있는 지역으로 환영받게 된 것이다.

여기서 조선은행이 자신을 "해외은행"으로 지칭한 이유를 이해할 수 있을 것이다. 즉 일본 본국의 해외 임무를 수행하는 금융기관으로서, 특히 조선과 접경한 지역이라는 만주의 지리적 조건을 들어 조선은행이 그 담당자가 되어야 한다는 것을 강조하기 위해서였다. 그 결과 조선은행은 스스로 "당행의 본질은 단순한 중추 은행에 있지 않고 소위 해외은행의 일종으로 보아야" 한다고 규정하였다. 즉 조선은행은 조선의 '중앙은행'이라기보다는 조선 및 만주에서 활동하는 해외은행이라는 것이다. 조선은행을 조선에 국한시키지 않겠다는 의지를 설립 초기부터 노골적으로 드러내고 있었던 것이다. 여기서 제1절의 '조선은행의 의도'를 이해할 수 있다. 이와 같이 제1절에서 조선은행은 조선 재정 및 경제계를 위해 큰 기여를 했고, 이는 자행의 이윤 추구 차원이 아니라 국책의 견지에서 그 임무를 충실히 수행한 것임을 강조하였다. 조선 내 '중앙은행'으로서 설립된 조선은행의 해외 진출은 본연의 임무에서 벗어난다는 비판이 당연히 제기될 수 있었다. 조선은행은 조선에서의 노력과 희생을 내세

우면서 이러한 비판에 대응하고자 한 것이다.

2) 조선은행 의견서, 「만주 금융기관의 정비에 관한 의견」(1915.7.3.)

원제목은 '朝鮮銀行 意見書, 「滿洲金融機關ノ整備ニ關スル意見」'으로 이 문서는 『勝田家文書』 116-11에 수록되어 있는데, 일자도 서명도 없이 다만 비밀(秘)의 붉은 도장만 찍혀 있다. 그런데 『寺內文書』에도 수록된 동일한 문서에 따르면 붉은 연필로 쓴 데라우치 마사타케(寺內正毅) 총독의 서명과 '7월 3일 총재 제출'의 표시가 있어 이치하라 모리히로(市原盛宏) 조선은행 총재가 비공식적으로 조선총독에게 제출한 것으로 여겨진다.[3] 역시 朝鮮銀行史研究會 編, 『朝鮮銀行史』, 東洋經濟新報社, 1987, 927~930쪽에 자료 전문이 게재되어 있다.

제1차 세계대전이 발발하자 일본의 대중국 정책은 큰 전환을 맞게 되었다. 일본은 1914년 8월 독일에 선전포고하여 참전하였고, 1915년 1월 중국에 이른바 「21개조 요구」를 제시하여 산동성·독일 이권의 계승, 남만주·동부 내몽고의 이권 확충 등을 요구하였다. 그 결과 1915년 5월 25일 「일화(日華)신조약」을 체결함으로써 일본은 관동주 조차지 이외 남만주에서 토지상조권(商租權)과 농·상·공업의 영업 자유를 획득하여 남만주 경제 진출의 기반을 다졌다. 이 중 토지상조권은 일본인의 장기적이고 안정적인 토지 보유를 가능케 함으로써 토지를 담보로 하는 대부가 비로소 가능해졌다. 담보 능력의 증대는 다시 만주 특수은행 설립론을 대두시켰다. 이를 계기로 만주화폐제도를 조선은행 중심의 금본위로 통일하자는 주장이 조선총독부와 조선은행을 중심으로 제기되었는데, 당시 내각에서는 이와 반대로 별개

3 朝鮮銀行史研究會 編, 『朝鮮銀行史』, 東洋經濟新報社, 1987, 139쪽.

의 만주 금융기관 신설을 추진하고 있었다.

이 문건은 바로 이 시점, 즉 만주 금융기관의 재편성 문제가 대두된 시점에 작성된 것이다. 조선은행은 만주를 일본 경제권에 포섭하기 위한 최우선 과제로 양 지역 화폐제도의 통일을 강조하고 있다. 이를 위해서는 만주에 일본과 동일한 금본위 통화를 보급해야 되는데, 그 방법으로 다음 세 가지를 들고 있다. 첫째 만주에 신설 중앙은행을 설립하는 안, 둘째 요코하마정금은행(橫濱正金銀行)이 담당하는 안, 셋째 조선은행이 담당하는 안이 검토될 수 있다. 조선은행 측은 첫째와 두 번째 안에 대해서는 일제의 대만주 국책 방향 및 금융기관의 특수성에서 볼 때 불가능한 안이라고 서술하고 있다. 첫 번째 안에 대해서는 "제국의 대륙경영은 우선 만몽에서의 세력 충실에 노력하여 마침내는 조선과 합체해야 할 경제 지역을 만드는 것에 있고, 따라서 이 경영의 중심기관이어야 할 중앙은행 또한 동일 공통이어야 함은 필연"이라는 관점에서 부당하다는 것이다. 즉 '선만일체화(鮮滿一體化)'의 관점에서 볼 때 조선은행이 진출하는 것이 당연하다는 논리이다. 두 번째 요코하마정금은행에 대해서는 당시 만주의 중앙은행 직무를 담당하고 있으나 그 본질이 외환은행에 있기 때문에 만주라는 특정 지역을 대상으로 한 개발 및 재만주 일본인의 세력 부식을 위한 사업 등에 대해서는 그 요구를 충족시켜 줄 수 없다는 것이다. 정금은행은 국내외 환의 조절이라는 별도의 중대한 임무를 가지고 있기 때문에 식민지 본위의 영업을 수행할 수 없는 한계를 가지고 있다는 것이다. 오히려 정금은행은 만주가 아니라 유럽 대륙이나 남미 등으로 그 영업 지역을 확장하는 것이 그 본질상 더 적합하다고 주장하고 있다.

따라서 만주의 '중앙은행'으로 적합한 것은 조선은행이라는 결론을 내린다. 조선은행은 일단 조선에서 문란한 화폐제도를 정리한 경험이 있으며 재조일본인의 발전 및 이권 부식에 노력하고 있고, 식민지 은행으로서 신용을 가졌기 때문에 만주에서 비슷한 임무를 수행함에 가장 적합하다는 것이다. 그런데 조선은행이 만주 중앙은행으로 되는 데 있어 걸림돌은 바로 조선의 '중앙은행'이라는 점이다. 이에 대해 "조선은행은 조선의 중앙은행으로서 특별히 설립된 것이라 해도 그 영업의 범위가 지극히 광범위하여 일면 발행은행임과 동시에 역시 식민은행으로서 국가적 임무"를 수행할 수 있는 조직이라고 주장한다. 즉 조선은행은 조선의 '중앙은행'으로만 국한시킬 수 없으며 해외에서 일제의 국책을 수행하는 기관임을 강조하고 있다. 여기서 주목할 것은 영업 지역의 광범위함을 강조한 것이다. 일반적으로 중앙은행은 주권국가의 경계선을 이탈하지 않으며 자국에 국한된 '영토화폐'를 발행한다. 그러나 조선은행은 이 중앙은행의 본질에서 벗어나 있었는데, 이는 조선은행 스스로가 지향한 것이다. 조선은행의 "영업 지역이 주로 조선 내에 있는 것은 창립 시점에서 사정상 세력이 그러할 수밖에 없었기 때문"인데 "이미 창립 당시 안동현에 지점"이 있었다는 점을 보아도 "영업 지역을 조선 내에 한정하"려는 의도는 아니라는 것이다. 따라서 앞으로 조선과 만주를 합쳐 동일한 경제지역으로 해야 하는데, 이를 실현할 수 있는 수단으로서 양 지역의 통화는 조선은행권으로 통일해야 한다는 것이다. 즉 선만일체화를 위해서는 조선은행을 "만선 공통의 중앙은행이게 하는 것은 필수의 요건"이라고 역설한다. 이렇게 조선은행은 선만일체화라는 정책, 지리적 접근성, 화폐제도 정리의 경험 등을 들어 자신의 주장을 정당화시키고 있다. 앞의 문서에서 해외은행으로 규정한 것과 마찬가지로 여기에서 조선은행은 식민은행으로서의 정체성을 훨씬 더 강조하고 있음을 알 수 있다. 조선 내 '중앙은행'이란 본질을 감추어야만 만주 진출의 정당성을 확보할 수 있기 때문이다.

3) 「조선은행 확장 계획」(1916년 5월)

원제목은 「鮮銀擴張計劃」으로 『寺內文書』에 수록된 이 문서는 조선은행 총재 쇼다 가즈에(勝田主計)가 조선총독 데라우치 마사타케(寺內正毅)에게 제출한 것이다.[4] 이 문건에는 당시 조선총독부 총무국장인 고다마 히데오(兒玉秀雄)의 도장이 찍혀 있었다.[5] 조선은행 초대 총재였던 이치하라 모리히로(市原盛宏)가 1915년 10월 재임 중 사망하자, 12월에 제2대 총재로 대장성 차관 출신인 쇼다 가즈에가 임명되었다. 쇼다는 조선은행 총재로 부임하자마자 이사들에게 담당 업무에 대한 여러 문제를 내고, 이에 대한 해결책을 제시할 것을 주문하였다고 한다. 조선은행 발전 방향에 대해 내부 인사들이 적극적으로 인식, 실행할 것을 요구하였던 것이다. 쇼다는 아예 자신의 이름으로 문건을 작성하여 데라우치 마사타케 조선총독에게 제출하였는데, 그것이 1916년 5월 자 「선은확장계획」이다.

쇼다는 제1차 세계대전으로 인한 경기 호황과 중국 정세의 변화를 조선은행이 새롭게 변화해야 할 기회로 보고 있었다. 그는 조선은행 발전의 주안점을 조선에 국한된 "지방적 은행"에서 벗어난 "세계적 은행"으로의 발전에 두어야 한다고 보고 있었다. 조선은행이 "본래 조선 중앙금융기관으로서 설치"되었다 하더라도 일본의 국력이 대외적으로 매우 빠른 속도로 발전하고 있고 이에 따라 조선은행도 만주 및 블라디보스토크에까지 진출한 이상 이 추세에 따라야 한다는 것이다. 즉 조선의 중앙은행 기능보다는 일제의 대외 국책 수행이 우선시되어야 한다는 점을 강조하고 있다.

그는 조선은행이 해외은행으로 발전하기 위해서는 다음 두 가지가 필요하다고 주장한다. 첫째, 환업무의 전문성이다. 이는 당시 세계적인 대은행을 본보기로 삼은 것으로 이들은 모두 환업무에 정통하고 이를 통해 상당한 수익을 올리고 있는 데 반해 조선은행은 이를 취급

4 山本四郎, 『寺內正毅關係文書 首相以前』, 京都女子大學, 1984, 440~452쪽.

5 朝鮮銀行史研究會 編, 『朝鮮銀行史』, 東洋經濟新報社, 1987, 142쪽. 고다마는 조선총독 데라우치의 사위이며, 조선총독부 정무총감(1929.6~1931.6)을 역임하였다.

할 수 있는 행원이 거의 없기 때문에 전문성을 갖춘 인재 양성이 필요함을 강조하고 있다. 둘째, 해외에 다수의 영업소를 적극적으로 설치해야 한다는 것이다. 러시아와 북만주에서의 국책 수행을 위해서는 하얼빈 지점이, 독일 조차지였던 산동반도에 진출함에 따라 여기와 밀접한 무역관계를 가진 고베, 그리고 동양 무역의 중심지인 상해에도 지점이 설치되어야 한다고 주장하였다. 더 나아가 요하의 하구인 영구(營口), 산동성의 중심인 청도(靑島), 제남(濟南) 등 중국 본토까지 적극적인 진출을 할 필요가 있다는 것이다. 그 이외에 세계 금융의 중심지인 런던 및 뉴욕에도 지점을 낼 것을 제안하고 있다.

조선은행이 "해외은행으로서 발전하"기 위해서는 "역시 정부의 원조"가 없으면 불가능하기 때문에 조선은행은 조선총독부보다 일본 정부와 더 밀접한 관계를 가져야 함을 강조하고 있다. 당시 조선은행은 일본 내에서는 "겨우 당행의 존재를 인정"할 정도로 아주 미미한 존재에 지나지 않는데 이대로는 세계적 은행으로 발돋움하기 어렵다는 것이다. 따라서 러시아나 중국 등지에서 각종 차관이나 채권 인수 업무에 적극적으로 참여할 것을 주문하고 있다. 더 나아가 일본 정부의 공채도 인수할 것을 요구하고 있다. 특히 전자의 경우 다른 국책은행과 신디케이트단을 조직하여 적극적으로 임할 것을 강조하고 있다. 이와 같이 조선과 관계 없는 대외 채권을 인수하기 위해서는 조선총독부가 아닌 일본 정부와 직접 교섭에 나설 수밖에 없다. 이런 의미에서 조선은행은 조선총독부가 아닌 일본 정부의 지휘 감독을 받는 것이 낫다는 것이 쇼다의 생각이었다. 또 일본 정부와의 교섭을 원활히 신행하기 위해서는 도쿄지점을 강화시킬 필요가 있고, 중역의 일부를 도쿄에 상주시켜 정부 및 일본 실업계와 접촉하는 길을 개척할 필요가 있다는 것이다. 또한 조선과 상관이 없는 일본에서의 적극적인 대출 및 투자 활동을 독려하였다. 즉 일본에서 이윤 추구를 위한 영업 활동을 전개할 것을 주문하고 있다. 이상과 같이 쇼다는 조선은행의 조선 내 '중앙은행'으로서의 임무는 방기한 채 일본의 대외 국책 수행기관으로서의 사명을 강조하고, 또 적극적인 상업금융을 통한 이윤 추구를 지향하고 있다는 점에서 앞으로 조선은행이 추구해야 할 방향이 조선의 '중앙은행'이 아니라는 것을 분명히 밝히고 있다. 그러기 위해서 일제의 국책에 순응해야 하고, 일본 정부의 강력한 지휘 통제하에 들어갈 것을 주문하고 있다.

이와 같은 조선은행의 탈(脫)조선 지향에 대해 조선 내 관계자는 어떻게 보고 있었을까? 여기에 대해서는 당시 조선총독부 총무국장인 고다마 히데오의 생각을 엿볼 수 있다. 쇼다가 입안한 위 문서에는 고다마의 메모가 첨부되어 있는데, 여기서 고다마는 쇼다의 견해에 대해서 자신의 의견을 피력하였다. 우선 그는 조선은행이 해외은행으로 발전해야 한다는 쇼다의 주장에 대해 "원래 조선은행은 조선에서의 중앙 금융기관으로서 설치된 것"이며, 현재 조선에서 가장 필요한 것은 "금융기관의 정비 활동에 있"음에도 불구하고 조선은행을 "본래의 목적을 떠나 오로지 해외에서만 발전케 하고자 하는 것은" 아직 때가 아니라고 지적하였다. 또 조선은행이 조선총독을 거치지 않고 일본 정부와 직접 협의해야 한다는 것에 대해서도 조선은행의 "조선에서의 금융에 관해서 총독은 제1차의 감독관"이기 때문에 "총독을 거쳐 중앙정부와의 관계를 밀접하게 하는 것은 가능하다 하여도, 정부의 원조를 얻기 위해 총독의 감독을 떠나서 스스로 나아가 중앙정부와 접촉하게 하는 것은" 잘못된 방식이라고 비판하고 있다.[6] 고다마는 조선은행이 조선 밖에서 활동할 때 조선에 미칠 수 있는 영향을 언급하고 있다는 점에서 주목할 필요가 있다. 또한 일본에서 각종 상업금융을 통해 이윤을 추구해야 한다는 견해에 대해서도 조선과 관련 없는 투자에 대해서는 당분간 실행하지 않는 것이 좋다는 견해를 밝히고 있다. 이 문서는 쇼다가 조선총독인 데라우치에게 제출한 것임을 생각하면 이는 데라우치에게 전달하는 조선총독부 내의 견해라고도 볼 수 있을 것이다. 즉 고다마는 조선은행이 국책 금융기관인 이상 일제의 대외침략에 따른 금융활

6 山本四郎, 앞의 책, 445쪽.

동을 수행하는 것에는 동의하지 않을 수 없으나 일본에서 일반은행처럼 활동하는 것에 대해서는 깊은 우려를 나타내고 있었다. 조선은행의 자금 운용을 최대한 조선에 집중시켜야 하는 조선총독부의 입장에서는 국책과 관련 없는 순전한 영리 활동에 대해서는 허용할 수 없다는 입장을 표명하고 있었음을 알 수 있다.

4) 「만주에서의 특수은행 기능의 통일에 관한 건」(1917.6.8.)

원제목은 「滿洲ニ於ケル特殊銀行機能ノ統一ニ關スル件」으로 이 문서는 내각 심의를 위해 제출된 자료이다.[7] 앞의 2), 3)의 자료에서 드러났듯이 조선은행은 만주 진출을 매우 희망하였고, 조선총독부를 통해서 이를 추진하고자 하였다. 그 결실을 맺은 것이 바로 이 문건으로 내각에서 1917년 6월 「만주에서의 특수은행 기능의 통일에 관한 건」을 결정함으로써 조선은행의 만주중앙은행화 방침은 정부에 공인되었다. 그 결과 조선은행의 영업 범위는 만주, 러시아령 시베리아, 산동성으로 확대되었고, 조선은행권은 만몽에서 강제통용력을 부여받아 요코하마정금은행의 금권을 인계하여 그 회수에 담당하도록 하였다.

그런데 이러한 조선은행의 희망이 바로 실현된 것은 아니었다. 각의 결정 1년 전인 당시 일본의 오쿠마 시게노부(大隈重信) 내각에서는 만주에 새로운 금융기관의 설립을 추진하고 있었다. 「만주은행법」이 1916년 1월 29일 각의 결정을 거쳐, 제37 제국의회에 상정되었는데, 중의원 심의 과정에서 법안에 일람불어음 발행 권한을 부여해야 한다는 부대 결의가 붙여져 통과되었다. 그 결과 만주은행은 채권 발행뿐만 아니라 은행권 발행 권한을 함께 가진 만주중앙은행으로서 설립될 가능성이 높아졌다. 이는 데라우치 및 쇼다의 조선은행의 만주

7 朝鮮銀行史硏究會 編, 『朝鮮銀行史』, 東洋經濟新報社, 1987, 930~934쪽.

중앙은행화 구상과는 정면으로 배치되는 것이었다. 따라서 데라우치 조선총독은 오쿠마 내각의 만주 금융기관 신설에 대해 강하게 반대하였다. 그가 만주의 독자적인 경제발전이 아닌 조선과 연계된 발전, 즉 선만일체화를 지향하였던 것을 생각하면 당연한 일이다. 그는 「만주은행법」과 기능면에서 동일한 「동양척식주식회사법 개정안」[8]을 각의에 제출함으로써 오쿠마 내각의 계획을 저지하려 하였다. 이렇게 동일한 기능을 가진 법안들이 의회에서 대립하고 있었기 때문에 의회 심의는 난항을 거듭하였다. 이에 데라우치는 귀족원 심의에 영향력을 행사하여 귀족원에서 양 법안을 부결시킴으로써 제37 제국의회에 제출된 만주 장기자금 공급 문제를 둘러싼 만주은행법안과 동척법 개정안은 모두 폐기되고 말았다.

오쿠마 내각에 이어 1916년 10월 9일 데라우치 내각이 성립되었다. 데라우치 총리대신이 대장상을 겸임하고 조선은행 총재인 쇼다가 대장성 차관에 취임하였다(1916년 12월 16일 대장대신으로 승진). 조선은행의 만주 진출 계획은 데라우치(조선총독)-쇼다(조선은행 총재)가 일본 내각총리대신과 대장대신으로 그대로 옮겨간 직후에 실현되었다. 데라우치 내각은 성립 한 달 만인 1916년 11월 17일 각의 결정을 통해 조선은행의 만주 진출을 막고 있던 오쿠마 내각의 만주은행 설립계획을 폐기시키고 만주로 조선은행 및 동양척식주식회사의 진출을 기도하였다.

또한 1918년 1월부터 조선은행은 요코하마정금은행에 대신하여 관동주 및 만철부속지에서 국고금 취급은행으로 되었다. 오쿠마 내각의 만주은행 설립안이 의회에 협찬 과정에서 부결되었음에 반해, 데라우치 내각은 의회의 협찬을 거치지 않고 행정조치로서 실행하였다. 즉 조선에서 조선은행의 만주 진출을 기도하던 주체들이 일본 내각을 장악하여 의회를 거

8 동양척식주식회사의 영업을 만주로 확대하고, 부동산 저당 중심의 사업자금 공급을 수행하는 금융부 기능 확충을 주요 내용으로 하였다.

치지 않은 채 결정한 것이다.

3. 조선은행 정리 및 인식 관계 자료

1914년 7월에 발발한 제1차 세계대전은 전쟁 경기를 진작시켜 일본 경제계에 큰 호황을 안겨 주었다. 일본의 전쟁 특수는 조선은행에도 큰 영향을 미쳤는데, 개업 이래 완만한 증가 추이를 보이던 대출액은 1916년을 경계로 급증하였다. 1917년은 전년 대비 2배 이상 증가하였고, 이런 증가 추세는 1919년까지 계속 이어졌다. 대출액이 가장 많았던 1919년(3억 2,359만 엔)을 조선은행이 개업한 1909년(375만 6000엔)과 비교해 보면 약 86배나 증가되었음을 알 수 있다.

그런데 이 증가세를 이끈 것은 조선 내 대출이 아니라 보면 만주 및 일본 지역이 중심이었다. 1916년까지는 조선 내 비중이 가장 높았으나, 1917년 이후 일본 및 만주가 수위를 차지하였다. 전년 대비 증가율에 있어서도 조선은 최고 1.99배(1919년)인 데 비해 만주 3.32배(1916년), 일본 4.48배(1917년)로 양 지역에서 급속한 증가 양상을 보이고 있다. 또한 조선은행 영업소 증설에 있어서도 만주 지역이 압도적인 증가세를 보이고 있었다. 1909년 14개점으로 출발하였던 조선은행 지점은 1919년 최대 41개점까지 확대되어 만 10년 만에 약 3배나 증가하는 비약적인 발전을 이루었다. 이 확장을 주도한 지역이 만주였고 전 영업소의 절반을 차지하고 있을 정도였다.

이와 같이 제1차 세계대전의 전쟁 특수를 기회로 조선은행은 만주 및 일본에서 적극적으로 대출을 확대하였고, 1920년 하반기 결산에서는 355만 7,000엔의 수익을 올려 창업 이래 최고의 순이익을 거둘 수 있었다.[9] 그러나 1920년 반동공황이 발생하자 조선은행은 막대한 불량채권을 떠안게 되었다. 결국 조선은행은 일본 정부로부터 자금을 지원받아 불량채권을 정리하게 되었고, 1920년 내내 정리은행이라는 오명 속에서 제대로 된 활동을 할 수 없었다. 1924년 말 현재 조선은행 불량채권 내역을 일본 대장성 조사를 통해서 보면, 원리금 상환이 연체되고 있는 불량채권은 전 대출의 52.2%이고, 전 대출의 약 30%는 담보 부족 등으로 회수를 할 수 없는 것으로 예상되고 있었다. 고정대 중에서 약 60%가 결손으로 처리되어야 했던 것이다. 지역별로 보면, 일본과 만주에 불량채권이 압도적으로 많은데, 총대출에서 고정대가 차지하는 비율은 일본이 74.8%, 만주는 67.5%에 달하고 있다. 반면 조선은 18%로 위 지역들에 비해 양호한 상태이다. 회수가 불가능한 채권도 일본이 45.4%, 만주가 36.9%, 조선은 7.8%로 예측되고 있었다. 일본이나 만주의 경우 대출 중 약 40~50%는 전혀 돌려받을 가망성이 없을 정도로 매우 심각한 상태였다.

조선은행 정리로 인한 피해는 고스란히 조선에 전가되고 있었다. 일본 정부의 자금 지원에 기댈 수밖에 없었던 조선은행으로서는 조선 내에서 긴축정책을 쓸 수밖에 없는 형편이었다. 따라서 언론에서는 조선은행이 조선 금융계를 위해 원래 부여된 기능을 전혀 발휘하지 못한다는 불만이 곳곳에서 제기되고 있었다. 당시 총독부 정무총감 시모오카 주지(下岡忠治)는 조선은행은 조선에서는 유해무익한 존재라고 하면서 "현상으로는 조선에 대하여 하등의 이익이 되지 못"하며 "도리어 조선에는 고맙지 않다"라고 할 정도였다. 이처럼 조선총독부 정무총감조차도 조선은행이 조선에 기여는커녕 손해만 끼치지 않아도 훌륭하다고 할 정도로 조선 내에서 평가는 극단적으로 부정적이었다. 이와 같은 신랄한 비판은 조선은행에 대한 당시 조선 내 여론의 움직임을 명확하게 보여 주는 것이라 하겠다.

9 1920년의 수익은 창업 이후 1940년까지 조선은행이 올린 수익 중 최고였다.

그런데 1920년대는 전후 공황과 간토(關東)대지진(1923년), 쇼와공황(1927년)으로 이어지는 전반적인 불황의 시기였기에 일반은행은 자금 운용이 매우 힘든 시기였다. 따라서 일반은행은 중앙은행의 재할인에 대한 의존성이 높을 수밖에 없는데 당시 조선은행으로서는 이런 실정에 대처할 수 없었다는 점이 문제였다. 조선은행은 자행의 사정으로 인해 고율의 재할인율(연 10~11%)을 적용했는데, 결국 일반은행의 높은 대출 금리로 이어져, 사업자금 융통이 둔화되고 경제 회복에 지장이 되고 있다는 비난의 목소리가 높았다. 조선에는 이와 같이 고금리로 대출에 소극적이면서 "만주나 기타 각지에 있는 개인에게 저리로 대부하여 실패를 당함은 여하한 심사인지 알 수 없다"며 정부의 지원으로 겨우 생명을 유지하는 것은 너무나 후안무치한 행동이라는 비난을 받고 있었다.

조선은행 정리에 대한 조선 내에서의 비판은 불량대부로 인한 조선은행의 파탄 그 자체보다는 그 자금 운용이 누구를 대상으로 한 것이었는가에 초점이 맞춰져 있었다. 즉 경제 호황 속에서 자금 대출이 만주나 일본에 있는 일본인 기업을 주대상으로 하였다는 점에 집중되었다. 호황의 이익은 만주나 일본 지역이 차지한 반면, 불황의 고통은 모두 조선에 전가되었다는 것이다. 특히 《동아일보》나 《조선일보》의 경우 지역과 민족의 중첩된 차별을 언급하며, 향후 조선은행의 운영 방향에 대해서 조선인 산업개발을 위한 자금 공급이 필요함을 역설하여 그 대상을 조선인으로 분명히 하고 있었다. 즉 조선특수사정론에 입각하여 조선과 일본의 경세적 격차를 인정한 위에서 '차별적 보호정책'을 요구한 것으로, 1920년대 조선인 산업개발론과 그 맥락을 같이하고 있다. 즉 1920년대 조선은행에 대한 비판의 핵심은 정리 자체보다는 일본이나 만주에 투자된 돈이 조선(인)에 투자되어야 한다는 것이었다.

이상과 같이 당시 조선은행이 은폐하고 있던 부실의 실태가 언론을 통해 적나라하게 드러나고 있었다. 이를 통해서 당시 조선은행을 대표로 하는 일제의 금융기구가 조선 경제에 어떤 악영향을 미치는지 확인할 수 있다. 또한 조선인들의 눈에 비친 조선은행의 모습, 즉 무능하고 '무위(無爲)'한 조선은행을 당대의 시각에서 평가할 수 있다는 점에서는 그 의미가 크다고 할 수 있다.

한편 조선은행은 자체 정리를 위해 수익을 창출해야 했기 때문에 노골적인 이윤 추구 태도를 보이고 있었다. 조선은행의 상업금융으로의 적극적 진출은 조선 내 최초의 대출 경쟁을 불러일으켜 거래처 쟁탈전으로 비화되고 있을 정도였다. 이와 같은 조선은행의 적극적 영업 전략은 필연적으로 일반은행의 영업 기반을 침탈할 수밖에 없었다. 이러한 조선은행의 태도는 일반은행을 위축시키는 동시에 조선 금융계를 교란시킨다는 비난을 받았다.

4. 1930년대 조선은행을 둘러싼 금융기구 개편 자료

일제시기 조선의 금융기관은 특별법에 의해 설립된 특수은행과 「은행령」의 규제를 받는 일반은행으로 구분된다. 특수은행은 발권은행인 조선은행, 장기 산업자금을 담당하는 조선식산은행 및 동양척식주식회사, 중소 농민과 상공인을 대상으로 한 금융조합 등이 대표적이다. 이들 특수은행에게는 예금 및 일반 대출 등의 일반은행이 수행하는 업무도 허용되었는데, 이러한 특수은행의 상업금융 겸영이 식민지 금융의 가장 큰 문제가 되고 있었다. 특수은행은 은행권 발행 및 채권 발행이라는 특권을 기반으로 자금을 조달할 수 있었던 반면 일반은행은 민간의 예금에만 의존할 수밖에 없어 일반은행으로서는 특수은행과의 경쟁에서 불리할 수밖에 없었다. 따라서 특수은행의 비약적 발전과 일반은행의 정체라는 결과를 낳게 되었다.

특수은행의 일반은행 겸영에 대한 비판은 1920년대 불황으로 인해 일반은행의 경영난이 심화되자 본격적으로 제기되었다. 일반은행 측은 금융체계 개편을 통해 특수은행의 상업금융 업무를 축소시키고, 일반은행이 발전할 수 있는 기반을 마련해야 한다고 요구하였다. 특수은행인 조선은행은 재할인 이외의 대출 업무를 폐지하고, 조선식산은행은 부동산금융만을 전담토록 하여, 일반은행이 상업금융의 핵심을 담당케 한다는 것이 주요 내용이었다. 그러나 총독부의 실제 정책은 '은행합동론'의 입장에서 추진되어 일반은행의 합병을 촉진시키는 동시에 특수은행은 여전히 일반은행 업무를 겸영할 수 있도록 하였다.

1930년대 중반 이후 금융기구 개편 논의가 다시 등장했는데, 그 배경으로 두 가지를 들 수 있다. 하나는 조선은행의 만주 철수로 인해 특수은행 간 업무 조정 문제가 대두되었고, 다른 하나는 조선 공업화 정책이 추진됨에 따라 광공업 금융 강화를 위한 제도적 장치가 필요해졌기 때문이다. 이와 관련하여 조선총독부, 조선은행, 조선식산은행 등 정책 입안과 실행 담당자인 당국과 직접적인 이해관계를 가진 금융기관이 입안한 문건들이 있다. 아래에서 소개한 자료는 각 주체들이 입안한 내부 문건으로 식민지 조선의 금융 문제를 둘러싼 기관별 입장과 대응, 그리고 개편의 지향점을 확인할 수 있다는 점에서 그 의미가 크다고 할 수 있다.

1) 「동아은행(가칭)설립안 요강」(1936.6)

원제목은 「東亞銀行(假稱)設立案綱要」으로 출처는 『昭和財政史資料』 6-32(일본 국립공문서관 소장)이다. 이 문건은 조선은행이 작성하여 1936년 6월에 일본 정부에 제출한 것으로서, 핵심 요지는 조선은행·대만은행·조선식산은행 3행을 합병하여 '동아은행(東亞銀行)'이라는 새로운 은행을 수립할 필요가 있다는 것이다.

문건에서 조선은행은 '동아은행' 신설이 필요한 이유를 먼저 들고 있는데, 조선은행은 일제 대외금융의 가장 큰 단점을 해외에서 일본인들의 통상과 산업 발전을 원조해야 할 "유력한 특수금융기관의 결여"에 있다고 지적하였다. 문건에서는 영국의 홍콩상하이은행과 프랑스의 인도차이나은행 등 서구 제국주의의 대표적인 해외은행의 사례를 들어 식민 본국의 이해를 옹호해 줄 수 있는 대형 해외은행의 필요성을 강조하였다. 대외 금융 확장이라는 국책을 담당하기 위해서는 세 은행이 합병하여 거대 해외은행을 설립할 필요가 있다는 것이다.

또한 동아은행 설립이 필요한 이유를 일제의 대외정책뿐만 아니라 3행 내부에서도 찾고 있었다. 설립 당시에 비해 많은 환경 변화가 있었기 때문에 각 은행에게 요구되었던 역할의 "근본적 수정"이 필요한 시점인 동시에 각 은행이 처한 내부적 사정을 고려해야 한다고 보았다. 먼저 조선은행은 만주 철수[10]로 인해 영업 기반이 축소되어 실적 악화가 예상되는데, 그렇게 되면 1920년대 정리 과정에서 일본 정부에 진 채무를 갚기 어려울 것이라는 것이다. 대만은행 역시 1927년 금융공황 등으로 일본 정부에게서 지원받은 자금 상환이 아직 끝나지 않은 상태이다. 조선식산은행의 경우, 현재는 양호한 실적을 보이나 조선은행이 만주 철수로 인해 조선에 집중한다면 양행의 대립관계가 한층 더 격화될 것이기 때문에 종래의 기득권을 유지한다는 보장이 없다고 보았다.

다음으로 조선은행이 구상한 동아은행의 구체적인 내용은 다음과 같다. 요강의 핵심은 자금 조달력의 확대·강화에 있었는데, 동아은행은 3행이 종래 누렸던 은행권 및 채권 발행의 양 특권을 그대로 계승할 뿐만 아니라 그 한도도 확장될 것이다. 이를 위해 채권 발행을 통한 자금력 강화에 기댈 수밖에 없는데, 그 한도를 납입자본금의 5배까지 가능하도록 규정하고 있다. 이렇게 되면 단순 수치상 동아은행은 종래보다 5억 원 이상의 자금 확보가 가능하다. 즉 동아은행의 자금 조달력 강화의 핵심은 채권 발행에 있었다. 동시에 자본금의 대폭 증액도 희망하여 현재 3행 납입자본금의 3배에 이르는 약 1억 8,000만 엔이 적당하다고 하

10 1936년 말 조선은행의 재만주 20개 지점이 1937년 1월 1일에 신설되는 만주흥업은행에게 이양됨으로써 만주에서 전면 철수하게 되었다.

면서 증액분 전체(자본금의 2/3)를 정부 출자로 할 것을 요구하였다. 이렇게 강화된 자금력을 바탕으로 지점망의 증설, 특히 중국 지역에서의 업무 확장을 기대하고 있었다. 한편 은행 운영과 관련해서는 우선 감독권은 "일원화" 원칙에 따라 대장대신이 행사하도록 하였다. 영업과목은 현재 3행에게 허용된 모든 업무를 그대로 계승하여 발권 업무 및 국고금 취급, 단기 상업금융 및 장기 척식금융까지 총괄할 수 있도록 하였다.

한편 조선은행은 '동아은행' 설립과 관련하여 제기될 수 있는 반론들을 모아 문답안의 형식으로 첨부하였다. 여기서 조선은행이 문제시될 것으로 예상한 것은 크게 두 가지였다. 첫 번째는 일제 해외은행의 대표격인 요코하마정금은행이 있음에도 불구하고 굳이 별도의 은행이 필요한 이유가 있는가? 두 번째는 조선은행 및 대만은행의 해외 지점만을 분리, 합병하는 것도 가능한데, 굳이 3행 전체를 합칠 필요가 있는가라는 반대 의견도 제기될 수 있다고 보았다. 첫 번째 문제 제기에 대해서는 요코하마정금은행은 외환 중심 은행이기 때문에 장단기 대출에 집중해야 할 해외은행의 사명에 부응할 수 없다는 것으로 대응하였다. 두 번째 문제는 양행이 해외 영업점을 상실하게 되면 수익이 감소되어 정리은행에서 벗어나기 어렵다는 점과 조선은행이 조선에 집중케 되면 기존의 은행 간 대립 경쟁이 더 격화될 것이라는 이유를 들고 있다.

이상과 같이 조선은행은 조선 복귀에는 뜻이 없고, 오로지 해외로의 확장에만 관심이 있었다. 사실 이런 태도는 1910년대 만주 진출을 요구한 자료에서도 이미 확인되고 있는 점이다. 이 점에서 이 문건은 이 자료집 'I-2. 1910년대 조선은행 대만주 진출 관련 자료'의 연장선상에 있다고 볼 수 있다.

2) 「조선금융제도 개선 요항」(1936.12)

원제목은 「朝鮮金融制度改善要項」으로 출처는 『昭和財政史資料』 6-32(일본 국립공문서관 소장)이다. 이 문건은 조선총독부가 1936년 12월에 금융제도 개편에 관한 의견서를 대장성에 제출한 것이다. 이 문건에는 조선은행 및 조선식산은행과 동양척식주식회사 등 금융기관 개선의 기본 방향과 해당 법령의 개정안 등이 실려 있다. 총독부가 구상한 개편의 기본 방향을 은행별로 보면 다음과 같다. 우선 조선은행의 경우 일반은행 업무는 폐지하고(관동주 및 중국은 예외) 조선식산은행을 제외한 금융기관과는 "긴밀한 거래 관계"를 맺어 은행의 은행으로서 기능하도록 한다. 그리고 보증준비 발행 한도를 확장할 필요성이 있으며 조선은행에 대한 조선총독의 감독권을 확충하도록 하였다. 즉 조선은행을 실질적인 조선의 중앙은행으로 정립하겠다는 것이 기본 방향임을 알 수 있다. 다음 조선식산은행의 경우 기업금융 및 소액 대출은 폐지케 하고, 정기대출금 상환을 위한 채권 발행은 금지시키는 대신 이를 조선은행에게서 차입하도록 한다. 조선식산은행 개편의 핵심은 대출은 농업 분야에 집중케 하고 조선은행과의 관계를 보다 밀접히 하는 데 있었다. 동양척식주식회사는 일반은행 업무는 폐지하는 대신에 기업 금융을 전담케 하고, 이에 필요한 자금을 공급하기 위해서는 채권을 보다 쉽고 유리하게 발행할 수 있는 방법을 강구하도록 하였다. 또한 조선총독이 동양척식주식회사에 대한 감독권을 인정받아야 한다고 주장하였는데, 구체적으로는 중역에 관한 것 등 중요 사항은 척무대신이 총독과 협의한 뒤에 결정하고, 조선에 관련된 내용은 총독이 행사할 것을 주문하였다. 기타 금융기관의 경우, 일반은행과 무진회사는 합병을 더욱 진전시켜야 하며 도시금융조합은 조합원 이외의 예금 취급을 제한할 필요가 있다고 보았다.

이상과 같이 총독부 개편안의 방향은 식민지 조선 금융의 최대 현안이었던 특수은행의 상업금융 겸영 문제를 해결하고자 한 것으로 보인다. 그러나 특수은행 비대화의 주역인 조선식산은행은 조선은행이나 동양척식주식회사와 달리 상업금융은 유지하는 것으로 되어 있다. 사실 조선은행과 동양척식주식회사가 상업금융에서 차지하는 비중은 조선식산은행에 비해 월등히 적기 때문에 정책의 실효를 거두기 위해서는 식산은행의 겸영을 폐지해야 하는 게 현안 해결의 핵심이지만 그 부분은 분명히 언급되어 있지 않다.

다음으로 총독부는 각 금융기관별로 법령 개정안 요지를 제시하였다. 우선 「조선은행법 개정안」은 감독권과 영업 내용 두 가지에 집중되어 있다. 전자의 경우 1924년 개정으로 완전히 박탈된 조선은행 감독권을 조선총독의 이름으로 다시 부활시키려고 하였다. 후자는 기존 상업금융 등 일반은행 업무 분야를 축소시켰다. 조선식산은행의 경우 16조에서 "조선총독이 지정한 보통은행의 업무를 경영할 수 있다"고 하여 상업금융은 그대로 존치시킬 것을 분명히 하였다. 총독부 안에서는 식민지 조선 금융의 현안인 조선식산은행의 일반은행 업무는 그대로 유지토록 하여 기득권을 최대한 인정하였다. 이는 조선식산은행과 총독부 간의 관계로 보아 조선식산은행에게 유리하게 작성된 것으로 보인다.

3) 「조선식산은행에서 도입하는 단기자금에 관한 요망」

원제목은 「朝鮮殖産銀行の取入れる短期資金に関する要望」으로 출처는 『昭和財政史資料』 6-36(일본 국립공문서관 소장)이다. 이 문건은 1935년 조선식산은행이 대장성에서 자행의 일본 내 단기자금 도입 한도를 제한하려 한다는 소식을 접하자, 이에 대한 입장을 표명함과 동시에 요구사항을 담은 문건을 대장성에 제출한 것이다. 이 문서는 조선식산은행 이

사인 우에노 이사오(植野勳)가 작성한 것[11]으로 우에노는 대장성 예금부 운용과장을 거쳐 1929~1936년까지 이사로 재직하였다.

당시 대장성에서 조선식산은행이 일본 단자시장에서 들여오는 콜머니의 한도액(1,000만 엔)에 차입금을 포함시킴으로써 그 총액을 축소시키는 한편, 이로 인해 발생하는 자금 부족은 조선은행에서 차입하는 것으로 해결하려 한다는 소문이 있었다. 이에 조선식산은행은 콜머니의 한도액에 차입금은 포함시키지 않을 것과 오사카(大阪) 이외에 도쿄(東京)에서도 자금을 조달할 수 있게 해 달라는 요청을 하였다. 당시 조선식산은행은 대장성의 의도가 조선은행을 중심으로 한 조선 금융기구 개편에 있다고 파악하고 자행의 기득권을 지키기 위해서 민감하게 반응하였던 것이다.

조선식산은행은 문건에서 '연혁' 및 '실질'적 이유라는 두 측면에서 대장성의 조치가 부당한 처사라고 반박하였다. 우선 콜머니 1,000만 엔의 한도가 정해진 '연혁'은 1925년 조선은행 정리 과정에서 설정된 것으로 자행과는 직접 관련이 없는 조치였다는 것이다. 또한 국채나 기타 유가증권을 담보로 하는 차입금은 원래 콜머니와는 별개로 총독부나 대장성 당국에서도 문제 삼지 않았던 것이라고 조선식산은행은 주장하고 있다. 조선식산은행은 조선 내 총 대출에서 5분의 3의 비중을 점하기에 이르러 조선에서 필요한 자금 대부분을 공급하였기 때문에 사실상 '조선에서는 중앙은행과 같은 위치'를 차지하였다고 자평하였다. 그 결과 일본 금융시장에서 조선식산은행의 신용도도 충분히 인정되어 일시적으로 부족한 단기자금은 쉽게 조달할 수 있는 위상을 갖추게 되었다는 것이다. 이러한 사실을 무시한 채 대장성이 조선식산은행에게 일본 금융시장에서 물러날 것을 '강요'하는 것은 과거의 실상을 도외시한 단순한 '금융계통론'에 갇힌 논의라고 반박하였다.

11 朝鮮銀行史硏究會 編, 『朝鮮銀行史』, 東洋經濟新報社, 1987, 459쪽.

다음으로 '실질'적인 측면에서 보면 조선식산은행의 자체 신용만으로도 일본 금융시장에서 채권 발행이나 일시적 수요에 의한 단기자금 도입은 충분히 가능하기 때문에 굳이 조선은행에게서 자금을 빌릴 이유가 없다고 반박하였다. 그런데 조선식산은행의 입장에서 더 중요한 것은 만약 조선은행에게서 자금을 조달받는다면 이는 자행이 '종속적 지위'에 서게 되는 것을 의미한다는 점에 있다. 즉 조선식산은행이 조선 금융계에서 차지하는 위상에 큰 타격을 주기 때문에 "조선은행의 원조를 피하고 싶다는 희망을 가지는 것은 자연스러운 일"이라고 속내를 밝히고 있다. 한편 조선은 산업 자금 수요를 자력으로 감당할 여력이 없기 때문에 필요한 자금은 일본에서 조달할 수밖에 없는 것이 현실이다. 그러나 대장성 안에 따라 조선식산은행이 일본 금융시장에서 어렵게 획득한 신용을 포기하고, 자금 도입을 조선은행만으로 한정하게 된다면, 오히려 조선으로의 자금 공급이 원활하게 되지 않을 것이라고 반박하였다. 그리고 조선식산은행의 일본 내 단기자금 도입을 제한하는 것은 조선은행권 발행의 구조적 특질로 인해 실익이 전혀 없다고 반박하였다. 만약 조선은행이 조선식산은행에게 자금을 빌려준다면 그만큼 발행 준비에 충당할 일본은행권이 더 필요하게 될 것이다. 그런데 당시 조선은행은 정화 준비가 부족할 경우 도쿄 단자시장에서 콜머니로 차입하는 경우가 많았다. 따라서 대장성 안대로 한다면 일본 단자시장에서 자금을 공급받는 기관이 조선식산은행에서 조선은행으로 대체된 것에 불과할 뿐 그 내용은 전혀 바뀌지 않는다는 것이다. 더구나 조선식산은행이 일본에서 조달한 자금(일본은행권)은 결국 "전부 조선은행의 정화 준비"가 되어 조선은행으로서는 은행권 발행 여력이 그만큼 증가되기 때문에 오히려 이익이 된다고 강조하였다. 특히 조선에서 자금 수요가 가장 많은 시기인 10~12월에 조선식산은행은 단기자금을 많이 도입하고 조선은행은 제한외발행을 통해서 자금을 조달하고 있는 형편인데, 조선식산은행이 직접 자금 부족을 해결함으로써 조선은행은 오히려 제한외발행을 감소시키는 효과를 볼 수 있다는 것이다. 향후 조선 산업의 발전에 따라 조선식산은행의 자금 수요도 증가될 것은 분명한데 이를 조선은행에서만 구한다면 결국 제한외발행액의 증가로 이어질 가능성이 크기 때문에 오히려 조선은행에게는 불리한 결과를 낳는다고 반박하였다.

조선식산은행은 이 문건에서 일본 금융시장에서의 자금 도입 건에 그치는 것이 아니라 향후 조선 내 금융기구 정비 과정에서 조선식산은행의 영역을 축소시킬 수 있는 전주곡으로 이해하고 적극적으로 방어하고자 한 것으로 이해해야 할 것이다.

5.『조선은행 25년사』

조선은행의 사사(社史)로는『朝鮮銀行五年志』(1915년),『鮮滿經濟十年史』(1919년), 그리고『朝鮮銀行二十五史』(1934년) 이렇게 3권이 존재한다. 5년사의 경우는 그 내용이 너무 소략하고, 10년사의 경우는 그 제목에서 알 수 있듯이 만주에 관련된 내용이 압도적으로 많으며 조선 내 관련 내용 역시 소략한 형편이다. 그리고 25년사의 경우도 풍부한 내용을 담고 있지는 않지만 그나마 창립 이후의 역사를 비교적 장기간 정리했다는 점에서 본 자료에 수록하였다. 본 자료집에는『조선은행 25년사』중 일부를 번역했는데, '제1장 서언'과 '제3장 조선은행의 업무와 실적'을 그 대상으로 삼았다. 조선은행 관련 사료가 매우 희박한 상황에서 조선은행 스스로가 자행의 역사를 어떻게 평가하고 있는지를 확인할 수 있다는 점에서 주목할 만한 사료라고 할 수 있다.

우선 제1장 서언에서는 25년간의 조선은행의 역사를 '해외은행'이라는 관점에서 정리하고 있다. 조선뿐만 아니라 만주 진출과 은행권 유통, 일본의 지점 개설과 그 업무 등을 소개하였다. 조선은행의 창립 이후 자행의 업무를 두고서 "당행의 해외은행이라는 사명에 따른 것"이라고 정리하였다. 즉 조선은행은 일본의 "국운 번영에 수반하여 그 대외 세력의 발전을 위해 어느 정도의 공헌을 하였다고 믿는다"라고 자행의 역할을 평가했는데, 이 점에서 조선은행은 스스로의 정체성을 조선 내 '중앙은행'이 아닌 일제의 대외국책을 수행하는 해외은행으로 정립하고 있음을 분명히 알 수 있다.

제3장에서는 1절 총설에서는 조선은행권 발행과 유통 실태를 개관하고 있다. 은행권 발행고의 추이를 당시 경제 상황 속에서 설명하고 있으며 권종별 발행고도 제시하였다. 다음으로 조선 및 만주에서의 국고 사무의 연혁과 현황을 소개하고 있다. 또한 지금은의 매매 실적 및 전 영업점의 예금 및 대출 실태, 환업무를 내국환과 외국환으로 구별하여 설명하였다. 다음 2절부터는 지역별 연혁을 개관하고 있는데 "제2절 조선에서의 업무의 추이"에서는 정부 재정에 대한 기여, 예금·대출·환업무 등 기본 운용 실태를 서술하였다. 특히 조선의 '중앙은행'으로서 조선 내 금융기관에 대해 어떠한 원조를 실시했는지, 그리고 금리정책에 대해서도 시기별로 설명하였다. "3절 만주에서의 업무의 진전"에서는 조선은행의 만주 진출의 경과를 소개한 후 예금·대출·환업무의 실적을 제시하고 있다. 특히 만주사변에서 조선은행이 어떠한 역할을 수행하였는지를 총 7개 항목으로 정리하였다. "4절 일본 및 해외업무에서의 업무의 상태"에서는 일본 및 중국의 지점 개설 상황 및 예금·대출·환업무의 실적을 제시하였다. 특히 중국에서의 차관 투자를 별도로 설명하고 있다. 러시아 지역은 1910년대 조선은행의 진출 경과를 중심으로 설명하였고, 마지막으로 런던 및 뉴욕의 외국환 취급 실적을 도표로 제시하고 있다.

이 자료집에 수록된 "Ⅱ. 1910년대 조선은행 대만주 진출 관련 자료"에서도 확인할 수 있듯이 조선은행은 조선의 '중앙은행'이라는 설립 목적에서 벗어나고자 하였다. 이 점은 25년사에도 분명히 드러나고 있음을 확인할 수 있다. 그런데 해외은행으로의 지향은 조선은행이 일제의 대외국책을 수행하는 것에서 비롯된 것만은 아니었다. 조선은행의 특권인 독점적 발권력은 일제 국책 수행을 위해 부여된 것이었다. 동시에 상업금융을 겸영하고 있던 조선은행에게 은행권 발행 특권은 이윤 창출의 원천이기도 하였다. 조선은행이 만주에 진출하여 일제 국책 수행의 범위가 확대될수록 발권력의 확장에 따른 자금 운용력은 신장될 수 있었다. 이는 일본 군부의 대륙 침략이라는 국책의 체현기관이 됨으로써 실현될 수 있는 것이었다. 따라서 조선은행이 조선의 '중앙은행'에만 국한된다면 이는 실현 불가능한 것이 된다. 그 결과 조선은행은 식민지 조선의 '중앙은행'이 아니라 '해외은행'으로서의 정체성을 더욱 강하게 가질 수밖에 없었던 것이다.

즉 조선은행의 경우 은행권 발행은 '정화준비+보증준비+제한외발행'으로 구성되는데 보증준비 발행을 제외하고는 모두 발행 비용이 지출되었다. 식민지기 조선은 대일 무역수지 적자로 인해 정화인 일본은행권이 유출되는 구조였고, 조선은행은 일본 단자시장의 콜이나 제한외발행을 통해 부족한 부분을 해결하고 있었다. 그러나 이 방식은 조달 비용이 지출되는 것이기에 조선은행에게는 고스란히 손실로 남게 되었다. 반면 보증준비 발행은 무이자 자금으로 은행권을 발행할 수 있어 조선은행에게는 수익상 가장 선호되는 방식이었다. 그러나 보증준비 발행 한도는 일본 제국의회의 동의를 거쳐야만 했다. 조선은행은 총 네 차례에 걸쳐 한도가 확장되었는데, 이를 검토해보면 발권 준비 사정 및 발행고 추이와 상관없이 일제의 국책에 순응하기 위해 취해진 제도적 조치였다. 조선은행은 영리에 있어 가장 좋은 발행 방식은 보증 준비 확장이기 때문에 정부 국책에 강력하게 순응해야지만 이를 획득할 수 있는 것이었다. 그런데 이 국책이란 다름 아닌 일제의 대외침략이었고, 그 시작이 1910년대 만주 진출이었다. 이 점에서 보면 조선은행의 '해외은행'이란 정체성은 일본 군부의 충실한 수행자가 되는 것, 일제의 대외침략의 선봉에 서는 과정에서 형성, 강화되었던 것이다. 25년사는 이러한 조선은행의 정체성이 고스란히 드러난 자료라 할 수 있다.

1. 「조선은행법」 및 「조선은행정관」

〈자료 01〉 「조선은행법(朝鮮銀行法)」(법률 제48호, 1911년 3월 29일)

(朝鮮銀行史研究會 編, 『朝鮮銀行史』, 東洋經濟新報社, 1987, 828~833쪽)

제1장 총칙

제1조 조선은행은 주식회사로 하고 그 본점을 조선의 경성에 둔다.

제2조 조선은행은 조선총독의 인가를 받아 지점, 대리점을 설치하거나 다른 은행과 '코러스폰던스'[12]를 체약할 수 있다.

조선총독은 필요하다고 인정할 때에는 지점, 대리점의 설치를 명령할 수 있다.

(개정) 1924년 7월 22일 법률 제21호

'조선총독'을 '대장대신'으로 고친다.

제3조 조선은행의 존립 기간은 설립 등기일로부터 50년으로 한다. 단 정부의 인가를 받아 연장할 수 있다.

제4조 조선은행의 자본금은 1,000만 원으로 하고 이를 10만 주로 나누어 1주의 금액을 100원으로 한다. 단 정부의 인가를 받아 자본금을 증가할 수 있다.

제5조 조선은행의 주권은 기명식으로 한다.

제국신민(帝國臣民)이 아니면 조선은행의 주주가 될 수 없다.

제6조 정부는 조선은행의 주식 중 3만 주를 인수하는 것으로 한다.

정부는 전항의 규정에 따라 인수한 주식을 이권(離權)[13]할 수 없다.

---

12 correspondence. 은행 간의 환거래 계약.

13 처분하다.

제2장 중역

제7조 조선은행에 총재 1인, 이사 3인 이상, 감사 2인 이상을 둔다.

(개정) 1918년 4월 1일 법률 제28호

'총재'를 '총재, 부총재 각'으로 고친다.

제8조 총재는 조선은행을 대표하고 그 업무를 총리(總理)한다.

총재에게 사고가 있을 때에는 이사 중 1인이 그 직무를 대리하고 총재가 결원(缺員)일 때에는 그 직무를 행한다.

이사는 총재를 보좌하고 정관이 정한 바에 따라 조선은행 업무를 분장한다.

감사는 조선은행의 업무를 감사한다.

(개정) 1918년 4월 1일 법률 제28호

제3항 중 '이사'를 '부총재 및 이사'로, 제2항을 '부총재는 총재에게 사고가 있을 때에는 그 직무를 대리한다. 총재가 결원일 때에는 그 직무를 행한다'로 고친다.

제9조 총재는 정부가 임명하고 임기를 5년으로 한다.

이사는 100주 이상을 소유한 주주 중에서 주주총회에서 선거한 2배수의 후보자 중에서 조선총독이 임명하고 그 임기는 3년으로 한다.

감사는 50주 이상을 소유한 주주 중에서 주주총회에서 선임하고 그 임기를 2년으로 한다.

(개정) 1918년 4월 1일 법률 제28호

'총재'를 '총재 및 부총재'로 고친다.

(개정) 1924년 7월 22일 법률 제21호

'조선총독'을 '대장대신'으로 고친다.

제10조 총재 및 이사는 명칭 여하를 불문하고 다른 직무 또는 상업에 종사할 수 없다. 단 조선총독의 인가를 받은 때에는 이 제한을 두지 않는다.

(개정) 1918년 4월 1일 법률 제28호

'총재 및 이사'를 '총재, 부총재 및 이사'로 고친다.

(개정) 1924년 7월 22일 법률 제21호

'조선총독'을 '대장대신'으로 고친다.

제3장 주주총회

제11조 통상주주총회는 정관에서 정한 시기에 총재가 소집한다.

제12조 임시주주총회는 임시로 필요한 때에 총재가 소집한다.

제13조 감사 전원 또는 자본의 5분의 1 이상에 해당하는 주주는 회의의 목적인 사항을 제시하여 임시주주총회의 소집을 총재에게 청구할 수 있다.

총재가 전항의 청구를 받은 때에는 임시주주총회를 소집해야 한다.

제14조 주주의 의결권은 1주당 1개로 한다. 단 11주 이상은 10주가 증가할 때마다 1개를 추가한다.

제15조 주주는 주주가 아닌 자를 대리인으로 하여 의결권을 행사할 수 없다. 단 법정대리인은 이 제한을 두지 않는다.

제16조 정관의 변경은 자본의 반액 이상에 해당하는 주주가 출석하여 의결권의 과반수로서 이를 결정한다.

제4장 영업

제17조 조선은행은 다음의 업무를 영업하는 것으로 한다.

1. 환어음, 기타 상업어음의 할인
2. 평상시 거래하는 제 회사, 은행 또는 상인을 위한 어음금의 추심
3. 환 및 하환(荷換)[14]
4. 확실한 담보가 있는 대부

14 화물을 담보로 한 환어음.

5. 제 예금 및 당좌대월 계정

6. 금은화, 귀금속 및 제 증권의 보호 예치

7. 지금은(地金銀)의 매매 및 화폐의 교환

전항 이외에 영업의 형편에 따라 국채증권, 지방채증권, 기타 조선총독이 지정한 확실한 유가증권을 매입할 수 있다.

(개정) 1918년 4월 1일 법률 제28호

제1항에 '8. 신탁의 업무'의 1호를 추가

(개정) 1924년 7월 22일 법률 제21호

'조선총독'을 '대장대신'으로 고친다.

제18조 조선은행은 전조에 게재된 것 외에 조선총독의 인가를 받아 다음의 업무를 영업할 수 있다.

1. 공공단체에 대한 무담보 대부

2. 다른 은행의 업무 대리

(개정) 1924년 7월 22일 법률 제21호

'조선총독'을 '대장대신'으로 고친다.

제19조 조선은행은 영업을 위해 필요한 물건을 취득하거나 또는 채무 변제를 위해 물건을 인수하는 경우를 제외하고는 동산 및 부동산을 소유할 수 없다.

제20조 조선은행은 본법에 기재되지 않은 업무를 영업할 수 없다. 단 조선총독의 명령에 의한 경우는 이 제한을 두지 않는다.

(개정) 1924년 7월 22일 법률 제21호

'조선총독'을 '대장대신'으로 고친다.

제5장 은행권

제21조 조선은행은 은행권을 발행할 수 있다. 단 은행권의 양식 및 종류에 관해서는 조선총독의 인가를 받아야 한다.

전항의 은행권은 조선은행의 본점 및 지점에서 영업시간 중 언제라도 금화 또는 일본은행태환권과 교환하는 것으로 한다. 단 지점에서는 본점에서 준비금이 도달하는 시간까지 교환을 연기할 수 있다.

(개정) 1924년 7월 22일 법률 제21호

'조선총독'을 '대장대신'으로 고친다.

(개정) 1942년 2월 24일 법률 제67호

제2항 중 '금화 또는 일본은행태환권'을 '일본은행권'으로 고친다.

제22조 조선은행은 은행권 발행고에 대해 동액의 금화, 지금은 또는 일본은행태환권을 두어 지불준비에 충당해야 한다. 단 은지금(銀地金)은 지불준비 총액의 4분의 1을 초과할 수 없다.

전항의 지불준비에 의한 것 외에 조선은행은 특별히 3,000만 원을 한도로 국채증권, 기타 확실한 증권 또는 상업어음을 보증으로 하여 은행권을 발행할 수 있다.

전 2항에 규정한 것 외에 시장의 상황에 따라 은행권의 발행이 필요할 때에는 조선총독의 인가를 받아 국채증권, 기타 확실한 증권 혹은 상업어음을 보증으로 하여 발행을 할 수 있다. 이 경우에는 정부의 명령하는 바에 따라 그 발행고에 대해 연 100분의 5 이상의 비율로 발행세를 납부해야 한다.

(개정) 1918년 4월 1일 법률 제28호

제2항 '3,000만 원'을 '5,000만 원'으로 고친다.

(개정) 1924년 7월 22일 법률 제21호

'조선총독'을 '대장대신'으로 고친다.

(개정) 1935년 3월 23일 법률 제1호

'100분의 5'를 '100분의 3'으로 고친다.

(개정) 1937년 8월 11일 법률 제63호

제2항 중 '5,000만 원'을 '1억 원'으로 고친다.

(개정) 1939년 4월 1일 법률 세59호

제2항 중의 '1억 원'을 '당분간 1억 6,000만 원'으로 함

(개정) 1942년 2월 24일 법률 제67조

제1항 중 '일본은행태환권'을 '일본은행권'으로 고친다.

제23조 조선은행이 발행하는 은행권은 조선총독의 관할 지역 내에서 무제한으로 통용하는 것으로 한다.

제24조 조선은행은 은행권의 발행액 및 지불준비에 관련한 매주 평균고표(平均高表)를 관보에 공고해야 한다.

제25조 은행권 제조, 발행, 손권(損券) 교환 및 소각 등의 수속은 조선총독이 정한다.

(개정) 1924년 7월 22일 법률 제21호

'조선총독'을 '대장대신'으로 고친다.

제6장 적립금 및 납부금

제26조 조선은행은 매 영업연도에서 자본의 결손(缺損)을 보충하기 위해 이익의 100분의 8 이상을 적립하고 이익배당의 평균을 얻기 위해 이익의 100분의 2 이상을 적립해야 한다.

제27조 주주에게 배당해야 하는 이익금액이 납입자본에 대해 연 100분의 12의 비율을 초과할 때에는 조선은행은 해당 초과액의 2분의 1을 정부에 납부해야 한다.

(개정) 1941년 3월 3일 법률 제16호

제27조를 다음과 같이 고친다.

제27조 조선은행은 매 영업연도의 이익금에서 다음에 게재된 금액을 공제한 잔액의 4분의 1을 정부에 납부해야 한다.

1. 납입자본금액에 대해 연 6분에 해당하는 금액
2. 전조의 규정에 따라 적립해야 할 금액의 최소액에 해당하는 금액

이익금에서 전 조항 제1호 및 제2호의 금액 및 전항의 규정에 따른 납부금액을 공제한 잔액이 이익금의 10분의 1을 초과할 때에는 그 초과액의 3분의 1을 다시 정부에 납부해야 한다.

제7장 정부의 감독 및 보조

제28조 정부는 조선은행의 업무를 감독한다.

제29조 조선은행이 정관을 변경하고자 할 때에는 조선총독의 인가를 받아야 한다.

(개정) 1924년 7월 22일 법률 제21호

'조선총독'을 '대장대신'으로 고친다.

제30조 조선은행은 주주에게 배당금을 분배하고자 할 때에는 조선총독의 인가를 받아야 한다.

(개정) 1924년 7월 22일 법률 제21호

'조선총독'을 '대장대신'으로 고친다.

제31조 조선총독은 필요하다고 인정할 때에는 은행권의 종류, 발행고, 대부할인의 금액, 방법, 이자 또는 비율, 환 수수료 또는 정화준비 또는 보증준비에 관해 제한을 가할 수 있다.

(개정) 1924년 7월 22일 법률 제21호

'조선총독'을 '대장대신'으로 고친다.

제32조 조선은행이 영업상 법령 또는 정관에 위반하거나 공익을 저해하는 사항이 있다고 인정된 때에는 조선총독은 이를 제지할 수 있다.

(개정) 1924년 7월 22일 법률 제21호

'조선총독'을 '대장대신'으로 고친다.

제33조 조선은행은 조선총독이 정한 바에 따라 그 영업에 관한 제반의 경황 및 계산의 보고서를 제출해야 한다.

(개정) 1924년 7월 22일 법률 제21호

'조선총독'을 '대장대신'으로 고친다.

제34조 조선총독은 특별히 조선은행 감리관을 두어 조선은행의 업무를 감시하게 한다.

(개정) 1924년 7월 22일 법률 제21호

'조선총독'을 '대장대신'으로 고친다.

제35조 조선은행 감리관은 어느 때라도 조선은행의 금고, 장부 및 제반 문서를 검사할 수

있다.

조선은행 감리관은 감시상 필요하다고 인정될 때에는 어느 때라도 조선은행에 명령하여 영업상 제반 계산 및 경황을 보고하게 할 수 있다.

조선은행 감리관은 주주총회, 기타 제반 회의에 출석하여 의견을 진술할 수 있다. 단 의결수에 추가되지는 않는다.

제36조 조선은행의 이익배당금에서 정부 소유 주식 이외의 주식에 대해 매 영업연도에 연 100분의 6의 비율에 달할 때까지는 정부 소유 주식에 대해서는 배당을 할 필요는 없다.

제37조 조선은행의 이익배당금에서 정부 소유 주식 이외의 주식에 대해 매 영업연도에서 연 100분의 6의 비율에 달하지 않을 때에는 정부는 창립 초기의 말일(末日)부터 5년을 한도로 이에 달하는 금액을 보급한다.

(개정) 1924년 7월 22일 법률 제21호

제37조의 다음에 다음 1조를 추가한다.

제37조의 2

본법 중 대장대신의 직무에 속한 사항은 칙령이 정하는 바에 따라 조선총독으로 하여금 이를 행하게 할 수 있다.

제8장 벌칙

제38조 조선은행에서 아래의 사범(事犯)이 있을 때는 총재 또는 총재의 직무를 수행하거나 대리하는 이사를 100원 이상 1,000원 이하의 과료에 처한다. 이 사범이 이사의 분담 업무와 관련이 있을 때에는 이사를 과료에 처하는 것은 역시 동일하다.

1. 제19조, 제20조, 제23조 제1항 또는 제26조의 규정에 위반할 때
2. 본법에 의해 인가를 받아야 할 사항에 관해 그 인가를 받지 않았을 때

(개정) 1918년 4월 1일 법률 제28호

'대리하는 이사'를 '대리하는 부총재'로, '이사의 분담 업무에 관련이 있을 때에는

이사'를 '부총재 또는 이사의 분담 업무에 관련이 있을 때에는 부총재 또는 이사'로 고친다.

제39조 조선은행의 총재 또는 총재의 직무를 수행하거나 대리하는 이사가 제11조 또는 제13조 제2항의 규정을 위반하여 주주총회를 소집하지 않을 때에는 100원 이상 1,000원 이하의 과료에 처한다.

(개정) 1918년 4월 1일 법률 제28호

'이사'를 '부총재'로 고친다.

제40조 조선은행의 총재 또는 이사가 제10조의 규정에 위반할 때에는 20원 이상 200원 이하의 과료에 처한다.

(개정) 1918년 4월 1일 법률 제28호

'총재 또는 이사'를 '총재, 부총재 또는 이사'로 고친다.

제41조 전 3조의 과료에 관해서는 「비송(非訟)사건수속법」 제206조 내지 제208조의 규정에 따른다.

부칙

제42조 본법 시행기일은 칙령으로 정한다.

(1911년 칙령 제203호로서 1911년 8월 15일부터 시행)

제43조 구한국 융희(隆熙) 3년(1909년) 법률 제22호에 의한 한국은행은 조선은행이라고 하고 한국은행 설립일을 본법에 의해 설립된 것으로 간주하며 한국은행이 행한 행위는 조선은행이 행한 것으로 간주한다.

한국은행에 대해 행한 등기는 조선은행에 대해서 행한 등기로 간주하고 등기부의 은행의 명칭은 당연히 변경된 것으로 한다.

제44조 한국은행의 총재, 이사 및 감사는 조선은행의 총재, 이사 및 감사로서 취직한 것으로 간주한다.

제45조 한국은행이 발행한 한국은행권 및 그 발행으로 간주한 주식회사 제일은행의 은

행권은 조선은행에서 발행한 것으로 간주한다.

부칙 (1924년 7월 22일 법률 제21호)

본법 시행기일은 칙령으로 정한다.

(1924년 칙령 제201호로서 1924년 9월 1일부터 시행)

부칙 (1935년 3월 23일 법률 제1호)

본법 시행기일은 칙령으로 정한다.

(1935년 칙령 제32호로서 1935년 4월 1일부터 시행)

부칙 (1937년 8월 11일 법률 제63호)

본법 시행기일은 칙령으로 정한다.

(1937년 칙령 제443호로서 1937년 9월 1일부터 시행)

부칙 (1939년 4월 1일 법률 제59호)

본법 시행기일은 칙령으로 정한다.

(1939년 칙령 제214호로서 1939년 5월 1일부터 시행)

부칙 (1941년 3월 3일 법률 제15호)

본법 시행기일은 칙령으로 정한다.

(1941년 칙령 제340호로서 1941년 4월 1일부터 시행)

1939년 법률 제59호는 이를 폐지한다.

본법은 지나사변 종료 후 1년 이내에 이를 폐지하는 것으로 한다.

「조선은행법」 제22조 및 제24조의 규정은 당분간 이를 적용하지 않는다.

부칙 (1941년 3월 3일 법률 제16호)

본법은 1941년 7월 1일부터 이를 시행한다. 단 이날 이전에 종료한 영업연도의 납부금에 관해서는 종전의 규정에 따른다.

부칙 (1942년 2월 24일 법률 제67호)

본법 시행기일은 칙령으로 정한다.

(1942년 칙령 제439호로서 1942년 5월 1일부터 시행)

〈자료 02〉「조선은행정관(朝鮮銀行定款)」(1911년 8월 15일)

(朝鮮銀行史研究會 編,『朝鮮銀行史』, 東洋經濟新報社, 1987, 833~843쪽)

제1장 총칙

제1조 당 은행은 1911년 법률 제48호「조선은행법」에 따라 설립하며 조선은행이라고 칭한다. 단 영어를 사용할 때에는 The Bank of Chosen이라 칭한다.

제2조 당 은행은「조선은행법」에 따라 은행업을 영업함을 목적으로 한다.

제3조 당 은행은 본점을 경성에 둔다.

제4조 당 은행은 대장대신의 인가를 받거나 또는 조선총독의 명령에 따라 필요한 지역에 지점, 대리점을 설치할 수 있다.

(개정) 1924년 8월 16일

'조선총독'을 '대장대신'으로 고친다.

제5조 당 은행은 조선총독의 인가를 받아 다른 은행과 '코러스폰던스'를 체약할 수 있다.

(개정) 1924년 8월 16일

'조선총독'을 '대장대신'으로 고친다.

제6조 당 은행의 존립기간은 설립등기일로부터 50년으로 한다. 단 주주총회의 결의에 따라 정부의 인가를 받아 그 기간을 연장할 수 있다.

제7조 당 은행의 공고는 관보 및 신문지에 한다. 단 공고해야 할 신문지는 총재가 선정하고 관보로써 이것을 공고해야 한다.

(개정) 1939년 12월 8일(실시 1940년 1월 1일)

제7조를 '당 은행의 공고는 관보로써 한다. 단 총재는 관보에 의해 미리 지정한 신문지로 하여금 위와 동일한 사항을 함께 공고할 수 있다'로 고친다.

(개정) 1941년 8월 20일

'관보'를 '관보 및 조선총독부 관보'로 고친다.

제2장 자본금 및 주식

제8조 당 은행의 자본금은 1,000만 원으로 하고 이를 10만 주로 나누어 1주의 금액을 100원으로 한다. 단 주주총회의 결의에 따라 정부의 인가를 받아 자본금을 증가할 수 있다.

(개정) 1917년 2월 20일

'1,000만 원'을 '2,000만 원'으로, '10만 주'를 '20만 주'로 고친다.

(개정) 1918년 8월 20일

'2,000만 원'을 '4,000만 원'으로, '20만 주'를 '40만 주'로 고친다.

(개정) 1920년 2월 17일

'4,000만 원'을 '8,000만 원'으로, '40만 주'를 '80만 주'로 고친다.

(개정) 1925년 8월 27일

'8,000만 원'을 '4,000만 원'으로, '80만 주'를 '40만 주'로 고치고, '단 주주총회의' 이하 삭제

(개정) 1944년 9월 9일

'4,000만 원'을 '8,000만 원'으로, '40만 주'를 '80만 주'로 고친다.

제9조 당 은행의 주권은 기명식으로 한다.

제국신민이 아니면 당 은행의 주주가 될 수 없다.

제10조 당 은행의 주식 중 3만 주는 정부 소유주로 한다.

(삭제) 1925년 8월 27일

제11조 당 은행의 주권은 1주권, 5주권, 10주권, 50주권, 100주권 및 1,000주권의 6종으로 한다.

제12조 주주가 제1회의 주금을 납입할 때에는 영수증을 교부하여 주권과 교환해야 한다.

주금을 납입할 때마다 주권에 그 금액을 기재하고 총재는 여기에 날인해야 한다.

제13조 주금 제1회의 납입금액은 자본금의 4분의 1로 한다.

제14조 주금 제2회 이후의 납입의 기일, 방법 및 금액은 영업의 형편에 따라 총재가 이를 정한다. 최소한 2주일 이전에 이 내용을 각 주주에게 통지하고 동시에 이를 공고

해야 한다. 단 그 납입금액은 매회 1주당 25엔보다 많아서는 안 된다.

제15조 주주가 만약 주금 납입을 게을리할 때는 그 납입기일의 다음 날부터 실제 납입일까지의 체납금에 대해 100원당 1일 4전의 비율에 해당하는 배상금을 징수해야 한다.

제16조 주주 및 그 법정대리인은 인감 및 주소를 당 은행에 신고해야 하고 이를 변경할 때에도 역시 동일하다. 단 인감 또는 법정대리인의 권한에 대해 당 은행에서 증명을 청구할 때는 그 수속을 해야 한다.

(개정) 1939년 12월 8일(실시 1940년 1월 1일)

'주주'를 '주주, 등록 질권자(質權者)'로 고친다.

제17조 당 은행의 주식을 양도할 경우에는 주권 뒷면에 당사자 쌍방이 기명날인하고 여기에 연서(連署)한 명의개서청구서를 첨부하여 당 은행에 제출해야 한다.

전항의 청구를 받은 때에는 당 은행은 주주명부에 기입의 수속을 하고 주권 뒷면에 총재가 기명 날인한 후 환부해야 한다.

상속, 유증(遺贈)[15] 등에 의해 당 은행의 주식을 취득할 때에는 취득자만 주권 뒷면에 기명 날인하여 정식의 증명서를 첨부해야 한다.

(개정) 1939년 12월 8일(실시 1940년 1월 1일)

제1항 중 '주권 뒷면에 당사자 쌍방이 기명 날인하고 여기에 연서한 명의개서청구서를 첨부하여 당 은행에 제출해야 한다'를 '당 은행에서 정한 명의개서청구서에 주권을 첨부하여 제출해야 한다'로 고친다.

제3항 중 '취득자만 주권 뒷면에 기명 날인하여 정식의 증명서를 첨부해야 한다'를 '당 은행에서 정한 명의개서청구서에 주권 및 취득 원인을 증명할 서류를 첨부하여 제출해야 한다'로 고친다.

제18조 당 은행의 주권을 멸실(滅失)한 때에는 주주는 그 사유 및 종류, 금액, 번호를 상세히 기재하여 당 은행이 만족하는 2명 이상의 보증인을 세워 당 은행에 신고하여 신주권의 교부를 청구할 수 있다.

---

15 유언에 따라 재산을 무상으로 물려줌.

전항의 청구를 받아 증적(證跡)[16]이 판명된 때에는 당 은행은 신주권을 교부해야 한다. 그 증적이 판명되지 않는 경우에는 분실 및 도난의 예에 따른다.

(개정) 1939년 12월 8일(실시 1940년 1월 1일)

제18조를 다음과 같이 고친다.

제18조 당 은행의 주식으로서 질권(質權)의 목적으로 삼는 경우 그 등록을 청구하고자 하는 자는 당 은행에서 정한 서식에 따라 청구서에 주권을 첨부하여 제출해야 한다.

전항의 청구를 받은 때에는 당 은행은 질권자의 씨명(氏名)과 주소를 주주명부에 기재한다. 단 그 씨명을 주권 뒷면에 기재한 후 총재가 기명 날인하여 환부해야 한다.

질권의 이전 등록 및 질권의 말소에 대해서는 전 2항에서 정한 바에 준한다.

第19조 당 은행의 주권을 분실하거나 또는 도난당했을 때에는 주주는 그 종류, 금액, 번호를 상세히 기재하여 그 내용을 당 은행에 신고하여 신주권의 교부를 청구할 수 있다.

전항의 청구를 받았을 때에는 당 은행은 청구인의 비용으로서 그 내용을 공고하여 1개월이 경과한 후 당 은행이 만족하는 2명 이상의 보증인을 세워서 신주권을 교부해야 한다.

전항의 기간 내에 청구인이 해당 주권을 발견한 때에는 바로 당 은행에 신고해야 하고 당 은행은 전항의 예에 따라 그 내용을 공고해야 한다.

(개정) 1939년 12월 8일(실시 1940년 1월 1일)

제19조를 다음과 같이 고친다.

제19조 주권의 상실로 인해 재교부를 청구하고자 하는 자는 당 은행에서 정한 서식에 따른 청구서에 제권(除權) 판결의 정본 또는 등본을 첨부하여 제출해야 한다.

第20조 멸실, 분실 또는 도난의 신고가 있는 주권에 관해 고장(故障)의 신청을 할 자가 있

16 증거가 될 만한 흔적.

을 때에는 당 은행은 재판소의 확정 판결에 따른 것이 아니면 신주권을 교부할 수 없다.

(삭제) 1939년 12월 8일(실시 1940년 1월 1일)

제21조 주권이 오염 또는 훼손되었을 때에는 주주는 그 사유를 상세히 기재하여 해당 주권을 첨부하여 당 은행에 제출하고 신주권의 교부를 청구할 수 있다.

전항의 청구를 받아 그 주권을 심사하여 진정한 것으로 인정될 때는 당 은행은 신주권을 교부해야 한다. 그 진정한 것을 감별하기 어려울 경우에는 분실 및 도난의 예에 따른다.

(개정) 1939년 12월 8일(실시 1940년 1월 1일)

제1항 중 '주권 오염'을 '주권을 오염'으로 고친다.

제2항 중 '그 진정한 것을' 이하 삭제

제22조 당 은행은 주주의 청구에 따라 주권의 종류를 변경해야 한다. 단 신주권 1장당 20전의 수수료를 청구인에게 징수해야 한다.

(개정) 1943년 8월 19일

'20전'을 '30전'으로 고친다.

제23조 당 은행은 주권의 명의개서의 경우에는 1장당 5전의 수수료를 멸실, 분실, 도난 또는 오염, 훼손 등에 의해 신주권 교부의 경우에는 1장당 20전의 수수료를 청구인에게 징수해야 한다.

(개정) 1939년 12월 8일(실시 1940년 1월 1일)

제23조를 다음과 같이 고친다.

> 제23조 당 은행은 주식의 명의개서 및 질권의 설정, 이전 등록 및 말소의 경우에는 1장당 10전의 수수료를 상실 또는 오염, 훼손 등에 의한 신주권 교부의 경우에는 1장당 30전의 수수료를 청구인에게 징수해야 한다.

제24조 당 은행은 통상주주총회 전 1개월 이내 주권의 명의개서를 정지한다. 단 이 경우에는 미리 그 내용을 공고해야 한다.

(개정) 1939년 12월 8일(실시 1940년 1월 1일)

제1항 중 '주권의 명의개서를 정지한다'를 '주식의 명의개서 및 질권의 설정, 이전

등록 및 말소를 정지한다'로 고친다.

(개정) 1944년 9월 9일

제24조를 다음과 같이 고친다.

제24조 당 은행은 5월 3일 및 11월 3일부터 각 다음 달에 소집하는 통상주주총회 종료의 당일까지 주식의 명의개서를 정지한다.

전항 이외에 당 은행에서 필요하다고 인정하는 경우는 미리 공고를 하여 1개월 이내에 주식의 명의개서를 정지할 수 있다.

전 2항에 따라 명의개서를 정지한 경우에는 질권과 관련된 등록 및 말소도 역시 이를 정지한다.

제3장 중역

제25조 당 은행에 총재 1인, 이사 3인 이상, 감사 2인 이상을 둔다.

(개정) 1918년 4월 17일

제25조를 '당 은행에 총재, 부총재 각 1인, 이사 3인 이상, 감사 2인 이상을 둔다'로 고친다.

제26조 총재는 그 임기를 5년으로 하고 정부가 임명하는 것으로 한다.

이사는 그 임기를 3년으로 하고 100주 이상을 소유한 주주 중에서 주주총회에서 2배의 후보자를 선거하여 조선총독이 이 중에서 임명하는 것으로 한다.

감사는 그 임기를 2년으로 하고 50주 이상을 소유한 주주 중에서 주주총회에서 선거한다.

이사 또는 감사에 결원이 있을 때에는 주주총회를 소집하여 보결선거를 해야 한다. 단 조선총독의 인가를 받았을 때에는 보결선거는 다음의 주주총회까지 연기할 수 있다.

(개정) 1918년 4월 17일

제1항 중 '총재'를 '총재 및 부총재'로 고친다.

(개정) 1924년 8월 16일

제2항 및 제4항 중 '조선총독'을 '대장대신'으로 고친다.

제27조 이사는 그 소유에 관계된 당 은행의 주권 각 100주를 재임 중 감사에게 공탁할 것을 필요로 한다.

전항의 주권은 본인이 퇴직을 하더라도 해당 기간에 속한 결산보고가 주주총회의 승인을 얻은 후가 아니라면 이를 돌려받을 수 없다.

제28조 총재의 직무권한은 다음과 같다.

1. 총재는 일체의 업무에 있어 당 은행을 대표한다.
2. 총재는 법률 명령 및 정관의 규정 및 주주총회 및 중역회의 결의에 따라 당 은행 일체의 사무를 집행한다.
3. 총재는 주주총회 및 중역회 의장이 된다.

제29조 총재에게 사고가 있을 때에는 총재는 이사 1인으로 하여금 그 직무를 대리하게 한다.

총재가 결원일 때는 정부가 지명한 이사가 총재의 직무를 행한다.

(개정) 1918년 4월 17일

제29조를 '부총재는 총재에게 사고가 있을 때에는 그 직무를 대리하고 총재가 결원일 때는 그 직무를 행한다'로 고친다.

제30조 이사는 총재를 보좌하고 총재의 명령을 받아 당 은행의 업무를 분장한다.

(개정) 1918년 4월 17일

'이사'를 '부총재 및 이사'로 고친다.

제31조 감사는 당 은행의 업무를 감사한다.

제32조 총재 및 이사 1개년 보수액은 아래와 같다.

1. 총재: 6,000원
2. 이사: 1급 4,000원
   2급 3,000원

감사의 보수액은 주주총회의 결의로써 정한다.

총재 및 이사에 대해서는 수당을 지급할 수 있다. 그 액수는 조선총독이 정한 바에 따른다.

(개정) 1918년 4월 17일

제1항을 다음과 같이 고친다.

1. 총재: 6,000원

2. 부총재: 5,000원

3. 이사: 1급 4,000원

2급 3,000원

제3항 중 '총재 및 이사'를 '총재, 부총재 및 이사'로 고친다.

(개정) 1924년 8월 16일

제3항 중 '조선총독'을 '대장대신'으로 고친다.

(개정) 1944년 9월 9일

제32조를 다음과 같이 고친다.

제32조 총재, 부총재, 이사 및 감사의 보수는 주주총회의 결의로써 정한다.

제4장 중역회

제33조 중역회는 총재 및 이사로서 조직한다.

(개정) 1918년 4월 17일

'총재 및 이사'를 '총재, 부총재 및 이사'로 고친다.

제34조 중역회는 당 은행의 중요한 업무를 의결한다.

제35조 중역회는 필요한 경우에 총재가 소집한다.

중역회는 회원의 절반 이상이 출석하지 않으면 개회할 수 없다. 단 회원 중 질병, 여행, 기타 사고가 있어 정수를 채우지 못할 경우에도 그 일이 시급(施急)을 요할 때에는 출석한 회원으로 이를 결의하고 다음의 중역회에 그 내용을 보고해야 한다.

의사는 다수로서 결정한다. 가부 동수일 때에는 의장이 결정한다.

제36조 중역회에서 결의한 사항은 결의록에 기재하고 출석회원은 여기에 기명 날인해야

한다.

第5장 주주총회

第37조 주주총회는 통상, 임시의 두 종류로 나눈다.

(개정) 1939년 8월 15일

제37조에 '주주총회는 도쿄시에서 소집한다'의 1항을 추가한다.

(개정) 1943년 8월 19일

'도쿄시'를 '도쿄도'로 고친다.

第38조 통상주주총회는 매년 2월, 8월에 두 번 개최한다. 그 일시, 장소 및 회의의 목적인 사항은 총재가 정하며 최소한 개회일로부터 2주 전까지 각 주주에게 통지해야 한다.

(개정) 1943년 8월 19일

'2월, 8월'을 '6월, 12월'로 고친다.

第39조 임시주주총회는 다음의 경우에 한해 개최한다. 그 일시 및 장소는 총재가 정하며 회의의 목적인 사항과 함께 최소한 개회일로부터 2주 전까지 각 주주에게 통지해야 한다.

1. 총재가 필요하다고 인정할 때
2. 감사 전원이 회의의 목적인 사항을 제시하며 그 소집을 청구할 때
3. 자본의 5분의 1 이상에 해당하는 주주가 총회의 목적인 사항 및 그 소집 이유를 기재한 서면을 제출하며 그 소집을 청구할 때

전항 제2호 및 제3호의 청구를 받은 때에는 총재는 2주 이내에 소집 수속을 해야 한다.

第40조 각 주주의 의결권은 그 소유주식 수 1주당 1개로 하고, 11주 이상은 10주가 증가할 때마다 1개를 추가한다.

第41조 주주는 대리인으로 하여금 총회에 출석하여 의결권을 행사하게 할 수 있다. 단 그

대리인은 법정대리인 또는 당 은행의 주주로 한정한다.

당 은행의 역원 및 사용인은 법정대리인이 되는 경우를 제외하고는 어떠한 경우라도 대리인이 될 수 없다.

제42조 주주총회의 결의는 출석 주주의 의결권 과반수로써 이를 한다. 가부 동수일 때에는 의장의 결정에 따른다. 단 정관의 변경은 자본의 절반 이상에 해당하는 주주가 출석하고 의결권의 과반수로써 이를 결정한다.

제43조 주주총회에서 결의한 사항은 이를 결의록에 기재하고 총재, 이사 및 감사는 기명 날인해야 한다.

(개정) 1918년 4월 17일

'총재, 이사 및 감사'를 '총재, 부총재, 이사 및 감사'로 고친다.

(개정) 1939년 12월 8일 (실시 1940년 1월 1일)

제43조를 다음과 같이 고친다.

> 제43조 주주총회에서 의사 경과의 요령 및 결과는 의사록에 기재하고 의장 및 출석한 부총재, 이사, 감사는 기명 날인해야 한다.

제44조 주주총회 출석 명부는 총재, 이사 및 감사가 기명 날인한 뒤 결의록에 부철(附綴)해야 한다.

(개정) 1918년 4월 17일

'총재, 이사 및 감사'를 '총재, 부총재, 이사 및 감사'로 고친다.

(개정) 1939년 12월 8일 (실시 1940년 1월 1일)

'총재, 이사 및 감사'를 '의장 및 출석한 부총재, 이사 및 감사'로, '결의록'을 '의사록'으로 고친다.

제6장 영업

제45조 당 은행의 업무는 아래와 같다.

1. 환어음, 기타 상업어음의 할인

2. 평상시 거래하는 제 회사, 은행 또는 상인을 위한 어음금의 추심

3. 환 및 하환(荷換)

4. 확실한 담보가 있는 대부

5. 제 예금 및 당좌대월계정

6. 금은화, 귀금속 및 제 증권의 보호예치

7. 지금은(地金銀)의 매매 및 화폐의 교환

전항 이외에 영업의 형편에 따라 국채증권, 지방채증권, 기타 조선총독이 지정한 확실한 유가증권을 매입할 수 있다.

(개정) 1918년 4월 17일

제1항에 '8. 신탁의 업무'의 1호를 추가한다.

(개정) 1924년 8월 16일

'조선총독'을 '대장대신'으로 고친다.

제46조 당행은 전조에 게재된 것 이외에 조선총독의 인가를 받아 아래의 업무를 영업할 수 있다.

1. 공공단체에 대한 무담보대부

2. 다른 은행의 업무대리

(개정) 1924년 8월 16일

'조선총독'을 '대장대신'으로 고친다.

제47조 당 은행은 일본은행의 위탁이 있을 때에는 국고금 출납 관련 사무를 취급할 수 있다.

제48조 당 은행은 본 정관에 규정되어 있지 않은 업무는 영업할 수 없다. 단 조선총독의 명령을 따를 경우는 이 제한을 누지 않는다.

(개정) 1924년 8월 16일

'조선총독'을 '대장대신'으로 고친다.

제49조 당 은행은 영입을 위해 필요한 물건을 취득하거나 또는 채무 변제를 위해 물건을 인수한 경우를 제외하고는 동산 및 부동산을 소유할 수 없다.

채무 변제를 위해 인수한 동산은 6개월 이내에, 부동산은 1년 이내에 매각해야 한

다. 단 매수인이 없거나 또는 매수인이 있더라도 그 대가가 부적당한 것으로 인정될 때는 조선총독의 인가를 받아 이를 연기할 수 있다.

(개정) 1924년 8월 16일

제2항 중 '조선총독'을 '대장대신'으로 고친다.

제50조 당 은행은 어떠한 경우라도 당 은행의 역원 및 사용인에게 대부를 해서는 안 된다.

제7장 은행권

제51조 당 은행은 은행권을 발행한다.

제52조 은행권은 당 은행 본점 및 지점에서 영업시간 중 어느 때라도 금화 또는 일본은행태환권과 교환할 수 있다. 단 지점에서는 본점에서 준비금이 도달할 때까지 그 교환을 연기할 수 있다.

(개정) 1942년 8월 20일

'금화 또는 일본은행태환권'을 '일본은행권'으로 고친다.

제53조 당 은행은 은행권 발행고에 대해 동액의 금화, 지금은(地金銀) 또는 일본은행태환권을 두고 그 지불준비에 충당해야 한다. 단 은지금(銀地金)은 지불준비 총액의 4분의 1을 초과할 수 없다.

전항의 지불준비에 의한 것 외에 3,000만 원을 한도로 하여 국채증권, 기타 확실한 증권 또는 상업어음을 보증으로 하여 은행권을 발행할 수 있다.

(개정) 1918년 4월 17일

제2항 중 '3,000만 원'을 '5,000만 원'으로 고친다.

(개정) 1937년 9월 1일

제2항 중 '5,000만 원'을 '1억 원'으로 고친다.

(개정) 1942년 8월 20일

제1항 중 '일본은행태환권'을 '일본은행권'으로 고친다.

제54조 당 은행은 전조에서 규정하는 것 외에 시장 상황에 따라 조선총독의 인가를 받아

전조 제2항에 기재된 증권 또는 어음을 보증으로 하여 은행권을 발행할 수 있다.

(개정) 1924년 8월 16일

'조선총독'을 '대장대신'으로 고친다.

제55조 전 2조에서 지금은의 준비가격 및 국채증권, 기타 증권의 보증가격은 조선총독의 인가를 받아 정하는 것으로 한다.

(개정) 1924년 8월 16일

'조선총독'을 '대장대신'으로 고친다.

(개정) 1939년 5월 1일

제55조의 다음에 다음의 1조를 추가한다.

제55조의 2 제53조 제2항 중 1억 원으로 한 것은 1939년 법률 제59호에 따라 당분간 1억 6,000만 원으로 한다.

(개정) 1941년 4월 18일

제55조의 2 삭제

제56조 당 은행은 은행권의 발행액 및 지불준비에 관한 매주 평균고표(平均高表)를 관보에 공고해야 한다.

제8장 계산

제57조 당 은행은 영업연도를 매년 1월부터 6월까지 및 7월부터 12월까지로 하고, 매 영업연도가 끝나면 제 감정(勘定)을 결산해야 한다.

전항의 결산이 끝난 후 총재는 재산목록, 대차대조표, 영업보고서, 손익계산서 및 이익배당안을 통상주주총회에 제출해야 한다.

(개정) 1943년 8월 19일

제1항 중 '1월부터 6월까지'를 '4월부터 9월까지'로, '7월부터 12월까지'를 '10월부터 다음 해 3월까지'로 고친다.

제58조 이익금 분배의 방법은 총 이익금에서 영업비와 기타 제반 비용 및 제반 손실을 제

외한 잔액을 이익으로 하여 다음의 비율로서 분배해야 한다.

1. 이익금 100분의 8 이상: 손실보전 준비금

2. 이익금 100분의 2 이상: 배당평균 준비금

3. 이익금 100분의 10 이내: 역원 상여금 및 교제비

4. 이익금에 전기 이월금을 더한 금액에서 전 3호의 금액을 제외한 잔액을 납입자본금에 대해 연 100분의 6의 비율로서 배당해야 한다.

이익금에 전기 이월금을 더한 금액에서 전항 각호의 금액을 공제한 잔액이 있을 때에는 납입자본금에 대해 재배당을 하거나 또는 특별적립금 또는 후기 이월금으로 해야 한다.

이익금 중 제1항 제1호 내지 제3호의 금액을 공제한 잔액이 납입자본금에 대해 연 100분의 12의 비율을 초과할 때에는 그 초과액의 2분의 1을 정부에 납부해야 한다.

(개정) 1941년 4월 18일 (실시 1941년 7월 1일)

제58조를 다음과 같이 개정한다.

제58조 이익금 처분의 방법은 총 이익금에서 영업비, 기타 제반 비용 및 제반 손실을 제외한 잔액을 이익으로 하여 다음과 같이 처분해야 한다.

1. 손실보전 준비금: 이익금 100분의 8 이상

2. 배당평균 준비금: 이익금 100분의 2 이상

3. 역원 상여금 및 교제비: 이익금 100분의 10 이내

4. 이익금에서 전기 이월금을 더한 금액에서 납부금액 및 전 3호의 금액을 공제한 잔액을 주주배당금, 특별적립금 또는 후기 이월금으로 해야 한다.

이익금에서 납입자본 금액에 대해 연 6%에 해당하는 금액 및 전항 제1호 및 제2호의 적립금의 각 최소액에 해당하는 금액을 공제한 잔액의 4분의 1을 정부에 납부해야 한다.

이익금에서 납입자본 금액에 대해 연 6%에 해당하는 금액, 제1항 제1호 및 제2호의 적립금의 각 최소액에 해당하는 금액 및 전항에 따른 납부금액을 공제한 잔액이 이익금의 10분의 1을 초과할 때에는 그 초과액의 3분의 1을

정부에 납부해야 한다.

(개정) 1943년 12월 1일

제1항 제2호의 다음에 제3호를 추가하고, 제3호를 제4호로 하고, 또 제4호를 제5호로서 다음과 같이 개정한다.

3. 납세 적립금: 법령에서 정한 금액
4. 역원 상여금 및 교제비: 이익금 100분의 10 이내
5. 이익금에 전기 이월금을 더한 금액에서 납부 금액 및 제1호, 제2호 및 제4호의 금액을 공제한 잔액을 주주배당금, 특별적립금, 또는 후기 이월금으로 해야 한다.

또한 제3항의 다음에 다음의 1항을 추가한다.

제1항 제1호, 제2호, 제4호, 제5호, 제2항 및 제3항의 이익금은 제1항의 이익에서 제1항 제3호의 납세 적립금을 공제한 것으로 한다.

(개정) 1944년 9월 9일

제1항 제4호 및 제5호를 다음과 같이 고친다.

4. 역원 상여금: 이익금의 100분의 10 이내
5. 이익금에 전기 이월금을 더한 금액에서 납부 금액 및 제1호, 제2호 및 제4호의 금액을 공제한 잔액을 주주배당금, 특별적립금, 후기 이월금, 기타로 해야 한다.

第59조 당 은행의 이익배당금이 정부 소유주식을 제외한 주식에 대해 매 영업연도에 연 100분의 6의 비율에 달할 때까지는 정부 소유주식에 대한 배당을 하지 않고 다른 주식에 대해 배당하는 것으로 한다.

第60조 당 은행의 이익배당금이 정부 소유주식을 제외한 주식에 대해 연 100분의 6의 비율에 달하지 않을 때에는 창립 초기의 말일부터 5년간을 한도로 이에 달하는 금액의 보급을 정부에게서 받는 것으로 한다.

第61조 당 은행의 이익배당금이 총 주식에 대해 연 100분의 6의 비율에 달하지 않을 때에는 우선 정부 소유주식을 제외한 주식에 대해 연 100분의 6의 배당을 하고 그 잔액을 정부 소유주식에 배당하는 것으로 한다.

제62조 당 은행은 조선총독의 인가를 받은 후에 주주에게 이익금의 배당을 하는 것으로 한다.

이익금의 배당은 그 배당을 결의한 주주총회 당일 주주에게 지급하는 것으로 한다.

배당금 지급 기일은 총재가 정하며 주주에게 통지해야 한다.

(개정) 1924년 8월 16일

'조선총독'을 '대장대신'으로 고친다.

(개정) 1939년 12월 8일 (실시 1940년 1월 1일)

제1항 중 '주주에게'를 삭제

제2항 및 제3항 중 '주주에게'를 '주주 또는 등록질권자(質權者)에게'로 개정

(개정) 1917년 2월 20일

제62조 다음에 부칙으로서 다음 제1조를 추가한다.

제63조 당 은행 자본금 중 1,000만 원은 1917년 2월 20일 주주총회의 결의에 따라 증가한다. 제1차 증가된 자본금 중 300만 원에 대한 주식 3만 주는 액면가 이상으로 발행한다.

(개정) 1918년 8월 20일

제63조를 다음과 같이 개정한다.

당 은행 자본금 중 1,000만 원은 1917년 2월 20일, 2,000만 원은 1918년 8월 20일 주주총회의 결의에 따라 증가한다. 제1차 및 제2차 모두 증가된 자본금 중 300만 원에 대한 주식 3만 주는 액면가 이상으로 발행한다.

(개정) 1920년 2월 17일

제63조를 다음과 같이 개정한다.

당 은행 자본금 중 1,000만 원은 1917년 2월 20일, 2,000만 원은 1918년 8월 20일, 4,000만 원은 1920년 2월 17일 주주총회의 결의에 따라 증가한다. 제1차 및 제2차 모두 증가된 자본금 중 300만 원에 대한 주식 3만 주, 제3차 증가된 자본금 중 200만 원에 대한 주식 2만 주는 액면가 이상으로 발행한다.

(개정) 1925년 8월 27일

제63조 말미에 다음의 문구를 추가한다.

1925년 8월 27일 주주총회의 결의에 따라 자본금을 4,000만 원으로 감소한다.

(개정) 1944년 9월 9일

제63조 말미에 다음의 문구를 추가한다.

1944년 9월 9일 주주총회의 결의에 따라 자본금을 8,000만 원으로 증가한다.

(개정) 1941년 4월 18일 개정

제63조의 다음에 다음의 1조를 추가한다.

제64조 당 은행은 1941년 법률 제15호에 따라 당분간 제53조, 제54조, 제55조 및 제56조의 규정에 불구하고 본조의 규정에 따라 은행권을 발행한다.

1. 당 은행은 대장대신이 정하는 금액을 한도로 은행권을 발행할 수 있다.
2. 당 은행은 필요하다고 인정될 때에는 대장대신의 인가를 받아 전호의 금액을 초과하여 은행권을 발행할 수 있다.
3. 당 은행은 은행권 발행고에 대한 보증으로서 동액의 금화, 지금은(地金銀), 태환은행권, 일본은행에 대한 예금, 국채증권, 기타 확실한 증권 또는 상업어음을 보유할 필요가 있다.
4. 당 은행은 대장대신이 정한 바에 따라 은행권 발행고를 관보에 공고해야 한다. 전항 제3호의 지금은 및 국채증권, 기타 증권의 보증가격은 대장대신의 인가를 받아 정하는 것으로 한다.

(개정) 1942년 8월 20일

제64조의 제1항 중 '태환은행권'을 '일본은행권'으로 고친다.

(개정) 1944년 9월 9일

제64조의 다음에 다음의 1조를 추가한다.

제65조 「조선회사등임시조치령(朝鮮會社等臨時措置令)」 시행 중에 당 은행에 관한 특례에 대해서는 다음의 규정을 따르는 것으로 한다.

1. 주주총회의 소집은 주주에 대한 통지에 대신하여 개회일 3주 전에 총회를 개최하는 취지 및 회의의 목적인 사항을 공고하여 소집한다.
2. 다음의 사항에 대해서는 주주총회의 결의에 따르지 않고, 중역회의 결의에 따른다.

(1) 자본의 20분의 1을 초과하지 않는 대가로서 하는 영업 일부의 양도(讓渡)

(2) 자본의 20분의 1을 초과하지 않는 대가로서 하는 다른 회사의 영업 전부의 양수(讓受)

(3) 총재, 부총재, 이사 및 감사가 받아야 할 보수의 결정

2. 1910년대 조선은행 대만주 진출 관련 자료

〈자료 03〉 조선은행 의견서, 「조선은행의 과거와 장래」

(朝鮮銀行意見書, 「朝鮮銀行ノ過去及將來」, 『勝田家文書』 57-3, 1912년 12월조)

조선은행이 설립한 후 3년이 경과되었는데, 당행이 조선의 재계(財界)에 대해 어떠한 공헌을 하였고 또 장래 어떻게 활동할 것인가를 서술하여 당국의 가르침을 받고자 합니다.

제1절 종래의 영업 상황

제1항 정부에 대한 융통

당행이 과거 3개년간 미력하나마 그 자력(資力)을 경주하여 봉공의 성을 다하고자 한 것은 정부에 대한 대상금(貸上金)[17]입니다. 현재 그 개요를 기재함에 설립 당시의 한국 정부에 대한 대상금은 798만 엔으로 병합 이후에도 총독부에 대해 같은 금액의 대상(貸上)을 계속하였습니다. 다만 1911년 3~8월까지의 대상금 합계는 209만 엔으로 감소하였는데, 1911년 9월 이후는 다시 증가하여 1912년 3월에는 1,200만 엔에 이르게 되고 9월에는 실로 1,459만 엔에 달하였습니다. 생각건대 이들 대상금이 정부 재정에 대해서는 매우 적은 비중[九牛一毛]에 불과하다 할지라도 위 대상금이 당행의 대출 전체에 대해서 어느 정도의 비율을 점하는가를 보게 되면 당행이 그 자력을 다함으로써 정부 재정에 공헌하고자 한 진심을 알 수 있으리라고 믿습니다. 당행은 설립 당시에는 제일은행에 대한 은행권 소각자금으로서 798만 엔을 20년간에 걸친 고정대출로 실시했기 때문에 당행의 진정한 융통력에 대한 대상금

17 중앙은행이 정부에게 빌려준 대출금.

의 비율을 보려면 총대출고 중에서 위 은행권 소각자금 대부액을 제외해야만 합니다. 현재 앞에서 말한 바에 따라서 산출한 총대출고와 이에 대한 정부대상금의 비율은 아래와 같습니다.

연차	총대출고	정부대상금	비율
1909. 12 말	11,735,000	7,979,000	0.679
1910. 6 말	12,983,000	8,585,000	0.661
12 말	14,707,000	7,329,000	0.498
1911. 6 말	10,997,000	2,094,000	0.190
12 말	14,805,000	4,594,000	0.310
1912. 6 말	23,685,000	12,094,000	0.510
9 말	25,221,000	14,594,000	0.578
11 말	26,527,000	10,094,000	0.380

비고) 이 표의 총대출고라는 것은 잔고표상의 총대출고 중에서 제일은행에 대한 은행권 소각자금 대부고를 제외한 것을 말한다. 이하 동일하다.

위 표에 따르면 당행이 정부 재정을 위해 융통한 자금의 비율이 결코 감소하지 않았음을 알 수 있습니다. 더구나 당행은 정부대상금 이외에도 정부의 내명(內命)에 따라 공채의 형식으로 대상금을 보유하고 있기 때문에 이들 양자를 합계한 금액으로 총대출고에 비교할 때에는 정부 재정에 대한 당행의 진실한 입장을 명확하게 할 수 있을 것입니다. 그 대조표는 아래와 같습니다.

연차	총대출고	정부대상금 · 도장공채[18] · 은사공채[19]	비율
1909. 12 말	11,735,000	7,979,000	0.679
1910. 6 말	12,983,000	8,702,000	0.670
12 말	14,707,000	7,626,000	0.518
1911. 6 말	10,997,000	5,968,000	0.542
12 말	14,805,000	9,843,000	0.664
1912. 6 말	23,685,000	17,491,000	0.738
9 말	25,221,000	20,001,000	0.793
11 말	26,527,000	15,508,000	0.584

위 표에 따르면 당행의 정부에 대한 융통은 총대출고에 대해 그 최저 51%, 최고 79%를 차지하고 있음을 볼 수 있습니다.

지금 다시 한 단계 더 나아가 정부에 대한 융통고를 은행권 발행고와 대조하면 당행의 정부 재정에 대한 관계를 보다 분명하게 할 수 있습니다. 아래에 그 대조표를 게재합니다.

연차	은행권 총발행고	정부대상금 · 도장공채 · 은사공채	비율
1909. 12 말	13,439,000	7,979,000	0.593
1910. 6 말	13,255,000	8,702,000	0.656
12 말	20,163,000	7,626,000	0.378
1911. 6 말	22,047,000	5,968,000	0.270
12 말	24,936,000	9,843,000	0.394
1912. 6 말	24,539,000	17,491,000	0.712

18 도장사금공채(導掌賜金公債): 통감부는 1907년 한국 황실의 궁내부에 부속된 장토를 국유로 이관하였다. 이로 인해 장토를 관리하던 노상(導掌)은 실직했는데, 이에 1910년 4월 도장사금공채(연리5%, 20개년 이내 수시상환)를 발행하여 도장에게 지급하였다.

19 은사공채(恩賜公債): 일제는 강제병합 직후 조선에 임시은사금(臨時恩賜金) 3,000만 원을 지급하였는데, 이를 5% 이율의 공채로 발행했기에 은사공채라고 한다. 그 대상은 귀족 및 공로자를 비롯해 사회사업, 지방 산업까지 망라된 것이었다.

9 말	25,893,000	20,001,000	0.772
11 말	27,204,000	15,508,000	0.570

위 표에 따르면 당행의 특권인 은행권 발행으로 획득한 자금의 대부분이 그대로 정부 재정 운용에 제공되고 있음을 알 수 있습니다. 만약 이 은행권 발행고 중에서 앞에서 말한 제일은행에 대한 은행권 소각자금 대부액을 공제하여 대조하면 은행권 발행에 의해서 얻은 자금의 전부를 정부에 대상함으로써 오히려 얼마간의 부족이 있었음을 볼 수 있습니다. 역시 이를 통해 당행이 얼마나 전력을 다해서 정부 재정을 위해서 몸과 마음을 다 바쳐 힘을 다하고자 했는지를 통찰할 수 있으리라고 믿습니다.

연차	제일은행 대상금을 공제한 은행권 발행고	정부대상금 · 도장공채 · 은사공채	비율
1909. 12 말	5,560,000	7,979,000	1.434
1910. 6 말	5,769,000	8,702,000	1.508
12 말	12,677,000	7,626,000	0.601
1911. 6 말	14,955,000	5,968,000	0.398
12 말	17,844,000	9,843,000	0.551
1912. 6 말	17,447,000	17,491,000	1.002
9 말	18,801,000	20,001,000	1.063
11 말	20,112,000	15,508,000	0.771

제2항 공공단체에 대한 원조

당행은 거류민단, 기타 공공단체에 대해서 사정이 허락하는 범위 내에서 가능한 한 특별히 저리로 융통을 하여 왔습니다. 아래에 그 금액과 비율을 게재합니다.

연차	총대출고	공공단체 대출	비율
1909. 12 말	11,735,000	916,000	0.078
1910. 6 말	12,983,000	1,329,000	0.102
12 말	12,928,000	1,289,000	0.099
1911. 6 말	8,004,000	1,563,000	0.195
12 말	13,970,000	2,569,000	0.183
1912. 6 말	21,558,000	2,521,000	0.116
11 말	23,673,000	2,352,000	0.099

비고) 이 표의 총대출고라는 것은 조선 내 각 지점(안동현을 포함)의 대출고로서 오사카지점의 대출은 포함하지 않음. 이하의 각 표도 역시 동일하다.

제3항 조선에서의 은행업자에 대한 대출

조선의 은행업자 중 그 본점을 일본에 두고서 조선에는 지점만이 있는 경우가 있는데, 제일은행, 제18은행, 제130은행, 스오(周防)은행입니다. 이들 은행 중 제일은행, 18은행, 130은행의 3행은 그 뿌리가 매우 깊고, 또 조선 재계를 위해서 공헌한 바가 결코 적지 않습니다. 이들 각 은행은 자금이 필요한 경우에는 이를 일본의 본점에서 구하는 것을 통례로 하고 있기 때문에 일본의 금융이 완만할 때에는 이들 은행에 대한 당행의 대출액은 그 형세가 매우 적을 수밖에 없습니다. 그러나 올해 하반기와 같이 일본의 금융이 긴축하는 경우에는 이들 은행은 스스로 당행에 기대지 않을 수 없을 뿐만 아니라 당행도 역시 이들에 대한 원조를 부여함에 인색하지 않아서 이들 은행에 대한 당행의 대출액도 역시 자연스럽게 증가하였습니다.

조선에 본점을 가진 은행 중에는 일본인이 경영하는 것과 조선인이 경영하는 것이 있습니다. 일본인이 경영하는 은행은 그 은행의 수, 자력(資力) 양쪽이 적고, 그 활동 범위도 역시 대단히 크지 않기 때문에 특별히 많이 서술한 것이 없습니다. 조선인이 경영하는 은행 중에는 보통은행과 농공은행이 있고, 보통은행은 한성은행, 한일은행, 조선상업은행, 구포은행의 4개 중 한성·한일·조선상업의 3행은 모두 그 본점이 경성에 있기 때문에 금융계에 상당한 뿌리가 있습니다. 당행 창립 초기에는 이들 은행과 당행의 관계가 매우 밀접했는지 모르지만, 해를 거듭할수록 점차 밀접해짐에 따라 지금 금융계가 완만할 때와 긴축할 때를 불문하고 당행의 지도와 원조를 기대하기에 이르렀습니다.

당행과 농공은행은 당행의 설립 당시부터 밀접한 관계에 있었고 조선에서의 농공은행은 보통은행의 업무도 겸영하는데, 본점 수 6, 지점출장소 수 33개가 있습니다. 농공은행은 지방 금융을 위해 해야 할 업무가 매우 많고 그 활동 범위가 확장됨에 따라 자금의 수요도 많기 때문에 당행은 농공은행에 대해 가능한 한 원조를 하여 왔습니다.

연차	총대출고	동업자에 대한 대출고	비율
1909. 12 말	11,735,000	-	-
1910. 6 말	12,983,000	275,000	0.021
12 말	12,928,000	762,000	0.058
1911. 6 말	8,004,000	565,000	0.070
12 말	13,970,000	1,134,000	0.081
1912. 6 말	21,558,000	528,000	0.024
11 말	23,673,000	2,219,000	0.094

이상과 같이 위 표에 따르면 당행의 총대출금액 중에서 동업자에 대한 대출액의 비중은 매년 증가하여 1912년 11월 말에는 약 10%에 이르고 있습니다. 이후 이 추세는 더욱 크게 될 것이기에 당행도 자금 수요의 정도를 참작하여 충분한 원조를 주고자 합니다.

제4항 보통거래선에 대한 대출

당행은 조선에서의 중추 은행으로서 직분을 다하는 것 외에 또 본지점이 소재한 지역에서는 보통은행으로서 직접 상공업자를 상대로 일반은행 업무를 경영하고 있습니다. 이는 식민지 개발상 가장 긴급한 일이라고 믿으며 지금 아래에 그 금액과 비율을 제시합니다.

연차	총대출고	보통거래선에 대한 대출	비율
1909. 12 말	11,735,000	2,838,000	0.241
1910. 6 말	12,983,000	2,283,000	0.175
12 말	12,928,000	3,440,000	0.266
1911. 6 말	8,004,000	3,250,000	0.406
12 말	13,970,000	5,565,000	0.398
1912. 6 말	21,558,000	6,300,000	0.292
11 말	23,673,000	9,006,000	0.380

당행이 한편으로는 정부 재정을 위한 기관이면서 다른 한편에서는 신영토의 개발 기관으로 된 것이기에 일정한 방침에 근거하여 보통은행 업무 확대에 노력하지 않을 수 없습니다. 앞의 표에 따르면 당행의 보통 업무에 관련된 대출은 1910년 중에는 60만 엔의 증가에 그쳐도 1911년에는 212만 엔으로 증가하였고, 1912년 11월까지는 344만 엔이 증가한 것을 볼 수 있습니다. 이들 대출의 증가율이 조선 내 타 은행의 총대출고에 비해 얼마나 큰 것인가는 아래 표와 같습니다.

연차	조선 내 타 은행 총대출고	보통거래선에 대한 대출	비율
1909. 12 말	14,039,000	2,838,000	0.202
1910. 6 말	14,172,000	2,283,000	0.161
12 말	17,642,000	3,440,000	0.195
1911. 6 말	18,125,000	3,250,000	0.179
12 말	21,547,000	5,565,000	0.258
1912. 6 말	23,756,000	6,300,000	0.265
11 말	26,700,000	9,006,000	0.337

제5항 산업 장려에 관한 대출

조선의 산업개발을 조성해야 함은 전항에서 서술한 것과 같이 당행이 진력을 기울여야 할 책무입니다. 지금 조선의 수이출품의 대종은 미두(米豆)이고, 수이입품 중 수위를 차지하는 것은 면포, 면사입니다. 그리고 장래 재정상 중요시해야 할 술, 소금, 연초와 장래에 그 생산액을 크게 증가시킬 필요가 있는 금, 우피(牛皮), 면화, 마포, 수산물에 대해 당행이 6개월간(1912년 5월~11월) 정기대출 및 상업어음(하환(荷換)어음을 포함)으로서 융통한 대출액 누계를 표시하면 아래와 같습니다.

주요 수이출품	미류(米類)	7,319,000
	두류(豆類)	2,454,000
주요 수이입품	면포(綿布)	6,486,000
	면사(綿絲)	1,120,000
재정상 주의해야 할 상품	주류(酒類)	95,000
	염(鹽)	132,000
	연초(煙草)	574,000
장래 장려해야 할 상품	금(金)	715,000
	우피(牛皮)	304,000
	면화(綿花)	352,000
	마포(麻布)	186,000
	수산물(水産物)	539,000

여기에서 주의할 점은 당행은 일본산 면포의 이입을 장려하고 외국산 면포의 수입을 방지할 목적으로 일본산 면포를 이입하는 상인에 대해서는 특별히 저리로 대출을 해 왔습니다. 다음에 게재된 것과 같이 생금건(生金巾) 및 쇄금건(晒金巾)[20]의 수이입국별 표를 한번 봄으로써 그 효과가 현저히 큰 것을 알 수 있습니다.

20 금건(金巾)은 면포의 일종으로 영국산 면제품인 카네킨을 일본식 한자로 적은 것에서 유래했다.

연차	국별	금액	비율
1909년	일본	1,798,000	0.356
	일본 이외	3,258,000	0.644
	합계	5,057,000	1
1910년	일본	2,917,000	0.474
	일본 이외	3,244,000	0.526
	합계	6,162,000	1
1911년	일본	4,375,000	0.531
	일본 이외	3,179,000	0.469
	합계	7,554,000	1

위 표에 따르면 1909년에는 일본산 면포의 이입은 면포 총수이입고 중에서 35%를 차지했는데, 1911년에는 53%로 증가하여 그 지위가 뒤바뀌게 되었습니다.

위 상품 이외에 특별히 저리로 대출한 것을 나열하면,

(1) 조선의 마포 생산을 장려함으로써 중국산 마포의 수입을 방지하여 중국 상인의 세력을 몰아낼 목적으로 실시한 대출

(2) 조선의 연초 원산지 이외의 사람이 매수하는 것을 방지할 목적으로써 해당 토지 매수비 및 영국과 미국산 연초 수입 방지를 목적으로 실시한 30만 엔의 대출

(3) 일본의 제모직물(製毛織物)의 이입을 장려함으로써 영국과 독일의 상권을 탈취할 목적으로 실시한 대출

(4) 조선의 제혁(製革)업의 발전을 장려할 목적으로 실시한 30만 엔의 대출

제6항 수이출환에 대한 대출

조선의 수이출을 장려하는 일은 조선 경제에 있어 가장 긴급한 것일 뿐만 아니라 당행의 자위(自衛)상 역시 노력해야 하는 것입니다. 따라서 당행은 수이출환의 대출에 대해서

는 그 할인료를 저감하거나 혹은 그 대출 한도를 높이는 등의 가능한 한 편의를 부여하였습니다. 그 결과 수이출 무역고에 대한 당행의 수이출환 대출고의 비율을 보면, 1910년 30%, 1911년에는 34%, 1912년 11월까지는 49%로 증가하였습니다. 요컨대 현재 조선의 수이출 무역의 약 50%는 실로 당행을 경유하는 상태로 아래에 그 관련 표를 게재합니다.

연차	할인어음 금액	하환어음 금액	계	수이출 무역고	비율
1910년	3,525,000	2,504,000	6,029,000	19,913,000	0.303
1911년	5,259,000	1,329,000	6,589,000	18,856,000	0.349
1912년	8,004,000	907,000	8,912,000	18,004,000	0.494

(비고) 1912년은 11월 말까지의 누계

제7항 환의 결제

당행은 설립 당시에는 조선 내 동업자의 환에 대해서는 각 영업점에서 환의 출합(出合)에 따라 어느 정도의 수수료를 징수해 왔는데, 1911년 11월 이후로는 수수료가 없는 것으로 제도를 개정하였습니다. 따라서 지금 동업자 자금의 이동에 관해서는 전국에 도달하는 곳 어디에서도 어떤 장애도 보이지 않게 되었습니다. 단지 대외관계에서는 거액인 수이입으로 인해 그 결제에 지대한 곤란을 초래하기 때문에 100엔당 2전 내지 5전의 수수료를 징수하는 데 그치고 있는 상황입니다. 그런데 오사카지점 설립 이래 동 지점을 통해서 결제한 환 금액은 1911년에는 1,529만 2,000엔에 달하고 1912년 11월까지 1,710만 4,000엔이라는 거액에 이르고 있습니다. 아래에서 조선의 순수이입 초과에 대한 당행 오사카지점의 조선-일본 간 환 지불 초과액의 비율을 표시해 둡니다.

연차	순수이입 초과액	오사카지점 환 지불 초과액	비율
1911년	26,129,256	15,292,962	0.585
1912년	34,427,909	17,104,530	0.496

위 표에 따르면 당행 오사카지점에서 결제한 환 금액은 순수입 초과액의 58% 또는 49%로 즉 약 반액임을 알 수 있습니다.

第8항 조선에서의 금리의 변동

조선에서의 금리의 저락(低落)을 도모하는 것은 당행 설립의 일대 목적임은 논할 필요도 없습니다. 현재 이전으로 소급하여 금리 변동의 상태를 관찰해 보면, 당행 설립 전 즉 제일은행 시대에서는 상업어음의 최저할인 일보(一步)[21]가 3전 내외였는데, 당행은 설립과 동시에 보통거래선에 대한 상업어음의 최저할인율을 2전 5리로 조정했습니다. 당행 설립 전인 1909년 6월의 보통은행 및 농공은행의 평균할인율은 일보 각 4전 8리였는데, 1909년 12월 즉 당행 설립 두 달 되는 때에 농공은행은 기존 비율을 유지하여도 보통은행의 평균할인 일보는 3전 9리로 저하하였습니다. 1910년 4월에 당행은 그 최저할인 일보를 2전 1리로 인하하여 보통은행의 평균할인 일보는 3전 6리, 농공은행은 4전 3리로 저하하였습니다.

이후 당행은 1911년 9월까지 위 최저할인 일보 2전 1리를 유지하였는데, 이 사이 보통은행의 평균할인 일보는 3전 6리에서 점차 하락하여 3전 2리로 되고, 농공은행이 평균할인 일보는 4전 3리에서 점차 내려 3전 6리로 되었다.

이후 일본 금융의 긴축으로 인해 당행의 최저할인 일보는 내려가지 않고, 1912년 3월 이후에는 2전 4리로 등귀하였기 때문에 설립 당시에 비해 겨우 1리가 저하였음에도 불구하고 설립 이전의 3전에 비하면 실로 6리가 낮아진 셈입니다. 또 보통은행의 평균할인 일보는 현재 3전 4리, 농공은행의 평균할인 일보는 3전 7리로 올랐지만 이를 당행 설립 당시의 보통은행 및 농공은행의 평균할인 일보에 비교해 보면 보통은행에서는 1전 5리가 저하되었고, 농공은행에서는 1전 1리가 저하된 것입니다. 오늘날 금리의 상승은 일시적인 현상으로서 멀지 않은 장래에 기존의 비율로 다시 돌아갈 것임을 의심치 않습니다. 당행은 설립 이래 일

---

21 100원에 대한 이율로서 1일을 기준으로 하고, 단위는 전리(錢厘)로 표기된다. 일보를 연리로 환산하려면 일보를 365배 하여 원금에 대한 비율을 산출한다. 예를 들면 일보 3전을 연리로 환산하려면 0.03원×365=10.95원, 즉 연리 10.95%가 된다.

반의 금리를 저락시켰고, 따라서 제반 기업을 용이(容易)하게 한 것은 숨길 수 없는 사실로서, 금후 더욱더 이 방침을 수행하기 위해 노력해야 합니다.

제9항 제국 조폐 재료의 공급

당행은 지금(地金)의 산출 및 이출에 대해서 저율의 대부를 하고 또 그 매입을 하기 위해 경성, 평양, 원산의 3개소로 나누어 사무소를 특별히 설치하였습니다. 이렇게 모아들인 지금을 오사카조폐국에 납입함으로써 제국 조폐(造幣)의 재료 공급이라는 임무를 담당해 왔습니다. 조선에서 생산된 지금이 제국 조폐의 재료로서 얼마나 중요한 지위에 있는지는 조폐국 최근 2개년의 연보에 근거해서 작성한 아래 표에 의해서 알 수 있습니다.

연차	수납 지금 금량(900위량)	조선산 수납량(900위량)	비율
1910년	3,236관	1,901관	0.56
1911년	4,752관	2,055관	0.43

조선에서 생산되어 납입된 지금 중에서 당행에서 어느 정도의 비율을 차지했는가를 보게 되면 역시 당행이 제국의 조폐 재료 공급에서 어떠한 지위에 있는지를 확실히 할 수 있습니다.

연차	조선산 지금 수납량(900위량)	당행에 의한 자금 수납량(900위량)	비율
1910년	1,901관	1,739관	0.91
1911년	2,055관	1,713관	0.83

제2절 장래의 영업 방침

조선은행은 해외 은행으로서 양면의 임무를 가지고 있습니다. 하나는 국내적 임무, 다른 하나는 국외적 임무입니다. 다시 국내적 임무를 2개로 나누면 하나는 소속 관청에 대한 재정상의 융통, 다른 하나는 산업개발에 대한 자금의 공급에 있습니다. 국외적 임무로는 국세(國勢)의 대외적 발전에 긴요한 금융상의 후원을 말하는 것으로 달리 표현하면 조선의 경제적 세력이 만주 방면에 북진함과 동시에 당행의 영업 범위를 이 방면에 확장하는 데 있습니다.

제1항 정부에 대한 재정상의 융통

정부 재정에 대한 원조에 관해서는 당행은 자력(資力)이 허락하는 한도 내에서 그 최선을 다하고 있는 것은 1절의 제1항에서 상세히 기술하였습니다. 그런데 이 일의 성질과 환결제 자금의 충실은 서로 관련되어 있기 때문에 우선 첫째로 당행 자금의 장래에 대해서 적게나마 서술하려 합니다.

지금 1911년 및 1912년의 금고 현재금의 이월 및 당행 대상금, 또 당행의 이월 정화(正貨) 및 주식 납입 등 특별한 종류의 원인은 제외한 채 당행의 환결제자금 부족액을 보면 아래 표와 같습니다.

아래 표에 따르면 1911년도 부족액은 395만 엔, 1912년도의 부족액은 377만 엔으로 1911년도에 은사공채 매입액 400만 엔으로 인한 수이입 초과의 증가 및 은행권 발행고의 증가를 제외하면 그 부족액은 약 300만 엔으로 볼 수 있습니다. 또 1912년도 부족액은 377만 엔이라고 해도 은(銀) 가격의 변동으로 인한 은행권의 태환을 약 70, 80만 엔으로 볼 때 이 역시 부족액을 300만 엔으로 보아도 큰 차이는 없습니다.

당행의 환결제자금 부족액이 연 300만 엔 내외가 된다면 조선에서의 농업, 광업을 비롯한 기타의 산업으로서 지금 적지 않은 발전을 이루면, 대외채무의 결제는 그다지 어려운 일은 아닐 것입니다. 그렇기는 하나 당분간 당행은 환결제 자금상에 부족을 면할 수는 없기 때문에 시기를 보아 혹은 납입을 하거나 또는 증자를 하고 더 나아가서는 수출 초과의 지역에 점포를 확장하여 기타 자금 융통에 있어 처한 상황에 따라서 안배를 하고 특수한 사건이 발생하지 않는 한 위에서 언급한 부족액을 보충하는 것은 그다지 곤란하지 않을 것입니다. 따라서 당행은 금후 정부에 대한 종래의 대상금을 상당한 정도로 계속하고 또 때에 따라 증가하는 방침을 유지할 수 있습니다. 단 그 예상되는 계산은 별도로 이를 서술합니다.

	1911년(천 엔)	1912년(천 엔)
국고 회금(國庫 回金)	15,626	15,848
무역결제액	(-)19,746	(-)19,500
당행 자금수불	400	400
은행권 발행고에 기초한 정화준비 과부족	(-)1,553	1,310
은행권 태환	(-)274	(-)2,726
기타의 사항	1,595	898
차감 과부족	(-)3,952	(-)3,770

제2항 산업개발에 관한 임무

조선과 일본과의 무역 즉 이입무역은 조선에서의 수이입무역의 몇 %에 상당하는가? 아래 표에서 보이는 것에 따르면 이입무역은 수이입무역 합계의 60%를 차지하는 것을 알 수 있습니다.

수이입 합계	이입	비율	수입	비율
60,881,000	36,697,000	0.602	24,184,000	0.397

(비고) 이 표는 1912년 1~11월까지의 계수임.

이 현상은 조선에서의 외국 상인의 세력을 억압하고 우리 상권을 조선에 부식한 결과로서 이 추세는 향후 더욱 증진시켜 나갈 것이 필요합니다. 동시에 더 나아가서는 수이출을 장려하여 한편으로는 외국에서의 수입을 막고 다른 한편으로는 일본에 대해 필요품을 공급하지 않으면 안 되는데, 수이출을 장려하는 방법에 이르면 본래 많은 것이 있다고 하더라도 그 근본 방책은 산업개발을 도모함에 있습니다. 여기에 대해서는 종래 당행이 채택해 온 도움이 되는 정책 일반은 이미 제1절 제4항에서 서술한 것과 같이 1910년에는 60만 엔, 1911년에는 212만 엔, 1912년에서는 340만 엔의 대출을 증가시켰고, 따라서 이후에도 마땅히 연 300만 엔 내지 400만 엔의 대출 증가를 채택할 필요가 있습니다.

여기서 문제가 될 수 있는 것은 주식 및 사채(社債)의 인수에 의한 회사의 신설, 확장 및 신사업에 필요한 자금을 공급하고, 또 필요에 따라서는 이를 일본 또는 외국에 방매하고, 다른 한편으로 자금의 수입(輸入) 계획이 가능한가 그렇지 않은가에 달려 있습니다. 물론 당행이 유가증권의 발행 업무를 영업하는 것은 확실함을 존립의 제1요소로 하는 중추은행의 주요한 취지에 반하는 것 같아도 당행의 본질은 단순한 중추은행에 있지 않고 소위 해외은행의 일종으로 보아야 하기에 해외은행의 공통적 특질인 증권 발행 업무를 취급하는 것은 결코 부당한 일이 아닙니다. 이 방법은 산업개발에 있어 가장 신속하고 또한 유효하기에 이 점에 대해서는 유럽 열강의 대표적 해외은행인 독아은행, 프랑스의 인도차이나은행 및 영국의 이집트국립은행의 정관을 인용하여 당국의 참고에 제공하고자 합니다.

1. 독아은행 정관 제4조 제2항

전항의 목적을 수행하기 위해 당 은행은 지점을 설치하여 유한책임 사원 또는 익명의 조합원으로 하여금 다른 사업에 관여하고 또는 제3조의 목적을 수행할 수 있는 해외은행을 설립하여 그 주식의 전부 또는 일부를 인수하거나 또는 이와 영구적 관계에 있도록 할 수 있다.

2. 인도차이나은행 정관 제15조 제13항의 마지막 항

또는 당행은 그 지점을 가진 각 국가에서의 금융, 공업 및 상업에 관한 기업에 그 적립금(44,975,000프랑)의 3분의 1을 초과하지 않는 범위 내에서 관계할 수 있다.

3. 이집트국립은행 정관 제4조 제12항

당행 감정 또는 제3자의 감정에서 혹은 타(他)와 공동으로 하여 이집트 또는 수단에서의 상업적 재정적 및 공업적 업무를 한다.

각국의 해외은행이 맹렬하게 산업개발에 진력을 다하는 것은 위에서 언급한 바와 같은데 지금 만약 이를 조선에서 실행하게 하는 것은 마땅히 모든 사정을 조사하여 신중한 연구가 필요한 것은 물론입니다. 이 실행 조치에 대해서는 후일에 이를 다시 서술하려 합니다.

제3항 국외적 임무의 수행

조선의 산업 장려의 필요성 및 이에 대한 방책은 앞에서 서술한 것과 같습니다. 그러나 조선의 산업을 어떻게 장려하게 되면 수이출 무역이 증가하게 될 것은 물론이지만 조선이 일약 수출초과 지역으로 되는 것은 가까운 장래에서는 도저히 이를 기대할 수는 없습니다. 따라서 조선의 수이입 초과의 추세가 계속되는 한 그만큼 당행의 환결제 자금 즉 정화의 보유고는 감소하게 됩니다. 따라서 당행은 그 점포를 수출초과 지역에 확장함으로써 조선에서 잃은 정화를 여기에서 보충하지 않으면 안 됩니다. 이는 가까운 장래에서 당행이 그 지점을 만주에 설치하고자 하는 이유로 지금 중국의 해관 보고에 따르면 만주의 금수출 초과액은 1909년에는 1,414만 3,000냥, 1910년에는 777만 8,000냥, 1911년에는 929만 3,000냥을 보일 뿐만 아니라 일본에 대한 관계에서도 1910년에 285만 6,000엔, 1911년에서 507만 3,000엔의 수출초과를 보이고 있습니다. 그러하기에 만주의 적당한 지역에 지점을 설치하여 한편에서는 점차 당행 은행권의 유통을 획책하고 다른 한편에서는 해당 은행권으로서 수출환을 매입하면 환결제 자금의 안전을 도모하는 일은 대체로 곤란한 업무가 아닐 수 있습니다.

이상은 단순히 당행의 자위상에서 만주 지점의 설치를 입론한 것으로 다시 바꾸어 해외은행으로서 당행의 임무에서 관찰하면 각각 조선과 만주 양 지역은 지형상 일체를 이룸에도 불구하고 무역상에서는 상호 간의 관계가 심히 밀접하지 않습니다. 통계에 비추어 보면 남만주와의 관계에서는 무역 연액 200만 엔, 북만주와의 관계에서는 연액 겨우 16만 엔에 지나지 않습니다. 최근 안봉선(安奉線)[22]의 개통은 다소 상호 간 무역을 촉진시키는 것이 없지는 않습니다만 아직 대세를 움직이기에는 충분치 않습니다. 이것은 무슨 이유에서 그러

22 중국 안동[安東, 현재 단동(丹東)]에서 봉천[奉天, 현재 심양(沈陽)]까지 연결된 철도로 남만주철도의 지선이다.

한가라고 하면 양 지역 간의 경제적 시설이 아직 완비되지 않았기 때문으로 그 개선의 방도는 물론 많이 있지만 우선 만주 중요 지역에 당행 지점을 설립함으로써 상호 간의 무역을 연쇄케 하는 것부터 서둘러야 합니다. 생각건대 만주로부터는 이 지역에 풍부하나 조선에 결핍된 석탄, 기타의 연료를 비롯하여 속(粟), 소맥(小麥) 등의 종류를 수입해 오고, 조선에서는 조선산 도미(稻米), 과실, 채소 등의 육산물 및 풍부한 어류, 기타 해산물을 비롯한 각종 잡화와 식료품 및 일본 생산품인 면사, 면직물, 금속 제품, 기타 각종 공예품의 수입을 적절히 조치한다면 양 지역 간의 무역은 예기치 않은 발달을 보게 될 것입니다. 당행 지점의 설립으로 인해 직간접으로 이들 무역의 진척을 기도하는 것은 일대 임무가 아닐 수 없습니다. 또한 최근 만주에서의 경제상 새로운 현상은 러일 양국에서의 금화 본위의 은행권 유통이 두드러진 일 바로 그것입니다. 북만주에서의 러시아 화폐(露貨)의 유통은 최근의 일은 아니어도 그 유통 구역이 더욱 확대되어 요즘에는 장춘(長春)을 넘어서 다시 남하하는 경향이 있음은 크게 주목할 만한 것이라고 믿습니다. 역시 한편에서는 우리 일본은행권이 남만주 일대 지역에 유통해 온 것이 특히 두드러집니다. 이는 아마도 만주에 있는 우리의 관청 및 남만주철도주식회사가 일본은행권 수수를 개시한 것과 우리 금융기관이 일본으로부터의 수입환의 대금 지불에 대해서 일본은행권의 수입(受入)을 개시한 결과일 것입니다. 일본은행권이 이와 같이 남만주에 유통해 온 동시에 당행의 은행권도 역시 봉천 방면에서 점차 유통을 보기에 이르렀다고 생각됩니다. 만주의 경제 사정이 발전함에 따라 금권(金券)의 수요는 이후 더욱 증가하게 될 것이기 때문에 당행으로서 일단 점포를 만주 지역에 진출시켜 상호 간 무역의 진척 및 우리 상업민의 발전을 후원하여 일본 경제 세력의 부식과 함께 당행권이 일본은행권과 함께 병행하거나 또는 아마도 일본은행권에 대신해서 남만주 일원에 융성하게 유통되기에 이르게 될 것입니다. 만약 남만주의 경제계 일반이 우리 은행권을 사용하게 된다면 이것은 우리 경제 세력의 남만주 성복을 의미하는 것입니다. 즉 우리 조선이 경제적으로 만주를 합병한 것이라고 말할 수 있습니다. 생각건대 정치적 세력 범위에 속한 만주를 경제적 세력 범위에 속하게 하는 것은 우리 제국의 기본 방침으로 한 것이기에 당행은 온갖 고난을 물리치고 이들 해외적 임무의 수행에 담당하지 않으면 안 됩니다.

〈자료 04〉 조선은행 의견서, 「만주금융기관의 정비에 관한 의견」

(朝鮮銀行意見書, 『滿洲金融機關ノ整備ニ關スル意見』, 『勝田家文書』 116-11, 1915.7.3.)

만주와 몽골은 청일, 러일 양대 전쟁의 결과로서 제국의 세력 범위가 되었기에 이 지역의 개발은 제국의 사명에 속하는 것입니다. 이 지역에서 일본인의 경제적 발전도 역시 점점 추구되어 성과를 보기에 이르렀다 해도 종래 관동주 조차지 및 남만주철도 부속지를 제외한 다른 지역의 경우, 우리는 거주 여행의 권한이 없고 농상공, 기타의 사업을 영업함에 대해 수많은 장벽이 있기 때문에 일본인이 빨리 발전될 수 없음은 심히 유감입니다. 금회 일중신조약의 성립되어 중국과 일본 간의 다년에 걸친 현안이 해결됨에 따라 위에서 언급한 만몽(滿蒙)에서의 장벽은 대개 일소될 뿐 아니라 다시 각종의 이권을 획득하게 되었기 때문에 이후 만몽에서의 제국의 경제 세력의 발전이 매우 크게 될 것이라고 기대할 수 있습니다. 그런데 만몽에서의 산업개발에 대해서는 반드시 거액의 자금이 필요하기 때문에 이 자금의 공급 조절 임무를 담당해야 할 금융기관을 정비할 계획은 가장 급무로 되고 있습니다. 이미 임시의회에서 여기에 관한 건의안이 제출되어 중의원을 통과하게 된 것과 같이 일반적인 추세를 보면 조만간 그 실행을 보게 될 것이라고 믿습니다. 이들 금융기관의 조직 여하는 가장 신중하게 고려해야만 하는 것으로서 만약 그 조직이 적절하지 않으면 만몽 개발의 대목적을 달성할 수 없을 뿐만 아니라 오히려 이 지역 일본인의 경제적 발전을 저해하는 결과를 발생하게 될 것입니다.

만몽의 개발이 금융기관의 정비에 크게 의지하는 것은 위에서 서술한 바와 같습니다. 그런데 이를 위해 설립되어야 할 금융기관의 임무는 일면 농업·공업·광산·철도 등에 대한 자금 공급을 하는 것, 또 다른 한편으로는 만주의 상업자금을 조달함과 동시에 통일된 통화의 공급을 계획하는 것의 두 가지 항목으로 나눌 수 있습니다. 이 두 개의 임무는 그 성질이 서로 다른 것으로서 전자는 척식은행의 임무에 속하고 후자는 발행은행의 임무에 속합니다. 여기에서 발생하는 문제는 하나의 은행으로서 이 두 가지 업무를 병행하여 영업해야 하는가, 아니면 두 개의 은행을 병립시켜야 하는가에 있습니다. 동일한 금융 업무라고 하여도 척식을 위한 투자 업무와 상업을 위한 투자 업무는 그 신용의 기초가 서로 다르기 때문에 이를 별개의 은행에게 위임하는 것이 자연스러운 논리입니다. 혹은 하나의 은행에게 이들 두 방면의 업무를 겸영케 하여도 양자의 업무를 구별하여 상업자금에 대해서는 은행권 발행에 따라서, 척식자금 공급에 대해서는 별개의 채권 발행에 따라 영업하게 함으로써 서로 혼동되지 않도록 설계한다면 가능하다고 하는 자도 있습니다. 그러나 각국 식민지은행제도 전체를 보아도 발행은행으로서 부동산저당대부 등 장기 투자를 겸영하는 경우는 매우 적습니다. 때로 양자를 겸영하는 경우가 있다고 하더라도 그 저당대부의 경우, 지극히 부진한 상태에 있음이 일반적인 것으로 이는 독아(獨亞)은행의 실례에 비추어 봐도 알 수 있습니다. 또한 현재 만주에서의 요코하마정금은행(橫濱正金銀行) 지점의 특별대부가 정체되어 부진한 상태에서 벗어나지 못하고 있어서 재만주 일본인 측에서 항상 불만의 탄식이 나오고 있는 것은 누구나 아는 바입니다. 대체로 이와 같은 상업자금을 주로 하는 것과 장기신용을 주로 하는 것은 스스로 업무 경영의 방침을 달리하지 않으면 안 되는 것은 물론입니다. 은행 경영자에게 비상한 재간이 있어도 어쨌든지 간에 어느 한쪽으로 치우치는 것을 면할 수 없는 것과 같습니다. 채권을 발행하여 자금을 흡수하는 것과 은행권을 발행하여 자금을 얻는 것에 대한 어려움과 쉬움은 도저히 비교할 바가 아니기 때문에 어려움을 버리고 쉬움을 취하는 경향이 발생할 뿐으로 이는 개인의 약점만이 아닙니다. 따라서 채권 발행에 의해 경영해야 할 장기의 대부는 스스로 등한시되기에 이르게 되는 것을 피하기 어려운 현상입니다. 그럼에도 불구하고 굳이 하나의 은행으로 하여금 양자를 겸영케 하는 것이 가능한 이유를 찾으려고 하는 것은 매우 어려운 일입니다. 이에 우리들은 발행은행과 척식은행을 병립하게 하여 전자로 하여금 은행권의 발행에 의해 오로지 단기 상업자금의 방출 및 통화의 조절을 담당케 하고 후자로 하여금 채권의 발행에 의해 장기 척식자금의 대부에 응하게 하는 것이 정당한 이유라고 하는 바입이다.

만몽에 제국의 경세적 세력을 부식하여 우리 상권을 확장시키려고 하면 반드시 그 전제로서 만주의 화폐제도 통일을 계획하지 않으면 안 됩니다. 화폐제도의 통일을 계획함에 있어서는 우리와 동일한 금본위 통화를 보급케 하는 것을 제일 우선순위로 두는 것이 당연합니다. 이와 같은 사업을 수행하고자 하면 반드시 동일한 금본위 은행권을 발행하는 발행은행이 필요한 것은 말할 필요도 없습니다. 이 임무를 만주의 척식자금을 공급하는 은행에게 담당하도록 하는 것은 불가능하다고 이미 앞에서 서술하였습니다. 여기에서 고려해야 할

문제는 이 임무를 담당해야 할 은행을 어떻게 해야 할 것인가에 있고 이에 대해서는 세 가지 방법 즉

(1) 새로운 하나의 중앙은행을 특설하는가

(2) 요코하마정금은행으로 하여금 여기에 담당케 하는가

(3) 조선은행으로 하여금 여기에 담당케 하는가입니다.

(1) 새로운 중앙은행을 특설하는 것은 언뜻 보면 지극히 합리적인 것처럼 보입니다. 즉 대만에 대만은행이 있고, 조선에 조선은행이 있는 이상 만주에는 만주은행이 필요하다는 것은 당연한 것 같습니다. 그런데 이와 같이 각 식민지마다 별개의 중앙은행을 창설하는 것은 단순히 이론에 치우친 것일 뿐만 아니라 공연히 은행의 활동 범위를 지방에만 국한시킴에 따라 그 직능을 충분히 발휘할 수 없게 하는 것에 지나지 않습니다. 대만은 일본과 만주 및 조선에서 멀리 떨어져 있기 때문에 별개의 중앙은행을 가지는 것은 어쩔 수 없다고 하여도 만주와 조선과 같이 서로 인접한 동일 지역에서 다시 별개의 중앙은행을 설립하는 것과 같은 것은 오직 동일한 사명을 가진 별개의 기관을 증설함에 그치는 쓸데없는 일일 뿐입니다. 생각건대 제국의 대륙 경영은 우선 만몽에서의 세력을 충실하게 함에 노력하여 마침내는 조선과 합체해야 할 경제 지역으로 만드는 것에 있습니다. 따라서 경영의 중심기관이어야 하는 중앙은행 역시 반드시 동일 공통일 필요가 있습니다. 또 시험 삼아 각국 재계의 현상을 보면 금융기관은 모두 서로 경쟁하여 자본과 세력을 집중하는 데 힘썼던 종래의 역사를 버리고 서로가 대합동의 실현에 열중하고 있습니다. 만몽의 소천지에 새로운 중앙금융기관을 분립(分立)케 하는 것과 같은 일은 현재의 추세를 배반하는 지방적 편견에 지나지 않습니다. 대륙 경영의 큰 뜻을 품으려면 그 기개와 도량을 크게 해야 합니다. 마땅히 만선을 포함하는 대규모 중앙은행의 발현을 계획하지 않으면 안 된다고 믿습니다.

(2) 요코하마정금은행은 종래 만주에서 은권(銀券)을 발행하고 최근에 다시 금권(金券)을 발행하게 되었고, 또 만주에서 국고금 취급을 하는 등 중앙은행의 직무에 담당하고 있습니다. 동행은 본래 그 성질이 순연한 환은행으로 환언하면 외국환을 매매하는 것을 그 주된 업무로 삼고 있습니다. 즉 동행이 평소에 가장 정력을 기울여서 하는 일은 내외환의 조절에 있

고 만주와 같이 작은 지방에 국한되어 특별한 종류의 활동을 하고자 하는 것은 본래 그 목적에는 부합하지 않는 것입니다. 따라서 동행이 만몽의 개발 및 만몽 지역 내 일본인의 세력 부식과 같은 사업처럼 항상 식민지의 당연한 요구에 적응할 처치를 채택할 수 없는 것은 자연스러운 현상입니다. 현재도 특별 종류의 대출 제도를 설치하여 겨우 이러한 결점을 보충한다 해도 본래 식민지의 실정을 고려하여 신속히 관심을 가지고 취급을 하지 않기 때문에 위 대출도 항상 일반 불평의 표적이 되고 있습니다. 생각건대 만주에서의 정금은행 당국자는 그 주변의 정황에 비추어 점차 식민지에서의 투자 상황은 모국에서의 그것과는 그 뜻이 크게 다를 수밖에 없다는 것을 깨우쳐야 합니다. 식민지에서 멀리 떨어져서 대외환의 조절에 몰두하고 있는 본점 당국자가 식민은행의 간부가 되어서 식민지에서의 특종 업무를 열성적으로 처리해야 한다고 생각할 수는 없습니다. 이것은 정금은행의 본래 성질상 도저히 면할 수 없는 당연한 결과입니다. 정금은행은 앞에서 서술하였듯이 별도의 중대한 임무를 가지고 있습니다. 지금 동행이 과연 이들 임무를 완전히 수행할 수가 있는가라고 하는 것은 아직 반드시 그렇지 않다는 것입니다. 예컨대 동행은 유럽대륙에서는 겨우 프랑스 리옹에 1개 지점이 있을 뿐입니다. 따라서 동행은 전후(戰後) 독일 및 러시아의 중요 도시에 대해서 출점할 필요가 있는 것은 명료하고, 기타 태평양 연안에서의 영국령 캐나다, 파나마운하의 개통으로 인해 무역의 발흥이 일어날 남미 및 근래의 새로운 현상으로 상세(商勢)의 남진에 따른 남양 방면에서 일대 활동을 하는 것이 긴요한 일임은 역시 말할 필요조차 없습니다. 그렇습니다. 가까운 장래에 수행해야 할 이와 같이 다대한 임무를 가지고 있는 요코하마정금은행이 만몽과 같이 작은 지역에서 벗어나는 것이 아마도 바라는 것일 겁니다. 당국자는 이 점에 관해서 특히 중요한 고려를 해주시기를 간절히 바랍니다.

(3) 신설 은행 및 요코하마정금은행이 만주의 중앙은행으로 적합하지 않은 것은 위에서 기술한 바와 같습니다. 과연 그렇다면 성부는 마땅히 조선은행으로 하여금 이에 담당케 해야 할 것입니다. 애초 조선은행은 조선의 중앙은행으로서 특별히 설립된 것이라고 해도 그 영업의 범위가 지극히 광범위하여 한편으로 발행은행임과 동시에 다른 한편으로는 식민은행으로서 국가적 임무를 다하기 위한 가장 적절한 조직을 가지고 있습니다. 단지 그 영업 지역이 주로 조선 내에 있는 것은 창립 시점의 사정상 형세가 그러할 수밖에 없었기 때문으로 반드시 그 영업 지역을 조선 내에 한정하려는 의도가 있지 않았음은 이미 창립 당시 안동현

에 지점을 둔 하나의 사실에 비추어 봐도 명백합니다. 생각건대 조선은행이 조선과 서로 인접한 우리 세력 범위의 지역에서 발전하고자 한 것은 스스로 창립 당초의 목적 안에 포함된 주요 사항이었습니다. 조선은행은 이들 당초의 방침에 따라 1913년 7월 이후 새롭게 만주에 3개 지점 및 1개 파출소를 증설함으로써 그 목적 관철에 노력하고 있습니다. 본국과는 사정이 다른 이러한 신영토를 대상으로 특종의 은행을 설립하고자 함에 있어서는 유럽 열강이 식민지 경영을 하는 데 있어 모두 하나의 표준이 있습니다. 사정이 허락하는 한 그 영업 지역을 광대히 하고 특히 그 인접한 세력 범위 지역에 대해서는 가능한 한 동일 은행으로 하여금 이를 경영하도록 하는 것이 당연한 것으로 이 역시 거의 통례로 하는 바입니다. 이는 본래 세력 범위 지역에 대한 행정적 견지에서 또 인접 지역 상호 간의 경제적 편익에서 계산된 정책에 다름아닙니다. 현재 만몽의 지세를 살펴보면 관동주와 같이 우리 영토권이 행하는 지역을 가지고 있어도 그 면적이 218방리(方里)[23]에 지나지 않고 또 관동주 이외의 우리 행정권만이 작동하는 철도 부속지를 가져도 그 면적이 10방리에 지나지 않습니다. 그 이외의 대부분은 소위 우리의 세력 범위 지역에 그치고 아직 독립된 경제 지역이 아닙니다. 따라서 그 인접지인 조선의 중앙은행에게 그 개발 경영의 임무를 담당하게 하는 것은 본래 당연한 것입니다. 또 그 생각건대 여객이 한번 마관(馬關)해협을 지나 부산에 상륙하면 모국과 다른 별개의 조선은행권이 사용되는 것을 목격합니다. 그런데 압록강을 건너가서 다시 다른 종류의 은행권이 유통되는 것을 보게 되면 이와 같은 현상은 단지 불편할 뿐만 아니라 제국의 대륙정책과 양립하지 않게 됩니다. 이렇게 만주와 조선을 합해 하나로 하고 이를 동일한 경제 지역으로 하자는 것은 식자가 한결같이 주장하는 바입니다. 그리고 이 수단으로서 만선 통화의 통일이 필요한 것은 논의할 필요도 없는 것이고, 이러한 견지에서 조선은행을 만선 공통의 중앙은행으로 삼는 것은 필수의 요건이라고 믿는 것입니다. 또한 조선은행은 일찍이 조선에서 문란한 폐제를 정리하고 역시 일본인의 발전 및 이권을 부식하는 것에 몹시 애를 썼기에 식민지 은행의 임무를 온전히 할 수 있는 경험과 신용을 가지고 있습니다. 따라서 만몽에서 유사한 일대 임무에 복무케 하는 것이 매우 당연하다고 할 수 있습니다. 자본금과 같은 것은 업무의 발전에 따라 이를 2배 혹은 3배로 하여 사업을 용이하게 하면 문제

23 방리(方里)는 사방으로 1리가 되는 넓이로 약 15제곱킬로미터(km^2)에 해당한다.

가 되지는 않습니다.

이상의 중앙은행 이외에 또한 만주에서는 개발자금을 공급해야 할 척식은행의 설립이 급무인 것은 이미 서술하였습니다. 이 척식은행은 한편에서 농공업, 광산, 철도 등에 대해 장기저리의 대부를 사업으로 할 뿐만 아니라 더 나아가 만몽에서의 제반 사업을 조사·계획·발기하는 임무도 담당함으로써 이들 사업 회사의 주권 또는 채권을 인수하는 등 소위 기업적 투자 업무도 해야만 합니다. 즉 척식은행의 성질은 한편으로는 일본의 권업은행 및 조선의 동양척식회사 금융부와 같은 부동산은행임과 동시에 다른 한편으로는 증권은행일 필요가 있습니다. 이 점이 만몽개발의 목적을 달성하는 데 있어 가장 긴급한 사항이 되는 것이고, 이와 같은 방자는 주로 장기 고정적인 성질을 가져야 하기 때문에 이러한 자금도 역시 주로 채권 발행 등 장기 신용에서 구할 필요가 있는 것은 논할 필요도 없습니다.

새롭게 설립되어야 할 척식은행의 조직을 어떻게 해야 할 것인가는 다음번에 고려해야 할 문제이고 이미 은행의 목적은 만몽의 개발 및 일본인 세력 부식의 원조에 있기 때문에 정부가 이에 대해 충분한 보호와 감독을 할 필요가 있는 것은 더 말할 것도 없습니다. 또 남만주철도회사는 단순히 일개 철도회사가 아니라 그 목적이 만몽 개발의 사명을 가진 것이기 때문에 신설 척식은행은 이 점에서 또한 밀접한 관계를 유지하는 것이 필요합니다. 다음으로 조선은행은 장래 만주에서의 중앙은행인 직무를 취해야 한다는 것은 앞에서 서술한 바와 같은데, 일반 금융 조절의 임무를 담당해야 할 동행이 또한 척식은행과 지대한 관계를 가지지 않을 수 없습니다. 그렇기 때문에 신설 척식은행의 자본금은 정부, 만철 및 조선은행에서 그 대부분을 출자하고 나머지 부분은 널리 일반 공중에서 모집하는 것이 지당합니다. 그리고 정부는 보유 주식에 대해서는 몇 년간은 배당을 받지 않고, 일반의 주식에 대해서는 일정 기간 동안 이자 지급을 약속하는 것과 같이 하는데, 이 지급 기간은 만몽 개발의 앞날이 요원함에 비추어 가능한 한 장기로 하는 것과 같은 문제도 또한 자세히 살필 필요가 있습니다.

〈자료 05〉「조선은행 확장 계획」

(「鮮銀擴張計劃」,『寺內文書』, 1916년 5월)

본인이 부족하나마 조선은행 총재로 재임할 당시 당행의 상태는 탁지부에서 며칠간 검사를 집행한 결과에 따라 각하께서는 일찍이 그 사정을 알고 계시리라고 믿습니다. 따라서 여기에 더 이상 다른 말을 할 필요는 없습니다. 이후 본인의 눈에 비친 조선은행은 대체로 제도와 업무가 모두 양호하고, 중역 이하 행원 역시 그 소임을 다하고 있습니다. 겨우 6~7년의 시간에 이와 같이 발달한 것은 필경 각하의 지도에 따른 결과라고 믿습니다.

그런데 시세(時勢) 진보의 기운은 현재의 상태로 추이하는 것을 허락하지 않는 형편입니다. 기회에 부응하여 변해야 하고, 그 개량 발달을 더욱더 기약해야만 합니다. 본인이 지금까지 얻은 지식으로써 생각한 두세 가지의 제 의견을 각하께 올리고자 합니다.

제1 업무상에서의 개량

(1) 지방적 은행을 한층 세계적 은행으로 할 것

조선은행은 본래 조선 중앙금융기관으로서 설치된 것이기 때문에 조선에서 금융의 통일을 도모하고, 그 개발에 이바지해야 할 것은 물론입니다. 그런데 우리 국력은 매우 빠른[24] 발전을 보이고 있어서 당행은 이미 만주에 몇 개의 지점 및 출장소를 두고 있으며 러시아의 블라디보스토크까지 실력을 넓혀 동 지역과 호응하여 장차 하얼빈 지점의 개점을 보게 될 상황인 그런 추세에 있습니다.

24 원문은 침침(駸駸)으로 말이 빨리 달리는 모양을 표현한 것으로 일의 진척이 빠른 것을 뜻한다.

고다마 히데오의 메모[25]

조선은행으로 하여금 한층 세계적 은행으로 하게 하는 것은 적당한 방침이라 하여도, 원래 조선은행은 조선에서의 중앙금융기관으로서 설치된 것입니다. 그리고 현재 조선에서 가장 필요하다고 느끼는 것은 금융기관의 정비 활동에 있습니다. 그런데 본래의 목적을 떠나 오로지 해외에서만 발전케 하고자 하는 것은 시기에 맞지 않습니다. (고다마의 직인)

러시아의 경제 조직은 유치하고 러시아 지역 혹은 북만주에서의 경제력의 발전은 최근 일본인의 손을 빌리지 않으면 안 되는 경우에 있습니다. 특히 남만주에서의 우리 이권을 확보하여 증진하고자 하면 북만주를 떠나서는 가능하지 않다는 것은 누구라도 수긍하는 바입니다. 따라서 이 경제적 발전의 근본주의로 금융기관의 활동을 그 요소로 삼아야 합니다. 제가 이전 관직에 있었을 때, 요코하마정금은행으로 하여금 하얼빈에 지점을 강력하게 개설하게 한 것은 이러한 취지와 다를 바 없습니다.

저는 여기에서 역사를 말하려고 하는 것이 아닙니다. 그 일의 이치를 분명히 하기 위해서는 정금은행이 만주에서 발전하게 된 이유를 간단히 말해야만 합니다. 러일전쟁의 결과 남만주가 우리 세력권에 들어가자, 금융기관의 문제가 발생했습니다. 각종의 제안이 있었는데, 신설 금융기관은 그 활동기에 들어서기까지 몇 년이 필요하기 때문에, 바로 그 효과를 얻을 수 있는 것을 제일 주된 목표로 하여 일본흥업은행으로 하여금 그 역할을 담당케 했습니다. 그런데 동행은 여기에 부응하지 못하게 됨에 따라 당시 이미 환 관계로서 점포를 만주에 가진 정금은행을 사용하게 된 것입니다. 조선은행은 그 이후에 발달하였기 때문에 애초에는 문제로 고려되지 않았습니다. 만약 당시 당행이 존재하였다면 당연히 만주 금융기관으로 되어야 한다고 생각합니다. 정금은행에게 하얼빈에 지점을 설치하게 한 것도 역시 당행이 개설된 시기로서, 이를 고려할 여지가 없었기 때문입니다.

25 당시 총무국장인 고다마 히데오(兒玉秀雄)는 쇼다의 견해에 대해 자신의 견해를 메모 형식으로 첨부해 놓았다. 원문에는 '下方附箋'(무슨 서류나 문건에 간단한 의견을 써서 덧붙이는 쪽지)으로 표기되어 있다. 이 문선은 해세에서도 언급하였듯이 쇼다 카즈에 조선은행 총재가 데라우치 마사타케(寺內正毅) 조선총독에게 제출한 문서로 여기에는 고다마의 도장이 찍혀 있는 것으로 보아 그가 사전에 검토하였음을 알 수 있다. 고다마는 데라우치 총독의 사위이기도 하다.

그런데 한시라도 급한 현재의 경우 정금은행은 최근 만주, 러시아 등의 지역에서 보통은행 업무를 경영할 필요가 있을 뿐만 아니라, 전 세계 경제계 추세에 따르면 유럽은 물론, 남미에 혹은 남양(南洋) 지역에서 환업무의 확장을 해야 합니다. 따라서 정부 또는 일본은행에게 받고 있는 다대한 보호에 대한 의무를 이행하지 않으면 안 되는 상태에 있습니다. 달리 말하자면 정부는 정금은행에 대한 감독 방법에 있어 이번 기회에 크게 고려를 해야 할 시기에 있기 때문에 만주에서의 정금은행과 당행의 지위에 대해서도 크게 혁신해야 할 것이라고 믿습니다. 당행으로서 이미 서술한 것과 같은 사명을 가진 것으로 하면, 일정한 계획을 세워서 맹진(猛進)해야만 합니다. 따라서 해외은행으로서 발전하고자 하면,

갑. 환업무의 발전
을. 지점 출장소의 설치

에 대해 신중한 고려를 해야 합니다.

당행의 현황을 돌이켜 보면, 외국환과 같은 업무는 정금은행 또는 대만은행의 손을 빌리지 않으면 이를 처리할 수 없는 상황에 있습니다. 환업무에 정통한 행원은 겨우 한두 명에 지나지 않는 모양입니다. 대체로 각국에서는 대은행으로서 외국환을 경영하지 않는 것이 없고, 어떤 의미에서 외국환을 경영하지 않는 것은 은행이 아닌 것과 같습니다. 따라서 당행은 환업무에 적당한 인재를 양성할 방법을 정하고, 한편에서는 환 실무를 진전케 할 수단을 강구해야 합니다.

지점의 설치에 관해서는 우선 하얼빈을 개점함으로써 블라디보스토크와 연락을 취하고, 러시아와 북만주에서의 우리의 경제적 실력을 충실하게 하는 데 노력해야 합니다. 동시에 고베(神戸)에 지점을 개설하여, 만몽(滿蒙) 산동성 무역산업의 조절을 도모하게 하는데, 이미 고베에는 상당한 점포용 가옥을 임차한 상태입니다. 만몽 및 산동성에서의 무역 관계에 따른 원동력은 고베 및 오사카에 있습니다. 오사카는 이미 당행 지점이 있어도 고베에 지점을 가지지 않은 것으로 인해 충분한 활동을 할 수 없음은 많은 말이 필요치 않다고 믿습니다.

다음으로 지점 설치의 예상 순서로서 그 장소를 배열하면 다음과 같습니다.

상해(上海), 영구(營口), 청도(靑島), 천진(天津), 제남(濟南), 런던, 모스크바[26], 뉴욕

위 중 상해는 동양 무역의 중심지로서 만주·중국 방면에서의 환은 모두 상해에서, 또는 상해를 거쳐서 행하는 것으로서 하루라도 관계가 없으면 안 되는 것입니다. 제가 관직에 있을 때 대만은행으로 하여금 상해지점을 개설케 하고, 계속해서 런던지점을 인허하였는데, 동행의 업무는 이로 인해 매우 진전되었습니다. 한편에서는 정금은행의 독점으로 인한 타성을 각성시킬 수 있는 것이 사실입니다. 저는 이번에 조선은행 이사 기무라 유지(木村雄次), 부사사(副司事) 사토 도쿠시로(佐藤得四郞), 서기 다카하시 다케오(高橋武夫)를 만주 및 중국에 출장 보내고 그 조사 보고에 따라 위의 취지를 포함하여 구체적인 계획을 세우고자 합니다.

만주에서 철도가 완성됨에 따라 상업과 무역의 상태에 변화를 초래하는 것은 물론이어도 요하(遼河)에 의한 무역은 여전히 왕성합니다. 요하 하구를 품은 영구는 만주에서 영업을 하는 이상 간과할 수 없는 지역입니다. 특히 지난날 러시아 세력을 얻은 당시에서는 몽골을 종단하여 영구로 나아갔는데, 다소 무역의 연락을 유지하였기에 현재 아직도 영구에서는 러시아 화폐가 유통되는 것을 볼 수 있습니다. 이 지역도 역시 당행 지폐 유통의 범위 안에 들어오는 것이 필요합니다.

청도는 제가 관직에 재직할 때 정금은행으로 하여금 지점을 개설하게 한 것으로 그 후 독일전쟁의 결과, 산동성은 우리 세력권 내로 들어왔습니다. 이에 대한 정부의 방침은 아직 어떻게 할지 결정된 것이 없어서 확실하지 않다 할지라도 만주와의 관계가 밀접하여 자연히 당행 업무의 확장 범위에 두는 것이 타당하기 때문에 지점 개설이 필요합니다.

천진은 중국 유수의 개항지로서 종래 정금은행 지점이 있어도 영구·청도·제남부 등지에서 당행의 활동을 기약한 이상 지점 개설이 필요하고, 또 동 지역 체류 상인이면서 당행 지점 설치를 희망하여 신청하고 있는 사도 있는 상황입니다.

제남부(濟南府)는 산동성의 수부(首府)이면서, 진포(津浦)[27]·산동(山東) 양 철도가 만나는

26 원문에는 露都로 되어 있다.

27 천진(天津)에서 강소성(江蘇省)의 포구(浦口)에 이르는 중국의 남북을 종단하는 길이 1,017km의 철도선.

지점입니다. 더 나아가서 산동철도의 연장선은 어느 지점에서 경한(京漢)[28]철도와 연락해야 하기에 산동 경영의 경제적 견지에서 간과할 수 없습니다. 정금은행이 이미 출장소를 설치하고 있어도 아직 경제적 투자를 많이 착수하지 않은 정황이라면, 당행 지점 또는 출장소를 개설할 필요가 있습니다.

런던은 세계 금융의 중추로서, 또 환결제가 집중하는 곳으로 전쟁 이후에도 이 추세는 쇠퇴하지는 않을 것입니다. 적어도 외국환을 취급하는 이상은 당행 지점을 개설할 필요가 있음은 여러 말이 필요하지 않습니다.

모스크바는 특히 당행의 북만주·러시아의 업무와 밀접한 관계가 있습니다. 조금의 연락이 필요하여도 현재 러시아는 그 법률에서 외국은행의 지점 개설을 인허하지 않기 때문에 외교상 근본적 해결을 기다려야 합니다. 우선 당분간은 모스크바의 유력한 은행과 연락과 접촉을 유지하여 장래의 발전을 기약해야 합니다.

뉴욕은 전쟁의 좋은 영향을 받아서, 일부 논자가 말하는 것처럼 전후에 세계 금융의 중추로 되게 될 것이라는 것은 쉽게 믿을 수만은 없다고 하더라도, 금융상의 발전이 현저한 것은 의심의 여지가 없습니다. 따라서 일본과 한층 밀접한 관계를 맺게 되면, 이 역시 어느 시기에는 지점을 개설할 필요가 있습니다. 대만은행은 이미 행원을 이 지역에 상근시키고 있는 것도 참고해야 할 것입니다.

이상 제가 품고 있는 안(案)을 열거하였습니다. 이것을 실행하기까지는 신중한 고려가 필요하고, 또 시운(時運)의 변천과 당행의 여유를 참작하여, 오산이 발생하지 않기를 기해야 합니다. 그리고 모스크바, 런던, 뉴욕과 같은 지역에는 우선 견학생을 파견하는 것부터 착수해야 합니다.

(2) 업무의 통일이 필요함

업무의 통일이 필요한 것은 당연한 일입니다. 비록 이전에도 이 점에 뜻을 둔 적이 있다고 해도 제가 취임한 이래 전반적으로 관찰한 바에 따르면, 업무에 관한 명령이 한 방면에서만 나오지 않습니다. 이를 작게 보면 각 지점에서의 장부 서식 등이 각기 달라서 정돈되지 않은

28 북경(北京)과 한구(漢口)를 잇는 길이 1,220km의 철도선.

것과 같습니다. 기관의 활동이 날이 갈수록 더 크게 될 때마다 더욱더 그 통일의 필요성을 보게 됩니다. 위 내용은 이번 지점장 회의를 기회로 모조리 교정을 하려고 합니다.

(3) 중앙정부 또는 도쿄의 주요 금융기관과 밀접한 연락을 유지할 것

원래 「조선은행법」에는 어떤 사항은 정부가 이를 결정하고, 어떤 사항은 총독이 이를 결정하여, 그 경중과 대소의 표준에 분명하지 않은 것이 있습니다. 특히 정부와 총독부와의 사이에 특별한 종류의 협정이 존재하고 있기 때문에 여기에 속박되는 것이 많아 가능한 한 중앙정부에 접촉하여 완화를 도모할 필요가 있습니다. 다른 특수은행이 항상 정부 원조를 많이 받고 있음에도 불구하고, 당행은 다른 은행처럼 이를 누리지 못하는 감이 있습니다. 장래 당행이 해외은행으로서 발전하고자 한다면, 자력(自力)의 배양에 노력할 것은 물론이지만 역시 정부의 원조를 받지 않으면 안 될 것이라고 믿습니다.

고다마 히데오의 메모

조선은행은 조선 내 금융에 관해서 총독이 그 1차적 감독관이 됩니다. 따라서 총독을 거쳐 중앙정부와의 관계를 밀접하게 하는 것은 가능하다고 하여도, 정부의 원조를 받기 위해 총독의 감독을 떠나 스스로 나아가 중앙정부와 접촉하게 하는 것은 대체적으로 잘못된 것이 아닌가 합니다. (고다마의 직인)

또 당행이 설립된 지 얼마 되지 않았기 때문에 제국 수도, 즉 도쿄의 주요 금융기관과의 연락이 적은 것은 물론으로 도쿄에서는 겨우 당행의 존재를 인정할 정도입니다. 이렇게 해서는 금융이 점차 세계적으로 되고자 하는 이 추세에서, 행운을 높게 불러일으킬 수 없음은 당연한 일입니다. 이런 의미에서 당행은 인가를 받아 러시아 대장성 증권 인수에 끼어들고, 혹은 사평가(四平街)와 정가둔(鄭家屯) 사이 철도 부설비 채권의 일부를 인수하고, 더 나아가 당행이 여유금이 있다면 중앙정부의 공채에도 응모해야 합니다. 이러한 경우에 저는 위에서 서술한 채권 또는 공채의 응모 인수에 관해 대체적인 방침을 진술해 두는 것은 유익하다고 믿습니다.

1) 중국, 만주, 러시아와 관계를 가진 채권 공채류의 발행이면서, 정부에서 우리 은행권의 인수 발행을 인가한 경우에는 당행은 권리로서 자금력이 허락하는 한 인수 발행의 조합에 가입할 것. 이에 대해서는 종래 개개의 경우마다 총독 각하의 배려를 번거롭게 하였는데, 제 희망으로는 일반적으로 중앙정부에 교섭하여, 당행의 지위를 확고하게 하는 것이 옳음.

2) 내국채의 인수 발행에 있어 당행은 법령에서 요구하는 충분한 채무를 다하고, 또 자금력에 여유가 있는 경우에만 한정할 것.

이상과 같이 한다면, 당행 본래의 책무를 다하는 한편, 다른 한편으로는 해외은행으로서 발전할 수 있는 기능을 완성할 수 있다고 믿습니다.

앞서 언급한 취지에서 발생하는 구체적인 하나의 문제는, 도쿄지점을 정비하는 일입니다. 현재의 도쿄지점은 매우 미미한 것이기에 중앙정부 또는 실업계와 접촉을 유지하는 점에서는 유감된 점이 적지 않습니다. 당행이 해외은행으로서의 기능을 발휘하고자 한다면, 아무쪼록 점차 동 지점의 정비가 필요합니다. 현재 대만은행과 같이 중역 중 1명을 도쿄에 상주시켜서 기관의 각종 설비 모두를 함께 살펴보아도 추세의 일반을 확인할 수 있으리라고 믿습니다.

제2 조직상에서의 개량

당행의 조직은 주로 일본은행의 조직을 참작한 것이라고 하더라도 현재에 이르러서는 개정을 할 필요가 있다고 믿습니다. 원래 은행 조직은 세계적으로 2대 계통이 있습니다. 하나는 중역에게 사무를 분장시키고, 중대 사항에 한해서는 합의를 하게 하는 것입니다. 다른 하나는 총지배인 같은 것을 두고 은행 업무는 모두 그 지배에 속하게 하고 중역회의는 참고로 여는 것입니다. 유럽 대륙은 전자에 속하고, 영미는 후자에 속합니다. 일본에서도 일본은행은 대륙주의인데, 정금은행은 영미주의입니다. 양자 각각 이해득실이 있어 쉽게 그 옳고 그름을 판정할 수 없다고 하더라도 당행 조직은 이 기회에 다소 고려할 필요가 있다고 믿습니다. 목하 연구 중으로 별도로 말씀드리고자 합니다.

조직 여하에 불구하고 사무 내용에서 개선해야 할 것 두세 가지를 열거하면,

(1) 조사실을 확장하여 국(局)으로 할 것

종래 당행에서는 조사실이라는 것을 설치하여 유익한 조사를 하고 있는데, 극히 소규모로서 당행이 조선 중앙은행으로서 또는 해외은행으로서 한층 발전하고자 할 때에는 내외의 재정·경제·무역·산업 등에 걸쳐서 항상 상세한 조사를 수행하여 업무에 이바지해야만 합니다. 이 목적을 달성하기 위해서는 규모를 확장시키고 적당한 인재를 집중해야 합니다. 이 사무의 실행 여부는 전적으로 적절한 재능이 있는 인재를 필요로 하기 때문에 빠른 시일 안에 그 목적을 달성할 수는 없다 하더라도 착착 그 목표를 향해 굳세게 나아가지 않으면 안 될 것입니다.

(2) 검사 사무를 한층 철저히 할 것

당행은 이미 검사실을 두고 있으며 상당한 검사를 하고 있음에도 불구하고 원래 일본 특수은행의 검사부라는 것은 2류 이하의 행원을 사용하여 지극히 피상적인 검사를 하고 있음에 불과합니다. 당행 역시 불행히도 그러한 예에서 벗어나지 못하고 있습니다. 특수은행은 정부에서 감독관을 두고 특별히 이를 감독하게 했다 하더라도 내부의 미묘한 사정에는 쉽게 접근할 수 없습니다. 감사를 열심히 하려고 단단히 마음을 먹은 감리관은 공연히 법규의 말단을 끌어안고서 은행 당국자와 의사소통이 부족하고, 그렇지 않은 경우에는 단지 형식적으로 감독할 뿐입니다. 더 심할 경우에는 오직 그 명목만을 지키는 것에 그치는 경우도 있습니다. 이는 결국 정부 감독의 곤란함을 표명하는 것입니다. 저희의 의견으로 하면 특수은행 감리관인 자는 대세(大勢)에 통하는 높은 관직자를 임용하여 정부의 대체적인 방침에 부합하도록 감독을 해야 합니다. 은행 수뇌부는 완전한 검사기관을 가지고, 업무상은 물론 인사상에 관해서도 빈틈없는 검사를 하는 것이 가장 적당한 방침이라고 생각됩니다. 대체로 정부가 은행 수뇌부를 임명하는 것으로 되면 만약 정부의 대체적인 방침 혹은 법령에 위반하는 것과 같은 행위를 하게 될 경우 즉시 이를 내쫓으면 된다고 믿습니다.

이상 말씀드린 바가 약간의 갈림길에서 달려가고 있는데, 정부 감독 방법의 여하는 별도

로 하고, 당행에서는 내부에 검사기관을 정비하고 인재를 선발하여 업무상 및 인사상 유감이 없도록 해야 할 것입니다.

제3 인사상에 관한 개량

(1) 인재 집중을 한층 장려할 것

제가 실현하려는 바에 따르면 일종의 역사가 없고 또 설립된 지 얼마 안 된 당행으로서는 행원의 기량, 연령, 성행(性行) 등에서 대체로 불가함이 없는 것 같다 하더라도 예컨대 당행이 수용한 다수의 대학 졸업생·고등상업학교 졸업생처럼 그 성적이 우등한 자는 드물게 보이는 바입니다. 제가 취직할 당시에는 마치 새로운 졸업생은 약속이나 했던 것처럼 도쿄대학생을 대상으로 지원자를 모집했을 때 온 자가 약 100명에 달하여도 모두 2류, 3류의 성적에 속했습니다. 특히 심했던 것은 도쿄고등상업학교 졸업생은 지원자가 겨우 3명으로서 성적이 가장 열등한 자들이었습니다.

평소부터 대학, 기타 중요한 전문학교와 밀접한 연락을 유지할 필요가 있습니다. 일본의 대회사, 대은행은 모두 학교와 연락을 가지고, 졸업 전년도에 이미 그 채용해야 할 인재를 정해 두고 있는 것과 같습니다. 당행은 이러한 용의주도함을 모방해야 할 것이라고 믿습니다. 따라서 내년의 졸업생부터는 지금부터 가능한 한 연락을 취해 우수한 인재를 망라할 것을 기약합니다. 다행히 세계대전 및 동아시아의 현황 등은 직관적으로 청년의 나태한 꿈을 깨 버리고 식민 지역이 해외에 분투하고자 하는 원기를 고취한 것은 기쁜 현상이라고 생각합니다.

고다마 히데오의 메모

인재를 양성하는 것은 가장 필요한 일입니다. 이렇게 양성된 인물은 조선에서 각종 금융기관에 분배하고 개선함에 중요한 방침에서 나온 것이기를 희망합니다. (고다마의 직인)

(2) 인재 양성을 한층 완전하게 할 것

인재 양성에 있어서는 종래 그 설비가 매우 부족한 감이 있습니다. 따라서 저는 아래의 방법에 따라서 극력 이를 양성함에 노력하고자 합니다.

(갑) 일반 양성법

인재의 양성은 학예, 인격, 체격의 세 방면에 걸쳐야 하는 것은 당연합니다. 학예의 양성에 대해서는 독서회를 설치하고 저의 주재하에 회원으로 하여금 국내외 신간 서적, 잡지 등을 독파케 하고, 월 2회 이를 강연하게 하고, 관심 있는 자들은 이를 들을 수 있도록 합니다. 또 강화회(講話會)를 설치하고 주로 업무에 관한 실제적인 일, 예컨대 환업무, 창고 업무와 같은 것을 강의하듯이 이야기하여 하급 행원의 연습에 편의를 줄 것입니다. 또 경기대회를 열어 계산 등의 기예를 경쟁 연마하게 할 것입니다. 인격의 양성 방법은 가장 곤란한 것인데, 그 요체는 중앙 간부들이 몸소 실행하여 그 모범을 보이거나 혹은 독서회 혹은 강화회를 이용하여 인격 양성의 기운을 주입하거나 기타 그때그때의 방법을 택하는 것으로 합니다. 체육에 관해서는 종래처럼 운동회를 개최하거나 혹은 테니스경기를 하는 등 다소의 설비가 있는데, 한층 그 범위를 확장하여 검도, 유도, 궁술, 기타 각 기호에 따라 규칙적이고 영속적으로 이를 실행케 함을 기하게 합니다.

(을) 특별 양성법

본항에 관해서는 다양한 종류가 있다 할지라도 당장 실행해야 하는 것은 러시아어 및 중국어의 연습에 있습니다. 예전에는 필요한 행원이 삼삼오오 모여서 연습한 적이 있다고 들었는데, 지금은 그렇다는 말을 듣지 못했습니다. 당행의 발전과 함께 양국어의 필요는 시시각각 닥쳐 오는데, 양국어 연구를 위해 머리 좋은 행원 각각 몇 명씩을 선택하여 강제적인 방법을 써서 그 양성을 도모해야 할 것입니다.

(3) 행원의 진급, 급여 및 보장에 관한 규정을 제정 또는 개선할 것

행원의 진급에 관해 일정한 규칙이 없게 되면 행원에게는 앞날의 희망에 대한 위안을 주지 못합니다. 또 현행 급여 내규 및 보장 규정과 같은 것은 시운의 추이와 함께 개선할 필요가 있음을 인정합니다. 위 사항에 관해서는 목하 위원이 연구하고 있는 중으로 곧 별도로 올리겠습니다.

제4 업무상 중요하고 구체적 문제에 관한 견해

(1) 보통은행과 경쟁하지 말 것

본 문제에 관해서는 총독 각하로부터 친히 훈시를 들은 것으로서 자칫하면 세간에서 당행을 비난하는 일에 속하게 됩니다. 제가 취임한 이후 이 사실에 대해 조사한 적이 있어, 대체적으로 각하의 훈시와 다를 바가 없는 것은 같습니다. 예컨대 예금에 대해 보아도, 당행은 항상 예금 공정이율을 공표합니다. 어떤 종류의 은행과 같이 공정이율을 발표하면서 이면에는 단골 거래처 여하에 따라 그 이율을 올리고 내리는 것과 같은 것을 엄금합니다. 그럼에도 해당 이율은 항상 보통은행보다 낮습니다. 또 대출에 대해서 보아도 정책상 특수한 관계에 있는 것 이외에는 현재 보통은행을 압박하는 것은 사실이 아니라고 믿습니다.

현황은 서술한 바와 같다 하더라도 당행은 국가기관으로서 초연한 태도를 취함과 동시에 조선의 개발을 위해 타 은행의 사정을 고려해야 하기 때문에 막연하게 수수방관할 수 없는 경우가 있습니다. 이렇게 한다면 국가기관인 일면의 의미는 전연 몰각되게 될 것입니다.

그렇다고 해도 본 항에 관해서는 장래 가장 신중한 주의를 기울이지 않으면 안 되는 것은 물론입니다. 이런 의미에서 지방 금리 및 수수료의 통일과 같은 것은 이미 조사 연구에 착수하고 있습니다.

(2) 정화준비 중에서 일본에서 이식(利殖)하는 것을 점차 삼가할 것

당행 설립 때, 지폐 발행에 관한 정화준비에 대해서는 여러 가지 논의가 있었는데, 이론적으로 말하자면 정화준비는 즉 그 이름이 표명하는 것과 같이, 정화로써 축적되지 않으면 안 됩니다. 그러나 당시 일본은행은 그 정화준비에 관해서는 곤란한 문제가 많았습니다. 따라서 당행의 준비에 대해서도 주로 일본은행태환권으로써 하는 결과로 된 것은 상세한 설명이 필요치 않습니다. 제1차 세계대전[29]의 결과, 정화 관계는 우리에게 매우 유리하게 되어 5억 3,000만 엔에 이르게 되었다 하더라도 일본은행이 일본 내에서 보유한 것은 1억 6,000만~7,000만 엔에 불과합니다. 기타의 정화준비는 모두 외국에 두고서 운용되는 상태에 있습니다. 그렇다면 당행 준비를 정화로 하는 대체적인 방침은 세울 수는 있지만 그 실행은 오히려 곤란하기에 이를 성공적으로 실현하기 위해서는 중앙은행(일본은행) 정화 중 일본 내 보유고의 관계와 당행 발전의 정도에 비추어 지극히 서서히 나아가지 않으면 안 됩니다.

조선은 일본에 대해서는 이전부터 항상 거액의 정화가 유출되는 관계에 있어서 당행도 전부터 매우 고심하여 경영하고 있습니다. 따라서 준비인 일본은행태환권의 일부를 일본에서 확실한 방면에 이식(利殖)[30]하는 것에 대해서는 묵인을 받고 있습니다. 마치 이것은 일본은행이 그 준비를 해외에 이식하는 것과 동일한 표현으로서, 엄격히 말하면 바람직하지 않은 현상으로 하루라도 빨리 이를 폐지하지 않으면 안 됩니다.

그러나 사실 이를 쉽게 실행에 옮기기는 어렵습니다. 일본은행의 해외 준비에 관한 것은 잠시 제쳐 두고, 당행의 경우에 대해 생각해 보면 당행은 앞에서 말씀드렸듯이 그 발전해야 할 방면과 사항이 매우 많습니다. 발전의 초기에는 비용이 지출되는 것은 어떤 사업에 관해서도 거의 예외가 없습니다. 여기에 더해 전쟁의 결과 가장 불황의 피해를 입는 것은 은행업무로서, 이 불황은 당분간 지속될 추세에 있습니다. 또한 근본에서 논하자면 다른 특수은행과 비교해 볼 때 당행은 정부로부터 특혜를 받는 것이 많지 않고, 한편으로는 제일은행에 대한 600여만 엔의 무이자 대출이 있어서 그 경영이 매우 용이하지 않은 상태에 있습니다. 따라서 당행 정화준비로서 일본에서 이식한 액수는 반기(半期) 6만 엔 내외로서, 거의 반기분 순이익의 10% 이상입니다. 이 이익을 감축할 때에는 당행과 같은 경제에서는 실로 다대한 영향을 받을 것은 당연합니다.

따라서 여기에 문제로 삼아야 할 것은 큰 틀에서 당행의 발전을 급무로 하는데, 정화준비의 일본 내 이식을 급히 폐지하는 데 있는가라는 점입니다. 이 결정에 따라서 문제도 자연히

---

29 원문에는 구주대전(歐洲大戰), 즉 유럽에서 발발한 전쟁으로 표기되어 있으나, 이해를 위해 역사적 용어를 사용하였음.

30 자금을 융통하여 이자를 받는 것.

해결할 것이라고 믿습니다. 제 생각에 당행의 발전은 국력(國力)의 발전을 위해 하루도 늦출 수 없는 것으로서, 법리적으로는 다소 형편에 맞지 않는 것이 있어도 참고 대세(大勢)를 타고 나가는 것이 좋은 계책임을 믿습니다. 당행이 발전하여 정당한 업무로 이익을 증가시키게 되면 준비금으로 이식한다는 말은 속히 이를 폐지할 수 있습니다. 지금 준비금 이식 폐지에 중점을 두어 발전을 저지할 때에는 소위 교각살우(矯角殺牛), 즉 잘못을 바로잡으려다가 그 수단이 지나쳐 오히려 일을 그르치게 될 것으로 전문가들은 여기에 동조하지 않을 것이라고 믿습니다. 따라서 장래 당행의 방침은 매우 서서히 준비금의 일본 내 이식 활동을 제한하면서 마음을 단단히 먹고 발전에 매진하여 업무상의 이익을 거둠으로써 완전한 폐지라는 목적을 달성하는 데 있습니다. 또 일본은행태환권을 정화로 하는 것도, 위의 사항과 함께 그 실적을 거둘 수 있도록 노력해야 할 것입니다.

(3) 당행의 일본 투자를 제한하는 것

당행의 일본 투자에 관해서는 종래 대장성의 방침으로서 일본의 보통은행과 경합을 피하기 위해 이를 엄중히 단속하였습니다. 이 일의 발단은 대만은행이 고베, 오사카에 지점을 두고, 몇 년 전 예금을 크게 흡수하여 투자를 한 것이 보통은행의 반감을 사게 되고 보통은행이 이를 대장성에 항의하게 되자 정부가 대만은행에게 훈계를 가한 것에서 비롯된 것입니다. 당행도 역시 명령을 받아서 일본 투자를 엄밀히 단속하고 있는 것과 같습니다. 이는 결국 당행이 조선의 특수기관으로서, 자금력을 일본에 나누는 것이 불가(不可)한 것도 역시 그 이유 중 하나라고 믿습니다. 이는 대체적으로 당연한 것으로서, 당행도 역시 항상 이를 받아들이고 있습니다. 그런데 제 견해를 말씀드리자면 일본 경제계는 장족의 발전을 하고 있으며, 금융기관은 그 뒤를 쫓아가고 있는 상황입니다. 대만은행과 같이 오히려 전과 다름없이 일본에서 예금 흡수와 대부 등에 왕성하게 노력하여도, 요즘은 이미 동업자의 반감이 적고, 대장성도 역시 이를 간과하고 있는 형편입니다. 이와 같은 것을 시끄럽게 문제 삼는 시기는 어느새 지나간 것 같다는 느낌입니다. 이미 일본의 사정이 이와 같다면, 당행에서 예컨대 지금과 같이 조선, 만주 등지에 전력을 기울이고, 또 여유금이 있어서 이를 운용하여 수익을 올리는 것에 고심하는 것과 같은 경우에는, 일본에서 조선 관계 이외의 것에 투자해도 지장이 없다고 믿습니다. 물론 항상 감독에 주의하여 방만에 빠지지 않도록 극력 노력해야 함은 말할 필요도 없습니다. 저는 공연히 감독관청을 비방하는 것이 아니고, 또한 조선은행의 입장에서만 말하는 것도 아닙니다. 공평하다고 믿는 것을 피력하여 각하께서 번거롭지만 한 번 훑어보도록 하는 것에 불과할 따름입니다.

고다마 히데오의 메모

중국·만주·러시아와 관계가 있는 채권, 공채 등의 인수를 하고, 또 여력이 있는 경우에 내국채의 인수에 응하는 것에 차질이 없는 것으로 해도, 일본에서 조선 관계 이외의 것에 투자하는 것은 당분간 보류하는 것이 가(可)합니다. (고다마의 직인)

(4) 고정대출 정리 및 결손 보전의 것

당행의 고정대[滯貨] 및 결손으로 볼 수 있는 것은 최근 조사한 바에 따르면 총액 67만 6,000여 엔에 이릅니다. 이 금액은 원래 완전히 회수가 불가능한 것이라고는 할 수는 없습니다. 조선의 경제 관계에 변화가 많은 지금이라면 혹은 영구(永久)히 걸쳐 회수할 수 있는 것도 다수 발생하지 않는다고 단언하기는 어렵습니다. 따라서 고정대와 결손의 구별도 지금은 충분히 세우기 어렵기 때문에 모두 고정대라는 이름하에 회수의 쉬움과 어려움을 가정하여 이를 3종으로 구분한 후 점차 정리의 실을 거두게 할 것입니다. 이미 하나의 안은 작성되었는데, 한층 더 신중히 조사한 뒤에 머지않아 계산서를 갖추어 아뢸 것으로 생각하고 있습니다.

이상의 내용은 제가 단기간에 감지한 것에 속합니다. 점차 나아가 행무(行務)의 정비, 발전을 기해 국가기관으로서의 임무를 완전히 함으로써 각하 훈시에 조금이라도 보태고자 합니다.

1916년 5월

조선은행 총재 쇼다 카즈에(勝田主計) (인)

조선총독 백작 데라우치 마사타케(寺內正毅) 각하

〈자료 06〉「만주에서의 특수은행 기능의 통일에 관한 건」

(閣議提出資料,「滿洲ニ於ケル特殊銀行機能ノ統一ニ關スル件」,『朝鮮銀行史』, 1917.6.8. 각의 결정)

1904·1905년 전쟁 이후 정부는 만주 경영을 위해 필요한 금융기관으로서 일본흥업은행을 이용하는 방침을 정하고 제21 의회의 협찬을 거쳐 1905년 3월에 여기에 관한 법률을 공포했는데, 다음과 같다.

법률 제48호

「외국에서의 은행 사업에 관한 건」

외국에서 은행 사업을 경영하는 것에 대해서는 칙령으로써 특별한 규정을 설치하여 여기에 준거케 할 수 있다.

법률 제49호

「일본흥업은행법 중 개정의 건」

「일본흥업은행법」 제41조를 아래와 같이 개정한다.

일본흥업은행은 본법에 기재되지 않은 업무를 경영할 수 없다.

단, 주무대신의 인가를 받아 외국에서 영업할 은행 업무 및 그 부대 업무에 대해서는 이 제한을 두지 않는다.

그런데 요코하마정금은행이 이전부터 만주에 지점을 설치하여 이 지역 경제 사정에 정통하고 또 국고 사무를 취급하고 있는 관계에 있으므로 오히려 동행으로 하여금 전후(戰後)의 급무인 군용 수표의 정리, 기타 현안인 금융 사무에 담당하게 하는 것이 적당하다는 의논이 있었다. 따라서 앞의 법률 제정에도 불구하고 1905년 7월 다음과 같은 대요(大要)로 각의 결정을 보기에 이르렀다.

1. 군용수표의 정리 처분은 요코하마정금은행으로 하여금 담당하게 할 것.

2. 우선 시험적으로 요코하마정금은행으로 하여금 일람불수형의 발행 통용을 시도하게 할 것.

3. 청국에서의 우리 기업 및 금융 기관에 대해서는 이후에 다시 결정할 것.

정금은행은 정부의 명령에 따라 대련에 직할점을 두고 중국 사정에 정통한 인물을 선발하여 그 지역에 주재시켜 상호 간 무역 발전에 노력한 바가 있다. 1906년 9월 칙령 제247호로서 정부는 은(銀)으로 교환이 가능한 은행권의 발행을 정금은행에 공인함으로써 군용수표의 회수 및 화폐시장의 정리를 담당하게 했다. 만몽(滿蒙)에서의 경제력이 날이 갈수록 발달함에 따라 재만주 일본인의 사업 또한 더욱 발전하였고, 이를 위한 자금 수요가 더욱 급격히 증가하자 환금융기관인 정금은행만으로는 도저히 구제할 수 없게 되었다. 지난 각의에서 유보되었던 소위 청국에서의 우리 기업 및 금융기관 정비 문제가 재연하여 조정과 민간의 문제가 됨에 따라 여기에 관한 각종의 제안이 있었는데, 그중 중요한 것을 들면 아래와 같다.

갑. 남만주철도주식회사를 이용하여 여기에서 투자의 금융 업무를 겸영케 할 것.

을. 새로운 특수은행을 설치할 것.

병. 요코하마정금은행을 이용할 것.

위 세 가지 안 중에서 갑의 소위 남만주철도회사로 하여금 금융 업무를 겸영케 한다면 회사 설립의 취지에 어긋나고 사업회사의 성질상 온당하지 않게 된다. 뿐만 아니라 요코하마정금은행과 동일한 영업을 하게 되어 환업무 이외에 다시 지폐 발행의 특권을 부여하는 것으로 되면 더욱 만주 화폐제도에 분규를 발생하는 것이기에 채택되지 않았다.

다음 을안에 의한 새로운 특수은행을 설립하고 정금은행의 영업을 계속하게 하지 않는 것인데, 신은행은 환업무에 대해 정금은행에 미치지 못하기 때문에 오히려 이익이 되는 것이 작은 데 반해 무역 신장에 이바지하는 것이 드물 뿐만 아니라 영업을 계승함에 따른 배상금 제공을 필요로 한다. 따라서 쓸데없는 비용 증가로 이어져 국고의 부담을 증가시키게 될 우려가 없지 않다. 또한 만약 정금은행이 계속해서 현상을 유지하고 신은행은 단지 투자기관으로서만 설립되는 것으로 신은행은 지폐 발행의 특권을 가지지 않아 자금 조달상 곤란을 느낄 뿐만 아니라 투자의 목적 또한 아직 협애한 영업 범위 내에서 정금은행의 영업에 대해 우월한 지위를 점할 수 없기 때문에 도저히 유효한 투자기관으로서 존립하는 것은 곤란하다. 뿐만 아니라 만주 경제계의 현상은 대은행의 특설을 필요로 하지 않는 사정이기 때문에 본안도 역시 채택의 여지가 없다.

그러므로 당면 문제의 해결로서는 병안 즉 정금은행을 이용하는 것 외에는 방도가 없어 자연스러운 결론으로 된다. 그런데 만주에서의 투자업 특히 부동산, 공장, 재단 등을 저당으로 한 장기대부와 같은 것은 환 기관인 정금은행의 본래 성질에는 적합하지 않을 뿐 아니라 위험의 우려가 있다. 따라서 정부는 만주의 개발상 이런 종류의 대부가 필요한 이상 동행에 대해 상당한 편익을 부여하는 방법을 강구할 필요가 인정되어 소위 특별대부자금을 대여하여 이 실행에 필요한 명령을 발하였다.

이와 같이 해서 정부는 전후에 군표 회수 및 화폐시장의 정리 및 사업자금의 공급 등에 관해 요코하마정금은행을 이용하는 주의를 채택함으로써 만주 금융에 관련된 당면문제를 해결한 것으로 보이지만 실제의 사정은 도저히 위와 같은 고식적인 방법으로는 만족할 수 없다. 한편 만주에서 일본인의 사업은 현저히 발전해 왔는데, 수출품의 대종이라고 할 두류(豆類), 맥류(麥類), 광물 및 수입품 중 중요한 면사포, 견제품 등의 거래는 완전히 세계적으로 되었다. 따라서 금본위 거래가 점차 발달하고 있는 것 이외에 만선(滿鮮)의 지리적 경제 상태는 자연히 서로 의지하고 기대게 되어 양쪽이 함께 진보 발전하는 운명에 있을 뿐만 아니라 교통기관의 정비는 더욱 상호 간의 관계를 밀접하게 하고 있다. 그로 인해 금본위인 조선은행 지폐는 자연스럽게 만주 방면으로 유출되고, 이에 따라 조선은행의 영업은 점차 만몽 지역에서 전개되어 1년도 안 돼 은행의 기초를 이 지역에 확립함에 이르게 된 금본위제의 실정은 이와 같다. 따라서 정부는 관동도독부 수입과 지출의 표준을 금으로 고치고 남만주철도주식회사의 지불을 금 계산으로 하여 만주 각 금고의 수입과 지출에 일본은행태환권을 사용케 하는 등 이로 인해 일본은행권 유통은 촉진되었다. 그런데 만주에서 이 태환을 담당할 기관이 없으므로 시장의 상황에 따라 이를 신축케 할 수 없기 때문에 요코하마정금은행으로 하여금 1913년 7월부터 5년을 한도로 금화로 교환되는 은행권의 발행을 공인하여 금으로써 통일하는 정책에 그 뿌리를 두게 되었다. 지금 만주폐제는 일본 측에서는 일본은행태환권, 요코하마정금은행권, 조선은행권 및 일본보조화 및 엔은(円銀), 군표 및 정금은행은권(銀券) 등 다수가 있다. 복잡한 폐제는 더욱 혼돈을 더해 가고 상호 간에 하루하루 그 시세를 달리하여 일상 거래상 다대한 번거로움를 감당할 수 없다. 이뿐만 아니라 통상무역 및 자본 투자에 수많은 장애를 주고 있으며 나아가서는 우리 경제력의 발전을 저해하는 것이 적지 않다. 이와 함께 정부가 설립한 2종의 특수은행은 그 고유의 업무와 자연적인 발전에 따라 혹은 정부의 방침에 따른 특별한 임무에 종사하여 동일 지역에서 동일한 업무를 담당하게 되어 화폐제도가 혼잡하게 되는 것과 함께 특수은행 기능도 역시 통일됨이 없다. 이러한 정세에 비추어 이전 내각에서는 우선 일본인의 세력 부식을 위해 화폐 문제에 관해서 일보를 나아가 아래의 대강의 안을 갖추어 각의에 제출하였다.

1. 군표는 가능한 한 빨리 이를 회수할 것.
2. 정금은행태환권의 강제통용력에 저축되지 않는 한 또 군표의 철수 방침에 저촉되지 않는 한에 있어서 금고 우편국에서는 은(銀)의 수불(受拂)은 일절 이를 행하지 않을 것. 남만주철도주식회사에도 동일한 방침을 채용하게 할 것.
3. 만주의 거래소는 모두 금권 본위로 할 방침을 채택할 것.
4. 조선은행에 대해 만주에서 소액 지불어음(金)의 발행을 인허할 것.
5. 정금은행에 대해서는 만주에서 지불어음의 발행을 인허하지 말 것.

위 가운데 제2, 3은 마침내 각의 결정을 보지 못했는데, 제1, 4, 5는 가결되어 대체로 금본위제를 이상(理想)으로 한 방침을 정했다. 만주에서의 화폐제도는 금으로서 통일할 서광을 인정한 것 이외에는 특수은행 기능의 통일은 사실상 아직 실현을 보지 못하고 있는 현상이다.

생각건대 만주의 금융 조직의 결함은 도저히 현재 상태로 방치할 일이 아니다. 정부가 이전에 요코하마정금은행을 이용하는 안을 수립한 것은 당시 만주 경영상의 시설이 초창기로서 달리 이용할 수 있는 적당한 기관이 없었는데, 때마침 정금은행이 종전부터 만주에 지점을 가지고 신용 설비 및 경험에 풍부한 관계상 임시적인 편의 조치로서 다른 좋은 안이 없기 때문이었나. 본래 환 기관인 동행의 본질을 고려하면 만주 경영상 특수임무를 담당케 하는 것이 불가하다는 것은 당시에 이미 인지된 사실로서 지금 만주 경제는 더욱 발달하여 도저히 환은행의 경영적 업무로서 응할 수 있는 것이 아니다. 그뿐 아니라 화폐제도 통일의 서광을 인식한 이상 요코하마정금은행은 단연 그 부가된 특수임무에서 퇴각시켜서 그 본연의 기능으로 돌아갈 좋을 때이므로 마땅히 환은행의 본업을 책임지고 맡아서 무역의 발전에 노력하고, 이 지폐 발행, 국고금 취급 및 특별대부 등의 업무는 모두 이를 다른 적당한 기관에게 이양해야 할 것이라고 인정된다.

만주와 조선은 지리상 자연적인 경계가 없을 뿐만 아니라 상호 경제 실상 및 수출입의 현황은 서로 떨어질 수 없는 관계에 있다. 특히 거래 및 교통의 발달은 더욱 그 관계를 친밀하게 할 것이기 때문에 조선은행 지폐는 자연적으로 만주에 유출되고 이에 조선은행은 만주에 대해 어떠한 보호 또는 특권을 옹호하는 것 없이 영업의 기초를 확립하였다. 지금 이 지방에서의 정금, 조선 양행의 영업을 비교하면 아래와 같다.

정금은행 지점, 출장소의 수:

대련, 우장, 여순구, 안동현, 요양, 봉천, 철령, 장춘, 하얼빈 9개소

조선은행 지점, 출장소의 수:

대련, 영구, 안동현, 봉천, 개원, 사평가, 장춘, 하얼빈, 블라디보스토크 9개소

정금은행권 발행고: 금권 2,427,922 / 은권 3,727,819

조선은행권 유통고 개산(概算): 4,000,000

또한 보통영업으로서 정금은행 대출고 약 900만 엔(이 중 특별대부 약 250만 엔)에 대해 조선은행 대출고 470만 엔(1916년 6월 말)

이와 같이 조선은행은 점점 만몽 및 러시아, 아시아 방면에서 활동해 왔고, 북중국 일대는 그 영업 범위가 될 자연적 운명에 진전하고 있다. 따라서 그 발권은행인 본질에 비추어 화폐제도 통일이라는 장래의 이상을 고려하면 국고금 취급 및 지폐 발행 사무 등 정금은행의 만주에서의 특별임무는 이를 조선은행에게 이양하는 것이 오히려 자연스럽다. 만주 화폐제도의 통일 및 화폐 및 금융시장의 조절이라는 목적을 관철하기 위해 필요하고 또 가장 빠른 방법과 수단이라고 인정된다. 다만 지폐 발행 업무의 이양에 관해서는 정금은행의 이해에 미치는 영향을 적게 해야만 하고, 또 현재 만주의 화폐제도는 아직 금으로서 통일된 영역에 도

달하지 않았기 때문에 정금은행 금권의 발행에 관해서는 1913년 칙령 제247호에서 인정한 것과 같이 5개년 이내(1918년까지)의 기간이 만료될 때까지 기다리고, 이후 이를 연장하지 않는 것으로 한다. 은권의 발행에 관해서는 가능한 한 화폐제도 통일이라는 취지를 관철하기 위해 그 발행에 제한을 가해 화폐제도 통일의 기운이 익는 것을 기다려 이를 폐지하는 것으로 하면 통화 및 경제사회에 급격한 변화 발생을 피함과 동시에 조선은행 및 정금은행에게 예측할 수 없는 손해를 면하게 해 주는 이익이 있다고 믿는다. 만약 그 부동산 또는 공장, 재단을 저당으로 하는 장기 고정의, 소위 특별대부에 대해서는 업무의 성질상 약간의 위험을 띠게 될 뿐만 아니라 발권은행은 본질상 이를 피해야만 한다. 다행히 동양척식주식회사의 영업 구역을 확장시켜 만몽 방면에도 연장하게 할 방책이 이전 각의에서 결정된 바가 있어 최근 「동양척식주식회사법」을 개정하려고 하는 시점이기에 마땅히 동양척식주식회사로 하여금 이런 종류의 업무를 담당케 하는 것이 가장 적당한 조치라고 인정된다. 이와 같이 조선은행 역시 그 영업 범위를 확대하여 제국 세력권 내의 대무대에 서기에 이르게 되면 당연히 일반 감독은 중앙정부가 자연히 이를 행하게 됨으로써 식민정책의 통일을 기하지 않으면 안 된다. 그러므로 만주에서의 특수은행 기능의 통일에 관한 요항을 들면 대요는 아래와 같다.

1. 조선은행권의 만몽에서의 강제통용력을 인정하고 여기에 필요한 칙령을 제정할 것.
1. 만주에서의 요코하마정금은행의 발행 업무에 관해서는 아래의 취지에 따라 해당 칙령을 개정할 것.
   1) 금권의 발행은 칙령에서 정한 5개년 기간을 한도로 이를 폐지할 것.
   2) 은권의 발행은 만주 화폐제도 통일의 실질을 거둘 때까지 당분간 그 유통을 인정하여도 강제통용력은 인정하지 않을 것.
1. 국고금의 취급은 조선은행으로 하여금 이에 담당케 할 것.
1. 조선은행의 영업 범위를 대체로 만몽, 산동성 및 러시아, 아시아로 연장케 할 것.
1. 조선은행에 대한 일반 감독은 이를 대장대신 관장으로 옮길 것.
1. 요코하마정금은행은 점차 그 본업인 환 기관에 복귀해야 하나 만몽 이외의 지방에서는

당분간 종전대로 국고금의 취급, 은권(銀券)의 발행 및 특별대부 등도 영업케 할 것.

위의 사항을 급히 각의의 결정을 구한다.

1917년 6월 일

칙령안

칙령 제 호

조선은행이 발행하는 은행권은 관동주에서 무제한으로 통용하는 것으로 한다.

부칙

본령은 1917년 6월 일부터 이를 시행한다.

칙령안

칙령 제 호

1906년 9월 칙령 제247호 중 '관동주 및'을 삭제하고 '청국'을 '지나'로 고친다.

제3조 중 제3항을 삭제한다.

부칙

본령은 1917년 월 일부터 이를 시행한다.

〈자료 07〉 선은(鮮銀) 만주 발전

(《매일신보》, 1915.12.8.)

조선은행의 만주에 발전책을 강론함은 이미 보도한 바와 같거니와, 지난 5월에 이것의 첫걸음으로 대련(大連)출장소를 대련지점으로 개칭하였는데, 종래의 대련출장소는 만주 각지 출장소의 후견 명분이더니 이후로는 각 출장소를 감독하에 귀속하게 하였고, 따라서 지난번 본점 출납국장 겸 조사역으로서 전근하였던 오타 사부로(太田三郎) 씨는 대련지점에 취임할 터라더라.

〈자료 08〉 선은(鮮銀)의 만주 성적

(《매일신보》, 1916.12.3.)

올해 9월 15일 개업한 조선은행 영구(營口)출장소와 올해 7월 15일 개업한 동행 하얼빈(哈爾濱)출장소에 있어 10월 30일 현재 영업 성적을 들은즉 영구출장소는 예금 7만 7,440원 51전, 대출금 6만 7,926원 29전이오, 하얼빈출장소는 예금 47만 4,153원 78전, 대출금 43만 4,880전 68전에 달하였는데, 양 출장소가 모두 개업한 지 얼마 되지 않은 고로 아직 장래의 성적을 미리 내다보기는 불가능하나 현재 날마다 호황을 보이는 중에 있음에는 의심이 없더라.

〈자료 09〉 선은진체송금(鮮銀振替送金), 이달 15일 실시

(《매일신보》, 1916.12.6.)

조선은행에서는 조선·만주 상호의 경제 관계는 양 지역 재계의 발전과 교통기관, 기타 제반의 시설 정비와 관련하여 요사이 막대히 근접 정도를 더하여 무역액도 현저히 큰 증가세를 보이는데 이러한 방면에서 개척의 밀접한 관계를 가지므로 이 기운을 촉진하고 또 조선·만주 금융의 소통을 계획하기 위하여 이체(振替) 송금 무(無)수수료 제도를 개시하여 오는 12월 15일부터 실시함에 이르렀고, 또 본 제도의 목적은 위에서 서술한 바와 같으므로 그 사용 범위를 (1) 만주에 있는 동행 각 지점 상호 간, (2) 만주에 있는 동행 각 지점과 조선에 있는 동행 각 지점 상호 간(나남 및 회령을 제외함)으로 하고, 또 본 취급은 받아들일 수 있는 거래가 있는 것으로 제한한다는데 단골 거래처는 횡선(橫線)수표[31]도 송부받는 사람의 성명 및 소속점 명칭을 기재하여 함께 이체 또는 전신(電信) 이체의 몇 개를 명시하여 은행에 제출할 때는 은행이 수수료를 징수하는 일이 없고 곧바로 이체 절차를 완료하여 송금의 목적을 달성할 디인 고로 이에 의하여 거래처가 받는 이익의 큼은 물론 조선과 만주 무역의 발전

31 수표의 도난과 분실을 방지하기 위해 지급 대상을 제한한 수표로 앞면에 2줄의 평행선을 그어 놓았다.

으로 지난해 일지은행(日支銀行), 만주은행(滿洲銀行)의 특설안이 의회에 제창된 이래 조야(朝野)의 주의를 환기하여 누누이 식자(識者) 간에 의논이 오르내리더니 현 정부 당국은 이러한 특수은행을 신설하여 이것의 큰 성공을 기약하기보다도 상당한 신용과 기초가 있는 기존에 설립된 은행으로 그 임무를 담당하게 함이 정녕 지름길이라 하여 이 방침하에 착착 준비의 걸음을 진행하던 바인데 이번의 조선은행 만주 대진전도 요컨대 정부의 조선-만주 경제기관 통일책의 제일보로 보겠고 다시 조선과 만주에 있어서 경제적 연쇄의 긴밀함을 도모한 연후에 행하려는 우리 행정통일책의 전제라고도 볼 수 있어 정부의 대(對)만주 경제정책이 점차 구체화해 온 것으로 만주와 조선 통화 통일과 같이 만주와 조선 금융상의 일대 진전이라 칭함도 무방하다. 하여간 이로 인하여 조선은행은 만주에 있어서 중앙은행 되는 특수한 위치를 점한 것으로 동행 발전에 백척간두(百尺竿頭)의 일보를 나아간 것이라 말하겠더라.

소문에는 이번 요코하마정금은행과 조선은행 간의 협정은 정부 측의 알선으로 현재 도쿄에 머무는 중인 미노베(美濃部) 총재 및 이 안건에 관한 용무를 띠고 지난번 급히 도쿄에 간 오타(太田) 이사와 요코하마정금은행 당국 간에 행한 것인 듯하며 현재 만주에서 유통한 요코하마정금은행권은 약 5, 60만 원에 달하겠고 이 은행의 모든 금표 발행 기간은 5개년인데 내년으로써 기한이 만료할 터인 고로 이 기회에 만주에서 유통하는 우리나라 화폐[邦貨]의 통일을 획책함과 같이 12월 1일부터 이 은행권은 조선은행권과 상환으로 회수를 개시하리라더라.

원래 요코하마정금은행은 만주에 입각한 금융기관 중 가장 오래된 역사를 가졌으나 그 토대가 역시 매우 공고하므로 전부 이와 병합함은 용이한 일이 아닌 고로 일부로부터 점차 통일의 실현을 거두고자 함과 같으며 더욱이 은행 그것의 성질을 위주로 하여 외국환 취급은행 되는 관점이 있어 조선은행과 조금 그 취지가 달라 이전에 부동산 금융 업무를 동양척식주식회사에 양도함이 있고 지난해 조선은행이 조선에서 제일은행(第一銀行)으로부터 국고 사무를 인계받고 제일은행은 오늘날 오히려 보통은행으로 경성과 부산의 양 지역에 지점을 둠과 같은 모양으로 요코하마정금은행도 현재 만주에 있는 아홉 지점 중 대련(大連) 외 12개 주요 지점을 제외하고 다른 것은 철폐하여 조선은행의 손에 맡겨 특산물 되는 대두, 두박(豆粕) 등 외국 거래를 위한 경제기관을 주안점으로 하고 장래 조선은행, 동양척식주식회사와 서로 세 기관이 서서 우리의 대(對)만주 재계의 발전과 함께 흥하게 될 터이라. 이 점에 관해서는 현재 양 은행 당국 간에 교섭이 진척되는 중이라더라.

〈자료 16〉 만몽에서 선은(鮮銀) 금권 발행에 관한 대장성의 발표

(《매일신보》, 1917.11.29.)

만몽(滿蒙)의 조선은행 금권 발행에 관하여 대장성 발표의 대체적인 개요는 다음과 같더라(도쿄 전보).

정부는 만몽에 대한 우리 특수금융기관의 기능을 통일하여 근본적으로 우리 경제의 기초를 확립함으로써 서서히 화폐 시장과 무역 거래의 질서를 정비할 필요를 생각하고 이 방향으로 동양척식주식회사로 하여금 기업 자금 공급의 임무를 담당케 하였는데 재차 일반 상업금융의 중심기관을 정하여서 촉진을 초래하는 금(金)에 기반한 거래의 수요에 응하여 더욱 기세를 조장하기 위하여 조선은행을 이용하는 동시에 요코하마정금은행(橫濱正金銀行)으로 하여금 오로지 이 방면의 업무에 준비하여 환 거래 및 무역 금융의 조절에 노력케 하노니 즉,

1. 만주의 국고금 취급 사무는 1918년(大正 7) 1월 1일 이후 조선은행으로 하여금 이에 담당케 하고
2. 금권(金券)은 조선은행으로 하여금 이를 통일케 하는 동시에 만몽 방면에서도 이에 강제 통용력을 부여하고 이 은행으로 하여금 장래 금에 기반한 거래의 대세에 응하여 화폐 시장 정비의 책무를 맡게 하고
3. 금권은 만주 화폐의 실정에 비추어 요코하마정금은행으로 하여금 의연히 이를 발행하게 하여 관동주에서는 강제력을 부여하지 아니하나 이 은행의 신용에 의하여 상당히 통용하겠으므로써 현재 거래의 실제상의 불편에 대비하게 하여 둘의 발전을 기약하고자 함이라.

〈자료 17〉 선은(鮮銀) 만주 진전, 만주 경제계 변천

(《매일신보》, 1917.11.29.)

오는 12월 1일부터 조선은행의 만주에 있는 요코하마정금은행(橫濱正金銀行) 업무 중 금권(金券) 발행권과 이 지점의 대부분을 병합하여 명실공히 우리 은행 업무 일부의 통일을 실현하기로 된 일은 이미 기록함과 같거니와 종래 만주에 있는 우리 화폐제도는 일본은행(日本銀行) 및 요코하마정금은행권의

▲두 종류를 경화(硬貨, 금속화폐)로 간주하여 중앙금고에 수입되었으나 연선(沿線)의 통용이 점차 그 액수를 증가하여 사실상 이 지역 유력한 통화인 조선은행권은 중앙금고에서 수입을 허락하지 않고 이로 인하여 조선은행은 자기의 신용에 관계하는바 적지 않다 하여 일찍이 만주의 중앙은행인 요코하마정금은행에 교섭한 바 있었으나 마침내 그 목적을 달성할 일이 불가능하고 오랫동안 불편을 감수하였더니 시대의 추이는 어떤 때에든지 이것 등의

▲현안을 일소하여 최근에는 요코하마정금은행 업무 중의 토지담보 장기대부권은 동양척식주식회사에 이관하고, 지금 또 금권(金券) 발행권 및 일반은행 업무의 대부분은 조선은행의 손에 옮김에 이르렀는즉 만주에 있는 요코하마정금은행의 이후 사업은 그 본래의 목적인 외국환을 위주로 하고 이에 은권(銀券) 발행권과 현재의 10개소는 머지않아 3~4개소로 축소하고 이외는 조선은행으로 하여금 상대하여 영업하게 할 터라. 고로 이를 바꾸어 말하면 조선은행의 이후 만주에 있어서의 발전을 서술하면 오는 12월 1일 이후 만주에서는 현행

▲요코하마정금은행 금권은 점차 조선은행권으로 상환되고 중앙금고 수입금은 일본 조선은행권이 되어 조선은행권은 이에 비로소 종래의 증권 취급을 벗어나 경화로 견고해짐과 동시에 현재 16개의 지점은 20여 개소로 확장되며 만주 총감독의 위치에 서는 대련지점도 동시에 권한 및 사무 확장을 할 터라. 그리하여 조선은행원은 현재 위의 중요한 용무를 띠고 사무 인계, 기타로 인하여 만주에 출발하는 중이라더라.

〈자료 18〉 만주에 정금(正金)과 선은(鮮銀)의 교대, 만주 통화의 통일, 선은의 3점 증설

(《매일신보》, 1917.11.30.)

조선은행 이사 미시마 타로(三島太郎) 씨 담화

요코하마정금은행(橫濱正金銀行)의 만주에서 있는 금권(金券)의 발행력은 12월 1일 이후 이를 삭제하고

▲조선은행권은 같은 날부터 만주(관동주 및 남만주철도 부속지, 이하 동일)에서 무제한으로 통용할 경화(硬貨)로 인정된 의미의 칙령은 27일부로써 공포되었더라. 동시에 1918년(大正 7) 1월 1일부터 만주에서 현재 요코하마정금은행이 취급하던 국고 사무와 아울러 금고 파출소의 사무는 전부를 들어 조선은행에 인계하기로 되었고 그 결과 요코하마정금은행의 여순(旅順), 요양(遼陽), 철령(鐵嶺) 세 지역의 출장소는 이를 폐쇄하고 다시 조선은행은 위의 세 지역에 출장소를 신설하기로 결정하였는데 이는 결국 오늘까지 요코하마정금은행이 만주에 있는

▲중앙은행으로 지속한 이래 그 주식을 조선은행에 양도한 까닭이라. 이상의 변화는 조선은행의 오타(大田) 이사가 11월 초 도쿄(東京)에 가기 이전부터 대장성 당국 간에 조사가 계획되었던 것이므로 오로지 중앙정부의 방침, 명령에 따른 일을 인계한 것이라. 그러나 요코하마정금은행과 조선은행 간의 인계 교섭은 미노베(美濃部) 총재, 오타 이사와 요코하마정금은행의 이노우에(井上) 두취 이하 중역과의 사이에서 겨우겨우 2주간을 두문불출하는 간에 만사가 완료되어 전부 계약 성립의 조인은 28일 또는 29일 중에 이를 행하게 되었도다. 이에 대하여 내가 특히 감사한 뜻을 표하는 것은 요코하마정금은행으로는 매우

▲이해관계가 깊은 만주 내 기득권의 수수(授受)에 대하여 이노우에 총재 이하가 자못 유쾌히 가슴속의 사소한 응어리가 없이 시원한 태도로 일을 진행한 것이라. 더욱이 정부가 만주에 있는 요코하마정금은행 금권의 발행을 폐지하고 조선은행권으로 변경하게 하였다는 일은 만주 통용화폐 통일의 필요로부터 온 것이니 조만간 이와 같이 처리해야만 할 필요에 임박한 형세라. 무슨 까닭이오 하면 만주 내에 일본은행의 많은 종류의 통화가 있음은 어떠한 점으로 볼지라도 그 옳은 까닭을 모르겠도다. 다만 중국 측의 통화는 부득이하다 할지라

도 일본의 통화는 가급적 통일하지 않으면 안 되니 그런즉 그 통화의 통일을 어떻게 할까 하면 나의 입으로 말함은 조금

▲아전인수(我田引水)의 염려가 있으나 새로운 개척지에 있어서 통화는 식민지 개척의 사명을 지고 식민지에 본거(本據)를 둔 은행이 이를 담당함이 가장 적당하도다. 이런 의미에서 조선은행이 만주의 통화를 통일하는 것은 순서라. 현재 요코하마정금은행 두취 이노우에 준노스케(井上準之助)씨와 같은 이는 그 의견으로 한두 해 전 만주에 있어서 요코하마정금은행의 금권 발행권은 언제라도 조선은행에게 양도할 것이라 하는 의미를 누설한 일도 있는 모양인데 이들의 의견이 멀리서나마 열매를 맺어 이번의 인계도 극히 순조롭게 된 줄로 생각하노라. 다시 이달을 기한으로 폐지되는 요코하마정금은행 금권의 현재 발행고는 현재 정확히 알기 어려우나 약

▲500만 원 내외인 줄로 추산하노라. 그중 증권준비의 발행력은 300만 원뿐이나 그 권리는 조선은행에 인계를 받지 않고 또 조선은행권의 보증준비 발행고도 현재(3,000만 원)와 마찬가지의 모양으로 이 기회에 증가할 일로 되지 아니하고 또 12월 1일 이후 요코하마정금은행 금권의 조선은행권 교환이 발생하며 다시 연말 재계가 다망(多忙)하기 때문에 발생하는 자금 수요의 격증은 조선은행권의 큰 팽창을 초래하겠고 혹은 정부의 인가를 받아 제한외 발행의 방법에 따르는 외에 다른 방도가 없도다. 다음으로 철령, 여순, 요양 세 지역의 새로운 출장소 직원은 새로이 전부 조선은행에서 파견하고 요코하마정금은행에서는 인계를 받지 아니할 일로 되었더라.

〈자료 19〉 중앙은행 된 선은(鮮銀), 선만의 이후 방침

(《매일신보》, 1917.12.1.)

조선은행 이사 미시마 타로(三島太郎) 씨 담화

만주의 중앙은행 업무를 조선은행이 요코하마정금은행(橫濱正金銀行)으로부터 인계를 받았고 이후 조선은행의 방침에 대하여 미시마 이사는 말하기를 종래 조선은행이 조선에서 중앙은행으로

▲반도의 금융을 조절하여 재정계의 발달 진전을 도모하였으나 만주에서는 조선과 사정이 전혀 달라 오로지 하나의 상업은행에 불과하였더니, 요코하마정금은행으로부터 중앙은행 업무를 인계하게 된즉 조선은행은 이후 만주에서도 조선과 동일한 근거지가 되어 조선에서 조선은행 된 종래의 태도와 동일한 방침으로 만주에 임할 바는 이 기회에 공언하겠노라. 그러나 만주가 조선과 조금 다른 점이 있으니, 조선은 제국의 영토가 되어 정치와 경제, 산업 등의 제반 제도가 거의 일정하였다 할지라도, 만주는 아직 안정되지 못한 일이 많은즉 각종의 노력을 시도하지 않지 못할지로다. 가령 만주에서

▲원금(圓金) 거래 통일과 같은 것이 그 주된 일례라. 이 원금 거래 통일은 일본의 대(對)만주 무역상 유리하고 또 그 발달상 결여되지 못할뿐더러 만주 자체의 대외 통상관계를 원만하게 함에도 가급적 실행하지 않음은 불가하도다. 세계 각국 중 무역을 금본위로 하지 않는 국가는 중국과 멕시코 및 기타 약소한 몇 국가에 불과하니 오늘날 그 상거래를 금본위로 하지 아니함은 한 국가의 통상의 발전과 쇠퇴함에 지대한 관계가 있는데 중국은 아직 금본위제를 채용하지 않음은 은을 유리한 것으로 아는 것이 아니라 내란으로 피폐함에 기인한 것이라 하는 것이 옳으리로다. 중국 자국의 정치상 조직이 안정되는 때에는 반드시

▲금본위제를 채용할 바는 오늘부터 예언할 수 있겠노라. 조선은행이 만주에 특별한 종류의 관계를 가지게 된 이상에는 일본과 중국을 위하여 이 금본위제를 통일하게 함에 노력할 바는 당장의 급무라고 믿노라. 다만 만주와 러시아, 영국, 미국 및 기타 각국 간의 통상관계를 가급적 증진케 함에 노력하고자 하노라. 또 조선과 만주 무역 관계도 더더욱 밀접하도록 시설을 행하려 하노라. 이들은 지금은 구체적인 진술을 하지는 못하나 이후에 출현할 사실로 부를 수 있을 것이로다. 다시 일부 세상에서는 조선은행이 만주에 진출한 후에는 만주에만 힘을 쓰고 조선은 등한시하리라는 자도 있는 듯하나 결코 그렇지 않도다. 조선의 본거는 의연히

▲조선에 엄연하게 존재하여 이후 조선에서 영업 방침을 어떻게 잡느냐 하면 종래 조선은행의 각 지방에 있는 지점과 출장소는 지방의 영업까지 취급하였으나 이후로는 지방의 업무는 지방은행된 농공은행(農工銀行) 또는 보통상업은행에 양도하고 조선은행은 해외은행으로 그 노력을 계속할 방침이고, 조선의 무역으로 하여금 세계적이 되게 하지 아니하면 불가하도다. 그런즉 그 첫걸음으로는 조선의 물자를 세계적인 물자로 할 필요가 있도다. 만

주 대두와 같은 것은 세계적인 물자가 되나, 조선에도 대두는 있으나 아직 조선 대두는 그 수량도 적고 용도도 세계적이지 않은즉 유방(油房) 사업 등에는 공급하기에 적당하지 않으니 불가불 조선에서 생산하는 여러 물자를 세계적이 되게 할 방면에 상당히 진력하고자 하노라. 이후 조선과 만주에서 조선은행이 해외 활동을 속행함에는 조선도 만주와 금융적으로 한 덩어리가 됨이 유리하도다.

▲여러 외국 간에 환거래를 잘 하려면, 조선은행은 각종 관계로 조선과 만주 각지에 있으니 여기에서 나오는 좋은 기회가 다시 없으리로다. 만주에서 중앙은행 업무를 요코하마정금은행으로부터 인계하는 일이 조선의 이익은 될 것이나 해는 결코 없으며, 조선은행은 결코 조선을 망각하지 아니하고 조선을 위하여 한층 노력을 할 일은 확연한 일이로다.

〈자료 20〉 선은권(鮮銀券) 대팽창

(《매일신보》, 1917.12.2.)

29일 조선은행권의 발행고는 6,028만 6,000원에 달하여 마침내 6,000만 원대를 초과하고 오히려 또 팽창의 걸음을 계속하고자 하는 중인데 이를 작년 12월 중순의 최고발행액인 4,600만 원에 비교하면 실로 이미 1,400만 원의 큰 증가를 보았으나 그 이유는 조선 및 만주에 신설의 출회가 점점 커져서 그 매출자금의 수요가 빈번하게 일어난 것인데 어쨌든 쌀과 콩에서 시작하여 수이입품(輸移入品)의 은행 대출 평가는 작년보다 몇 할쯤 상위에 있음과 아울러 일반 재계의 팽창은 은행권의 발행을 유도하였더라. 이에 더해 12월 1일부터는 누차 보도한 바와 같이 요코하마정금은행(横濱正金銀行)이 만주에서 발행한 금권 약 500만 원의 조선은행권 교환을 하고 다시 조선·만주의 재계는 연말로 점점, 더더욱 많이 바쁜 시기에 들어섰으므로 조선은행권은 아마도 7,000만 원을 초과함에 이르겠고 조선은행에서는 일본 금융시장의 상황에 의거하여 혹은 증권 준비에 의한 제한외발행을 실행하기에 이르리라더라.

〈자료 21〉 선은(鮮銀) 당면의 시설, 조선 물자를 세계적으로, 선은 총재 미노베 슌키치(美濃部俊吉) 씨 담(談)

(《매일신보》, 1917.12.13.)

오랫동안 도쿄에 머물다가 지난번 경성으로 돌아온 미노베(美濃部)[34] 조선은행 총재의 말이 다음과 같다더라.

▲선만재계(鮮滿財界) 팽창

조선과 만주의 재계도 발전의 대세에 순응하여 장애 없이 점차 팽창하고 있도다. 예컨대 조선은행권만으로 보아도 내가 총재에 취임한 작년 가을은 그 발행고(發行高)가 3,600만~3,700만 원으로 연말에 이르러 겨우 4,600만 원대에 올랐을 뿐이더니, 올해는 가장 번망한 시기인 연말에 들어서지 않은 오늘날에 6,700만 원의 발행고를 보이고 있더라. 이는 원래 만주에 있는 요코하마정금은행(橫濱正金銀行)의 금권(金券)을 조선은행에 통일한 일과 아울러 물가등귀의 결과 동일한 상품을 담보로 하는 대출도 그 평가가 전년보다 몇 % 정도 올랐으므로 따라서 은행권을 팽창하게 하는 등 각종 주요한 원인도 있으나, 요컨대 생산품의 등귀라든지 새로운 사업의 착수 및 계획, 기타가 직간접으로 조선과 만주 재력의 팽창을 불렀음은 의심할 여지가 없다. 다만 평화기에라도 들어가면 약간의 타격을 받을 일은 면하기 어렵다 할지라도 시국이 큰 차이가 없을 뿐만 아니라 몇 년을 추이(推移)하면 조선과 만주의 재계는 이 추세를 계속하리로다.

▲선은(鮮銀) 대만(對滿) 방침

만주에 있는 조선은행의 금권 통일, 국고 사무의 양수(讓受), 요양(遼陽), 철령(鐵嶺), 여순(旅順) 세 출장소의 신설 등은 현 정부의 대선만(對鮮滿) 금융 대방침의 모습을 현출한 것이고, 또 실로 오늘날의 형세이다. 헌정회가 주장하는 만몽은행(滿蒙銀行)과 같은 것도 신설하면 다른 문제이고, 그렇지 아니한즉 이는 조선과 만주금융 통일의 역할을 담당함은 대륙 조

---

34 조선 제3대 총재인 미노베 슌키치(美濃部俊吉)로 1916~1924년까지 재임하였다.

선에 본거를 둔 조선은행으로서 가장 적당한 것이니 이는 자찬하는 것이 아니라 최근 요양, 철령과 안동(安東)…안동은 1월 정금은행이 철회하였는데 정금은행의 존속운동을 하는 것과 같으니 이는 정금은행으로 변경한 조선은행이 은(銀) 계정을 가지지 않은 것을 불편하다 하는 까닭이다. 더욱 요양은 은행의 사무가 대개 국고에 한정되므로 문제될 것은 아니고, 철령도 상권이 오늘에는 매우 크게 축소됨을 본 것이 있으니 은 계정이 없어도 특별한 불편은 없을 것이다. 다만 안동은 약간 문제될 것으로 생각하긴 하지만 금본위로 최초부터 관리해 온 것과 같고 또 대세가 금본위에 옮기려고 하는 금일 조선은행이 새롭게 이 조류에 역행하여 은 계정을 여는 것과 같은 일은 불가능한 것이고 만약 부득이하다면 안동에는 정금은행과 상담한 후 특종기관…예컨대 정금은행의 대리점을 조선은행에서 취급함과 같은 것을 설치하면 어떠할까 생각하노라. 그러나 아직 아무런 결정한 것은 없다.

▲노(露)의 분규와 류(留)[35]

러시아의 앞길은 실로 혼돈 상태이므로 우리들에게도 아무런 상정할 것이 없고 중앙에서도 당국에 대해서 그 의견을 들었으나 거의 예정을 세우지 못하는 모양이다. 문제의 일러은행(日露銀行)과 같은 것도 서고, 상공은행 두취(頭取) 곤신 씨와 우리 유력 은행과의 사이에 양국 경제 제휴를 위하여 설립하리라는 것은 있으나, 금일의 상태로는 어떠한 착수는 없을 듯하며 특히 최근과 같이 러시아의 대(對)독일 · 오스트리아의 휴전이 성립하며 또는 강화를 하리라는 상태로는 독일군의 서부 이탈리아 · 오스트리아 전선의 전환을 만들고 연합군을 위하여 걱정을 감당할 수 없는 러시아 내부의 분규는 루블화와 같은 것은 한 조각의 종이부스러기로 추락하여 조선은행의 하얼빈(哈爾濱)과 블라디보스토크(浦鹽)의 지점에서는 특종의 관계가 있는 거래처가 아니면 루블화의 수수(收受)는 정지하였더라.

▲조선 특종물자(朝鮮特種物資)

조선도 금후 물자의 생산을 가능한 한 세계적인 것으로 하여 다종다양에 힘을 분할하지 않고 집중적으로 하는 것이 필요하다고 생각하니, 이것에는 세계적인 수요품인 생사(生絲)의

35 루블화.

생산을 증가할 것, 본국에 생산하지 못하는 면작물을 심을 것, 다시 예컨대 홋카이도(北海道)에서 하나의 중요 수출품인 청완두(靑豌豆)의 재배와 같은 것을 장려하는 것은 등한시하지 못할 것이다. 그중에서도 기후, 풍토상으로 보든지 그 판로상으로 관찰하든지 생사에 힘을 쓰는 것은 가장 훌륭한 계책이라고 생각하니, 이와 같은 특종이 산품의 장려에는 은행에서도 가급적 원조를 사양하지 아니하노라.

〈자료 22〉 보증준비 확장, 선은권(鮮銀券) 발행 증가

(《매일신보》, 1917.12.29.)

「조선은행법」 개정안은 제40 의회에 총독부로부터 제출될 것은 누차 도쿄 전보로 보도한 바어니와 또 그 개정의 요점은 (1) 보증준비의 확장 (2) 신탁 사무의 개시에 있는데 이에 대해서 어느 소식통이 말하기를, 조선은행권의 보증준비

▲발행 확장은 아마 현행법 3,000만 원의 한도로 2,000만 원을 더하여 5,000만 원으로 하려는 것이다. 그 이유는 일찍이 본보에 기재한 바와 같이 조선은행 현행법의 제정 당시 조선은행의 영업 구역은 반도에만 한정하였으나 1913년(大正 2) 이래 만주에 약진한 것과 조선재계(財界)의 발전이 급격하여 이전과는 전혀 면목을 일신한 것과 만주에 임한 요코하마정금은행(橫濱正金銀行) 금권의 인계 등은 어느 것이든지 조선은행권 보증준비 확장의 한 이유가 되었으나 그 주요점은

▲식민지 개발에 가장 필요한 저리 자금의 공급을 행하고 모국에 비해 현저히 고율인 일반 민간 금리를 조절하고자 함에 있으며 그 실행을 조선과 만주에서 행하고자 함에는 조선은행권 보증준비의 확장에 의하여 중앙은행 되는 조선은행의 보유한 것을 저리로 융통을 받을 자금의 충실을 도모함에 있는지라. 이 보증준비 확장 필요론이 발생한 까닭이다. 또 신탁 사무의 개시는 금일 조선은행에서 그 취급을 행하여 얼마의 실적을 거둘지 아직 추측하기 어려우나

▲그 개시 후에는 담보부 사채(社債)를 받아서 저리 자금의 융통을 행하며 또는 사업가를 위해 사채의 응모자를 모아서 신탁예금의 취급을 행하는 등인데 이는 식민지에 사업 발전

을 조장함에는 그 경영의 여하에 따라서 적지 않은 효과가 행하리라 하며 조선은행에서 신탁예금의 취급을 행할지 그 여부는 아무런 결정이 없다더라.

〈자료 23〉 진전 또 진전의 선은(鮮銀)

(《매일신보》, 1918.1.1.)

조선은행 총재 미노베 슌키치(美濃部俊吉) 씨 담(談)

1917년(大正 6) 중 조선은행의 새로운 시설과 본년의 방침은 문제가 크게 되므로 잘 모르는 일은 제쳐두고 1917년 봄에 본행 1,000만 원의 자본금을 2,000만 원으로 증가한 것은 특필할 만하고 다시 서로 전후하여 길림(吉林)과 간도(間島) 용정촌(龍井村)과 청도(靑島) 등 3곳에 지점 혹 출장소를 열었는데, 이 증자 및 기관의 신설은 이미 결정하였던

◇ 은행의 방침을 실행한 것이오 1917년에 들어 새롭게 계획한 바는 아니라. 이 신규 진출은 현 정부의 방침에 따라서 일본흥업은행 및 대만은행과 합동 및 조선은행 1개로 대중국, 대러시아의 투자 및 금융 관계를 열 것이며 대중국 투자라 해도 정치 차관은 중국 정부 대 4개국 은행단의 교섭한 바로 본행은 그것에 관여하지 아니하였으니, 이는 4개국 재단(財團)에 대한 일본의 대표자로 요코하마정금은행(橫濱正金銀行)이 이에 담당한 것이오, 조선은행이 관계한 것은 순연한 경제차관이니, 즉 교통은행(交通銀行)의 차관과 같은 것이 그 주요한 것으로 수해(水害) 차관, 산동성(山東省) 차관, 중일실업(中日實業)을 통하여 방적사업에 대여한 것과 같은 것이 그 두세 가지의 예이다. 그리고 금융 관계의 건은 이전부터의 문제로 회몽은행(滙蒙銀行)의 신설에 상당히 힘을 다하고 조선은행은 대주주로 그 성립을 도왔으니 즉,

◇ 중국의 재계(財界)와 조선은행과는 올해에 들어서 크게 접근되었고 대러시아 관계로는 일러은행(日露銀行) 설립의 기운(機運)에 나아감에 상당히 진력한바 이 은행은 시기를 보아 설립할 것이라. 다시 12월 1일부터는 정부의 대만주 금융 방침에 의하여 만주의 금권(金券) 통일을 실행하고 1월 1일부터는 요코하마정금은행이 관장하던 만주의 국고사업

을 넘겨받기로 되었으니 우선 이것들을 주요한 것이라 칭할 만하리로다. 1918년(大正 7)에는 이 대방침에 의하여 종래의 대세에 따라 진행할 것이라 전할 것밖에 없으며 신년 초두에는 요양(遼陽), 철령(鐵嶺), 여순(旅順)에 3점을 개설하고 또

◇ 만주에서 활동이 한층 번성하게 되면 환 결제의 관계로 볼지라도 상해(上海)에 한 점의 개설은 아무쪼록 연내에 실현되게 되어야 할 것이며 뉴욕에도 지점은 내지 않더라도 사무는 열 필요가 생길 것이로다. 대중국 및 대러시아의 금융 관계는 금후에도 가능한 한 밀접하게 하고자 하는 바이며 조선과 만주의 재계 발전에도 가급적 노력을 다할 것은 물론이라. 그다지 조선은행도 각 방면에 크게 착수한 것은 대세가 그렇게 하도록 한 바이오, 조선은행이 구태여 확장을 꾀하는 것은 아니다.

〈자료 24〉 선은위체회의(鮮銀爲替會議)

(《매일신보》, 1918.1.17.)

조선은행에서는 누차 보도한 것과 같이 15일 오전 10시부터 회의실에서 외국환 회의를 열었는데 본점에서는 미노베(美濃部) 총재, 미시마(三島) 이사, 나카무라(中村), 요시다(吉田), 이나이(井內) 각 국장(局長), 기타 관계 간부 출석. 지방에서는 만주의 아베(阿部), 일본의 사토(佐藤) 양 부총지배인, 오사카(大阪)의 가케이(掛井), 고베(神戶)의 미야자키(宮崎), 하얼빈(哈爾賓)의 키하라(木原) 각 지점장 등이고 주로 각 은행의 연락, 기타에 대하여 여러 가지 숙의하였고 오후 4시에 회의를 마쳤는데 오히려 또 19일 혹은 20일까지 다시 회의를 속개할 것이라더라.

〈자료 25〉 만주와 금화본위(상)

(《매일신보》, 1918.2.3.)

봉천(奉天) 중국 유력자 초대 회의석상에서 미노베 조선은행 총재의 연설

조선은행 총재 미노베 슌키치(美濃部俊吉) 씨는 1월 30일 봉천에 있는 중국 측 관민 유력

자 다수를 초대, 연회를 벌였는데 그 석상에서의 연설 개요는 다음과 같다더라.

당행이 지난해 귀국(貴國) 만주에 지점을 설치한 이래 겨우 4년이다. 이를 만주에 있는 다른 은행에 비교할 때는 그 경력이 아직 새로운 것을 면하지 못하나 다행히 귀국 관민의 동정과 원조를 얻어 업무는 해마다 진전되어 최근에 이르러서는 귀국 상인은 물론 각 은행 및 여러 관헌도 두터운 거래 관계를 만들기에 이르렀음은 모두 귀국 관민 여러분이 당행에 대한 동정을 베풀어 준 것이므로 당행이 깊이 감사하는 바이다.

당행은 구(舊)■정부의 명령에 의거하여 종래 요코하마정금은행(横濱正金銀行)이 만주에서 발행한 금권을 당행 발행의 금권으로써 통일하기로 하고 또 올해 초부터 동일하게 요코하마정금은행이 취급해 오던 만주에 있는 우리나라의 국고 사무의 이관을 이어 받은 동시에 동행의 철령(鐵嶺), 요양(遼陽), 여순(旅順), 안동(安東)의 4지점을 계승하였다. 그 결과로 당행의 만주에서 가지는 금융상의 임무는 종래에 비하면 한층 중요성이 더해졌기 때문에 당행은 금후 더더욱 귀국과 우리 금융상의 연락을 밀접히 해서 만주의 경제 발전에 이바지할 바가 있으리로다. 여러분도 또한 바라건대 한층 더 원조를 베풀어 당행의 새로운 책임을 갖춤에 유감이 없게 할 것을 끊임없이 간절히 바라는바 다만 종래 귀국과 우리의 거래상 유감인 것은 그 화폐제도가 서로 다른 점이 그것이다. 즉 귀국은 은을 본위로 하고 우리나라는 금을 본위로 하니 당행도 우리나라의 제도에 따라서 금을 본위로 함으로써 귀국과 우리의 거래상 때때로 연락을 결여하며 순조롭게 일이 진행되지 못하는 것이 발생하였으나 다행히 현재에서는 귀국과 우리 양 화폐 간에 일정한 시가(市價)에 의하여 상호 환산하는 길이 열렸고 귀국 상인의 금거래도 점차 증가하는 경향이 있으므로 금후는 당행의 능력이 충분하지 못하긴 하지만 귀국의 금융상에 공헌할 기회가 많음을 볼 것이니 이것은 당행이 가장 크게 기뻐하는 바이니라.

또한 귀국이 금일에 이르러 여전히 은 본위의 화폐를 유지해 오는 것은 귀국의 경제상 가장 중대한 난(難)문제인데 귀국이 안으로 산업을 개발하여 크게 국가의 이익을 일으키고 밖으로 무역을 왕성히 하여 부국(富國)의 터를 열고자 함에는 세계 열강과 공동인 금본위의 화폐제도를 선포하여 세계의 대세에 따라 진실로 뒤처지지 않을 것을 기할 필요가 있음은 지금 다시 나의 말을 기다리지 않아도 귀국 지식인이 고창하는 바이다. 귀국 정부가 작년 기관을 특설하여 정밀하고 세세한 화폐제도 조사를 수행하여 이미 완전한 성안(成案)을 얻은 것은 내가 여러 번 들은 바이나 조건이 아직 미숙하여 그 실행을 보지 못함은 가장 유감 되는 바이다.

다시 금본위제를 채용한 각 국가의 실례를 본즉 서로 이웃한 독립국 상호 간에 동일한 단위제, 프랑스(佛蘭西), 이탈리아(伊太利), 스위스(瑞西), 벨기에(白耳義)의 라틴(羅甸)화폐동맹, 스웨덴(瑞典), 노르웨이(諾威), 덴마크(丁抹)의 '스칸디나비아' 화폐동맹 및 스페인(西班牙), 헝가리(匈加里), 루마니아(羅馬), 세르비아(塞維耳), 말라가(馬羅加), 준라틴(羅甸)동맹에 있는 것과 같은 것이다. 마찬가지로 인접 국가 경제의 친선연합을 계획하고자 하는 동일 단위제를 채용하는 것이 이와 같이 필요한가를 볼 것이다. 생각건대 귀국은 영토 광대함과 각 성(省), 각지 그 사정의 차이가 있는 것이 마치 대영제국과 같고 따라서 각지의 화폐제도를 다르게 하는 것 역시 대영제국과 같음은 실로 부득이한 수(數)라 말할 것이다. 따라서 이를 지방적으로 관찰할 때는 다른 것과 단독으로 금본위제를 실시함에 반드시 곤란하지 않은 지방이 있음은 이를 관찰함에 어렵지 않다. 만주와 같은 것은 즉 그 하나이니 대체로 만주의 지역은 서쪽 국경을 제외한 다른 곳에는 모두 금본위국에 접속하여 일찍이 금본위 각 국가와의 경제관계가 밀접한 것이 있고 특히 작년 철도의 완성에 의해 만주는 세계의 공도(公道)가 되고 또 유럽(歐洲) 전국(戰局)[36] 이래 그 특산물은 세계적 상품이 되어 세계문명국 공통의 통화인 금본위의 거래를 경영하는 것이 점차 일상적인 것으로 목격하는 바일지라. 이는 만주가 금본위제의 화폐제도를 공포할 실력이 있는 것을 명시하는 것이 아니고 무엇인가? 그러한즉 여러분의 원조에 의해 지금부터 은 화폐와 서로 함께 금본위 통화를 유통하게 할 것을 얻음에 이르면 양국의 이익은 계산하기 어려운 것이 있을 것이다. 당행이 은화국(銀貨國)의 귀국에서 다년간 상당한 불리와 불편을 참음으로써 금(金) 자금만의 공급을 담당하는 원인의 속뜻은 전술한 것과 같이 신념에 의해 조금이나마 귀국 재계(財界)에 공헌할 것을 생각하는 바이니 간절히 여러분의 고려를 희망하는 까닭이라.

36 제1차 세계대전.

〈자료 26〉 만주와 금화본위(하)

(《매일신보》, 1918.2.5.)

봉천(奉天) 중국 유력자 초대 회의 석상에서 미노베(美濃部) 조선은행 총재의 연설

또 나는 항상 생각하는 만주의 개발은 농업을 근본으로 하고 이에 더하여 공업을 같이 하는 것을 급무라고 하노니 근세에 있는 국가의 융성이 다 그 국가의 공업의 발달에 수반하는 것은 역사상 명백한 사실이라. 그러나 공업의 진흥에는 다액(多額)의 자금을 필요로 하나 이러한 자금은 상업자금과 같이 단기(短期)됨을 불허하고 이와 같이 장기 다액의 자금을 얻는 것은 이를 외국 차관에 구하는 것 외에는 없도다. 그러나 앞에 기술한 것과 같이 현재 세계 자금국(資金國)은 모두 금본위제이므로 이에 대해 은 자금을 차입하고자 할지라도 대부분 불가능하겠고 그러한즉 여러분이 금 자금을 수입하여 이를 은에 환가(換價) 사용하려면 금은 비가(比價) 변동의 악영향을 받아 다대한 손실을 빚을 우려가 있으므로 외국 차관은 사실상 이를 행함에 불가하고 따라서 공업의 개발을 다시 할 것이 불가능하니 이 점으로 볼지라도 여러분은 속히 금건(金建)의 거래를 만주에 보급하게 하여 금통화의 유통을 원활하게 함이 급무됨을 자각할지어다.

이상은 다만 만주의 화폐제도에 대한 나의 평소 생각하는 바의 일단을 개진함에 불과하니 여러분 다소의 참고가 됨을 얻으면 다행히 이에 과할 것이 없고 여하간 여러분과 당행과는 서로 성의를 표하여 서로 의지하고 서로 도와 능히 만주의 경제적 발전을 도모할 것을 얻으면 나는 기쁘기 그지없는 바라. 오직 나는 항상 이 지역에 머무르며 여러분과 일상적으로 접하지 못함을 매우 유감스럽게 여기는 바이나 대련(大連)에는 당행 이사의 한 사람이 근무하고 있고 또 각지 지점에는 지점장을 두었으므로 여러분은 이들 당행 행원과 평소 가슴속에 품은 생각을 열어 우정을 쌓아 공사(公私)를 물론하고 격의 없이 이와 절충될 것을 내가 특히 의뢰하는 바이다. 또 귀하의 지역과 경성과는 서로 떨어져 있는 것이 겨우 철도로 1일 걸리는 정도에 불과한즉 여러분은 극히 짧은 틈을 이용하여 수레[柱駕]에 오르면 나의 바라는 바에 감당할 수 없는 바라. 이와 같이 성의를 피력하여 정을 귀중히 함에는 귀국과 우리가 서로 언어, 풍속 등을 달리할지라도 정의(情意)는 스스로 소통하여 먼저 친선의 열매를 거둘 것이니 이에 내가 간절히 희망하는 까닭이다. 오늘은 해가 바뀌자 빨리 내외가 다 다용(多用)의 절임에 불구하고 여러분이 찾아오심을 욕되게 하여 한 회당에서 서로 만나 친히 뵙기를 청해 응접할 수 있었음은 나의 막대한 영광으로 감사하는 바이고 생각건대 여행 중 여러분 응접의 준비가 부족함은 특히 너그럽게 용서하시기를 희망하는 바이다.

〈자료 27〉 호경기의 선은(鮮銀)

(《매일신보》, 1918.2.11.)

조선은행 최근의 약진적 발전은 은행계에도 평판이 있으나 그 영업의 팽창에 동반하여 순익금도 굉장한 비율로 증식하여 18일에 주주총회를 열고 그 총회에 제출된 결산안을 본즉 1917년(大正 6) 하반기의 순익은 90만 원을 계상(計上)하고 배당도 8분으로 하며 각종 적립금도 증가하였는데 이에 따라서 중역 상여 및 교제비(交際費)도 6만 5,000원이라는 다액을 계상하였더라. 반기(半期)에 6만 5,000원이라 하면 1년 13만 원의 비율이라. 일본의 대회사, 대은행에서는 반드시 특별한 예우라 말하지 않을지라도 식민지의 은행, 회사로는 만철 및 대만은행과 동등이리라. 조선은행과 함께 아울러서 얘기되는 동양척식주식회사의 본 연도의 결산은 현재 제작 중이므로 어떠한 고과장(考課狀)을 볼지는 분명하지 않으나 작년 결산을 보며 중역 상여, 교제비는 4만 원이라 하는 차액이로다. 경성 은행계에서도 조선은행의 상여는 많다고 선망하는 사람도 있으나 조선은행의 모씨에게 들은즉 자본도 증식하고 순익도 증가하였으니 정관에는 중역 상여는 순익의 100분의 10까지는 규정하였는즉 이번 결산기에는 9만 원을 수취하여도 무방하였으나 정당하게 말하면 7분 정도인 6만여 원이라. 요즘은 좋으나 조선은행 창립 당시 2~3기까지는 중역 상여는 2,000~3,000원에 불과하였도다. 옳지 그같이 말하면 1916년(大正 5) 상반기인 제14기의 결산은 순익 48만 원, 상여 3만 3,000원으로 이번 결산기의 절반에 불과한 듯하도다. 그리고 전기(前期)인 1917년(大正 6) 상반기는 순익금 61만 원의 상여 4만 4,000원이 되고 다만 반기 사이에 상여가 2만 원으로 증식한 것은 강세이므로 따라서 행원도 상여가 많은 듯하다고 벙글벙글하더라.

〈자료 28〉 선만 재계와 선은(鮮銀)(1)

(《매일신보》, 1918.2.21.)

주주총회에서 미노베(美濃部) 총재 연설

18일 오후 2시부터 도쿄은행집회소에 개최한 조선은행 주주총회 석상에 있는 미노베 조선은행 총재의 연설은 다음과 같다더라.

▲조선 경제 상황

1917년(大正 6) 하반기에 있어서 조선 경제계의 대세는 한마디로써 때는 이전 결산기 이래의 호황을 지속하여 시종일관(始終一貫)하였다 칭할 것을 얻을 것이지만 이를 자세히 관찰할 때는 그간 다소의 부침(浮沈)과 곡절이 있음을 면하기 어려우니 즉 당기의 전반은 마치 여름철에 해당함으로써 예년과 같이 여러 물자의 집산이 더디고 느릴 뿐만 아니라 일시 성황을 나타내어 조선 무역계가 활발히 번창하는 상태에 있는 러시아 군수미의 수출도 러시아의 환 제한으로 인하여 일시 정지되고 즉시 일본 미가가 둔해진 상태에 억제되어 갑자기 곡물계의 기세가 꺾이며 또 수이입품에 있어서는 물가가 계속해서 올라 거의 그 끝을 알지 못할 면사포류의 일본 3품 거래 시장의 휴회, 「물가조절령」의 공포 등에 의하여 시가가 폭락하여 거래 불황을 불러온 것과 같이 상황(商況)이 점점 부진의 상태를 보였다. 그러나 그 후반에 이르러서는 미곡의 출회가 즉시 일본에 폭풍우의 피해가 많은 것에 말미암아 미가가 갑자기 뛰어 오르고 또 인도산 면의 수입 두절과 미면(米棉)의 폭등이 수반되어 면의 시세가 폭등함으로부터 풍부하게 거두어 생산량이 많은 조선 면화의 출하는 극히 왕성하고 조선 북부 지방에서는 수출용 채두(菜豆)가 고가인 것에 자극되어 이출이 다액에 이르렀을 뿐 아니라 겨울 초기의 생선은 비상한 풍어인 등 시황이 두드러진 활황을 보이고 있다. 그리고 이전 결산기 이후 발흥의 기운을 보인 신사업 계획은 올해를 통해 이전보다 배로 융성하게 되어 그 기업, 회사의 신설이 속출하고 여기에 더해 광업계 또한 시종 활기를 띰에 따라서 광산품의 수이출이 계속 다액에 오르고 기타 대두(大豆), 누에고치(繭), 소가죽 등의 특산품은 다 시가가 강세이므로 출회가 많아 거래가 매우 융성하였다. 이 사이 각지에 있는 축항(築港), 철도 및 여러 건축 등의 공사가 적지 않으며 또 이번 결산기에 청회선(淸會線)[37] 철도가 모두 개통함을 보는 것에 이르는 등 이 또한 시황이 활발히 번창하는 상태에 있는 하나의 원인이 되는 것은 의심할 것 없다. 다만 본 결산기 사이에서 또한 선박 및 철도 화차(貨車) 배급의 부족으로 인해 화물이 적체된다는 소리가 끊이지 않고 또 미국에 있는 식료품 수입 제한의 영향에 의해 어느 정도 상거래가 지체된 것이 있었으나 원래의 대세를 움직이기에 부족하고 또 결산기 말에 있는 미곡의 출하는 예년과 같이 왕성하지 못한 염려가 있으나 이는 앞에서 서술한 것과 같이 재계(財界) 호황이 끼친 혜택을 누려 농가의 재력이 매우 풍족하여 그 저장품을 급하게 매각하지 않은 것에 기인한 것이다. 요컨대 본 결산기에 있어서 조선 경제계는 산업의 개발, 교통의 개선이 전년 대비 진척된 결과와 시국에 기인한 직접, 간접의 영향에 의하여 신장(伸張)된 모양이 현저한 것이 있도다. 한편 조선 무역의 상황을 본 결산기 사이에 있어서 보통상품의 무역은 수이출과 수이입 총액 1억 601만 7,276원인데 전년 같은 계절에 비하면 3,016만 9,543원의 증가를 보임은 수이출, 수이출입품의 등귀를 보이는 것이 많은 것에 기인한다 할지라도 다른 한편 또 재계의 호황과 상호 연유하는 것이라 할 것이다. 그러나 수이출액의 4,797만 7,673원에 대해 수이입액은 5,803만 9,603원이므로 이것에 1,006만 1,903원의 수이입 초과를 보았으나 한편으로 지금은(地金銀)의 수이출 초과 482만 1,063원에 달한 고로 결국 순 수이입 초과액은 524만 867원에 그쳤다. 조선 경제계의 상황은 전술한 것과 같고 따라서 본 결산기 금융계는 전 조선을 통하여 시종 번망한 상태를 지속하여 그 결산기 말의 은행권 발행고와 같은 것은 별항에 보이는 것과 같은 미증유의 고액에 달하였다.

▲만주의 재계

만주에 있어서 본 결산기의 재계는 매우 파란이 많아 7월 중국 복벽 사건 돌발을 위시하여 대련(大連) 특산물 시장에 있어서는 대두의 인도 문제, 러시아의 외국환 금지 및 그 절대(絶對) 금수(禁輸) 정책의 실행, 극단적인 러시아 루블화 지폐의 저하에 더하여 격심한 은괴 시세의 등락 또는 미국의 식료품에 대한 수입 제한, 남만주 대두의 수확 감소, 길림(吉林) 사건의 경위, 배와 수레의 부족, 면사포류(綿系布類)의 급격한 하락 등이 서로 연계하여 재계 동

37 함경북도 청진과 회령 간의 철도.

요의 원인을 만들었다. 계속해서 특산물 거래의 지체, 대러시아 무역의 경색, 수입품 거래의 부진 등의 타격을 받아 거론할 것이 없지는 않을지라도 다행히 그 영향이 미치는 것이 매우 뚜렷하여 수출 방면에 있어서는 내지에 대한 두박(豆粕)과 미국에 대한 두유(豆油)는 다 매우 왕성하였을 뿐 아니라 중국 중북부 수해 지방의 주문에 대한 수수[高粱], 옥수수[包米]의 매입이 다액에 달했으므로 재만주 중국인의 구매력이 높아져 수입 각 물품의 판매가 양호한 것이 있으니 이 사이 조선과 만주 철도의 합동 내지 동양척식주식회사의 진출, 유통 금권(金券)의 통일 등을 진행하고 또 만주에서도 지난 결산기에 이어서 크고 작은 사업 회사가 설립되는 것이 속출함과 함께 각 지역에 있는 건축 공사 또한 공전의 성황을 보이게 되어 피차 상호 연관되어 일반 시황이 심히 활기차게 번창하는 모양을 나타내고 따라서 각종 자금이 번망하는 경과를 보이고 있었더라. 요컨대 구주(歐洲)전란 이래 급격한 발전을 위한 만주의 재계는 이번 결산기에 들어서 여전히 호황이 계속되고 각 방면에서 착착 견실한 발달을 이루는 중이므로 진실로 기뻐할 현상이라.

〈자료 29〉 선만 재계와 선은(鮮銀)(2)

(《매일신보》, 1918.2.22.)

주주총회에서 미노베(美濃部) 총재 연설

▲ 업무의 개황

조선 및 만주의 일반 경제 상황은 이상과 같거니와 이 사이에 처하여 당행의 업무가 어떠한 상황을 보이는 것인지를 서술함에 대하여 여러분에게 우선 보고할 것은 당행이 요코하마정금은행(橫濱正金銀行)으로부터 만주의 업무 일부를 계승한 것이라. 대체로 당행에서 발행하는 은행권은 만주 각 지역에 유통하나 그 유통하는 바는 당행의 신용에 기초한 것이고 법률상에 아무런 근거가 없었으나 이번에 당행권은 관동주 및 남만주철도 부속지에서 공사(公私) 사이 일절 거래상 이것을 무제한으로 통용할 힘이 부여된 일시(日時)로 종래 요코하마정금은행이 발행한 금권(金券)은 동행으로부터 당행에 인계하기로 결정되어 당행은 12월 1일로써 그 총액 453만 8,340원의 인계를 받고 이 결과로 금후 만주에 유통할 우리 금권은 당행의 은행권으로 통일하게 되었다. 또 종래 요코하마정금은행에서 취급하던 대련(大連) 본금고 사무는 12월 31로 한정하여 당행이 이관을 받는 동시에 본금고 소속의 지(支)금고 또는 파출소로 그 사무를 취급하던 동행의 여순(旅順), 요양(遼陽), 철령(鐵嶺) 및 안동현(安東縣)의 동 지점을 넘겨받기로 결정하였는 고로 만주의 당행 업무는 급작스레 다망하게 되어 그 지위도 또한 역시 한층 더 무거워졌다.

▲ 지점의 증설

우리 조선 및 만주와 우선 수중에 돌아간 청도(青島)까지도 자연 밀접한 경제 관계가 일어나게 되어 상호 간 금융상 연락을 취함이 가장 급무가 되므로 지난해 10월 동 지역에 지점을 개설하고 또 봉천(奉天)에는 요사이 철도 부속지에 그 발전이 현저하여 이 방면에 대해서 봉천지점이 종래 거래의 배(倍)이나 긴밀을 가할 고로 거래처의 편익을 도모하기 위해 11월 동 지역 신시가지에 파출소를 신설하였고 이로 인해 당행의 영업소 총액은 본점 외에 28점을 헤아리게 되었다.

예금 및 대출금: 본 결산기 말의 예금은 총액은 8,841만 372원을 보이니 전년도 말에 비하면 4,088만 174원, 전전년도 말에 비하면 5,537만 9,962원이 증가하였고 또 이번 결산기 말의 대출금은 총액 1억 2,278만 4,774원인즉 전년도 말에 비하면 5,648만 3,304원, 전전년도 말에 비하면 6,329만 7,489원의 증가를 보였다. 그러면 예금 및 대출금의 증진이 현저한 것은 실로 공전의 현상(現象)이라. 이를 내외 재계(財界)의 호조에 동반하여 업무가 현저히 신장됨에 인한 것이고 특히 대중국 자관에 대하여는 1916년(大正 5) 6월 봉천재정청에 대한 대출을 위시하여 이후 그 노력을 다한 바가 있었으니 이번 결산기 중에 새롭게 같은 차관에 두사한 것이 834만 60원에 계상되었더라.

외국환의 매매: 당해 결산기의 본 업무는 환 매출(賣換)이 1,533만 310원이오, 환 매입(買換)이 1,998만 6,136원에 달하여 작년에 비하여 순조로운 발달을 보이고 있다.

은행권 발행: 당해 결산기의 은행권 발행고는 12월 29일에 6,811만 289원으로 9월 1일에 3,989만 3,780원이 최저가 되었고 연도 말에 발행고는 6,760만 4,149원으로 전년 대비

2,073만 7,869원의 증가를 보였으니 위에서 서술한 것과 같이 재계 호황 결과에 불과하다 할 것이나 이번 결산기 중 새롭게 만주의 요코하마정금은행의 금권을 계승한 것에 인한 것이다. 이들이 원인이 되어 자연 보증준비 제한외발행을 부득이하게 하여 마침내 12월 1일에 121만 7,282원 발행의 효시로 그 액수는 이 결산기 말에 999만 7,407원에 달하였다.

국고 사무: 본 결산기 기간에 경성 본금고의 수입금 총액은 1억 7,645만 505원, 지출금 총액은 1억 7,180만 6,228원으로 이 중 일본 간에 회금(回金)은 수입 금액 334만 4,700원, 지출액은 1,077만 5,587원을 보이고 그 대(對)시장 수불은 1,207만 5,164원의 수입이 초과되었다.

산금(産金) 도입 업무: 조선 채금업은 시국 이래 폭약 약품, 기타 재료의 등귀에 의해 금속 정련(精鍊)의 부족과 다른 광업의 융성을 수반하여 광부의 결핍 등 여러 가지의 원인으로 인해 심히 부진하여 그 산출액이 크게 감소하므로 당행 본 업무도 자연히 이것의 영향을 받았으나 만주 산금의 매입도 은 시가가 높으므로 또한 여의치 못하였으나 당행의 이번 결산기의 산금 수입고는 전년 대비 현저하게 감소를 보이는 것은 부득이한 바이다. 그 도입 순금 양목(量目)은 780관(貫) 27문(匁) 9푼 5리, 그 가액은 390만 136원 15전(錢)에 그쳤으나 그중 조선에서의 도입고는 순금 무게 731관 11문 9푼 5리, 그 가액은 365만 5,059원 75전인즉 요컨대 당행은 앞에서 기술한 것과 같이 경제계의 대세에 처하여 이것을 안으로는 오로지 금융의 조절을 꾀하고 산업의 진흥을 방조하여 특히 진흥의 기운을 타고서 각종 사업에 향해서는 직접, 간접으로 이것을 조장함에 힘을 다하며 밖으로는 기존 방침에 배 이상 그 시설을 확충하여 내외에 대응하여 업무상 빈틈이 없기를 노력하여 이번 결산기의 영업 성적과 재계의 호황과 서로 맞물려 이상 조목별로 진술한 것과 같이 여전히 좋은 성적을 거두어 그 순익금은 89만 9,222원 20전을 기록, 이전 결산기에 비하여 28만 1,191원 28전의 증가를 보임은 주주 여러분과 함께 기뻐하는 바이다. (완)

〈자료 30〉 선은 개정안 제출, 보증준비 확장과 신탁 업무 개시

(《매일신보》, 1918.2.24.)

조선은행 보증준비 발행한도 현행의 3,000만 원을

▲ 5,000만 원으로 확장하고 또 신탁 업무를 운영하게 할 것 및 그 일반적 감독을 대장성의 수중에 이전하고자 하는 조선은행의 보증준비 확장안, 요코하마정금은행(橫濱正金銀行)의 해외 투자를 편하게 할 것, 일본흥업은행의 선박금융 겸영 및 대만은행의 보증준비 발행한도 1,000만 원을 2,000만 원으로 확장하는 안과 함께 이번 회기의 의회에 정부로부터 제출할 터이나 각종의 사정에 의하여 일본은행, 요코하마정금은행, 일본흥업은행 등의 개정안은 아직 의회에

▲ 제출할 의논이 확정되지 못하고 혹은 중지될 것이라는 설이 있으나 조선은행 및 대만은행의 개정안이 아주 가까운 시기에 제출하기로 결정하였다 전하니, 즉 조선은행의 보증준비 발행을 5,000만 원 확장하는 이유는 (1) 식민지 개발 자금의 저리(低利) 공급을 도모할 것 (2) 지난겨울 만주에 있어서 금권의 통일을 행한 결과 당연 보증준비 확장을 필요로 할 것 (3) 조선과 만주 재계(財界)의 발전이 조선은행의 보증준비 발행 확장을 요구하는 등의 점에 있고 신탁 업무의 개시와 함께 제국의 대륙 경영상 해외은행인 조선은행의 활동을 한층 성대하게 하라는 점에서 결코 급함이 아님인 것과 같고 또 조선은행의

▲ 일반감독권을 대장성에 이관하는 것은 마치 동양척식주식회사의 감독권을 척식국의 손에 넣는 것과 같이 조선은행의 업무가 조선과 만주에만 제한되면 현행과 같이 조선총독부 및 관동도독부의 감리를 받기로 해도 아무런 지장이 없을 것이나 이미 조선은행은 일본, 러시아, 중국 본토에 지점, 출장소를 설치하고 또한 뉴욕에도 대리점 등을 설치한 관계상 중앙정부에 이관할 것이고 원래 조선에 있어서 조선은행의 업무는 종래와 같이 조선총독부의 감독을 받을 것은 물론이라더라.

〈자료 31〉 개정법 실시 후의 조선은행, 선은(鮮銀) 모 중역 담

(《매일신보》, 1918.4.11.)

제40의회를 통과한 「조선은행법」 개정안은 다만 오는 21일부터 실시될 터이라. 그 결과 현재 조선은행의 보증준비 발행 제한 2,000만 원은 5,000만 원으로 확장된 셈이므로 현재 근래의 제한외발행을 820~830만 원은 21일부터 한외(限外)의 두 글자를 삭제하고 한내(限

內)의 보증준비 발행으로 변화하리니 그렇게 되면

▲ 조선은행의 이득은 막대하게 증가하리로다. 왜 그런가 하면 한외발행은 총독부의 허가를 거칠 것을 요하고 다시 법에 의하여 5푼의 발행세를 납부하지 않으면 불가하니 즉 가령 900만 원의 한외발행을 하면 조선은행은 연 45만 원의 발행세를 내지 않을 수 없다. 그런데 21일부터 이 발행세를 내지 않고 종료한다고 하면 조선은행은 그만큼이라 할지라도 45만 원은 크게 이득인 셈이다. 한 중역을 방문하여 얘기를 나누니, 21일부터 보증준비 발행

▲ 한도 확장에 의하여 조선은행에 전입할 이익의 막대한 것을 물어본즉, 모 중역은 급소를 맞은 것과 같은 안색으로 말하기를 실제로 개정법이 21일부터 시행되면 대체로 현재의 한외발행고는 한도 내로 변할 것이다. 그리고 조선은행의 이득은 국외(局外)로 계산하는 것처럼 크지 않을 것이다. 왜냐하면 작년 12월 이후 조선은행은 크나큰 희생을 더하였으니 즉 12월 1일부터 만주에 있어서 요코하마정금은행(橫濱正金銀行)의 금권(金券)을 인계를 받았으나 정금은행의 특권인 보증준비 발행의 300만 원은 넘겨받지 않았고 이런 이유로 조선은행은 지난겨울부터 오늘날까지 인계한 한외발행 중의 300만 원은

▲ 만주 금권의 통일을 행하였으므로 행하지 않으면 나가지 않고 종료하였을 것을 5분의 발행세를 납부하고 있어 결국 오늘날까지 납부한 그 발행세는 일면에서 보면 조선은행이 치른 희생이니 그만한 손해가 발생한 현상이라. 그 희생 그 손해를 이번의 보증준비 발행의 확장에 의하여 메우는 것이므로 상쇄하면 얼마의 이익을 반기(半期)에 남을까 하면 정밀하고 세세한 대조를 보지는 못할 것이나 다대한 것은 아니다. 그리고 하반기 이후에는 이에 상당한 이득이 발생할 터이지만 의회에서 쇼다(勝田) 대장대신과 모리(森) 국장이 설명한 것과 같이 조선은행에는 대상금(貸上金)과 이전 관계의 제일은행에 대한 저리 자금 융통 등이 있으므로 세간에서 표면뿐으로 미루어 짐작한 숫자에 의하여 계산한 것과 같이 막대한 이익을 올릴 수 있음은 아닌 것이다.

〈자료 32〉 증자 실현기, 선은(鮮銀) 당국 담

(《매일신보》, 1918.5.29.)

조선은행 증자 문제에 관하여 조선은행 모 당국은 아래와 같이 말하였더라.

조선은행의 공칭자본금 2,000만 원을 배액으로 하여 4,000만 원에 증자할 건에 대해서는 세간이 이미 주지하는 것이므로 이번에 다시 말할 성질의 것은 아니지만 이를 시기의 문제로 말해도 현재는 가장 좋은 시기인 줄로 생각하노라. 어떻게 하든지 신주(新株)의 납입 250만 원은 오는 6월 납입이 끝나게 될 것이므로 이 납입의 수수가 종료하고 8월의 주주총회에서의 결의 결과 아주 증자가 실현될 것이므로 9, 10월 중으로 생각하며 현재 조선은행 자금의 평균을 본즉 일본, 조선, 만주 및 외국에 운전(運轉)되는 총액은 2억 원이나 지난번 보증준비의 확장이 있고 다시 증자가 단행되기로 되면 멀지 않은 장래에 조선은행의 자본금은 현재에 배로 불어서 4,000만 원 내외에 달할 것은 명백하지만 오늘날과 같이 재계(財界)의 팽창 및 외국환 사무가 신장한 때에 2,000만 원쯤의 자본금으로는 도저히 만족하지 못할 것이라더라.

〈자료 33〉 노국방자(露國放資)와 선은(鮮銀), 출병 문제와 재계, 미노베 총재 담

(《매일신보》, 1918.8.9.)

도쿄(東京)에 갔던 조선은행 총재 미노베 슌키치(美濃部俊吉) 씨는 6일 밤에 돌아왔는데 그가 말하기를,

▲ 증자와 대러시아 관계

조선은행의 2,000만 원 증자도 대장성 내부의 승인을 얻었으므로 오는 20일의 주주총회에 제안하기로 되었더라. 조선은행도 조선, 일본, 만주에서 영업할 뿐이면 반드시 증자할 필요가 없고 현재 자본금으로서 족하다 할 터이나 시국의 관계는 러시아에 있어서는 조선은행의 투자를 장래에 증식하게 할 형세에 있고 그 시기가 전쟁 중에 올지 또는 전후가 될지 또

투자의 형식이 일러 제휴로 될지 일본자본단의 합동으로 될지는 오늘날 획일적으로 예단하기 어려우나, 요컨대 조선은행은 위치의 관계로 할지라도 일본 측의 선봉이 되어 활동해야 할 것이고 또 중국의 투자도 금후에 또한 대규모로 나올 것이고 따라서 자금의 수요가 현저히 증대하여 이는 대장성이 배액 증자의 승인을 준 이유인 것으로 여겨진다. 그러나 시국과 재계(財界)의 전도를 살피건대 어떠한 변혁이 생기고 어떠한 상태가 출현되기에 이를지는 알기 어렵고 시각이 급한 이때와 같은 것은 재계가 팽창하여 증자 가능한 경우와 은행의 기초를 공고히 해두는 것은 필요한 일인 줄 믿노라. 또 공모주의 발표는 9월 말 예정이나 최저액면 이상을 어느 정도로 할지는 아직 결정하지 못하고 다만 전회보다 약간 고율(高率)이 될 것은 면하기 어려울 것이라.

▲ 출병과 재계

체코군 서진(西進) 원조를 주안으로 하는 제국의 블라디보스토크(浦鹽) 출병은 이미 실행기에 들어섰고 다만 병력 수도 역시 크지 않고 이에 더해 재계는 출병을 오랫동안 각오하고 오랫동안의 경계 재료로 되어 오늘날에 이르렀으므로 내각의 출병 선언의 발표가 있은 후에도 어떠한 동요가 없고 차라리 그 목적이 선명함에 의하여 안심한 것으로 보이고 전비 지불에 충당할 군사공채와 같은 것은 연내에 모집할 일은 없는 뜻으로 대장대신의 언명이 있는 것처럼 들었는데 이는 연내의 전비는 임시사건비의 지불에 의하여 충분한 예산이 세워졌을지라. 또 재계가 출병에 놀라지 않는 것은 진심을 기울일 필요가 없을 정도로 할지다. 다만 블라디보스토크 출병이 점차 동방에 미칠 여부는 주목할 문제이지만 이는 금후의 형세에 의하여 결정될 수 있을 것이고 누구도 확실하지 않은 문제이다.

▲ 출병과 조선은행

출병 실현과 함께 조선은행은 블라디보스토크에 하나의 기관을 가진 것과 함께 영업 구역이 서로 맞닿은 점으로부터 전시(戰時) 회계의 취급 명을 받게 될 듯하고 또 제국 군대의 자금은 군용수표를 발행하여 여러 종의 구매품의 지불에 채운다 하나 한편 조선은행에서는 우리 군대의 진출지에 은행권을 발송할 것은 지장이 없는 것으로 이해하고 그 준비를 하는 중이라. 따라서 군대 철퇴 후 군대에서 발행한 군용수표의 교환은 특별한 사정이 생기지 않는 이내에 조선은행권으로써 이에 충당할 순서로 될지, 다만 루블화의 유통지에 우리 군대가 발행할 군용 수표 및 조선은행권에 어느 정도의 융통을 볼 수 있을지는 문제로다.

▲ 환자금 문제

일본 재계의 근래 중대한 문제는 환자금의 조절을 어떻게 하는가에 있으니 열강이 금괴 금수(禁輸)를 하는 오늘날 수출 초과 선박의 매매 및 기타의 국제 수입은 날이 갈수록 누적하여 우리 대외 대차 관계는 수취의 한편에 치우치게 되어 따라서 요코하마정금은행(橫濱正金銀行)의 환 매점은 무려 5억 원의 거액에 달하고 대만은행과 같은 것은 1억에 가까운 수취액이 있으며 조선은행 역시 소액이나 잔고를 가지고 있는데 이러한 자금은 고정되어 용이하게 회수할 수가 없고 자연히 환 시세는 뛰어오르게 되어 요즘 요코하마정금은행의 표준 시세는 미국 쪽 매입 52불 2분의 1, 매출 51불 2분의 1을 부르더라. 이와 같이 환시세, 특히 매입이 앙등함은 즉 수출 무역의 불리함을 초래한 것인데 이대로 경과하면 연말까지 또한 2~3억의 고정 증가를 보이겠고 다시 환시세의 불리함을 초래하지 아니할 줄로 생각하며 우리 대외무역상의 큰 문제에 대해서 정부에서든지 재계든지 그 선처법에 대하여 연구 중이라. 따라서 적당한 대책도 나올지 이번 회의 국고채권 1억 원 발행과 같은 것은 환자금 조절의 한 방법이다.

〈자료 34〉 선은권(鮮銀券) 대팽창

(《매일신보》, 1918.8.13.)

8월 10일 주말에 있어서 조선은행권 발행고는 6,870만여 원에 달하여 이를 지지난 주말 3일의 6,557만여 원에 비하면 실로 321만 원의 격증이고 다시 이를 전년도 최고발행고인 12월 29일의 6,811만여 원에 비하면 67만여 원의 증가를 보여 조선은행 유사 이래의 신기록을 보였다더라. 그런데 매년 7~8월로 넘어가는 시기는 한산기(閑散期)에 속하고 따라서 은행권의 발행도 연도 내의 최소한을 보이는 시기임에도 불구하고 앞에 서술한 것과 같은 현상이 나타나는 것은 물가 등귀가 그 최대 원인이지만 조선은행의 만주 방면 사업 확대,

철도 수송 곤란에 따른 화물의 적체, 기타의 영향도 또한 그 하나의 원인을 만들었는데 최근 1주일간 이내에 320여만 원의 대팽창을 초래한 원인에 이르러서는 미가(米價)가 미친 듯이 오르는 오늘날에 흥미가 있는 문제이라. 들은 바에 따르면 올해 조선산 견(繭)이 격증하여 그 매출에 필요할 자금과 혹은 만주, 기타 방면에 있어서 건축계 발흥에 관한 수요로 인한 것과 쌀 매점이 성행하여 요사이 이 방면으로 사용하는 자금이 거액에 달함에 따라서 위 팽창의 어느 부분은 여기에 충당했을 것은 분명한 모양으로 또한 은행권 발행고는 이후에도 계속되어 보리, 연초(煙草) 등의 대출에 의하여 점차 농번기에 들어서 더더욱 팽대하겠다. 연말의 1억 원 설은 공상이 되지 않을 것이라고 하니 요컨대 이번의 팽창은 1개월가량의 기일을 빨리하게 한 것에 불과한 것이라더라.

3. 1920~1930년대 조선은행 정리 및 인식 관계 자료

1. 조선은행 정리 원인 및 대처, 조선은행에 대한 조선 내 인식

〈자료 35〉 (사설) 선은(鮮銀)의 방만 대출, 중앙은행의 신용 여하

(《동아일보》, 1922.2.28.)

지난 16일 도쿄(東京)에서 개최된 조선은행 정기총회에서 두세 주주의 조선은행 방만 대출에 대한 질문이 제출된 이후로 이 문제가 세간에 자못 떠들썩하게 된 것은 사실이며 같은 문제에 대한 질문의 취지와 그에 대한 조선은행 측의 변명은 이미 누차 본보에 보도한 바이거니와 원래 조선은행은 그 지위가 조선의 중앙은행인 중요한 지위를 점령하였으며 그 성질상 그 영업의 방침은 가장 신중한 준비하에 결행하여야 할 것이라. 대개 그 영향이 미치는 바가 조선 경제계에만 한정되는 것이 아니라 정치상으로도 중요한 관계가 있으며 일반 민중의 생활에도 긴밀한 교섭이 있는 까닭이니 만일 중앙은행인 이 은행에서 그 영업에 신중한 준비를 결여한 폐단이 있다면 무엇으로써 보통은행의 영업에 대하여 혹 경계를 주며 주의를 촉구하는 등 소위 '친(親)'은행의 책무를 다하며 그 일단 불행히 불신용의 실상이 폭로되는 경우에 일반 경제계에 미치는 악영향을 무엇으로써 바로잡아 고치리오. 우리는 이와 같은 의미에 있어서 조선은행의 방만 대출에 대하여 견해를 드러내고자 하노라.

첫째, 그 문제 되는 소위 고정대부금의 내용을 들건내 그 액수가 혹은 8,000여만 원이라 하며 혹은 3,500만 원이라 하며, 혹은 800여만 원이라 하여 미상이거니와 그 액수는 하여간 조선은행의 성질상 대출치 아니할지라도 별반 불가함이 없는 대출이 상당히 존재하는 것은 조선은행 당국도 인정하는 모양이며, 그 회수 불능 혹은 고정대부가 된 원인을 논하면 재계 공황에 인한 것이고 그밖에 부정한 관계가 있어 그러한 것은 아니라 변명하는 모양이나, 그러나 이 은행이 과연 하등 사실에 구속되는 바 없이 조선 중앙은행인 체면과 책임을 잘 고찰하여 빠진 것이 없기를 기하였는가 하면 이에 대하여는 누구를 막론하고 바로 긍정을 주기 어려울지니 대련(大連) 금건(金建) 문제[38]에 대하여 이 은행이 너무 돌진에 지나쳤던 것은 일반이 이미 인정하는 바이며 만주 방면에 업무 확장을 빙자하여 신중한 주의와 경계를 결여한 것은 세간이 공인하는 사실이라. 이 점에 대하여, 특히 그 후자에 대하여 우리는 불만이 적지 아니하나니 대개 조선은행은 만주의 발전을 그 본질로 할 것인가 혹은 조선의 개발 그것을 본래의 직무로 할 것인가 이에 대한 깊고 절실한 각오가 있어야 할 것이니 만일 조선은행이 하나의 영리기관으로 보통은행과 별반 성질상 차이가 없다 하면 우리는 이 점에 대하여 심히 문책하고자 하지 아니할 것이라.

그러나 그 지위상, 그 성질상 동 은행의 영업 방침은 전술한 바와 같이 조선 경제 발전에 중대한 관계가 있고 따라서 민중 생활에 긴밀한 관계가 있으므로 우리는 이에 쓴소리를 내고자 하노니 이제 소위 8,000만 원의 대부 내용을 보건대 만주 방면에 대한 것이 아니면 일본 내지, 그중에도 규슈(九州) 방면에 대한 것이라. 이로써 관찰하면 동 은행이 조선 경제 발달에 그 주력을 쓰지 아니하고, 바꾸어 말하면 조선 개발은 그 능력에 대하여 범위가 매우 작다 하여 중요시하지 아니하고 오로지 넓고 아득한 만주 벌판과 산업이 흥성한 규슈 방면에 그 눈을 둔 듯하니 금건 문제에 대하여 이 은행이 열중한 것은 대개 그 심리의 일단을 표출함이오, 규슈 방면에 대한 대출금이 적지 아니한 액수에 달한 것은 그 정신의 또 다른 일단을 표출함이라.

물론 눈앞의 경제 상태는 엄정한 의미에 있어 도저히 지역을 나누고 구역을 정하기 어렵도다. 그러나 그 선후(先後)와 본말(本末)은 반드시 존재하여야 할지니 조선의 중앙은행인 조선은행이 조선의 산업 발전을 도모하지 아니하고 기타 방면에 주력을 사용한다면 조선의 산업발전은 그 누구와 더불어 모의하며 또 도모하리오. 우리는 이 점에 대하여 조선은행 측의 신중한 고찰을 요구하고자 하노라.

---

38 일제는 1913년 관영거래소로 대련중요물산거래소(대련거래소)를 설립했는데, 대련거래소는 당시 중국의 강력한 은본위제에 밀려 은본위제에 입각한 거래(은건(銀建))가 주를 이루고 있었다. 이에 조선은행은 일본 화폐제도와 동일한 금건화(金建化, 금본위제에 입각한 금표시 화폐거래) 실시를 강력하게 요청하였고, 관동청에서는 1921년 10월부터 대련거래소 금건화를 강행하였다. 그러나 이 조치에 대해 중국 측 상인이 강하게 반대하면서 거래를 정지시켰기 때문에 거래소 기능은 마비되었고, 결국 1923년 12월부터는 은건화로 복귀하는 조치가 취해졌다. 즉 대련거래소 금건화는 완전한 실패로 끝난 것이다. 이상은 조명근, 『일제하 조선은행 연구 – 중앙은행 제도의 식민지적 변용-』, 아연출판부, 2019, 247~251쪽 참조.

혹자는 말하되, 조선은행이 결코 조선의 경제적 개발을 돌아보지 않는 것이 아니라 그 이상으로 한층 확장하는 방침을 취하는 것이니 이 점에 대하여는 충분히 양해할 수 있고, 특히 이번의 고정대부와 조선 본위 문제와는 하등 관계가 없다 하는 자가 있으나, 그러나 이에 대하여 우리는 다시 묻고자 하노니 그러면 조선은행은 조선에서 수요되는 자금 융통에 대하여 유감이 없다고 단언할 자신이 있으며 특히 조선인 측의 자금 요구에 대하여 충분히 고려를 다하고 그 수요를 만족히 한 일이 있는가. 비난을 받는 것도 하나의 교훈이며 하나의 훈련이라. 우리는 이 기회에 조선은행이 그 지위와 신용에 비추어 자중(自重) 자책(自責)하기를 바라노라.

〈자료 36〉 (사설) 조선은행의 영업 방침, 재고할 필요가 없을까
(《동아일보》, 1922.3.1.)

조선은행의 방만 대출에 대하여는 어제 본란에 이미 논평하였거니와 이 문제는 단순히 동 은행 주주총회의 문제에 그치지 아니하고 점차로 정치화하여 의회의 중대 문제가 되는 모양이며 따라서 종래의 현안이 되어 오던 각종 문제가 연속 제기될 형세가 있으니 그중에 가장 동 은행에 대하여 중대한 관계를 가지는 문제를 들면 조선은행의 이관 문제[39]가 그 하나이며 조선은행의 은행권 발행의 권리 박탈 문제가 그 둘이라. 이들 근본 문제에 대하여는 우리는 다시 기회를 기다려 소견을 발표하려니와 이 기회에 종래 동 은행의 영업 방침을 논술하여 본인이 평소에 품고 있던 의견의 일단을 표시함이 반드시 헛수고는 아닐까 하노라.

첫째, 종래 조선은행은 일본인을 본위로 하여 영업의 방침을 결행하였는가 혹은 조선인을 본위로 하여 그러하였는가 하면 이에 대하여는 별로 문제가 없으니, 대개 동 은행이 일본인을 본위로 하여 업무를 경영하여 온 것은 만인이 두루 아는 사실이며 통계의 숫자가 확실

39 조선은행 감독권 일체를 일본 대장성에 이관하는 문제를 말하는 것이다. 조선은행 설립 당시 감독권은 조선총독부와 일본 대장성이 분담하고 있었는데, 이를 대장성으로 완전 이관해야 한다는 주장이 계속 대두되었고, 1924년에 실현되었다.

히 증명하는 바라. 이에 대하여 본인이 불만을 품고 유감을 느낌은 물론이거니와 이제 백보(百步)를 양보하여 그런즉 동 은행은 일본인을 본위로 하여서라도 조선의 산업개발을 그 경영방침의 중추로 하였는가 하면 이에 대하여 역시 긍정을 주기는 어려우니 이제 숫자를 들어서 이를 증명하면 동 은행의 작년 12월분 조선과 만주 각 방면에 대한 대출 상황은 다음과 같다.

	조선에 대한 대출(원)	만주에 대한 대출(원)
증서대부(證書貸)	126,948	1,079,873
당좌대월(當座貸越)	2,130,843	12,444,708
할인어음(割引手形)	38,109,282	70,281,770
하환어음(荷爲替手形)	7,002,658	11,353,518
계	47,459,733[40]	95,159,870

이로써 살펴보면 동 은행의 만주에 대한 대출이 조선 내지에 대한 그것의 배(倍) 이상에 해당하는 것이 사실이니 만일 이 은행이 조선의 산업발전을 위주로 하여 영업을 계속하여 왔다고 하면 이 숫자를 그 무엇으로써 설명하랴 하며, 다시 같은 달 말 조선은행권의 발행액을 보면 1억 3,636만 500여 원이니 이 중에서 만주에 대한 대출액 9,515만 9,800여 원을 제외하면 조선에 대한 그것은 겨우 4,100여만 원에 불과하도다. 즉 만주에 대한 반분(半分)에도 미달하니 이 사실을 동 은행은 무엇으로써 변명하려 하는가? 이제 만주와 조선에 대한 동 은행의 예금 성적을 보면 다음과 같다.

	조선 내 각 영업점의 예금	만주 내 각 영업점의 예금
정기예금	7,306,045	4,145,448
당좌예금(當座預金)	3,661,927	7,286,232
특별당좌예금(特別當座預金)	3,423,421	3,286,232

40 실제 계산은 47,369,731원이나, 본문에서는 원문 그대로 표기하였다.

41 실제 계산은 25,359,821원이나, 본문에서는 원문 그대로 표기하였다.

통지예금(通知預金)	171,300	7,760,027
기타 예금	4,072,766	2,881,882
계	18,635,461	25,795,522[41]

이로써 살펴보면 만주에 대한 동 은행의 예금액이 조선에 대한 그것에 비하여 약 700여만 원이 많은 것은 사실이나, 그러나 예금 종류를 세밀히 검토하면 당좌예금에 있어 약 360여만 원이 많고, 통지예금에 있어 약 7백오륙십여만 원이 많고 정기예금과 기타 예금에 대하여는 오히려 약 500여만 원이 적은 것이 사실이니, 그 전체를 통하여 관찰한 700여만 원의 다액을 근거하여 만주의 예금이 조선의 그것보다 많으므로 그 대출이 많다고 논단하지 못할 것이라. 그런즉 결론은 어느 방면으로 관찰하든지 조선은행이 조선의 산업개발을 위주로 하여 영업의 방침을 정하지 아니하고, 업무 확장을 빙자하여 오히려 만주 방면에 대한 활동을 그 본지로 정한 것이 분명하니 이 과연 그 본래의 성질상 당연하다 인정할까? 이 은행이 만주 방면에 진출하기에 열중한 결과 요코하마정금은행(横濱正金銀行)과 격렬한 경쟁을 시작하게 된 것은 역시 사실을 증명하는 일단이라 할 것이라. 조선의 산업개발과 금융의 원활을 위하여 설립된 조선은행이 그 본지에 위반하고 다른 방면에 힘을 기울이기 시작하면 이는 그 존재의 의의를 잃은 것이니 그 관할과 특권을 박탈하려 함이 또한 당연하지 아니할까? 그러나 그러면 조선의 산업계는 현재 조선의 중앙은행을 필요치 아니하는가 하면 이에 대하여는 각종 의문이 발생하니 조선은행이 그 본지에 위배하고 다른 방면에 열중한 것은 조선 내지에 그 활동할 필요가 없어 그러한 것이 아니라 일종의 과실이라 할 것인즉 이에 대하여 본인은 조선은행 측이 재고찰할 필요가 있다 하노라.

〈자료 37〉 (사설) 선은(鮮銀) 문제와 선후 방책 어떻게 할까, 조선인 본위로 하라 (《동아일보》, 1922.3.11.)

조선은행의 방만 대출이 주주의 질문이 되며 의회의 문제가 된다 함은 본보가 이미 보도하였으며 논평한 바이거니와 우리는 이 기회에 한걸음 더 나아가 그 수습 방책을 연구하여 개혁의 일단을 만들고자 하노라.

첫째, 조선은행의 성질상으로 보아서 이 은행의 수뇌부를 조선인으로 하라 함이니 원래 이 은행이 조선의 중추기관이 되어 지폐를 발행하며 금융을 신축하며 대출을 주의하며 산업을 진흥하며 보통은행의 영업을 경계하며 일반 경제의 대세를 총람하여 공황을 미연에 방지하며 신용을 적극적으로 견고하고 확실하게 할 것은 이 은행의 책무상 정당한 도리요 영업상 분명한 방침이라. 만일 그렇다 하면 적어도 수뇌부 되는 자가 경제상 지식과 영업적 기술에 정통할 뿐 아니라 조선 사회를 기초로 하고 조선 민중을 상대로 하는 영업에서 조선학에 정통하여 그 풍속 그 습관을 주지할 필요가 있으며 조선어에 숙련하여 그 성질, 그 신용을 잘 관찰할 관계가 있도다. 지금 이 은행의 수뇌부의 인물을 고찰하건대 순일본인으로만 조직하여 설령 경제상 포부와 영업적 기술에 정통한 자가 있다 할지라도 조선학과 조선어에 이르러서는 맹인이며 벙어리와 같다. 기밀(機密)한 사정을 고찰하며 허실(虛實)된 신용을 조사함에 통역을 소개하고 민간에서 묻고 들을 것이나 때때로 금융의 조종이 그 적당함을 잃고 신용의 조사가 그 정도를 벗어나 경제의 공황을 유도하기 쉬우며 대출의 방만을 야기하기 쉽도다. 조선 인민은 앉아서 그 악영향를 받으며 그 곤란을 겪나니 이는 조선 인민의 행복을 증진한다는 조선 정치에 있어서 중요한 문제라. 당국된 자 어찌 편안히 좌시하며 태연자약하게 방관할 바리오? 우리는 이 기회에 수습방책을 확립하여 일대 개혁을 단행하라 하노니 이관 문제와 은행권 발행의 박탈 문제는 본인이 찬동치 아니한 바라. 그 이유는 일본의 경제 범위와 조선의 금융 관계가 근본적으로 차이가 있을 뿐 아니라 사정이 현저히 다르고 부분이 각각 다른 경제 문제를 동일한 기관에서 취급한다 하는 것은 그 경제 상태가 혼란하며 그 영업의 기민성이 결손된 까닭이라. 그것보다 동 은행은 그대로 존치하는 동시에 그 내부를 개량하여 조선인 중에서 경제적 경험이 풍부하고 영업상 수완이 숙달된 인물을 추천하여 그 간부를 조직하고 일본인을 고문으로 하여 사회의 사정을 참작하여 인민의 정도를 고려하여 적극적으로 산업의 개발을 촉진하며 소극적으로는 금융의 민활(敏活)을 기도하여 경제적 중앙기관이 되는 특색을 발휘할 것이며, 둘째는 영업 방침을 절대적으로 조선인 본위로 하라 함이니 이 은행의 주식을 변경하되 각지에 산재한 조선인 은행의 주금(株金)을 끌어들여 자본금을 적립하며 만주로의 투자와 규슈(九州)로의 대출을 일절 금지하고 혹은 조선인의 쇠잔하고 미약한 산업을 보호하며 쇠퇴한 신용을 확립케 할 것이라. 이제 다년간 경제적 훈련이 숙달하고 자금상 조달이 풍부한 일본인과 아직 실제적 관념이 조잡하고 산업적 발전이 더딘 조선인을 동일한 선로에서 경쟁케 하고 평균한 방법으로 취급한다 함은 소아와 거인을 경쟁케 하며 총명과 맹아를 비교한 셈이라. 이는 대우의 차별이 심한 것이며 생활의 위협이 극한 것이라 하노라.

당국자 여러분이여, 여러분은 성의(誠意)로 조선 인민의 행복을 증진하려 하는가? 만일 그렇다 하면 먼저 조선 인민을 경제적으로 구제케 하고 산업상으로 자립케 하라. 이에 국가의 존재가 필요하며 문화의 보급이 철저할 것이라. 만연히 경제정책을 오용(誤用)하여 민중의 생활을 위험케 하며 편평(偏平)한 주의를 실행하여 이해상 감정을 충돌케 하는 것은 우리가 취하지 않을 바라 하노라. 당국 여러분의 소견은 과연 어떠하오?

〈자료 38〉 (사설) 조선은행 직제 개정에 대하여, 조선인을 중요 간부로 하라

(《동아일보》, 1922.8.13.)

조선은행 직제 개정에 대하여는 사무의 간편하고 빠름을 도모하기 위하여 현재의 부국제(部局制)를 축소할 방침이라 함은 이미 보도한 것과 같거니와 우리는 이 기회에 맞추어 조선인을 이 은행의 중요 간부로 하는 것이 단지 사무를 간편하고 빠르게 하는 데 편리할 뿐 아니라 조선에 있어서 1,700만 민중을 상대로 하여 금융사업의 중추기관이 되어 직접 간접적으로 막대한 이해상 영향을 파급하게 하는 점으로 보아서도 반드시 그 중요 간부는 조선인으로 하는 것이 타당할 것이라 하노라. 생각해 볼지어다. 동 은행에서 아무리 부국제를 폐지하여 사무의 간편하고 빠름을 도모한다 할지라도 조선 사정에 정통치 못하며 조선어에 숙련치 못한 일본인으로 조직된다 하면 자연히 영업상 관계가 복잡하고 금융의 신축을 원활히 하기 위하여는 통역을 필요로 하며 조사를 수행할 것이라. 이에 있어서 시간의 낭비도 적지 않을 것이며 사무의 착오도 허다할 것이라. 그러면 사무의 간편과 빠름을 도모하는 데 유일하게 편리한 방법이 어디에 있느뇨? 무엇보다도 사회 사정에 정통하고 풍속에 익숙하여 환히 보듯이 통달하여 잘 아는[42] 조선인이 우수할 것은 사실이라. 구구히 통역을 소개하며 일일이 조사를 요하여 객원에 쓸데없는 비용을 증가할 필요가 어디 있으리오? 또 한 가지는 금융은 사회의 혈액이니 혈액의 윤활이 우리의 생명 안위를 좌우하는 것과 같이 사회의 영락, 문화의 부침, 정치의 안위(安危), 그 외 각 방면을 관통하여 밀접한 관계를 가지고 있으며 다대(多大)한 영향을 파급하게 되는 것은 현재 대세의 추이가 그럴 뿐 아니라 인문 발달의 역사가 그 원리를 설명하는 바라. 이와 같이 무겁고 크며 긴요하고 절박한 경제 문제를 조선 인민은 몰교섭, 무관계하게 하여 도외시하는 것은 인민 전체에 대하여 막대한 모욕이 될 뿐 아니라 조선 민중은 어떻게 하여 그 생활의 안락함을 보장할 수 있으며 문화의 발전을 기도할 수 있으리요? 근자에 조선은행의 방만 대출 문제가 세간에 떠들썩하여 경제상 불안이 막대하였으나 조선 민중은 헛되게도 그 실책을 간과할 뿐이며 지금에도 금융의 핍박이 극도에 달하여 물가가 점점 오르고 임금이 하락하여 일반 민중의 생활상 위기기 임박하였으나 그 악영향을 그대로 감수할 뿐이라. 금융기관의 수뇌가 되어 일반 민중의 생활을 좌우할 만한 조선은행은 어찌하여 조선인을 이 은행의 중요 간부로 하지 않는 것이 무슨 이유인가? 혹자는 운운하되 조선인은 아직 경험이 부족하고 기술이 정련치 못하니 오히려 일을 잘 처리하고 지식에 통달한 일본인을 신뢰하는 것이 안전한 방책이라 하나니, 우리는 이러한 어린아이나 속여넘길 궤변에는 수긍코자 아니하노라. 우리의 관찰로는 오늘 조선의 제반 문화가 일본의 유신(維新) 시대보다는 이상의 진척을 이룩한 것은 사실이라. 그러면 일본 유신 시대의 중앙금융기관의 간부가 영국인인가, 미국인인가, 프랑스인인가? 물론 생활상 이해가 절실한 관계가 있고 중대한 책임이 있는 일본인이 될 것은 사실이라. 이와 같이 현재 조선에서도 중앙금융기관을 관리할 만한 인재를 구한다면 얻지 못할 것은 드물 것이라. 만일 조선인에게 대하여 그와 같은 대우와 중임을 허락하기가 너무나 어렵다면 이는 차별 철폐를 주장하는 조선 정치의 막대한 모순이라 하노라. 적어도 조선 인민으로 하여금 생활의 안전을 보장케 하고 문화의 발전을 촉진케 하는 방책은 조선은행과 같은 중요한 기관에 조선 민중의 신뢰할 만한 조선 인사로 그 간부를 조직케 하는 것이 지당한 일이라 하노라.

42 기사에는 "活眼達識"으로 되어 있음.

〈자료 39〉 선은(鮮銀) 금융 비난

(《동아일보》, 1922.9.21.)

조선은행에서는 만주 방면의 부당대출 문제도 정리 중임에도 불구하고 이달 상순경에 만주 각지의 거래소, 신탁회사 대표자가 경성에 와 미노베(美濃部) 총재에게 주식 금융을 요청한 결과 200만 원을 새롭게 방출하여 대련(大連) 지방에 50만 원이 분배되었다는데 대련 주식회사(大連株式會社)에서 그 자금으로 시가(時價)에 불구하고 대련 주식과 주식 신탁주에 대하여 융통하여 시장의 진흥을 계획한다 하나 이와 같은 인위적 방법은 도리어 시장 상황을 불량케 한다 하여 비난하는 자도 있으며 특히 조선은행에서는 만주 각지에는 주식금융은 편의를 도모하나 조선에서는 경성취인소(京城取引所), 기타 유력주에 대하여도 금융을 계획하지 아니한다 하여 일부에서는 비난이 자자하더라.

〈자료 40〉 (경제시론) 이후의 조선은행(상)

(《동아일보》, 1924.3.1.)

미노베(美濃部) 씨가 총재를 사직하거나 노나카(野中)[43] 씨가 총재에 취임하거나 조선인에게 관계가 없는 조선은행은 지난 25일 제29회 결산총회를 종료하였다. 주의에 싸여 있던 동행의 주주총회의 6분 배당안도 원안대로 가결되고 신총재의 정리 방침 설명에 대하여서도 가타부타의 질문이 있었으나 필경은 다수인의 양해를 얻어 무사히 경과된 것은 신임 총재 노나카 씨를 위하여 경사스럽고 다행한 일이리 할 것이다. 그러나 동행에 관한 문제는 여기서 전부 해결된 것은 아니다. 금후에 더욱더욱 복잡하여 갈 것이다.

---

43 조선은행 4대 총재인 노나카 키요시(野中清)로 1924~1925년간 재임하였다.

◇ ◇

동행 창립 제1대의 총재 이치하라(市原)[44] 씨부터 쇼다(勝田)[45] 씨로부터 미노베 씨에, 미노베 씨로부터 제4대에 해당하는 신총재 노나카 씨가 금후 만주와 조선 재계에 대하여 어떠한 술법(術法)과 또다시 이상스러운 노름판을 만들어 내지 않을까 함에 대하여는 세상 사람은 더욱 주의할 것이다. 비교적 인격자인 이치하라 씨는 재임 기간이 짧았을 뿐만 아니라 이미 고인이 되어 평할 필요는 없거니와 제2대의 총재 쇼다 카즈에 씨로 말하면 과대한 적극적 인물인 것은 이번에 그가 대표되어 체약한 5억 5,000만 원의 공채계약에 의하여 알 수 있는 바이다. 이자가 조금 비싸더라도 정기시장에서 정기물을 계약하듯이 불허(不許)하고 하는 솜씨이다. 대성공은 할망정 작은 실패가 잦기 때문에 비평을 많이 사는 사람이다. 보라, 이번 공채계약에 대하여서도 얼마나 비평을 많이 사는가를.

◇ ◇

조선을 영업 본거로 하던 조선은행을 단박에 대은행을 만들어 가지고 러시아대륙으로 중국 본부로 남양 천지로 영업 구역과 자본을 늘리기도 전부 이 사람이 설계 진행한 일이다. 8,000만 원이나 되는 부정대부의 대부분이 조선 이외(조선을 영업 본장으로 하였다면 어떠하였을까?)의 대부인 것을 보면 자기가 시작한 과거의 조선은행 영업 방침에 대하여 자숙하고 스스로 부끄러워하지 아니한다면 도리어 완고한 인물이라는 평을 받아 가하다.

◇ ◇

쇼다 씨가 빠져나간 뒤에 후막(後幕)을 맡은 연약하고 용단 없는 미노베 씨는 다른 사람이 벌여 놓은 것을 가(可)하다는 말도 없고 부(否)한다는 말도 없이 그저 그 막(幕)을 그 막(幕)대로 노름놀이를 시작하였다. 순풍을 만나서 돛줄 주듯이 재계 좋은 판에 막 집어 주었다. 노름놀이는 쇼다 씨 시대보다도 더 커졌다. 그러다가 종내 수습하지 못하고 이중삼중의 곤란은 발생하게 되었다. 필경은 할 수 없이 큰집 곳간에서 쌀을 빌려 오게 되었다. 쌀은 빌려 오게 되었으나 그 빌려 온 쌀로 어떻게 살림살이를 할까 하는 것이 이후의 문제이다(S생).

---

44 이치하라 모리히로(市原盛宏)로 1909~1915년까지 재임하였다.

45 조선은행 2대 총재인 쇼다 카즈에(勝田主計)는 1915~1916년까지 재임하였다.

〈자료 41〉 (경제시론) 이후의 조선은행(하)

(《동아일보》, 1924.3.2.)

조선은행의 불량대출액이 혹은 7,000만 원이라 하고 혹은 8,000만 원이라 하여 일정치 아니하나 가령 8,000만 원이라 하면 공칭자본금 8,000만 원에서 납입된 자본금 5,000만 원을 모두 잃고도 3,000만 원의 결손이 발생한다. 그러면 이 8,000만 원의 결손을 보충할 소위 10년 계획의 정리 가능성의 내용이 어떠하냐 하면 감독권을 대장성에 이양한다는 조건하에서 일본은행과 대장성 예금부에서 저리자금 1억 원의 융통을 받아 그 수입 이자와 내부의 경비 절약으로 이를 보충하고자 하는 것인 듯하다. 위와 같은 정리자금 1억 원을 연 5%의 저리(低利)로 융통하여 대부할 보통할인 금리 일보[46] 3전으로 10년을 활용한다 하면 10년간에 5% 이율로 계산한 이자는 5,000만 원이 되고 이 기간에 3전 할인이자로 계산한 이자는 1억 800만 원이 된다. 수입 이자에서 지불 이자를 제외하고 보면 5,800만 원의 차이가 발생하나 오히려 또 2,000만 원의 보충 부족이 발생하는데 이는 사무 정리, 영업비 절약에서 보충코자 하는 것이 정리의 대방침인 듯하다.

◇ ◇

그러면 정리자금 1억 원을 어떻게 활용하여 이상의 좋은 결과를 얻을까 하는 것이 이후의 문제이다. 그런데 조선은행은 조선의 중앙은행이라 하지만은 이 은행의 금융 활동은 만주 제1, 조선 제2, 일본 제3이 되는 것과 같이 그 활동의 중심은 만주였다. 따라서 그 불량대출의 대부분이 만주에 대한 대출이오, 주된 고정대출자도 일본인이었다. 8,000만 원이나 되는 불량대부 중에 조선인으로서 이에 관계된 자가 거의 없는 것은 원래부터 이 은행과 조선인과의 관계가 거의 없었던 것을 여실히 증명한다.

---

46 일보(日步): 100원에 대한 이율로서 1일을 기준으로 하고, 단위는 전리(錢厘)로 표기된다. 일보를 연리로 환산하려면 일보에 365를 곱하여 원금에 대한 비율을 산출한다. 기사의 일보 3전을 연리로 환산하면 0.03원×365 = 10.95원, 즉 연리 10.95%가 된다.

◇ ◇

원래부터 조선과 조선인을 위한 조선은행이 아니고 만주와 일본인을 위한 조선은행이니까 정리자금 1억 원도 필히 만주와 또는 일본인을 위하여 활용, 대출하리라고 생각한다. 그러나 정리기에 돌입한 이 은행의 현 경우로 보아 금후의 활동은 제1은 구대출의 정리, 제2는 외국환 확장, 제3은 신규 거래처의 확실한 자금 대출 등 두세 방면에 나설 것을 예상한다. 그러면 이 세 방면의 활동을 시작할 이 은행 당국자에게 미리 바라는 바는 구(舊)대출 정리 지역은 조선이 아니고 만주이므로 저 땅에서 일부의 정리자금이 활용될 것은 피치 못할 일이거니와 제2, 제3 방면에 대하여 이후의 은행 당국은 조선의 산업을 위하여 조선인의 생산력 증진을 위하여 각별한 주의를 기울이라 하는 것이다. 하여간 이 은행의 신속한 정리를 요망하는 동시에 신임 총재의 각별한 주의를 기대한다.

〈자료 42〉 재해(財海) 여파

(《동아일보》, 1924.3.27.)

조선은행에서는 정리 이관과 함께 본점을 도쿄(東京)로 이전하고자 준비 중이라는 설이 있다. 그런데 모 당국자의 말을 들으면 동 은행의 주력이 도쿄에 있는 관계로 총무부와 기타 두세 부를 이전함과 동시에 이에 속한 은행원을 전근케 함에 불과한 것이요 본점을 옮기는 것은 아니라고. 그런 본점은 있으나 마나.

동양척식주식회사에서는 남양(南洋)과 만몽(滿蒙)에서 실패만 하느라고 조선은 내버려 둔다는 비난이 있다 하여 이번의 직제 개정과 점장 이동을 기회로 가급적 조선에 치중할 방침이라든가?

이에 의하여 조선인의 소득은 토지가 속히 더 많이 남의 것이 될 뿐이겠지.

〈자료 43〉 선은(鮮銀)과 구제 자금

(《시대일보》 1924.4.7.)

1.

사회의 경제적 생명을 지배하는 것은 적어도 현재 경제제도하에 있어서는 무엇보다도 금융기관이다. 물물교환에서 화폐교환제로 변하고 그것이 일보 전진한 오늘의 경제 발달 사회에 있어서는 신용교환제로 변하였으며 그 중개적 융통 작용을 임무하는 것이 즉 금융기관이라. 그 멈추고 움직이는 것과 흥하고 쇠하는 것이 일반경제의 경계에 막대한 영향과 병폐를 주는 것은 소위 재계의 이동을 짐작하는 자면 다 알 것이요. 과거의 경제공황 발생의 경로를 본다면 알 것이다. 그리하며 많은 어려움이 산재 분포하여 있는 일반 금융기관을 총괄하여 완급을 조절하고 상호교환의 편리를 위하여 공정, 공평한 태도로 최후의 심판자가 되며 산업계발의 본의(本意)를 정립하고 일반경제계의 진보를 똑바로 살피는 견고하고 확실한 기관이 없지 못할 것이라. 국가의 보장을 얻으며 그의 권위를 기대어 초연한 최고기관으로 사회의 금융과 산업과 기타 일반경제를 지배하는 특수금융기관이 즉 중앙은행이다. 그 권직(權職)과 제도, 조직 등은 두말할 필요도 없거니와 그 관계가 막중하고 사회적 책임이 막대하다. 영국의 영란은행, 일본의 일본은행 등과 같이 조선에는 조선은행이 그것이다.

2.

조선의 금융은 이미 중앙기관인 조선은행의 방침과 영업 여하에 따라 함께 진보하고 함께 퇴보하며 일반의 경제 상태는 이로 따라 성쇠를 같이하게 됨은 다시 말할 필요도 없거니와 그 조선은행의 과기를 돌아보며 실로 불가사의한 괴상한 상태가 이상하여 그 본령을 망각하였을 뿐만 아니라 조선의 금융계를 교란해 마지아니하였다. 조선의 중앙기관으로 함부로 만몽(滿蒙)과 일본 내지, 기타 남양 방면에 출두하여 사리와 당세로서 대출을 부정히 하며 조선의 사정은 조금도 고려치 아니하고 오직 당국자의 친분으로서 후함과 박함을 정하였다. 그의 조선 경제계에 대한 교란은 실로 막대하며 우리의 금일 경제 파멸도 조선은행의 책임이 적지 아니하다. 실례의 1, 2를 들건대 8,000만 원의 자본금으로서 부정대출이 8,500만 원에 달한다 하며 그 부정대금의 전부가 물거품에 돌아갔다 하고 직접 책임자인 미노(美濃)[47] 씨의 성명에 의하더라도 불량대출이 6,000만 원에 5,000만 원은 회수 불능임을 자백하였다 하니 그 8,000만 원 설이 결코 허언(虛言)이 아닐 것이다. 그리고 그 부정대출이 거의 전부가 만몽 및 일본 등지의 투기업자 등뿐이니 당시 대거래처로 말하면 만주의 대련 주식신탁에 대한 투자, 금건에 대한 부정 투자와 만주의 소사(小寺)양행, 공익사(公益社), 고하(古賀) 등이며 일본의 중촌평림(中村平林)과 조선에도 공익사, 제등(齊滕), 신정(新井) 등의 투기업자에 대한 것으로 심한 데는 1구(口)에 1,000만 원 이상의 부정대출이 있는 상태다. 그 추태천만(醜態千萬)은 세상이 다 아는 바로 일반의 이목을 요동케 하였고 그로써 자체의 일대변동까지 노출케 되어 결국 조선은행의 대장성 이관으로 겨우 일단락을 맞게 되었으며 대장성과 일본은행의 구제자금으로 겨우 명칭만이라도 계속케 되리라 한다.

3.

이에 다시 생각하여 볼 것은 그 과거를 논책하는 것보다 그 장래를 주의하여야 할 바다. 대장성에 이관을 당한 조선은행이 그래도 조선의 중앙은행이라 하며 조선의 통화와 금융최고권을 가지고 있다 하니 실로 조선의 경제계는 가련할 현상이겠다. 금번 이관 후에 그 구제자금으로 일본은행에서 1,500만 원과 대장성에서 5,000만 원을 융통한다 하며 대장성에서는 지난 1일에 1,000만 원을 지정예금의 형식으로서 일본은행의 정부 예금 감정에서 조선은행에 넘겨서 현금을 교부하였다 하며 그 잔액은 4월 말로 전부 지급하리라 한다. 일반은행을 구제할바 임무를 가진 조선은행이 정부의 은시금(恩施金)으로 겨우 생명을 계속한다는 것은 너무도 낯 두꺼운 자들이며 그로써도 중앙은행의 명목을 지속한다는 것이 더구나 모순된 것이다. 좀 더 근본적 내용을 확립하여 충실한 기초로 자행적 보조를 취하게 하는 것이 급무일 것이요. 더욱 지금과 같이 경제적 상태가 동요, 불확실하여 장래의 일보(一步)를 추측치 못할 조선에 있어서는 그 필요가 절박하다. 그럴 이때에 충분치 못하나마 정부의 구제금에 대하여 그 처분 방법을 십분 고려하여야 할 것이다.

47 조선은행 총재 미노베 슌키치(美濃部俊吉)로 그의 재임 시 조선은행의 불량대출 문제가 발생하였다.

〈자료 44〉 선은(鮮銀)의 구제 자금(속)

(《시대일보》, 1924.4.8.)

4.

이와 같이 현재 조선의 경제계는 극히 불안하고 장래가 어떻게 될 것을 추측하기 어려우나 그게 조선은행의 방침 여하가 적지 아니한 영향을 미칠 것이니 비록 안과 밖이 모두 비어 형체만 남은 조선은행이나마 조선의 중앙은행의 지위를 여전히 가지고 가는 이상에는 우리는 그의 동정을 관심치 아니치 못할 것이다.

지금 조선은행이 잔해를 지속할 계책으로 6,500만 원을 얻은즉 이를 어떻게 처분할까 함은 조선 금융계에 있어서 실로 중대문제이다. 과거에 조금의 성의도 없었는지라. 금후에 성의를 바라는 것은 결국 어리석은 말로 돌아가고 말 것이겠으나 좌우간 6,500만 원의 금액은 일반 재계의 돌아갈 곳을 정하는 일대 재료가 될 것이다. 도쿄의 전보에 의거하건대 지난 1일에 이미 1,000만 원을 현금으로 수취하여 먼저 도쿄 '콜'을 상환한다 하여 일반 '콜'계에 영향이 발생하였다 하니 조선은행은 1억 이상의 거액 '콜'을 사용한 자로 그 차금(借金)을 상환하는 것도 자체로 보아서는 어찌 할 수 없는 바일지나 그로 인하여 다만 도쿄 금융계에 벌써 헛된 움직임이 생겨 투기업을 조장하며 부실하고 허황된 금융 경제를 더욱더 부실하게 하는 경향이 벌써 현상에 표현된다. 도쿄 금융계는 유휴자본이 많아 처분에 곤란하므로 주식과 면사에 투자하여 근거가 없는 경기를 보게 하는 데에 점점 보조를 어지럽게 엉키게 하는 것은 도저히 그 바름을 얻었다고 하지 못하겠다.

〈자료 45〉 선은(鮮銀)의 구제 자금(속)

(《시대일보》, 1924.4.9.)

5.

1,000만 원은 그 액수도 많지 못한지라 오히려 모르겠으나 그 나머지 금액은 어떻게 처분

할는지가 문제다. 일본의 경제계는 진재(震災)[48]의 부흥과 외채(外債)의 모집으로 다소의 윤택을 보거니와 조선은 지난번 공황으로 재기하지 못할 중병에 빠져 있어 어떠한 서광(曙光)과 방책을 보지 못한다. 일반 농민의 벗어나지 못할 무거운 빚으로 산업은 하루하루 쇠퇴하여지며 상공인의 근본 기초가 파괴되어 도저히 정당한 종업(從業)이 불가능한 현상이라. 걸음을 한번 잘못 걸으면 영원히 경제의 멸망을 당할 운명에 있다. 그러나 피곤이 다하고 허약함이 심한 일반 보통 기관은 도움을 받을 수 없어 의지할 데가 없기에 어떠한 방침이 없으며 모(母)은행을 의뢰하였던 보통은행은 그 모은행의 파탄으로 영업이 어렵게 된다. 그 실제 사례를 보건대 100만 원 은행이면 거의 3, 40만 원에 달할 조선은행의 재할인이 있고 300만 원 은행으로 100만 원 이상의 재할인에 달하는 것도 있었다.

그런데 일시에 모은행이 영업 정지의 상태를 나타냄에 따라 그 지역 재래의 관계에 있던 일반은행도 영업 정지를 아니치 못할 현상이다. 경제계는 동맥(動脈)이 정지한지라. 다만 일시적 주사로써만은 그 효과를 보지 못할 것이니 이에 근본적 방책을 요구함은 절실하거니와 먼저 조선은행으로서도 그 정리 자금으로써 조선에 영업을 진행하여 다소간이나마 중앙은행의 책임을 행하라. 요즘의 내심(內心)을 보건대 역시 일본과 만몽(滿蒙) 방면에다가 그 자금을 집중하려 하는 것을 알겠으며 조선에는 얼마나 분배할지 의문이다. 물론 조선의 경제적 멸망이 일본의 경제적 이익을 의미하며 조선은 지금 경제 기능을 발(發)하지 말고 다만 원시적 자연경제로 돌아가 일본 경제계의 한 목장(牧場)이 되고 말았으며 조선은행은 조선 금융계를 위하는 기관이 아니라 목장 경제화하게 하는 중앙은행일 것이 그의 정체일는지 모르나, 그러나 다소의 겉치레라도 없지 못할 것이니 조금이나마 양심의 소유자이거든 이번 정리자금은 조선의 상업자금 기관 자금으로 충용할 것이다. 그렇지 않거든 조선중앙은행의 직명을 철폐할 것이다. 따라서 조선인의 고찰을 희망하는 바라. (완)

---

48 1923년 9월 1일 발생한 간토(關東)대지진으로 인해 발생한 피해를 말한다.

〈자료 46〉 조선은행의 영업 개선, 신정무총감의 의향

(《동아일보》, 1924.7.26.)

25일 오후 3시부터 정무총감(政務總監)은 관저로 개회 중인 조선은행 지점장 회의 출석자 및 부총재, 기타를 초대하고 영업상에 관한 일장의 훈시가 있을 터인데 총감 의향으로는 조선은행의 조선 내 영업에 대하여 종래에는 여하간 제도 개정이 된 금일에도 일종의 상업은행으로 영업을 계속함은 고려할 바이며 당연히 중앙은행의 방침에 의하지 아니치 못할 것이다. 물론 은행으로 의연하게 유지하려면 중앙은행으로 함은 곤란한 점이 있어 자연히 상업은행의 업무를 겸하게 되나 본래의 사명으로는 중앙은행의 영업을 하여야 할 것이다. 그러나 금일까지의 고정대출 등의 정리를 급속히 행함은 일반 재계를 위하여 고려할 바이라, 점차 중앙은행의 방침으로 옮기는 것이 옳다는 의견을 가진 모양인데 점차 개혁에 착수하리라고 관측되더라.

〈자료 47〉 (경제시론) 융자 완료 후의 조선은행(상)

(《동아일보》, 1924.7.26.)

조선은행이 일본은행으로부터 받을 정리자금은 지난 17일 1,500만 원의 융통으로 전부 인도되었다. 이 정리자금은 교섭 최초로부터 인도 최종에 이르기까지 그동안에 재계에 향하여서만 아니라 정국에까지 여러 가지의 문제를 야기케 하였고 적지 않은 영향을 미치게 하였다.

◇

재계로 보면 그 직접 영향이 어떤가 하면 조선은행은 대출 자금이 부족할 때마다 오사카(大阪)나 도쿄(東京)와 같은 금융시장에서 단기자금을 흡수하여 오던 관계상(소위 '콜' 흡수), 이 지역의 '콜' 시장은 항상 강세를 유지하여 오던 것이 저리자금 융통에 의하여 '콜'을 사용할 필요가 없게 되기 때문에 이 지역 '콜' 시장은 대단히 연약하게 되었다. 근래와 같이 오사카와 도쿄의 '콜' 시세가 저락한 것은 확실히 그 영향이라 하지 아니할 수 없다.

◇

조선은행이 위기에 쫓겼을 때에 그러한 거액의 정리자금을 얻은 것은 동행을 위하여 더할 수 없는 행운이라 하지 아니할 수 없다. 이는 교섭자의 노력이 컸다고 하느니보다도 그 시기 재계의 관계가 동행을 위하여서 지극히 좋았던 것을 금일의 동행 당국자는 헤아려 살필 수 있을 것이다.

◇

다시 말하면 정리자금 청구 교섭이 개시될 때 그때의 대장대신이 조선은행에 대하여서는 책임이 중한 쇼다(勝田)이었던 것이 조선은행을 위하여서는 어려움 속에서 만난 행운이었다. 만약 정변이 빨리되어 현재의 하마구치(濱口)[49]와 같은 헌정회 인물이 당시 대장대신으로 있었다면 5,000만 원의 정리자금은 고사하고 5푼의 구걸전(求乞錢)도 주지 아니하였을는지 모르겠다.

◇

이상과 같은 내용으로 볼진대 조선은행의 당국자로서는 전 내각 더구나 당시의 대장대신이던 쇼다 씨에 대하여 백배 치사하지 아니하여서는 아니될 것이다. 그런데 조선은행의 당국자는 전 내각 당국자에게 형식 이외에 무엇으로 그 감사의 뜻을 표하려 하였던 듯하다.

◇

조선은행에는 임시응변술에 능하고 시기 이용에 묘하다는 부총재 스즈키(鈴木)[50] 씨가 있다. 스즈키가 은행가로서 얼마나 소양과 기능을 가졌는가는 여기 소개할 필요도 없이 동씨의 과거 이력에 의하여 세상 사람이 함께 아는 바이다. 자칭 은행가요 자칭 조선통이오 자칭 교제가라고 하는 그는 정변이 발생하고 총선거가 행할 때에 자기 지위 보존에 불안이 생겨났든지 정리자금 용인에 대하여 사례를 표할 생각으로 그리하였든지 정우본당(政友本黨)에 대하여 선거비 응출에 노력한 사실이 있었다 한다.

---

49 하마구치 오사치(濱口雄幸).

50 스즈키 시즈카(鈴木穆)로 1922~1923년까지 조선은행 이사, 1923~1925년까지 부총재를 역임했다.

〈자료 48〉 (경제시론) 융자 완료 후의 조선은행(하)

(《동아일보》, 1924.7.27.)

이 소식의 진위 여부를 논증하고자 하지는 않는다. 그러나 불을 때지 않은 굴뚝에서 연기가 날 이치가 만무할지니, 불행히 그와 같은 소식이 진실한 소식이라 하면 동씨(同氏)가 조선은행을 관리하는 한 저리자금 5,000만 원의 용도도 대개 추측할 수가 있다. 입으로는 사업정리를 운운하고 필요 자금 융통을 언명하면서 세력자금 '개리(改利)'[51] 자금 조달에 몰두함은 실로 어이가 없어 말문이 막힐 지경이다.

◇

지난날 조선은행 당국자는 "조선은행이 자금 부족으로 대출 중지" 운운한 설은 사람들의 속설에 불과하고 최근의 조선은행은 예금이 많아 예금 처분에 도로 곤란함을 느낀다고 하였다. 사업이 부진하는 반면 은행 예금이 증가하는 것은 일반적인 현상이므로 근래의 은행 예금은 다소 증가하였을지도 모르나 금융이 핍박하였다 하느니보다도 금융이 완전히 고갈된 조선에 있는 보통은행으로는 예금이 많아 곤란을 느낀다는 은행은 없을 줄로 생각한다. 그러면 조선은행 당국자가 분명히 말한바 예금 증가는 일반의 예금 증가를 의미한 것이 아니오, 저리자금 융통이라는 특별한 원인에 의하여 자행(自行)의 자금이 다소 넉넉하게 된 것을 보고서 하는 말이 아닌가 한다. 만일 그와 같은 사실하에서 예금 증가를 운운하였다 하면 그것이 또한 망언이 아니고 무엇인가?

◇

자금이 고정되기 때문에 곤란을 느끼던 조선은행은 저리자금 융통에 의하여 다시 살아날 길을 얻기는 얻었다. 조선은행이 스스로 도약할 시기는 다만 지금부터 시작될 터이고, 부흥의 서막을 개시할 인물의 선정이 무엇보다도 필요하다 한다. 어찌하여 그러하냐 하면 그 인물 선정이 적절하지 못하고 따라서 부흥에 대한 방침과 노력이 바르지 못하고 마땅하지 못하면 장래의 부흥을 기도하기는 고사하고 그로부터 발생하는 영향은 전반 재계에 미칠 터이기 때문이라. 그렇기 때문에 현 책임자의 자격과 기능이 그 같은 책임을 지기에 과연 적당

51 이율을 변경.

한가 적당치 못한가를 일반에게 묻는 바이다.

〈자료 49〉 선은(鮮銀) 재할고율(再割高率)과 은행의 이중 부담

(《동아일보》, 1924.11.14.)

일본의 일류 은행에서는 최근 유휴자본이 증가한 결과 예금이자와 대출 금리의 인하설까지 제창하는 이때, 조선의 각지 은행 간에는 의연히 격심한 예금 쟁탈전을 계속하여 일반금융계의 추세와 배치하는 모양을 보여 좋지 못한 결과를 초래할는지도 알 수 없는 동시에 보통은행 중에서는 타격으로 인하여 영업상 파탄이 생길는지 알 수 없고 또 이 결과는 일반금융계에도 적지 아니한 파동을 주지 아니할까 염려하는 사람도 있는바 이 대책으로는 한편으로 각 금융업자의 자각, 자제와 각 은행이 이와 같이 예금이율을 함부로 인상하고 경쟁흡수가 끊이지 않는 것은 조선은행의 재할인 비율이 비교적 고율(高率)인 까닭으로 예금에 의존할 수밖에는 다른 길이 없는 일이다. 이 완화책은 조선은행의 재할인율도 일반 대세에 순응하여 상당히 인하하고 완화 방책을 강구할 필요가 있다는 사람도 있는 동시에 다른 한편으로 조선은행의 재할인 비율은 조선은행 자금 관계에서 기인한 것으로 지금과 같이 순조로이 정화준비가 되면 관계가 없으나 제한외발행의 때에는 발행세로 7%의 징세(徵稅)가 있는 관계상 단순히 말하기 어려우므로 각 은행에서도 어느 정도까지는 정기예금의 이율을 인상하는 것이 재할인을 받는 것보다는 매우 유리하여 이런 상세가 일어나는 것인바, 이 완화책은 조선은행의 재할인율을 인상하게 하기 전에 먼저 조선은행의 발행세를 규정한 최소한도 5%까지 인하함으로써 일반의 완화책을 강구할 필요가 있다더라.

〈자료 50〉 (사설) 조선인과 조선은행권

(《동아일보》, 1925.4.11.)

1.

갈수록 심각미를 더해 가는 조선총독부의 경제정책 또는 금융정책의 본질을 검토할 필요도 없이 조선에서 활동하는 조선은행권이 원래 어떠한 것임을 우리가 잘 아는 동시에 잘 기억하고 있다. 어찌하여 이것이 발행되는 것이며 통용되는 것인지 또 어찌하여 이것을 사용하지 않으면 안 되는 것이며 이것을 사용함으로 말미암아 조선인의 생활은 어찌될 것이며 어떻게 되고 있는지, 바꾸어 말하면 조선에서 활동하는 조선은행권을 발행하는 조선은행은 어떻게 출현하였으며 이제 그 기관의 조직은 어떠하며 그의 활동은 무엇을 위함인지 또 그의 활동으로 말미암아 조선인의 생활은 어떻게 되었는지 이것을 우리는 우리의 생활에서 철저히 안다.

2.

종래 국내에 있어서 조선은행권의 활동으로 말미암아 조선인의 생활이 희생된 것은 통계 숫자를 명시할 필요도 없이 분명한 사실이니 이제 조선은행권이 조선인의 수중으로 출입하는 실제 형편을 한번 생각해 보면 1전 1리의 예외도 없이 오직 일본인이 경영하는 은행, 회사, 점포, 고리대금업자 등을 통하여 유통되는바 이 유통에 있어서 금리가 첨가되는 것은 물론이오. 이 금리는 세계 중에 조선에서 조선인에게 대한 그것과 같이 고등(高騰)한 국가사회가 있지 아니하니. 따라서 어떻게 낮추어 계산한다 할지라도 연평균 10% 이상일 것이다. 그리하고 1년간 조선인의 수중에서 출납되는 금액을 매 1인에 대하여 평균 200원으로 가정하면 물론 그 이상이 되겠지만 2,000만 인의 총액 40억이 되며 이 40억을 10% 이자로 계산하면 4억 원이 되니 이 4억 원은 매년 조선인이 조선은행권의 통용료로 지불하는 것이다.

3.

앞에서 우리는 조선인이 세금으로만 1년간 매 1인의 부담이 18원이 되는 것을 발견한 바 있거니와 이제 조선은행권의 통용료 4억에 대한 2,000만 인의 1인당 부담이 20원이 되는 것이 또 발견되었으니 그런즉 조선인은 남녀노소 가릴 것 없이 1인당 1년의 세금과 이자의 부담이 38원이 되며 각 가호당 인구를 평균 5인으로 계산하면 1호당 1년의 고정지출이 190원이 된다. 그리하고 일찍이 모 신문의 발표와 같이 조선 농민의 1인당 매일 생산이 6전이 되며 이것을 매호당 5인으로 1년을 통산하면 겨우 108원이 되니 이것으로는 이상의 세금 또는 이자의 지불에도 오히려 80여 원의 부족이 생길 뿐 아니라 이 1일의 1인당 6전의 수입도 직업이 있는 농민의 일이오, 농민 이외의 조선인은 거의 전부가 실업자이니 이 실업자에게 있어서는 매 1일 6전의 생산도 있을 수 없다. 그러나 1년 1인당 38원의 지출은 그의 생명이 지속하는 날까지는 절대로 회피할 수 없으니 이로써 보면 조선에서 조선인이 살 것이냐 죽을 것이냐.

4.

어찌 이뿐이랴. 만주에 있어서 조선인과 중국인이 화합한 생활을 경영하는 가운데 조선은행권은 또 이곳에 침입하였다. 그리하여 조선인과 중국인과의 화합한 생활을 참혹히 교란하였으며 러일조약이 체결된 뒤에 조선은행권은 나아가 러시아 영토 각지에서 적극적 활동을 개시하게 되었으니 이제 이곳에서 조선은행권은 이전의 만주에서의 그것과 같이 또다시 러시아 영토에서 조선인과 러시아인과의 화합한 생활을 비상히 교란하고 말 것을 알 수 있다. 그러한즉 가는 곳마다 우리의 생활을 유린하는 것은 그 무엇이냐. 그러나 조선인은 조선은행권이 그의 수중에 있으면 살고 없으면 죽는다. 이 어찌 흡연장이가 아편을 빨 때에는 살고 그치면 죽는 것과 흡사하지 아니하냐. 그러나 조선인의 수중으로는 차후에 있어서 조선은행권이 들어올 수 없다. 보라, 동산(動産)이니 부동산(不動産)이니 하는 것은 이미 이전되었고 또 그의 유일한 노동도 도매이거나 소매이거나 헐값이거나 무상이거나를 막론하고 동서남북에 제공할 곳이 있지 아니하니 그런즉 이로부터 조선인이 할 일은 무엇이냐? 우리는 이것을 연구하지 아니하면 아니된다.

〈자료 51〉 선은(鮮銀)의 이하(利下)

(《동아일보》, 1925.5.2.)

1.

어제 지면에 이미 보도된 바와 같이 조선의 중앙은행인 조선은행의 당국은 수이출(輸移出) 어음에 대하여는 할인이자 2리를, 당좌대월(當座貸越)에 대하여는 일보 2리를 겨우 인하 실행하기로 하였다 한다.

2.

조선은행 자체를 위하여 대출이자를 인하하는 것이 적절한가 적절치 않은가 하는 것은 둘째로 하고 재산의 손실을 당한 이후 조금이라도 저리(低利)의 자금 대출을 갈망하던 일반 민중은 이것을 큰 다행으로 생각할 것이며 그러한 사정을 잘 아는 우리로서도 동 은행의 대출이자 인하를 기대하였던 바이다.

3.

그러나 첫머리에 표시된 바와 같이 수이출 어음과 당좌대월에 한정해서만 인하하였다고 하니 조선인으로 수이출수형에 진출할 사람이 몇 사람이나 되겠으며 동 은행과 당좌대월을 계약한 사람이 몇 사람이나 되겠는가? 수이출수형을 진출할 사람도 조선인이 아니오, 일본인 상인들이 될 것이며, 당좌대월을 계약한 사람도 조선인이 아니오, 일본인 상인들이 될 것이다. 따라서 이 은행의 대출이자 인하로 인하여 직접 편리를 얻을 사람은 조선인이 아니오, 일본인이 될 것이다.

4.

그러하기 때문에 우리는 동 은행의 이자 인하를 칭찬하는 동시에 또 조선인 본위의 금융 정책을 취하려 하노니 조선은행 당국자도 스스로 인정할 바이거니와 이 은행의 재산 손실의 원인이 어디에서 발생하였으며 어디에서 일어났는가. 수백만 원을 대출하였다가 소비하고 갚지 못한 거래자도 조선인이 아니오, 일본인이 되며, 소위 산업자금이라는 명칭으로 거액의 대출을 투자한 지방도 조선 이외, 혹은 일본 혹은 만주이다.

5.

참으로 조선은행은 조선을 위하여서의 조선은행이 아니며 조선인을 위하여서의 조선은행이 아니다. 그러고 보면 우리와 직접으로 아무런 관계가 없는 동 은행이 대출이자를 인하하거나 인상하거나 우리가 간섭할 필요가 없다 하여도 옳다면 옳겠으나, 그러나 동 은행의 자금이 간접으로 조선인의 예금이 많을 것이며 대출로도 간접으로 조선인에 미칠 대출이 많을 것으로 보아 이번의 대출이자 인하의 영향은 직접은 아닐지라도 간접으로 조선인에 미칠 바 영향이 많을 것이다.

6.

조선인으로서의 은행 거래는 이미 서술한 바와 같이 특수은행에 적고 보통은행에 많다. 그렇기 때문에 조선은행이 대출이자를 인하하였다 하더라도 조선은행의 자금을 취하여다가 빈약한 조선인 상인에게 대출하며 영세한 예금을 모아다가 조선은행에 예입하는 보통은행에서 대출이자를 인하하지 아니하면 조선은행의 이자 인하의 호영향을 조선인이 받기 어려울지니 이 점에 있어서 조선은행으로서는 조선인 직접 거래의 편의를 도모하는 동시에 보통은행에서는 조선은행에 준하여 함께 대출이자를 인하하라 한다.

〈자료 52〉 (사설) 조선은행의 완고를 논함(상), 조선은행의 '동아의 몽매함(蒙)을 깨우침(啓)'에 대하여

(《동아일보》, 1925.5.8.)

1.

사실이 있으면 이론이 있고 이론이 생기면 사실이 더욱 명백하여지는 것은 문화사의 입증하는 바이니 이러한 의미에 있어서 이제 우리가 조선은행의 완고함을 논함에 당면하여 긴장됨이 적지 아니하다. 그러나 언제든지 우리의 사실을 밝히는 우리의 참된 이론을 우리가 솔직하게 완전하게 분명하게 사실대로 관철한 자유가 없는 것을 생각하면 또 한 번 매우 분한 감정이 일어난다.

지난 4월 11일 본지의 〈조선인과 조선은행권〉이라는 제목하에 조선의 일본자본을 대표하는, 즉 일본자본의 총본산인 조선은행의 존재 이유와 그 목적을 말할 필요도 없이 조선은행권이라는 전표(傳票)의 사용료로 조선인이 매년 4억의 지출을 부담하는 것과 이로 말미암아 조선인의 생활이 근본적으로 파괴되어 가는 것과, 또 조선에서뿐 아니라 일본자본이 만주에 원정하게 되매 이곳에도 조선은행권이 일본자본을 대표하여 활동하던 것과 그로 말미암아 만주에서 중국인과 조선인과의 종래의 화합한 생활이 도리어 교란된 것과 또 이러한 현상이 러일통상 후에 러시아 영토에서 다시 발생할 것을 논평하였던바 이에 대하여 조선은행에서 경무국을 통하여 "동아의 몽매함(蒙)을 깨우침(啓)"이라는 반박문을 본사로 보내었으며 또 그 전문(全文)을《매일신보(每日申報)》지면에 발표하였다.

2.

그 요지는 일반은행론, 화폐론에서 비롯하여 조선에 조선은행이 존재한 것은 조선인의 경제생활을 위하는 것이라는 전제하에 금리로의 4억은 사실과는 다른 것이며 조선에서 금리가 높은 것은 조선경제 상태에서 기인한 것이라는 것과 경영상 조선인과 일본인과의 차별을 하지 아니한다는 것과 만주 또는 러시아 영토의 발전으로 반대로 조선인에 이익과 편리함이 있다는 것을 역설하면서 조선은행 자체는 일본자본을 대표하는 것이 아니오, 한 영리회사의 보통기관인 것같이 변호하였다.

그런데 조선은행에서 경무국을 통하여 반박문을 본사로 보낸 것은 조선은행과 경무국과의 관계로 보아 괴이한 것은 아니나. 정복은 착취를 위하는 것이니 따라서 착취기관을 위하여 정복기관이 견마(犬馬)의 임무를 맡는 것이 어찌 그 본직에 충실하는 것이 아니냐? 그리하고 현재의 국가 사회에 있어서 금융기관의 필요, 불필요와 경제생활에 화폐의 효용 여하를 새삼스럽게 설왕설래하는 것은 너무나 시간의 귀함을 깨닫지 못하는 일이니 이에 번거로운 논의를 제외하거니와 조선에서 활동하는 일본자본이 조선인의 경제생활을 위하는 것이 아닌 것은 이윤을 위한 자본의 원리에서 판명되는 바이니 따라서 조선의 조선은행이 조선인과 일본인을 차별을 한다 아니한다, 조선의 금리가 높다 헐하다, 또는 조선은행이 조선인의 경제생활을 위한다 아니한다 하는 것은 조선은행 그것의 사명과 본질과 목적을 망각한바 가벼운 글이다.

3.

이러므로 우리는 이러한 문제에 대하여는 원래 잘 아는 바이므로 그리 깊이 연구할 필요도 없으려니와 또한 깊이 연구한 바 있지 아니하지마는 조선은행에서 봄에 꿩이 스스로 우는 격으로 낡은 경제학의 소위 은행론, 화폐론을 번거롭게도 열거하였을 뿐 아니라 차별치 아니하느니, 금리가 높은 것은 조선의 경제 사정에서 연유함이니 하여 그의 부요한 생활에 여유로운 시간의 유희를 시도하였다. 그러나 우리는 이에 대하여 자못 우리의 입지와 태도를 우리 스스로 밝힐 뿐이다. 왜 그러냐 하면 그것은 모두 사실에서 판단되고 있기 때문이다.

우리는 조선총독부에서 조선인을 위하는 것과 조선은행에서 조선인을 위하는 것이 철저히 표리부동이 되는 것을 안다. 이 어찌 과거보다 현재의, 또는 현재보다 장래의 우리 생활의 근본적 파멸이 밝히 증명하는 바 아니냐!

4.

그러나 이 문제로 말하면 원래 이론으로 하여서는 도저히 관철할 수 없는 것이오, 또 이 현상은 좀 오래 계속될 터이니 그러므로 이제 이에 대해 번거롭게 논의를 허비할 필요가 있지 아니하며 조선은행권이 일본자본의 대표가 되어 만주에서 활동한 뒤에 일본의 경제세력하에 조선인의 생활이 조선에서의 그것과 같이 만주에서 희생된 사실은 조선은행권이 만주로 침입하기 전후를 비교하여 보면 잘 알 것이니 보라. 현재 만주의 조선인의 생활은 일본과 중국 양국의 세력의 길항 중에 또는 일본세력의 직접 위압과 농락하에 무참히 유린되고 있는 것은 그 무엇보다도 분명한 증거가 아니냐? 이것을 물론 조선은행에서는 조선은행권 그것의 소위가 아니라 할 것이다. 그러나 만주의 일본세력의 본체는 자본인 것과 이 자본은 조선은행권이 대표하고 있는 것을 잊어서는 아니된다. 그리하고 이러한 현상이 이로부터 러시아 영토 각지에서 발생하는 것은 특히 떠들 필요도 있지 아니하다.

〈자료 53〉 (사설) 조선은행의 완고를 논함(중), 조선은행의 '동아의 몽매함(蒙)을 깨우침(啓)'에 대하여

(《동아일보》, 1925.5.9.)

1.

원래 정복 대 피정복의 관계에서 발생하는 착취 대 피착취의 사실은 통계 숫자의 유희를 시도할 필요도 없이 분명한 것이니 이제 더 장황한 논의를 소비할 것이 없다. 그러나 조선은행에서는 우리가 지적한 4억의 숫자가 사실과 다르다 하여 "은행에서 은행권 발행에 의하여 금리를 얻는 것은 물론이다. 그러나 이 경우에 금리를 내는 것은 직접 은행에서 차입하는 사람뿐이오, 소지자(所持者) 즉 차주(借主)로부터 은행권을 수취한 자는 아니다. 그리고 차주는 금리를 소지자에게 전가하게 하는 것이 아니라 그 은행권으로 매입한 상품과 경영한 사업이 금리(과실)를 발생시키는 것이니 즉 은행권 자체가 새끼를 치는 것이라"고 하였다. 이것은 누구나 아는 바이오 또한 우리가 주장하는 바이다. 어찌 그러냐 하면 은행권 자체가 새끼를 치는 것이 원래 문제였기 때문이다. 조선은행은 직접 은행으로 차입하는 자만 금리를 지불하는 것이오, 이 지불액만이 은행의 수입인 것을 말하였으니 이는 조선은행이 보통 영리기관이 아닌 이상에는 능히 성립할 수 없는 말이오, 또 차주는 금리를 소지자에게 전가케 할 수 없다 한 것은 도저히 우리는 해석할 수 없는 논의이다.

2.

예컨대 조선은행권을 최초 식산은행이 조선은행에서 차입하여 이것을 금융조합에 대하(貸下)할 경우에 식산은행은 차주(借主)가 되고 금융조합은 소지자가 되니 그런즉 이때 식산은행이 조선은행에 지불한 금리를 금융조합에 전가하지 아니하며 또 금융조합에서는 그 소지한 조선은행권을 다시 조선 농민에게 대하하면 금융조합은 식산은행에 지불할 금리를 조선 농민에게 전가치 아니하는가. 조선은행은 은행권을 발행하여 이것을 식산은행에, 식산은행은 그것을 또 금융조합에, 금융조합은 그것을 또다시 조선 농민에게 대하하여 조선은행도 식산은행도 금융조합도 존재한 것이니 이러므로 결국 금융조합도 식산은행도 조선은행도 모두 조선 농민에게 금리를 취득하여 발전하는 것이다. 다시 말하면 조선 농민이 조선은행권을 사용하게 됨으로 말미암아 금융조합도 식산은행도 조선은행도 그와 같이 각각 금리를 취득하여 각각 발전하는 것이며 이와 반대로 조선은행은 은행권을 발행하여 금융조합도 식산은행도 조선은행 자체도 유지 확대하는 것이니 이곳 조선은행권이라는 한 조각의 지폐가 새끼를 쳐서 조선은행을, 식산은행을, 금융조합을 양육하는 것은 물론이오, 이와 동시에 그 종잇조각을 조선 농민에게 사용케 하여서 형형색색의 일본자본이 금리를 취득하는 실상의 일단이 판명되는 것이다.

3.

그러나 이것은 문제가 아니오, 오직 은행권 자체가 새끼를 치는 것만이 문제이다. 그리하고 조선은행권은 조선에서 활동하는 일본자본의 전표(傳票)이니 이 전표가 낳은 과실은 조선인을 위하게 될 것이냐 일본인을 위하게 될 것이냐. 조선의 일본자본은 모두 조선은행권을 이용하여 새끼를 친다. 이것이 조선인이 부담하는 조선은행권의 사용료이다. 이로 말미암아 조선에서 조선인은 못 사는데 일본인은 잘산다. 그런즉 이제 조선에서 일본자본의 전표인 조선은행권 자체가 매년 새끼를 치는 총액은 얼마나 될 것이냐. 자본의 과실은 하나는 이윤으로 다른 하나는 이자로 된다. 이 이자가 1년간의 조선에서 4억이 되는 것을 우리가 말하였다. 그런데 조선은행에서는 "가령 금리를 1할로 할지라도 1개년에 100원을 낼 뿐이오, 그 은행권이 그 뒤에 사람에게서 사람에게로 전전할 때마다 금리가 증가하는 것은 결코 아니다. 1,000원의 금이 1개년간에 20인의 수중으로 전전하면 20인의 취득 누계 2만 원이 되지만은 금리는 최초 차입한 자가 100원을 지불할 뿐이라"고 하였으니 이것은 조선은행이 한 사설 영리회사의 입지에서의 논의이면 타당하다. 어찌 그러냐 하면 조선은행 자체의 금리로의 취득은 최초 대출할 때의 그것뿐이기 때문이다. 그러나 조선은행권이 전전할 때마다 일본인의 자본이 되어 최후에 조선인의 수중으로 들어오므로 1,000원이 20인에게 전전한다 하면 19회까지는 일본인에게서 자본이 되고 제20회에 조선인의 수중으로 들어와 소비의 지표가 되는 것이니, 따라서 일본인의 자본이 되는 19회까지는 매 회마다 금리가 첨가하는 것은 과실을 위한 자본의 본질에서 판명되는 바이다.

4.

다시 말하면 조선은행권은 1전 1리의 예외도 없이 일본인의 기관인 은행, 점포 등을 통하여서만 조선인의 수중으로 들어올 뿐이니 따라서 일본인으로 보면 그 전부가 모두 과실을 위하여 투하된 자본이 되며 조선인에게 있어서는 모두 일본자본의 과실을 위한 출납이 되는 것이다. 일찍이 우리는 조선인 매 1인의 1개년 평균 출납액을 200원으로 가정하였는바 이제 이 200원의 내역을 일고하면 더욱 조선인에게 출납되는 조선은행권은 자못 일본자본의 과실을 위한 그것임을 잘 알 것이다. 첫째 의식주에 관한 것, 둘째 각종 세금에 관한 것, 셋째 고유한 동산, 부동산의 매매에 관한 것, 넷째 일본자본의 상품이 되는 조선인의 생산물의 매매에 관한 것 등이니 이것의 총액이 매 1년 매 1인의 평균 200원 이상이 되는 것은 물론이오, 이 200원이 조선인에게 있어서는 거의 소비적 금전이 되지마는 일본인에게 있어서는 모두 생산적 자본이 되는 것은 구태여 낡은 경제학의 원리를 추구할 필요도 없이 조선에서의 일본인과 조선인의 실제 생활에서 증명되는 바이다.

〈자료 54〉 (사설) 조선은행의 완고를 논함(중)(속), 조선은행의 '동아의 몽매함(蒙)을 깨우침(啓)'에 대하여

(《동아일보》, 1925.5.10.)

1.

그런데 조선총독부의 조사에 의하면 재작년도 조선 중요물산의 총생산액이 16억이라 하니 이곳 조선에서 조선인과 일본인과의 생산총액인바, 그중에는 일본인의 소유분이 대부분이 되는 것은 물론이다. 조선에서 조선인으로의 생산자는 오직 농민이오, 이 농민은 매 1인 매 1일 평균 6선을 생산한다 하니 농민을 전 조선 인구 2,000만의 7할, 1,400만으로 가정하여도 1년간 총생산액이 겨우 3억이오, 또 농민 이외의 조선인의 각종 생산을 통합하여 물론 과대한 표준이지만은 농민 생산의 5할로 계산하여도 조선인의 총생산이 4억 5,000만에 불과하니 따라서 16억에서 4억 5,000을 빼면 11억 5,000만 원이 일본인의 생산총액이 되는 것이다. 바꾸어 말하면 이 11억 5,000만이 조선에서의 일본자본의 총과실이 되는 것이다.

의 업적이 조선인의 경제를 위하여 간접 손해를 끼치지 않는 자가 되었으면 다행한 것이라 할 것이다. 그리고 조선의 중앙은행으로서도 그 존재가 하등 이익을 주는 것이 못 된다. 오직 그의 존재는 일본자본주의 발달의 한 계단인 대륙정책의 조력자로서 의의가 있었을 것이라. 그는 조선은행의 경영의 주력이 어느 곳에 집중되었던가를 보아 알 수 있다. 그가 남만주의 금융기관으로 사명을 다하기 위하여 심지어 적극적 방만 대부, 즉 부정 대부의 사실까지 발생한 점으로 볼지라도 조선보다는 만주에 주력을 다하였던 것이다.

그런즉 조선은행의 특수은행으로서 존립 여부는 논의할 가치까지도 없는 것이라 할 것이다. 그러나 조선은행의 과거 업적의 실제를 떠나, 또는 이상적으로 개선한다는 전제하에 조선은행의 특수은행으로의 조종(弔鐘)은 가벼이 들을 수 없다. 일개 경제 단위의 존재를 위한 문제요 그 발달에 대한 중대 문제라 할 것이다. 하나의 경제적 단위로서 금융체계의 중추기관인 중앙은행을 잃게 된다 함은 심장을 잃은 인체를 방불케 하는 것이다. 심장의 인체에 있어서의 작용은 생사(生死), 성쇠(盛衰)에 관한 문제이다. 중앙은행이 있음으로써 비로소 조선 화폐의 유통액을 조절할 것이며 지불 결제를 용이하게 하는 동시에 사용의 가능성이 있는 자본의 이용을 도모하게 되는 것이다. 물론 일본은행의 발행권으로써 또는 그 경영 여하에 의하여 조선의 경제계에 반드시 악영향을 미치지 않고 오히려 할인 이율의 저하로 이익되는 점이 있을 것이라는 자도 있으나 조선 경제계는 후진적인 것만큼 금융정책에 특수한 자가 있어야 할 것이다. 이 모든 것을 고려하지 않고 오직 일본의 자본벌의 이익을 위하여 조선의 경제적 진로에 일대 어두운 그림자를 주는 정책을 실시하려는 당국자의 안중에는 다만 일본 자본벌의 번영이 있고, 조선 경제를 위하여는 아무런 양심이 없는 자라 할 것이다. 물론 저들 위정자에게 추호의 기대도 없는 것이지만은 갈수록 더욱더 심한 정책이 우리의 눈앞에 전개될 때 우리는 각자의 처지에 대한 의식이 명료하기를 바랄 뿐이다.

〈자료 63〉 선은(鮮銀)·동척 총재 조선 상주 필요, 도쿄 상임은 불법

(《조선일보》, 1927.4.17.)

은행권 통일은 금융조사회의 중요 문제가 되는 모양인데 이에 대하여 모 유력자는 말하되, "현재 상황과 같이 조선은행 총재, 동양척식주식회사 총재 등이 항상 도쿄(東京)에 주재하고 조선에는 극히 드물게, 온다 해도 극히 짧은 시일이므로 실제 조선에서 직접 경제정책은 행하기 어렵다. 한 걸음 나아가 일본의 관계 기관과 통일하는 것이 득책(得策)이다. 조선은행 총재도 일본에 상주하고는 일본의 금융 사정을 위주로 하기 때문에 정말 조선 사정에 적합지 않는 점이 발생하게 된다. 최근 금융기관 중 비상히 괴로운 처지에 있는 것도 하나의 예증(例證)이다. 혹은 통일의 전제라고도 보게 되나 이는 시기상조이다. 조선과 일본의 경제 사정은 동일하게 하지 못할 것도 있으니 이 기회에 조선은행 총재, 동양척식주식회사 총재 등은 조선에 돌아와 항상 조선의 실정에 접하여 더욱 적절한 금융 경제정책을 시행함이 좋겠다. 정리 중이라 혹은 이로 인하여 도쿄에 거주하는 필요도 있겠지만 이 이외에 도쿄에 상주할 필요는 없다." 운운.

〈자료 64〉 선은(鮮銀)의 중역에 조선인을 선임하라, 와타나베(渡邊) 경성상의(京城商議) 회두(會頭) 주장

(《동아일보》, 1927.6.7.)

이번 '모라토리움(moratorium)'에 대하여 조선은행이 취한 수단은 그 요령을 얻은 고로 조선의 재계는 원활하였다. 이는 스즈키(鈴木) 현 총재가 조선은행에 들어와 충분히 정리를 한 결과이다. 이번의 '모라토리움' 실현에 있어서 적극적 방침에 나서게 되어 조선의 재계가 무사히 된 것이라고 믿는 고로 본인은 상업회의소 회두로서 그 공적에는 감사하며 경의를 표하는 바이다. 단 이 기회에 스즈키 총재에 대한 희망은 조선은행은 조선의 모(母)은행인 고로 조선인을 중역에 두어 달라 하고 싶다. 이것이 일반의 여론이다. 조선에서는 무엇을 하더라도 사상(思想)상의 융화가 필요하다. 동양척식주식회사, 조선식산은행, 조선철도 등 조선 내에 있는 어떠한 회사라도 조선인의 중역이 없는 실정인 고로 조선은행에서도 물론 유력한 조선인을 중역에 들이는 것은 당연하다고 생각한다. 본인은 이번에 도쿄에 갈 기회가 있어 이 문제를 스즈키 총재에게 제공하여 고려하여 주기를 청하는 바이다.

〈자료 65〉 (사설) 조선은행의 환원

(《중외일보》, 1928.8.6.)

조선은행을 우선 역사적으로 보건대 1892년(明治 25)에 제일은행이라는 것이 설립되어 제일은행권을 발행하던바, 1905년(明治 38)에 이르러 이 은행이 화폐 정리 및 국고금 취급의 사무를 위탁받은 후로부터는 문득 구한국(舊韓國)의 중앙은행의 임무에 당면하였다. 그 후 1909년(明治 42)에 중앙은행으로서 한국은행이 창립되자 종래 제일은행이 취급하는 일절의 중앙은행 업무를 승계하였다. 일한합병 후 한국은행은 조선은행이라 개칭하여 조선의 중앙기관으로서 활동하게 되어 1918년(大正 7)에는 자본금 2,000만 원을 4,000만 원으로 증자(增資)하였고 1920년(大正 9)에는 일약 8,000만 원으로 다시 증자하였으나 그동안 많은 결손이 발생하여 1925년(大正 14)에는 4,000만 원으로 자본금을 감축하지 않으면 안 될 경우에 이르렀다.

이와 같이 역사적 연혁으로 본다 하더라도 조선은행은 당연히 조선 중앙은행으로의 완전한 기능을 행하여야 할 것이거니와 이제 현상으로 본다 하더라도 그 자본금이 4,000만 원으로서 다른 어느 은행보다도 가장 큰 금융기관이오, 이 은행이 국고금 출납과 국채 사무 취급을 하는 외에 특히 4,700여만 원(1926년-大正 15- 현재)이라는 조선은행권을 발행하는 등 여러 가지 점으로 보아도 조선은행은 조선의 중앙은행으로서 반도의 금융을 통제하며 경제의 완급을 조절하는 기능을 완전히 수행하여야 할 것이다. 그럼에도 불구하고 벌써 5년 전부터 이 은행의 본점이 도쿄(東京)에 이거하여 마치 일본의 한 은행으로의 자격으로서 활동하게 되고 조선의 중앙은행의 기능을 발휘치 못하게 된 그 원인이 어디에 있는가.

첫째로 조선은행이 그 본래의 사명을 망각하고 도쿄 정부의 대(對)중국 정책에 맹종하여 유명한 니시하라(西原) 차관[53]에 그대로 실패하여 거액의 자금을 회수치 못하고 큰 결손을

---

53 니시하라 차관은 데라우치 마사타케(寺内正毅) 내각이 중국 북경 정부와 계약한 일련의 차관을 말한다. 제1차 세계대전으로 인해 서구 세력이 일시적으로 중국에서 후퇴하였고, 중국 국내에서는 북경의 단기서(段祺瑞) 정부에 대해 광동군 정부를 중심으로 하는 남방 세력이 대립하는 형세였다. 이 정세를 틈타 일본은 대중국정책을 강화, 1915년의 21개조 요구에 이어, 데라우치 내각은 1917~1918년에 정치적 차관정책을 추진하여 단기서 정권의 무력통일을 원조하고, 중국에 대한 일본의 지도적 지위를 확립하고자 하였다. 차관 총액은 2억 4,000만 엔에 이르는데, 이 중 데라우치의 심복인 니시하라 가메조(西原亀三)가 대장대신인 쇼다 카즈에(勝田

발생한 것이 조선은행이 비련에 빠진 한 원인이거니와 세계대전 중의 호경기에 취하여 재계의 장래를 관측하는 식견이 없이 방만 대출을 하며 사업의 범위를 함부로 널리 하여 무목상점(茂木商店) 사건이라, 고전상회(古田商會) 관계라, 그 외에도 대부분의 자금을 일본에 흩어 난잡함이 막심한 영업을 한 것은 은폐치 못할 사실이다. 이 난잡한 대출 관계를 정리하기 위하여 조선은행의 본점이 도쿄로 이거한 것이라 함을 생각할 때 이 은행의 영업정책이 그 얼마나 비(非)조선금융적이었는가를 알 수 있다.

조선은행은 당연히 그 본래의 사명인 조선 중앙은행의 기능을 행하여야 할 것이다. 산업이 발달된 나라도 전국의 금융을 통제하는 중앙은행이 필요하거니와 더욱 조선은 산업혁명기에 있어서 신(新)사업이 나날이 흥기하는 시대이므로 사업자본금의 완급, 경중을 고찰하여 그 발전을 도모함에라든가 또는 유치한 금융계에 완전한 체계를 두어 금융을 통제하는 여러 가지 중대 임무 수행에는 신용과 권력 있는 독립중앙은행의 존재가 필요한바 이에 조선은행 외에 다시 없다. 또 중앙은행이라 하면 보통은행과 같이 함부로 영리주의만을 목적으로 함이 아니다. 평소에 금융의 완급을 조절하여 변태적 금리시장의 출현을 방지하는 외에 중앙은행의 그 정밀한 조사기관으로 일국의 재계의 전도는 물론 널리는 세계적 재정을 잘 살펴 일반은행가 외 기업가에게 재정 경제의 미래 추세를 경고하여 손해가 없게 함도 또한 중앙은행의 한 사명이다.

이러한 여러 가지 점으로 보아도 조선은행의 본점은 조선에 있어야 하겠거니와 이제 영업상 불편리의 몇 가지 점을 보면, 첫째로 결재에 있어서도 경성 주재 이사의 결재를 받은 후 다시 도쿄의 결재를 받아야 하며 둘째로 문서도 2통으로 하여야 하며 셋째로 도쿄에 본점이 있는 이상 조선 사정에는 아무리 하여도 어두워 그 영업이 실정에 합당하기 어려운 등

主計)와 결탁하여, 일본흥업은행·조선은행·대만은행 등에서 자금을 조달하여 다음의 8건 총액 1억 4,500만 엔의 차관을 제공하였다. 이를 니시하라 차관이라 부른다. 차관의 내용은 ① 교통은행 제1차 차관-500만 엔 ② 교통은행 제2차 차관-2,000만 엔 ③ 유선전신 차관-2,000만 엔 ④ 길회(吉會)철도 차관-1,000만 엔 ⑤ 흑룡강·길림 양성 금광삼림 차관-3,000만 엔 ⑥ 만몽4철도 차관-2,000만 엔 ⑦ 산동2철도 차관-2,000만 엔 ⑧ 참전차관-2,000만 엔이다. 이러한 차관은 대부분이 단기서 정권의 정치자금으로 사용되었다. 이 차관은 확실한 담보도 없이 대부은행단에 대해서 대장성 예금부가 대신해서 떠맡아 국내의 비난을 받았다. 또한 8% 내외의 고금리로 인해 중국 측에서는 국치(國恥)차관이라고 불려졌다. 1919년 일본·미국·영국·프랑스의 신4개국 차관단의 성립과 워싱턴회의에 의해서 충분한 성과를 거두지 못하고 종료되었다. 자세한 내용은 鈴木武雄, 『西原借款資料研究』, 東京大學出版會, 1972 참조.

여러 가지 불편이 있다. 전하는 바에 의하면 조선은행의 본점은 머지않아 도쿄로부터 조선으로 환원한다고 한다. 그렇게 되면 영업상 모든 불편도 제거될 것이오, 더구나 조선의 중앙은행으로서 완전한 기능을 행하리라 믿는다. 다만 이전의 이력에 비추어 이후부터는 조선금융의 통제와 조선인 경제 발전에 전력을 기울임이 있기를 바라며 조선은행이 중국, 특히 만주에까지 사업의 범위를 의연히 유지함은 현재의 대(對)만주 문제로 보아 또다시 정치적 실수에 빠져 의외에 손실을 보지 않을는지 이 점에 대하여는 은행 당국자가 신중히 고려할 바이다.

2. 조선은행과 일반은행 간 경쟁 문제

〈자료 66〉 조선은행 대출 방침 일변, 적극 방침을 취할 터

(《조선일보》, 1927.1.9.)

조선은행의 정리는 스즈키(鈴木)[54] 총재 취임 이래 일반 재계의 정리와 같이 벌써 대체로 완료되었는데 지난해 겨울 스즈키 총재가 조선에 와서 각지에서 순차적으로 적극적 방침을 취할 뜻을 천명하였음에 의거하여 명료한바 지금부터 조선은행으로서는 총재의 성명에 따라 본 지점을 통하여 불량대출을 엄중히 경계하는 한편 우량한 것에는 적극적으로 대출할 모양으로 특히 지방에서 이 경향이 현저한바 본점 당사자도 그 뜻을 언명하므로 지점 대출 방침 일변은 일반에 비상한 호감을 주는 동시에 조선은행권 발행고와 같은 것도 자연히 종래와 같이 수축되지 않을 것 같더라.

54 조선은행 제5대 총재인 스즈키 시마요시(鈴木嶋吉)로 1925~1927년간 재임하였다.

〈자료 67〉 각지에서 선은(鮮銀) 대비약, 인천 금융계 혼란

(《조선일보》, 1927.3.26.)

조선은행은 종래 정책을 변경하여 적극적 태도로 나서 방금 평양, 인천 방면에서 우량 어음을 뺏어 가므로 인천에서는 종래 그 지역에 상당한 지반을 가지고 있는 은행 중 매우 곤란한 입장에 빠지게 된 은행도 있는 것 같다는데 조선은행의 적극적 방침은 전(全) 조선에 걸칠 것 같다더라.

〈자료 68〉 선은(鮮銀) 적극 방침, 은행가 간에 불평

(《조선일보》, 1927.4.17.)

조선은행은 일류 측을 목표로 적극적 태도를 취하여 더욱더 영업권의 확대에 노력하고 금리도 극력 인하하고 있는바, 이에 대하여 은행가 간에서는 주력 은행으로서 소(小)은행을 없애 버리는 것이니 발권은행은 자중하여 달라고 한다. 조선 내 금융 사정을 무시하는 것이라는 등 논의가 있다. 더욱 일반 자금 공급을 받는 측에서는 금리 저락은 환영하는 바이나 종래 금리가 너무 높았다, 조선 금융계는 쇄국적(鎖國的)이었는데 이후에는 일본의 저금리에 이르게 될 것이다라는 등 은행가로는 전혀 반대의 목소리이다. 여하간 조선은행의 최근 영업 방침은 은행권 통일을 머지않아 볼 것이라는 것을 심각히 증명하는 것이더라.

〈자료 69〉 조선은행이 보은(普銀) 업무 겸영, 금융시장 조절로

(《조선일보》, 1927.6.3.)

조선은행이 발권은행임과 동시에 보통은행 업무를 경영하고 있음에 대하여 비난이 있어 금융조사회를 개회하게 되면 당연히 문제가 될 모양인바, 유력 방면에 다음과 같은 의견이 있더라.

중앙은행은 종래 할인율을 올리고 내리면서 전반의 금융계를 지도하던바, 점차 은행업이 발달하여 중앙은행에 하등의 폐가 없이 당당히 영업하는 은행이 생기게 되어 중앙은행의 할인율은 막심한 권위를 잃었다. 영란은행과 같은 것이 즉 그것이다. 미국의 연방준비은행제를 채용한 것도 그것이다. 이곳에서 영란은행과 같이 공채의 매매에 의하여 금융시장을 지배하기로 하였다. 즉 금융이 완만하면 은행이 보유한 공채를 매출(賣出)하고, 경색하면 매입(買入)하는 것이다. 일본 내에서도 이후로는 일본은행이 공채를 매매하여 시장을 지배하게 될 것이라고 하며 조선에서도 조선은행의 할인율을 변동하는 것만으로는 시장을 지배하기에 곤란하므로 자연히 공채의 매매 등에 의지할 수밖에 없다. 조선에는 공채 혹은 일류 어음의 매매시장이 없을 뿐 아니라 공채나 일류 어음이 극히 적다. 이러한 상태에 있는 조선에서는 중앙은행인 조선은행은 보통은행 업무를 겸영하고, 될 수 있는 대로 보통은행의 영업을 위협하지 않는 정도로 직접 상업금융을 경영하고 금융시장을 지배하여 그 바쁘고 한가한 것을 조절함이 필요하다고 하더라.

〈자료 70〉 선은(鮮銀) 방침, 조선 중심주의? 만주 중심주의?

(《조선일보》, 1927.12.10.)

조선은행 총재 경질에 의하여 동 은행은 그 만선(滿鮮) 중심주의로 되리라고 유력 방면에서 생각하는바, 동 은행 사정에 가장 통달한 모씨는 다음과 같이 말하더라.

조선은행이 만선 중심주의를 채용함은 스즈키(鈴木) 시대로부터의 일이다. 외국환 등 오늘날로는 많은 때 3,000만 원, 때에 따라서는 2,000만 원 정도이다. 지금으로는 만주와 조선을 주로 하고 만주 관계로 해외에 지점을 존치하였으나 자못 사무는 한산하다. 다만 블라디보스토크만은 조선은행 이외에 일본의 은행이 없으므로 필요한 정도의 영업은 꼭 계속하여 갈 것이다. 현재 조선은행은 선만(鮮滿)이라 하는 것보다 조선에 가장 주력을 두었다. 만주는 정치 사정이 불안함으로 경제계가 항상 동요하여 은행도 생각하는 대로 할 수 없음이 누누이 있다. 또 상조권(商租權)이 아직 해결되지 않고 다시 관은호가 발호하여 특산물을 매점하는 등의 일도 있다. 영업자의 피폐와 함께 은행으로서도 투자하기가 심히 곤란하다. 작년은 관은호의 손이 미치지 않는 방면에서 상당히 자금 수요가 있었으나 중국의 것은 아침저녁을 예측하기 어려우니 만주도 마찬가지이다. 조선에 이와 같은 불안이 없고 소유권의 위협이 없으므로 조선은행이 이에 힘을 기울임은 당연한 논의인데 다시 조선에서는 경제산업의 조장, 개발의 의미로도 크게 금융을 행한다. 전(前) 총재 시절 이미 그 방침이었으므로 신(新)총재는 한층 이 방침을 농후히 하는 것이라고 생각하여도 틀림이 없다.

운운.

〈자료 71〉 (사설) 조선은행의 부동산 대출

(《중외일보》, 1928.10.8.)

일본 내지의 한 은행 격으로 있던 조선은행이 조선에 돌아와 조선의 중앙은행으로의 사명을 수행하게 된 것이 조선인의 금융에 얼마만한 효과를 초래할까 하는 문제는 막론하고라도 조선의 금융이 통제될 한 걸음이라는 의미에서 우리는 이미 본 기회에 한마디 한 적이 있었다. 그런데 전하는 바에 의하면 가토(加藤)[55] 조선은행 총재는 그 포부를 진술하는 가운데 장래 조선은행은 조선의 부동산금융에 자금의 대출을 하겠다고 하였다. 가토 총재가 과연 부동산 대출에 손을 담글까 함은 아직 확정적 일이 아니므로 많은 말을 쓸 필요는 없으나 만일 이것이 사실화한다면 그는 중앙은행으로서의 사명을 망각한 금융책이라 보지 않을 수 없다. 물론 조선은행이 어음 재할인이나 단기자금 융통 등 요컨대 대출한 자금이 급속히 회수되어 다시 자금될 성질의 대출에만 손을 담그는 것이 본래의 사명이라 하더라도 조선의 각 은행의 대출에 부동산 대출이 많은 이상 조선은행의 그 본래의 사명에만 충실한다 하더라도 간접으로는 부동산 대출을 하는 것과 같은 형식을 취하게 되므로 이 점으로 보아도 조선은행이 직접으로 부동산 대출을 한다 함에 그다지 괴이하게 생각할 것이 없는 동시에

55 조선은행 6대 총재인 가토 케이자부로(加藤敬三郎)로 1927~1937년까지 재임하였다.

무엇보다도 상공업의 발달 정도가 유치한 조선에 있어서 대출의 안전을 기하려면 부동산 대출밖에 더 없을 것이다. 하물며 가토 총재는 방만 대출을 크게 경계할 것이오, 대출안전주의를 강경히 제안함에 있어서리오? 그러므로 이 점으로 보더라도 조선은행의 부동산 대출이 일리 없지는 않다.

그러나 은행권을 발행하는 중앙은행으로서 조선의 금융을 통제할 직임을 어깨에 걸머진 조선은행이 다른 어깨에는 민간은행이 하는 것과 같은 부동산 대출업을 걸머지고 과연 조선의 금융 통제를 유혹 없이 행할 수 있을까 의문이다. 그뿐만 아니라 부동산 대출로서는 조선식산은행과 같은 일류 은행이 그 직무에 종사하고 있는바 만일 조선은행에서 부동산 대출을 한다면 양 은행 간에 일종의 경쟁이 일어 그 때문에 토지저당으로만 다소의 자금을 융통할 수 있는 조선인에게는 어느 정도의 호(好)영향이 미칠지는 모르나 금융계 전체로 보아 재미없는 결과를 발생시킬 염려도 없지 않다. 그뿐 아니라 다년간 조선은행이 도쿄(東京)에 가 있어 그 때문에 조선의 금융은 무(無)통제 상태하에 있었으니 이와 같은 금융계에 통제를 행하는 것만으로도 조선은행의 할 일이 너무나 많은 감이 있거늘 거기 보통은행이 하는 부동산 대출까지 하여 업무의 성질을 복잡하게 한다면 그것이 과연 합리적 영업정책일 것인지 조선은행은 어디까지 중앙은행으로의 직무를 다하기에 노력할 것이라 한다.

〈자료 72〉 선은(鮮銀)의 사명은 조선 산업개발에, 산업자금 저리를 도모, 이로베(色部) 선은감리관 담(談)

(《조선일보》, 1928.11.21.)

조선은행 전임(專任) 감리관인 대장성 사무관 이로베 미츠키(色部貢) 씨가 18일 밤 경성에 들어와 19일 오전 8시부터 조선은행 출납(出納) 검사를 개시하였다 함은 이미 보도하였거니와 이제 이로베 씨의 말을 듣건대 1926년(大正 15) 7월 전임 감리관으로 임명된 이래 오늘날에 이른바, 종래에는 총재를 비롯하여 중요기관이 도쿄(東京)에 있었으므로 조선에 올 필요가 없었다. 이번에는 본부가 조선으로 이전되었으므로 비로소 오게 되었다. 세간에서는 조선은행의 조선 환원이라고 하지만 감독권은 여전히 대장성에 있어 환원이라고 하기는 어려울 것 같다. 다만 총재 이하가 조선에 본부를 옮겼으면 좋겠다고 하므로 그것을 용납하였음에 불과하다. 그러나 대장성으로서는 조선은행이 조선을 중심으로 하여 산업개발에 공헌하기를 희망하므로, 이후에도 될 수 있으면 이대로 하도록 하고 싶다. 따라서 산업자금과 같은 것도 될 수 있으면 금리를 저렴하게 하여 대출하게 할 방침인 것은 말할 것도 없다. 현재 2전 이하의 금리로 대출하는 것도 상당히 있다고 생각한다. 조선은행의 소위 환원에 대하여 해당 지역의 상공업 단체, 기타 일반이 어떠한 생각을 가지고 있는지 등에 대하여도 직접 알고 싶으므로 상업회의소의 여러분과도 회견하여 여러 가지로 듣고자 한다. 그러나 다만 우연히 금리를 낮게 하라, 대출을 완화하라고 하는 희망은 곤란하다. 조선은행은 중앙은행이므로 은행권을 발행하여 이의 조절을 하고 재할인에 응하면 고만이다. 보통은행과 경쟁하는 것은 본래의 사명은 아니나 현재 상태로 보면 보통은행과 금융조합의 관계 등 개선할 점이 있지 않은가. 개정 「은행령」은 이미 법제국(法制局)을 통과하여 내년 1월부터 실시될 것이라고 들었으나 「저축은행령」은 아직 아무것도 듣지 못하였다. 조선은행권이 전년보다 1,000만 원이나 증발된 것은 나도 조선은행 당국에 질문한 일이 있으나 정확한 조사는 안 된 것 같다. 나의 생각으로는 만주 4분(分), 조선 6분의 발행고를 가진 조선은행권이 이와 같이 1,000만 원이나 증발된 것은 주로 어음 교환이 발달치 않고 더구나 소비 능력이 증가한 조선인이 종래 5원을 가졌던 것이 6원을 갖게 된 결과가 아닌가라고 생각하는바, 산업개발과 동시에 점증하는 것은 당연하다. 체재 일정은 1개월의 예정인데 현재 총독과 총재가 모두 없으므로 그 사이에 본점과 가까운 2~3지점을 시찰하고 다음 달 10일경까지 있다가 총독, 총재와 회견하고 가려고 한다. 운운.

〈자료 73〉 조선은행의 자금운용난 대두, 대출할 대상 측을 물색 중

(《조선일보》, 1929.2.21.)

조선은행은 오는 11월에 창립 만 20년이 되는데 동 은행의 업적은 전반기 10년이 대단히 번창한 흥륭기라면, 거기에 비하여 후빈기 10년은 그 반동으로 위축되어 일대 정리 시대였다. 그런데 벌써 동 은행도 천 길의 골짜기를 건너 향상의 길을 밟고 있지만 은행 당사자에게 비밀리 듣건대 조선 내 산업은 농업이 주인 까닭으로 급격한 발전이 없고 따라서 자금이 생각대로 소화되지 못하는 것이 곤란한 일이다. 또 산업이 빈약한 관계상 대상(大商) 측 유력 거래처가 조선에는 적고, 조선은행으로써 아주 적은 거래처를 물색할 수는 없어 이 점으로 곤란한 것 같다. 조선은행으로써 대상 측 유력한 거래처의 출현을 자주 물색하는 모양이다.

〈자료 74〉 선은(鮮銀)은 정리 완료로 제2단책에 매진, 감배(減配)는 절대로 피한다

(《조선일보》, 1929.9.27.)

조선은행에서는 정리의 일단락을 고하고 올해까지 기한인 정리과를 폐지하기로 되었는데, 정리의 일단락이라 하는 것도 아직 도저히 회수할 가망이 없는 대출이 있어 정리과 폐지 내정에 따라서 금후는 다시 자본금 감축을 행하지는 않을 것이오, 정리를 완료하기 위하여 제2단의 대책을 강구하기로 되었다. 그리함에는 중앙정부의 원조가 필요하나 이 점에 대하여는 가토(加藤) 총재에게 충분한 자신이 있는 듯이 이미 준비에 착수하였다더라.

〈자료 75〉 선은(鮮銀)의 적극 방침, 정리의 일단락과 함께 수면 상태로부터 탈출

(《경성일보》, 1930.1.21.)

조선은행에서는 새해를 맞은 이래 연일 가토(加藤) 총재를 중심으로 중역회를 열어 조선은행의 영업상 이후 취해야 할 적극책에 대해 협의하고 각 부문에 걸쳐 명확한 방침 수립에 임하고 있었지만, 최근에 이르러서야 겨우 일단락되기에 이르렀다. 이리하여 나온 조선은행의 태도는 대체로 조선·만주의 중앙은행으로서의 기능을 발휘하여 일반은행으로의 융자의 원활함을 꾀하는 것은 물론이며, 종래 오랫동안 수면 상태를 지속하고 있던 이 은행은 정리가 일단락되고 앞으로의 목표가 확연하게 정해지기에 이른 이 기회에 민간으로의 대출에 있어서나 예금에 있어서도 자유로이 신축할 수 있도록 방침을 취하고, 조선·만주의 산업 및 일반 경제의 조장을 적극적으로 꾀하게 되었다. 이러한 경우 보통은행이나 식산은행과의 균형을 고려에 넣을 것은 물론이거니와 종래 조금씩이나마 적극적이게 되기 시작한 조선은행의 영업 방침은 이를 기회로 더욱더 두드러지도록 적극적이게 될 듯한 형세이다. 앞의 방침에 관해서 가토 총재가 말한 바를 종합하면,

조선 내 금융 체계 정비

종래 조선 내의 금융 상태를 살펴보면 조선은행은 수면 상태를 지속하고 있었지만 식산은행은 본래 부동산금융이 사명이었고, 일반은행의 활동도 그다지 적극적이지 않았으므로 대출하여 얻는 바는 경쟁하여 대출하는 것이 장래에 성장할 전망이 있더라도 현재 그다지 좋지 않다고 여겨지는 방면의 금융은 완전히 미치지 못했다. 그러나 금융조합의 사명은 담보금융은 곁다리고 신용금융에 주안을 두어야 한다. 따라서 담보를 가지지 않은 하급자에게 대출하는 것이 목적인데, 실제로는 은행 유사의 대출로 빠지기 쉽다. 그 결과 자금의 공급은 전체에 미쳐 매끄럽지 못하고 하위층은 굉장히 비싼 자금을 쓰지 않으면 안 될 입장에 있다. 이러한 경향은 내지에서도 마찬가지이지만 되도록 이후에는 조선은행으로 조선 내의 금융체계를 정비하는 일에 힘쓰고 싶다.

산업자금 공급의 원활

조선 내 중요산업의 발달을 조장하기 위해서는 저렴한 금리의 자금을 공급해 줄 필요가 있다. 그런데 이 방면의 금융은 조선 내의 보통은행에게만 맡겨 두어서는 도저히 그 목적 달성은 기대할 수 없다. 그렇기에 이들 중요산업의 자금이면서 우량한 거액의 민간 수요에 대해서 조선은행은 과감하게 저금리의 자금을 공급한다. 이러한 종류의 자금은 종래에도 일부에 대해 힘써 왔다. 예를 들어 미곡, 고치 등의 자금과 같은 것이 그 일례인데, 이후 너욱더 한층 범위를 넓히고 싶다.

지점의 증설 확장

지점망에 대해서는 현재 근본 조사를 진행하고 있지만 이것이 완성되지 않아서는 확실한 것은 말할 수 없다. 그러나 대체적으로 현재의 지■■■■■■■■■■■■■■■■■■■■■■■ 폐지된다면 지방에게는 여러 가지 이해관계를 낳게 하여 성가신 문제도 생기고 또

한 폐지를 필요로 하는 곳도 없는 듯하다. 다만 시모노세키(下關)지점과 같이 본래 폐쇄했던 것이 실수로 이것은 거래상 부활시킬 필요가 있다. 현재 이 지점은 권업은행에게 빌려주고 있는데, 이것을 되돌려받아 부활시킬 예정이다. 이 밖에도 신설할 필요가 있는 곳이 있을지도 모르지만 지금은 뭐라고 말할 수 없다. 지점 문제가 해결됨과 동시에 은행원의 이동은 모면하기 어렵다.

〈자료 76〉 선은(鮮銀)의 적극 방침은 보통은행에게 영향이 희박, 식은(殖銀)이나 내지(內地) 은행이 오히려 고통

(《경성일보》, 1930.2.4.)

조선은행이 적극적 영업 방침을 취하는 것으로 된 것에 대해서 조선 내의 보통은행 중에는 상당한 위협을 주는 두려움이 있는 것으로 보이고, 적어도 발권은행인 조선은행이 취급해야 할 길이 아니라고 하는 의견도 일부에 있어 왔는데, 여기에 대해 조선은행에서는 그러한 걱정은 절대로 없다고 한다. 사실에 있어서 조선은행이 목적으로 하는 것은 거액의 거래자금은 보통은행에는 종래에도 확실히 연이 없었기 때문에, 조선은행이 성명하였듯이 과연 소액 거래의 자금에까지 취하지 않는다면 직접적인 위협은 적은 모양이다. 단, 이로 인해 발생하는 금리 저하의 경향은 보통은행으로서는 상당한 고통인 것은 틀림없는데, 이를 위해서는 조선은행은 재할인에 있어서 가능한 한 편의를 주어 보통은행의 실력을 배양하는 데 있어 보살핌을 주어야 할 입장에 있다. 또 조선은행의 적극 방침에 의해서 충돌은 오히려 내지(內地) 은행 및 조선식산은행에 있는 모양으로 종래 거액 거래의 자금을 인수함에 있어서도 조선은행의 신(新)방침에 대해서 상당한 고통을 느끼기 시작하는 모양이다.

〈자료 77〉 전환기에 선 선은(鮮銀)의 영업 방침, 부동산 방면에도 진출

(《경성일보》, 1930.5.23.)

조선은행의 정리가 일단락된 이래 영업 방침에 대해서는 각 방면에서 현저히 주목해 온 바인데, 특히 최근 행해진 지배인회의 이후 동업자 간에 종종 소문이 전해져 왔다. 그런데 이 조선은행의 태도가 대단히 적극적인 색채를 가지게 된 것과 동시에 민간에 직접 대출하는 경향이 농후하게 되었다. 이로 인해 조선에 본점을 둔 보통은행 중에는 적지 않은 위협을 느끼기 시작한 것은 부정할 수 없는데, 최근에 이르러 조선은행의 방침은 상업자금만이 아니라 부동산 방면에도 점차 진출할 경향이 있다. 조선토지경영, 도옥양조소(島屋釀造所), 기타 유력자들이 조선식산은행을 대신하여 조선은행이 인수한 것 등이 요즘의 사정을 가장 잘 보여 주는 사실로 되고 있다. 그러나 이 부동산대부 은행의 교체는 조선은행의 적극책은 아니며 일면 조선식산은행이, 1~2년 내 취해 온 방침이 거래처에 매우 불편한 것이었기 때문에 일부에서는 어떻든 반감이 일어난 것도 간과할 수 없는 사실이다. 그런데 한편으로 조선은행은 부동산대부에 진출하는 반면에 동업자에 대한 재할인 조건이 매우 엄격하고, 조선에 본점을 둔 보통은행은 이때 막히게 되었다고 느끼기 시작하여 재할인에 의하지 않는 방침을 취하고 있다고도 알려지고 있다. 그런데 부동산 대부로의 진출은 조선 내 현상으로서 어쩔 수 없다 하더라도 조선은행 본래의 사명에서 보면 보통은행에 대한 자금 관계에 더욱더 고려를 해야 할 것이 아닌가라는 관측도 일부에서 행해지고 있다.

〈자료 78〉 선은(鮮銀)의 보통은행화는 보은이 선은을 회피한 까닭, 중대시되는 선은의 방침

(《중외일보》, 1930.5.24.)

조선은행의 부동산금융 진출에 대하여 이미 보도한 것과 같이 각종의 해석이 있는데 조선은행 자체의 입장을 고려하면 조선은행 본래의 기능은 발권 업무 외 상업금융의 재할인, 즉 동업자에 대한 금융, 바꾸어 말하면 간접금융을 주체로 하고 개인금융은 부수적 업무로서 경영할 것이나 보통은행의 경영을 보면 조선은행으로부터의 차입금을 될 수 있는 대로 피하고 예금운용주의에 중점을 두어 보통은행 간 '콜론(Call loan)'의 거래를 하여 친(親)은행인 조선은행을 회피하는 영업 방침을 취하는 경향도 있으므로 조선은행으로서는 간접 대부만으로서는 은행 경영에 곤란을 느끼고 자체 개인 금융에 적극적으로 진출하게 되었다고 관측하는 자도 있는 모양이고 이에 대하여 보통은행에서는 재할인의 담보물건 등기를 필요로 하기로 개정한 점을 지적하여 재할인 엄선주의를 취하기에 이른 조선은행의 방침을 유감이라 한다. 여하간 이 문제는 조선 내 금융 계통의 불통제에 심대한 관계를 가진 것이 명백하다고 관측하더라.

〈자료 79〉 선은(鮮銀)의 적극적 활동으로 조선 내 금리 저락, 지점은행에게는 위협

(《경성일보》, 1930.6.1.)

불황의 심각화와 함께 자금 수요 감퇴의 형편상 은행은 경계하는 반면에 업적 유지를 위해 필요한 관계상 견실한 거래처의 쟁탈전이 점점 격화하는 경향을 보이기에 이르렀다. 즉 내지에 있어서는 유력은행의 적극적 진출에 의해서 지방은행은 현저히 압박을 받기에 이르렀는데, 조선 내에 있어서도 마찬가지의 경향이 주요 도시에 나타났다. 특히 조선은행이 활약하기 시작한 것은 다른 은행에는 적지 않은 위협을 느끼기에 이르렀던 모양이고, 조선은행으로서는 노력하여 새로운 방면의 개척에 주력을 기울였는데, 불황의 심각과 함께 신용이 극도로 수축되고 있어 오늘날 쉽게 조선은행의 방침에 적합한 쪽은 많지 않다. 결국 조용히 지내던 시대에 다른 은행에 잠식되었던 영업 기반의 회복을 도모하지 않을 수 없는 상태에 있고 이리하여 조선은행의 방침은 주로 일본계 지점은행에게 위협이 될 수밖에 없게 되었다. 오랜 기반과 낮은 금리로서 철옹성을 자랑하고 있던 제일은행 지점에서 다소 압박되는 기미로 된 모양이다. 그러나 한편 이 조선은행의 활동에 의한 은행 측의 경쟁은 더더욱 금리가 점차 하락하는 경향에 향하게 하기에 이르고, 최근에 이르러 우량 어음은 2전을 할인하는 것도 적지 않다고 전해지기에 이르러, 어쨌건 조선 내에서는 지금까지 예금의 쟁탈이 행해지고 있었는데, 대출에 대한 은행 측의 경쟁적 활동이 개시되기에 이른 것은 조선 내에서는 금회가 최초라고 금융계에서도 말하고 있다.

〈자료 80〉 선은(鮮銀)이 보은(普銀)의 역내 침입점, 조선 지배인 부인

(《동아일보》, 1932.3.3.)

조선은행에서 최근 보통은행화한다고 함은 이미 보도한 바이거니와 모처 소식에 의하면 조선은행은 본점 지배인 대리를 시중 거래처에 상시(常時)로 보내어 여러 가지의 편의를 도모하는데 이것은 예금 권유를 하는 것이라는 것과 타 은행 거래처의 침범이라는 등 비평을 시중 은행 일부에서 한다.

후루타(古田) 지배인

이런 비평은 많이 듣는바, 나는 절대로 이것을 중지하지 않을 터이다. 지배인 대리를 파견함은 거래처와의 연락이 주이며, 금융과 거래상에 일반의 주의를 듣고 또 상대방의 영업, 기타 의논을 듣는 등 필요한 일이다. 서양 선진 은행에서는 성행하고 다른 은행에서도 하면 좋은 줄로 생각한다. 예금 권유 등과 거래처의 침해는 털끝만큼도 생각하지 않는다.

조선인 측의 거래 신청은 많으나 될 수 있는 대로 고르고 예금이 본점에 2천 수백만 원이 있으므로 이 정도는 확실한 곳에 투자, 금융의 소통을 도모하려고 한다.

〈자료 81〉 (사설) 부동산 금융과 선은(鮮銀)의 태도

(《매일신보》, 1932.9.16.)

1.

상업어음에 최저율 부동산담보에 최고율의 이자를 매기는 조선은행의 현행 대출 방침은 매우 조선의 실정에 배치되는 것이라 하여 그 변경을 요망하는 소리가 점점 높아지게 되는 모양이다. 대체적으로 논하면 보통은행이 부동산금융을 취급함은 결코 금융체계의 정도를 밟는 것이라 말하지 못할 바이어서 현재의 조선 실정이 이를 피치 못하게 된다 함은 요컨대 과도기에 처한 한 특수현상에 불과한 것이다. 중앙은행의 사명은 금융계를 정돈, 시정하여서 정도(正道)에 돌아가게 함에 있는 바이며 따라서 조선은행이 상업어음에 너그럽고, 부동산담보에 엄격함은 조선 금융계를 선도, 시정하는 조선은행 본래의 사명과 직책을 충실히 이행하려 함에서 나타난 바여서 일개로 그를 비난하기는 불능하게 되는 바이다.

2.

그러나 사실에 있어 조선 현재의 금융업자로 하여금 부동산금융에 손을 담금 없이 보통은행으로서의 정도에 입각하여 그 존립을 도모하라 함은 너무나 무리를 요망하는 바이다. 조선은 아직 금융체계조차 정비치 못한 바이다. 중앙은행으로서 조선은행, 권업은행으로서 조선식산은행이 있다 하는 바이나 흥업은행으로서의 기관은 완전히 결여한 바이며 또 조선은행 자체가 사실에 있어서 중앙은행으로서의 사명을 발휘치 못하는 상태이다. 그리하여 금융체계의 이와 같은 불구(不具) 상태는 전혀 조선 실정의 사연이 원인한 바이다. 즉 조선의 실정이 과도적 상태에 있는 관계상 각종 제도와 기관은 반드시 과도적 상태를 면치 못하게 되는 바이며, 따라서 금융체계도 자연 그 실정에 조응한 경로를 밟지 아니치 못하게 된 바이다. 금융체계가 이미 불구적 상태에 있고 또 사회 실정이 아직 과도적 상태를 면치 못하게 된 형세에 처하여 다만 금융업자로만 하여금 정도(正道)에 서라 함은 과연 요망으로서의 합당한 것이라 할 바일 것인가. 나의 불능한 바를 다른 것에서 구함은 너무나 무리한 바이다. 조선은행은 보통은행에 대하여 정도에 설 것을 요망함보다는 모름지기 자체로서 정도를 밟음에 주의할 바 아닐 것일까? 솔직히 말하면 조선은행이 중앙은행으로서의 권위를 실추하고 사명을 결여한 지 이미 오래된 바이다. 지류의 시정보다는 먼저 근원의 정제에 유의함이 오히려 급무(急務)라 할 바 아닐 것일까.

3.

조선은 아직 상공업에서 볼만한 것이 없는 바이며 따라서 일반이 금융을 도모하기 위한 담보물로는 다만 부동산 하나가 있을 뿐이다. 보통은행의 부동산금융 취급을 억제한다 함은 다만 금융업자의 존립을 위협할 뿐 아니라 일반 사업계를 중압(重壓)하는 조치이다. 보아라, 조선의 경제 중추지인 경성으로서 상업어음이나 유가증권에 의하여 금융을 도모하게 되는 자 과연 얼마를 셈하게 된다 할 바이냐. 하물며 지방이며 또 근대적 경제지식이 천박한 조선인에 이르러서랴? 조선은행의 이와 같은 방침은 다만 조선의 실정에 배치되는 것일 뿐이랴. 조선은행 자체의 융성에 비상한 영향의 파급을 면치 못하게 될 바일 것이다. 그것은 부동산금융 외에는 자금을 소화키 어려운 조선의 실정이 자연히 조선은행의 타 방면 진출을 촉구하여 저 소사(小寺) 모에 대함과 같은 각종 대출을 유발하는 폐단이 수반하겠음으로써나 따분하게 이론에만 포박되어 실정을 무시하는 조선은행의 태도는 결코 찬동치 못할 바이다.

〈자료 82〉 조선은행 대출이 팽창, 보통은행 영역을 침입, 금융 한산과 반대

(《동아일보》, 1932.9.22.)

조선은행이 보통은행화하여 대출이 증가한다고 함을 보도한 바가 있었는데 근래에도 금융 한산을 불구하고 조선은행 본점 대출이 3,000만 원에 접근하여 본점 개설 이래 최고기록을 나타내었다.

(1) 조선은행 저금리로서 거래처에 응하는 일.

(2) 거래처의 흡수(吸收)에 힘쓰는 일.

4. 1930년대 조선은행을 둘러싼 금융기구 개편 자료

〈자료 83〉 「동아은행(가칭) 설립안 요강」(1936년 6월, 조선은행)

(「東亞銀行(假稱)設立案綱要」, 『昭和財政史資料』 6-32, 일본 국립공문서관 소장)

(1) 서정이 일신되는 시운(時運)을 맞이하여 국력의 충실, 국운의 진전에 기여하기 위해 새로운 시설 또는 현상의 쇄신이 필요한 것은 셀 수 없을 정도로 너무 많다. 당면한 우리 대륙 및 식민지정책을 구현하기 위해서는 국민의 해외 진출에 수반하여 국가적 견지에서 상민(商民)을 지도하여 원조를 담당할 통상, 척식, 기타 각 방면에 걸쳐 국권의 신장을 기도함을 사명으로 삼은 유력한 특수금융기관이 필요한데, 이를 결여한 것이 가장 유감인 바이다.

(2) 구미 선진국의 실례에 비추어 보면, 1841년 홍콩이 중국에서 영국에 할양되어 동 지역을 영국의 동양에서의 통상책원지로 삼았다. 1865년 4월에 설립된 홍콩상하이은행은 모국의 대중국 경제정책에 순응하여 점차 그 영업 범위를 확장하여 지금은 영국 해외은행의 큰 기둥이 되어 대외무역의 발전에 지대한 공헌을 하고 있는 것은 이미 주지의 사실이다. 또 프랑스의 인도차이나은행과 같은 것은 당초는 프랑스령인도차이나의 산업개발을 목적으로 한 것이어도, 점점 그 영업 범위를 해협(海峽) 식민지로 확대하여 동양에서 프랑스의 이익을 대표하는 유력한 금융기관으로서 발달하여 그 업적 또한 매우 현저하다. 또한 자바를 중심으로 한 네덜란드령 동인도 지방에서의 자바은행, 프랑스령 알제리에서의 알제리은행, 또 1913년 1월 창립을 본 호주 커먼웰스(Commonwealth)은행, 같은 영국 식민지 금융통제정책의 결과로서 1933년 말 그 성립을 본 뉴질랜드준비은행, 기타 독아은행, 인도준비은행, 캐나다중앙은행 등 어느 것도 모국의 해외에서의 상권의 확장, 통상무역의 촉진을 기도하지 않는 것이 없다.

(3) 우리의 경우, 현재 조선에서는 조선은행, 조선식산은행이 있고, 대만에서는 대만은행이 있고, 만주국에서는 만주중앙은행을 중추 금융기관으로 하여 여기에 조선은행도 진출해 있다. 언뜻 보면 외지 금융의 형태에서는 흠잡을 데가 없는 것 같아도 자세히

이를 음미하면, 이들은 모두 우리 식민지 획득 또는 신국가 건설 당시의 일종의 지도 정신에 의거하여 창립된 것이다. 국가가 낡은 것을 고치고 새롭게 나가야 하는 급무에 쫓기고 있는 최근의 형세에서는 그 사명에 있어서도 근본적인 수정을 가할 필요가 있을 뿐 아니라 이들 각 은행은 내외 각종의 이유로 인해 그 기능을 현저하게 상실하여 활동력이 위축되어 지금 상태로서는 도저히 당면한 국책을 수행하기가 어렵다.

(4) 이에 우리 대륙 및 남진(南進) 정책의 사명에 따라 국민의 해외 발전을 촉진하고 우리 상권의 신장을 기도하기 위해서는 이론상으로는 일대 특수금융기관의 창설을 예견해야만 했다. 그런데 본래 식민지은행과 같이 경영상 위험성을 다분히 안고 있는 금융기관을 신규로 설립하는 것의 당부(當否) 여부에 관해서는 별도의 검토가 필요할 뿐 아니라 기존의 식민지은행인 조선은행, 조선식산은행, 대만은행과의 상관관계에 대해서도 다시 고려하지 않으면 안 된다. 지금 이들 각 은행의 현황을 한번 훑어 보면,

(5) 조선은행은 그 정리도 기대 이상으로 진행되었고, 특히 최근 4, 5년 동안 소위 만주 및 조선 경기의 파도를 타고 업적이 특히 두드러졌다. 그러나 당면 문제인 만주흥업은행의 설립을 위해, 조선은행이 관동주를 제외한 기타의 만주 각 영업점을 양도해야 할 시기이다. 이 사실은 만주국으로서는 국내 금융기구의 정비상 일대 쇄신을 보아야 함이 명백하다 하여도 대만주 국책에 희생을 제공한 조선은행의 경우 그 업역이 갑자기 일본, 중국의 일부와 조선 내로 국한되어 그 기능은 현저히 축소되어 장래의 업황에 다대한 의문이 있다. 그뿐만 아니라, 조선은행 내부적으로는 현재 거액의 결손을 안고 있어 예전에 구제자금으로서 방출된 예금부 저리대하금 및 특별융통금은 이전과 다름없는데, 자행의 힘에 의한 순익금만으로 결손을 보전하여 그 채무의 완제를 기대하는 것은 도저히 용이한 일이 아니다. 즉 단지 정리상의 견지에서 보아도 동행의 만주, 국내의 각 영업점의 분리와 함께 이를 보강해 줄 하등의 조치가 강구되지 않으면 안 될 것임은 필연적인 귀결이다.

조선식산은행은 현재 조선총독부 관하에 있고 따라서 그 업태를 살펴볼 이유는 없어도, 1935년 12월 말 현재에서는 4억 4,000만 엔여의 거액의 대부가 있다. 은행 내부에 잠긴 결함의 유무에 대해서는 원래 이를 살필 수가 없고, 또 근년 들어 부동산, 미가(米價) 등의 가격 상승에 의한 업적도 역시 일단 좋아지고 있는 것 같아도 동행에는

부채로서는 예금 외에 2억 7,867만 4,100만 엔의 채권발행고와 2,340만 엔의 예금부 차입금이 있고, 경영의 앞날에 반드시 낙관을 허락할 수 없을 뿐만 아니라, 해마다 이미 조선은행 및 조선 내 각 일반은행과의 사이에는 격렬한 쟁패전의 전개가 있어 만약 이 조선은행이 만주 영업 지역을 버리고 조선 내로 환원할 때에는 서로 자위상으로 하여도 그 대립 관계는 한층 더 격화될 수밖에 없다. 지금 근본적 해결책을 강구하지 않으면 장래 어떠한 파탄이 폭로될런지 예측하기 어렵다.

대만은행은 1927년의 금융공황 때에 국고에서 약 2억 엔을 보급받아 다행히 그 도산을 면한 이후 각오를 다져 그 정리에 노력한 결과 특별융통금은 이미 이를 반환할 수 있었고, 내부 손실 또한 점점 소각을 보기에 이르게 되었다. 그러나 한편에서 보면 동행의 책임에 속해야 할 손실을 국고에서 부담함으로써 이런 현상에 도달할 수 있었던 것으로 예금부 저리자금 5,000만 엔의 상환의 경우 결코 쉬운 일은 아니다. 장래에는 금융기관으로서 우리의 남방정책에 순응해야 할 새로운 사명은 물론 다시 배당금 증액 문제도 기다리고 있고 과거로부터 누적된 상당한 난관에 봉착할 것으로 보여진다.

(6) 이로 인해서 보면 현재 시무(時務)로서는 국책 수행기관으로서의 일대 해외은행의 창설은 논할 수 없는 것이라고 해도, 동시에 기존의 앞의 세 은행의 정리도 역시 이를 소홀히 하기 어려운 실정에 있다. 이에 국민의 해외 발전에 대한 신(新)사명에 부응함과 동시에 종래 통일이 없는 각 특수금융기관의 기능을 확충함과 아울러 금융기구의 조정을 기하기 위해서는 이번에 국책에 기초한 특수은행법을 새로이 제정하여 신은행 하에 조선은행, 조선식산은행, 대만은행을 현상 가지고 있는 그대로 합병할 필요가 있다. 조선은행, 대만은행에 대한 예금부 저리대하금은 이를 정부의 출자 소유주에 대체 정리할 때에는 위 양행은 외부에 대한 원리금 지불의 의무를 벗고 사업의 기초가 확립되어 그 기능이 배가됨에 이를 수 있다.

(7) 이상의 골자로서 신은행을 설립할 때에는 그 부수적 효과로서 아래의 각 사항을 들 수 있을 것이다.

① 조선은행, 조선식산은행, 대만은행은 신은행의 설립과 함께 각자 당초의 사명은 일단락 짓고, 각종의 인연은 불식하여 신국책에 따른 신사명을 향해서 매진해야 할 뿐

만 아니라, 정부로서도 하등 잃을 것 없이 일거에 그 정리를 감행할 수 있다.

(주: 문제는 조선은행, 대만은행에 대한 예금부 저리대하금을 어떻게 정부 소유주로 대체할 것인가에 있다. 국고가 이를 국유재산으로 하거나 혹은 또 예금부 소유의 유가증권으로서 처리하면 실질적으로는 단순한 기술상의 절차에 지나지 않는다.)

② 신은행은 은행권 발행권, 사채 발행권을 함께 가지게 되는데, 이는 신규로 부여하는 것이 아니다. 신은행은 본래 조선은행, 대만은행, 조선식산은행의 업무를 근간으로 하고, 이를 환골탈태함에 지나지 않는 것이기 때문에 이런 종류의 특권 중 그중 하나를 잃으면 신은행의 기능에 있어 중대한 결함이 발생할 것은 명백하다. 오히려 신은행의 신사명에 비추어 은행권 발행권에 대해서는 보증준비 한도가 현재 조선은행과 대만은행 양행을 합하면 7,000만 엔인데 이를 1억 엔으로 하고, 또 사채발행고를 신은행 불입자본금의 5배 정도까지는 이를 확장할 필요가 있다.

③ 조선은행, 조선식산은행의 업무상 대립에서 기인한 조선 내 금융계의 현상은 통제에 있어 유감의 점이 적지 않다. 이를 지지부진하게 그대로 방치함으로써 도시금융조합, 신탁회사의 대두와 함께 그 충돌은 더욱 격화되기에 이르고, 이로 인해 조선에 본점을 둔 상업은행[56]은 2배의 궁지에 빠져 도저히 간과하기 어려운 현상에 있다. 그런데 지금 신은행의 출현을 볼 때에는 자연히 조선은행, 조선식산은행 각 본지점의 폐합(廢合)도 이루어질 것이고, 이렇게 해서 다년의 현안인 조선 내 금융기구의 정비도, 대장성의 통제하에서 여기서 기대하고 있는 것을 비로소 얻을 수 있을 것이다. 이 기회를 잃으면 타개 구제의 길은 장래에 약속하기가 어려울 것이다.

④ 조선은행은 관동주를 제외한 만주 각 영업점을 분리하여 여기에 정륭은행(正隆銀行)과 만주은행을 흡수합병하여 만주흥업은행을 설립함으로써 만주국 금융기구의 정비에 이바지함과 동시에 경제계 다년의 불안을 제거하였다. 다시 만주 영업 지역을 상실한 조선은행은 신은행의 설립에서 시작된 잘 수습된 처치의 완성을 기대할 수

---

56 원문에는 "地場(지장) 상업은행"으로 되어 있음. 상업금융을 담당하는 일반은행은 일제시기에는 보통은행으로도 불리었는데, 조선에 본점을 둔 본점은행과 일본에 본점을 둔 지점은행으로 구분된다. 전자, 즉 조선에 본점을 둔 본점은행을 지장은행이라고 하였다.

있을 것이다.

⑤ 1927년 법률 제55호에 의한 특별융통금은 법의 정신에 비추어도 현상 그대로 이를 신은행에 인계해야 할 것은 당연하고 정부로서도 그 회수의 확실성을 일단 기대할 수 있다.

⑥ 신규로 국책금융기관을 창설한다고 하는 것도 본래 조선은행, 조선식산은행, 대만은행을 그대로 병합함에 그치는 것으로서 새로운 지반의 개척, 행원의 양성 등이 필요 없이 신은행은 어떠한 위험을 부담하는 것이 없이 소기의 수익을 거두어 원활히 그 목적을 달성할 수 있다.

⑦ 조선은행, 조선식산은행, 대만은행의 일반주주에 대해서는 상당액의 신은행 주식을 교부함으로써 본래 이론의 여지가 없다. 오히려 주가의 가격 상승을 상당히 기대할 수 있다.

⑧ 신은행의 창설에 의해 일본은행하의 일본권업은행, 일본흥업은행, 요코하마정금은행과 함께 여기에서 하나의 식민지은행으로서 동아은행(가칭)의 성립을 보게 되면, 우리 특수은행 형태상에서도 그 기구상 일단의 진척 개선을 초래할 수 있다고 말할 수 있다.

동아은행(가칭) 구성 요지(안)

(주)

본안은 조선은행이 만주에서의 각 영업점을 그 영업과 함께 만주 국책을 위한 신은행에 분리 양도한 위에서 그 잔존하는 조선은행(일본, 조선, 관동주 및 재외 각 영업점의 전부)의 기구 및 영업에 어떠한 변경도 가하지 않고, 이를 대만은행 및 조선식산은행과 합병하여 유력한 제국의 식민지은행으로 하고자 하는 것으로서 신은행의 구성 및 기본 이익 예상은 아래와 같다.

동아은행(가칭) 설립 요강

1. 은행의 특수이익

특수이익으로 하는 것은,

① 은행권의 발행권을 부여케 할 것.

② 채권의 발행권을 부여케 할 것.

2. 자본금 및 출자자

(1) 현재 조선은행, 대만은행, 조선식산은행의 3행의 납입자본금은 약 6,300만 엔임에 대해 신규 정부의 출자를 대체로 1억 1,900만 엔으로 함에 따라 1억 8,000만 엔 내지 2억 엔을 자본금으로 할 것.

(2) 출자는 정부 출자 약 1억 1,900만 엔으로 하고 그 외 현재의 조선은행, 대만은행, 조선식산은행 3행의 주주가 인수한 것으로 하고, 경우에 따라서는 일부 주식을 공모할 수도 있다.

(3) 주식은 1주 액면금액 100엔으로 하고, 기명식으로 할 것.

또 주식 소유자의 자격에는 일정한 제한을 설치할 것.

3. 은행의 업무

(1) 현행의 「조선은행법」, 「대만은행법」, 「조선식산은행법」에 의해 인허된 업무를 총괄하여 그 영업 과목으로 하는 것으로 한다.

① 은행권 발행에 관해서는 보증준비 발행 한도를 적어도 1억 엔 이상으로 할 필요가 있다.

또 발행준비에 관한 제도는 현행 「조선은행법」에 의한 제도로 통일할 필요가 있다.

② 채권 발행 한도는 대체로 납입자본금의 5배로 함이 가하다.

(2) 국고금의 취급

조선은행 및 대만은행에서 현재 취급하고 있는 일본은행 대리점의 업무를 계승할 것.

4. 업무 감독

대장대신의 감독하에 두어 감독권의 일원화를 도모할 것. 단, 조선 및 대만에서는 경우에 따라 감독권의 일부를 조선총독 및 대만총독에게 위임 행사케 할 수 있다.

5. 신은행 설립의 방법

조선은행, 대만은행, 조선식산은행의 3행을 해산하는 동시에 신은행을 설립하기 위해서, 신규 설립, 합병의 방법에 의하거나 또는 흡수합병의 절차를 채택할 수 있다면, 시기의 마땅함에 따라야 한다. 앞에서 서술한 어떤 경우에서도 주식 가격의 사정은 과거 1개년 정도의 주식 평균 시세를 기초로 하여 산출하는 것으로 할 것.

6. 신은행의 신사명

신은행은 보증준비 발행 한도의 확장 및 채권 발행 한도가 증액됨에 따라 신규 자금의 조달을 상당히 기대할 수 있게 되었다. 따라서 종래의 지반에만 국한하지 말고, 현재의 국책에 순응하여 남·북중국 및 남양 방면에 대한 일본인의 세력 부식을 선구로 하여 새로운 영업지역을 개척하는 데 노력하게 할 것.

7. 정부 대하 정리자금 및 특별융통에 의한 차입금의 처리

(1) 현재 조선은행, 대만은행 양행이 정부에서 차입하고 있는 정리자금은 신은행에 대한 정부출자금과 동일한 액수인 만큼 이를 갚을 것.

(2) 또한 특별융통에 의한 차입금은 적당한 시기까지 종래와 같은 조건으로서 거치하고 이후에 처리 대책을 강구할 것.

8. 역원

(1) 총재 1명, 부총재 2명으로 하고 정부가 이를 임명한다.

(2) 이사는 정원을 7명으로 하고, 주주총회에서 배수의 후보자를 선거하여 그중에서 정부가 이를 임명한다.

(3) 감사는 정원을 3명으로 하고 주주총회에서 선거한다.

(4) 임기: 총재·부총재 각 5년, 이사 4년, 감사 2년. 단, 중임할 수 있다.

9. 신은행의 기본 이익 예상(자본금 1억 8,000만 엔으로 할 경우)

조선은행의 만주 각 영업점 양도 후에 영업 이익은 대체로 반년 500만 엔으로 하고, 대만은행 300만 엔, 조선식산은행 200만 엔 내지 250만 엔 정도로 추산한다면 큰 차이는 없어 합계는 1,000만 엔 정도로 보면 확실할 것이다. 배당금을 지불하고자 하면 상당한 정도는 내부 유보를 해야만 하는데, 신은행의 사업의 기초가 안정을 보기에 이르기까지는 정부 출자에 대한 배당은 연 2분(현재의 저리자금 이율)에 그치는 것으로 한다.

이상.

동아은행 설립 문답

질문 해외은행으로서 신규로 동아은행을 설립하는 것보다도 현존하는 요코하마정금은행이 이를 취급하게 해도 하등 지장이 없다고 생각되는데 어떠한가?

답 (1) 동아은행은 우리 대륙정책 및 해양정책의 수행에 따라서 상민(商民)의 해외 발전, 우리 경제권의 확충을 목적으로 한 식민지은행이다. 요코하마정금은행은 대외 환시세의 유지, 외국환 관리 사무의 시행 등 정부의 국제환 정책에 순응하여 주로 국제 대차의 결제를 역임하는 순연한 환은행이기 때문에 양자는 그 사명과 기능이 완전히 다르다.

(2) 가령 요코하마정금은행으로 하여금 식민지은행의 업무를 겸영하게 하면 본래의 환업무 이외에 다시 일반 상업금융 및 상당한 장기에 걸친 고정성 척식자금의 대출도 감당해야만 한다. 본래 환업무와 대부업무는 전연 그 본질을 달리하고 따라서 보통은행 업무에 해당하는 것과 환업무에 해당하는 것은 각기 업무의 수련에서 본질적으로 현격한 차이가 있다. 환조종에 대해서는 어떻게 뛰어날 수는 있어도 대부, 기타 보통은행 업무를 담당하게 하면 갑자기 의외의 파탄을 초래함은 사실 문제로서 너무 많아서 일일이 셀 수가 없다. 즉 환업무와 일반은행 업무 중에서 대출업무는 관념적으로 보아도 서로 대립되는 것으로서 동일 기능하에서 양면의 운용은 이를 기대하기 어렵다.

(3) 정금(正金)이란 상호가 어떠한 정치적 내지 침략적 의미가 없어 외국인에게 호의를 주는 점이 있기 때문에 요코하마정금은행으로 이용함이 옳다고 보는 쪽도 있을 수 있다. 그렇다면 신규 해외은행의 상호에 대해서도 반드시 동아은행의 명칭을 고수하지 않고 적당한 고려를 가하면 즉 서로 다름이 없게 된다. 다시 신규로 특수은행을 창립하는 것은 국제적인 영향이 좋지 않다고 말하여도 정금은행은 이미 특수은행이고 또 동아은행은 이것을 신규로 창설한 것이라 해도 그 본질은 기

존의 조선은행, 대만은행, 조선식산은행의 3개 특수은행을 합병하여 환골탈태하여 이를 강화시켜 새로운 사명을 준 것에 불과한 것이기 때문에 그 설립의 경로를 보게 되면 자연스럽게 염려할 필요가 없게 된다.

질문 해외은행 설립을 위해 반드시 조선은행, 대만은행, 조선식산은행의 세 은행을 합병하지 않아도 조선은행과 대만은행 양 은행의 각 해외 영업점만을 분리 합병시켜 신은행으로 삼아도 가능하지 않는가?

답 (1) 동아은행 설립 취지 중에는 단지 신사명을 띤 신해외은행의 출현만을 의도한 것이 있는 것은 아니다. 이에 의해 조선은행, 대만은행 양행에 대한 근본적인 정리를 하등 국고의 부담으로 하지 않고 일거에 단행하는 동시에 다년의 현안인 조선 및 대만에서의 금융기구의 정비도 기하는 바이다. 즉 조선으로서는 신은행의 설립에 의해 조선은행 및 조선식산은행이 기존에 취급해 온 것 중 로칼(local) 비즈니스에 속하는 것은 점차 이를 일반은행에게 이양하고 그 발전을 도울 것이다. 신은행에게는 주로 중앙은행에 속하는 사무와 장기 또는 주요한 금융의 중요한 임무를 떠맡게 하고, 양자 간의 업무 영역의 구분을 확실히 하여 명확히 정하고 보통은행으로 하여금 활동의 여지를 주어야 하는 것이 조선 내 금융기구 문제 해결의 첫 번째로 말해야만 하는 것이다. 따라서 앞에서 말한 세 은행의 합병은 신해외은행 설립에 대한 요건이 된다.

(2) 신해외은행은 조선은행, 조선식산은행, 대만은행을 합병한 것에 그치는 것이기에 그 영업의 근저는 종래와 같이 조선, 대만 양 식민지에 있고, 여기에서 얻을 수 있는 실력과 그 여세로서 해외에서의 일본인에 대해 그 자금상의 편익을 도모하여 그 해외 발전의 유력한 후원을 하게 하는 것이다. 마치 과거에 조선은행이 조선에서 나와서 만주, 중국으로 뻗어 나가고, 대만은행이 대만에서 나아가 중국, 남양을 영업 지역으로 둔 것에 이른 것과 동일한 행로를 신은행의 경우보다 국책에 기초해 한층 통제적이고 또 강력히 수행케 함을 기하는 것이다. 단지 조선은행, 대만은행 양행의 해외 영업점만을 합쳐서 신은행을 창립하여도 영업의 근간이 없이는 첫째 그 경영을 제대로 행할 수 없고, 또 모체인 조선은행과 대만은행은 그 해외

점의 분리 독립에 의해 영업 지역이 상실되어 그 수익이 감소하기 때문에 양행의 정리는 더욱 곤란해질 뿐만 아니라 조선과 대만 양 식민지의 산업개발상에도 역시 지대한 영향을 미치게 된다.

질문 해외은행이 영업상 은행권 발행을 가지는 중요성 여하,
또 동아은행이라는 한 은행의 은행권이 동시에 해외 및 조선 및 대만의 중앙은행의 은행권으로서 기능을 발휘하는 것이 적절한가?
그 은행권은 본국 법상 강제통용력을 가지는 것을 필요로 하는가?

답 (1) 신해외은행은 세 은행의 합병에 의해 신규 설립되어 은행권의 발행권을 향유하는 명분 위에서 조선에서의 조선은행권 및 대만에서의 대만은행권을 그대로 신해외은행권으로 승계하고, 새로운 양식으로서 신은행권에 의해 차례로 이를 회수한다면 그 통일은 기대할 수 있다. 즉 원칙적으로는 신은행권의 유통 구역은 조선, 대만 양 식민지의 판도 내에 그쳐도 현재 조선은행권이 만주 및 북중국에서 사실상 유통을 보고 있는 것과 같이 해외에서도 일본인 간의 거래에 대해서 강제통용력을 부여할 때에는 점차 습관적으로 쓰이게 되어 그 유통 구역은 수요에 따라서 자연스럽게 확대되기에 이를 것이다. 대체로 일본인의 동아시아 및 남양에 대한 수출 거래는 대부분 금엔(金円) 거래로 행하기 때문에 장래 일본인의 경제권이 신장할 때에는 신해외은행권은 차질 없이 수수되고, 이렇게 하여 본국 상권이 확립되어 해외은행으로서의 사명은 더욱더 중요해질 것이다.

질문 신해외은행이 은행권의 발행권을 향유할 때에는 현지에서 다량의 미발행권을 준비하여 필요에 따라 발행 수속을 취하면 즉시 가능한데 그렇지 않은 기능을 완전히 발휘케 하는 것이 가능한가?

답 조선에 조선은행이 없고, 대만에 대만은행이 없고, 전연 신규로 동아은행이라는 새로운 은행을 창립하는 것으로 하게 되면 당연 이런 종류의 질문은 발생할 수 있어도 신은행으로서는 조선은행 및 대만은행의 영업 및 영업 지역과 행원을 그대로 계승하는 것이기 때문에 일상의 업무에는 하등 현격히 다를 바가 없을 뿐만 아니라 본안의 실

행에 따라 그 내용은 현저히 강화될 것이기 때문에 활동력의 원천은 충실해지고 기능은 배가되고 또 일관되게 국책에 가장 적절하게 순응할 수 있을 것이다.

〈자료 84〉「조선 금융제도 개선 요항」(1936년 12월, 조선총독부)

(「朝鮮金融制度改善要項」, 『昭和財政史資料』 6-32, 일본 國立公文書館 소장)

조선은행에 관한 건

1. 조선은행은 조선에서는 금융의 중추기관으로서의 업무에만 전념하게 하고, 현재 수행하고 있는 보통은행 업무 등은 이를 폐지하는 것으로 한다. 단 일본, 관동주 및 중국에서는 종전과 같이 한다.
2. 조선에서 은행, 신탁회사, 조선금융조합연합회, 무진회사 등의 금융기관은 조선은행과 긴밀한 거래 관계를 계속 유지할 조치를 취할 것.
3. 조선은행의 잔존 불량대출은 조선식산은행으로 하여금 이를 정리할 책임을 지움과 동시에 조선은행으로 하여금 동행이 현재 일본은행 및 예금부에서 융통을 받고 있는 정리자금 상당액을 일정 기간 무이자로써 조선식산은행에 대부케 할 것.
4. 보증발행의 한도는 현행 5,000만 엔을 조선 내에서 필요하다고 인정되는 액수인 1억 엔에다가 북중국 방면에서 필요하다고 인정되는 액수에 약간을 가산한 정도까지 확장할 것.
5. 조선은행에 대한 조선총독의 감독권을 확충할 것.

동양척식주식회사에 관한 건

1. 동양척식주식회사는 조선에서의 공업, 가스, 전기업, 교통운수업, 광업, 축산업, 임업 등의 기업에 대한 대금의 공급을 담당하게 하는 것으로 하고 보통금융 업무는 이를 폐지케 할 것.
2. 동양척식 채권의 발행을 용이하게 또 유리하게 하기 위한 방책을 강구할 것.
3. 동양척식주식회사에 대한 조선총독의 감독권을 인정할 것.

조선식산은행에 관한 건

1. 조선식산은행이 현재 운영하는 기업금융 및 소액금융은 이를 폐지케 할 것.
2. 조선식산은행의 정기 상환 대부금의 자금은 조선은행으로부터 도입하게 하는 것으로 하고 이 대부금을 위한 채권 발행은 폐지케 할 것.

기타 금융기관에 관한 건

1. 조선에 본점을 둔 보통은행에 대해서는 장래에 한층 더 합동을 종용함과 동시에 그 지점망을 보급케 할 것.
2. 도시금융조합에서의 조합원 이외의 예금 취급은 제한할 것.
3. 금전신탁의 최단 인수 기간을 2년으로 고칠 것.
4. 무진회사의 합동을 종용할 것.

〈참고〉 조선 금융제도 개선에 따른 법령 개정의 요지

1936년 12월 조선총독부안

「조선은행법」에 대해 다음의 점을 개정할 필요가 있다.

1. 업무의 범위-조선에서는 확실한 담보가 있는 대부에 대해서는 제한을 가함과 함께 신탁 업무를 폐지케 할 것.
2. 보증발행의 한도- 보증발행의 한도를 상당 확장할 것.
3. 감독- 중역에 관한 사항은 조선총독, 대장대신에게 협의한 위에 법정한 은행권의 발행에 관한 사항 등은 조선총독의 전행(專行)으로 할 것.

「조선은행법」을 아래와 같이 개정

제2조, 28조, 32조 내지 34조 중 '대장대신' 또는 '정부'를 '대장대신 또는 조선총독'으로

개정

제3조, 4조, 9조 1항, 2항, 10조, 21조 1항, 22조 3항, 25조, 29조, 31조 중 '정부' 또는 '대장대신'을 '조선총독'으로 개정

17조에 다음을 추가하여 개정한다.

제17조 조선은행은 다음의 업무를 운영하는 것으로 한다.

1. 환어음, 기타 상업어음의 할인
2. 평상시 거래하는 각 회사, 은행 또는 상인을 위한 어음금의 징수
3. 환
4. 금은화 또는 지금은을 담보로 하는 대부 및 국채증권, 지방채증권, 기타 조선총독이 지정한 확실한 유가증권을 담보로 한 당좌대월 및 정기대
5. 제 예치금
6. 금은화 귀금속 및 제 증권의 보호 예치
7. 지금은의 매매 및 화폐의 교환

전항 이외 조선 이외의 지역에서는 확실한 담보가 있는 대부 및 신탁의 업무를 운영할 수 있다.

조선은행은 영업의 형편에 따라 국채증권, 지방채증권, 기타 조선총독이 지정한 확실한 유가증권의 매입을 할 수 있다.

18조를 다음과 같이 고친다.

제18조 조선은행은 전조에 게재된 것 이외에 조선총독의 인가를 받아 타 은행의 업무대리를 할 수 있다.

20조의 단서를 다음과 같이 고친다.

단 대장대신 또는 조선총독의 인가를 받거나 혹은 명령에 기초한 경우는 이 제한을 두지 않는다.

제22조 2항 중 '5,000만 원'을 ' 원'으로 고친다.

「동양척식주식회사법」에 대해 다음의 점을 개정할 필요가 있다.

1. 업무의 범위- 조선에서는 일반 기업에 대한 자금의 공급에 담당케 하고 보통금융 업무는 이를 폐지하도록 할 것.
2. 자금의 공급- 조선에서의 기업 자금 조달을 위해 발행하는 동양척식 채권에 대해 일정 금액으로 정부에서 지불보증을 하는 등 특수의 방책을 강구하고 그 발행을 용이 또 유리하게 할 것.
3. 감독- 중역에 관한 사항, 기타 중요한 사항은 척무대신이 조선총독에게 협의한 위에 결정하고 조선에 관한 사항은 조선총독이 행할 것.

「동양척식주식회사법」 중 다음과 같이 개정한다.

13조 중 1항에 다음의 각호를 추가

9. 제3호의 방법에 의한 선박 또는 제조 중의 선박을 저당으로 한 대부

10. 조선(造船) 재료 또는 선박 속구(屬具)를 담보로 한 대부

11. 담보부 사채에 관한 신탁 사업

13조의 2의 다음에 아래의 1조를 추가

제13조의 3 조선에서는 정기예금 및 제13조 1항 1호 내지 5호, 7호, 8호의 방법에 의한 자금의 공급은 이를 할 수 없다. 단 법령의 규정에 의해 설정된 재단을 담보로 한 경우 및 13조 1항 7호의 회사의 설비를 위해 필요한 자금을 공급하는 경우는 이 제한을 두지 않는다.

38조의 다음에 1조를 추가한다.

제38조의 2 정부는 동양척식주식회사가 조선에서 공급하는 자금 소날을 위해 발행하는 동양척식 채권의 원리금 지불에 있어 1억 원을 한도로 보증하는 계약을 할 수 있다.

41조 3호의 2에 아래와 같이 고친나.

3의 2 제13조, 13조의 3, 14조, 17조의 규정에 위반하여 자금을 공급하고 또는 정기예금을 하는 때

부칙

본법 시행의 기일은 칙령으로써 이를 정한다.

조선식산은행에 대해 다음의 점을 개정할 필요가 있다.

1. 금융조합에 대한 대부, 사채의 응모 또는 인수 및 담보부 사채에 관한 신탁은 이를 폐지케 할 것. 단 공공단체의 채권 및 조선 금융 채권의 응모 또는 인수 및 여유금의 운용으로서 행하는 확실한 유가증권의 응모, 인수 또는 매입은 종전과 같이 이를 인정할 것.
2. 소액의 금융은 이를 폐지케 할 것.

「조선식산은행법」 중 다음과 같이 개정

16조를 다음과 같이 고친다.

제16조 조선식산은행은 다음의 업무를 운영하는 것으로 한다.

1. 6년 이상 50년 이내의 연부상환 또는 5년 이내의 정기상환의 방법에 의한 부동산, 부동산상 권리 또는 부동산 저당부 채권을 담보로 한 대부
2. 5년 이내의 정기상환의 방법에 의한 어업권을 담보로 한 대부
3. 법령의 규정에 의해 설정한 재단을 담보로 한 제1호의 방법에 의한 대부
4. 농업자 또는 공업자 10인 이상이 연대하여 채무를 진 자에 대한 5년 이내의 정기상환의 방법에 의한 무담보 대부
5. 공공단체에 대한 제1호의 방법에 의한 무담보 대부
6. 어업조합, 기타 영리를 목적으로 한 산업에 관한 법인에 대한 제1호의 방법에 의한 무담보 대부
7. 공공단체의 채권 또는 조선 금융 채권의 응모 혹은 인수

전항 외에 조선총독이 지정한 보통은행의 업무를 경영할 수 있다.

제1항에 기재된 대부로서 1년 이내의 것은 어음할인의 방법에 따라 할 수 있다.

17조 2항 중 '전조 제1항 제7호 내지 제9호'를 '전조 제2항의 업무'로 고친다.

29조의 다음에 아래의 1조를 추가한다.

제29조의 2 조선총독이 필요하다고 인정할 때에는 조선식산은행은 대부, 할인의 금액 및 방법에 관해 제한을 붙일 수 있다.

30조 1항 중 '제16조 제10호의 규정에 의해 응모하거나 또는 인수한 채권 및 사채권'을 '제16조 제1항 제7호의 규정에 의해 응모하거나 또는 인수한 채권'으로 고친다.

47조 제3호를 다음과 같이 고친다.

3. 제16조 제18조 내지 제20조에서 규정에 위반하거나 또는 제29조의 2의 규정에 따른 제한을 위반한 대부 혹은 할인을 할 때

제68조를 삭제

부칙

본령 시행의 기일은 조선총독이 이를 정한다.

〈자료 85〉「조선식산은행에서 도입하는 단기자금에 관한 요망」

(「朝鮮殖産銀行の取入れる短期資金に關する要望」, 『昭和財政史資料』 6-36, 일본 국립공문서관 소장)

기존에 당행은 대장성, 조선총독부의 협정에 기초해 (1) 콜머니의 도입액은 1,000만 원을 초과할 수 없었습니다. 그런데 (2) 위 콜머니는 당행 오사카지점에서만 이를 도입할 수 있을 뿐이기 때문에 금융의 중심지인 도쿄 시장에서는 이를 도입하는 것이 불가능한 것으로 계약되어 있습니다. 매년 업적이 진전되고 있는 당행으로서는 위와 같은 제한으로는 도저히 영업을 원활히 수행하기가 어려운 위치에 이르렀기 때문에 이들의 제한을 철폐해 줄 것을 총독부 당국에 요망하고 있는 것입니다. 그런데 이때 대장성 당국에서는 오히려 위 협정을 종래보다도 더욱 엄격히 해석하여 콜머니 도입 한도 1,000만 원 중에는 차입금도 포함시킴에 따라 위 1,000만 원으로 부족한 경우에는 반드시 조선은행에서의 차입금으로 조달케 할 방책을 채택하려 한다는 소문이 있습니다. 이는 별도의 이유서에서 상세히 서술한 것과 같

이 당행의 영업 방침에 일대 변혁을 초래하여 지장이 적지 않다고 인정되기 때문에 이 기회에 반드시 다음과 같은 두 가지 요망을 청원하고자 합니다.

1. 콜머니의 도입 한도 1,000만 원은 무담보 콜머니의 도입 한도로서, 담보부 차입금은 이 한도 이외의 것으로 해석하기를 원합니다.
2. 콜머니 및 차입금은 오사카 시장뿐만 아니라 도쿄 시장에서도 도입할 수 있도록 해 주시기를 원합니다.

갑. 연혁적 이유

1. 일찍이 조선식산은행이 일본에서 도입한 콜머니의 금액에 1,000만 원이라는 제한을 설정한 것은 지난 1925년 조선은행 및 대만은행의 정리에 있어 양행이 당시 거액의 콜머니를 일본의 시장에서 도입하고 있는 한편 거의 이와 동액의 대출금이 소위 불량대출로 되어서 고정되어 있는데, 위 불량대출의 대부분이 외지 자체에서의 것이 아니라 일본, 기타 외지 이외에서의 것인 것이 문제로 되어, 소위 외지은행인 조선식산은행에도 조선은행, 대만은행의 철폐를 다시 하게 할 필요가 있다는 취지에서 행해진 것입니다. 대체로 당시 콜머니는 무담보를 원칙으로 하여 이 도입을 용이하게 하였기 때문에, 이로 인해 자연히 방만한 대출의 폐에 빠지기가 쉬웠고, 또 외지은행이 그 본래의 사명을 잊고 일본, 기타 지방에까지 대출을 하기에 이를 것임을 걱정한 것임에 다름 아닙니다.
2. 그런데 그 후 1927년 4월 금융공황을 계기로 콜머니는 원칙적으로 국채, 기타의 담보를 차입한 것으로 되어 무제한으로 콜머니를 도입하는 것이 불가능하게 되어 사실상 국채의 보유고에 따라 콜머니의 도입 한도도 저절로 제한되기에 이르렀습니다. 또 이로 인해 콜머니의 공급자 측에서도 자금이 필요한 경우에는 언제라도 도입 담보에 의해 일본은행에서 융자를 바랄 수 있게 되어 비상한 경우에도 하등 금융시장에서 악영향을 미치는 것이 없기에 이른즉 콜머니가 이를 도입한 은행 및 금융시장에 미치는 폐해는 거의 완전히 제거되기에 이르렀습니다.
3. 조선식산은행이 앞에서 말한 콜머니의 도입 한도를 설정한 당시에는 조선은행은 정리시대에 들어가 일본 시장에서의 자금을 도입하는 것은 곤란하였습니다. 한편 조선식산

은행은 그 본연의 사명에 매진하여 그 대출고는 그 당시에 비해 거의 두 배로 팽창하였기에 자연히 단기자금의 수요가 증가되어 콜머니와 같은 것도 앞의 1,000만 원을 한도로 해서는 때때로 부족을 느끼는 것이 적지 않기에 이르렀습니다.

4. 조선식산은행의 콜머니 도입에 제한을 붙인 것은 앞에서 말한 바와 같이 무담보 콜머니의 무제한 도입으로 인해 은행 경영이 불량화되어 금융시장에 악영향을 미칠 것이라는 두려움이 있었기 때문입니다. 그런데 국채, 기타의 확실한 유가증권을 담보로 하는 정식의 차입금은 애초부터 문제가 없던 것으로서 따라서 콜머니의 도입에 한도를 설정한 후에도 1,000만 원의 콜머니 외에 위와 같은 정식의 차입금을 하는 예가 있었고, 조선식산은행은 물론 총독부, 대장성 양 당국에서도 하등 문제가 되지 않았던 것입니다.

5. 조선은행이 정리 시대에 들어서면서부터 조선식산은행의 부동산 금융 이외에 상업금융도 역시 현저하게 팽창하여 조선식산은행의 총대출고는 조선 내 각 은행의 총대출고의 5분의 3을 점하기에 이르게 되었습니다. 은행의 신용도 일본 시장에서 충분히 인정되어 일시적으로 부족한 단기자금과 같은 것은 일본 시장에서 일류의 대은행과 같이 용이하게 도입할 수 있는 위치를 구축하게 되었습니다. 조선에서 필요로 하는 자금의 대부분은 조선식산은행에게서 이를 조달하는 것으로 되어 실질적으로는 조선에서의 중앙은행인 것과 같은 위치를 점하기에 이르렀고, 예전의 경성의 한성은행 구제, 정리에 있어서도 이 정리를 조선은행에게 맡기지 않고 조선식산은행에게 맡겨 상당한 희생을 지불한 것과 같은 것은 대장성 및 일본은행에서도 이 사실을 인정하지 않을 수 없을 것입니다.

6. 요컨대 조선식산은행의 콜머니 도입 제한은 은행 경영의 건실화라는 취지에서 나온 것으로서 결코 조선식산은행이 일본 시장에서 조선에 마음대로 가져가는 자금을 제한하고자 하는 취지는 아닙니다.

7. 조선식산은행이 상기금융만이 아니라 단기자금도 조선은행에게 이를 구하지 않고 일본 시장에서 직접 도입하기에 이른 연혁을 상세히 검토했습니다. 이것은 오히려 조선은행의 종용에서 나온 것으로, 즉 1920년 경제계 반동공황 이래 조선은행은 내부의 정리에 급급해서 발전 도상에 있는 조선의 산업자금 공급을 충분히 행할 수가 없었습니다. 따라서 조선식산은행이 필요로 하는 자금을 모두 혼자의 힘으로 조달해야 했던 당

시에는 아직 일본 시장에서의 신용이 지금과 같지 않았던 조선식산은행으로서는 고심하여 일본 시장으로부터 자금 도입에 힘써 점점 금일의 위치를 구축하기에 이르렀습니다. 때마침 동양척식주식회사에서도 내부 사정으로 조선에서의 장기자금의 공급이 여의치 않았기 때문에 조선식산은행은 갑자기 장기자금의 도입액도 증가시키지 않을 수 없어 이 사이에 고심이 예사롭지 않았습니다. 다행히 이 난국을 벗어나 금일에 이른 것으로서 이와 같은 연혁을 무시하고 지금 갑자기 사실상 단기자금 도입에 있어서 조선식산은행에게 일본 시장에서의 은퇴를 강요하는 것은 너무나 과거의 사실을 무시하는 단순한 금융계통론에 갇힌 논의라 하지 않을 수 없습니다.

을. 실질적 이유

1. 조선에 일본은행 이외의 발권은행인 조선은행을 설치한 것은 요컨대 문화의 정도가 뒤쳐진 조선을 빨리 개발할 자금을 실정에 맞게 윤택하게 공급하려 한 취지에 다름 아닙니다. 조선이 일본의 세력 범위에 들어간 후 빨리 여기에 개발자금을 공급하고자 한 것은 단지 금융을 내지연장주의에 맡길 수 없었기 때문입니다. 이는 새롭게 더해진 토지, 인정(人情)을 분리하는 것으로 되어 스스로 자금 공급을 하게 하는 것으로 되었는데, 이와 같은 것은 요컨대 일시의 편법으로서 우리나라 금융정책의 이상에서 보면 궁극적으로 금융계통의 내선일체로 하는 것을 기대해야 합니다. 이 실현을 위해 공헌하는 현상은 오히려 이를 크게 조장하는 방책에서 나오는 것으로 됩니다.
2. 모든 경제계의 현상은 적자생존의 법칙에 좌우되는 바가 많고 인위적으로 이를 좌우하는 것은 매우 곤란합니다. 조선에서 조선식산은행이 다른 금융기관과 거의 비교할 수 없을 정도로 발전을 이룬 것은 주로 부동산담보의 장기금융과 동시에 보통은행 업무를 경영한 것으로 농업 본위의 조선에서는 가장 적당한 것이기 때문입니다. 이것은 조선의 다른 보통은행이 실제로 조선식산은행과 거의 같은 종류의 대출 방침을 채택할 수밖에 없게 된 실상에서 보아도 분명합니다. 이리하여 조선식산은행은 매년 업적이 발전함과 함께 일본 시장에서의 신용이 더욱 두터워져 가니 채권의 발행 조건도 가장 유리하게 되었습니다. 또 일시적으로 필요로 하는 단기자금 같은 것도 지극히 쉽게 일본 시장에서 도입할 수 있기에 이르게 되어 굳이 조선은행의 힘을 빌릴 필요가 없게 되었

습니다. 즉 조선에서의 은행 대출의 약 5분의 3을 취급하는 조선식산은행이 이와 같이 직접 일본 시장과 밀접한 연락을 맺기에 이른 것은 금융계통의 내선(內鮮) 통일의 방향을 향해 몇 발자국 나아간 것으로서 오히려 기뻐해야 할 현상에 다름 아닙니다.

3. 지금 조선은 농업은 말할 것도 없이 수산업, 공업, 광업 등의 산업이 획기적인 약진을 이루고 있는데 그 결과는 조선인의 문화 정도를 높여 일본 상품의 수요를 환기하고 있습니다. 또 과거에 과잉생산이라는 비난을 받은 조선의 쌀과 같은 것도 조선 내에서의 소비가 증대함으로 인해 일본 경제계 번영에 공헌하는 바가 더욱 많습니다. 조선은 마치 수십 년 전의 일본과 같이 아직 산업의 개발 자금을 자급하는 능력이 없고 대부분을 일본 시장에서 구할 수밖에 없는 실정에 있습니다. 그 용도는 모두 직접 산업의 개발에 쓰여지는 것으로서, 따라서 일본 자금의 투자시장으로서 절호의 안전지대를 제공하는 것이라고 말하지 않을 수 없습니다.

4. 혹은 일본 자금의 외지 유출은 적자국채 발행에 불편을 초래한다는 견지에서 가능한 한 이를 제한해야 한다는 말을 들을 수 있습니다. 그렇다 하더라도 이러한 것은 전시(戰時)와 같은 비상 상황에서는 거의 수긍할 수 있어도 현재와 같이 아국이 군비만이 아니라 산업계에서도 일대 비약을 하고 있는 오늘날에는 너무나도 편협한 주장입니다. 특히 일본에서 산업자금의 융통을 제한하지 않은 채 외지에서 산업자금의 수요에만 제한을 가한다고 하는 것과 같은 것은 일시동인(一視同仁)의 성지(聖旨)에 반한다는 비난을 면하기 어렵습니다.

5. 조선식산은행이 혼자의 힘으로서 단기자금의 도입을 할 수 없는 경우에는 중앙은행인 조선은행에게 원조를 청하는 것이 당연하다 하여도 다른 방법으로 오히려 저리로 또 손쉽게 자금을 도입할 수 있음에도 불구하고 반드시 조선은행에게 융자를 요청해야만 한다는 것은 너무나도 형식론에 구애되는 것입니다. 만약 조선식산은행이 일본 시장에서 고심해서 수립한 신용을 이용하는 것을 불가능하게 하고 강력하게 조선은행만이 일본 단기자금 도입의 기관으로 하고자 하는 것과 같은 것은 금융체계의 내선 통일의 근저를 역전시키고 더 나아가 조선 내의 자금 공급을 불원활하게 하기에 이를 것입니다.

6. 모든 보통은행이 중앙은행에게 금융을 요청하는 것은 콜머니의 도입, 기타 보통의 수단으로서는 자금의 도입이 불가능한 경우에 한정되는 것으로서 특히 소위 대은행으로

서는 그러합니다. 그런데 조선에서는 아직 콜시장이 존재하지 않아 조선 내에서 임시적으로 자금이 필요한 경우에 조선은행 이외에는 이를 구할 수가 없습니다. 따라서 어떤 은행도 이 점에 있어서는 조선은행에 대해서 종속적 지위에 서게 될 수밖에 없습니다. 조선은행은 보통은행 업무를 경영하고 이 점에서는 다른 보통은행과 경쟁적인 입장에 있습니다. 한편 조선식산은행은 앞에서 서술한 바와 같이 조선에서 가장 적당한 금융기관인 결과 보통은행 업무에서도 그 주된 위치에 있고, 따라서 그 영업정책상에서도 가능한 한 조선은행의 원조를 피하고 싶다는 희망을 가지기에 이른 것은 자연스러운 일입니다. 하물며 일본 시장에서 혼자의 힘으로 자금을 용이하게 조달하게 된 오늘날입니다. 즉 일본의 보통은행이 일본 시장에서 중앙은행의 조력을 바라기 이전에 임시로 필요한 자금을 자유롭게 조달할 수 있는 것과 마찬가지의 입장에 있는 조선식산은행을 바꿔 놓는 것을 희망하는 것은 내선 금융의 일시동인의 의미에서 결코 부당한 것이 아니라고 할 수 없습니다.

7. 무담보 콜머니의 도입을 하는 것은 아마도 은행이 아니라면 이를 할 수가 없다고 하더라도 담보를 제공하여 자금 도입을 하는 것은 은행이 아니라도 할 수 있습니다. 누구나 어떤 장소에서도 이를 할 수 있습니다. 오직 특수은행이라는 이유하에 이를 제한하고자 하는 것과 같은 것은 적당한 권력 행사의 길이 아니지 않겠습니까.
8. 금후 조선식산은행이 단기자금을 조선은행에게 요청하는 것으로 하는 방법을 고려해 보면 어음의 재할인, 무담보 차입금, 공채 담보 차입금의 세 종류가 있습니다. 어음의 재할인은 조선은행이 보통은행 업무를 경영하는 이상 조선식산은행으로서는 이를 피하기에 이르고, 무담보 차입금은 그 성질상 다액을 기대할 수 없습니다. 결국 공채 담보 차입금이 대부분을 차지하게 될 것인데 조선은행의 제한외발행세의 관계상 이 종류의 차입금의 이율은 연 4% 이하를 기대할 수 없습니다. 조선식산은행은 가령 일본 시장에서 이런 종류의 차입금을 하는 경우에는 4% 이하의 이율로서 용이하게 이를 행할 수 있습니다. 이 점에서 조선식산은행으로서는 실질적으로 불리합니다.
9. 조선은행의 은행권 발행준비의 약 70%는 일본은행태환권으로 조선은행으로서는 이 방법에 의한 은행권 발행이 가장 유리하기 때문에 조선식산은행으로부터의 융자 신청이 거액에 이르게 되면 일본 시장에서의 단기자금 도입이 증가될 것임은 상상하기 어

렵지 않습니다. 그렇게 되면 결국 일본 시장에서의 단기자금을 들여오는 주체가 조선식산은행에서 조선은행으로 바뀌게 되었을 뿐인 결과로 되어 일본 시장에 미치는 영향은 조금도 차이가 없습니다.

10. 조선식산은행이 일본에서 단기자금을 도입하는 것은 단지 조선식산은행을 위해 유리할 뿐만 아니라 조선은행으로서도 역시 유리하다고 말할 수 있습니다. 즉 조선식산은행이 도입한 자금은 전부 조선은행에 들어가고, 조선은행은 이를 정화준비로 하여 은행권을 발행하게 됩니다. 특히 조선식산은행이 단기자금을 필요로 하는 10월부터 12월까지는 일반적으로 조선에서 은행이 가장 자금을 필요로 하는 시기이기 때문에 이 경우 조선식산은행의 일본 자금 도입은 조선은행의 제한외발행액을 감소시키는 결과를 초래하므로 조선은행으로서도 좋은 형편이 된다고 할 수 있습니다. 조선식산은행이 필요로 하는 단기자금은 과거의 실상 및 장래 조선 경제계의 발전 추세에서 보아 상당한 거액에 달할 것이기 때문에 만약 이를 조선 내에서 조선은행에게 바라는 것으로 하면 조선은행은 자연히 제한외발행액을 증가시켜 오히려 불리한 결과로 됩니다. 이 경우 조선은행이 그만큼의 다액을 일본에서 단기자금으로 도입하게 되어 이 불리함을 제거할 수 있게 되어도 단기자금의 도입은 조선은행 1행으로서 이를 행하게 하는 것보다도 조선은행, 조선식산은행 양행에서 이를 하는 방법이 용이하고 또 유리한 것임은 상상하기에 어렵지 않습니다.

11. 혹은 조선을 향하는 단기자금의 도입을 조선은행 이외에 조선식산은행에게도 무제한으로 인정할 때에는 일본 시장에서 들여오는 단기자금의 상황이 대장성에게 분명하지 않게 되어 좋지 않은 사정을 초래한다는 말도 들리는데 만약 대장성에서 금융통제상 상시적으로 이를 알 필요가 있다면 조선식산은행으로 하여금 날마다 콜머니 이외에 다시 단기차입금의 도입액도 보고하게 하면 가할 것입니다.

12. 조선식산은행의 담보부 차입금을 콜머니 도입 한도 외(外)로 할 경우에는 조선식산은행이 무제한으로 일본 시장에서 단기자금을 도입할 우려가 있다는 말도 나오는데 이미 분명히 서술한 것과 같이 조선식산은행이 일본에서 담보로 제공해야 하는 것은 거의 모두 보유 국채로 한정되기 때문에 이 국채보유고에 따라 자연스럽게 금융을 제한하게 됩니다. 따라서 조선식산은행이 종래부터 대장성에 제출하는 영업보고서에 의

해 그 국채보유고를 보는 것으로 언제라도 그 차입 한도를 추정할 수 있습니다.

13. 다음으로 조선식산은행 도쿄사무소에서 콜머니를 도입하는 것을 금지하고 있습니다. 도쿄 시장은 동양의 금융 중심 시장이기에 지극히 용이하게 이를 도입할 수 있음에도 오사카 시장에서만 이를 도입하게 하는 것은 부족함을 느낄 때에는 이를 행할 수 없고 따라서 이후부터는 종래의 약정액인 1,000만 원의 콜머니 도입 한도는 무담보 콜머니의 한도로서 하고 기타 차입금은 이 한도 외의 것으로 해석함과 동시에 도쿄 시장에서의 콜머니의 도입, 기타의 차입금도 자유롭게 행할 수 있도록 하기 위해 기존의 계약을 개정할 것을 청원하는 바입니다.

14. 최후로 조선식산은행이 일시적으로 이와 같은 다액의 단기자금의 도입을 필요로 하는 것은 본래 은행 경영의 이상에서 보면 바라는 것이 아닙니다. 향후 예금의 흡수에 더욱 박차를 가해 이와 같은 금융 상태에서 탈각해야 할 것이지만 아직 비약적인 개발도상에 있는 조선으로서는 자금의 수요가 급증하는 시대에 속해 예금의 증가가 아직 이에 따르지 못하고 있습니다. 단기자금이 수요되는 시기가 지극히 편향되어 있는 실정이기에 단기자금의 도입을 절멸케 하는 지경에 이르게 되는 것은 먼 장래를 기다려야만 합니다. 조선의 특수사정은 충분히 미루어 살펴 볼 필요가 있음을 희망하는 바입니다.

〈자료 86〉 선은(鮮銀)을 목표로 한 금융기구의 개선, 선은권 만주 철수에 자극되어 일부에서 필요 주창

(《매일신보》, 1935.11.21.)

조선의 금융계는 총독부 당국에서 정한 방침이 착착 진척되어 은행 합동의 일단락과 신탁업의 일원화에 의하여 이미 제1단계의 정비를 종료하기에 이르렀다. 오직 무진회사(無盡會社) 합동을 최후 현안으로 금후에 남기고 있는 현상인데 최근 만주국의 국폐통일 확립이 실현케 됨을 기회로 금융계 일부 방면에 조선 내 금융계의 형적(形的) 준비로부터 일보를 나아가 금융기구의 질적 개선을 가하기를 요망하는 소리가 대두함을 보게 되어 금후의 추이에 심심(深甚)한 주시(注視)를 끌게 되었다. 즉 조선은행이 일시 정리시대를 맞이하여 대장성이 그 감독권을 장악하게 된 이후 동행의 방침은 조선의 실정에 적응한 것이 되지 못하였고 특히 현재의 조선은행의 영업 방침은 발행권을 가진 중앙은행으로서는 난점이 다대하여 조선 금융계의 총본영으로서의 사명을 완전히 수행하지 못하고 있는 것이 사실이다. 2, 3개월 전 금융조합연합회에 단기자금을 조선은행에서 대출하기로 되리라는 설이 있었을 때에 "조선은행으로서는 기이한 일이다" 하여 유력 방면에서는 당연한 일을 오히려 기이한 눈으로 보기까지 한 일이 있었던 만큼 조선은행의 과거의 방침에는 중앙은행, 특히 발행권을 가진 은행으로서 적지 않은 결함을 품고 있었다. 그러나 일만경제(日滿經濟) "블록"의 강화와 함께 조선의 입장은 경제적으로 또는 금융적으로 일층의 중요성을 가하게 되었고 특히 만주국 건설 강화의 한 계단으로 국폐통일의 실시를 보게 되어 조선은행권의 만주국 내에 있어서의 종래 지반은 근본적 변혁을 초래할 운명에 직면하고 있으므로 조선은행으로 하여금 중앙은행으로서의 본래 사명에 환원케 하는 동시에 이것을 기회로 조선 내 금융기구의 개선을 기도할 적절 또 절호의 시기라는 관찰이 유력하게 되었다.

〈자료 87〉 산업금융의 중추로 개발회사(가칭)를 설립, 제령 발포하여 내년 봄에 완료

(《매일신보》, 1937.3.4.)

조선 내의 금융기구 조정 문제는 지난가을 본부에서 개최된 조선산업경제조사위원회에서도 이에 대한 자문, 답신도 있어 본부로서는 오래지 않아서 금융조사위원회를 설치하고 이 문제의 근본적 조정책을 강구하게 되었다 함은 이미 보도한 바와 같다. 그런데 본부로서는 약진하는 도중에 있는 조선산업경제계의 현상(現狀)에 비추어 산업금융기관으로 새로 조선개발회사(가칭)와 같은 특수회사를 신설하여 풍부한 자금의 방출을 해서 약진적 산업발달 기운의 조성을 하며 산업금융의 중추가 되게 할 의향으로 지난겨울 이래 관계 방면에서 열심히 연구 중인데 이 문제도 이번 봄의 정례제중요회의(定例諸重要會議)의 종막 후 이미 기술한 것과 같은 조선금융조사위원회를 신설, 개최하여 이어서 조선은행과 조선식산은행, 동양척식주식회사 등 주요한 특수금융기구의 조정 문제를 검토할 때에 이와 상관적 관련을 가진 문제로서 토의 결정할 터이라 한다. 따라서 이 위원회에서는 전에 기술한 3대 특수금융기구의 개혁 문제와 함께 신(新)기구를 설치하게 되면 특수회사 설립에 관한 제령을 발포하여 다음 봄까지에 설립을 완료하게 될 터라는데, 그 규모는 상당히 대규모의 것으로 자본금도 6,000만 원, 1억 원 정도로 하여 5배 내지 10배의 정부 보증 채권 발행의 특권 등을 부여하여 그 풍부한 자금 방출에 의하여 산업금융의 원활을 도모하여 여러 산업 발흥의 구체적 조건을 구비한 반도 산업계의 기대에 부응하게 할 터이라 한다.

〈자료 88〉 조사위원회 기업금융 회사 신설 등 금융기구 개혁 조정, 오는 6월 혹은 9월에 설치

(《매일신보》, 1937.3.10.)

본부에서는 기업금융 회사의 신설 문제 및 기설(旣設) 금융기구의 개혁 조정 문제 등 조선 내의 금융기구의 전면적 개혁 조정을 기도(企圖)하려고 오는 6월 혹은 9월에 금융조사위원회를 설치하게 되었다. 그리하여 위원에는 대장성, 척무성 관계자를 비롯하여 본부 및 민간 유력자를 망라하여 권위 있는 위원회를 구성하여 금융기구의 획기적 개혁 조정을 단행할 터이다.

총독부 이재 과장은 그 사이 도쿄에 가서 이 문제에 관하여 오노(大野)[57] 총감, 하야시(林)[58] 재무국장과 협의한 후 척무, 대장 양성과 협의를 마치고 9일 조선에 돌아왔는데, 이재과에서는 곧 이것의 실현에 대한 조사 준비를 하게 되었다.

---

57 오노 로쿠이치로(大野綠一郎).

58 하야시 시게죠(林繁藏).

〈자료 89〉 금융기구 통제 개혁과 곤란한 중요 제 문제, 선은(鮮銀)·식은·동척 간의 마찰면과 군소 은행 합병 등 사정 미묘

(《매일신보》, 1937.3.12.)

총독부에서 금융기구의 전면적 개혁과 통제를 단행하고자 이번 여름에 금융조사위원회를 설치하여 이것의 구체적 방침을 심의해서 늦어도 내년부터 금융기구의 통제 개혁을 구현하려 한다 함은 누차 보도한 바와 같다.

그런데 이 이 금융조사위원회에서 토의할 주요 문제는,

1. 조선은행이 만주로부터 후퇴한 이후 필연적으로 조선 내에서 그 뛰어난 재능을 신장하게 될 터인데 이에 있어 조선식산은행과의, 특히 방대한 식산은행 "블록"과의 마찰을 야기하게 될 터인데 이것의 조정을 어떻게 할 것인가
1. 동양척식주식회사는 설립 당초에는 조선 개척이 주요 임무로 되어 있었으나 최근에는 거의 전체 동아시아에 각종 사업망을 뻗쳐 산업자본체인 동시에 금융자본체로서 일대 왕국을 형성하여 자연히 조선에 있어서 금융상 조선은행, 식산은행 등과 경쟁적인 입장에 서게 되었는데 이 3자의 관계를 어떻게 조정할 것인가
1. 위 3개의 특수금융 조직의 재음미와 동시에 이와는 전혀 별개로 전에 기술한 세 금융기관의 출자로 반관반민의 강력한 기업금융 회사의 조직 신설을 할 것인가 혹은 전에 기술한 세 금융기구의 단순한 조정에 의하여 기업금융의 원활을 기할 수 있을까의 문제
1. 조선 내 군소 보통은행의 통제합병(내지은행의 조선 내 지점은 물론 흡수합병)에 대한 문제, 즉 조선은행과 식산은행을 각기 중심으로 합병할 것인가 또는 조선상업은행 중심으로 혹은 보통은행의 합병에 의한 별개의 보통은행을 신설할 것인가에 대한 합리적 최선책을 어떻게 하는가
1. 금융기구의 개혁 및 보통은행 통제 실현 후에는 지방에 있어 금융조합연합회와 금융조합은 지방은행적 성질을 가지게 되어 그 업무가 더욱 확대될 터인데 장래 이것을 어떻게 개혁하여 지도할 것인가

등의 극히 해결이 곤란한 문제로 다년간 각기 지반을 닦아 놓은 것이니만큼 또 산업경제계에 파급하는 영향도 심대할 것이니만큼 그 관계가 미묘하고 복잡한 바가 있어 이 문제에 대하여는 본부에서도 지극히 신중한 태도를 가지고 있는데 과연 이 위원회에서 어떻게 논의되며 어떠한 대책이 수립될지 주목되는바, 본부로서는 조사위원회의 인적 구성을 어떠한 범위에서 임명할 것인가에 대해서도 상당한 고심을 하고 있는 모양이다.

〈자료 90〉 (도쿄에서 본 조선) 금융기구의 개혁, 결국 선은(鮮銀), 식은(殖銀), 동척(東拓)의 업무협정이

(《부산일보》, 1937.3.1.)

전날 보고했던 문제의 조선은행의 만주 철퇴에 따른 조선 내에서의 금융기구 개혁 문제는 상당한 발전을 나타내 보이는 모양이다. 이 문제에 대해서는 의회 종료 후 산업조사회의 답신에 기초하여 금융조사회가 나오게 되는 모양인 이야기가 있지만, 아무래도 금융조사회는 중지되는 모양인 형세가 강하다. 그리고 이것에 대신하는 것으로 조선은행, 동양척식주식회사, 식산은행 3자의 업무협정협의회가 열린다고 하는 것으로 될 것 같다. 만주산업5개년계획에 대응하는 조선반도의 개발에 관해서는 정부, 군부와 동양척식주식회사 수뇌부 및 조선총독부 간의 상당 교섭이 있었던 것 같다. 이들 문제에 관해 전날 오노(大野) 정무총감은 대체로 다음에 의거해서 말했는데, 조선은행의 장래에 대해서 몹시 흥미 있는 담화일 것이다.

어쨌든 일본도 일본-조선-만주을 통해서 경제적 발전을 크게 해야 한다고 말하는 것으로, 그 의미에서 생각해도 반도 내에서의 혈관이라고 할 수 있는 금융조직을 정비하는 일은 지극히 필요하다고 생각한다. 이것에 대해서는 총독부로서도 여러 가지 방면에서 연구는 해보지만, 오히려 어려운 문제인 그것에 관해서는 실은 총독부로서는 지난 조선반도 내에서의 금융은 조선은행, 동양척식주식회사, 식산은행 3자가 각 분야의 협정을 맺어 3자가 병행하여 가는 것이 좋다고 생각하고, 「조선은행법」의 개정-이에 따른 「조선식산은행령」의 일정

> 변화를 초래할 것-을 기도하여 여러 가지 고찰해 보았다. 어쨌든 이번 의회는 예산안만을 다루고 지금부터 법률안을 제출할 여유도 없기 때문에, 우선 의회 종료 이후라도 된다면, 3자가 타협하여 회(會)라도 열어 주어서 업무의 협정으로 하고 싶다고 생각해서

즉 이 담화를 보아도 총독부 당국이 은행법의 개정을 기도한 일은 명백하여 어쩌면 다음 의회에는 이상의 개정 법률안이 제출되는 것으로서 보아 틀림없을 것이다. 따라서 이와 같은 개정이 어떠한 방향으로 되어 가는 것인가는 아직 분명하지 않지만 대체로 앞에 기술한 3자의 업무 협정의 내용에 말미암아 판단할 수 있는 일이 될 셈이다. 최근 동양척식주식회사는 야스카와(安川)[59] 총재 취임 이래 방계 회사를 통하지 않고, 직접 동양척식주식회사 자체가 사무에 착수하는 경향이 강하지만 어쩌면 동양척식주식회사는 사무금융에, 조선은행은 상업금융에, 식산은행은 부동산금융에 보다 한층 노력하는 모양이 되는 것은 아닐까?

〈자료 91〉 조선 내 금융기관 신업무 분야 확정, 의회 후 급실현 결정

(《매일신보》, 1937.3.19.)

[도쿄] 조선의 금융제도 개선에 따르는 금융기관의 업무 분야 확정은 대장, 척무 양성 및 조선총독부와의 사이에서 연구를 진행함과 동시에 지난번 조선경제회의에서도 협의하였는데, 이즈음 정부는 다음과 같은 성안을 얻었으므로 의회 종료 후 대장성을 중심으로 관계 방면에서 급속히 실현을 도모하기로 되었다. 즉 당국이 기도(企圖)하는 분야 확정은 다음과 같이 현재 기관의 업무 범위를 정하고 신기관을 설치하지 않기로 되었다.

1. 조선은행 - 발권 및 보통은행 업무를 행하게 하여 조선의 중앙은행으로서 전 조선의 금융통제기관이 되게 함.
2. 조선식산은행 - 부동산금융에 한정

---

59 야스카와 유노스케(安川雄之助).

3. 동양척식주식회사-공업금융 업무에 한정
4. 보통은행-보통은행 업무의 촉진을 도모하기 위하여 총독부는 현존 은행의 활동을 조장할 방책을 강구한다.
5. 금융조합-현재 보통은행 부진의 원인이 되는 금융조합 업무를 축소하여 일본의 신용조합과 같이 주로 금융조합원에 대한 금융 업무에만 한정케 함.

그리고 정부는 이들 기관에 대한 감독을 강화하기 위하여 조선식산은행의 일본에서의 업무에 관하여는 대장성에 감독권을 주어 대장, 총독부 공동 관할로 함과 동시에 동양척식회사의 조선 내 업무에 관해서는 총독부에 감독권을 부여하여 대장성과 공동 관할로 하고 또 조선은행의 발권권은 조선 내 경제가 일본과 다른 실정에 비추어 즉시 일본은행과의 통일은 불가하므로 현재대로 방치하기로 결정하였다.

〈자료 92〉 이론적으론 타당, 실현성에는 의문, 조선 내 금융기구 개선에 대한 금융계의 종합 의견

(《매일신보》, 1937.3.19.)

조선의 금융기구 개선에 따른 각 금융기관의 업무 분야에 대해서는 소위 기능별 통제론이 정부의 성안으로 전하고 있어, 금융계 방면에 비상한 충동을 주고 있는데, 위 성안이라는 것이 아직 확정적, 실제적이 아니라고 하는 의미에서 각 금융기관 당국은 자기의 의견 발표를 주저하고 있다. 즉 위 성안이라는 것은 자못 이론적, 개념적, 상식적, 이상적인 안으로서 일단 긍정할 수 있는 이론이나 조선의 실정으로 보아 그 실현성에 이르러서는 의문시된다는 의견이 일반으로 유력한데, 대체로

1. 조선의 담보물건이 대개 부동산에 한정되고 있는 것
1. 따라서 부동산금융, 일반금융, 공업금융 등이라는 명확한 금융의 분야를 확정하는 것은 불가능한 것

등에 난색을 지적하고 있다. 그러나 대체적인 정치론으로서 금융기구를 이와 같이 통제하는 것은 어디까지나 원론으로서 인정하지 않을 수 없고, 오는 9월경 개최 예정의 금융제도조사회 등에서는 우선 이쪽 편의 원칙론을 기초로 하여 구체안을 준비하는 것이 아닌가 보고 있으므로, 하여간 이와 같은 안이 출현된 것은 금융기구 개선 문제에 하나의 발전을 주는 것으로 다대한 주목을 하고 있다.

각 기관의 의견

동양척식주식회사: 공업 금융에 제한한다고 하나 조선 이외의 지역에서 활동 무대를 가진 동양척식주식회사로서는 상당히 이론(異論)이 있을 것이다.

조선식산은행: 조선의 금융 대상이 거의 부동산에 한정하고 있는 점에서 부동산금융이니 보통금융이니 구별하여야 한다는 것은 절대 불가능이다.

보통은행: 부동산금융을 제외한다는 것은 업무를 상업금융에 한정하는 결과로서 조선의 실정에서 거의 불가능한 문제이다. 오직 지장(地場)은행에 대하여 적당한 방책을 강구한다고 하는바, 이것은 아마 은행의 합동 같은 것을 지칭하는 것 같은바 이 점이 관심처이다.

조선은행: 조선은행이 조선의 중앙통제기관으로 강화된다고 하는 것은 당연한 것이다.

〈자료 93〉 은행합동 촉진? 통제 강화의 필요상

(《매일신보》, 1937.3.19.)

도쿄(東京)에서 전하는 바에 의하면 조선의 금융기구 개선에 대해서 조선식산은행은 부동산, 조선은행은 발권, 동양척식주식회사는 공업, 보통은행은 상업금융을 각기 분담하여 분야를 확립시키려는 것이라 하는바, 이와 같이 된다고 하면 무엇보다도 전 금융의 7할을 부동산에 의하여 행하는 조선으로서 보통은행의 금융 범위가 극히 축소되게 될 것이므로 이것이 구체화하는 때에는 보통은행에 대해서 당국으로서도 통제 강화를 행하여 능히 자립을 계속할 만큼 특별한 감독과 지원이 필요하게 될 것인데, 이와 같이 된다고 하면 당연히 현재 보통은행의 합리적 합병론에 귀착되는 것이 아닌가 관측된다.

〈자료 94〉 기업금융은 신설, 총독부 측의 의향

(《매일신보》, 1937.3.19.)

조선의 금융기구의 근본적 조정을 토의할 금융조사회는 본부에서 일본과 조선의 관민 권위자 십수 명을 위원으로 임명하여 오는 9월경에 개최하기로 결정하였는데 방금 문제가 되어 있는 기업금융기관을 신설할 것인가 또는 이미 설치된 기관에 대하여 총독부가 희망조건을 제시하여 희망한 바와 같이 금융을 시키게 할 것인가의 문제도 동 위원회에서 결정할 방침이라 한다. 그러나 본부에서는 현존 기관을 동원하는 것보다 차라리 회사를 신설할 의향이 유력하여 결국 동양척식주식회사, 조선식산은행, 조선은행 등이 신설 회사의 대주주가 되어 현재 이들 기존 기관의 기업금융을 신설 회사에서 인계하여 경영하게 할 것으로 관측된다.

〈자료 95〉 조선 금융기구의 개혁, 철저한 시안을 작성 중, 선은·식은 양행령의 개정에는 본부로서는 저촉치 아니할 방침

(《매일신보》, 1937.3.26.)

이번 가을 개최될 본부의 금융조사위원회에서 심의될 조선의 금융기구 개혁 문제가 상당히 철저한 내용을 가진 것은 본부에서 방금 여러 시안을 작성하고 있는 그 내용으로 보아 확실하다. 조선식산은행, 조선은행, 금융조합, 동양척식주식회사 등의 금융기구의 너무나 방대한 업무 분야를 적절히 시정하여 현재의 격화된 마찰을 근본적으로 해소시키게 되었는데, 이 근본책이 결정되면 「조선은행법」, 「조선식산은행령」의 개정까지 단행하지 않으면 철저하지 않다는 설이 있으나, 본부로서는 전에 기술한 현행 법령에 기초한 명령에 의하여 충분히 목적을 수행할 수 있다는 견해를 가지고 있으므로 법령의 개정을 하지 않을 모양이다.

〈자료 96〉 기업금융회사안, 기존 기관의 기업금융 전부 신회사로 통일

(《매일신보》, 1937.3.26.)

오는 9월에 일본과 조선 관민 금융 권위자 20명을 위원으로 임명하여 개최할 조선금융조사회에서 정식으로 결정해서 구체화하게 된 기업금융 기관 문제는 총독부에서도 여러 가지로 구체안을 자세히 연구 중인데 대체로 제령에 의하여 신(新)특수회사를 창설하여 기존에 설립된 기관의 기업금융은 전부 신설 회사에 통일하는 동시에 이미 설치된 금융기관은 신설 회사의 주주가 되며 또 채권 발행의 경우에는 이를 인수하게 하여 간접적으로 기업에 투자를 하게 할 모양이다. 그리하여 본부에서는 신설 회사에 대하여 조선신탁회사 또는 머지않아 신설될 임업개발회사와 같이 일정 기간은 5, 6분 정도의 배당을 정부 보증으로 할 것도 결정적이다. 그런데 일설에는 「동양척식주식회사법」을 개정하여 부총재를 신설하여 부총재를 조선에 주재시키어 조선 내 업무에 관하여는 본부의 유력한 감독권을 인정케 하여 동양척식주식회사에게 기업금융을 시키게 하자는 의논도 있으나 이는 실현성이 매우 박약하다.

〈자료 97〉 부동산은행화에 식은의 반대 강경, 금융기구 문제 분규

(《부산일보》, 1937.3.28.)

조선에서의 금융기관 분야 획정에 관해서는 대장성 및 현지 각 기관과의 사이에 협의를 진행한 결과 대장성에서는 드디어 의회가 끝나기를 기다려서 실행에 착수할 의향이지만 현지 각 기관에서는 대장성 원안에 대해 불만을 가지고 있다. 특히 조선식산은행의 부동산은행화에 대해서는 조선식산은행에서의 강경한 반대 의향을 표명하고 있는 것으로 이 문제가 구체화함에 따라서 대장성 대 각 기관의 사이에 상당한 분규를 보일 것으로 예상된다.

즉 조선식산은행은,

1. 조선 내에서의 금융 사정에서 보아 보통은행 업무와 부동산은행 업무는 분리하여 별개의 기관에서 경영하는 것은 채산(採算)상 도저히 불가능하다.

1. 조선 내 상업금융에 대해서는 조선식산은행이 조선 내에 가진 긴밀한 지점망에 의해서 금일까지 원활하게 행해 온 것으로, 이것을 일거에 조선은행에게 양도하는 것과 같은 것은 연혁상 곤란한 실정에 있다.
1. 대장성이 가진 조선식산은행 오사카(大阪)지점 철수의 방침에 대해서는 부동산은행화에 반대하는 이상 도저히 응낙(應諾)하기 어렵다.

이러한 견해를 가지고 있는 경우 조선식산은행은 전항의 이유에서 조선은행권의 일본은행권으로의 통일이 시기의 문제인 이상 조선 내 금융기구 정비를 위해서는 오히려 조선은행과 식산은행의 합병을 꾀함이 가할 것이라고 보고 있다.

〈자료 98〉 조선 금융기구 개혁의 핵심은 각 기관의 사명 환원, 기미모리(公森) 선은(鮮銀) 부총재 입양(入壤) 담(談)

(《평양매일신문》, 1937.6.25.)

조선은행 부총재 기미모리 타로(公森太郎) 씨는 신임 인사와 지점 업무 시찰을 위해 24일 오후 8시 새벽 열차로 평양에 도착했는데 도중까지 마중 나갔던 기자에게 다음과 같이 말하였다.

평양에는 작년 일본의 증권단(證券團)과 시찰로 왔던 적이 있다. 그즈음에는 낙랑(樂浪)이라든가 모란대(牡丹臺) 등을 둘러봤지만 이번에는 지점의 업무를 보고 사무의 발전에 관한 중대한 요무(要務)를 가지고 있기 때문에 지난번 평양에 왔을 때처럼 유람 기분으로는 있을 수 없다. 조선은행도 만주에서 손을 뗀 것이므로 다른 일을 찾아내지 않으면 안 되지만 화북[北支], 화남[南支] 등은 무엇 하나 생각대로 되지 않는다. 그것보다도 만주에 손을 뻗어 있기 위해 소홀히 되어 있던 조선에 대해서 충분한 힘을 쏟아 조선 본래의 사명을 향해서 나아가는 것으로 하고 싶다고 생각한다. 조선 금융기구의 개선은 조금씩 화제로 되어 본부나 척무성, 대장성 등에서는 연구되어 있다고 하는 것이지만 지금 직접 구체화되었다고 생각할 수 없고, 금융기구의 개혁에 대해서 이론은 종종 세워지게 될 것이라고 하지만 조선은행, 식산은행, 동양척식주식회사 등 각각이 그 본래의 사명을 향해서 나아가 행하면 어떠한 사업상 저촉되는 바 없이 나아갈 수 있다고 생각한다. 즉 조선은행은 단기 상업자금을, 식산은행은 장기 식산자금을, 동양척식주식회사는 기업자금을 각각이 각각의 본분을 지켜서 그 본분을 향하여 최선을 다한다면 어떠한 문제도 없다. 자신의 본분 이외의 일에 손을 뻗치기 때문에 무리가 생기는 것이고, 조선은행이 만주에서 손을 떼고 조선에서의 본래의 사명을 향해 나아가는 것이 된 이 기회에 각각 그 본분으로 되돌아가서 진전한다면 그 사이 어떠한 마찰은 없다고 생각된다. 최근 평양만은 아니지만 전 조선적으로 토지에 대한 대부에 은행이 매우 소극적이다라고 하는 비난이 있지만 이는 다른 곳에 막대한 대출을 하고 있기 때문이다. 토지 투기를 조장하는 것 같은 결과를 초래함은 토지의 발전을 위해서도 경제계의 견실한 걸음을 위해서도 매우 나쁜 결과를 초래하는 것이기에 은행으로서는 충분한 고려를 할 필요가 있다. 또 은행 측에서는 처분하는 시기를 고려하여 행하는 것이 아니기에 시세에 따른 가격 상승을 그대로 수입하는 것이 가능하지 않다. 또 상업자금 방면으로도 은행이 죄고 있는 것 같다고 평양 같은 곳에서 말하고 있다고 하지만 최근 자금이 약간 고갈되어 가기 때문에 여러분이 요구한 대로 융통할 수 없는 것과 같은 결과가 되고 있는지도 알 수 없다. 최근 금융계는 주식투자의 증가, 주식의 납입 등으로 자금이 그 방면에 상당 요구되는 경우로 유휴자본은 적어진 듯하다. 자연 단기물은 금리도 일부분 오를지도 모르지만 장기물은 정부의 국채정책 등의 관계도 있고 금리의 움직임은 없을 것이다. 예금 및 이자는 지방마다의 사정도 있어 그 대강을 말할 수 없지만 우선 큰 움직임은 없는 것으로 보이고 있다.

〈자료 99〉 조선은행에서 식산채 인수? 식은서 교섭을 개시

(《동아일보》, 1937.7.7.)

최근 조선식산은행에서 조선은행에 대하여 식산채권의 조선은행 인수 교섭이 비공식으로 행하여지는 모양이며 그 진전은 자못 주목할 만하다. 그리고 조선은행으로서는 중앙은행의 입장으로 이것을 거부할 이유는 없고, 차라리 본래의 기능으로서도 당연히 이것을 용인할 입장에 있으므로 신중히 고려 중인바 식산채권이 「일본은행조례」의 개정에 의해서 일본은행의 담보채권에 지정될 모양도 있으므로 이것의 결정을 보면 조선은행으로도 식산채권의 인수에는 이의 없을 모양이고 머지않아 도쿄로 건너가는 아루가(有賀)[60] 식산은행 두취(頭取)가 가토(加藤) 총재와의 사이에 절충이 행해지면 혹 의외로 용이하게 해결됨을 볼 것이라고 관측되는 중에 있다.

〈자료 100〉 조선 금융 통제력 일원화를 기대, 조선은행 및 식은 마찰 배제 등 금융기구 개혁상 중시

(《동아일보》, 1937.7.7.)

조선에 있어서의 금융기구의 개선에 대하여는 오랫동안 현안으로 되어 있는데, 지난번 도쿄로 건너간 미나미(南) 총독도 대장성, 척식성과의 사이에 같은 문제에 관하여 의견의 교환을 행한 결과 완전한 의견의 일치를 보았고, 금융기구의 개선을 머지않아 실현할 것으로 기대되고 있는데 가장 주목을 끄는 것은 조선은행 및 조선식산은행의 마찰 문제로, 현재 이 두(二頭)정치의 형태에 있어서 양행의 금융통제력은 조만간 어느 편으로든지 시정되고, 양행이 모두 본래의 사명에 돌아갈 형세에 있는바 더구나 최근 금융계의 경색 상태로 보아서 장기채권에 자원을 의존하는 식산은행은 상당히 괴로운 바가 있고 총독부 당국도 예금부 자금의 융통을 도모하는 등 대책을 강구하고 있으며 종래 금융적으로 아무런 관계없는 조선은행, 식산은행의 관계는 지난번 식산은행이 조선은행에서 차입을 행한 사실로 보아 비로소 관계가 발생하고 양행의 접근적 기운이 조성되기에 이르렀다.

60 조선식산은행 제2대 두취인 아루가 미쓰토요(有賀光豊)로 1920~1937년까지 재임하였다.

〈자료 101〉 조선 내 금융기구 전면적 대개혁, 총독의 감독권 강화 등 기타 각 분야의 정비 결정

(《동아일보》, 1937.7.8.)

조선 금융기구의 개혁 문제는 미나미(南) 총독이 돌아옴으로써 드디어 구체화하여 이번 가을 9월경까지에는 실현될 모양이다. 개혁에 관한 총독부의 원안은 미나미 총독이 도쿄에 체류하는 중 중앙과의 절충에 의해서 양해를 얻었으나 재계 공기를 고려하여 발표하지 않고 금후에는 오직 총독부 원안을 중심으로 당업자와의 사이에 절충을 행하여 업자의 입장과 희망을 충분히 참작해서 정식으로 행하려는 것 같고, 이 기구의 개혁에 의해서 특수은행과 보통은행의 사명은 명확히 분리되어 각 은행의 업무 분야를 결정함은 명백하고 더욱 금융업에 대한 조선총독의 감독권은 최대한도까지 강화되어 동양척식주식회사와 같은 것도 금후는 기업의 금융중심주의를 취하고, 직책의 확립을 도모하는 한편 경우에 따라서는 동양척식주식회사에 감리관의 설치를 보려는 모양이다. 그리고 조선식산은행, 조선은행은 업무 분야의 확립 이후라도 조선 금융의 중추기관으로 밀접한 연락 협조를 행하게 할 방침이며 전하는 바와 같은 금융제도조사회는 두지 않기로 하였다.

〈자료 102〉 식산채 조은 인수보다 기구 정비가 급무, 양행 대립 시정이 문제

(《동아일보》, 1937.7.8.)

기보(既報) = 식산은행 채권의 조선은행 인수 발행 문제는 관계 방면에서 다대한 주목을 이끌고 있는데, 그 성사 여부는 아직 쌍방의 절충이 부진한 모양이어서 문제는 이보다 더 근본적 문제에 중점이 있는 모양이다. 즉 이 선결적 문제로 이와 중대 관련 있는 금융기구의 개선 문제가 가로놓여 있고 조선은행, 식산은행의 대립 시정이 근본적으로 이에 해결되지 않으면 식산채권 인수 문제와 같은 것도 그렇게 간단히 해결될 것 같지 않다는 해석이 타당한 모양이다. 따라서 식산채권의 인수 문제와 같은 것은 그 근본적 기구개혁 문제의 파생적, 지엽적 문제에 불과하고 결국 총독부의 금융제도조사회가 성립해서 금융기구의 개선 문제가 표면적으로 나오는 시기에 이르지 않으면 구체화되지 못할 것으로 보고 있다고 한다.

〈자료 103〉 (식은 장기채의 선은 인수) 대장(大藏)·일은(日銀)의 양해가 성립의 선결 요건! 아루가(有賀) 씨 도쿄 방문 후에 구체화, 식은(殖銀)의 신청액은 3,000만 원

(《경성일보》, 1937.7.8.)

조선은행의 조선식산은행에 대한 장기금융에 대해서는 최근에 식산은행에서 조선은행에 3,000만 원의 융통 방침을 신청했지만 가토(加藤) 총재가 도쿄(東京)에 가서 부재하므로 상호의 의견을 개진함에 그치고 조금도 구체화되고 있지 않은데, 아루가(有賀) 식산은행 두취(頭取)가 도쿄에 가서 가토 총재와 교섭이 구체화한 것으로 보이고 있다. 그런데 교섭의 포인트를 이루는 것은 장기금융의 경우에 담보 물건을 식산은행에서 조선은행에 제출하는 것 및 조선은행이 식산은행 채권을 인수하는 경우는 식산채권을 일본은행의 보증 채권으로 하는 일 등으로 기술상 그다지 난관은 없는데, 이에 관해서는 장기금융의 성질상 조선은행으로서도 대장성 및 일본은행의 양해를 얻지 않으면 안 되고 가토, 아루가 양 수뇌자가 긴밀히 제휴하여 양 당국에 양해를 구하는 것이 필요조건으로 되고 있다. 따라서 도쿄에서의 양 씨의 교섭 여하에 따라서 이 문제가 해결될 것인데, 종래 형편상 장기금융의 성립까지에는 우여곡절이 예상되어 각 방면의 심심한 주목을 끌고 있다.

〈자료 104〉 금융기구 정비 어떻게 되어 왔는가 (1)_전홍진

(《동아일보》, 1937.7.7.)

조선 내의 금융기구 정비 문제는 최근 2, 3년 내로 다시 그 필요를 인정하게 되었고 이에 총독부도 이번 가을에는 금융기구조사회를 개최하기에 이르렀다. 지난날 미나미(南) 총독과 가야(賀屋) 대장대신의 회견에서도 신(新)산업5개년계획과 병행하여 실현하게 되었다는 것을 전하는 것을 보면 획기적 대(大)정비가 있는 것이 아닌가 하게 보게 되었고, 일전 미나미 총독이 조선에 돌아오는 중에 말한 것을 보아도 그 구체적 안은 차차 결정될 모양이나 하여간 곧 큰 개선이 될 것만은 틀림없다 할 것이다.

×

그러면 그 필요는 무엇 때문에 있었는가? 이것을 전부 여기에 나열하기는 어려우나 요약해서 들어 본다면

1. 조선은행의 만주 철퇴 이후 조선 내 각 은행과의 마찰 또는 조선식산은행과 금융통제력의 대립 마찰 여하.
2. 조선식산은행은 부동산은행으로 공공산업 대출에 주력하는 것이 본래 취지였는데 상업금융으로의 진출이 현저하여 보통은행과의 마찰 여하.
3. 금융조합의 업적 향상으로 인한 보통은행의 지반 침해 여부.
4. 보통은행은 위로는 조선은행, 조선식산은행, 아래로는 금융조합 등의 중간적 지위에 있어서 협공을 당하는 현상 여하.
5. 자금 조달상에서 본 동양척식주식회사와 조선식산은행의 관계 여하.
6. 무진회사(無盡會社) 대책 여하.
7. 신탁회사의 금전신탁 내지 부동산신탁의 증가와 이에 관련한 은행과의 영업상 마찰 여하.

등등의 문제가 남아 있는 까닭에 이것이 먼저 보통은행의 위아래로부터의 협공에서 도화선이 되었고 이어서 신산업5개년계획과 병행시킬 필요가 크다 하여, 관계 방면에서도 그 정비의 필요를 운운하기에 이르렀다.

×

어떻게 생각하면 요즘과 같이 금융이 경색을 보이는 때에는 그다지 필요도 적다고 할 수도 있겠지만, 이러한 각종 문제를 그대로 두고 나간다는 것이 옳지 않다고 하면 후일의 안전을 위해서 그 정비는 차라리 빨라야 할 것이라는 말도 있게 된다. 조선은행이 중앙은행으로서 발권은행의 행세만 해 나가고, 조선식산은행이 산업금융만 해 나가고, 보통은행이 상업금융만 해 나가고, 신탁회사, 무진회사, 금융조합이 각각 본래의 사명을 받아서 나간다고 하

면 현재 금융기구의 개비(改備)가 문제될 바가 없으나 자연스럽게 그동안 범위의 불분명, 또는 영업상의 마찰 같은 것이 있다고 하면 문제는 이곳에 귀착되는 만큼 그 추이가 관심을 이끌지 않을 수 없을 것이다.

×

장차 오노(大野) 정무총감이 도쿄로 간 뒤 일본은행 및 대장성과 충분히 타협하여 구체적인 대책이 있게 될 것이고 발표는 재계(財界)의 자극이 심할 터이므로 최후의 안이 있기까지는 발표하지 않으리라는 것이 미나미 총독이 말한 것이었으므로 어떻게 어떠한 형식이 될는지는 전혀 알 길이 없는 터이나 하여간 현재의 위에서 언급한 것과 같은 서로 충돌이 있는 한 우선 이것을 시정하고 이에 따라 현재 필요한 금융기관의 신설과 같은 것이 나타나게 될지도 모른다고 할 것이다. 그렇다면 현재 이것을 정비함에 당면해서, 과거에는 어떠한 경로를 밟아 왔는가? 과거를 한번 보아 오늘날에 이른 한 경과를 살핌도 그다지 무리는 아니라 하겠다. 물론 현재 조선의 금융체계는 정연한 근대 기구를 완비하고 뚜렷한 정비 공작 진전의 자취가 없지는 않다고 하되, 현재의 각종 산업의 급진적 발전에 따라 모든 금융기구는 새로운 각도로 연구의 대상이 되어 있는 것만은 사실인즉, 이곳에 관계 방면의 주시가 있는 것이라 아니할 수 없을 것이다.

〈자료 105〉 금융기구 정비 어떻게 되어 왔는가(2)_전홍진

(《동아일보》, 1937.7.8.)

그러면 조선 내의 금융 정비는 어떻게 해서 오늘날에 이르렀는가? 대저 조선의 금융제도와 금융체계는 1935년(昭和 10)을 구획으로 하여 정연한 새로운 체계를 정비해서 일단 조선 근대 금융의 역사상의 신기원을 만들었다고 할 수 있다. 이 동안을 다시 구분해 본다고 하면 1878년(明治 11) 제일은행(第一銀行)이 처음 부산에 지점을 낸(이것이 조선에서는 최초의 은행) 때로부터 1910년(明治 43)의 중앙은행이 창설되기까지를 제1기로 한다면, 이 뒤의 조선식산은행(朝鮮殖産銀行) 창설까지를 제2기, 그다음 1935년(昭和 10)에 있어서의 정비 완성을 제3기라고도 할 수가 있다. 과거에 있어서 금융기관으로는 표면상 이렇다 할 것이 없었으나 자못 계(稧)라는 것이 중대한 역할을 해 왔고, 어음(약속어음의 종류)이라는 것도 불완전하나마 금융에 공헌한 것은 이미 주지하는 사실이라고 하겠지만 아무래도 근대적 의의를 가진 것은 제일은행의 부산 진출에서부터 시작된다고 하겠도다. 이에 뒤이어서 1890년(明治 23)의 제18은행, 1892년(明治 25)의 구(舊) 제58은행(야스다은행(安田銀行)의 전신) 등이 진출해서 각처에 지점을 두었고, 조선인 측으로는 1899년(明治 32)에 조선상업은행(朝鮮商業銀行, 원래는 천일은행(天一銀行))이 비로소 설립, 따라서 1903년(明治 36)에 한성은행(漢城銀行), 1906년(明治 39)에 동일은행(東一銀行, 원래는 한일은행(韓一銀行)), 1907년(明治 40)에 밀양은행(密陽銀行)이 생겨서 이제야 은행다운 은행, 또는 조선인 은행이 나타나서 조선의 근대적 금융기관의 체면을 보였다. 이와 동시에 금융기관 확충의 보강 공작으로는 1907년 경성에 한성공동창고회사(漢城共同倉庫會社)가 자본금 30만 원으로 설립되어 상업금융의 길을 개척하고, '어음' 폐지와 병행시켜서 1907년(明治 38)에 경성 외 6개 곳에 어음조합을 두어 어음의 원활한 유통을 도모하였고, 1902년(明治 35) 이래 제일은행의 은행권 유통에 대한 강제통용력이 부여되었다. 한편으로 이외의 금융정책으로서는 1906년에 「농공은행조례(農工銀行條例)」가 공포되고 같은 해 6월에 한성농공은행(漢城農工銀行)을 선두로 충주, 평양, 해주, 경성, 전주, 광주, 진주, 대구에 설립하였고 이듬해인 1907년에 공주와 함흥에도 설치하여 식산자금 융통 공여의 임무를 맡았다. 특히 이러한 농공은행이 식산자금의 임무를 맡은 것과 아울러 「지방금융조합규칙(地方金融組合規則)」이 1906년에 공포되어 1907년에 광주금융조합(光州金融組合)을 필두로 계속해서 설치되었는데 이 동안에 동양척식주식회사의 창립도 있었다. 한편 보통은행은 1906년 「은행조례」를 적용하게 되었고 한국은행(韓國銀行) 설립이 1909년(明治 42)에 되어 제일은행의 업무를 인계하여 중앙은행으로서의 업무를 시작하였다. 즉 이것으로 보면 이 시대는 모든 것의 창설시대라 할 수 있고, 여기는 정비 문제가 논란이 될 시절은 아니었다. 그러다가 금융상의 신법규 제정 등에 따라 차차 정비시대로 들어가게 되었으니 이제 그동안 정비를 위한 법규를 공포했던 것을 열거하면 다음과 같다.

▲1911년(明治 44) 「조선은행법」 공포, 「조선이식제한령」, 농공은행 감독권 총독 이전, 「지방금조합 감독 규정」.

▲1914년(大正 3) 「농공은행령」 공포(7월 실시), 「지방금융조합령」(9월 실시)

▲1915년(大正 4)「은행령시행규칙」개정

▲1917년(大正 6)「조선은행권 만주 유통에 관한 칙령」

▲1918년(大正 7)「조선은행법」개정,「화폐법」조선 시행,「지방금융조합령」개정, 조선식산은행 업무 개시

▲1919년(大正 8)「금융조합 사무 감독 규정」개정

▲1920년(大正 9)「은행령」개정,「회사령」폐지,「화폐법」개정, 조선식산은행의 조선저축은행 업무 개시

▲1922년(大正 11)「조선무진업령」

▲1923년(大正 12)「은행령」개정

▲1924년(大正 13)「조선식산은행령」개정,「조선은행법」개정

▲1928년(昭和 3) 「은행령」개정의 제령 공포(1929년(昭和 4) 1월 실시)

▲1928년(昭和 3)「조선저축은행령」공포(1929년)에 조선저축은행 창립)

▲1928년(昭和 3) 금융조합협회 설립

▲1929년(昭和 4)「금융조합령」,「사무 감독 규정」개정, 조선식산은행에 금융조합중앙금고 설치

▲1931년(昭和 6)「조선신탁령」공포

▲1931년(昭和 6)「조선무진업령」개정

▲1933년(昭和 8)「조선금융조합연합회령」공포

〈자료 106〉 금융기구 정비 어떻게 되어 왔는가(3)_전홍진

(《동아일보》, 1937.7.9.)

이상과 같이 계속 이어진 법규 정비에 따라서 금융기관의 확충을 실현하였는데, 그간 1926년(昭和 1)까지의 금융제도조사위원회의 활동도 상당히 이에 추진적 보조를 이바지했다. 그러면 각 부문에 있어서는 어떠하였는가? 다음에 각항으로 나누어서 대체를 일별하고자 한다.

먼저 조선에 있어서의 중앙은행 업무는 어제도 말한 것과 같이 1905년(明治 38) 이래 제일은행이 동 은행권의 조선 내 강제통용력의 부여를 따라서 중앙은행의 업무를 잠정적으로 행해 오다가, 1909년(明治 42)에 자본금 1,000만 원의 한국은행이 창립되면서 제일은행은 물러서고, 뒤이어 1911년(明治 44) 3월 「조선은행법」 발포를 보아, 한국은행을 조선은행으로 이칭하여 조선의 중앙은행으로서의 기초를 세워 금일에 이르렀다. 이와 동시에 보증준비를 2,000만 원에서 3,000만 원으로 늘리고 이어서 업무망의 확대를 꾀하여 만주, 중국, 시베리아 진출 내지 구미(歐美)에까지 발전을 보였고, 1917년(大正 6)에 배액(倍額)을 증자하여 2,000만 원의 자본금을 만들었으며, 다시 만주에 있어서의 조선은행권 무제한 통용력이 인정되고 다시 1918년(大正 7)엔 보증준비를 5,000만 원으로 확장, 1920년(大正 9)에 제3차 증자로 자본금 8,000만 원을 보여서 자못 순조를 보여 왔다. 그러다가 세계대전 이후의 불황의 영향을 받아 1921년(大正 10)부터 점차 정리를 보지 않으면 안 되게 되어 1921년에 제1차, 1924년(大正 13)에 제2차, 1925년(大正 14)에 제3차로 정리를 진행시켜 자본금 반감, 특별정리자금의 융통을 받고 다시 감독권을 대장대신에게 이관, 다시 대장대신으로부터 조선은행의 감독을 조선총독에게 위임시켰다. 이렇게 불운을 겪는 동안 정리 진행과 아울러 경기의 호전, 특히 조선의 경기가 좋아진 것 등으로 현재는 다시금 활약 시기를 만난 셈이다. 한동안 조선은행이 정리되어 가는 중엔 허다한 풍설이 전하였으나, 우선 정비 문제상에서 본다고 하면, 극력 조선의 중앙은행으로서 또는 만주에 있어서의 업무망 확대로 자못 중요 역할을 수행해 왔다고 할 수 있다. 그러나 작년 11월 「만주흥업은행법」 발포를 본 뒤 조선은행은 만주에서 물러서게 되었고 다시 조선에 있어서 그 보충을 하지 않으면 안 되게 되었기 때문에(북중국 같은 곳으로도 주력은 하지만) 자연 이 사이의 관계가 다시 식산은행, 또는 다른 은행과의 마찰 여부를 고려하게 되었나 할 것이다.

다음 조선 내의 식산흥업 금융기관으로는 1906년(明治 39) 설립한 각 농공은행이 그 임무를 담당하여 산업금융에 주력하였고, 이후 합동에 의하여 현재 조선식산은행이 되었다. 이들 농공은행은 당시 정부 보호를 여러 가지 받아서 오로지 농공산업자금의 공급을 담당하였으나 1905년 10월 지방금융 경색을 완화시키고자 각지에 정부 창고를 설치하고 동산, 부동산 담보대부를 행하게 할 것을 대부분 농공은행에게 인수시킨 것이 상당히 불량대부가 있었던 것과 고정대(固定貸)로 된 것이 적지 않은 것과 또는 지방금융의 충실 등을 운운하여 합병설이 대두되어 결국 1907년(明治 40) 6월 충주 및 공주의 두 농공은행이 한성농공은행에게 합병되어 한호농공은행이 되었고 1908년(明治 41)에는 함흥과 경성이 합해서 함경농공은행이 되었으며 이에 이어서 평양과 해주가 합해서 평안농공, 대구와 진주가 합해서 경상농공이 되었는데, 다만 전주, 광주가 그대로 남았을 뿐이고 기타는 이상과 같이 거의 지역적으로 합동이 진행되었다. 여기서 보면 이 합병 공작은 식산은행 출현까지의 준비공작으로 보이는 것이 보통이라 하겠다.

〈자료 107〉 금융기구 정비 어떻게 되어 왔는가(4)_전홍진

(《동아일보》, 1937.7.10.)

이렇게 합동된 뒤의 각 농공은행은 향상되는 추세의 길을 밟았다. 1912년(大正 1) 7월 수형조합의 업무를 농공은행이 계승하고 뒤이어 한호농공 60만 원, 경상농공 40만 원, 전주농공 20만 원, 광주농공 20만 원의 증자를 보였고 이 뒤 1914년(大正 3)에 새로 「농공은행령」의 제정, 공포가 있어 (1) 생산품에 대한 대부 (2) 환 및 하환위체(荷換) 취급 (3) 동양척식주식회사 업무 대행 (4) 지방금조를 대리점으로 지정하는 등 여러 가지 방면으로 업무의 확장을 도모하였었다. 그러나 당시 재계(財界)의 요구는 이에 멈추지 않을 뿐 아니라 자금 수집에 대하여 불편이 적지 않고 당국은 다시 이 농공은행의 대동합병에 의해서 조선 금융의 중추기관을 만들고자 하여, 비로소 조선식산은행의 창립을 보았다. 먼저 이 은행의 주식은 외국인의 소지를 불허하는 특수은행으로서 자본금 1,000만 원, 채권 발행 능력을 납입자본금의 10배로 할 수 있는 것, 부동산 및 부동산의 권리담보 대부, 연부상환 연한을 30년으로 연장, 어업권 및 재단을 담보로 하는 대부, 물산담보는 조선 물산에만 한정하지 않음, 유가증권 대부의 범위 확장, 공공단체의 채권 또는 조선 내 척식사업을 경영하는 것을 목적으로 한 회사의 사채의 응모 또는 인수, 일반 신탁 사무, 동양척식주식회사 및 일본권업은행의 대리점 영업, 중역은 조선총독이 임명, 어음 할인, 당좌대월 겸무, 종래 고정대(固定貸)는 정부의 저리자금으로 정리시키고 설립 후 5개년간은 연 7분의 배당을 정부가 보증하는 등등으로 종래 농공은행의 강화를 보여서 1918년(大正 7) 10월 1일 창립을 완성하여 금일에 이르렀다. 이같이 해서 식산은행은 사실상 조선 금융의 중추기관이 되었고 조선은행과의 관계는 2대 세력을 보여서 상호 양보하지 않는 양 세력하에 조선 재계가 지배되고 결국 양 행의 대립의 첨예화로 요즈음 이 시정 문제까지 나오게 되었다. 이같이 조선은행은 대장성 감독하에서 조선의 중앙은행으로서, 식산은행은 총독부 감독하에 조선 내 금융의 중추로 대립하였고 특히 그 지배세력은 조선은행으로 보면 조선상업은행, 동일은행(東一銀行), 기타 보통은행 몇 개가 있을 뿐이나 식산은행으로 보면 한성은행, 조선화재, 조선신탁주식회사, 경춘철도, 조선저축은행, 조선제련, 조선우선, 기타 수 개의 대회사를 지배하고 그 분류는 각 산업 부문에 걸쳐 있는 터인즉 아무래도 식산은행의 기운이 더하고 더욱이 전 조선의 금조가 식산은행의 지배하에 있는 것과 점포가 다수 60여에 달하는 대세력을 보이고 있다. 여기에 조선은행의 요망이라 할 것은 식산은행의 상업금융 업무의 폐지이니, 이것은 「식산은행령」 부칙에 "조선식산은행은 당분간 총독부의 지정하는 보통은행 업무를 영위할 수 있음"이란 것으로 초창기는 모르되 이만큼 발전하였으니 폐지함도 좋으리라는 생각이 있는 것같이 보인다. 하여간 표면상으로 보아서 양 행의 대립을 부정할 수 없다면 다시 조선 금융기구의 정비는 먼저 이곳부터 손을 대야 할 것이 아닌가 하는 말도 전하고 있다. 요는 식산은행 본래 사명인 부동산은행으로의 온전한 환원이란 것이 금후 주목할 만한 것이라 할 것이다. 다음 참고로 농공은행이 식산은행이 되기까지의 합동표를 작성해 보건대 대개 다음과 같다.

식산은행[1918년(大正 7) 10월]					
광주농공 [1906년(明治 39) 8월]	전주농공 [1906년 6월]	함경농공 [1908년(明治 41) 8월]	평안농공 [1907년(明治 40) 6월]	한호농공 [1907년 6월]	경상농공 [1908년 8월]
		함흥농공 (1908년 9월) 경성(鏡城)농공 (1906년 9월)	평양농공 (1906년 6월) 해주농공 (1906년 9월)	공주농공 (1907년 1월) 충주농공 (1906년 9월) 한성(漢城)농공 (1906년 6월)	진주농공 (1906년 7월) 대구농공 (1906년 6월)

〈자료 108〉 금융기구 정비 어떻게 되어 왔는가(5)_전홍진

(《동아일보》, 1937.7.13.)

그다음 보통은행은 어떠한 도정을 밟아 왔는가? 보통은행의 통제 진전은 「은행령」 개정에 의하여 더욱 뚜렷해졌다. 1912년(大正 1) 10월 「은행령」 공포에 의하여 은행업의 법적 지위를 밝혀서 별표(別表)와 같은 설립을 보았고 대전(大戰)[61] 경기의 호황에 따라 1920년(大正 9) 말 현재는 실로 21개 은행의 다수를 보였으며 자본금 5만 원짜리까지 나와 약체 소(小) 자본의 은행까지도 출현하게 되었다. 그러다가 대전 후, 경기의 불황에 따라 약체 은행의 경영 위태 등 기타로 합동 기운이 무르익고 드디어 1923년(大正 12) 「은행령」을 개정하여 은행 합병 수속의 편리화를 꾀하고 이어서 1927년(昭和 2)에는 16개 은행으로 줄어들었다. 이후 1928년(昭和 3)에 또다시 「은행령」이 개정되자 1935년(昭和 10) 말에는 본점 은행이 겨우 7개로 감소하여 보통은행의 합동공작은 당시 당국의 언명과 같이 우선 일단락을 고하였다. 여기서 획기적이라 할 만한 것은 1928년의 「은행령」 개정이었으니, 그 내용을 써 본다면,

1. 은행의 정의에 대해서는 여신(與信) 업무에 중점을 두고, 여신 업무를 행하지 않아도 은행으로 인정한 것
1. 은행을 주식회사 경영에 한정시키고 최저 자본금을 200만 원 이상으로 법적 제한을 가해 놓은 것
1. 법정 준비금을 10분의 1 이상으로 하고 지불준비금을 예금 총액 10분의 1로 정한 것 등등

이었다. 이제 통제 합동 전의 신설 은행표를 보면 다음과 같다.

61 제1차 세계대전.

(단위: 천 원)

창립 연월	은행명	창립 자본
1899년(明治 32) 3월	대한천일은행(大韓天一銀行)	28
1903년(明治 36) 12월	한성은행(漢城銀行)	150
1906년(明治 39) 8월	한일은행(韓一銀行)	150
1907년(明治 40) 3월	밀양은행(密陽銀行)	50
1912년(大正 1) 8월	칠성은행(七星銀行)	65
1912년(大正 1) 9월	선남상업은행(鮮南商業銀行)	300
1912년(大正 1) 9월	구포은행(龜浦銀行)	500
1913년(大正 2) 4월	부산상업은행(釜山商業銀行)	500
1913년(大正 2) 7월	호서은행(湖西銀行)	300
1913년(大正 2) 7월	대구은행(大邱銀行)	500
1913년(大正 2) 9월	경성은행(京城銀行)	1,000
1916년(大正 5) 11월	삼화은행(三和銀行)	300
1917년(大正 6) 11월	신의주은행(新義州銀行)	500
1918년(大正 7) 9월	동래은행(東萊銀行)	500
1918년(大正 7) 11월	북선상업은행(北鮮商業銀行)	500
1919년(大正 8) 4월	원산상업은행(元山商業銀行)	440
1920년(大正 9) 3월	삼남은행(三南銀行)	1,000
1920년(大正 9) 4월	평양은행(平壤銀行)	1,700
1920년(大正 9) 5월	경일은행(慶一銀行)	2,000
1920년(大正 9) 7월	해동은행(海東銀行)	2,000
1920년(大正 9) 7월	조선실업은행(朝鮮實業銀行)	5,000
1920년(大正 9) 8월	경상공립은행(慶尙共立銀行)	1,000
1920년(大正 9) 9월	호남은행(湖南銀行)	1,500

이같이 신설은 1899년의 대한천일은행에서 시작되어 1920년 호남은행까지가 끝이었는데 근래 합병 또는 해산된 것을 은행별로 살펴보면 다음과 같다.

×

먼저 조선상업은행에 대하여 보면 조선의 은행 합동사상에 있어서 가장 이채를 낸 은행이라 할 수 있으니 1899년 1월 관리 및 실업가 등 31명의 손에서 발기되어 자본금 2만 8,000원으로 같은 해 3월에 영업을 개시하고 명칭을 대한천일은행이라고 하였다. 본래 정부 재정의 확립과 화폐제도 문란을 시정하는 의미에서 태환권의 발행 및 관금(官金) 보관 또는 수송의 특권을 가졌고 일종의 정부은행이었는데, 수차례에 걸친 재계 불황을 반영하여 1905년 6월 파탄에 빠져 일시 휴업까지를 불가피하게 되어서 결국 그 이듬해, 즉 1906년 6월 정부의 개혁을 좇아 자본금 15만 원으로 증자, 회사채를 발행하여 채권자에게 교부, 채권을 월부(月賦), 연부(年賦)에 의해 회수하였고 한편으로는 25만 원의 정부 대하금을 받아 다시금 좋은 성적을 보았다. 그 후 1909년에는 50만 원의 증자를 단행함과 동시에 발권 권한을 한국은행에게 양도하고 이어서 1911년에 은행명을 조선상업은행으로 고쳐 순연한 보통은행으로 자임하여 오늘날에 이르렀다.

〈자료 109〉 금융기구 정비 어떻게 되어 왔는가(6)_전홍진

(《동아일보》, 1937.7.14.)

그러면 조선상업은행(朝鮮商業銀行)을 중심으로 한 합동은 어떠한 과정을 밟았는가를 보자. 제일 먼저 합병한 것은 1912년(明治 45) 4월 한성공동창고회사(漢城共同倉庫會社)였는데 이 회사는 자본금 15만 원을 8만 5,000원으로 해서 2대 1로 합쳤고 본디 1905년(明治 38)에 창고회사로 설립되었으나 내용이 시원치 못하여 조선상업은행에게 합병을 당했다. 그간 조선상업은행은 업적의 순조를 보여 1917년(大正 6) 100만 원, 1919년(大正 8) 200만 원으로 제4차의 증자를 단행하였다. 그다음 1923년(大正 12) 6월에는 원산상업은행(元山商業銀行)을 합쳤으니 이 은행은 1909년(明治 42) 합명회사 칠성상회(七星商會)로서 그 지역 소상인을 상대로 한 대금업을 목적으로 하여 설립되었고, 그 뒤 합자회사 칠성은행(七星銀行), 다시 원산상업은행이 되었으나 항상 성적이 좋지 못하여 이 또한 조선상업은행에게 합친바 되었다. 이어서 1924년(大正 13) 8월 조선실업은행(朝鮮實業銀行)과의 합병은 은행 합병 중에는 별난 것이었으니 이것은 자본금 212만 5,000원을 가지고 500만 원의 조선실업은행을 합병

했다는 데 있다. 이 은행은 1903년(明治 36) 12월에 설립된 경성기업합자회사(京城起業合資會社)가 1907년(明治 40) 4월 주식회사 조직으로 변경되고 다시 1913년(大正 2) 주식회사 경성은행(京城銀行)이 되었고 다시 보통금융회사인 십우합자(十友合資)를 합병하였다. 이렇게 하여 조선상업은행은 사실 거의 은행 합병에 겨를이 없었는데, 뒤이어 1916년(大正 5) 진남포에 설립된 삼화은행(三和銀行)과 1920년(大正 9) 3월 평양에 설립된 평양은행(平壤銀行)을 합친 평양의 대동은행(大東銀行)은 1925년(大正 14)에 또 합병되었다. 여기서 조선상업은행은 자본금 792만 5,000원으로 보통은행 중에서는 수위를 점하게 되었고 1928년(昭和 3)에는 1920년 3월 설립한 전주의 삼남은행(三南銀行, 자본금 100만 원)을 합병, 1933년(昭和 8)에는 1918년(大正 7) 설립한 북선상업은행(北鮮商業銀行, 자본금 100만 원)을 합병하였는데, 이 은행

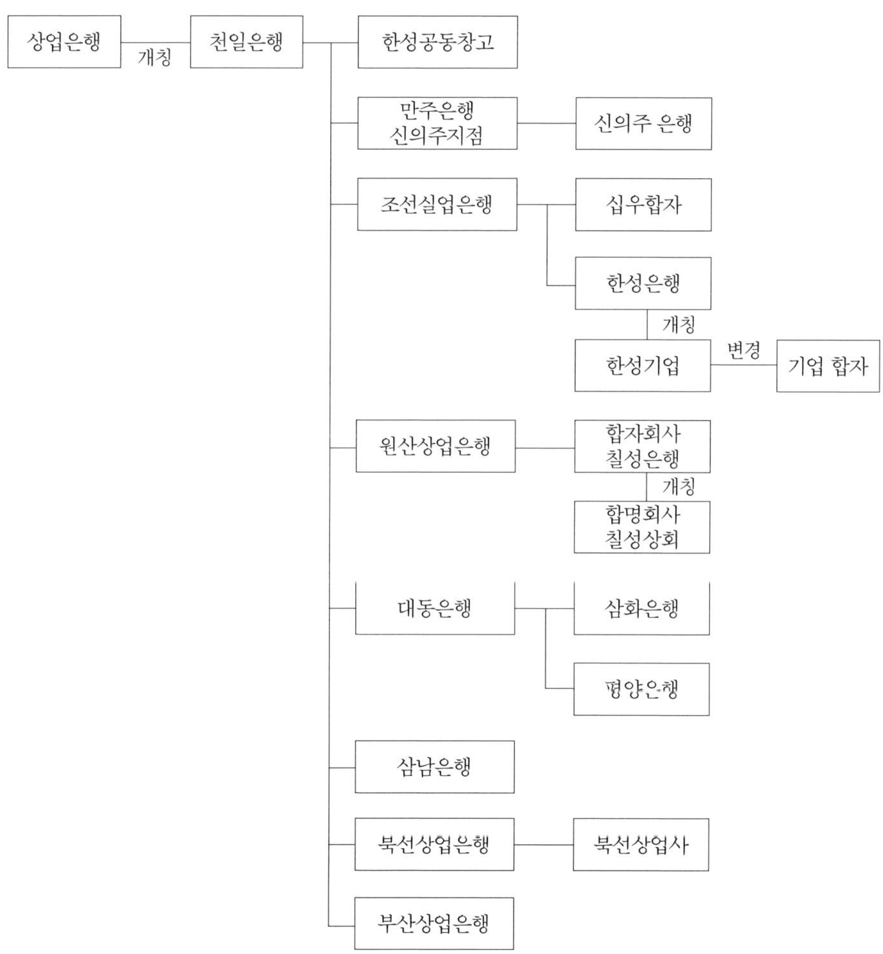

은 1928년 설립한 북선상업사(北鮮商業社)를 합병했다. 이후에는 별다른 합병 없이 지내오더니 1935년(昭和 10) 즉 재작년 6월에 1927년(大正 2) 창설한 부산상업은행(자본금 150만 원)을 합병하여, 이로써 조선상업은행 중심의 합동을 끝내는 동시에 조선상업은행의 부산상업은행 합병을 기하여 조선 내의 은행 합동은 일단락을 지어 놓았다. 이 같은 합동은 드물게 보는 만큼, 그 은행 수에 있어서나 자본금에 있어서나 쉽지 않은 수효를 망라하였고 그간 정리은행으로서의 여러 사무가 있었으나 하여간 보통은행 중 가장 큰 세력을 부식한 것만은 사실이다. 그런데 이 합동에 있어서 보면 삼남은행과 부산상업은행을 제외하고는 거의 대부분이 경성 이북에 있는 것을 볼 수 있고, 어떻게 보면 조선의 1상업은행주의에 편승해 나가는 모양도 없지 않다.

〈자료 110〉 금융기구 정비 어떻게 되어 왔는가(7)_전홍진

(《동아일보》, 1937.7.15.)

상업은행이 경성 이북에 있어서의 합동공작을 완료한 한편, 중부와 남부의 합동은 어떠하였는가? 먼저 경상합동은행(慶尙合同銀行) 신설까지의 통제 합동을 보건대, 이 은행은 1928년(昭和 3) 7월, 대구은행(大邱銀行)과 경남은행(慶南銀行)의 합병에 의하여 성립되었다. 대구은행은 당초 50만 원 전액 납입이더니 1919년(大正 8)에 자본금 200만 원, 납입 87만 5,000원으로 증자하고 1913년(大正 2) 5월 대구에 설립된 것이었으며, 경남은행은 1912년(大正 1) 9월 구포저축주식회사(龜浦貯蓄株式會社)를 기초로 자본금 50만 원의 주식회사 구포은행(龜浦銀行)을 설립하여 그 후 1915년(大正 4)에 부산으로 본점을 옮겨서 경남은행이라고 개칭된 것인데, 이 은행은 1918년(大正 7)에 주식회사 주일은행(主一銀行)을 합병하였던 것이다. 이 두 은행의 업적은 대전(大戰) 직후로부터 정리기를 맞았고 1927년(昭和 2) 금융공황에 더욱 약소 은행 합동 기운을 일으키다가 때마침 발포된 신은행령에 의한 합병 종용도 있어서 1928년(昭和 3) 7월에 합병 신설을 보았다.

×

다음 대구상공은행(大邱商工銀行)은 경일은행(慶一銀行)과 선남은행(鮮南銀行)의 합병에 의한 신설 은행이니, 1933년(昭和 8) 12월에 합쳤다. 경일은행은 1920년(大正 9) 4월 설립, 1929년(昭和 4) 4월 자본금 200만 원을 140만 원으로 감자(減資)하였고 1920년(大正 9) 대구에 창설된 대구창고금융회사(大邱倉庫金融會社)를 10만 9,000원에 매수한 경상공립은행(慶尙共立銀行, 자본금 200만 원, 납입 50만 원)을 1930년(昭和 5)에 매수하였으며, 한편 선남은행은 1912년(大正 元年) 9월 자본금 30만 원 전액 납입한 은행이었다. 이 두 은행은 한때 경상합동은행과 대립하여 대구 삼분(三分)의 형세를 보였으나 군소은행 합동 방침과 무모한 경쟁의 일소 등을 위해서 합동하고, 자본금 100만 원으로 감축하여 질적 향상을 도모하며 오늘날에 이르고 있다.

×

끝으로 남부 조선의 괄목할 합동은 호남은행(湖南銀行)과 동래은행(東萊銀行)이 있었는데 이것은 부산상업은행(釜山商業銀行)과 조선상업은행(朝鮮商業銀行)의 합병을 제외하면 지방은행으로서는 최후의 합동이라 할 만한 것이다. 동래은행은 자본금 50만 원에 반액 납입으로 설립되어, 거창에 1지점을 갖고 있었으나 개정된 「은행령」에 의하면 그 자격이 실격에 해당하고 있음과 업적 저조로 호남은행이 인수 합병하여 자본금 200만 원의 자격 있는 은행을 만들어 놓았으니, 이때가 1933년(昭和 8) 7월, 대구은행과 합동하기 몇 달 전의 일이었다. 이 호남은행은 합동 후의 업적이 극히 양호하여 전라남도 광주를 중심, 그 부근 일대에 상당한 지반을 가지고 특히 동래은행 합병 후에는 경남에도 영업망이 있게 되어 좋은 성적을 보이고 있다.

×

이같이 해서 지방에 있는 보통은행 간의 합동은 비교적 순조로이 진보되었는데 지금의 금융기구 개선에 있어서 이들 은행은 어떻게 될지가 궁금한 것 중 하나다. 그대로 존속이 되는 것인지, 어느 시기에 다시 통제가 진행될지는 모르는 일이나 이들 은행은 친(親)은행으로 조선은행으로 하는 터인즉, 혹 조선식산은행과의 관계로 보아 좀처럼 합동이 되기 어렵다는 말이 있다. 전하는 바에 의하면 조선상업은행을 중심으로 대동은행(大同銀行) 합병이 있으리라는 예측도 없지 않다고 하되, 물론 짧은 시일에 걸쳐서 될 것은 아닌즉 이후 금융 원활과 산업 발전의 자금 조달 및 기타를 고려하여 어떠한 길을 밟을지는 쉽게 속단을 허용하지 않는 바가 있다고 하겠다.

〈자료 111〉 금융기구 정비 어떻게 되어 왔는가(8)_전홍진

(《동아일보》, 1937.7.20.)

다음으로 보통은행의 합동은 하나가 남아 있으니, 이것은 한일은행(韓一銀行)과 호서은행(湖西銀行)의 합병 신설에 동반한 동일은행(東一銀行)의 출현이다. 한일은행은 1906년(明治 39) 8월에 창립된 것으로 조선상업은행(朝鮮商業銀行), 한성은행(漢城銀行)과 아울러 상당히 오랜 역사를 가졌고 창설 당시의 재정 경제에 관한 제반 제도와 개혁 정리에 당면해서 경성의 유지 중심으로 설립한바, 자본금 15만 원으로 영업을 시작하여 1908년(明治 41) 3월에 자본금 50만 원을 증자했으나, 1915년(大正 4)에 이르러 업적 불량으로 한때 비운에 처하였고 그 후 세계대전 경기에 일체를 만회하여 1919년(大正 8) 6월에는 자본금을 150만 원으로 늘렸으며, 그 이듬해인 1920년(大正 9) 10월에는 광장주식회사(廣藏株式會社)를 합병하여 자본금 200만 원이 되어 상당히 순조로운 걸음을 걸어왔다. 한편 호서은행은 1913년(大正 2) 5월 자본금 50만 원 전액 납입으로 예산(禮山)에 본점을 두고 탄생, 업무 발전에 따라 1919년(大正 8)에는 100만 원으로 증자하였고 1921년(大正 10)에는 자본금 100만 원의 경남광장주식회사(慶南廣藏株式會社)를 합쳤다. 이 두 은행은 합병 당시 한일은행 200만 원, 호서은행 200만 원으로 서로 대등한 지위에서 합병하고 1931년(昭和 6) 1월에 동일은행 출현을 보았다. 이 동안 주주 간에는 대대로 이어지는 민씨계, 성씨계의 대립을 보아 업무의 진전에 적잖은 불안이 있다 하여 일부에서는 다른 은행과의 합병설까지 유포되었으나 우선 지난번에 발표된 개혁안이 다가오는 이번 분기에서 완전히 실행을 볼 모양이고 특히 성씨계가 소유한 주식을 민씨계가 인수함에 따른 중역 대립의 해소, 인사의 대개혁이 단행되는 것으로 인해서 당분간 이 은행의 합병론은 없을 것으로 보는 편이 적지 않다.

×

이 밖에 밀양은행(密陽銀行)은 신은행령 발포와 함께 자본금에서 실격되어 1933년(昭和 8)

6월에 해산되어 버렸다.

×

이상으로써 각 은행의 통제 정비 자취를 줄기만 따서 개괄적으로 살폈는데, 다시 이것을 총괄적으로 하여 이의 형세를 참고하여 볼 필요가 있다. 대체로 조선의 은행 합동은 합병이면 합병, 매수면 매수로써 행해졌고 합병과 매수를 병존하게 한 것은 하나도 없다는 것이 특징이다. 그리고 합병은 참가 은행이 전부 해산해서 1은행을 신설한 것이 그중 눈에 띈다 할 수 있으니 예를 들면 평양은행(平壤銀行)과 삼화은행(三和銀行)이 합해서 대동은행(大同銀行)이 신설된 것, 대구은행(大邱銀行)과 경남은행(慶南銀行)이 합해서 경상합동은행(慶尙合同銀行)이 된 것, 농공은행(農工銀行)이 일제히 해산해서 조선식산은행(朝鮮殖産銀行)이 된 것, 선남은행(鮮南銀行)과 경일은행(慶一銀行)이 합쳐 대구상공은행(大邱商工銀行)이 된 것들은 모두 이것이다. 그러나 이와 반대로 참가 은행의 한쪽이 없어지고 한편은 존속하면서 된 합병, 즉 흡수합병이라는 것을 볼 수 있는데 이것은 아마 조선에서 그중 많이 행해진 것이라고 할 수 있다. 칠성은행(七星銀行)이 원산상업은행(元山商業銀行)에게 합병한 것, 원산상업은행이 조선상업은행(朝鮮商業銀行)에게 흡수된 것, 또는 조선실업은행(朝鮮實業銀行), 대동은행, 삼남은행(三男銀行), 북선상업은행(北鮮商業銀行), 부산상업은행(釜山商業銀行) 등이 조선상업은행(朝鮮商業銀行)에게 합쳐 버린 것 또는 호남은행(湖南銀行)이 동래은행(東萊銀行)을 합한 것 등은 이의 좋은 예이고 한일은행(韓一銀行), 호서은행의 합동도 이 종류에 속한다 할 것이다. 한편 매수 합동은 경일은행(慶一銀行)의 경상공립은행(慶尙共立銀行) 매수, 조선상업은행의 만주은행(滿洲銀行) 신의주 지점 매수 두 가지를 볼 뿐이다. 이상과 같은 것은 차라리 법적으로 본 것이라 할 수 있으니, 경제적으로 보아서는 합동을 촉진하여 합병하게 한 것을 볼 수도 있다. 말하자면 자본 충실, 은행 내부 정리, 대은행에의 대항책이라 할 수 있는 것으로 평양은행과 삼화은행의 합동, 조선상업은행과 조선실업은행의 합병, 대구은행과 경남은행의 합병, 선남은행과 경일은행의 합동이 이것이며, 또는 도시 은행이 지방 진출을 꾀하기 이하여 한 것도 있으니 한일은행의 호서은행 합동이 좋은 예 중 하나라고 할 수 있는 것이다.

서 신탁업의 전면 통제를 완료하였다. 이 회사의 특색이라 할 부동산신탁의 새로운 분야를 중심으로 이후 보통은행 또는 조선식산은행과의 마찰 배제가 있어야 할 형세까지 발전해 온 것은 이전 회차에 술회한 바와 같다.

×

끝으로 무진업(無盡業)에 대하여 보면 1922년(大正 11) 4월 「조선무진업령」을 시행, 1931년(昭和 6) 6월 「무진업령」의 전문(全文) 개정을 했고 이 개정은 자본금 10만 원 이상의 주식회사여야 할 것과 「무진업령」을 상행위(商行爲)라고 명문에 규정하여 놓았는데 동업 회사의 과다로 인한 폐해가 지적되어 결국 경성 중심의 제1차 통제가 표면화하여 이번 중앙무진회사(中央無盡會社)의 신설을 보게 되었다. 이것은 점차 지방까지 미칠 것으로 기대된다 할 것이다. 이 무진회사는 서민금융의 한 역할을 담당한 것이라 할 수 있고, 총독부의 1도(道) 1회사 방침을 따라 차차 난립된 무진회사는 정돈될 운명에 있다.

〈자료 115〉 금융기구 정비 어떻게 되어 왔는가(12)_전홍진

(《동아일보》, 1937.7.27.)

이렇게 되어 온 정비는 과연 어떠한 도정을 밟게 될 것인가? 불편과 불비(不備)를 고치고, 없고 필요 있는 것을 세워서 완전히 새로운 체계와 특히 내부적 각자의 마찰을 배제하게 될 것인가? 보통은행은 아직도 경성과 지방을 통괄하여 7개 은행이 있으니 이것에는 과부족이 없으며, 보통은행 업적의 향상과 조선 내의 상업금융은 어떻게 하여야 할 것인가? 조선은행, 조선식산은행, 신탁회사가 머리를 누르고, 금융조합이 또한 아래에서 편하지 못하게 하고 있으니 이에 대한 시정은 어떻게 될 것인가? 조선은행을 중앙은행화한다면 현재의 보통은행 업무를 겸한 자유은행으로서의 힘이 없어지게 될 것인즉 어떻게 될 것이며, 현재 상황으로 보아서 과연 그것이 타당하다고 할 것인가? 조선식산은행에서 상업금융을 배제하여 보통은행을 살리는 것은 좋으나, 지방에서 보통은행 없는 지역의 식산은행이 그렇게 될 것인가? 이것을 전부 금융조합에서 구할 수가 있을까? 농공(農工) 병진에 따라 동양척식주식회사나 조선식산은행이 이에 가세한다고는 하나, 동양척식주식회사에만 기업금융을 준다면 일반에서의 이용 여부는 어떠할까? 문제는 여러 가지가 남아 있다고 할 것이다.

벌써 총독부와 대장성 간에는 현재 계획 중인 신산업5개년계획과 병행하여 조선 금융기구의 개혁에 의견 일치를 보고, 현재 도쿄(東京)에 체재 중인 오노(大野) 정무총감과 하야시(林) 재무국장이 이의 세부 항목 협정을 해서 오는 9월경에는 발표될 것이라고 하는 터이니, 그때까지는 전혀 알 길이 없는 터이나 세간에 전하는 것을 본다면 그다지 광범위에 뻗친 것도 아닌 듯싶다. 다만 큰 줄기만을 세워 놓는 것 같이 보여서,

(1) 만주흥업은행 창설을 계기로 하여 조선은행은 만주로부터 철퇴하였는데 이것이 조선식산은행과 정면적으로 문제가 되어 있는 것
(2) 신산업5개년계획에 동반하여 자금 공급의 윤택 및 그 원활을 도모함에 있어서의 필요
(3) 각 금융기관의 이해 상충을 원만히 해결할 것이라는 것

등등이 아무래도 이번 개혁의 주안점이 되는 모양이오, 아직 구체적 안이 있는 것은 아니며 단편적으로 들려오는 것만이 세간에 전하고 있은즉 이에 대하여 금융기관 당사자의 의견이 또한 어떠한지가 문제인데 약 한 달 이전까지 전하던 금융조사회는 이번 가을 개최하지 않고, 그대로 당국에서 작정할 것으로 들리니 이곳에서 과연 무엇이 나올지 궁금하다. 또는 새로운 회사 설립 같은 것을 하지 않고 현존 기관으로 하여금 그 효력의 완전을 기하는 것이라든지를 보면 상당히 고심한 자취가 나올 것을 예측할 수가 있는데 한편에는 조선은행의 보통은행 업무 겸무와 조선식산은행의 상업금융을 잠정적으로 더 용인한다 함으로 어떻게 보면 시급한 산업정책 수행에 당면한 자금 공급의 원만함을 기하는 정도에 주력하고 마는 것이 아닌가 하는 예상도 있게 된다.

하여간 조선 내의 금융 정비는 여기서 획기적 대개혁이 단행되어서 산업 발전에의 추진력과 일반 상인 내지는 각자 업무 분야의 확립에 의하여 좋은 성적을 내게 되기를 기대할 따름이고, 이번 기회에 중소상공 금융 문제가 있으니 이 점에도 특히 고려하는 바가 있기를 바란다 할 것이다. 끝

〈자료 116〉 금조(金組)의 식은 의존, 시정 기운 점차 익어, 숫자 관계상 조은(朝銀) 의존 타당, 기구 개혁의 한 문제

(《동아일보》, 1937.7.10.)

금융기구 개선 문제의 구체화 기운에 따라서 조선은행과 조선식산은행 두 은행이 업무 분야의 확립은 불가피의 문제로 되었는데, 오래 현안으로 되어 있던 금융조합연합회의 식산은행 의존도 이와 동시에 시정될 것으로 해석된다. 즉 금융조합연합회의 자금 방출 및 회수는 해마다 그 업무 범위의 확대에 의하여 보유자금의 수축, 증감의 정도가 대폭적으로 최근에서는 5,000만 원 내외의 증감이 있는 정도로 이런 일시적 증감의 급격한 단기자금을 보충할 것도 바르지 못한 일일 뿐이라 실제 문제로서도 지장이 있음을 금융연합회의 자금은 조선은행에 도모하는 것이 타당하다는 데 있다. 이런 것이 조선은행의 중앙은행적 금융통제력 확립을 본다고 해도 지켜야 할 도리일 것이다.

〈자료 117〉 금련(金聯)으로의 선은 융자 보다 구체화, 식은 의존주의에 난점(難點)

(《경성일보》, 1937.7.10.)

조선은행, 조선식산은행 양 은행의 업무 분야의 확립은 금융기구 개선에 따라서 불가피한 문제로 되었는데 이와 관련하여 금조연합회의 식산은행 의존에서 조선은행 의존으로의 전향이 어떻게 되는가도 관계 방면에서 중대한 관심을 일으키고 있다.

즉 식산은행 내의 금조중앙금고(金組中央金庫)의 폐지 및 금융채권의 발행이 가능하게 된 이래 금융조합연합회의 자금은 형식적으로는 식산은행에서 독립했음에도 불구하고 종래의 경위에서 자금상에서는 금융조합연합회는 전과 다름없이 식산은행의 자금망 아래에 두어져 있다. 그렇게 금융조합연합회의 자금 조작상에서 보면 보유자금의 팽창, 축소가 5,000만 원 가까이 달한 결과로서 단기자금을 매우 필요로 하여 이것을 위해서는 식산은행의 장기자금보다도 조선은행의 단기자금에 의해서 조달하는 것이 합리적이라고 하는 것이다.

그런데 금융조합연합회의 대출의 증가, 예금의 감소 경향은 더욱 박차를 가할 것으로 보이는데, 이에 대응해야 할 금융채권의 발행은 기채계(起債界)의 정돈으로 불가능한 상태로 금융조합연합회에서는 자금 조달의 필요에 핍박되고 있고, 현재의 금융 정세가 호전되지 않는 한 조선은행의 문제는 더욱 표면화할 것으로 보여진다.

〈자료 118〉 반도 금융기구 정비, 3거두 회담이

(《부산일보》, 1937.7.13.)

조선에서의 금융기구 정비 문제도 지난 제70 의회에서의 「동양척식주식회사법」 개정안을 제출하느냐 안 하느냐의 문제 이후 약간은 중간에 중지되는 형세였지만 그 후 재계(財界)의 방향에서 열렬한 요망과 일만(日滿) 경제블록 실현의 요구에서부터 최근 급속히 진전을 보이기에 이르게 되어 통상의회 중에는 대체로 윤곽이 잡히게 된 모양이다. 미나미(南) 총독도 도쿄로 오는 중 이 문제에 관해서 가야(賀屋) 대장대신과 의견을 교환했던 모양이지만 조선, 대장의 양 당국에서는 문제해결의 공평과 급속을 기약하기 위해 곧 가토(加藤) 조선은행 총재, 아루가(有賀) 식산은행 두취, 야스카와(安川) 동양척식주식회사 총재 3거두를 불러서 양 당국을 더하여 최후의 중요 회담에 들어갈 의향인 것 같은데, 문제는

1. 만주의 지반을 만주흥업은행에게 인도한 조선은행 금후의 사명 여하
2. 상업금융의 분야에 침입한 식산은행은 부동산금융에만 그쳐야 하는가 아닌가
3. 발달된 금융조합을 금융기관으로서 타은행과 함께 어떻게 정비해야 하는가
4. 시장(地場)은행 부진의 내책은 여하
5. 투자기관으로 하는 동양척식주식회사의 금후의 방향 여하

등등이 있어 양 당국에서는 대체로 조선은행을 중앙기관으로서 조선은행의 장래를 중심으로서 논의를 진행할 모양이다. 그런데 이 점에 주목해야 할 것은 일본-조선-만주를 통한 전체적으로 반대 입장에 선 대장성과 조선 자체의 산업발전을 목표로 하는 총독부와의 의견 대립이 있는 것이고, 조선은행과 식산은행의 감독권 귀속 문제를 피하여도 양자의 대립

이 있는 것이지만, 현재와 같이 조선은행은 대장성, 식산은행은 총독부, 동양척식주식회사는 척무성이라는 세 기관으로 해 두었기 때문에 도저히 통일적인 금융정책을 취득할 수 없는 것은 분명하기 때문에 이들 삼자 간의 감독에 적당한 어떠한 유기적 관련을 맺는 일은 필요한 것이 틀림없다. 이 문제에 관해서 동양척식주식회사를 조선에 관한 한 조선총독도 어느 정도의 감독권을 가져서 총독부, 척무성 양자의 공동의 감독으로 하는 것은 지난번 양 당국 간에 양해를 보았던 모양이기 때문에 통상의회에 제출된 「동양척식주식회사법 개정안」에는 위 취지가 들어가 있는 듯하다. 그리고 「동양척식주식회사법」의 개정도 조선에서의 금융기구의 정비 문제에서 보면 「동양척식주식회사법」 개정과 동시에 「조선은행법」, 「조선식산은행령」의 개정을 따르지 않으면 안 되고, 실효를 기약하기 어려운 것이 있는 것이기에, 현재 관계 당국 간에 은행이 구체안을 연구하는 것뿐이지만 아마도 통상의회에서는 「조선은행법」 개정안의 제출을 볼 것이라고 생각된다.

〈자료 119〉 금융기구 개혁에 신기관은 불설립, 세전되는 대체 요지

(《동아일보》, 1937.7.18.)

금융기구 개혁 문제는 여러 번 보도한 바와 같이 점차 구체적 절충을 볼 것으로 관측되고, 이번 17일 일본으로 건너간 오노(大野) 정무총감이 도쿄(東京) 도착 후에 있어서의 결과는 자못 주목되는 터인데, 대체적인 요지는

1. 새로운 금융기관을 신설하는 것이 아니라 현존 기관의 합리적 활동을 도모하게 함
1. 이것을 위하여 조선은행의 중앙은행화, 조선식산은행의 부동산은행, 동양척식주식회사의 기업금융에 주력 등등

인 것으로 보이고 당분간 잠정적으로 조선은행의 보통은행 업무 겸무, 식산은행의 상업금융 겸무는 면하지 못할 모양인 것으로 전하고 있다.

〈자료 120〉 조선·식산 양행의 상업금융이 문제, 기구 개혁상 한 난관

(《동아일보》, 1937.7.25.)

금융기구 개혁에 따른 상업금융기구 개혁은 조선식산은행의 상업금융을 조선은행 및 보통은행에 양도한다는 안과 이와 반대로 조선은행이 완전히 직접 금융으로 손을 뺀다는 안 등이 종종 이상안(理想案)인데 모두 너무나 급격한 변화를 초래할 염려가 있고 결국 총독부의 알선으로 조선은행, 식산은행의 각 지점 소재지의 상업금융을 서로 양보하여 타협하고 식산은행이 보수적으로 나온다는 정도에서 해결될 것이 아닌가 보인다.

5.『조선은행 25년사』

〈자료 121〉 조선은행,『조선은행25년사』, 1934

제1장 서언

우리 조선은행은 1934년(昭和 9) 11월 24일로서 개업 만 25년을 맞이하게 되었다. 과거를 돌아보면 1909년(明治 42) 11월 당행이 구한국에서 중앙은행으로서 설립된 당시에는 오로지 조선에서만 그 업무를 경영하는 데 있었다. 그러나 이후 우리나라의 경제권이 점차 대륙을 향해 전진함에 따라 당행의 업무도 역시 압록강 이남의 반도지대만으로 국한되는 것이 허락되지 않게 되어 소위 해외은행으로서 국가적 사명하에 만몽(滿蒙)에 진출하게 되었다. 또한 제1차 세계대전[62]이 발발하자 동양에서 일본의 지위가 한층 더 중요성이 더해지고 국력이 충실해짐에 따라 업무 구역은 크게 확대되었다. 안으로는 일본의 중요 금융시장에서 밖으로는 중국 대륙, 러시아령 시베리아 등에 이어서 구미의 금융 중심 시장에까지 미치게 되었다. 지금 과거의 25년 과정을 회상하면 이 기간 동안 내외 경제계 정세에는 수많은 파란곡절이 있었다. 특히 1920년(大正 9)에 발발한 제1차 세계대전 이후의 재계 반동공황이 아시아, 세계적인 불황으로 이어지고 또한 1923년(大正 12)의 관동대지진의 참해 등은 우리나라 금융경제에 심대한 손실을 끼치게 되었다. 당행 업무도 이 영향을 받아 상당한 타격을 입었는데, 그 후 정리 회복에 열심히 노력한 결과, 다행히 갱생의 실적을 거둘 수 있었다. 최근 업적이 크게 양호해지고 그 토대가 단단해져 내외의 신망 역시 더욱 두터워지고 있다. 이는 당행이 일시적인 난국에 처했을 때 긴축경영으로 최선을 다했기 때문이다. 동시에 정부 당국 및 일본은행의 충분한 지원과 동업자 및 일반인의 동정에 힙입은 것도 많아 감격을 참을 수 없는 바이다.

---

62 원문에는 구주대전(歐洲大戰)으로 되어 있으나 현재 통용되는 제1차 세계대전으로 표현하였다.

당행은 처음에 한국은행이라는 이름으로 창립되었는데, 이보다 앞서 한국의 중앙은행 업무는 1905년 이후 제일은행이 이를 담당했었다. 제일은행은 한국 총지점을 경성에 두고, 각 지역에 지점과 출장소를 설치하여 일반은행 업무를 경영하는 것 외에 은행권 발행, 화폐정리 사무 및 국고사무를 취급하고 있었다. 그런데 조선 경제계가 발달함에 따라 독립된 중앙은행의 필요성이 대두되어 마침내 한국은행의 설립을 보게 되었고 제일은행의 중앙은행 업무를 인계하였다. 1910년 일한병합이 되자 그 명칭을 조선은행으로 고치게 되었다. 당행 창립 당시의 조선은 각종 사업이 시작되는 때로서 제반 시설이 아직 갖춰지지 않아 교통이 불편하고 산업이 발달하지 않는 등 현재의 조선에 비하면 진실로 격세지감이 든다. 이 사이 당행은 반도 금융을 열심히 조절하고 산업 진흥에 노력하여 그 업무는 경제계의 진보와 더불어 점차 발전을 보기에 이르렀는데, 조선 경제계의 진보 발전은 오히려 금후에 더욱 기대되고 있다. 따라서 당행은 장래에 중앙은행으로서 원만한 운영을 도모하여 더욱더 조선의 개발에 기여할 것을 기약하는 바이다.

만주에서 당행의 시작은 제일은행에서 인계한 안동현 하나의 출장소를 가진 것에 지나지 않았는데, 조선과 만주의 교통, 경제 관계가 긴밀해짐에 따라 1913년(大正 2)에 대련(大連), 봉천(奉天), 장춘(長春)에 3개 지점을 열고, 이후 남북 만주에 다수의 점포를 설립하였다. 특히 1917년(大正 6)에는 제국 정부의 방침에 따라 종래 요코하마정금은행(横濱正金銀行)이 취급하던 국고사무 및 금권(金券) 발행을 인계하는 동시에 당행이 발행하는 은행권에 대해 조선에서와 동일하게 관동주 조차지 및 남만주철도 부속지에서도 역시 강제통용력을 부여하게 되었다. 이에 당행은 조선의 중앙은행인 지위에서 더 나아가 조선 및 만주에서의 중추적인 금융기관이 되기에 이르렀다. 이후 조선은행권은 일만인(日滿人) 사이에서 원활하게 유통됨에 따라 그 발행고가 증가하는 동시에 예금, 대출, 환 등의 업무는 매년 증진되었고 당행과 만주의 금융경제는 서로 밀접하여 분리될 수 없는 관계로 되었다. 그리고 얼마 전 만주국이 성립한 이후에는 만주중앙은행이 설립되어 문란한 구통화의 회수 정리와 화폐통일 사업이 진행되었다. 또 만주국의 제반 제도와 시설은 만주사변 이전에 비하면 현재는 면목이 일신되었는데, 당행은 종래의 경험과 현재의 형편을 기반으로 만주에서 산업개발과 경제발전에 노력해야 할 임무는 한층 더 그 중요성이 더해지고 있다. 대체로 우리나라와 만주국의 경제적 융합 발전은 양국 경제정책의 근본 방침이므로 이를 위해서는 우리 금융기관의 존재가 필수조건이기 때문이다.

다음으로 당행은 일본에서도 1910년(明治 43) 이후 차례로 오사카(大阪), 도쿄(東京), 고베(神戸), 시모노세키(下關) 등의 주요지에 지점을 개설하여 오로지 일본의 대(對)조선·만주 무역 혹은 조선·만주 자원의 개발을 위한 자금 공급에 노력해 왔다. 일본, 조선, 만주의 경제적 연계는 전적으로 당행 일본 지점의 존재에 의해 차후에 더욱 원만한 발전을 할 수 있을 것이라고 생각한다. 한편으로 당행의 활동 지역은 조선 및 만주를 본거지로 하고 중국, 러시아령 및 기타 외국에 미치고 있다는 점에서 보게 되면 당행은 소위 해외은행이라고 인정되고 있는 것이다. 해외은행의 임무는 항상 우리의 대외경제정책과 서로 호응하여 그 경제적 실력의 발전을 사명으로 한다. 동시에 영업 지역에서의 경제 개발에 공헌함으로써 상대방과 우리 경제의 관계를 더욱더 향상, 발전하게 하는 것은 의심할 여지가 없는 것이다. 이와 같은 입장에서 보면 당행은 단순히 조선 및 만주에서 임무를 수행하는 것에만 만족할 것이 아니라 그 외에 중국, 기타 극동지방은 말할 것도 없고, 더 나아가 구미 각국 간의 금융상 연락을 더욱 밀접하게 함으로써 제국 경제력의 충실, 발전에 이바지해야 할 것이다. 당행이 중국의 각 지역에 진출하고 뉴욕 및 런던에 점포를 설치하고 또한 우리의 대러시아 무역금융에 노력해 온 것과 같은 것은 모두 당행의 해외은행이라는 사명에 따른 것이다. 특히 최근처럼 국제 간 경쟁이 격화하고 소위 경제적 국가주의가 세계적 풍조로 된 시기에는 당행의 책무가 더욱더 중대해진다.

요컨대 당행은 창립 이래 25년이 경과하는 동안 조선·만주 경제계의 진보를 원조하고 또 일본, 조선, 만주의 경제적 연락을 도모하여 우리 국운의 번영에 수반하여 그 대외 세력의 발전을 위해 어느 정도의 공헌을 하였다고 믿는다. 당행이 조선·만주의 중앙은행이면서 또한 해외은행이라는 사명에 비추어 볼 때 향후 해야 할 일이 지극히 많고 그 전도는 매우 요원한 것을 느낀다. 특히 최근 만주국 성립 이래 일본, 조선, 만주의 경제 관계가 더욱더 밀접해지고 있고 또 만주국의 경제 건설이 우리나라의 자본과 기술의 원조에 기대는 점이 매우 크다는 점에서도 당행의 임무는 더욱더 중요하다. 다른 한편 일본과 중국 간 경제 제휴의 결실을 거두기 위해서는 훨씬 더 적절한 처리가 필요하다는 것을 통감할 따름이다.

이에 당행의 25주년을 맞이하여 당행과 가장 깊은 관계있는 조선과 만주에서의 경제 발달과 당행 업무의 개요를 서술하여 조금이나마 이를 기념함과 동시에 또한 금후의 향상 발전을 기약하는 바이다.

제3장 조선은행의 업무와 그 실적

제1절 총설

당행 업무와 그 실적

조선 및 만주는 당행의 주요 업무 지역으로서 이들 지역의 경제 발달의 개요는 앞의 2장에서 서술한 바 있다. 당행은 특수은행으로서 창설 이후 조선에서는 정부 재정의 정비, 금융의 개선, 산업 무역의 발달 등에 기여하고 있다. 동시에 일본, 조선과 만주에 대한 금융의 소통을 도모하였고 또한 만주의 부원(富源) 개발에 이바지하였다. 다른 한편 해외은행으로서 중국 혹은 극동 러시아에서 멀리는 구미 지역에까지 우리나라의 경제 발달을 위해 진력을 다한 것은 전술한 바와 같다. 당행 창업 이래 오늘에 이르기까지 취급해 온 각종 업무의 경과 및 실적을 살펴보면 원래 조선·만주, 기타 일반 경제계의 시세 여하와 당행 자체의 업무 방침에 따라 자연히 어느 정도는 번창과 쇠퇴를 면할 수 없다 하더라도 각종 업무는 창업 이래 현저히 팽창하여 발전을 달성한 것은 말할 것도 없다. 그리고 당행 업무의 종류는 법령으로 규정되어 있는데, 그 가운데 중앙은행으로서는 은행권의 발행, 지금은의 매매, 국고사무 취급, 정부대상금, 공채의 응모 및 매입, 지방공공단체에 대한 대출 등의 특수업무를 취급하였다. 동시에 예금, 대출, 환, 보호예탁, 기타 일반 보통은행의 영업도 하는 것으로 되어 있다. 당행은 이들 업무를 수행하고 항상 조선·만주에서의 금융 중추기관으로서 금융의 소통, 금리의 저하를 도모함으로써 그 경제 발전에 이바지할 것을 기약하고 있다. 특히 만주사변 이래 전개되고 있는 새로운 사태에 부응하여 조선·만주 관계의 각종 회사의 사채 인수 및 모집에는 한층 더 편의를 제공하여 이를 착착 실행하고 있다.

이 장에서는 서술 편의상 특수업무 중에서 중요한 은행권 발행, 국고금 취급, 지금은 매매 등과 당행 전반에 걸친 예금, 대출, 환 등의 업무 실적을 서술한다. 다음으로 조선, 만주, 일본 및 해외 등 지역별로 당행 업무의 발달 추이에 대해 서술하는 것으로 한다.

정부 및 일본은행의 지원

당행의 업무와 관련하여 빠트려서는 안 될 것 중 하나는 정부 및 일본은행의 당행에 대한 두터운 지원이다. 즉 과거 세계대전 이후 경제계 반동기에 당행 거래선에도 심각한 악영향을 받은 것이 있었는데, 대출금 회수에 지장이 발생하였고 나아가서 당행 자체의 자금 조절이 원활하지 않게 되었기 때문에 당시 정부 및 일본은행에서의 저리자금의 공급을 기대하여 선처를 바라는 바가 있었어도 당시 경제계는 매우 어려움이 많은 시기였을 뿐만 아니라 1923년에는 관동대지진의 영향을 받아 업무상 다대한 장애가 초래되었다. 근본적인 정리, 개선이 필요하게 된 결과 1925년(大正 14) 상반기에는 결손액을 보전하는 한편 주주에 대해서도 상당한 희생을 지게 하여 정부 및 일본은행으로부터 특별한 편리를 받음으로써 당행의 정리를 위해 극력 원조를 받게 된 것이었다. 이후 당행은 이에 따라 열심히 내부 긴축 정리에 노력함과 동시에 한층 더 업무의 개선 발달을 도모한 결과, 고정대 정리는 이미 일단락을 고하고 그 이후 매기 업적은 현저히 양호해져 희망찬 앞날을 맞이하고 있다.

제1항 은행권의 발행 및 유통

은행권 발행고

은행권 발행은 당행이 향유하는 특권이면서 중요한 임무 중 하나이다. 그 발행제도는 정화를 준비로 하여 일본은행권과 동일한 단위의 은행권을 발행하는 것 이외에 일정 한도의 보증발행을 허락하고 또 필요에 따라서는 대장대신의 인가를 받아 제한외발행도 할 수 있다. 그런데 조선에서의 은행권은 1902년(明治 35) 주식회사 제일은행이 그 은행권을 발행한 것이 효시인데 당행의 전신인 한국은행이 창립되자 제일은행으로부터 은행권 발행 사무를 인계받았다. 한국은행은 1910년 12월부터 자행의 은행권을 발행하고 조선은행으로 개칭 이후 경제계의 발전에 따라 그 은행권 발행고도 매년 증가하여 조선과 만주 양 지역을 통해 무역, 기타 일반의 일상 거래의 통화로서 원만한 유통을 보이고 있다. 현재 이를 당행 창립 이래의 실적에 비추어 보면 1909년(明治 42) 11월 제일은행으로부터 인계한 발행고는 1,180여만 원인데 같은 해 말에는 1,340여만 원으로 증가하고 이후 매년 증가하여 1919년(大正 8) 말에는 마침내 1억 6,360여만 원이 되어 창업 이래 현재까지 최고 기록을 보이고 있다. 당행권의 발행고가 이와 같이 팽창한 이유는 물론 조선 경제계가 발전한 것에서 크게 기인한 것으로서 1913년(大正 2) 당행이 만주의 중요지에 지점과 파출소를 개설한 이래 이 지역에서의 유통고가 해가 갈수록 증가하여 특히 1917년(大正 6) 제국정부가 당행권으로 관동주 및 만철 부속지의 금권을 통일하는 방침을 결정하고, 같은 해 11월 칙령 제217호로서 당행권은 관동주 및 만철부속지 일대에서 강제통용력을 부여받게 되어 요코하마정금은행의 금권을 인계하게 됨에 따라 일만인(日滿人) 간에 신용이 증대되었다. 또 당시 남만주뿐만 아니라 북만주, 러시아령 시베리아 및 천진, 청도, 제남 방면에서 방화건(邦貨建)[63] 거래가 증가한 결과 이 지역에서 유통하는 당행권이 다액에 이르게 된 것에서 비롯된 것이다. 또한 1915년(大正 4) 이후 세계 일대의 큰 변화[64]를 맞이하게 된 경제계는 미증유의 번성을 누렸기 때문에 신용의 팽창과 거래의 증대가 발생하여 은행권의 유통 증가를 촉진하는 요인이 되었다. 그런데 1920년(大正 9) 3월의 경제계 반동 이후 물가의 하락과 거래의 축소로 인해 자연히 당행권의 발행고는 감소를 면치 못하게 되었고, 1921년(大正 10) 이후에는 각 연도말 현재 발행고가 1억 원 대를 유지하여도 1919년 말의 액수에는 미치지 못하였다. 1930년(昭和 5) 말에는 마침내 9,600여만 원으로 떨어졌는데 1931년(昭和 6) 이후 만주사변으로 인한 일본군의 만주 진출, 우리나라 사람의 만주 이주의 증가 및 일본, 조선, 만주의 거래 증진 등에 힘입어 당행권의 발행고는 대폭 증가로 전환되어 1933년(昭和 8) 말에는 1억 4,810여원만이 되어 1920년 말 이후 최고 기록을 보이고 있으며 이후 점증하는 추세에 있다. 또한 은행권 발행업무의 진전에 따라 보증발행 한도 확장의 필요성이 생겨 최초에는 그 한도가 2,000만 원이던 것을 1911년에 이를 3,000만 원으로 증액하고 1918년에는 다시 5,000만 원으로 확장하는 것을 인정하였다. 현재 1909년 이후 은행권 발행고 최고·최저 및 준비별 연말 발행고를 보면 아래와 같다.

63 일본계 화폐를 기준으로 한 화폐 거래.

64 제1차 세계대전을 일컬음.

은행권 발행고 최고 · 최저 및 준비별 연말 발행고 (단위: 천 원)

연도	최고	최저	연말 발행고		
			정화준비	보증준비	계
1909	13,545	11,833	5,064	8,393	13,439
1914	25,693	17,750	7,453	14,397	21,850
1919	163,888	85,492	65,869	97,730	163,600
1924	130,686	74,218	43,839	85,279	129,118
1929	132,444	83,045	61,227	57,474	118,701
1930	118,701	67,582	41,116	49,498	90,615
1931	107,394	64,436	34,183	66,726	100,909
1932	131,576	62,410	74,789	49,833	124,622
1933	155,218	99,225	98,753	49,422	148,176
1934년 상반기	148,176	120,075	75,572	49,964	125,537

은행권의 종류

당행이 창업할 때 제일은행이 발행한 은행권을 계승했는데, 이 은행권은 법률상 한국은행에서 발행한 것으로 간주되어 아무런 지장 없이 유통된 것은 당연한 일이다. 그런데 한국은행이 그 은행명을 기입한 은행권을 발행한 것은 1910년 12월로 당시 1원권을 발행하고 또 다음 해인 1911년 8월에 5원권 및 10원권을 발행하였다. 그런데 1911년 8월 15일부터 「조선은행법」이 시행되어 은행명의 개칭과 함께 은행권을 다시 인쇄해야 했기 때문에 그 인쇄를 조선총독부 인쇄국에 의뢰하였다. 1914년 9월부터 조선은행명이 기입된 새로운 100원권의 발행을 보게 되었고, 1915년 1월에 1원권, 11월에 5원권 및 10원권의 발행을 개시하였고 이후 순차적으로 신권으로 구권을 환수하여 정리를 마쳤다. 그 이후 다시 양식의 일부를 개정하여 신은행권을 발행하는 것과 동시에 1원권을 1932년 1월 4일부터 또 10원권을 6월 1일부터 발행하여 기존 동액의 은행권과 병용하여 현재에 이르고 있다.

은행권 이외에도 1904년 러일전쟁 때에 제일은행의 각 지점에서 발행한 10전, 20전, 50전의 3종의 소액권도 당행이 계승하는 것으로 되었는데, 원래 이 소액권은 영구적인 통용을 목적으로 한 것이 아니었기 때문에 1911년 3월 조선총독부고시 제89호에 따라 1912년

3월 31일을 기한으로 그 통용을 금지시켰다. 현재 당행권의 권면 종류별 발행고를 보면 창업 후 1919년까지 100원권은 연말 총발행고의 5%에서 18%까지 차지하고, 10원권은 34% 내지 44%, 5원권은 12%에서 22%, 1원권은 20% 이상 44%를 보이고 있다. 1920년 이후에는 다소 변동을 보이는데, 100원권은 총발행고에 대해 항상 10% 이상, 10원권은 56~57%, 5원권은 10%로 떨어지고 1원권은 20% 내외로 감소하고 있다.

창업 이래의 각종 은행권 발행 잔고는 다음과 같다.

은행권 권종별 발행고 (단위: 천 원)

연도	100원권	10원권	5원권	1원권	합계
1909		5,592	3,015	4,832	13,439
1914	1,750	8,288	2,727	9,084	21,850
1919	30,197	72,430	26,998	33,973	163,600
1924	14,700	74,715	15,349	24,353	129,118
1929	15,491	68,376	12,924	21,909	118,701
1930	11,381	50,756	10,109	18,367	90,615
1931	11,054	57,824	11,680	20,350	100,909
1932	13,792	71,272	14,657	24,899	124,622
1933	18,855	87,814	13,949	27,556	148,176
1934년 상반기	18,751	72,357	10,497	23,931	125,537

지불어음의 발행

당행은 은행권 발행 이외에 1916년 6월 12일 이후 당행 만주지점에서 10전, 20전, 50전의 지불어음을 발행하여 일본 보조화의 대용으로 삼았다. 이후 각 어음은 당행의 은행권과 마찬가지로 아무런 지장 없이 유통되고 있었는데, 일본 보조화의 배급이 원활해짐에 따라 이를 발행할 필요가 없게 되어 1928년 3월 15일을 기한으로 신규 발행은 중지되었다. 그런데 만주사변 이후에는 오지에서 금권(金券) 유통이 증가하였고, 이로 인해 야기되는 주조 보조화의 운반 불편을 피하기 위해서 지불어음의 수요가 발생함에 따라 1932년 3월 당국의

국고금 수불고

(단위: 천 원)

연도	수입고	지출고	합계
1910	188,747	181,176	369,923
1914	265,182	264,071	529,253
1919	530,881	529,327	1,060,208
1924	591,536	601,341	1,192,885
1929	979,959	927,024	1,906,984
1930	974,751	918,444	1,893,195
1931	909,701	877,262	1,786,963
1932	1,023,216	980,034	2,003,251
1933	1,091,847	1,071,492	2,163,339

위 표에서 분명히 확인되듯이 국고금의 수입고 및 지출고는 1910년도 수입고 1억 8,800여만 원, 지출고 1억 8,100여만 원인데 매년 증가의 경향을 보여 24년 후인 1933년에는 수입고는 5배 이상인 10억 9,184만여 원으로 지출고는 약 6배인 10억 7,149만여 원으로 증가하였다.

또한 정부 재정의 시행에 관해서는 국고금의 취급과 함께 당행이 창립할 때 제일은행으로부터 계승한 화폐정리 사무가 있다. 이 사무는 1905년 7월 이후 주식회사 제일은행이 취급한 것으로 당행이 계승한 당시에는 구백동화는 대략 그 회수를 끝냈고, 오로지 엽전의 회수로 옮겨진 시기로 제국 보조화와 형체, 양목(量目)을 동일하게 한 신화폐는 지장 없이 유통되기에 이른 시점이었다. 이후 당행은 기존에 정한 방침을 계승하여 각 지역의 농공은행 및 지방금융조합을 보조기관으로 하고 이에 대해 신화폐를 가지고 무이자 대부를 실시하여 널리 구화폐의 교환에 응하게 하는 등 정부의 명령에 따라 신화폐의 산포, 구화폐의 회수에 노력하였다. 그 결과 병합 이후에는 해당 사업은 거의 일단락을 지을 정도가 됨에 따라 1911년 2월 말일을 기한으로 화폐정리부를 폐쇄하였다. 그리고 당시 회수한 구화폐의 경우, 가공한 것은 매각 처분하고 가공하지 않은 구화폐 및 미발행의 신화폐는 이를 경성 본금고에 인계하여 완전히 구한국 화폐정리에 관한 사무를 완료하였다.

만주의 국고사무

만주에서 일본의 국고사무는 러일전쟁 이후 요코하마정금은행이 취급하고 있었는데, 1917년 12월에 당행은 정부의 방침에 따라 새롭게 일본은행과 만주에서의 국고사무 취급에 관한 대리 계약을 체결하였다. 이에 따라 1918년 1월 1일자로 위 요코하마정금은행으로부터 대련 본금고 소속의 지금고 및 파출소 사무를 이관받았다. 이후 조선과 마찬가지로 만주에서도 관동청의 세출입, 기타 국고금 취급 임무에 복무하였다. 현재 만주에서의 국고금 취급점의 분포를 보면 당행 대련(大連)지점을 일본은행 대련대리점으로 하여 그 통할하에 여순(旅順), 요양(遼陽), 봉천(奉天), 철령(鐵嶺), 신경(新京), 안동현(安東縣), 하얼빈(哈爾濱), 치치하얼(齊齊哈爾), 금주(錦州), 적봉(赤峰), 승덕(承德), 하이라얼(海拉爾)의 각 대리점을 두었다. 이들 대리점은 각각 당행 지점과 파출소가 이를 담당하고 있다. 또한 전술한 치치하얼 이하 5개 영업점은 만주사변 이후 일본군의 진출에 따라 주로 국고금의 출납사무를 취급하는 동시에 예금, 환 등의 보통 업무도 수행하게 하기 위해 당행이 특별히 설치한 것이었다. 현재 당행이 1918년 1월 요코하마정금은행에게서 국고사무를 계승한 이후의 수불 상황을 보면 다음과 같다.

만주 내 국고금 수불고 (단위: 천 원)

연도	수입고	지출고	합계
1917	41,615	42,918	84,534
1919	100,778	98,003	198,781
1924	145,076	122,230	267,306
1929	134,528	125,686	260,215
1930	118,603	111,160	229,763
1931	143,326	146,564	289,890
1932	290,993	327,272	618,266
1933	425,686	476,613	902,300

즉 1917년도에 수입고 4,100여만 원, 지출고 4,200여만 원, 합계 8,400여만 원이었던 것이

1933년도에는 수입고는 10배인 4억 2,500여만 원, 지출고는 11배인 4억 7,600여만 원으로 각각 증가하였다.

또 1918년 8월 제국의 시베리아 출병 때에 군대에 부속하여 철도 연선의 주요지인 치치하얼, 만주리(滿州里), 치다(齊多), 하바롭스크, 블라고슬로벤노예, 스빠스카야, 니콜리스크 및 북사할린 아항(亞港)에 각 파출소를 개설하여 임시 국고사무를 취급하고 그 임무 수행에 담당했는데, 이들 파출소는 그 이후 순차적으로 철폐되었다.

제3항 지금은의 매매

조선은 그 지질에 있어 금을 포함하여 광상(鑛床)이 풍부한 지역으로 일찍부터 세간에 알려졌는데, 금이 주요 광산물의 하나인 것은 이미 서술한 바와 같다. 당행은 창업 이래 조선 내 금 생산을 장려하고, 또 금이 국외로 빠져나가는 것을 방지하기 위해 경성, 원산, 평양의 본지점에서 지금은(地金銀)의 매입에 종사하였다. 당행은 매입한 지금을 조폐국에 수납하였는데, 그 수납고는 일시 조폐국 총수입고의 절반을 차지한 적도 있었다. 그런데 1918년에는 세계대전의 영향에 의해 약품, 기타 각 재료 및 임금 등이 등귀함에 따라 산금계(産金界)는 큰 타격을 받았고, 당행의 매입고도 감소하였다. 이로 인해 원산, 평양의 2개 지점에서는 매입 업무를 중지하였다. 이후 조선 내 산금계는 그 형세가 부진한 상태가 계속되고 특히 1924년 이후 수년간은 우리나라 대외 환시세의 저락으로 인해 금 시가가 앙등함에 따라 당행으로의 매입고는 현저하게 감소되었다. 그런데 수년 전부터 물가와 임금이 낮게 떨어지고, 또 금지금의 부족, 금 시가 등귀의 영향을 받아 점차 금광업이 부활을 보기에 이르렀다. 특히 조선총독부 당국의 보호 장려도 있어 최근 1, 2년간은 매우 성황을 보이고 있다.

한편 지금(地金) 매입 시세에 대해서는 1932년 3월 이후 정부는 일본은행을 통해서 시가로 매상하는 것으로 되어 당행도 이를 기준으로 허가를 받았다. 다음으로 1932년 7월 이후 정부는 금 매입을 산금업자만으로 그 대상을 한정하였는데, 당행 역시 산금업자에 준하는 것으로 지정되었다. 1934년 4월 「일본은행금매입법」 공포 이후 동법에 따라 당행은 매입 지금을 일본은행에 매각할 수 있게 되었다.

이와 같이 1909년 하반기 이후 1933년까지 당행의 지금 매입총액은 5만 4,000여관, 그 가액 2억 2,500여만 원이고, 또 같은 기간에 수납총액은 4만 2,600여관, 가액은 2억 2,500여만 원이다. 또 창업 후 5개년씩 일괄한 매입고 및 수납고의 수량 및 가격은 다음 표와 같다.

매입 지금 수납고

	매입고		수납고	
	양목(量目, 관)	가격(천 원)	양목(量目, 순금량, 관)	가격(천 원)
1909년 하반기 ~ 1913년	10,993	31,896	6,367	31,836
1914 ~ 1918년	14,195	52,029	10,419	52,099
1919 ~ 1923년	12,059	51,954	10,395	51,976
1924 ~ 1928년	657	2,006	393	2,000
1929 ~ 1933년	16,958	87,525	15,093	87,662
합계	54,864	225,412	42,669	225,574
1934년 상반기	185	210	334	987

(비고) 매입 양목에는 금 이외 은 및 잡분(雜分)을 포함하고, 매입가액에는 은 대금을 포함.
1933년 12월 이전은 문(匁, 돈) 기준에 따름.

다음으로 조선의 금지금 수이출액과 당행이 조선에서 매입하여 조폐국에 수납한 지금을 보면 1910년 이후 1933년에 이르는 24년간 지금 수이출액 2억 8,000여만 원에 대해 같은 기간 당행의 수납액은 2억 2,500여만 원이다. 또한 당행의 지금 매입 시기에 이를 포함한 은분(銀分)은 1910년 하반기 이후 1933년에 이르기까지 총량 1만 100여관으로 그 가액 147만 8,000여 원이 된다.

제4항 예금 및 대출

예금

당행의 예금 업무는 창립 이래 대체로 순조로운 경과를 거쳐 증진을 보이고 있다. 조선에서는 일한병합 전후에는 아직 경제 발달의 맹아시대에 속하고 주민의 경제사상이 일반적으로 유치하여 저축의 관념도 결핍된 상태였다. 특히 은행 이용의 방법과 같은 것은 이를 이해하는 자가 적었기 때문에 당행의 예금 업무는 부진을 면치 못했는데 그 후 경제 시설이 착착 진행되고 산업이 개발되어 상거래가 발달하는 것과 함께 경제사상도 높아졌다. 따라서 조선 내 예금 업무도 역시 해마다 크게 증가하는 현상을 보이게 되었다. 다른 한편 1913년 이후 당행의 만주 주요지에서의 점포 개설은 급격한 예금 증가의 원인이 되었다. 특히 세계대전 이후 우리 대외 무역의 증진과 이에 따른 재계의 발전에 따라 해외은행인 당행도 역시 그 활약을 촉진하게 되었다. 조선·만주, 기타 재외 각 영업점의 대외거래는 증가하고 특히 도쿄지점에 그 결제를 집중한 관계로 일본 각점의 업무는 현저히 팽창하였다. 그 결과 예금 업무 역시 상당히 바쁘게 되었다. 이후 재계의 불황으로 인해 예금 취급고는 해에 따라 증감한 것도 있었지만 현저하게 감소하지는 않았고 1931년 이후에는 점차 증가하고 있다.

창업 이후 예금 수불고 및 연말잔고를 보면 아래의 표와 같다. 창업의 해인 1909년에는 영업일수가 겨우 33일에 지나지 않았기 때문에 이를 제외하고 1910년과 1933년을 비교하면 이 기간에 수입고는 1억 3,700여만 원에서 87억 8,800여만 원, 지출고는 1억 3,800여만 원에서 87억 6,900여만 원, 연말잔고는 596여만 원에서 2억 1,510여만 원으로 팽창하기에 이르렀다. 그 상세한 내용을 보면 아래와 같다.

예금 수불고 및 연말 잔고 (단위: 천 원, △은 지출 초과)

연도	수입고	지출고	수불 초과고	합계
1910	137,266	138,937	△1,670	5,960
1914	273,380	276,583	△3,203	17,598
1919	4,923,897	4,915,623	8,274	189,151
1924	6,519,817	6,479,905	39,911	89,879
1929	6,757,968	6,755,436	2,532	103,948
1930	6,252,971	6,256,227	△3,256	98,785
1931	5,525,792	5,515,952	9,839	111,462
1932	6,843,049	6,763,943	79,105	193,932
1933	8,788,025	8,769,744	18,280	215,105
1934년 상반기	4,939,254	4,926,642	12,612	228,123

다시 연말잔고를 그 종류별로 보자. 1910년도 및 1933년을 비교해 보면 정기예금은 89만여 원에서 8,550만여 원으로, 당좌예금은 245만여 원에서 5,450여만 원으로, 특별당좌예금은 108만여 원에서 1,890여만 원으로 각각 증가하였다. 즉 다음의 표와 같다.

예금 종류별 잔고 (연말, 단위: 천 원)

연도	정기예금	당좌예금	특별당좌예금	기타 예금	합계
1910	896	2,450	1,081	1,532	5,960
1914	1,827	4,836	1,623	9,310	17,598
1919	74,549	52,556	8,608	53,437	189,151
1924	19,366	52,658	11,860	25,993	89,879
1929	22,711	35,326	10,691	35,318	103,948
1930	35,159	30,342	10,734	22,549	98,785
1931	45,101	32,095	11,298	22,967	111,462
1932	78,718	44,871	14,810	55,531	193,932
1933	85,546	54,539	18,967	56,052	215,105
1934년 6월	91,112	63,222	21,319	52,469	228,123

(비고) 기타 예금 중에는 공금(公金)예금, 통지예금, 별단예금, 예금어음 등을 포함

대출

당행의 대출은 창업 이래 현저한 증가를 보이고 있다. 대체로 당행은 창업 이래 조선·만주에서 경제계의 발전에 순응하고 또 이들 지방의 금융 소통의 사명을 수행하기 위해 노력하였다. 또 대(對)중국, 대(對)러시아 금융의 개선 혹은 외국환 업무를 담당하는 등 그 시설이 해마다 확대된 것에 따른 것으로서 특히 창업 이후 1919년까지 급격한 증가를 보이고 있었다. 그러나 1920년 재계 반동은 내외의 경제계에 심대한 영향을 끼친 결과 불황이 오랫동안 지속되었다. 이 기간에 물가는 저락하고 각종 기업계 및 상거래는 위축, 부진하게 되어 자연히 자금 수요는 감소하였다. 특히 당행은 그 중대한 책무를 감안하여 대출 업무에 대해서는 각별히 신중한 고려를 기울이고 있었다. 따라서 1920년 이후 1929~1930년까지는 대체로 감퇴하는 경향을 보이는 것은 어쩔 수 없었는데, 1931년 이후부터는 다시 점차 증가

함을 보이게 되었다. 이를 계산해 보면 1910년 대출고 6,204만여 원에 대해 1919년의 대출고는 40억 3,900여만 원으로 팽창하였는데 1933년의 대출고는 23억 7,090여만 원이 되었다. 다음으로 그 회수고는 1910년의 5,853만여 원에서 1933년의 23억 5,000여만 원으로 되고 그 연말잔고는 1910년의 727만여 원임에 대해 1933년에는 3억 5,500여만 원으로 되어 48배의 증가를 보이고 있다. 1910년 이후의 통계는 아래와 같다.

대출금 대출회수고 및 연말잔고 (단위: 천 원, △은 회수 초과)

연도	대출고	회수고	대출초과고	연말잔고
1910	62,047	58,532	3,515	7,271
1914	242,990	243,044	△54	23,454
1919	4,039,582	3,915,182	124,400	323,590
1924	2,831,708	2,823,715	7,993	328,507
1929	1,512,420	1,506,148	6,271	267,521
1930	1,352,264	1,352,038	226	266,554
1931	1,432,994	1,400,531	32,462	297,400
1932	2,062,013	2,015,839	46,174	341,338
1933	2,370,990	2,350,182	20,807	355,729
1934년 상반기	1,322,105	1,334,547	△12,442	338,512

(비고) 본표 대출금 중에는 정부대상금 및 별도대는 포함되어 있지 않음.

다음으로 이를 종류별로 보면 1910년 말과 1933년 말을 비교하면 어음대출은 405만여 원에서 3억 300여만 원으로, 당좌대월은 38만여 원에서 1,900여만 원으로 할인어음은 282만여 원에서 3,150여만 원으로 각각 격증을 보이고 있다. 즉 다음 표와 같다.

대출금 종류별 잔고 (연말, 단위: 천 원)

연도	어음대출	당좌대월	할인어음	콜론	합계
1910	4,055	385	2,824	5	7,271
1914	14,241	3,014	5,851	347	23,454

1919	124,498	44,310	148,645	6,136	323,590
1924	221,178	35,856	70,396	1,075	328,507
1929	234,447	8,749	24,323		267,521
1930	236,837	10,689	17,918	1,110	266,554
1931	259,218	11,754	23,727	2,700	297,400
1932	285,455	18,330	33,683	3,870	341,338
1933	303,874	19,076	31,558	1,220	355,729
1934년 6월	285,340	22,549	25,388	5,235	338,512

(비고)

본표 대출금 중에는 정부대상금 및 별도대부금은 포함하지 않음.

본표 어음대출 중에는 증서대부를 포함. 할인어음 중에는 화물 환어음을 포함.

제5항 내국환 및 외국환

내국환

자금의 이동을 편리하게 하는 것은 거래의 원활함을 도모한다는 점에서 경제 개발상 중요한 하나의 요소이다. 당행은 창업 이래 환업무의 발달에 대해서도 항상 노력을 게을리하지 않았는데, 현재 본 업무 발달의 발자취를 보면 창업 이래 조선·만주 양 지역에서의 산업 발전, 물자 집산의 증가, 교통기관의 정비, 거래의 증가 등과 함께 점차 더욱더 번망하고 있다. 이 기간 당행은 내외 주요 은행과 환거래 약정을 체결하거나 혹은 송금 수수료의 인하를 단행하거나 혹은 무료송금 구역을 확대하는 등 편의 조치를 힘써 강구한 결과 환 취급고는 이로 인해 증진되어 직간접으로 재계의 발전에 이바지한 점이 적지 않다. 현재 당행 각 영업점 환 수입고 및 지출고를 보면 1910년에는 수입고 7,238만여 원, 지출고 6,700만여 원이던 것이 1933년 수입고 22억 7,472만여 원, 지출고 22억 3,245만여 원에 달해 수불고 모두 30배 이상의 증가를 보기에 되었다. 1910년 이후 내국환 수불고를 지방별로 게시하면 다음 표와 같다.

내국환 수불고

(단위: 천 원)

		대(對)조선	대(對)일본	대(對)만주	합계
1910	수입	48,776	22,645	968	72,389
	지출	47,410	17,643	2,000	67,053
1914	수입	153,179	84,135	57,071	294,385
	지출	172,944	71,855	53,469	298,268
1919	수입	1,392,815	1,278,209	1,158,820	3,829,844
	지출	1,323,320	1,122,594	1,221,207	3,667,121
1924	수입	454,530	516,925	538,177	1,509,632
	지출	460,463	575,528	555,647	1,591,638
1929	수입	439,377	643,547	915,416	1,998,340
	지출	591,127	604,671	928,782	2,124,580
1930	수입	393,356	579,206	620,407	1,592,969
	지출	468,364	492,709	644,662	1,605,735
1931	수입	433,198	596,942	545,511	1,575,651
	지출	492,065	468,422	548,823	1,509,310
1932	수입	503,019	609,854	760,968	1,873,841
	지출	549,053	671,435	702,986	1,923,474
1933	수입	637,306	697,734	939,684	2,274,724
	지출	666,979	648,447	917,024	2,232,450
1934년 상반기	수입	419,133	385,996	504,743	1,309,874
	지출	412,571	379,403	483,711	1,275,686

(비고) 1909년에는 영업일수가 근소하여 계수를 생략함.

외국환

외국환도 역시 당행의 중요 업무로서 1911년 외국어음의 매매를 하기 시작했는데, 그 이후 1916년 상반기까지는 아직은 외국환 업무 취급의 시작 단계에 속하고 지금과 같이 성황을 이루지는 않았다. 즉 이를 실적으로 보아도 1911년에는 외국 어음의 매매고는 모두 5,

6만 원에 지나지 않고 이후 약간의 증가를 보여도 그 액수가 많지 않았다. 1916년 상반기에 이르러 그 매입고 274만 원, 매각고 204만 원의 수치를 보이고 있다. 그런데 1916년 하반기에 들어 외국환 감정을 신설한 때에 마침 당행의 점포는 각지에 증설되어 영업 구역은 확대되었다. 여기에 더해 당시 우리나라의 대외무역은 현저한 증가를 보이고 있는 등의 관계로 인해 본 업무는 급격한 속도로서 팽창하게 되었다. 즉 1916년 하반기에는 송금환 매출 1,450여만 원, 송금환 매입 990여만 원, 수취환 매출 270여만 원, 수취환 매입 860만여 원으로 되었다. 1924년에는 송금환 매출 2억 7,300여만 원, 송금환 매입 2억 9,030여만 원, 수취환 매출 1억 400여만 원, 수취환 매입 1억 1,000여만 원에 이르렀다.

그리고 각 종별 금액은 대체로 1926년을 최고로 하여 1931년까지 점감하는 경향을 보이고 있었는데, 1932년 이후 다시 증가로 돌아서게 되었다. 즉 1931년에 송금환 매출 1억 8,600여만 원, 송금환 매입 1억 8,800여만 원, 수취환 매출 1억 4,100여만 원, 수취환 매입 1억 4,800여만 원이던 것이 1933년에 이르러서는 송금환 매출 2억 5,700여만 원, 송금환 매입 2억 8,200여만 원, 수취환 매출 1억 8,000여만 원, 수취환 매입 1억 7,400여만 원으로 각각 증가하고 있다. 1911년 이후의 외국 어음 매매고 및 1916년 하반기 이후 외국환 매매고의 총계를 보이면 다음과 같다.

외국 어음 매매고

(단위: 천 원)

	매입고	매각고		매입고	매각고
1911	62	51	1915	93	621
1913	175	208	1916(상반기)	2,747	2,040

외국환 매매고

(단위: 천 원)

	송금		수취	
	매출	매입	매출	매입
1916(하반기)	14,557	9,921	2,773	8,609
1919	272,375	269,021	129,607	249,721
1924	273,155	290,337	104922	110,078

1929	330,493	263,999	279,326	198,980
1930	231,110	215,635	212,295	201,713
1931	186,313	188,177	141,695	148,344
1932	194,058	198,751	193,800	189,141
1933	257,850	282,564	180,287	174,501
1934(상반기)	111,009	138,187	78,000	99,223

다음으로 환 매입 및 이자부환어음(利付爲替手形)의 각년 말 현재고를 보면 다음과 같다.

(단위: 천 원)

연도	환 매입	이자부환어음	계
1919	14,723	13,802	28,525
1924	6,282	12,159	18,441
1929	11,541	1,683	13,225
1930	5,892	1,609	7,502
1931	6,798	2,078	8,877
1932	23,488	3,115	26,603
1933	15,508	6,510	22,018
1934년 6월	13,427	6,586	20,013

제2절 조선에서의 업무의 추이

정부 재정과 당행

당행은 조선의 중앙은행인 임무를 띠어 정부 재정과 관계가 깊다. 창립과 함께 종래 제일은행이 취급한 화폐정리 사무 및 금고 사무를 인계하여 그 임무 수행에 담당한 것은 다른 항목에서 기술한 바 있는데 이들의 사무 취급에 관련하여 당행은 한국정부에 대해 국고금

대월(貸越) 및 화폐정리 자금 대월의 의무를 지게 되어 이에 따른 대상금은 1910년 8월 말 858만 5,000여 원에 달했다. 그리고 위 대상금은 일한합병과 함께 제국정부가 계승하는 것으로 되었다. 다음으로 1911년 3월 이 상환을 받고, 또 화폐정리 사무는 병합의 다음 해 즉 1911년 2월로서 완료되어 당행의 화폐정리부는 폐쇄되었다. 이와 같이 통감정치의 시설이 착착 그 효력이 나타나고 특히 일한병합 성립 이후 신정(新政)하에서 조선의 재정 상태는 해마다 그 면목을 일신하고 있었다. 그런데 그 개발의 기초를 구축하기 위해서는 철도의 건설, 항만의 수축, 도로 공사, 통신기관의 확장 등 정부사업으로서 긴급히 시행할 것이 매우 많았다. 이를 수행하기 위해서는 거액의 자금이 필요했는데, 도저히 총독부의 경상세입만으로는 이 자금을 감당할 수 없었기 때문에 정부는 1911년 3월 「조선사업공채법」을 발포하였다. 동법에 의해 정부사업의 재원을 공채 또는 차입금에서 구하는 것으로 하였다. 그런데 당시 내외 정세는 새로운 공채 모집이 여의치 않았기 때문에 정부는 앞에서 열거한 사업비의 재원을 당행에서 차입한다는 방침을 채택함에 따라 당행은 정부의 요구에 부응해 1911년 3월 이후 전후 10회에 걸쳐 3,909만여 원의 정부 대상을 실시하였다. 또 그 후 사업공채의 모집에 솔선하여 응모하고 조선 개발에 필요한 자금의 조달을 지원하고 아주 긴요한 근본 시설의 촉진에 공헌하였다. 또 위 이외에 일한병합 당시 조선 귀족, 기타에 대해 내려진 은사공채에 대해 해당 공채 수령자 또는 그 상속인으로서 조선총독의 인가를 받아 해당 공채를 매각하고자 하는 자가 있을 경우에는 액면 가격으로서 조선은행이 이를 매수해야 한다고 공포하자 그 희망자가 속출하였다. 당행은 이를 매수하는 임무를 담당하였다. 당행의 은사공채 소유액은 그 최고로 많을 때에는 644만 원이라는 거액에 달했다.

예금의 증가

일한병합 전후 조선의 경제계는 아직 발달의 초기에 있었을 뿐만 아니라 조선인은 대체로 저축사상이 결핍되어 시장의 유휴자금이 역시 매우 적었기 때문에 각 은행도 예금 업무는 한산한 상태를 보이고 있었다. 당행의 예금 업무 역시 마찬가지였는데 그 이후 조선 내 산업의 개발, 상공업의 진작 등 점차 그 진전이 이루어짐에 따라 당행 예금 업무는 신장을 보이게 되었다. 현재 당업 창업 이래 조선 내 각 영업점에서 취급한 예금수불고 및 연말잔고를 보면 1909년에는 개업 초년으로서 영업일수가 겨우 33일에 불과해 제외하고, 다음 해

당행의 신용에 기초하여 시기적으로 부침이 있음에도 불구하고 대세는 점증하는 상태를 보이고 있으며 최근래에 현저한 증가를 고하고 있다. 그런데 당좌예금에 있어서는 1919년 말 2,600여만 원까지 팽창하게 되고 이후 재계 반동의 영향을 여실히 반영하여 대체로 위축되었어도 만주사변 이후에는 급격한 증가를 보이고 1933년 말에는 2,700여만 원이라는 수치에 이르렀다. 현재 참고를 위해 예금 종류별 잔고를 다음에 보이고자 한다.

만주 각 점 종류별 예금 잔고 (연말. 단위: 천 원)

연도	정기예금	당좌예금	특별당좌예금	기타 예금	합계
1909	21	209	72	7	311
1914	171	527	123	240	1,063
1919	8,022	26,598	2,234	7,699	44,555
1924	6,290	17,299	4,477	5,788	33,856
1929	8,132	23,601	4,463	10,214	46,412
1930	17,270	13,114	4,266	7,446	42,097
1931	23,941	16,416	4,731	6,690	51,779
1932	54,177	23,953	6,785	34,866	119,782
1933	50,814	27,596	9,451	23,827	111,690

대출 업무의 추이와 그 시설

앞에서 언급한 바와 같이 당행이 만주에 영업소를 개설한 것은 당시 수출 초과가 일반적이었던 만주 무역의 발전을 원조함과 동시에 그 수출환을 매입하여 수입 초과가 일상적인 조선 무역의 결제에 이바지하고 아울러 일본과의 경제적 관계를 원활하게 하고자 함에 있었다. 그런데 때마침 1914년 7월 세계대전의 발발로 일시 재계의 동요를 초래했는데, 전쟁 피해의 중심에서 멀었던 동양 방면은 오히려 그 호영향을 받아 만주에서는 대두, 두박(豆粕), 두유(豆油)의 수출이 매우 왕성해지게 되었다. 또 1915년 상반기에 이르러 수수, 옥수수, 잡곡 등을 처음으로 유럽에 수출하게 되어 재계는 계속해서 호황시대에 들어가 수출자금의 수요가 증가하였다. 당행 역시 1916년 하반기 이래 외국환 감정을 개설하여 한층 더 해외 수출 조성을 도모한 결과 만주 무역의 성황과 더불어 일반 상거래가 촉진되는 동기로 되어 각종 대출금은 급격히 증가하였다. 그러나 1920년의 경제계에 일어난 커다란 동요는 만주에도 큰 타격을 주어 특산품 수출시장의 혼란, 수입무역의 갑작스런 꺾임, 신규 기업의 좌절, 금융의 경색 등으로 매우 참담한 지경이 되었다. 그 이후 재계는 완화되었다가 다시 긴축되는 등 여전히 불황 속에서 방황하고 있어 쉽게 회복되지 못했다. 따라서 당행 대출고도 진척을 보이지 않는 것은 어쩔 수 없는 일이었다. 위와 같이 재계가 미증유의 난국에 처하여 적절히 완급을 조절하고 이 구제 정리를 완료하였다. 그 호전에 이바지하고자 하는 것은 원래 쉬운 업무는 아니어도 당행은 각지 시장이 궁박할 때에는 적당한 구제자금을 방출하여 이를 완화시키는 데 노력하였다. 이 기간 동업자를 구제하는 일에 대해서는 특히 힘을 다하고 혹은 합병을 종용하여 자금력을 풍부하게 하고 혹은 내부의 개조를 권유하여 거래를 견실하게 함으로써 금융계의 파탄을 미연에 방지하였다. 한편 수입무역 특히 특산물의 수출, 농업·광업·수산업, 운수, 전기, 가스, 기타 각종 기업의 경영에 필요한 자금 수요에 대해서는 가능한 한 편의를 제공하여 만주의 부원(富源) 개발과 그 산업발달에 기여해 왔다. 만주의 금융에서 가장 중요한 점은 말할 것도 없이 만주 지역 특산물에 대한 자금의 공급인데, 당행의 특산자금 대출액은 항상 재만주 일본 측 은행의 특산자금 대출액의 절반 이상을 차지하여 실로 특산계와 당행이 밀접 불가분의 관계에 있었음을 증명해 준다. 현재 당행의 재만주 각 영업점의 금(金) 감정에 의한 특산자금 대출 취급고를 보면 1933년까지의 최근 5개년 평균은 2억 6,717만여 원으로서 이를 당행의 만주 진출 초기인 1914년 이후 1918년까지의 5개년 평균 1,963만여 원에 비하면 13배 이상이다.

또한 1932년 만주국 성립 이후에는 일본-조선-만주의 관계가 매우 호전되었을 뿐만 아니라 만주국 경제 건설의 진행과 함께 각종 기업이 발흥하는 기운에 있고, 당행은 이러한 새로운 정세에 순응하고 이들 신사업에 대한 자금 공급에 대해서도 충분한 노력을 기울이고 있다.

이와 같이 만주 각 점 대출금의 추이를 통계로 보면 1909년 말에는 대출금 잔고가 겨우 12만 7,000여 원에 지나지 않았는데 1914년 말에는 일약 330여만 원으로 오르고 이후 다시 만주 재계의 발전에 따라 대출은 급증하여 1919년 말에는 1억 1,100여만 원이라는 거액에 이르게 되었다. 그러나 다음 1920년 이후에는 재계 각 방면의 상태를 반영하여 불규칙적인 변동을 계속하고 1931년 말에는 4,420여만 원으로 되고 있는데 이후 약간의 증가로 전환되어 1933년 말 현재는 5,400만 원 이상이다. 당행 창립 이래 만주 각 점 대출금의 대출 회수고 및 연말잔고는 아래 표와 같다.

만주 각 점 대출금의 대출 회수고 및 연말잔고 (단위: 천 원, △은 회수 초과)

연도	대출고	회수고	대출 초과고	연말잔고
1909	267	140	127	127
1914	47,366	46,609	757	3,308
1919	1,355,179	1,308,468	46,711	111,764
1924	1,111,505	1,106,313	5,192	117,769
1929	669,754	670,591	△836	52,161
1930	559,856	563,913	△4,057	46,753
1931	401,241	403,764	△2,525	44,218
1932	730,537	715,037	15,500	60,028
1933	749,363	755,663	△6,300	54,266

또한 참고를 위해 위의 각 점 대출금 종류별 잔고를 열거하면 아래와 같다.

만주 각 점 종류별 대출금 잔고 (연말, 단위: 천 원)

연도	어음대출	당좌대월	할인어음	콜론	합계
1910	73	40	12		127
1914	774	1,169	1,097	267	3,308
1919	39,662	23,491	48,610		111,764
1924	66,938	13,500	37,330		117,769
1929	41,594	4,014	6,552		52,161
1930	39,202	4,890	2,660		46,753
1931	34,213	4,144	5,860		44,218
1932	47,712	6,398	5,917		60,028
1933	39,813	8,661	5,791		54,266

환업무

다음으로 만주에서의 자금 이동 상태를 반영한 환업무를 보면 당행 만주 각점의 환 수불고는 1910년의 수입고 272만여 원, 지출고 152만여 원이고 1919년의 수입고 15억 7,300여만 원, 지출고 14억 3,400여만 원으로 약진하여 미증유의 기록을 나타냈는데, 그 후에는 재계 실정에 따라 때때로 감소의 추세를 거쳐 혹은 증가의 경향을 보이고 있다. 최근에 이르러 점차 차례로 증가하여 호전됨에 따라 1933년에는 수입고 9억 9,900여만 원, 지출고 10억 4,300여만 원이라는 수치를 보이고 있는 상태이다. 또한 재만주 각 점의 환 수불고에 대해 만주 내에서와 대외적 수불 상황을 보면 그 만주 내부가 재만주 각 점의 수불 총액에 대한 수불 모두 항상 50~60%를 점하고 그다음으로 일본이 차지하고 있다. 다음으로 1910년부터 1919년까지는 그 수불 모두 조선이 외국보다 많음을 보이는데, 그 이후에는 외국의 수불이 조선의 것을 능가하는 해가 있고 혹은 조선의 수불이 외국보다도 많은 때도 있어 아직 용이하게 그 귀추를 정하기 어려운 정세에 있다. 만주 각 점 환 수불고의 계수를 보면 아래와 같다.

만주 각 점 환 수불고 (단위: 천 원)

		만주 내	대(對)일본	대(對)조선	대(對)기타 외국	합계
1910	수입		1,566	1,154		2,720
	지출		788	733		1,521
1914	수입	14,354	8,321	6,947	105	29,727
	지출	16,434	11,835	5,942	125	34,336
1919	수입	677,218	363,116	423,471	109,208	1,573,013
	지출	636,143	347,470	339,792	110,947	1,434,352
1924	수입	395,677	152,383	16,943	75,738	640,741
	지출	376,490	156,486	49,750	93,516	676,242
1929	수입	691,191	185,070	25,883	67,343	969,487
	지출	701,049	177,062	50,430	51,045	979,586
1930	수입	431,715	160,147	21,361	67,050	680,273
	지출	437,050	126,303	64,365	37,821	665,539

위 이외에 당행 일상 업무와 관련하여 받은 영향을 보면 봉천, 신경, 영구, 하얼빈 각 점은 각각 그 소재지에서의 사변 발발 당시 1일 내지 수십 일간 임시휴업을 단행하였고 또 사변 발생 후에는 사건비 지출을 위해 일본은행 대리점 취급에 관계된 사무가 현저히 증가하였다. 특히 만주 각 영업점에서는 군부의 의뢰에 응해 일요일, 신사의 제사일 또는 시간 외라 하더라도 본건 사무의 취급에 종사하여 편의를 도모하였다. 사변 후에는 일본-만주 관계의 호전과 함께 당행 재만주 각 영업점이 취급한 업무인 예금, 대출, 환 및 은행권 발행고 모두 현저히 증가하기에 이르렀다. 현재 신국가의 기초가 강화됨에 따라 새로운 이상에 입각한 만주국의 경제건설이 착착 진척되고 각종의 신규 사업은 발흥의 기운에 있다. 특히 전신전화회사 이외에 석유, 탄광, 채금(採金), 면화, 제분, 제당 등에 관한 유력회사가 설립되고 있는 것이 적지 않은데, 이들 다수는 일본과 만주 합작 조직에 의한 것으로서 당행은 이들 사업에 대해서도 성실한 원조를 게을리하지 않고 그 부과된 사명을 수행하고 있다.

제4절 일본 및 해외에서의 업무의 상태

제1항 일본

일본 지점의 개설

당행은 개업 당초 일본에는 점포를 가지고 있지 않았는데 이후 조선 내 경제와 무역 관계가 해가 갈수록 밀접해짐에 따라 일본-조선 무역의 중심지에 지점을 특별히 설치할 필요가 인정됨에 따라 1910년 9월 우선 오사카에 지점을 설치하였다. 또 자금 및 환의 조절과 제반 업무 관계에 있어 우리나라 중앙과 특히 밀접한 교섭을 가지기에 이르게 되어 1913년 4월 도쿄에 지점을 개설하는 것으로 되었다. 다음으로 고베는 우리나라에서 가장 중요한 대외무역항으로서 오사카와의 사이에 금융 및 상업상 밀접한 관계를 가지고 있다. 또한 대외환에 있어서도 중요한 지위를 차지함에 따라 당행이 오사카에서 조선-만주 무역에 진력을 다한 이상 고베에도 이 연락기관이 필요하기에 1916년 10월 동 지역에 지점을 설치하였다. 또 시모노세키는 조선-만주 지방에 대해서는 요충지이고, 거래 관계가 매년 증가 추세에 있기 때문에 1919년 2월 이 지역에 지점을 개설하였다. 그 후 1925년 12월 말부터 일시 이를 폐쇄했는데, 1930년 4월 다시 업무를 개시하여 오늘날에 이르고 있다. 또 오사카시의 서구 호리에(堀江) 및 니시도톤보리(西道頓堀) 부근은 일본에서의 조선산 미곡의 집산 시장으로서 당행 오사카지점이 취급하고 있는 조선 미곡 및 대두의 이출어음의 대부분이 이 부근에 점포를 가진 곡물상에 의해 결제되는 관계에 있었다. 그럼에도 불구하고 당행 오사카지점의 소재지는 위 시장과 떨어져 있음으로 인해 이 방면에서의 곡물상이 입는 불편함이 적지 않았기 때문에 일본-조선 미곡업자의 금융을 한층 원활하게 하기 위해 1924년 2월부터 오사카지점 서구파출소를 개설하고 올해 4월부터 이를 출장소로 개칭하는 것으로 되었다. 이와 같이 당행은 현재 일본에는 도쿄, 오사카, 고베, 시모노세키의 요지에 5개의 점포를 가지고 있으면서 당행 본 지점은 상호 대응하여 오로지 조선·만주 각 지역과의 수이출 자금 또는 조선·만주 지방 개발에 관한 자금 융통에 노력하는 것은 물론 이들 일본 지점에서는 1930년 이후 「수출보상법」에 의해 대러시아 수출어음의 매입에도 노력하여 대러시아 무역업자에 대한 금융의 편리를 도모하고 있다.

일본 각 점의 업무

다음으로 이들 일본 각 영업점에서의 예금, 대출 및 환업무의 추이를 보면 모두 지점 개설 당초 수년간은 그 증가가 매우 더딘 상태였다. 그러나 세계대전 이후 우리 외국무역의 격증과 그에 따른 재계의 발전은 자연히 해외은행인 당행의 활약을 촉진하게 되었고, 그 결과 대외거래의 팽창 및 조선·만주, 기타 재외 각 영업점의 대외거래가 증가하였고, 그 결제를 일본, 특히 도쿄지점에 집중하게 된 관계상 일본 각 영업점의 업무가 현저히 팽창하고 각종 업무도 번망을 고하게 되었다. 그러나 1920년의 재계 반동공황의 영향을 받아 각 업무 모두 대체로 신장되지 못했는데, 최근 수년 동안은 호전을 보이고 있다. 현재 이를 예금, 대출 및 환 수불고의 계수로 정리하면 개요는 다음과 같다.

일본 각 점 예금·대출 잔고 및 환 수불고 (예금·대출은 연말. 단위: 천 원)

연도	예금	대출	환	
			수입	지출
1910	47	1,778	5	2
1914	479	2,019	68	69
1919	82,920	85,349	857	806
1924	14,977	121,008	594	619
1929	4,987	82,562	597	657
1930	8,141	78,821	501	596
1931	10,123	96,980	431	487
1932	12,733	96,997	564	602
1933	26,906	120,841	778	756

제2항 중국

중국에서의 지점 개설

당행의 중국 내 영업점 개설은 1917년 10월 청도에 지점을 개설한 것에서 비롯되어 다음으로 1918년 4월 상해에, 9월에 천진에, 10월에 제남에 차례대로 지점을 개설하게 되었다. 대체로 청도는 산동무역의 요충지임과 함께 만주와의 경제 관계가 매우 밀접함으로써 금융상 연락을 하루도 소홀히 할 수 없을 뿐만 아니라 산동 일대에 제국 상권의 확립에 있어 금융기관의 활약에 기대는 것이 매우 크기 때문에 해외은행인 당행의 진출은 물론 그 시기에 맞는 적절한 것이었다고 할 수 있다. 제남은 산동성의 수도로서 또 교제(膠濟, 청도-제남간 철도), 진포(津浦, 천진-포구(浦口)간 철도) 양 철도의 교차점에 위치하여 경제상 중요한 지위를 점하고 있다. 천진은 북중국에서의 무역상 중심 시장으로서 종래 만주와의 금융경제 관계가 매우 밀접하였다. 또 상해는 말할 것도 없이 중국에서의 무역금융의 중심 시장이면서 만주 각지와의 경제 관계가 가장 긴밀할 뿐만 아니라 조선과의 무역 관계도 적지 않다. 또 외국환 업무에 있어서 특히 중요시해야 할 시장이기 때문에 당행이 그 업무의 충실 발달을 함께 이 지역에 지점 개설이 필요한 것은 당연한 것이다. 그런데 위 가운데 제남지점만은 그 후에 업무의 실적과 지방 사정의 추이를 고려하여 1925년 말을 기한으로 폐쇄되었다. 그 결과 현재 당행의 재중국 점포는 청도, 상해, 천진의 3개 점인데, 이들 각 점은 이후 주로 각 소재지에서의 우리나라 무역상인을 원조하여 일본-만주-중국 간의 수출입 무역 발전에 공헌하고 있으며 또한 해당 지방의 번영에 기여하고 있다고 생각하고 있다.

재중국 각 점의 예금·대출 및 환 수불고

현재 당행 재중국 각 영업점의 예금, 대출 잔고 및 환 수불고를 보면 1917년 업무 개시 이래 예금, 대출 모두 증가를 계속하고 1919년에는 예금 1,650여만 원, 대출도 동일한 1,650여만 원에 달했는데, 이후 모두 감소로 돌아선 후 최근 2~3년 동안은 점차 증가로 전환되고 있다. 환 수불고는 1919년에 수입고 35만여 원, 지출고 34만여 원이고, 그 이후에는 다소 신축을 보여도 대체로 감소로 기울어지고 있다. 이와 같이 재중국 각 영업점의 업무가 1920년 이후 특별한 진전을 보이지 않는 것은 중국에서도 대전 후의 불황이 심화된 것과 함께 국내 정쟁의 계속, 재해의 빈발, 은 가격의 동요와 더불어 일화(日貨)배척운동을 단절하지 못하는 등의 영향을 받은 것으로서 대체로 어쩔 수 없는 일이다. 즉 예금, 대출 잔고 및 환 수불고를 표기하면 다음과 같다.

중국 각 점 예금·대출 잔고 및 환 수불고 (예금·대출은 연말. 단위: 천 원)

연도	예금	대출	환	
			수입	지출
1917	461	1,307	4	3
1919	16,556	16,566	356	347
1924	12,507	7,746	154	148
1929	6,293	6,423	154	254
1930	6,265	5,514	112	107
1931	6,938	9,925	117	108
1932	10,855	21,963	107	105
1933	15,498	16,671	108	106

무사히 폐쇄, 철수를 완료하게 되었다. 이와 같이 당행은 현재 러시아령에 점포를 가지고 있지 않은데, 러시아와의 통상거래에 관한 금융원조의 근본 방침은 조금도 변하지 않아 그 후에도 가능한 한 편의를 제공하고 있다.

제4항 구미

런던 및 뉴욕으로의 진출

당행의 외국환 업무는 처음 요코하마정금은행, 기타 일본 환은행의 중개에 의해 이를 취급하였고 이후 구미, 기타의 외국은행 간에 직접 거래 관계를 체결하게 되었다. 당행이 만주, 중국 및 러시아에 지점을 증설함과 동시에 이들 지방의 유럽과 미국에 대한 무역은 현저한 발전을 보이게 되었다. 이로 인해 당행의 유럽과 미국에 대한 환 취급액은 해마다 증가하게 된 결과 당행은 단순히 환업무를 거래하는 은행과의 환 연락만 하는 것이 허락되지 않는 정세에서 자연히 당행은 유럽과 미국 금융의 중심시장에 진출하고 그 지역 금융기관과 밀접한 접촉을 가지게 되었다. 이에 따라 당행의 대외환 결제와 그 자금 조절상의 편의를 얻는 것이 급무라고 여기게 되었다. 그리고 이보다 앞서 당행은 런던 및 뉴욕 등에 임시로 행원을 파견하여 이 방면에서의 금융경제 정세의 조사연구를 담당하게 하였는데, 1918년 5월 이후 런던에 파견원을 상주시키고 또 1919년 11월에 뉴욕에 출장소를 설치하여 업무 취급을 개시함으로써 오늘날에 이르고 있다. 현재 뉴욕출장소의 환 취급고를 보면 다음과 같다.

뉴욕출장소 환 취급고

(금원(金圓) 환산액, 단위: 천 원)

		대(對)일본	대(對)조선	대(對)만주	대(對)기타 외국	합계
1919	송금	1,389				1,389
	수취	7,393			1,061	8,454
1924	송금	10,083	11	325	74,146	84,567
	수취	123,600	660	2,089	26,539	152,890
1929	송금	35,469	26	849	2,286	38,632
	수취	135,101	242	1,443	43,774	180,562

1930	송금	38,874	7	346	3,148	42,375
	수취	102,877	319	2,220	35,539	140,955
1931	송금	19,567	19	148	1,561	21,295
	수취	84,706	254	6,066	22,897	113,905
1932	송금	27,926	38	72	2,124	30,160
	수취	162,623	387	1,539	31,142	195,691
1933	송금	54,319	39	1,754	10,496	66,608
	수취	93,630	327	3,054	25,218	122,229

II

일제하 조선식산은행 관계 자료

해제

1. 조선식산은행 약사

조선식산은행(이하 '식은')은 일제의 산업정책을 금융 면에서 뒷받침하기 위한 정책기관으로서 1918년 10월 기존의 6개 농공은행을 통합하여 설립되었다. 화폐정리사업이 한창이던 1906년 3월 「농공은행조례」(칙령 제13호)가 공포되고 이에 의거하여 각 지역의 금융경색을 타개하기 위해 농공은행이 설립되었다. 1906년 6월 한성농공은행을 시작으로 충주, 공주, 대구, 평양, 전주, 진주, 광주, 해주, 경성(鏡城), 1907년 7월 함흥농공은행까지 약 1년 남

농공은행·조선식산은행의 산업별 대출 비중

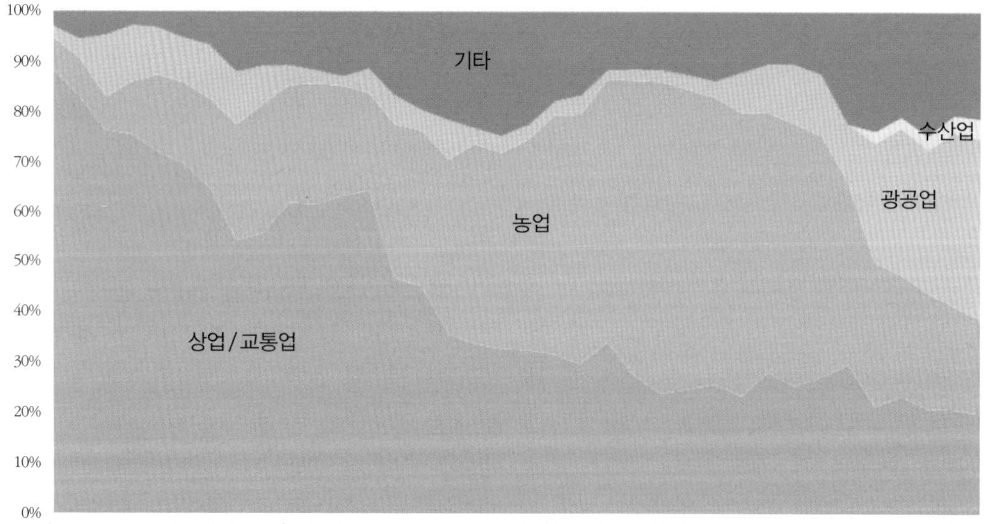

* 자료 : 朝鮮總督府財務局, 『朝鮮金融事項參考書』, 昭和14年調, 109~110쪽 ; 朝鮮總督府財務局, 『朝鮮金融年報』, 昭和18年調, 28쪽. 한국사데이터베이스(db. history.go.kr) 한국근대사기초자료집 〉 일제하의 금융〉 3. 조선식산은행에서 재인용함.

짓한 기간 동안 11개의 농공은행이 설립되었다. 이 은행들은 1907년 6월과 1908년 8월 두 차례의 합병 과정을 거쳐 한호, 경상, 평안, 전주, 광주, 함흥의 6개 농공은행으로 재편되어 1918년 10월 식은으로 통합될 때까지 존속했다.

「농공은행조례」 제1조에 명시되어 있듯이 농공은행의 설립 목적은 농공업의 개량과 발달에 필요한 자금을 공급하는 것이었다. 하지만 앞의 그림에서 알 수 있듯이, 창립 당초에는 농공업이 아니라 상업 부문에 집중적으로 대출이 이루어져 상업 부문이 70% 전후를 차지했다. 이는 농공업에 투자할 장기성 자금을 조달할 수 없었기 때문이기도 하지만, 화폐정리사업으로 인한 금융경색을 타개하고 1910년대 유통 부문의 재편이라는 조선총독부의 정책에 부응하는 것이기도 했다.

2. 조선식산은행

농공은행은 철도역이나 항구 소재지에 점포를 증설하였고, 이 과정에서 일본인의 내륙 진출을 금융 면에서 지원하였다. 농공은행의 환업무는 전국의 광범위한 지점망을 통해 조선 내륙의 상품 이동을 촉진했으며 이를 토대로 한일 간의 상품 이동도 중계했다. 또 농공은행의 상업 대출은 주로 미곡을 중심으로 한 농산물 유통 자금이었다. 이는 일본이 전개한 조선의 식량·원료기지화 정책을 뒷받침하는 것이었다. 여기에 필요한 자금을 공급했던 것이 농공은행이었다.

하지만 제1차 세계대전의 호경기와 함께 일본자본주의의 급속한 발전과 함께 도시 인구가 급증하면서 1918년 쌀소동으로 상징되는 식량 위기가 발생하였다. 다량의 식량 확보는 도시 인구의 상당수를 차지하는 노동자들의 저임금 유지를 위해서도 필요했다. 식민지 조선에 대한 대규모 농업투자와 농업개발이 절실해졌다. 농업투자의 상당 부분이 수리조합에 집중되었고, 지목 변환을 비롯해 품종개량이나 농법개량 등의 농사개량에도 많은 투자가 계획되었다. 물론 다량의 자금이 필요했음은 물론이다. 기존의 지역별로 존재하던 농공은행은 이를 감당하기에는 역부족이었다. 1918년에 6개 농공은행을 합병하여 부동산금융을 담당할 금융기관으로 식은을 설립한 이유도 여기에 있다.

우선 채무국이었던 일본이 전쟁을 계기로 호황을 맞이하여 국제수지상 흑자를 기록하며 채권국이 되어 식민지에 자금을 공급할 수 있게 되었다. 당시 조선의 농업은 토지생산력이 낮아 농법개량을 통한 증산의 여지가 컸고, 저렴한 지가에 비해 높은 소작료율은 식민지 초과이윤을 가능케 했다. 이를 위한 각종 인프라도 정비되었다. 1910년대를 지나면서 철도를 비롯한 교통운수 수단이 정비되었고, 1918년 토지조사사업의 종료와 함께 부동산을 담보로 한 농업 대출의 위험성이 낮아졌다. 제1차 세계대전 당시의 호경기를 배경으로 넘쳐나던 일본의 유휴자본을 도입하여 농공업에 투자할 은행이 필요했다. 결국 조선총독부는 「조선식산은행령」(1918.6, 제령 제7호)을 공포하고, 1918년 10월 여섯 농공은행을 강제 합병하여 자본금 1,000만 원의 식은을 세웠던 것이다.

식은은 농공은행에 비해 보다 많은 채권을 발행할 수 있었고, 이는 장기자금 조달의 주요 통로였다. 불입자본금의 5배까지 채권을 발행할 수 있었던 농공은행에 비해 식은은 불입자본금의 10배까지 채권을 발행할 수 있었고, 1924년 이후에는 불입자본금의 15배까지 발행 한도를 늘렸다. 농공은행이 자금 조달을 위해 주로 단기성 예금에 의존했던 반면 식은은 채권 발행을 통해 장기자금을 확보할 수 있었다. 이를 통해 식은은 유통 부문을 넘어 생산 부문에까지 투자할 수 있게 되었다. 1918~1936년간 식은이 발행한 채권은 90% 이상이 일본에서 인수되었다. 반면 1937~1945년간 발행 채권의 조선 내 인수 비중이 높아져 50%를 상회하였다. 식은의 채권 발행은 주로 일본에서 자금을 유입하는 통로였으나, 전쟁 시기에는 그러한 기능과 함께 조선 내의 자금을 흡수하는 기능도 강화되었다. 전쟁 수행 자금의 현지 조달 경향을 보여 준다.

1937년 7월 중일전쟁의 발발을 계기로 전시체제에 돌입하면서 조선 또한 전시경제로 전환되었다. 전시경제는 말 그대로 기본적으로 전쟁 수행을 위해 물자·인력을 동원하는 것으로 금융 역시 이를 뒷받침하는 역할을 부여받았다. 조선총독부는 일본의 금융통제 상황에 발맞추어 조선 내 금융에 대한 통제를 강화했으며, 이에 따라 식은의 역할도 변화했다. 1937년 중일전쟁 이후 식은의 대출 및 유가증권 투자는 군수 광공업 및 이를 뒷받침하는 기초산업에 집중되었다. 또한 전쟁 말기로 갈수록 각종 통제기구에 대한 자금 융통도 증대했다. 상기 그림의 광공업 및 기타 부문 대출 비중의 증대는 이를 잘 보여 준다.

해방 이후 1950년 한국식산은행으로 개칭되었다가 1954년 설립된 한국산업은행에 승계되었다.[1]

3. 자료의 구성

이 자료의 구성은 다음과 같다.

1. 조선식산은행의 창립과 조선인의 인식: 신문기사
2. 『조선식산은행10년지』(1928)
3. 『약진반도와 조선식산은행』(1940)

1 이상은 한국사데이터베이스(db. history.go.kr) '한국근대사기초자료집 〉 일제하의 금융 〉 3. 조선식산은행'을 참조하여 다시 썼다.

'1. 조선식산은행의 창립과 조선인의 인식: 신문기사'에서는 조선식산은행의 약사에서 언급했던 내용 중 창립될 때까지의 과정을 신문기사, 『조선총독부관보』, 그리고 식은의 창립 과정에 직접 참여했던 한상룡의 회고록 중 관련 부분 등을 모아 놓았다. 이를 통해 식은이 당초 무진업과 같은 하층 금융기관으로 계획되었다는 사실, 1917년 6월 7일 「조선식산은행령」이 공포되기 전 아라이(荒井) 탁지부장관이 한상룡을 불러 자본금 300만 원의 조선권업은행 창립에 협조해 줄 것을 요청한 사실, 그리고 이 조선권업은행 설립 계획이 식은 창립의 기초가 되었다는 사실, 설립 위원들의 설립사무에 관한 명령, 주식 공모 취급점, 식은 창립총회 당일에 대한 스케치 등을 알 수 있다. 또한 말미에는 식은을 일제에 대한 저항의 상징으로 보고 식은에 폭탄을 던진 사건과 독립운동 자금을 마련하기 위해 금융조합과 식은을 습격하려고 했던 상황을 담은 『신한민보』의 기사를 소개하였다.

'2. 『조선식산은행10년지』(1928)'에서는 1928년 창립 10주년을 맞이해 발간한 『조선식산은행10년사』를 완역한 것이다. 이 자료의 장과 절의 목차를 열거하면 다음과 같다.

제1절 채권의 성질, 제2절 발행, 제3절 발행조건, 원금 이자의 지불

제6장 영업 성적

제1절 손익계산, 제2절 이익금 분배

제7장 산업 및 공공대부 용도의 개요

제1절 행정, 제2절 교화, 제3절 금융조합연합회, 제4절 위생, 제5절 교통운수, 제6절 농업, 제7절 토지개량, 제8절 수리사업, 제9절 임업, 제10절 잠업, 제11절 축산, 제12절 공업, 제13절 수산, 제14절 전기 및 가스, 제15절 양조, 제16절 토목, 제17절 광업, 제18절 상업, 제19절 토지가옥, 제20절 구채 정리

부록

1. 주식회사 조선식산은행 연표
2. 「조선식산은행령」
3. 주식회사 조선식산은행 정관
4. 「농공은행령」
5. 「농공은행조례」
6. 「수형조합조례」
7. 조선식산은행 제12기 대차대조표
8. 조선식산은행 관계 수리조합 일람표

'**3. 『약진반도와 조선식산은행』**(1940)'은 1940년 2월에 발간된 78쪽의 소책자로 창립 이후 식은의 활동 내용을 알기 쉽게 정리해 놓은 것을 완역한 자료이다. 역시 목차를 제시하여 식은이 조선의 산업경제에 얼마나 밀접하게 관련을 맺고 영향을 주었는지 확인할 수 있도록 한다.

1. 당행 설립 전의 은행과 그 금융

개황-농업은행의 설립과 업무의 발전

2. 조선식산은행의 설립

조선식산은행 설립의 요망-조선식산은행의 설립

3. 정부의 보호 및 감독

개설-조선식산채권 발행의 특전-정부 소유 주식에 대한 전액 불입과 배당 면제-배당 보증-자금 조달상의 원조-정부의 감독

4. 조선 산업경제의 발전

개황-구주대전의 진전과 조선경제-산미증식계획과 조선경제-만주사변 및 지나사변의 발발과 광공업의 발전-수력발전사업의 발달-생산력확충계획과 당행의 신사명

5. 업무의 개요

1 총설

영업의 광범위-조선경제의 특수성과 당행 업무의 특질-종합적 금융과 업적의 향상-예금 대출금의 팽창

2 산업 및 공공금융

(1) 산업 공공대부

대부금의 격증-차주의 종류-대부금의 분포-담보의 종류-대부금의 기간-대부금의 이자-매개대부

① 산업대부, ② 공공대부, ③ 산업 및 공공대부금 용도의 개요

(2) 채권의 응모 또는 인수

(3) 주식의 응모 또는 인수

3 보통은행 업무

연혁 및 예금 대출 업무의 발전-환업무-기타 부수 업무-대리점 업무

6. 조선식산채권

7. 조식 및 관리

자본금 및 주식-주주-본점 및 지점-중역-고문 및 상담역-직원 및 용원-사무분장

8. 영업 성적

업무계수의 팽창-손익계산-이익금 분배

이상의 자료를 통해 식은의 약사에서 언급했던 내용들을 확인할 수 있을 것이며, 이를 통해 일제강점기 식은에 의한 금융 지배의 이미지를 형성할 수 있을 것으로 기대한다.

1. 조선식산은행의 창립과 조선인의 인식: 신문기사 및 관보 등

〈자료 122〉 조선식산은행 설립 계획

(《부산일보》, 1917.11.25.)

하층의 금융기관으로서 지방 금융조합과 같이 도시의 하층 금융기관으로서 질옥(質屋, 전당포), 무진의 장점을 겸영하는 내용으로써 조선식산은행을 설립하기 위해 정부 보조 관계상 이건 회기 의회에 제출될 것이라고.

〈자료 123〉 조선식산은행 설립에 관한 건

(『조선총독부관보』 제1757호, 1918.6.15.)

관통첩(官通牒) 제98호
1918년 6월 15일 정무총감
각 도장관 앞

조선식산은행 설립에 관한 건

이번에 제령으로 「조선식산은행령」이 발포된바 이는 현재 조선 각지에 점재하는 6개 농공은행을 통일 합병하고 그 자본을 증대하여 조선식산상 중요한 금융기관으로 삼으려는 것에 있다.

원래 농공은행은 1906년 6월부터 점차 조선 각지에 설립되었고, 정부에서 혹은 주식의 일부를 인수하고 혹은 다액의 대하금을 주고 기타 각종 영업상의 보호를 부여해 왔다. 현재 본점 6개가 지점 41개를 거느리고 있다. 설립 이래 농공자금의 공급 외에 겸하여 상업금융의 임무를 맡아 조선에 금융기관이 완전히 결여되었을 당시에 널리 금융의 길을 열고 애써 다년간 극도로 피비(疲憊)한 농민에게 나아가 자금의 융통을 도모하였다. 이후 백방으로 부액유도(扶腋誘導)하여 경제사상을 계발함으로써 산업 흥융(興隆)의 소인(素因)을 조장하여 재계의 발전상 기여할 것이 적지 않다. 하지만 그 보유한 자본액은 각행 합계 겨우 260만 원에 그치고 그 세력이 미약하여 다시 시운의 추이에 순응하기에 부족하다. 이를 최근 경제 발전의 추향(趨向, 추세)에 비추어, 나아가 전후 재계의 대세를 생각할 때 지금 농공은행 재래(在來)의 조직에 근본적 혁신을 가하여 일층 그 기능을 발휘하게 할 필요가 있다. 이에 농공은행 분립제(分立制)를 고쳐 이를 통일하여 일대(一大) 은행으로 만든 것은, 완전히 이 취지에 기초하여 조선 전도의 자력(資力) 및 신용을 일단(一團)으로 하여 널리 자본을 모집하고 재능 있는 이사들을 모집하여 그 관리를 맡김으로써 반도 장래의 경제에 공헌하게 하고자 하는 것 외에는 없다. 그리고 조선식산은행이 성립한 뒤에는 곧바로 농공은행의 권리와 의무 일체를 승계시켜 종래 농공은행이 가지고 있는 고체대(固滯貸, 고정대출)에 대해서는 특별히 저리자금 공급의 길을 강구하여 그 정리를 단행하게 하고 또 식산은행 주주에게는 정부에서 동행 설립 후 5년간 연 7%의 이익 배당을 보증함으로써 그 이익을 확보하게 하는 것에 있다. 이렇게 해서 종래 지방에 분립한 미약한 각 농공은행은 이에 통일되어 일대 세력이 될 뿐 아니라 그 자금 관계에 있어서는 또한 조선은행과 충분한 연락을 유지하도록 하고, 또 동양척식회사로 하여금 부동산금융상 이와 밀접한 관계를 갖도록 하는 외에 주로 식산은행 채권을 인수시키고, 나아가 일본권업은행과의 금융 관계를 확립하여 대리 대부의 방법으로 동 은행의 풍부한 자금을 조선에 초치하는 길을 열어 피차간에 식산자금을 윤택하게 한다는 방침이기 때문에, 신은행의 활동 범위는 현저하게 확대하고 그 전도 매우 다망(多望)하다는 것을 알아야 한다. 종래 농공은행은 그 성적에서 각자 큰 차이가 있었으나 이제는 모두 똑같이 전술한 것 같은 유리한 사정하에 서게 되었다. 그 주식의 모집 및 자금의 운용에 관해서는 전신인 각 농공은행의 연혁에 비추어 항상 조선 농민의 이익을 옹호하고 또한 이 조장의 방도를 오도하는 일 없이 나아가 널리 내선인 금융의 편리를 도모하고 양지로 하여금 동심 협력함으로써 본부의 시설 방침에 적응하고 식산흥업의 결실을 올리게 하는 것을 기하는 것에 있다. 따라서 앞의 취지를 이해하시길 바라며 봉첩합니다.

〈자료 124〉 조선식산은행 설립위원 한상룡의 회고(1)

(韓翼敎 編, 『韓相龍君を語る』, 청운출판사, 1941년, 163-165쪽)

(1917년) 6월 7일, 탁지부 장관 아라이 겐타로(荒井賢太郎) 씨가 사직하고, 그때까지 사세국장을 맡고 있던 스즈키 시즈카(鈴木穆) 씨가 그 뒤를 이어받았습니다. 같은 날 「조선식산은행령」이 공포되었습니다.

그보다 앞선 어느 날, 아라이 장관의 부름을 받고 관저를 방문했더니 "조선에 채권을 발행하는 권업은행(勸業銀行)을 하나 창립하고 싶은데, 자본금은 300만 원으로 잡고 있다. 이것을 발표할 때 발기인으로 참가해서 여러 모로 많이 도와주었으면 한다."고 말씀하셔서, 계획에 찬성하고 그 제안을 받아들였습니다. 그 뒤 아라이 씨가 도쿄로 가서 당시 가쓰라(桂) 총리 겸 장상에게 이 계획을 말하고 찬성을 구했는데 가쓰라 수상이 반대하셨습니다. 아마도 일본권업 채권 보호정책 때문이었을 것으로 생각됩니다. 이렇게 해서 조선의 권업은행 창립 시도는 중지되었습니다. 그러나 이 기운은, 뒤에 농공은행이 합병되어 식산은행을 만드는 전제가 되지 않았나 합니다.

스즈키 시즈카 씨가 탁지부장관에 오르자 곧, 나에게 간도에 한성은행 지점을 설치할 필요성을 설명하시고 그 설치를 명하셨습니다. 그래서 6월 9일 행원 니시무라 모토오(西村元雄)·홍학균(洪學均) 두 사람을 시찰 임무를 주어 간도로 출발시켰습니다. 두 사람은 7월 1일 경성으로 돌아왔는데, 그들의 시찰 보고에 따르면 간도에는 분명 조선 사람이 많기는 하지만 아직 은행 지점을 설치할 정도는 못 된다, 즉 시기상조라는 것이었습니다. 게다가 한성은행은 경성에만 본점이 있을 뿐 함남북(咸南北)에 어떤 지점도 없다, 때문에 간도와 연락하기가 곤란하고, 당시는 북선철도가 개통되어 있지 않아 화폐 수송 같은 일이 매우 곤란하고 불안하다고 하였습니다. 따라서 장관께는, 현재로서는 지점 설치는 불가능하다고 보고하였습니다. 장관은 크게 노하셨고, 나는 호되게 질책을 받았습니다. 그러나 사정이 사정인지라 지점 설치는 하는 수 없이 중지했습니다. 그 후 용무가 있어 때마침 도쿄에 가 있던, 또는 도쿄에 체재 중이던 스즈키 장관을 의회 정부위원 응접실로 방문했다가 크게 질책을 받았는데, 다음 날 사저로 찾아뵈었을 때 역시 다시 질책을 받아 매우 죄송했습니다.

〈자료 125〉 조선식산은행 설립위원 한상룡의 회고(2)

(韓翼敎 編, 『韓相龍君を語る』, 청운출판사, 1941년, 172-176쪽)

1917년 내지외지공통법(內地外地共通法)이 생겨 내지에서도 외지 법인을 인정하게 되었습니다. 그래서 4월 6일 오후 데라우치(寺內) 수상을 관저로 방문했더니, 수상은 "종래에는 내지의 법인이나 개인이 조선에 가서 상행위를 했지만, 이번에 공통법도 생기고 했으니 조선 쪽에서 내지로 나와 상행위를 하는 것이 좋다, 한성은행도 도쿄나 오사카 부근에 지점을 내고, 내선 간의 연락(連絡)을 맡도록 하면 어떻겠는가" 하고 말씀하셨습니다. 나는 숙고해 보겠다고 말씀드리고 돌아왔는데, 이것이 결국 한성은행 도쿄 지점 설치의 단서가 되었습니다.

이렇게 해서 5월 30일에는, 4월부터 여러 가지로 준비하던 한성은행 도쿄 지점 설치 신청서를 총독부에 제출했습니다.

6월 20일, 조선식산은행 창립위원에 임명되었습니다. 조선에는 메가타 씨의 계획에 의해 여섯 개의 농공은행이 생기고, 그 여섯 은행이 13도에 각각 구역을 정해 다년간 부지런히 경영에 힘썼습니다만, 당시에는 사업이 부진하고 금융이 원활하지 못해 경영이 곤란해졌던 곳도 있는 듯합니다. 이 때문에 여러 가지로 총독부의 지도 감독을 받기도 했지만 역시 경영은 매우 곤란했던 것으로 생각됩니다. 그래서 탁지부장관은 당시 도쿄의 법제국 참사관 바바 에이치(馬場鍈一) 씨와 충분한 협의를 거쳐, 여섯 은행을 합병하여 하나의 강력한 은행으로 만들어 조선의 부동산에 대한 장기대부를 맡기고, 사채를 발행하여 자금을 조달한다는 계획을 세웠던 것입니다. (이는 앞서 말씀드린) 아라이(荒井) 장관의 조선권업은행 창립 계획 방침에 근거한 것이다.

식산은행의 창립위원은 내선의 유력 실업가들에게 맡기기로 하고, 창립위원장에는 야마가타(山縣) 정무총감이 되셨습니다. 자본금 1,000만 원, 당시 조선에서는 아직 주식에 대한 관념이 얕았고, 또 내지의 조선에 대한 이해가 적었기 때문에, 스즈키(鈴木) 장관이 매우 걱정하고 계셨습니다. 26일 오전 10시 총독부로 장관을 방문했더니, 주식을 모집하는 건에 대해 상당히 걱정을 하시면서 성공 여부를 점치고 계셨습니다. 그러나 그 후 총독부의 철저한 원조와 내선 민간의 협력에 의해서 훌륭하게 성공을 거두었습니다. 실은 이 자본금의 일부는 종래의 불입자본으로 충당한다고 되어 있었기 때문에, 모집한 주식이라는 것이 비교적 적었지만, 신청액은 모집액의 30배에 달했습니다. 이렇게 해서 1917년 10월 1일 조선식산은행을 개업하였습니다. 초대 두취(頭取)는 미시마 다로(三島太郎) 씨였는데, 당시 조선은행 이사를 겸하고 계셨습니다. 이사에는 조선은행으로부터 나카무라 미쓰요시(中村光吉) 씨, 총독부로부터 전 이재과장 참사관 아루가 미쓰토요(有賀光豊) 씨가 선임되고, 또 이시이 미쓰오(石井光雄) 현 일본권업은행 총재가 기설 농공은행을 대표하여 들어오셨습니다. 명예이사에는 박영효(朴泳孝) 후작이, 감사에는 이근상(李根湘) 씨와 기타 내지인 측에서 1명이 취임하였습니다. 이후 동 은행은 순조롭게 발전하여 오늘날과 같은 융성을 이루게 되었습니다. 나중에 나카무라 이사가 만주은행 두취로 부임하여 아루가 씨가 수석이사가 되고, 미시마 두취가 서거하신 후에는 아루가 씨가 대신 두취에 취임하셨습니다.

미시마 다로 씨는 제국대학 출신의 수재로, 졸업 직후 곧바로 관리가 되어 중의원 서기관직에 있었는데, 시부사와 제일은행 두취의 눈에 띄어 제일은행에 입사하였습니다. 동행 경성지점 이치하라(市原) 총지배인 밑의 차석으로 조선에 오셨다가 몇 년 뒤 한국은행이 창립되면서 그 이사에 취임하셨습니다. 실로 고매한 인격자의 소유자였던 그는 묵묵하여 말이 많지 않고, 매우 이해가 빠른 편이어서 한번 결정하면 결코 초지(初志)를 바꾸는 일 없이 반드시 실행에 옮기는 사람이었습니다. 한편으로는 눈물에 아주 약하고 인정이 많아 조선은행 내에서는 물론 일반 사회에서도 인망이 아주 두터웠습니다.

식산은행이 창립될 무렵 조선은행에서는 부총재를 한 명 두는 제도가 생겼는데, 순서로 따져도 당연히 미시마 씨가 맡아야 하고, 또 모두 그렇게 될 것으로 생각하고 있었습니다. 그때는 마침 도쿄에서 조선은행 총회가 열리려던 참이었는데, 대장 대신께서 미시마 씨에게 전보를 띄워 총회 3, 4일 전 도쿄로 오라고 하셨답니다. 미시마 씨도 때가 때인지라 부총재 취임 교섭을 위한 초청으로 생각하셨을 터인데, 막상 도쿄에 도착해 보니 이번에 설치될 조선식산은행의 두취가 되라는 권유를 받으셨다고 합니다. 미시마 씨는 회답을 보류한 채 조선으로 돌아오셨는데, 친우(親友)들에게는 취임을 사절하고, 조선은행도 그만두겠다는 의사를 피력했습니다. 그러나 친우들이나 선배들의 종용도 있고 해서 마침내 수락의 뜻을 도쿄에 전했습니다. 당시는 식산은행 두취 자리가 매우 섭섭하고 귀찮게도 느껴졌을 것입니다만, 미시마 씨가 부지런히 노력하신 결과, 시간이 흐르면서 좋은 성적을 거두어 오늘날과 같은 융성을 누리게 되었던 것입니다. 언젠가 식은에서 수백만 원의 사채(社債)를 발행한 적이 있는데, 그해 말 병상에 있던 미시마 두취를 댁으로 방문하여 콜론(call loan)으로 50만 원만 한성은행에 빌려줄 것을 부탁했더니, 곧바로 쾌락하셨습니다. 콜론에 의하면 차입금보다는 이자가 싸기 때문에, 도쿄에서 사채 발행 대금을 끌어다가 한성은행에 미리 약속한 50만 원을 빌려주려 하셨습니다. 영업 당국자는 그 일에 대해 이견을 가지고 있었던 것 같지만, 미시마 두취가 이미 약속한 것이니 그만둘 수 없다, 은행가에게는 신용이 제일이기 때문에 약속한 것을 이행하지 않으면 은행가의 가치도 없을뿐더러 나아가 은행의 신용과도 관계된다고 하시며 약속대로 50만 원을 우리 쪽에 빌려주셨습니다. 이 한 가지만 보아도, 미시마 씨의 인격이 얼마나 뛰어난지 알 수 있을 것입니다. 그가 지금까지 살아 계셨더라면, 정말 위대한 업적도 올리고, 아주 높고 중요한 지위에도 오르셨으리라 생각합니다. 애석하게도, 이것을 보지 못하고 타계하신 것은 아무리 생각해도 유감입니다.

〈자료 126〉 조선식산은행 설립위원 임명

(『조선총독부관보』 제1763호, 1918.6.22.)

1918년 6월 20일

조선총독부 정무총감 야마가타 이사부로(山縣伊三郎)

주식회사 조선식산은행 설립위원장을 명한다.

조선총독부 탁지부장관 스즈키 시즈카(鈴木穆)

조선총독부 농상공부장관 오하라 신조(小原新二)

대장성 은행국장 모리 슌로쿠로(森俊六郎)

척식국차장 다치바나 슌기치(立花俊吉)

조선총독부 총무국장 오기타 에쓰조(荻田悅造)

종3위 훈1등 이시즈카 에이조(石塚英藏)

종4위 자작 민영휘(閔泳徽)

정4위 훈3등 가와카미 쓰네오(川上常郎)

종4위 훈3등	시무라 겐타로(志村源太郎)
종4위 훈3등	고야마 건조(小山健三)
종5위 훈4등	사사키 유노스케(佐佐木勇之助)
정6위 훈4등	미노베 슌키치(美濃部俊吉)
훈4등	히지카타 히사아키라(土方久徵)
훈4등	야스다 젠자부로(安田善三郎)
훈4등	한상룡(韓相龍)
종6위 훈5등	가타야마 사다지로(片山貞次郎)
종6위 훈5등	미시마 다로(三島太郎)
훈6등	하라다 긴노스케(原田金之祐)
	기무라 유지(木村熊次)
	다카세 우메키치(高瀨梅吉)
	조진태(趙鎭泰)
	백완혁(白完爀)
	이진태(李鎭泰)
	이병학(李柄學)
	박영근(朴永根)
	김형옥(金衡玉)
	김병유(金秉湝)

주식회사 조선식산은행 설립위원을 명하다.

〈자료 127〉 조선식산은행 설립사무에 관한 명령

(『조선총독부관보』 제1763호, 1918.6.22.)

6월 20일 주식회사 조선식산은행 설립위원에 대한 동 은행 설립사무에 관한 명령은 다음과 같다.

- 기(記) -

1.「조선식산은행령」에 의해 주식회사 조선식산은행 설립에 관한 일체의 사무를 처리해야 한다.

2. 조선식산은행 매 영업기에 정관이 정하는 바에 따라 주주에게 배당해야 할 이익금이 정부 이외의 자가 소유하는 주식의 불입자본액에 대해 연 100분의 7의 비율에 달하지 못할 때는 설립 초기(제1기)의 말일부터 5년에 한해 이에 달하는 금액을 정부에서 보급해야 한다. 단, 그 보급 금액은 어떤 경우라 하더라도 정부 이외의 자가 소유하는 주식의 불입자본액에 대해 연 100분의 7의 비율을 초과할 수 없다.

3.「조선식산은행령」제69조에 의해 정부 소유에 속하는 주식에 대해 이익의 배당을 할 필요가 없는 기간은 설립 초기(제1기)로부터 15년으로 한다. 단, 최후의 5년간은 그 배당에 해당하는 금액을 결손보전준비금에 편입한다.

4. 설립위원회는 위원장이 이를 소집해야 한다.

5. 설립위원의 여비는 관청의 여비 규정 중 칙임관의 예에 따라 이를 지급해야 한다.

6. 상무위원을 둘 때는 그 씨명을 신고해야 한다.

7. 위원장 사무소를 개설했을 때는 그 일시 및 장소를 신고하여『조선총독부관보』에 이를 공고해야 한다.

8. 정관을 의정(議定)했을 때는 그 인가를 신청해야 한다.

9. 주주의 모집은 다음의 사항을 기재하여『관보』,『조선총독부관보』및 신문지를 통해 공고해야 한다.

가. 정관의 인가를 받은 취지 및 그 인가 연월일

나. 주식 신청인에게 정관을 열람시킨다는 사항과 그 장소

다. 주식 신청 방법, 기일 및 장소

라. 주식 모입 결정 방법

10. 주주의 모집이 끝났을 때는 그 결과 및 농공은행의 주주에 대한 주식 할당 경과를 신고해야 한다.

11. 창립총회를 소집하고자 할 때는 그 일시, 장소, 기타 절차를 정해 소집 통지안을 첨부하여 신고해야 한다.

12. 주식회사 조선식산은행 두취에게 사무를 인도했을 때는 창립에 관한 전말을 신고해야 한다.

〈자료 128〉 주식회사 조선식산은행 주주 모집

(『조선총독부관보』 제1776호, 1918.7.8.)

이번에 주식회사 조선식산은행의 주주를 모집하게 되어 다음의 사항을 공고한다.

경성 남대문통 2정목

주식회사 조선식산은행 설립사무소

1918년 7월 8일 설립위원장 야마가타 이사부로(山縣伊三郎)

- 기(記) -

하나. 자본금 1,000만 원

하나. 주당 금액 50원

하나. 모집 주수 13만 6,403주

총 주수 20만 주 중 「조선식산은행령」 제53조에 의해 농공은행 주주에 대해 할당해야 할 6만 3,597주를 제외한 잔여

하나. 응모자의 자격

제국 시민 또는 제국 법령에 의해 설립된 법인 혹은 공공단체에 한한다.

하나. 정관

1918년 7월 2일 조선총독의 인가를 받아 7월 4일의 『조선총독부관보』에 전문을 게재한다.

하나. 신청 기간 7월 16일부터 동 18일까지

1. 모입(유가증권 응모자 중에서 할당 받을 사람을 결정하는 일)의 경우에는 증거금은 제1회 주금 불입금으로 대체한다.

2. 모입(募入)되지 못한 경우에는 확정 후 곧바로 그 뜻을 통지하여 증거금을 반환받아야 한다.

3. 일부 모입의 경우에는 모입되지 못한 분에 대한 증거금은 모입주 제1회 주금의 불입으로 대체하고 과잉이 있을 때는 그 금액을 반환해야 한다.

하나. 신청 절차

1. 주식 신청서 2통에 각각 기입하고, 또 별도로 인감용지 3장에 동일한 도장을 날인하고, 신청 주수에 상당하는 증거금을 첨부하여 취급점에 제출해야 한다.

2. 마감 시간까지 도달하지 않은 주식 신청서 및 신청서에 증거금이 첨부되지 않았을 때는 모두 이를 수리하지 않는다.

3. 농공은행 주주가 우선 모입 신청을 할 경우는 주식 우선 모입 신청서를 사용하지 않으면 우선 취급을 하지 못한다.

하나. 모입 결정 방법

신청 주수가 수요액을 초과했을 때는 다음의 방법으로 모입액을 정한다.

1. 1918년 7월 10일 현재 농공은행 각 주주의 신청에 속하는 것 중 그 소유 농공은행 주식 수에서 법정 할당을 받게 될 조선식산은행 주식 수를 공제한 잔여 주수에 상당하는 신청주는 우선하여 모입한다.

2. 모집 주식의 총수에서 전호의 주식을 공제한 잔여 주식은 총 신청 수(우선 모입 분을 제외함)에 따라 안분비례(按分比例)로써 모입액을 정할 것. 단, 안분 결과 단수(端數, 나머지)가 생겼을 때는 설립위원이 적당한 방법으로 처리해야 한다.

하나. 제1회 불입 금액　　주당 20원

하나. 제1회 불입 기간　　8월 20일

하나. 정부의 배당 보증

당 은행 설립 초기(初期, 제1기)의 말일부터 5년간 매 영업기에 정관이 정하는 바에 따라 주주에게 배당해야 할 이익금이 정부 이외의 자가 소유하는 주식의 불입자본금에 대해 연 100분의 7의 비율에 달하지 못할 때는 이에 달하는 금액을 정부에서 보급하기로 함. 단, 그 액수는 어떤 경우라 하더라도 정부 이외의 자가 소유하는 주식의 불입자본금에 대해 연 100분의 7의 비율을 초과할 수 없다.

정부 소유 주식 6,598주(전액 불입)에 대해서는 15년간 이익금의 배당을 하지 않는다.

「조선식산은행령」 및 정관은 당 사무소 및 각지 취급점에 비치해 둘 터이니 열람하시기 바란다.

주식 신청서 용지, 인감용지는 각 취급점에서 청구에 응하여 드립니다.

각지 취급점은 다음과 같다.

조선	만주 조선은행 본점 및 각 지점 출장소
조선	주식회사 각 농공은행 본점 및 각 지점
조선	주식회사 한성은행 본점 및 각 지점 출장소
조선	주식회사 조선상업은행 본점 및 각 지점 출장소
조선	주식회사 한일은행 본점 및 각 지점 출장소
조선	주식회사 제일은행 각지 지점
조선	주식회사 18은행 각지 지점
조선	주식회사 130은행 각지 지점
도쿄	주식회사 일본흥업은행
도쿄	주식회사 제일은행
도쿄	조선은행 지점
오사카	주식회사 34은행
오사카	주식회사 130은행
오사카	주식회사 제일은행 지점
오사카	조선은행 지점
교토	주식회사 제일은행 지점
요코하마	주식회사 제일은행 지점
고베	주식회사 제일은행 지점
고베	조선은행 출장소
나고야	주식회사 제일은행 지점
히로시마	주식회사 제일은행 지점
시모노세키	주식회사 제일은행 지점
구마모토	주식회사 제일은행 지점
하코다테	주식회사 제일은행 지점

〈자료 129〉 식은 설립위원회

(《매일신보》, 1918.8.6.)

지난 5일 오전 9시부터 총독부 제1회의실에서 식산은행 설립위원회를 개최하고 야마가타(山縣) 위원장 이하 각 위원이 출석하여 설립, 기타 사무에 대하여 협의한 바가 있었다더라.

〈자료 130〉 식산은행 설립 창립총회 역원의 임명

(《매일신보》, 1918.10.2.)

총독부에서 계획 중이던 자본금 1,000만 원의 조선식산은행은 각종의 준비가 호조(好調)로 종료하고 10월 1일 오전 설립위원회를 열어 오후 1시부터 창립총회를 열고 마치었는데 두취(은행장), 이사 이하 역원(임원)이 있었다는데 경과의 개략은 다음과 같다더라.

제2회 설립위원회

제2회 조선식산은행 설립위원회는 10월 1일 오전 10시부터 식산은행 본점 누상에서 개회하여 각 위원 및 간사가 착석하매 야마가타(山縣) 위원장은 일어나 대강의 요지 다음과 같은 식사를 하였더라.

야마가타 위원장 식사

조선식산은행의 설립사무는 각위의 나내한 진력에 의해 예정과 같이 진행하여 오늘 창립총회를 개최하게 된 것은 같이 기뻐하는 바이다. 그 설립의 경과에 관하여는 중요사항은 때때로 보고한 것과 같고 제1회 설립위원회의 결정에 기초하여 설립사무를 집행하였더니 출병 문제 등으로 주식의 모집은 크게 걱정하였으나 다행히 예상 외의 성황을 보여 모집 주에 대하여 응모액은 거의 296배 정도의 다수에 달해 당 은행 일반에 대한 신용 정도도 증명된 것이오, 장래 당 은행의 업무 경영에도 다대한 편익이 있을 것으로 믿으며 이는 각위의 진력의 가져온 효과로 크게 감사하는 바입니다.

오늘 창립총회가 마치면 곧바로 두취에게 사무 인계를 행하고 이에 설립위원의 임무를 종료하게 될 것이며 또한 설립 경과의 대략은 간사가 보고할 것입니다.

10시 30분 종료, 일동은 휴게실에서 휴게하고 정오에 오찬을 함께했는데 출석자는 야마가타 위원장, 스즈키, 오기타, 민영휘, 가와카미, 미노베, 한상룡, 미시마, 조진태, 백완혁, 이진태, 이병학, 박영근, 김형옥, 김병유 각 위원 그리고 와다(和田) 이재과장, 엔도(遠藤) 비서관, 아루가(有賀), 나카무라(中村), 노사카(野坂) 각 간사이더라

창립총회 역원 임명

조선식산은행 창립총회는 1일 오후 1시 50분 동행 누상에서 개회하고 야마가타 위원장이 좌장석에 앉아 개회식사를 말하여 출석 주주 3,967명 중 위임장 3,917명, 이들의 주수 13만 2,390주로 자본의 반액을 초과하여 법정의 수에 달함을 고하고 곧바로 제1호 의안인 식은 설립에 관한 사항의 보고의 건을 부의하여 이의없이 결정되고 제2호 의안인 은행 설립 비용 증가로 인하여 정관 변경의 건(3만 원을 5만 원으로 바꿈)으로 옮겨 아루가 간사로부터 응모주수 초과와 물가 등귀로 인함이라고 일단 설명이 있었고, 다카노 쇼조(高野省三) 씨의 발의로 만장이의가 없이 가결하고 제3호 의안인 제1호의 보고를 조사케 하기 위하여 검사역을 선임하고 이를 보고하게 하는 건은 조진태 씨의 발의로 사쿠라이 고이치(櫻井小一), 이근상(李根湘) 양씨를 의장이 지명하여 양씨는 곧바로 별실에서 검사에 착수하고 계속하여 제4호 의안인 이사를 4인으로 후보자 8인을 선거할 것, 감사 2명을 선임하는 것은 미노베 슌키치 씨의 발의로 의장의 지명에 일임. 제5호 의안 감사의 보수액을 연액 1,000원으로 하는 건은 다카노 쇼조 씨의 발의로 이의 없이 가결. 이어 별실에서 검사 중이던 사쿠라이 고이치, 이근상 양씨 다시 착석. 사쿠라이 씨로부터 검사의 결과 아무런 이의가 없다는 보고가 끝난 후 야마가타 위원장은 이사 후보자로 아루가 미쓰토요 군, 나카무라 고키치(中村光吉) 군, 사쿠라이 고이치 군, 박영효 후작, 이완용 백작, 쓰가루 후사마로(津輕英麿) 백작, 오오야 시치헤이(大家七平) 군, 사쿠라이 군노스케(柵瀨軍之佐) 군의 8씨를 지명하여 곧바로 결과를 총독에게 보고하기로 하고 감사는 다음 2명을 지명 확정하였더라.

히로세 미쓰마사(廣瀨滿正), 이근상(李根湘)

야마가타 위원장은 앞의 의사 종료 후 조선식산은행의 설립된 것을 고하고 다음에 "지금 총독으로부터 조선은행 이사 미시마 다로 군을 식산은행 두취로 임명하였다"는 보고를 접하였으므로 법에 의하여 전부를 동군에게 인계한다 하고 미시마 다로 씨를 소개하여 신두취 미시마 씨의 식사로 폐회하기는 2시 15분이더라.

이사 임명

1일자로 다음과 같이 식산은행 이사의 임명이 있었다더라

아루가 미쓰토요(有賀光豊)

나카무라 미쓰요시(中村光吉)

사쿠라이 고이치(櫻井小一)

박영효(朴泳孝)

조선식산은행 이사를 명함(各通)

〈자료 131〉 동척과 식은에 폭탄을 던져 권총을 난사하여 7명을 저격, 경성 백주에 처음 되는 일

(《신한민보》, 1927.2.10.)

작일 12월 28일 오후 2시경부터 동 30분까지의 동안 백주에 경성 시내 남대문통 ○선 식산은행과 황금정 동양척식회사 경성지점에 폭탄을 던지고 또 권총을 발사하여 동척 사원과 경관 등 일인 일곱 명을 살상한 후 당사자 자기도 자기 권총으로 자살한 근래에 보기 드문 중대 사건이 있었는데 왜경찰에서는 사건의 내용이 비범한 줄을 알고 신문의 게재를 일절 금지하고 검사국과 연락하여 대대적으로 조사를 진행 중에 있었던바 각 신문은 월전(月前)에야 비로소 게재 허가를 맡았다더라.

우선 식산은행에 한 방

폭발 바로 전에 수상 중인

별항 보도한 경성 식산은행과 동양척식에 폭탄을 던진 사건의 발단은 지난해 12월 오후 2시경에 동양척식회사에 약 30여 세 되어 보이는 어떤 중국옷 입은 사람 한 명이 들어가 종잇조각에 이 아무개라는 이름을 써 가지고 수위(지키는 사람)에게 보이며 이 사람을 만나 보려 왔노라고 마치 중국 사람이 조선말을 하는 것같이 서툴게 함으로 그런 사람은 없다 하였더니 그대로 돌아간 일이 있었다. 그 후 약 5분가량 돼 2시 5분경에 다시 식산은행을 정문 일반 통용문으로 또 중국옷 입은 사람 한 명이 들어가서 동 은행 사무실 남쪽에 있는 '대부계'를 향하고 은행 창구의 철책을 넘겨 폭탄을 던졌는데 폭탄은 그 대부실 앞벽 기둥에 맞고 그 아래 떨어졌으나 폭발은 되지 않았다. 동 은행 창구 밖에는 내객들이 다수하였고 사무원들도 남은 볼일로 별로 주의가 없이 있었으나 소위 조일양조회사 점원 중촌이란 왜놈이 폭탄 던지는 것을 보고 그것을 돌덩이 던지는 것으로만 알고 사무원에게 이야기하여 즉시 그 떨어진 폭탄을 들어 가지고 조사하여 보았으나 그때까지 무엇인지를 알지 못하여 그것을 동 은행 서무과로 가지고 가서 조사하여 본 결과 동 과에서 근무하는 왜 육군 중좌 소전이가 그것을 폭탄으로 알고 즉시 왜 경찰에 보고하여 다수 경관이 동 은행에 급행하였다.

〈자료 132〉 금융조합 습격에 호응, 두 명의 별동대는 식은에, 대장현에서 합치어 잠적

(《신한민보》, 1927.9.29.)

[작일 12월 별보] 네 사람 한 대의 정의부원은 과월 17일 새벽에 의주군 수민면 운천동에 나타난 후 바로 계속하여 송산동 리 모의 집에 나타났다가 동 18일에 의주읍으로 들어가 용만 금융조합을 습격하려 할 때에 두 사람으로 한 대씩을 조직하여 한 대는 소위 식산은행 지점으로 향하고 한 대는 용만 금융조합으로 향하여 현금 2,800여만 원을 받아서 가지고 갔었는데 전기 식산은행으로 간 사람들은 경계가 엄중한 까닭에 목적을 이루지 못하고 말았다. 그들은 18일 오후 3시에 바로 구성동 대장현에서 합치어 종적을 감추어 버렸다더라.

총소리에 도망한 순사 두 명 면직되어 버려

[별항] 18일 밤에 네 사람의 독립대가 의주읍 내 시장통 왜순사 파출소 앞을 통과할 때에 동 파출소 순사 박 모와 왜 순사 한 명이 도망하였다는데 전기 박 모는 독립단과 내통이 있다 하여 면직을 당하고 일 순사도 곧 면적되리라더라.

2. 『조선식산은행10년지』

〈자료 133〉『조선식산은행10년지』

(守屋德夫 編,『朝鮮殖産銀行十年誌』, 朝鮮殖産銀行, 1928年)

제1장 서언

우리 조선식산은행도 올해 10월 1일로 창립 후 만 10년의 세월이 경과했다. 일반 경제 상태가 아직 유치한 영역을 벗어나지 못한 조선에서 산업개발을 사명으로 하는 조선식산은행의 운영은 대저 자신이 이미 쉬운 사업이 아니었다. 더구나 창업 1년 남짓한 시점에서 제1차 세계대전 후 재계 반동의 일대 폭풍을 만나 세계적 불황의 파도에 표류했고, 또 얼마 지나지 않아 관동대지진의 여파를 맞는 등 과거 10년의 여정은 결코 순탄하지 않았다. 그 사이 다행히 큰 과실이 없었을 뿐만 아니라 착실하게 업적을 쌓아 기초가 마침내 탄탄해지고 나날이 융성을 더했다. 이는 오로지 동업자와 일반 세인의 동정, 그리고 당국의 간곡한 지도에 의한 것으로 주주들과 함께 감사해 마지않는다.

조선의 역사가 오래되었다. 오랫동안 비정(秕政, 악정)이 이어져서 모든 문물과 제도가 볼만한 것이 없었다. 하지만 1904년 2월 보호 관계가 설정되고, 1906년 2월 이토(伊藤博文) 통감의 취임을 거쳐 1910년 8월 한국 병합의 대업을 성취하자 비로소 일본의 손에 의해 근대적인 정치가 시작되고 산업이 일어났다. 이후 20여 년 동안 우리 조선반도는 제반 시설이 면목을 일신하여 사람에게 격세지감을 느끼게 했다.

조선 은행업의 개조는 사실 제일은행 부산지점이다. 1878년 지금부터 정확히 50년 전에 고(故) 오쿠라(大倉喜八郞) 남작과 시부사와(澁澤榮一) 자작이 의논하여 재류 일본인을 위해 대부 및 환업무를 개시한 것이 시작이었다. 이어 1890년에는 18은행, 1892년에는 58은행이 각각 지점을 개설했고, 1895년에 비로소 조선인을 주주로 조선인을 거래 대상으로 하는 대한천일은행 현 조선상업은행의 전신이 생겼다. 1900년에는 지금의 한성은행이 창립되었다. 그러나 이 은행들은 일부 지방이나 일부 계급에 이용되는 것에 그쳐 보편적이지도 않았고 또 어떤 연락도 없어 통제받지도 않았다.

1904년 10월 메가타(目賀田種太郎) 남작이 한국 정부의 재정고문으로 부임하자 예의 조선 재정의 정리에 착수하여 그 기초를 확립하는 동시에 계통적인 금융조직을 창시했다. 즉 제일은행권의 무제한 통용을 공인하고 금본위 화폐제도를 채용했다. 1906년 3월 「은행조례」가 발포되어 지금의 한일은행이 생겨났고, 동시에 「농공은행조례」가 발포되어 그에 따라 산업금융기관으로서 조선 주요 지역 11개소에 농공은행이 창설되었다. 또한 1907년 5월에는 「지방금융조합규칙」이 제정되어 서민금융의 편리가 열리고, 다음 해인 1908년 12월에는 척식 및 관계 금융기관으로서 동양척식회사가 설립되었다. 1909년에는 한국은행이 창립되어 제일은행으로부터 중앙은행 업무를 계승했다. 지금의 조선은행이 그것이다. 이런 경위로 중추 금융기관 이하 서민금융기관에 이르는 각종 시설이 하나의 체계를 갖추게 되었다.

그 후 우리 산업금융 방면에서는, 앞서 설치된 11개 농공은행이 시세의 진운(進運)을 따라 합병을 거듭하여 6개 농공은행이 되었다. 하지만 그 자력은 개발을 향해 나아가고 있는 조선 산업계의 수요를 채우기에 부족했다. 특히 이쪽으로 가장 기대를 받고 있던 동양척식회사 본점의 도쿄 이전 등이 실행되면서 유력한 산업 금융기관의 창설을 요구하는 목소리가 조야에 일었고 이에 1918년 10월 전술한 6개 농공은행을 합병하여 조선식산은행을 설립했다. 한편 서민금융기관으로서 금융조합도 순조롭게 발달하여 조합 수 300을 헤아리게 되었다. 도(道)마다 금융조합연합회가 조직되어 소속 조합의 연락을 도모하는 동시에 조선식산은행을 모은행으로 하여 자금 조종의 임무를 담당하게 되었다. 또한 동양척식회사는 조선 내 주요 지역에 지점을 설치하고 직접 개간, 수리, 농사개량, 이민사업 등을 경영하는 동시에 이쪽 방면으로의 자금 공급을 담당하고 있다.

과거 50년 동안 조선 금융기관의 발달은 대체로 상술한 바와 같은데, 이를 통계의 측면에서 보면 병합 당시 조선에 본점을 가진 은행 수 11개는 이제 18개가 되었다. 공칭자본금 1,200만 원은 1억 원이 되었고, 각종 예금 합계 1억 1,800만 원은 2억 4,000만 원이 되었다. 대출 총계 4,000만 원에 불과했던 것이 이제 4억 8,000만 원을 헤아리게 되었다. 금융제도의 측면에서 보더라도, 업무의 실질에서 보더라도 그 진전의 발자취는 실로 경탄할 만하다고 하지 않을 수 없다. 이를 조선식산은행만의 숫자에 대해 보더라도 1918년 10월 농공은행으로부터 승계했을 당시 1,100만 원의 예금은 이제 6,500만 원(저축예금을 포함한다)이 되었고, 같은 기간 1,200만 원이었던 대출은 2억 4,000만 원이 되었다. 발행 채권 잔고는 300만 원에서 1억 7,300만 원으로 증가하고 있다. 이와 같은 통계를 전 조선 금융통계와 비교해 보면, 예금에서는 약 30%, 대출에서는 약 50%를 당행이 점하고 있음을 알 수 있다.

그러면 이런 거액의 자금은 어떤 방면에 투자되고 있는가를 보면, 약 4분의 1이 상업자금으로서 대출되고 있고, 그 밖에 대체로 공공적 시설 및 산업 방면의 대출이었다. 전자는 각종 공공단체가 경영하는 문화적 시설에 대한 투자였다. 이러한 투자로 수도가 설치되고 하수가 개통하여 학교, 병원, 기타 공공적 설비가 갖춰져 전기 같은 것도 공급되고 있다. 현재 여명의 조선은 새로운 문화로의 개조로 바쁠 뿐 아니라, 앞으로 이들 방면에 대한 자금 수요가 더욱 왕성하리라는 것은 상상하기 어렵지 않다. 후자는 각종 산업단체 및 개인이 경영하는 산업 방면에 대한 투자이다. 이 역시 몇 년 동안 증가 경향에 있다. 조선의 쌀은 비단 조선 자체의 경제 문제만이 아니라 우리 일본의 식량 문제를 해결하는 데 있어 열쇠가 될 것이라고들 한다. 따라서 수리조합, 계 또는 개인의 사업으로서 경영되고 있는 토지개량사업은 당국의 산업증식계획에 따라 장래에 더욱 자금의 수요를 부르게 될 것이다. 그밖에 대두, 면화, 연초(담배), 인삼, 누에고치(繭), 과일 등 조선에 있어서 각종 농산물의 생산은 한결같이 자금 수요에 쫓기고 있다. 조선의 축산 업계를 보고 그 축우의 내지(일본) 수요를 생각할 때, 수산계를 주시하고 어족의 풍부와 판로의 확대를 상상할 때, 산림의 황폐를 보고 식림(植林)이 급무임을 고찰할 때, 광업을 달시(達視)하여 사금이나 석탄이나 철광이 풍부함을 생각할 때, 오늘날 당행이나 기타 금융기관이 공급하는 자금이 이들 자원(資源)에 대해 얼마나 미미했던가를 쉽게 알 수 있을 것이다. 더구나 현재의 조선은 여전히 대부분 농업을 주로 하는 원시적이고 기초적인 산업 상태를 벗어나지 못하지만, 머지않아 풍부하고 저렴한 동력의 공급이 조선에 널리 퍼졌을 때, 연달아 일어날 제조 공업의 보급 시대를 생각하면, 조선 개발은 이제부터여서 자금의 수요가 해마다 증대하리라고 예측하기 어렵지 않다. 더구나 조선은 항상 후진국으로서 여전히 자본이 부족하다. 현재 각종 은행, 동척, 금융조합 등에 의해 대출되고 있는 금액은 전술한 것과 같이 약 4억 8,000만 원에 달하고 있다. 한편 이들 금융기관의 총예금은 약 2억 4,000만 원으로 그 절반에 불과하다. 따라서 조선의 산업이나 공공방면에 대한 투자는 종래 거의 전부를 내지의 자본시장에 의존하고 있었다고 해도 과언이 아니다. 병합 후 오늘날까지 어느 정도의 내지 자금이 유입하고 있는지 계산해 보면, 조선식산은행 및 동양척식회사의 채권 2억 1,000만 원, 일반회사 사채(社債) 3,000만 원, 지방공채 600만 원, 조선 특별회계 소속 공채 3억 원, 병합 후 중앙정부 일반회계로부터 조선 특별회계로의 보급을 받은 것이 1억 7,000만 원, 합계 약 7억 2,000만 원의 거액에 달하고 있다. 또한 조선의 현재 상황 역시 이를 기대할 수밖에 없는 상태에 있다. 그리고 이들 투자 실적은 많은 사례를 통해 살펴볼 수 있다. 예컨대 전 조선 생산액에 대해 보면 병합 당시 겨우 3억 원이었던 것이 지금은 18억 원을 헤아리게 되었고, 수출 무역액도 병합 당시 겨우 1,900만 원에 불과했던 것이 오늘날 넉넉하게 3억 5,000만 원을 헤아린다. 이런 사례들을 통해 그 효과가 얼마나 현저한가를 알 수 있을 것이다.

당행이 조선의 산업을 개발하는 데 있어서 큰 사명을 지고 과거 10년 동안 미력을 바쳐 그 달성에 공헌한 것은 오로지 내지 자본의 원조에 의지한 것이어서 진심으로 감사하지 않을 수 없다.

창립 10년의 기념일을 맞이하여 과거 10년의 경과를 기술하고 이를 널리 배포하여 감사를 표하는 동시에 조선 산업을 개발하는 데 있어서 당행의 사명이 어떤 것인지를 더욱 잘 이해할 수 있기를 바란다. 아울러 장래에도 더욱 많은 원조를 희망해 마지않는 바이다.

제2장 연혁

제1절 설립 사정

조선식산은행 설립 이전의 산업신용 당행 설립 이전의 조선에 있어서 산업신용은 주로 농공은행, 금융조합 및 동양척식주식회사 등이 취급했다. 그러나 이들 기관은 각지의 사명이 있다. 금융조합은 상호조직의 서민금융기관으로서 대출은 조합원으로 제한되어 있고, 동양척식회사는 대체로 척식자금의 공급을 담당하며, 무릇 산업 일반에 대한 금융은 농공은행이 관장하고 있었다. 따라서 당행의 설립 사정을 설명하기 위해서는 반드시 그 전신이었던 농공은행을 되돌아볼 필요가 생겨난다.

농공은행 조선의 재정경제를 논하는 자는 뭐라 하든 1906년 '메가타' 고문에 의해 착수된 조선의 재정정리를 간과해서는 안 된다. 조선이 구래의 누제(陋制, 누추한 제도)를 벗어나 새로운 경제조직으로 진출할 수 있었던 계기는 모두 여기에 놓여 있다. 그중에서도 산업금융정책 수립의 필요에서 1906년 3월 「농공은행조례」의 제정 같은 것은 특필 대서할 만한 것이라고 생각한다. 이어 동년 6월 우선 한성, 평양, 대구 및 전주의 네 농공은행이 설립된 이래 1908년 8월에 이르는 기간에 진주, 광주, 충주, 해주, 경성(鏡城), 공주 및 함흥의 7개 농공은행이 설립되었다.

이들 농공은행을 설립할 때 당시 한국 정부는 그 주식을 인수하고 다시 무이자 대하금을 제공하여 특별히 성립을 원조했을 뿐만 아니라 제반 영업에 대해서도 보호해 주었다. 이리하여 각 농공은행은 오로지 농공업 자금의 공급을 담당하여 조선산업의 진흥을 도모하는 동시에 일반 금융기관이 갖추지 못한 지방의 금융을 소통시키기 위해 겸하여 보통은행의 업무도 겸영할 수 있도록 허가되었다. 그런데 정부는 이들 농공은행의 설립에 앞서 1905년 1월 지방금융의 경색을 완화하기 위해 각지에 정부창고를 설치하고 재무관으로 하여금 동산 또는 부동산담보대부를 취급하기 시작했는데, 상기 농공은행의 설립 후에는 그 대부의 대부분을 농공은행에게 인수하게 했다. 이렇게 인수[肩替り]한 소위 정부창고의 대부금 중에는 회수가 여의치 않고 오랫동안 정리하는 데 피해를 입힌 것도 적지 않았지만 당시 신용거래가 발달하지 않은 조선으로서는 정말이지 어쩔 수 없는 일이었다. 그 후 농공은행 업무의 상황은 지방 경제권의 확대 및 금융거래의 실정 등에 비추어 더욱 자금의 충실을 도모하고 특히 거래의 원활과 신속 등을 기하기 위해 농공은행의 일부에서 합병의 기운을 촉진하여 왔다. 즉 1907년 6월 충주 및 공주농공은행을 한성농공은행에 합병하여 한호농공은행이라 하였고, 경성(鏡城), 함흥 양행을 합병하여 함경농공은행이라 칭하여, 한편으로 자력의 충실을 도모하는 동시에 업무의 확장에 기여하는 바가 있었다. 이리하여 1908년 말에 농공은행은 본점 6개, 지점 22개, 공칭자금 120만 원, 불입자본금 55만 5,000여 원, 농공채권 75만 원을 발행하였고, 예금 75만 2,000원, 대출 268만 1,000원에 달하게 되었다.

그 후 농공은행의 업무는 점차 발달의 기운으로 향하고 있었다. 1912년 7월 수형조합의 해산이 있었고, 동시에 그 업무는 일체를 농공은행에서 승계하였다. 업무의 범위가 점차 확장됨에 따라 이에 농공은행의 증자 및 은행조례의 개정 등이 시도되기에 이르렀다.

수형조합이라는 것은 1905년에 제정된 「약속수형조례」 및 「수형조합조례」에 기초하여 만들어진 것으로 과거에 조선 상인들 사이의 거래에 이용된 어음표(於音票, 어음표는 그 성질 지참인불 약속수형의 일종으로 불수인(拂受人) 발급인이 서로 양단한 수형의 한쪽 편을 소유하여 나중에 이를 맞춰 본 뒤 채무의 변제를 하는 것을 신용 있는 발급인의 수형은 마치 지폐와 같이 전전(輾轉) 유통하였고, 또한 금액에서도 한 장으로 수만 원에 달하는 것이 있었고, 형식이 매우 불완전했음에도 불구하고 비교적 수수(授受)의 무역으로서 유통의 원활한 것은 놀랄 만한 것이었다)의 유통이 오랜 인습(因襲)으로 폐해를 낳고 건전한 금융의 발달을 저해하는 것이 매우 심했다. 따라서 이를 일소하는 동시에 상시 화폐정리를 위해 만들어진 신화폐의 유통을 촉진하고 거래의 안전을 도모하는 것이 조합의 목적이었다. 이들 조합은 정부의 보호 감독하에 우선 한성수형조합이 설립되었고, 이어 평양, 대구, 진주, 전주 및 공주 등의 각 조합이 성립되어 모두 정부로부터 기본금 및 무이자 대하금의 하부를 받아 그 자금의 3배를 한도로 조합원의 수형에 대해 지불보증을 함으로써 할인 융통의 편의를 제공했다. 이 결과 얼마나 조선의 상거래가 면목을 일신했는지 헤아릴 수 없다. 따라서 조합의 업무도 매우 호성적을 거두어 1912년 7월에는 그 지불보증고가 258만 7,000여 원에 달했다. 당시 금융기관도 점차 정비되고 수형조합 같은 과도적인 시설의 필요를 완전히 인정하지 않게 되었기 때문에 동월 이를 해산하고 그 업무는 모두 이를 각 농공은행에 분속 승계시키게 되었다.

이리하여 1912년에 한호농공은행은 60만 원, 경상농공은행은 40만 원, 전주농공은행은 20만 원의 증자를 했고, 다음 해인 1913년 광주농공은행도 20만 원의 증자를 했다. 1914년 5월에는 구래의 「농공은행조례」를 폐지하고 새롭게 「농공은행령」을 제정 공포함으로써 시세의 진운에 부합하는 바 있었는데, 그 주요점은 업무의 범위를 확장하여 산업의 발달에 따른 물자의 이동 및 이들 거래에 편의를 제공하기 위해 생산물에 대한 대부, 환 및 하환을 취급할 수 있게 한 점, 동양척식주식회사의 업무를 대리할 수 있게 함으로써 식산자금 보급의 길을 연 점, 또한 한편으로 지방금융조합에 대해 농공은행 업무의 대리 또는 메게대부를 영위하게 하여 지방 산업자금의 소통에 기여한 점 등이었다. 이에 농공은행의 면목은 일신되어 업무가 점차 현저해져 1917년 말에는 본점 수 6개, 지점 수 41개, 공칭자본금 260만 원(그중 불입이 끝난 것이 146만 9,000여 원), 농공채권 발행잔고 300만 원, 예금 총고 973만 4,000여 원, 대출금 합계 1,768만 6,000여 원에 달하게 되었다.

농공은행 일람표

연차	본점 수	지점 출장소 수	공칭 자본금	불입 자본금	적립금	농공채권 발행고	예금	대출금		
								연부 및 정기	기타	계
1906년 말	8	10	1,100	493		450	163	26	893	919
1907년 말	9	20	1,200	559	15	450	511	238	1,965	2,203
1908년 말	6	22	1,200	555	84	750	753	102	2,579	2,681
1909년 말	6	26	1,200	555	114	1,050	1,650	434	3,682	4,116
1910년 말	6	27	1,200	555	144	1,010	3,205	1,088	5,256	6,344
1911년 말	6	30	1,200	818	185	1,970	4,100	1,623	6,886	8,509
1912년 말	6	36	1,400	1,348	380	1,780	4,469	2,104	8,352	10,456
1913년 말	6	36	1,600	1,467	479	2,990	4,599	2,761	8,822	11,583
1914년 말	6	37	2,600	1,469	550	2,910	4,718	3,883	7,671	11,554
1915년 말	6	37	2,600	1,469	487	2,319	6,456	3,494	7,968	11,462
1916년 말	6	38	2,600	1,469	499	1,739	8,017	3,174	9,539	12,713
1917년 말	6	41	2,600	1,469	552	3,000	9,734	4,393	13,293	17,686
1918년 6월 말	6	41	2,600	1,469	584	3,000	11,937	6,978	11,119	18,097
1918년 9월 말	6	41	2,600	1,469	606	3,000	11,034	5,934	12,674	18,608

비고: 위에 게재한 지점출장소 외에 1918년 9월 말 현재 2개소의 파출소가 있었다.

이상은 대체로 구 농공은행의 발달사인데, 혼돈초매(渾沌草昧)한 조선 경제의 광야(曠野)로부터 우리 산업금융이 생육해 온 경로를 엿보기에 충분하고, 아울러 지금의 시점에서 보면 매우 미약했다. 이들 농공은행이 무엇보다 그 전력을 다해 지방산업의 개발을 조성하고 금융의 경색을 완화해 온 공적은 조선금융사상 잊어서는 안 될 것이다. 특히 당시 농공은행에 봉직한 사람들과 이에 대한 감독 지도를 담당했던 관변 사람들의 노력, 고심에 대해서는 감사, 경복하지 않을 수 없다.

돌이켜 조선 산업 일반의 발전을 살펴보면 총독정치 제반 시설이 바야흐로 철저해짐에 따라 그 발달이 점점 현저해져서 자원의 개발, 생산물의 거래 등 이 방면의 자금 수요가 해마다 증가하여 당시 농공은행의 규모를 가지고는 도저히 이를 감당할 수 없었다. 이에 각 농공은행이 자연스레 자본의 증가를 필요로 하게 되었는데 원래 농공은행의 주식은 해당 농공은행의 영업구역 내에 거주하는 농공업자로 제한되어 있던 관계상 주식의 매매 이전은 저절로 국한되어 있었기 때문에 증자하는 것이 매우 곤란했다. 또한 한편으로 채권 발행을 통해 자금 충실을 도모하더라도 작은 농공은행의 미약한 신용으로는 실현이 거의 불가능한 상태였고, 단지 상기 6개 소농공은행의 연합하에 정부의 알선과 원조를 통해 겨우 동양척식주식회사 및 일본흥업은행의 인수로 소액의 자금을 얻는 데 불과했다. 특히 소농공은행의 분립은 종종 자금의 후박(厚薄)을 낳아 수급 조절 기능을 상실했을 뿐 아니라 내지, 기타 은행과의 환거래에 대해서도 불리, 불편한 점이 적지 않았다. 덧붙여 새로운 금융 방법에 충분히 조련되어 있지 않은 거래처를 대상으로 하는 은행 경영은 왕왕 회수가 순조롭게 이루어지지 않아 자금이 고정되는 것이 해마다 그 도를 더하고, 은행 자체의 존립까지 위험하게 만드는 경우도 두세 번 나타나게 되었다. 조선식산은행 설립의 희망은 실로 이러한 원인들에 발단하는 것이었다. 아마도 각 농공은행을 통합하고 통일하여 조선 전체의 자력(資力) 신용을 일단(一團)으로 하는 대은행 하나를 신설하는 것과, 널리 내선의 자금을 모집하여 조선 산업금융의 개선을 기도해야 한다는 것은 당시 관민 일반의 여론이었다.

「조선식산은행령」의 공포 당국 역시 일찍이 이에 주목하여 이를 실현하기 위해 예의 연구조사를 추진하고 있었는데, 때마침 전부터 논의되고 있던 동양척식주시회사 본점의 도쿄 이전이 마침내 확정되는 등의 사정도 있어서 이에 농공은행을 합병하여 조선식산은행을 설립하려는 기운이 무르익었고, 이 준거 법규인 「조선식산은행령」은 당시의 조선총독 하세가와 요시미치(長谷川好道) 씨에 의해 1918년 6월 7일 제령 제7호로 공포되었다. 동시에 당시의 탁지부장관 스즈키 시즈카(鈴木穆) 씨는 다음과 같은 성명서를 발표하여 그 설립 이유를 밝혔다. 이를 통해 당시의 사정을 알 수 있을 것으로 생각한다.

> **탁지부장관의 성명** 이번에 제령 제7호로 「조선식산은행령」을 발포했는데, 동 은행은 곧 현재 조선 각지에 분산된 농공은행을 통일 합병하고 동시에 자본을 증대하여 조선의 식산상 중요한 금융기관으로 성립하게 되었는데 이제 그 설립 취지 및 순서의 강요를 설명하고자 한다. 병합 이래 제반 시설은 착착 진행되어 특히 산업의 발달이 현저했다. 이제 대강 주요 농산품에 대해 이를 관찰해 보면, 1910년의 총 생산가액 1억 5,000만 원에 대해 1916년

은 3억 1,500만 원에 달하여 거의 배액 이상의 증진을 보였다. 그중에서 농가 부업의 진보는 괄목할만했다. 수리사업 같은 것은 해마다 각지에 크고 작은 계획이 나타나 현재 수리조합 14개에 그 몽리지 면적 3만 정보로서 이에 투입된 자금은 400만 원이라는 거액에 달했다. 또한 임업의 경우에는 병합 이래 조림면적 12만 2,000정보에 여기에 투자된 금액이 250만 원으로 적산(積算)되고, 기타 수산업, 광업, 상공업 등 지금 하나하나 여기서 언급하지 않지만 병합 후 여러 해 동안 실로 격세의 감이 있다.

당초 조선 농공은행은 1906년 6월부터 점차 각지에 설립된 것으로 정부는 그 주식을 인수하거나 다액의 자금을 대하(貸下)하여 그 영업을 보호하였다. 현재 본점 6개와 지점 41개가 각지에 분포하고 있다. 설립 이래 농공자금의 공급과 함께 상업금융의 소임을 맡아 금융기관이 전연 결여된 조선에서 널리 금융의 편의를 이해시키고, 특히 조선 농민과 같이 종래 피로 곤궁함이 극에 달한 자에게 자금을 융통을 도모하고 부액유도(扶腋誘導)하여 오로지 그 향상 발전에 노력했다. 그 결과 산업이 융흥할 수 있는 소인(素因)을 제공하고 경제사상의 환기(喚起)에 기여한 것이 적지 않았다. 하지만 자본액은 각 행 합계 겨우 260만 원으로 창립 당시에 적응한 시설도 지금은 이미 시대의 추이에 많이 뒤떨어졌다. 위와 같은 산업 발달 상태를 비교하고 최근 경제의 약진 추세를 고려하고 나아가 이를 전후 도래하게 될 대세에 비추어 볼 때 더욱 미약하다는 생각을 하지 않을 수 없다. 이에 농공은행 조직의 근본에 혁신을 가하고, 농공은행 분립 상태를 고쳐 이를 통일하여 일대 은행으로 삼고, 조선 전도(全道)의 자력 및 신용을 하나로 하여 내선 양쪽으로부터 널리 자본을 수집하여 재능 있는 이사들을 뽑아 그 관리를 맡김으로써 반도 장래의 경제에 공헌하고자 한다.

1. 농공은행의 자본금은 각 행을 통산할 때 260만 원이나 신은행은 이를 증대시켜 1,000만 원으로 한다.
2. 농공은행의 주주는 영업구역 내에 1년 이상 주소를 가지는 농업자로 제한했으나 전호와 같이 자본을 증대시킨 결과 널리 주주를 구하기 위해 이 자격 제한을 철폐하여 제국민은 주소 및 업태에 상관없이 주주로 할 수 있도록 했다.
3. 채권의 발행 능력은 종래에는 불입자본의 5배로 했으나 이를 불입자본액의 10배로 확장했다. 즉 신은행의 제1회 불입자본금은 400만 원이기 때문에 성립되면 필요에 응해

4,000만 원까지 채권을 발행할 수 있도록 했다.

4. 농공은행의 법정 업무는 부동산을 담보로 하는 농공자금, 농산물 및 여러 가지 유가증권에 대한 방자(放資)만으로 되어 있었으나 이렇게 되면 산업 장려상 유감이 작지 않기 때문에 영업의 종류 및 그 범위를 다음과 같이 확장했다.

(가) 종래 부동산을 담보로 하는 대부는 그 용도를 농공자금으로 제한했으나 만약 산업의 발달에 필요한 자금은 부동산 및 부동산상의 권리를 담보로 하여 대출할 수 있고, 또 연부상환 연한은 20년 이내였으나 30년으로 연장했다. 예를 들면 지상권(地上權), 영소작권(永小作權), 기타 국유 미간지 이용법에 기초한 권리 등을 담보로 하여 대출할 수 있도록 했다.

(나) 새롭게 어업권 및 재단을 담보로 하는 대부를 인정한다.

(다) 종래에는 산물(產物) 담보의 대부는 조선의 산물로 제한했으나 이렇게 하면 산업에 필요한 재료 등에 대해 융통을 제공할 수 없을 것이기 때문에 이번에는 조선물산 담보 외에 조선의 산업상 필요한 화물을 담보로 하는 대부를 추가했다.

(라) 종래에는 유가증권에 대한 대부는 조선에서 농업 또는 공업을 영위하는 것을 목적으로 하는 주식회사의 주권 또는 그 사채권 및 창하증권에 대한 대부로 제한했지만 이번에는 그 범위를 확장하여 널리 국채증권 또는 조선총독이 인가한 유가증권에 대해 대부를 할 수 있는 것으로 고쳤다.

(마) 새롭게 공공단체의 채권 또는 조선에서의 척식사업 영위를 목적으로 하는 회사의 사채권의 응모 또는 인수 업무를 추가했다.

(바) 새롭게 신탁업무를 인정했다.

(사) 동양척식주식회사 또는 일본권업은행의 업무를 대리하고, 또 이 경우에는 채무자를 위해 그 채무 보증을 할 수 있게 했다.

5. 종래에는 농공은행 중역의 취임에 아무런 제한 없었고 오히려 그 지배인은 모두 총독부의 추천에 의하는 것으로 되어 있었지만 이번에는 완전히 이를 고쳐서 조선은행과 기타 특수은행의 예를 따라 신은행의 두취 및 이사는 조선총독이 이를 임명하고 또 정부는 특별히 감리관을 두어 업무를 감시하게 함으로써 국가적 기관다운 내실을 명확히 했다.

이 외에 수형할인 또는 당좌대월과 같은 보통은행에 속하는 업무는 아직 지방에 금융기관이 보급되지 않은 조선의 현상에 비추어 이를 계속할 필요가 있기 때문에 여전이 이를 인정했다.

식산은행 설립위원은 머지않아 총독으로부터 임명을 받아 설립사무를 개시하고 농공은행 주주에 대해서 그 불입금액에 응해 균일하게 식산은행주를 할당하고 잔여 주식은 이를 공모(공모 조건 등은 설립위원에서 결정한다)하기로 한다. 이어 제1회 불입을 마치고 창립총회를 열어 설립사무를 완료했을 때는 이에 조선식산은행의 성립을 고하고 이와 동시에 각 농공은행은 당연 해산하는 순서이다. 그리고 조선식산은행 성립 시기는 신주식 모집의 사정에 따라 확실하게 예정하기 어렵지만 늦어도 10월 1일까지는 이 성립을 볼 수 있을 것이다. 조선식산은행의 본점은 현재의 한호농공은행 건물을 쓰고 지방 소재 각 농공은행 본점(5)은 이를 신은행의 지점으로 삼는다. 또 현재의 지점(41)은 신은행의 지점 혹은 출장소로 하여 그대로 계속해 영업을 개시하게 될 것이다.

새롭게 식산은행이 성립된 뒤에는 곧바로 농공은행의 권리와 의무의 일체를 승계하게 된다. 종래 농공은행이 안고 있던 고체대(固滯貸, 고정대부)의 정리에 대해서는 정부는 식산은행에 대해 저리자금의 융통을 도모하고 이 운용의 이익을 가지고 정리를 완수할 계획이다. 이와 동시에 정부는 식산은행 주주에 대해 설립 후 5년간은 연 7%의 이익 배당을 보증하여 신은행 주주의 이익을 확보하고자 한다.

이와 같이 종래 지방에 분립한 미약한 각 농공은행은 이로써 통일되어 일대(一大) 세력이 되고 또 조선은행과 자금의 관계상 충분한 연락을 유지한다. 또한 동양척식주식회사에 대해서는 부동산금융상 밀접한 관계를 가지는 외에 주로 식산은행 채권을 인수하게 하고 또한 나아가 일본권업은행과의 관계에서는 대리 대부의 방법에 의해 동 은행의 풍부한 자금을 조선에 초치함으로써 식산 자금을 윤택하게 하는 등 신은행 활동의 범위는 여유작작(餘裕綽綽)한 상황이고 그 전도 실로 양양하다고 할 수 있다. 따라서 종래 각 농공은행의 성적에서 다소의 차이가 있음은 인정하지만 일단 통일된 뒤에는 균등하게 전서(前序)와 같이 이익 중에 포용되는 상황이기 때문에 각 농공은행의 주주는 크게 생각해야 할 것이다. 요컨대 조선식산은행의 설립은 시세의 요구에 순응하여 날로 조선 산업의 개발을 촉진하고자 하는 목적에 다름 아니기 때문에 종래 농공은행 설립의 연혁에 비추어 그 주식의 모집 및 금후 자금 운용을 할 때에도 항상 조선 농민의 이익을 옹호하고 그 조장에 힘씀은 물론 널리 내선인에 대해 금융의 편의를 도모하고 그들로 하여금 동심협력함으로써 본부의 시설 방침에 적응하여 식산흥업을 이룩하고자 함을 기한다.

설립위원의 임명과 설립 명령의 하부 이어 6월 20일 조선총독은 당시의 정무총감 야마가타 이사부로 씨를 설립위원장에, 기타 내선 관민 다음의 31명에 대해 설립위원 및 간사를 위촉하고, 동시에 조선식산은행 설립에 관한 명령을 하부하였다.

조선식산은행 설립위원

위원장 조선총독부 정무총감 야마가타 이사부로(山縣伊三郎)

설립위원(내지)

척식국 차장	다치바나 슌기치(立花俊吉)
대장성 은행국장	모리 슌로쿠로(森俊六郎)
일본권업은행 총재	시무라 겐타로(志村源太郎)
일본흥업은행 총재	히지카타 히사아키라(土方久徵)
동양척식주식회사 총재	이시즈카 에이조(石塚英藏)
제일은행 두취	사사키 유노스케(佐佐木勇之助)
34은행 두취	고야마 건조(小山健三)
130은행 두취	야스다 젠자부로(安田善三郎)
일본은행 이사	가타야마 사다지로(片山貞次郎)
동양척식주식회사 이사	다카세 우메키치(高瀨梅吉)

설립위원(조선)

조선총독부 탁지부장관	스즈키 시즈카(鈴木穆)
조선총독부 농상공부장관	오하라 신조(小原新三)
조선총독부 총무국장	오기타 에쓰조(荻田悅造)
조선은행 총재	미노베 슌키치(美濃部俊吉)
조선은행 이사	미시마 다로(三島太郎)

조선은행 이사	기무라 유지(木村熊次)
동양척식주식회사 이사	가와카미 쓰네오(川上常郎)
조선우선주식회사 사장	하라다 긴노스케(原田金之祐)
한일은행장 자작	민영휘(閔泳徽)
한성은행 전무취체역	한상룡(韓相龍)
조선상업은행 두취	조진태(趙鎭泰)
한호농공은행장	백완혁(白完爀)
평안농공은행장	이진태(李鎭泰)
경상농공은행장	이병학(李柄學)
전주농공은행장	박영근(朴永根)
광주농공은행장	김형옥(金衡玉)
함경농공은행장	김병유(金秉洧)

간사

조선총독부 사무관	아루가 미쓰토요(有賀光豊)
조선총독부 사무관	고우치야마 라쿠조(河內山樂三)
조선총독부 사무관	노사카 나오쓰구(野坂直次)
조선은행 사사(司事)	나카무라 미쓰요시(中村光吉)

조선식산은행 설립에 관한 명령

주식회사 조선식산은행 설립위원장 야마가타 이사부로(山縣伊三郞)

외 설립위원 27명

주식회사 조선식산은행 설립에 관한 사무는 다음의 사항에 의해 취급해야 한다.

1918년 6월 20일

조선총독 백작 하세가와 요시미치

- 기(記) -

1.「조선식산은행령」에 의해 주식회사 조선식산은행 설립에 관한 일체의 사무를 처리해

야 한다.

2. 조선식산은행 매 영업기에 정관이 정하는 바에 따라 주주에게 배당해야 할 이익금이 정부 이외의 자가 소유하는 주식의 불입자본액에 대해 연 100분의 7의 비율에 달하지 못할 때는 설립 초기(제1기)의 말일부터 5년에 한해 이에 달하는 금액을 정부에서 보급해야 한다. 단, 그 보급 금액은 어떤 경우라 하더라도 정부 이외의 자가 소유하는 주식의 불입자본액에 대해 연 100분의 7의 비율을 초과할 수 없다.
3. 「조선식산은행령」 제69조에 의해 정부 소유에 속하는 주식에 대해 이익의 배당을 할 필요가 없는 기간은 설립 초기(제1기)로부터 15년으로 한다. 단, 최후의 5년간은 그 배당에 해당하는 금액을 결손보전준비금에 편입한다.
4. 설립위원회는 위원장이 이를 소집해야 한다.
5. 설립위원의 여비는 관청의 여비 규정 중 칙임관의 예에 따라 이를 지급해야 한다.
6. 상무위원을 둘 때는 그 씨명을 신고해야 한다.
7. 위원장 사무소를 개설했을 때는 그 일시 및 장소를 신고하여 『조선총독부관보』에 이를 공고해야 한다.
8. 정관을 의정(議定)했을 때는 그 인가를 신청해야 한다.
9. 주주의 모집은 다음의 사항을 기재하여 『관보』, 『조선총독부관보』 및 신문지를 통해 공고해야 한다.
   가. 정관의 인가를 받은 취지 및 그 인가 연월일
   나. 주식 신청인에게 정관을 열람시킨다는 사항과 그 장소
   다. 주식 신청 방법, 기일 및 장소
   라. 주식 모입 결정 방법
10. 주주의 모집이 끝났을 때는 그 결과 및 농공은행의 주주에 대한 주식 할당 경과를 신고해야 한다.
11. 창립총회를 소집하고자 할 때는 그 일시, 장소, 기타 절차를 정해 소집 통지안을 첨부하여 신고해야 한다.
12. 주식회사 조선식산은행 두취에게 사무를 인도했을 때는 창립에 관한 전말을 신고해야 한다.

이리하여 설립위원은 동년 7월 1일 오전 10시부터 창립사무소인 한호농공은행에 제1회 위원회를 개최했는데, 야마가타 위원장 이하 위원 스즈키 시즈카, 오하라 신조, 오기타 에쓰조, 자작 민영휘, 가와카미 쓰네오, 미노베 슌키치, 한상룡, 가타야마 사다지로, 미시마 다로, 다카세 우메키치, 조진태, 백완혁, 이병학, 박영근, 김형옥 등 제씨가 참석하여 「조선식산은행령」 및 전기 명령에 기초하여 정관과 기타 중요 사항을 의결하고 스즈키, 오하라, 오기타, 미노베, 미시마 등을 실행위원에 추천했다. 이어 7월 2일 정관의 인가를 얻었기 때문에 상기 실행위원은 곧바로 주식의 할당 및 모집에 착수했다.

주식의 할당 및 모집 조선식산은행의 주식 20만 주 중 6만 3,596주는 농공은행 주주에게 할당하고 13만 6,403주는 이를 널리 내선에 공모하기로 했다. 그리고 농공은행 주주에 대한 할당은 농공은행 주식 총수 13만 주 중 할당을 받기 위해 제공한 주식 12만 9,250주로 그 중 할당에 적합한 것 12만 8,652주에 대해 식산은행 주식 6만 3,116주를 할당하여 그 할당에 적합하지 않은 것 598주 및 소정의 기간 내에 이를 제공하지 않아 권리를 상실한 주수 750주는 입찰 방법으로 매각한 뒤 그 매수인(買受人)에게 식산은행 주식 481주를 할당하고 할당에 적합하지 않은 10원 불입 농공은행 주식 1주는 조선총독의 지정에 따라 함경농공은행에서 매입 소각하기로 했다.

공모주 13만 6,403주는 동년 7월 16일부터 18일까지를 신청기간으로 하여 내선 각지에서 모집에 착수했다. 우선 도쿄 재주 설립위원회를 도쿄은행집회소에서 개최하고 위원 기무라 유지 씨를 주도로 알선에 힘쓰고 아루가 간사 역시 (주식 모집에 대한) 설명에 노력했다. 이어 스즈키 탁지부장관, 미노베 조선은행 총재 두 위원이 도쿄로 상경하여 오사카 재주 위원과 연락하며 널리 조선의 산업경제 상황을 소개하고 조선식산은행 설립의 취지, 목적 및 신설 은행에 대한 일정 기간 배당의 보상, 농공은행으로부터 승계해야 하는 체대(滯貸) 정리 자금의 융통 등 총독부의 보호 원조의 시설 방침을 설명하고, 상하의 이해를 구하고, 내지 자본의 투하를 권설(勸說)했다. 다행히 일반의 양해를 얻을 수 있었고 내지와 조선 및 만주에 걸쳐 응모 신청이 비상한 호황을 보여 응모 총주수 2,571만 9,509주, 구수(口數) 2만 1,400구에 달했다. 이 중 농공은행 주주의 신청에 속하는 4만 9,411주 448구는 우선모입(優先募入)으로 취급했기 때문에 이를 뺀 8만 6,992주에 대한 일반 응모신청은 실로 295배가 넘었다. 따라서 우선 안분(按分)에 의한 모입액을 정하고 단수절사(端數切捨)한 결과 발생하는 1주 미만의 단수(端數, 우수리)를 사사오입의 법칙을 이용해 1주씩을 모입액에 가산하고, 여전히 안분에 들어가지 않는 것 중 148주 이상의 신청에 대해 1주씩을 할당하기로 했다. 동년 8월 5일 모입을 결정하였고, 동 8일 제1회 주금 불입의 통지를 보냈다. 동월 26일 지체 없이 이를 종료했기 때문에 조선식산은행 주식은 구 농공은행 주주에 대한 할당 주식 6만 3,116주, 농공은행 실권주식의 매수인에 대한 할당주식 481주, 일반 응모자에 대한 모입주식 13만 6,403주, 합계 20만 주, 이의 주주 7,426명으로 결정하고, 9월 10일 각 주식 인수인 및 주식의 할당을 받은 구 농공은행 주주에게 조선식산은행 창립총회 개최를 통지했다.

조선식산은행의 성립 1918년 10월 1일 창립사무소였던 한호농공은행에서 창립총회를 열었다. 출석 주주 3,967명, 이에 대한 주수 13만 2,390주, 권리고수(權利固數) 3만 6개이다.

제1. 야마가타 설립위원장은 조선식산은행 설립에 관한 사항을 보고했다.

제2. 설립비용 증가에 따른 정관 변경의 건을 부의했다. 정관 제65조에 규정한 설립 비용 3만 원은, 주식 응모 신청이 의외로 다수를 기록하고 물가 상승으로 인해 (비용이 추가되어) 총 4만 9,948원을 필요로 했기 때문에, 상기 정관의 규정 3만 원을 5만 원으로 변경할 것을 가결했다.

제3. 설립사항 보고를 조사하도록 검사역(檢査役)을 선임하고 이를 보고하도록 하는 건을 가결하고, 사쿠라이 고이치(櫻井小一)와 이근상(李根湘) 양씨를 선임하고 이 보고를 시인(是認)했다.

제4. 이사 후보자 선거 및 감사 선임을 부의하여 위원장의 지명으로 결정, 위원장은 다음과 같이 지명했다.

이사 후보자

아루가 미쓰토요(有賀光豊), 나카무라 미쓰요시(中村光吉), 사쿠라이 고이치(櫻井小一), 후작 박영효, 백작 이완용, 백작 쓰가루 후사마로(津輕英麿), 오오야 시치헤이(大家七平), 사쿠라이 군노스케(柵瀨軍之佐)

감사

히로세 미쓰마사(廣瀨滿正), 남작 이근상

제5. 감사의 보수액 경정의 건을 부의하고 원안대로 연액 각 1,000원으로 하기로 결정을

은 시대였다. 그다음 달인 11월에는 벌써 휴전조약 성립의 비보(飛報, 급보)가 도착하여 재계에 큰 충격을 주었고, 각 방면 경계가 일시적으로 매우 엄중하고 조야 모두 그 귀추에 주목하고 있었다. 하지만 이 충동은 일시적이어서 큰 악영향을 미치지 못하고 끝나 재계는 여전히 호황인 채로 해를 넘겼다.

1919년을 맞이해 그해 3월 만세 소요 사건이 발발하여 조선 재계에 적지 않은 타격을 줄 것이라는 것이 예상되었음에도 불구하고 이 역시 한편의 기우(杞憂)가 되었다. 6월 강화조약의 성립도 여기 크게 영향을 주는 바 없어 물가는 계속 상승하였고 무역은 공전의 은진(殷賑, 성황)을 보여 재계는 오히려 휴전 전보다 더 나은 성황을 보였다. 당행의 각종 업무 역시 그 사이 순조로운 진전을 이루어 동년 10월 창립 이래 처음으로 채권 1,000만 원을 공모할 수 있었다(본 채권은 당행 발행 제2회 채권으로 제1회 채권은 대장성 예금부가 인수하였기 때문에 일반에 공모한 것은 이것이 효시이다). 이때의 모입(募入)은 큰 성공을 거두었다.

재계의 호황이 앞에서 살펴본 바와 같지만 천변(天變)은 어떻게 대처하기 어렵다. 동년 여름 강우가 부족하여 미증유의 한발(旱魃, 가뭄)이 일부 남선 지방을 제외하고 거의 전 조선을 습격하여 농작물의 흉작이 너무 심해 농가에 양식 결핍의 우려가 있었다. 이에 당행은 당국의 요청에 의해 한해 구제 자금의 대출을 실시하여 이재민을 구제하는 데 기여하였다.

일부 농가의 사정이 전술한 바와 같이 구제를 요하는 실정에 있었음에도 일반 경제계는 여전히 호황을 보이고 있었고, 오히려 투기의 폐풍이 일어나 지방민 사이에는 사치 낭비의 모습이 침투하는 경향이 있었다. 이에 당행은 한편으로 상인에게 경고를 발하고 다른 한편 본지점이 서로 경계하여 투기자금의 대출에 주의함으로써 만일에 대비하는 동시에 근검저축 장려를 급무로 여겨 조선총독의 승인을 거쳐 동년 9월 1일 저축예금부를 개시하여 당행의 저축 업무를 시작하였다.

1920년에 들어선 초봄에는 실로 호경기의 절정을 이루어 물가 및 임금의 앙등, 기업의 융성, 상황의 활약 등 공전의 현상을 보였다. 사업계획자본의 경우에는 1월부터 3월까지 4개월간 벌써 전년 총액을 능가하였고 오히려 그 액수가 적은 것을 우려하는 상태였다. 따라서 당행은 시대의 추세를 고려해 자금운용의 실정에 비추어 증자 결행의 호기라고 판단, 당시의 자본금 1,000만 원에 2,000만 원을 증가하여 3,000만 원으로 하였다. 3월 1일 조선총독의 인가를 받아 동 6월 제1회 4분의 1 불입을 완료했다.

당행의 증가 결정 후 10일도 지나지 않아 내지 재계는 무역의 역조 및 한두 은행의 궁상(窮狀)을 도화선으로 우선 주식계에 혼란이 발생하여 급전직하로 전후 대공황기에 들어섰다. 은행과 회사, 기타 사업계에 파탄이 속출했고, 금융은 극도의 경색을 보여 파란중첩이 극에 달했다. 그 영향은 곧바로 조선에도 미쳐 각 방면에 다소의 타격을 입지 않은 것이 없었지만 조선은 전시의 호영향을 받은 것도 적지 않아 그에 대한 반대급부로 그 반동 역시 적지 않았다. 게다가 조선 내 동업자가 서로 연계하여 극력 이에 대한 완화에 노력하여 일부 견실하지 못한 자를 제외하고 일반 상인이 소용돌이에 빠지는 것을 미연에 방지할 수 있었던 것은 다행이라고 해야 할 것이다. 금융의 경색이 극도에 달하고 있는 한편, 총독부의 제1차 산미증식계획은 올해로 실행기에 진입하여 필연적으로 자금 수요가 기대되었다. 당행의 채권에 의한 내지 자금 도입은 조선산업의 흥폐(興廢)까지 걸려 있는 실상이기 때문에 8월 이사 이시이 미쓰오(石井光雄) 씨를 도쿄에 주재시키고 주로 내지 자금 도입의 기무(機務)를 담당하도록 하여 이 방면 자금을 충실히 하는 데 일보 전진할 수 있었다.

그 후 침쇠(沈衰)가 계속된 조선 재계는 1921년 하반기에 들어 쌀(米), 대두 등 중요 농산물 가격의 등귀와 함께 이들 물자의 이출무역의 은진(殷賑), 미가의 회복 등으로 다소 호전의 기운을 보였지만 허무하게도 중간 경기로서 사라져 버려 재계는 다시 침체에 빠지게 되었고 이렇게 1922년을 마무리했다.

1923년 9월 1일 간토(關東) 지방에 전대미문의 대진재가 발생하였다. 특히 도쿄 및 요코하마는 진재와 함께 화난(火難)이 발생하여 일거에 본방(일본) 경제조직의 중심을 파괴하였다. 이로써 그 영향은 제국 전토(全土)에 미치고 조선 역시 그 여앙(餘殃, 뒤에까지 남은 영향)을 입어 금융이 일시에 경색되었고 참담한 불황리에 이 해를 보냈다.

1924년 하반기에는 봄부터 이어진 천후불순(天候不順)은 다시 한발(가뭄)이 되어 이앙기에 남선(南鮮)을 위협하였고, 성숙기에 다시 전 조선을 습격하여 농작물 수확을 현저하게 감소시켰을 뿐만 아니라 때를 같이하여 정부가 행 재정정리를 단행하면서 불황은 더욱 심각해졌다.

1925년 불황기는 오히려 철저해져서 물가는 마침내 떨어지기 시작했고 사업계는 정리에 몰렸으며 금융은 완만하여 금리는 눈에 띄게 떨어졌다. 당행은 이 기회를 포착하여 7%, 7.5% 이자 채권을 공모하여 진재 이래 처음으로 자금 조달난을 벗어나 안심할 수 있었다.

동년 7월 경성 이남이 연일 호우, 하천 범람, 경기, 경상 등이 가장 피해가 심했지만 전반적으로 보아 농작은 그다지 악화되지 않았고 봄부터 고치가격(繭價)이 높았고, 풍작이 예상되는 등의 이유로 지방 경기가 어느 정도 대두했지만 풍작에 의한 미가 폭락, 북미 (수출) 면화(가격) 하락의 영향을 받아 지방의 인심이 갑자기 저하되었다.

1926년이 되었지만 대세는 아직 정리 시기를 벗어나지 못하고 해산하거나 감자(減資)를 단행하는 사람이 많아서 기업 계획에 이렇다 할 만한 것이 없었다. 더구나 대미(對美) 환시세가 평가에 가깝게 회복함으로써 수출무역의 예상을 벗어나 일반 물가가 급락하는 등의 사정이 있어 내지 재계는 다시 일단의 불황을 더해 조선도 여전히 부진한 상태가 계속되었다. 연말에 황공하게도 다이쇼(大正) 천황이 승하하셔서 나라 전체가 애수에 휩싸여 시황의 침체가 극에 달했다.

1927년 정부에 금수출 해금의 의도가 있다고 여겨져 재계는 이를 기회로 호전할 것이라는 등 기대하는 경향이 적지는 않았지만, 3월 뜻밖에도 제국의회에서 진재수형정리법안(震災手形整理法案)의 심의와 관련하여 일부 은행에서 내용의 결함이 폭로되자 인심이 극도로 불안해져 예금 인출 소동이 각지에서 일어나 은행의 파탄이 연이어 일어났다. 다행히 동 법안의 통과로 3월 하순 일단 진정되었으나 4월 상순 다시 거상(巨商) 스즈키상점(鈴木商店)의 정리 문제를 기화로 중순부터 금융계가 대혼란에 빠져 마침내 전국 은행의 임시휴업, 이어서 모라토리엄이 발포되어 겨우 수습되었다. 조선 역시 내지에 순응하여 임시휴업에 이어 모라토리엄을 실시하여 혼란을 미연에 방지할 수 있었으나 재계는 여전히 부진의 구투(舊套, 구식)를 벗어나지 못하는 실정이었다. 그 사이 일부 예금은 중소은행을 떠나 대은행으로 집중하였고, 대은행은 대량으로 밀려오는 예금의 소화에 고심하여 이에 비상한 금융 완만을 출현시켰다. 하지만 당행은 이 기회를 놓치지 않고 6% 이자 채권의 공모에 성공하여 조선에 있어서 산업자금에 대한 금리 인하에 기여할 수 있었다.

이상 당행의 창립 이후 경과한 10년의 세월은 구주대전 당시 재계의 최호황 때부터 시작되었다. 1920년 3월의 대공황, 1923년 9월의 간토지방 대지진, 1927년 4월의 금융대공황 등 대사변이 연이어 발발하는 시대여서 그 사이 재계는 좋든 싫든 극단에서 극단으로 치달아 하루도 편안한 날이 없었고, 각종 사업은 유위전변(有爲轉變, 세상일이 변하기 쉬워 덧없음)이 극에 달해 참담한 운명에 농락당하는 일이 적지 않았다. 하지만 당행이 이 곤란한 시기를 무사히 통과하여 각반의 업무가 순조로운 발달을 이루고 맡은 바 사명에 약간의 공헌을 할 수 있었던 것은 정말이지 천우(天佑)라고 할 수밖에 없다.

지금은 당행이 조선 및 내지에 걸쳐 60개에 가까운 지점과 파출소를 가지고 있고, 1억 7,300여만 원의 채권을 발행하였으며, 2억 4,000여만 원의 대출을 보유하고 있지만, 창립 당시 즉 구 농공은행의 업무를 승계한 당시에는 점포는 물론 조선 내에 내지와의 연락기관을 가지고 있지 않았고, 채권 발행액은 겨우 300만 원으로 대출 총액은 1,860여만 원에 불과했다. 지난 10년 동안에 채권 발행고는 58배가 되었고, 대출은 13배에 달했다. 기타 예금은 1,100여만 원에서 5,200여만 원이 되어 약 5배가 되었다. 저축 예금부를 신설하여 1,300여만 원의 영세자금을 도입해 수지 계산에서도 매기 호성적을 거두고 상당한 배당을 계속 지속하고 있어 적지 않은 소각(銷却, 빚을 갚다)을 했고, 또한 적립한 제 준비금이 지금은 495만여 원(제19기 결산 적립금을 포함하지 않는다)으로 계산되고 있다. 이어 당행이 창업 당시 구 농공은행으로부터 승계한 대차대조표와 당행 최근의 그것(1927년 말)을 표시하여 업황을 비교하면 다음과 같다.

농공은행 승계 대차 및 제19기 대차 제 계정 비교표

자산			부채		
적요	금액		적요	금액	
	농공은행 승계	제19기		농공은행 승계	제19기
미불입자본금	1,130,110	15,000,000	자본금	2,599,990	30,000,000
채권 가격 교차(較差)		1,671,820	제 적립금	606,270	4,953,270
제 예금	437,508	5,568,214	미불배당금	3,346	45,209
지방비 대월	42,638		채권발행고	3,000,000	173,445,000
연부 및 정기 대부	3,934,612	174,570,284	당첨채권	1,940	789,700
인수채권		342,000	미불채권 이자	386	532,049
증서 및 수형 대부	9,356,640	37,238,461	정부 제 대하금	1,459,980	1,459,980
당좌대월	555,354	4,558,002	지방비	1,070,478	2,208,430
할인수형	2,354,633	6,331,201	제 예금	11,890,106	52,482,930

하부환어음(荷付爲替手形)	407,326	6,506,559	제 저축예금		13,518,962
콜론		6,065,000	제 차입금	2,430,221	1,205,000
저축담보 대부		1,031,221	조선은행대리점	44,900	
저축신용 대부		3,387,281	일본권업은행대리점		1,737
타점으로 대부	633,059	1,418,406	타점에서 차입	1,025,998	2,071,209
지불승낙 보상		6,736,251	본지점 간 미달	185,924	672,332
대리대부(代理貸付)		140,714	지불승낙		6,736,251
가불금	18,162	882,493	대리대부보증		140,714
신축비		71,149	가수금	3,363	2,166,759
소유 유가증권	1,364,870	11,570,360	전기 조월금	57,512	598,814
영업용 토지건물 집기	892,623	5,877,586	당기 순익금	112,658	1,213,587
유입 토지건물, 기타	340,654	3,051,811			
금 은(金 銀)	1,025,882	2,223,121			
합 계	24,493,077	294,241,940	합 계	24,493,077	294,241,940

비고: 원 이하 절사 (이하 원 단위의 것은 원 이하 절사 전과 같음)

제3장 조직 및 관리

제1절 자본금 및 주식

당행은 주식회사 조직으로 그 존립 기간은 설립등기일부터 100년이나 조선총독의 인가를 거쳐 이를 연장할 수 있게 되어 있다. 그 자본금은 전술한 바와 같이 창립 당시 1,000만 원이었지만 1920년 2월 주주총회에서 이를 3,000만 원으로 증가시키기로 하여 3월 조선총독의 인가를 얻어 동 6월 제1회 불입을 완료했다. 이 자본금은 이를 60만 주로 나누어 한 주의 금액을 50원으로 한다. 그중 20만 주는 창립 당시의 주식으로 이미 전액을 불입하였고 나머지 40만 주는 4분의 1 불입을 마치고 있다. 즉 현재의 불입자본금 1,500만 원의 불입은 창립 당시의 주식에 대해서는 전액을 일시에 불입한 정보 소유주를 제외하고 다른 것은 전후 4회에 걸쳐 불입한 것으로 제1회는 개업 전 1918년 8월, 제2회부터는 당행 업무의 발달에 따라 1919년 10월, 1920년 2월, 동 3월 각각 불입하고 증자주는 1920년 6월 제1회 불입을 마쳤다.

자본금 불입표

종별	회차	불입통지서 발송일	불입 기간	불입고		불입고 누계
창립자본금	제1회	1918년 8월 8일	1918. 8. 16. ~ 동 8. 20.	정부 지주(持株)는 전액, 그 이외는 주당 20원씩	4,197,940	4,197,940
	제2회	1919년 7월 1일	1919. 7. 19. ~ 동 7. 23.	정부 지주 이외 주당 10원씩	1,934,020	6,131,960
	제3회	1919년 10월 3일	1919. 10. 30. ~ 동 11. 4.	정부 지주 이외 주당 10원씩	1,934,020	8,065,980
	제4회	1919년 12월 13일	1920. 1. 10. ~ 동 1. 15.	정부 지주 이외 주당 10원씩	1,934,020	10,000,000
증가자본금	제1회	1920년 4월 22일	1920. 5. 3. ~ 동 5. 7.	주당 12월 50전씩	5,000,000	15,000,000

주주는 「조선식산은행령」에 의해 제국 신민 또는 제국의 법령에 의해 설립된 법이어야 하고, 그밖에 정부나 공공단체는 특별히 주주가 될 수 있었다. 현재 주주는 궁내성, 제국 정부를 비롯해 각종 단체, 은행, 회사, 일반 개인으로 그 수 7,355명이다. 주주 수는 1920년 증자 후에 할당된 신주(新株)의 부동(浮動) 분산(分散) 및 재계 호황에 의한 주식 민중화의 영향을 받아 일시적으로 현저하게 증가해 8,300명에 달했으나 1923년부터 당행 주식이 점차 확실한 자산가들에게 매입되어 집중하는 경향을 보여 계속 감소하고 있다.

각기에 있어서 당행 주식의 매매 양도 및 각 기말 현재 주주 수는 다음과 같다.

조선식산은행 주식의 매매 양도 및 각 기말 현재 주주 수

기별		주식매매 양도 수	기말 현재 주주 수
제1기	1918년 하반기	48,324	6,503
제2기	1919년 상반기	132,063	6,459
제3기	1919년 하반기	86,266	6,362
제4기	1920년 상반기	38,833	7,664
제5기	1920년 하반기	113,221	8,088
제6기	1921년 상반기	67,144	8,218
제7기	1921년 하반기	61,479	8,279
제8기	1922년 상반기	56,123	8,377
제9기	1922년 하반기	41,429	8,384
제10기	1923년 상반기	41,770	8,323
제11기	1923년 하반기	29,599	8,326
제12기	1924년 상반기	27,506	8,180
제13기	1924년 하반기	35,746	8,079
제14기	1925년 상반기	46,621	7,860
제15기	1925년 하반기	59,123	7,706
제16기	1926년 상반기	40,039	7,613
제17기	1926년 하반기	39,389	7,525
제18기	1927년 상반기	37,848	7,450
제19기	1927년 하반기	34,149	7,355

제2절 본점 및 지점

당행은 본점을 경성에 두고 지점 혹은 파출소를 널리 전 조선의 주요지에 설치해 그 수가 현재 57개 소에 달한다. 이밖에 도쿄 사무소와 오사카지점을 두고 있어서 점포 수 많은 본방 유수의 은행이다. 그리고 조선 내 본점 외의 57개 점 중 49점은 농공은행에서 승계한 것으로 나머지 9점 및 내지에 있는 사무소 및 지점은 모두 신설된 것이다.

유래 당행 점포의 분포는 그 사명에 비추어 조선 안으로 제한되어 내지와의 연락을 결여하고 있었지만, 조선에 있어서 자금의 수요는 해마다 증가하여 조선 내의 자금만으로는 도저히 이에 응할 수 없다. 뿐만 아니라 한편으로 조선 물산의 이출이 해마다 증가하고 이들 조절을 목적으로 동서 금융의 중심지인 도쿄 및 오사카에 점포 또는 사무소를 개설한 것이어서 도쿄사무소에서는 주로 채권 발행 및 자금 조절상의 사무를 취급하고, 오사카 지점에서는 이밖에 조선 대오사카 무역의 실정에 비추어 환업무 및 관계자의 당좌예금을 취급하고 있다. 당행 본지점의 소재지 및 그 개설 연월일은 다음과 같다.

본지점 일람표(1927년 말 현재)

점명	소재지	개설 연월일
본점	경성부 남대문통 2정목 140번지의 1	1918년 10월 1일 농공은행 승계
인천지점	경기도 인천부 해안정 4정목 1번지	1919년 5월 5일
수원지점	경기도 수원군 수원면 매산리 39번지	1919년 4월 10일
개성지점	경기도 개성군 송도면 북본정 96번지	1918년 10월 1일 농공은행 승계
청주지점	충청북도 청주군 청주면 본정 2정목 13번지	상동
충주지점	충청북도 충주군 충주면 충주읍 126번지	상동
공주지점	충청남도 공주군 공주면 본정 213번지	상동
조치원지점	충청남도 연기군 조치원면 조치원리 213번지	상동
대전지점	충청남도 대전군 대전면 본정 1정목 35번지	상동
논산지점	충청남도 논산군 논산면 본정 106번지	상동
강경지점	충청남도 논산군 강경면 본정 129번지	상동
춘천지점	강원도 춘천군 춘천면 대판리 209번지	상동
철원지점	강원도 철원군 철원면 관전리 90번지	상동
강릉지점	강원도 강릉군 강릉면 본정 8번지	상동
전주지점	전라북도 전주군 전주면 팔원정 30번지	상동
군산지점	전라북도 군산부 전주통 10번지의 1	1919년 8월 1일

이리지점	전라북도 익산군 익산면 이리 626번지의 3	1918년 10월 1일 농공은행 승계
정읍지점	전라북도 정읍군 정읍면 수성리 713번지	상동
김제지점	전라북도 김제군 김제면 신풍리 211번지의 1	상동
남원지점	전라북도 남원군 남원면 하정리 104번지	상동
줄포파출소	전라북도 부안군 건선면 줄포리 717번지	상동
광주지점	전라남도 광주군 광주면 북문통 31번지의 갑	상동
목포지점	전라남도 목포부 행정 2정목 2번지	상동
여수지점	전라남도 여수군 여수면 서정 1265번지	상동
벌교포지점	전라남도 보성군 벌교면 벌교리 604번지의 1	상동
영산포지점	전라남도 나주군 영산포면 영산리 247번지	상동
제주도지점	전라남도 제주도 제주면 삼도리 71번지	상동
송정리파출소	전라나도 광주군 송정면 송정리 710번지	1919년 1월 24일
대구지점	경상북도 대구부 상정 33번지	1918년 10월 1일 농공은행 승계
포항지점	경상북도 영일군 포항면 포항동 205번지	상동
김천지점	경상북도 김천군 김천면 금정 145번지의 2	상동
상주지점	경상북도 상주군 상주면 성하리 10번지의 1	상동
부산지점	경상남도 부산부 매립신정 30번지	상동
마산지점	경상남도 마산부 원정 142번지	상동
통영지점	경상남도 통영군 통영면 부도정 55번지	상동
진주지점	경상남도 진주군 진주면 동성동 29번지	상동
부산진파출소	경상남도 부산부 좌천정 646번지의 1	1919년 1월 25일
신마산파출소	경상남도 마산부 경정 2정목 4번지	1918년 12월 15일
해주지점	황해도 해주군 해주면 북본정 128번지	1918년 10월 1일 농공은행 승계
사리원지점	황해도 봉산군 사리원면 북리 56번지	상동
평양지점	평안남도 평양부 수정 16번지	상동
진남포지점	평안남도 진남포부 후포리 61번지	상동

안주지점	평안남도 안주군 안주면 칠성리 29번지	상동
의주지점	평안북도 의주군 의주면 동부동 118번지	상동
신의주지점	평안북도 신의주부 상반정 8정목 16번지	상동
박천지점	평안북도 박천군 박천면 서부동 25번지	상동
선천지점	평안북도 선천군 선천면 천남동 204번지	상동
영변지점	평안북도 영변군 영변면 동부동 646번지	상동
강계지점	평안북도 강계군 강계면 동부동 1025번지	1919년 10월 25일
원산지점	평안남도 원산부 본정 4정목 12번지	1918년 10월 1일 농공은행 승계
함흥지점	함경남도 함흥군 함흥면 종각리 5번지	상동
북청지점	함경남도 북청군 북청면 내리 39번지	상동
원산리파출소	함경남도 원산부 상리 2동 24번지	상동
청진지점	함경북도 청진부 명치정 20번지	상동
나남지점	함경북도 경성군 나남면 본정 89번지	상동
성진지점	함경북도 성진군 성진면 본정 14번지	상동
웅기지점	함경북도 경흥군 웅기면 웅기동 186번지	1920년 4월 15일
회령지점	함경북도 회령군 회령면 2동 198번지	1920년 5월 10일
도쿄사무소	도쿄시 고지마치구 에이라쿠초 1정목 1번지 마루노우치 빌딩 312구 (東京市 麴町區 永樂町 1丁目 1番地 丸ノ內빌딩 312區)	1919년 6월 21일
오사카지점	오사카시 히가시구 이마바시 3정목 15번지 (大阪市 東區 今橋 3丁目 15番地)	1925년 5월 20일 (전신 사무소는 1923년 2월 5일 개설)

제3절 중역

당행의 중역은 두취, 이사 및 감사로 그 정원은 두취 1인, 이사 3인 이상, 감사 2인 이상으로 한다. 모두 「조선식산은행령」에 의해 정해져 있다. 두취는 조선총독이 이를 임명하고 그 임기를 5년으로 한다. 이사는 50주 이상을 가진 주주 중에서 주주총회에서 선거한 2배의 후보자 중에서 조선총독이 이를 임명하고 그 임기를 4년으로 한다. 감사는 30주 이상을 가진 주주 중에서 주주총회에서 선임하며 그 임기를 2년으로 한다. 두취는 조선식산은행을 대표하고 사무를 총리하는 자이고, 이사는 두취를 보좌하여 은행의 업무를 분장하며, 감사는 업무를 감사한다. 그밖에 두취 및 이사는 정관에 기초하여 중역회를 조직하고 당 은행의 중요한 업무를 의결한다.

두취 및 이사의 지위는 이렇게 중요하기 때문에 이들 직에 있는 자는 원칙적으로 다른 직무 또는 상업에 종사할 수 없고, 어쩔 수 없는 경우는 총독의 인가를 요하는 것으로 되어 있다.

당행 창업 이래 오늘에 이르는 중역의 씨명 및 그 이동은 다음과 같다.

조선식산은행의 중역 이동

역명	씨명	초임	해임	비고
두취	미시마 다로(三島太郎)	1918.10.1.	1920.6.26. 사망	
	아루가 미쓰토요(有賀光豊)	1920.7.2.		1925.7.2. 중임
이사	아루가 미쓰토요(有賀光豊)	1918.10.1.	1920.7.2.	두취 미시마의 사망으로 1920.6.26.부터 동년 7.2.까지 두취 직무 대리
	나카무라 미쓰요시(中村光吉)	상동	1923.7.11.	1922.10.1. 중임
	사쿠라이 고이치(櫻井小一)	상동	1926.7.26.	1922.10.1. 중임
	박영효	상동		1922.10.1. 중임 / 1926.10.1. 중임
	이시이 미쓰오(石井光雄)	1920.8.27.	1927.2.5.	1922.10.1. 중임 / 1926.10.1. 중임
	후카오 도조(深尾道恕)	1921.8.23.	1925.7.28.	
	모리 고이치(森悳一)	1923.8.18.		1926.10.1. 중임
	야나베 에이사부로(矢鍋永三郎)			
	다카히사 도시오(高久敏男)	1927.2.28.		
감사	히로세 미쓰마사(廣瀨滿正)	1918.10.1.		1920.10.1. 중임 / 1922.10.1. 중임 1924.10.1. 중임 / 1926.10.1. 중임
	이근상(李根湘)	상동	1920.1.20. 사망	
	윤덕영(尹德榮)	1920.2.24.		1920.10.1. 중임 / 1922.10.1. 중임 1924.10.1. 중임 / 1926.10.1. 중임
	구기모토 도지로(釘本藤次郎)	1928.8.17.		

제4절 상담역

상담역은 당행의 정관에 의해 인정되어 두취가 이를 촉탁하게 되어 있다. 아마도 당행의 창립이 농공은행의 합병에서 시작된 관계로 구 농공은행 중역들에게 이를 촉탁했다. 이들은 지방에서는 선각자이자 명망가일 뿐만 아니라 해당 지방의 확고한 세력을 가지고 있는 것은 많은 말이 필요 없다. 당행이 창립된 지 얼마 되지 않았음에도 불구하고 조선인의 이해를 얻어 신망을 높여 오늘의 융운(隆運)을 맞이하게 된 것은 이들 상담역에 힘입은 바 적지 않다. 따라서 오늘날에도 여전히 적어도 연 2회 이들을 소집하여 당행 영업상의 자문기관으로 삼고 있다.

상담역의 인원 수는 촉탁 당초에는 38명이었지만 사망이나 기타 이유로 8명이 줄어 현재는 30명이다. 그 씨명과 전직(前職), 기타에 대해서는 다음과 같다.

1928년 현재 상담역 명단

씨명	주소	전직	비고
백완혁(白完爀)	경기도 경성부	한호농공은행 취체역 은행장	
백인기(白寅基)	상동	한호농공은행 취체역	
조병택(趙秉澤)	상동	상동	1924.9.7. 사망
조진태(趙鎭泰)	상동	상동	
주성근(朱性根)	상동	상동	1922.11.7. 사망
김용태(金容泰)	상동	한호농공은행 감사역	
김한규(金漢奎)	상동	상동	
이진태(李鎭泰)	평안남도 평양부	평안농공은행 취체역 은행장	
김영택(金泳澤)	황해도 해주	평안농공은행 취체역	
윤성운(尹聖運)	평안남도 평양부	상동	
임우돈(林祐敦)	평안남도 진남포부	상동	
이명환(李明煥)	평안북도 의주	평안농공은행 감사역	
유광조(劉光祚)	평안남도 안주	상동	
이병학(李柄學)	경상북도 대구부	경상농공은행 취체역 은행장	

이종면(李宗勉)	상동	경상농공은행 취체역	
김기합(金琪郃)	경상남도 진주	상동	
서병조(徐丙朝)	경상북도 대구부	상동	
윤상태(尹相泰)	경상북도 달성군	상동	
정재학(鄭在學)	경상북도 대구부	경상농공은행 감사역	
강위수(姜渭秀)	경상남도 진주군	상동	
박영근(朴永根)	전라남도 전주	전주농공은행 취체역 은행장	
박기순(朴基順)	상동	전주농공은행 취체역	
백남신(白南信)	상동	상동	1919.12.25. 의원 해직
이강원(李康元)	상동	상동	
김도홍(金道弘)	상동	상동	1924.6.8. 사망
신태빈(辛泰斌)	상동	전주농공은행 감사역	1921.2.2. 사망
김준희(金駿熙)	전라북도 김제군	상동	
김형옥(金衡玉)	전라남도 광주	광주농공은행 취체역 은행장	
정낙교(鄭洛教)	전라남도 광주군	광주농공은행 취체역	
박하준(朴夏駿)	상동	상동	
현기봉(玄基奉)	전라남도 목포부	상동	1924.7.7. 사망
이석래(李奭來)	전라남도 보성군	광주농공은행 감사역	
정병현(鄭丙鉉)	전라남도 광주군	상동	1920.6.21. 의원 해직
이택현(李澤鉉)	함경남도 원산부	함경농공은행 취체역 은행장	
김병유(金秉洧)	상동	함경농공은행 취체역	
김충희(金忠熙)	함경남도 함흥군	상동	
송덕수(宋德綏)	함경북도 경성군	함경농공은행 감사역	1926.4.5. 의원 해직
전진호(全珍鎬)	함경남도 북청군	상동	

제5절 직원

직원은 행원, 고원(雇員), 용원(傭員) 및 촉탁의 4종류로 나눈다. 그 총인원은 현재 1,302명으로 이를 1918년 말의 620명과 비교하면 682명, 비율로 11할(110%)의 증가이다. 이들 직원

수의 증가가 당행 업무 팽창을 반영한 것임은 재론의 여지가 없다. 그리고 이들 직원은 창업 당초에는 거의 전부가 남자였지만, 수년 전부터 여자에게 적합한 방면, 예컨대 주계(主計), 원부(原簿), 심사, 저축 등의 보조적 사무 및 타이피스트 등에는 굳이 여자를 채용한다는 방침을 채용하고, 사무의 성질에 따라 적재적소의 결실을 거두었다. 여자 사무원 수는 1921년경부터 점차 증가하여 현재 53명을 기록하고 있다. 최근 조선인 여자 사무원을 채용하고 그 성적이 대체로 양호하다.

인사상 당행의 특색이라고 인정할 만한 것은 직원 중에 조선인을 다수 포용한다는 사실, 그리고 그 급여가 내선인 모두 일률적이라는 점이다. 당행 직원의 약 3분의 1은 조선인이다. 조선인으로서 이미 지점장, 지점장 대리, 기타 요직에 있는 사람이 있다. 이들을 독려하여 오로지 조선인 거래처와의 의사소통, 신용조사 등에 만전을 기하고 있다.

행원은 당행 직원의 중견을 이루고 예전에는 이를 사사(司事), 기사, 서기, 서기보, 기수 및 견습이라는 6계급으로 나누었지만, 1922년 6월 이들 계급을 폐하여 일률적으로 행원으로 일원화하여 지금에 이른다. 현재 행원 수는 856명으로 그중 223명은 본점에 있고 633명은 지점에 있다.

고(雇)는 타이피스트, 계산, 기타 보조적 사무를 담당한다. 현재 고원은 본점에 48명, 지점에 47명, 합쳐서 95명에 달한다.

용원은 수위, 급사, 운전수, 교환수, 소사(小使), 기타 상용인(常傭人)으로 오로지 서무과장의 명을 받아 직무를 수행하는 자이다. 현재 그 수가 307명이 있고, 그중 87명은 본점에, 220명은 지점에 근무하고 있다.

촉탁은 저축촉탁과 기타로 나뉘며 저축촉탁은 저축권유 사무를 취급하는 외무원(外務員)과 저축 집금원이다. 1925년 7월에 제정되어 현재 본직에 있는 사는 41명으로 그중 17명은 본점에, 24명은 지점에 있다. 기타 행원에 준하는 촉탁 3명 중 1명은 본점에, 2명은 지점에서 근무하고 있다.

이들 직원의 각 기말 현재는 다음 표와 같은데, 이 표에서 고원 수가 최근 6년 동안 급증하고 있는 것은 여자 사무원 채용의 결과이고, 촉탁이 마찬가지로 증가한 것은 저축촉탁제 실시에 따른 것이다.

1928년 현재 직원 현황

기별	행원	고원	용원	촉탁	계	1918년 말 현재 직원 수를 100으로 하는 지수
1918 하	420	27	173		620	100
1919 상	532	34	211		777	125
1919 하	664	6	244	1	915	148
1920 상	782	12	288	1	1,083	173
1920 하	773	22	307	2	1,104	178
1921 상	868	27	316	1	1,212	195
1921 하	854	29	323	2	1,208	195
1922 상	885	42	349	2	1,278	206
1922 하	877	48	359	2	1,286	207
1923 상	927	55	354	2	1,338	216
1923 하	898	53	331	2	1,284	207
1924 상	811	60	306	1	1,178	190
1924 하	793	67	301	1	1,162	187
1925 상	833	78	301	1	1,213	196
1925 하	826	65	303	27	1,221	197
1926 상	855	84	301	30	1,270	205
1926 하	844	84	303	39	1,270	205
1927 상	870	100	305	44	1,319	213
1927 하	856	95	307	44	1,302	210

제6절 사무분장

(집무 조직) 당행의 사무는 위에 두취가 있어 이를 총리하고, 이사가 두취를 보좌하여 이를 분장하는 것은 기술한 대로이다. 그리고 현재 본점의 집무 조직은 비서과, 검사과, 조사과, 주계과, 권업금융과, 공공금융과, 기술과, 상업금융과, 저축과, 서무과 등 10개로 되어 있다. 각 과에 과장을 두어 해당 사무를 장리(掌理)하도록 한다. 그중 비서과만 두취에 직속되

어 있고 그밖의 각 과는 이사가 분담하여 감독하는 시스템이다. 지점의 사무분장은 지점장이 이를 정하고 지점에 있어서 각종 사무에 대한 감독은 본점의 해당 관계 과에서 이를 소관하기로 되어 있다.

본 조직은 당행 업무의 발달과 함께 전후 수차례의 개정을 거쳐 오늘에 이르고 있는데, 창업 당초의 조직은 3부 12과를 두었다. 비서과는 두취 직속으로 되어 있었지만 다른 11과는 각각 부에 분속되어 부장 소관 사무를 장리하는 제도였다. 하지만 1919년 4월 저축부를 신설하면서 이를 1실 4부 13과제로 고치고(비서과를 비서실로 하여 그대로 두취에 직시키고 비서부를 신설하여 그 아래 저축과와 원부과를 둔다), 1920년 11월 이를 개정하여 4부 15과제를 채용하고(비서실을 비서과로 하고, 권업대부과에서 공공대부과를 분리하며, 보통영업과에 출납과를 병합하고, 새롭게 영선과를 설치한다), 다시 1921년 11월 부제를 폐지하여 이사가 직접 과를 담임, 감리하기로 했다. 사무의 민활을 도모했지만, 이후 사무의 실정에 따라 과의 폐합(廢合)을 행하여 현재의 10과제가 되었다.

그림 2. 창업 당시의 사무분장 및 조직

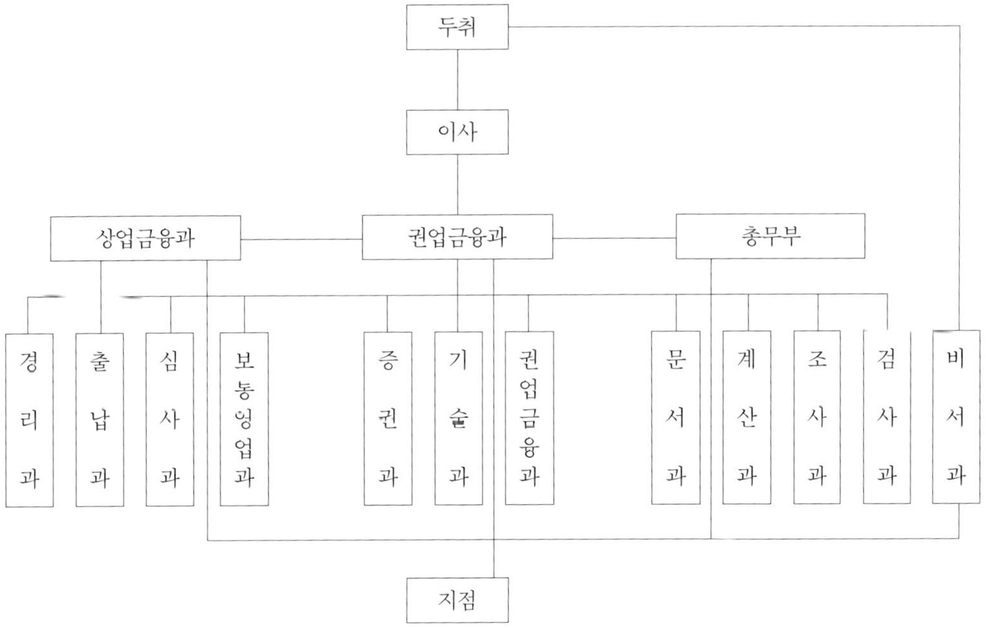

부제 폐지 당시의 사무분장 및 조직(1921년 11월 실시)

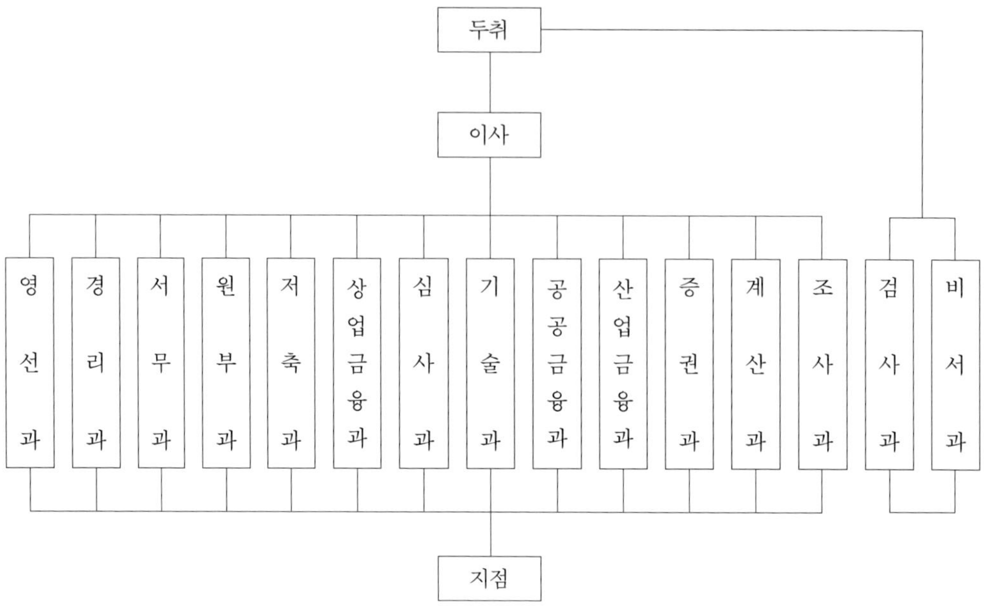

현행 사무분장 및 조직

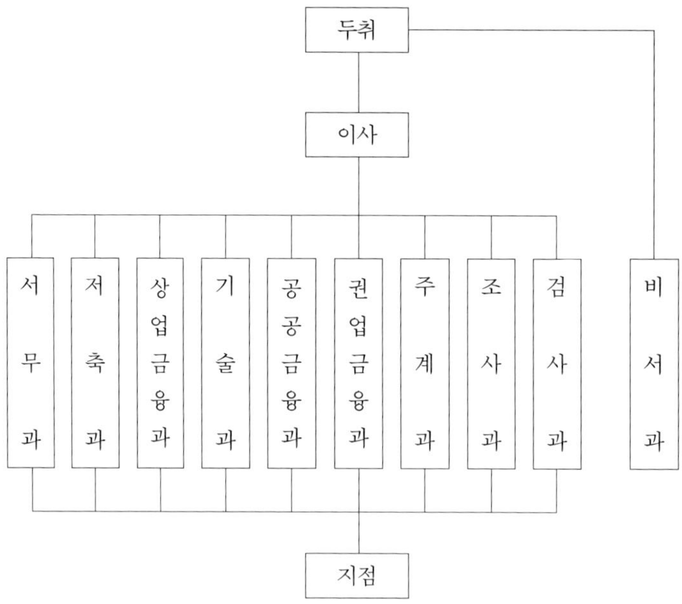

위의 (과장 및 지점장) 현재 과장 및 지점장은 다음과 같다.

비서과장	야스이 기요시(安井淸)	검사과장 (오사카 지점장 직무대리 겸)	시치다 쓰네카즈(七田常一)
조사과장	모리야 노리오(守屋德夫)	주계과장	기무라 이즈미(木村和水)
권업금융과장	도쓰 마나부(戶津學)	공공금융과장	야마구치 시게마사(山口重政)
기술과장	오타구로 센조(太田黑宣三)	상업금융과장	이모리 아키하루(伊森明治)
저축과장	미야자키 다다오(宮崎匡雄)	서무과장	마쓰이 히코지로(松井彦治郎)
도쿄사무소 주임	와타나베 야코(渡邊彌幸)	전 권업금융과장 (유럽 출장 중)	노다 신고(野田新吳)
오사카 지점장	미즈마 미쓰구(水間美繼)	인천 지점장	이가 세이이치(伊賀誠一)
수원 지점장	아라키 겐노스케(荒木健之助)	개성 지점장	오자키 슌스케(尾崎俊甫)
청주 지점장	사토 사쿠조(佐藤作造)	충주 지점장	나카무라 다카시(中村孝嗣)
공주 지점장	아베 나오스케(安部直介)	조치원 지점장	와타나베 도시오(渡邊敏)
대전 지점장	미시마 다케오(三島竹男)	논산 지점장	이무라 사다쇼(井村定省)
강경 지점장	이타바시 가쓰미(板橋勝已)	춘천 지점장	다테노 가즈오(舘野一夫)
철원 지점장	도요후쿠 유타카(豊福豊)	강릉 지점장	미무라 우메오(三村梅雄)
전주 지점장	히라하라 다모쓰(平原保)	군산 지점장	야스나가 덴시치(安永傳七)
이리 지점장	사가라 니주로쿠(相良廾六)	정읍 지점장	야마자키 씬페(山崎陳平)
김제 지점장	모토야마 후미오(本山文男)	남원 지점장	히로세 게이지(廣瀨敬二)
광주 지점장	쓰치야 다이스케(土屋泰助)	목포 지점장	우시키 신키치로(牛木新吉郎)
여수 지점장	사사키 교(佐々木恭)	벌교포 지점장	사토 히사야(佐藤久成)
양산포 지점장	이다 로이치(井田魯一)	제주도 지점장	미쓰네 이노주(三根伊之十)
대구 지점장 (유럽 출장 중)	야마모토 고조(山本好造)	포항 지점장	야스이 다카오(安井隆雄)
김천 지점장	요시미 세이치(好見淸一)	상주 지점장	와타나베 다사부로(渡邊太三郎)
부산 지점장	시라이시 진키치(白石甚吉)	마산 지점장	미야케 도미지(三宅富治)
통영 지점장	사토 사쿠타로(佐藤作太郎)	진주 지점장	구보 쇼지로(久保正次郎)
해주 지점장	나가마쓰 도치(永松統治)	사리원 지점장	후쿠지 기지로(福地義二郎)
평양 지점장	기쿠치 가즈노리(菊池一德)	진남포 지점장	하스이 시즈카(蓮井靜)
안주 지점장	가토 기이치(加藤喜一)	의주 지점장	가타기리 게이지(片桐啓治)

신의주 지점장	나카토미 게이타(中富計太)	박천 지점장	박○로(朴○魯)
선천 지점장	니시오카 이치지로(西岡市次郎)	영변 지점장	나카네 유키토모(中根之智)
강계 지점장	히라노이 기스케(平野井喜助)	원산 지점장	하야시 유타카(林豊)
함흥 지점장	시오카와 사이키치(鹽川濟吉)	북청 지점장	안도 에이지(安藤榮貳)
청진 지점장	다나카 도쿠지(田中篤二)	나남 지점장	곤도 도쿠조(近藤得三)
성진 지점장	고무라 가오루(小村薰)	웅기 지점장	나카무라 세이치(中村靜一)
회령 지점장	가토 사부로(加藤三郎)		

제4장 업무 및 실적

당행의 현재 업무는 「조선식산은행령」에 기초하거나 조선총독의 명령하에 영위하고 있는 것으로 대별하여 산업금융, 공공금융, 보통은행 업무 및 저축은행 업무의 4종이라 할 수 있다. 이밖에 당행은 일본은행 경성대리점인 조선은행의 위임을 받아 국고금의 취급을 하고, 또 도(道) 금고로서 지방비의 출납을 취급하고 있으며, 일본권업은행의 대리점으로서 권업채권, 부흥저축채권의 조선 내 독점 판매[一手賣捌] 및 대리대부 업무도 취급하고 있다. 이러한 상황이어서 당행은 농공은행인 동시에 상업은행이고 저축은행인 상당히 변칙적인 제도와 같이 생각되지만, 조선의 실상에서 보면 각종 산업의 분화가 아직 완전하지 않고 주로 농업이라는 기초산업의 흥륭시대(興隆時代)에 속해 있는 민중을 대상으로 한 조선의 금융기관으로서는 모두 과도적인 형태라고는 하나 무엇보다 시대에 잘 적응한 것이라고 할 수 있을 것이다.

제1절 산업 및 공공금융

개황 산업금융과 공공금융은 모두 당행 본연의 업무에 속하고, 그 취급하는 대부는 50년 이내의 연부상환, 5년 이내의 정기상환, 채권 또는 사채권의 응모 또는 인수 등의 방법에 의한 것으로 그 대출은 대체로 장기에 걸치는 것이 보통이다. 창업시대에는 이를 권업금융이라고 불렀으나 각종 공공단체와 사업이 발흥하면서 그 수요에 응하고자 공공금융을 독립시켜 산업금융, 공공금융의 2가지로 나누었다.

산업금융에서 취급하는 연부상환 대부 및 정기상환 대부는 담보로서 부동산, 부동산상의 권리, 재단 혹은 어업권 등을 잡는 것을 원칙으로 하고, 특히 농업자 또는 공업자 10인 이상이 연대하여 채무를 지는 사람에게는 무담보로 정기상환 대부를 할 수 있었다. 그 취급하는 사채권의 응모 또는 인수는 조선에서 식산사업을 영위하는 것을 목적으로 하는 회사가 발행한 것으로 제한되어 있다.

공공금융에서 취급하는 대출은 도(道), 부(府), 면(面), 학교조합, 수리조합 등의 공공단체에 대한 50년 이내의 연부상환 또는 5년 이내의 정기상환 방법에 의한 대부, 금융조합, 어업조합, 기타 영리를 목적으로 하지 않는 산업에 관한 법인에게 마찬가지로 50년 이내의 연부상환 및 5년 이내의 정기상환 방법에 의해 무담보 대부를 하는 것이고, 이밖에 공공단체가 발행하는 채권의 응모 또는 인수도 취급할 수 있다.

이들 대부 업무의 경과를 보면 다음과 같다. 산업금융은 당행의 창업이 기술한 바와 같이 때마침 세계대전 전후 재계의 호황 때여서 조선산업 발흥의 기운(機運)에 편승하고 있었고, 이와 전후하여 조선의 토지조사의 대업이 마침내 완성되어 토지의 소유권이 확정되고 부동산등기제도의 시행과 맞물려 토지의 자금화가 조장되고 있었다. 이에 더해 정부의 산업시설이 해마다 진척되면서 매년 꾸준히 진전되어 그 대출고는 1927년 2월 말 1억 140여만 원을 기록하기에 일렀다. 한편 공공금융은 조선 지방이 개발됨에 따라 종래 조선에서 가장 결여된 각종 공공적 시설, 예를 들면 상하수도, 피병원(避病院, 전염병 환자 수용 병원) 등의 위생시설부터 도로, 전기, 철도 등의 교통시설, 학교, 공설시장 등의 개설에 이르기까지 모두 초미의 급(急)을 요하는 관계상 이 계획을 하는 자가 매우 많았을 뿐만 아니라 금융조합, 어업조합, 특히 수리조합이 제1차, 제2차 산미증식계획의 실시와 함께 조선의 산업개발에 마침내 활약하게 되는 것과 맞물려 스스로 성황을 보였다. 생각하건대 산업의 시설에서 문화적 사업에서 이제 바야흐로 여명기에 속하는 조선으로서는 이 방면의 자금 수요는 금후 일층 활발해질 것이다.

산업 및 공공대부 잔고표

기별	산업대부			공공대부			합계	승계 본대부 재고를 100으로 할 때의 지수
	연부 및 정기	인수채권	계	연부 및 정기	금융조합 당좌대월	계		
	원	원	원	원	원	원		
1918년 10월 1일 농공은행 승계							5,934,612	100
1918 하							8,116,709	137
1919 상		500,000			339,820		15,875,950	268
1919 하		492,000			1,446,210		29,371,697	495
1920 상		492,000			3,099,195		44,488,237	750
1920 하		492,000			4,253,067		52,884,677	891
1921 상		492,000			3,743,473		64,033,786	1,079
1921 하	42,829,686	492,000	43,321,686	30,881,528	3,732,759	34,614,287	77,935,973	1,313
1922 상	48,184,896	492,000	48,676,896	31,568,758	2,846,018	34,414,776	83,091,672	1,400
1922 하	60,859,712	467,000	61,326,712	38,069,536	4,287,701	42,357,237	103,683,949	1,747
1923 상	66,094,639	467,000	66,561,639	43,144,473	4,573,069	47,717,542	114,279,181	1,926
1923 하	66,936,371	442,000	67,378,571	47,809,667	4,321,246	52,130,913	119,509,484	2,014
1924 상	68,739,394	442,000	69,181,394	51,332,671	4,304,265	55,636,936	124,818,330	2,103
1924 하	69,957,821	418,000	70,075,821	55,592,638	530,800	56,123,438	126,199,259	2,126
1925 상	82,144,788	5,417,000	87,561,788	54,642,387		54,642,387	142,204,175	2,396
1925 하	81,101,437	392,000	81,493,437	57,302,961		57,302,961	138,796,398	2,339
1926 상	82,334,713	392,000	82,726,713	60,406,842		60,406,842	143,133,555	2,412
1926 하	83,450,299	367,000	83,817,299	66,985,127		66,985,127	150,802,426	2,541
1927 상	93,846,948	367,000	94,213,948	65,785,855		65,785,855	159,999,803	2,696
1927 하	101,093,299	342,000	101,435,299	73,476,984		73,476,984	174,912,283	2,947

차주의 종류 공공대부의 차주가 공공단체 혹은 각종 산업단체인 것은 전술한 바와 같지만 산업대부는 산업의 종류에 따라 차주 역시 다종(多種)에 걸치는 것은 당연하다. 참고로

상기 두 금융을 합쳐 연부 및 정기 대부를 대상으로 그 차주의 종류 및 차주별 각기 말 대부고를 열거하면 다음과 같다. 1927년 12월 말 현재 대출은, 농업자에 대한 것이 제1위를 점하고, 공공단체에 대한 것이 그다음, 이어 상업자, 조합 등이 순위를 이루고 있다. 필경 대(對) 농업자 대출이 제1위를 점하는 것은 농업이 조선의 중심 산업인 현상에서 나오는 당연한 결과이고, 공공단체에 대한 대부의 증진은 이들 단체의 문화적 시설을 반영하며, 상업자에 대한 대출의 증가는 조선물산의 증진과 상거래의 활약에 따른 각종 시설의 충실을 보여 주는 것이다. 그리고 1923, 1924년경까지 대출이 발군의 증가를 보이고 있던 대조합 대출은 금융조합 자금이 충실해짐에 따라 최근 감퇴로 기울고 있다.

연부 및 정기 대부금 각 기말 차주 종류별표

기별	공공단체	조합	농업자	공업자	상업자	광업자	어업자	기타	계	승계 본대부 재고를 100으로 할 때의 지수
	원	원	원	원	원	원	원	원	원	
1918년 10월 1일 농공은행 승계	649,224	416,871	4,256,355	371,849	44,205	119,646		76,459	5,934,612	100
1918 하	670,452	528,554	5,216,769	541,672	890,861	61,538	21,300	275,581	8,116,709	137
1919 상	957,208	2,017,738	8,592,673	930,009	1,760,283	238,874	48,905	490,437	15,036,130	253
1919 하	1,281,252	6,747,750	13,009,267	1,181,703	3,234,947	415,020	220,400	1,343,144	27,453,487	463
1920 상	2,199,685	11,071,487	19,097,329	1,786,049	3,715,642	508,396	234,982	2,283,468	40,897,041	689
1920 하	4,877,720	11,835,335	21,420,487	2,091,599	4,324,832	574,686	384,252	2,630,696	48,139,610	811
1921 상	6,810,500	13,284,922	28,176,831	2,312,110	5,213,004	562,336	323,012	3,115,574	59,798,313	1,008
1921 하	9,745,065	15,365,198	34,972,384	2,643,106	6,645,496	475,349	321,313	3,543,299	73,711,214	1,242
1922 상	12,704,258	16,154,023	34,370,803	2,832,793	8,729,153	459,048	301,372	4,202,201	99,753,654	1,681
1922 하	17,970,394	17,885,462	40,039,145	3,113,837	13,853,365	347,908	426,895	5,292,238	98,929,248	1,667
1923 상	22,457,167	18,328,628	41,781,436	3,607,426	16,252,137	354,334	733,827	5,524,153	109,239,112	1,841
1923 하	27,773,363	18,366,467	41,836,107	3,667,224	16,438,456	304,013	910,516	5,450,089	114,746,238	1,934
1924 상	31,274,785	18,404,797	41,331,952	3,980,301	18,695,622	119,354	959,255	5,405,996	120,072,066	2,023
1924하	34,473,241	19,602,734	41,329,663	3,835,918	19,521,317	115,632	956,110	5,415,642	125,250,457	2,111

경상북도	2,048	7,008,143	95	2,505	9,667,996	77	2,394	10,912,507	63
경상남도	1,911	10,152,462	138	2,274	17,346,279	138	3,048	24,707,381	142
황해도	1,036	3,921,718	53	1,363	6,295,514	50	1,617	13,334,472	76
평안남도	622	3,978,685	54	858	6,897,681	55	1,257	6,923,225	40
평안북도	835	4,426,585	60	1,125	7,646,380	61	1,476	8,989,658	51
강원도	503	2,880,269	39	596	10,486,446	84	959	11,539,718	66
함경남도	818	2,673,641	36	936	3,856,959	31	1,466	5,436,287	31
함경북도	429	1,983,340	27	642	3,564,392	28	514	3,060,232	17
기타	5	177,452	2	16	1,330,360	11	30	1,754,302	10
합계	16,140	73,711,214	1,000	19,053	125,250,459	1,000	24,703	174,570,284	1,000

담보의 종류 산업 및 공공대부에서는 그 성질에 따라 유담보 또는 무담보 대부를 취급한다는 것은 기술한 대로이지만, 당행의 본 업무에 대해 기왕 취급할 수 있는 담보품은 논(畓), 밭(田), 대지(垈地), 임야, 잡종지, 미간지, 건물 등의 부동산, 어업권, 기타인데, 연부 및 정기 대부의 담보품 내용은 다음의 표와 같다.

연부 및 정기 대부 담보품별표

담보품별		1921년 말			1924년 말			1927년 말		
		수량 (천평)	대부 재고 (천 원)	담보품별 대부 비율 (‰)	수량 (천 평)	대부 재고 (천 원)	담보품별 대부 비율 (‰)	수량 (천 평)	대부 재고 (천 원)	담보품별 대부 비율 (‰)
유담보	논(畓)	175,902	26,844	364	264,387	36,785	294	404,222	63,731	365
	밭(田)	95,659	5,844	79	135,443	8,349	67	201,699	10,017	58
	대(垈)	4,615	4,123	56	7,708	8,427	67	11,715	16,250	93
	임야	11,605	116	1	8,921	166	1	43,380	238	1
	잡종지	5,335	216	3	7,439	313	3	8,508	307	2
	미간지	13,910	484	6	56,218	1,808	14	53,213	2,306	13
	건물	3,524동 100천 평	2,426	33	7,001동 217천 평	4,430	35	11,866동 355천 평	6,514	37

유담보	어업권	210	278	4		247	2	17	45	
	기타		1,044	15		9,050	72		1,531	9
	계		41,379	561		69,580	555		100,944	578
			32,332	439		55,670	445		73,626	422
			73,711	1,000		125,250	1,000		174,570	1,000

대부금의 기한 기한은 그 용도, 차주의 사정 등을 참작하여 결정되는데, 단기는 비료 자금, 공공단체의 일시 차입금같이 6개월 내외의 것이 있고, 장기는 수리사업 자금과 같은 2, 30년 내지 40년에 이르는 것도 있다. 현재 대부금을 그 기한에 따라 구분하여 표시하면 다음과 같다.

연부 및 정기 대부금 기한별표

기한별	1921년 말			1924년 말			1927년 말		
	구수 (구)	대부 재고 (천 원)	기한별 대부 비율 (‰)	구수 (구)	대부 재고 (천 원)	기한별 대부 비율 (‰)	구수 (구)	대부 재고 (천 원)	기한별 대부 비율 (‰)
3년 이내	4,845	18,877	256	3,563	26,168	209	3,592	41,868	240
5년 이내	5,781	19,844	269	4,866	25,120	200	3,909	16,293	93
7년 이내	3,275	10,467	142	6,042	14,059	112	7,786	17,310	99
10년 이내	1,458	9,599	130	2,853	12,965	104	5,702	24,656	141
15년 이내	714	7,683	104	1,478	19,210	153	3,096	27,926	160
20년 이내	35	994	14	129	4,985	40	406	16,670	96
30년 이내	32	6,243	85	121	22,718	182	205	29,573	169
40년 이내				1	22		7	271	2
50년 이내									
합계	16,140	73,707	1,000	19,053	125,247	1,000	24,703	174,567	1,000

용도 또한 전기 연부 및 정기 대부금은 어떤 용도에 사용되었는지 여기서는 단지 그 세목별로 표시하는 데 그치고 각 용도의 개요에 대해서는 뒷장에서 설명하고자 한다.

연부 및 정기 대부 용도별 재고표 (단위: 천 원)

용도별	1918년 말	1919년 말	1920년 말	1921년 말	1922년 말	1923년 말	1924년 말	1925년 말	1926년 말	1927년 말	1927년 말 용도별 비율
행정	44	133	602	536	1,152	1,262	1,454	1,387	1,157	1,498	9
교화	75	167	1,203	1,389	2,707	3,759	4,030	3,898	3,877	3,126	18
금융조합 연합회	469	6,264	10,789	14,393	17,307	17,509	18,877	16,184	15,459	19,223	110
위생	7	189	152	182	665	1,299	2,099	2,427	2,455	2,513	14
교통운수	66	282	326	369	4,119	6,093	8,819	9,222	2,160	2,578	15
수리사업	1,003	1,299	3,957	8,561	14,314	21,509	26,172	30,151	40,315	44,066	253
토지개량	2,611	4,429	6,137	9,731	12,822	14,408	14,347	14,889	15,341	14,105	81
농업	1,180	3,490	5,209	6,091	10,427	18,615	18,721	26,495	35,364	49,026	281
임업	276	440	715	812	947	968	876	806	781	747	4
잠업	187	331	773	770	770	748	700	694	756	931	5
축산	22	49	107	87	88	89	142	164	176	265	2
공업	423	1,008	1,565	2,046	2,882	3,397	3,194	3,522	3,942	4,580	26
수산	36	349	815	929	1,151	1,796	2,091	2,038	1,709	1,589	9
전기 및 가스	32	83	243	489	542	597	766	895	700	751	4
양조	128	450	680	739	933	936	946	1,144	1,215	1,148	7
토목		9	133	265	282	531	1,329	1,660	2,045	1,309	8
광업	1	287	457	386	265	231	49	56	59	48	
상업	753	2,032	2,517	2,864	4,928	5,167	4,943	6,237	6,924	9,299	53
토지가옥	425	3,382	5,053	11,070	16,286	9,652	9,235	10,116	10,564	11,395	65
구채 정리	196	2,218	2,984	9,663	4,861	4,955	4,404	4,443	4,647	5,606	32
기타	173	532	3,711	2,327	1,471	1,214	2,045	1,964	778	757	4
합계	8,107	27,423	48,128	73,699	98,919	114,735	125,239	138,392	150,424	174,560	1,000

제2절 보통은행 업무

개황 당행이 보통은행 업무를 영위하는 것은 농공은행 이래의 연혁에 기반하는 동시에 조선의 현상이 이를 편리하게 여기도록 한다는 것은 이미 기술한 대로이다. 하지만 조선에 있어서 보통은행의 소재지는 많은 경우 교통편이 좋은 주요 도회지에 한정되어 있고 기타 지방에는 거의 존재하지 않았기 때문에 농공은행 시대부터 모두 보통은행 업무를 겸영하여 이 결함을 보완해 왔다. 당행도 설립과 동시에 총독의 명령에 의해 계속해서 이를 겸영하고 있었는데, 당행의 보통은행 업무 겸영은 지리적으로 본 은행 분포의 견지에서 보더라도 조선의 실정에 가장 적합한 것으로 여겨지고 있다. 하지만 당행의 영업소로서 다른 보통은행과 그 소재지를 같이하는 것도 적지 않기 때문에 이들 지방에서는 굳이 다른 은행과 경쟁하며 업무 확장을 도모하는 것을 엄히 이를 피하고 자연의 분야에 감수하여 더불어 지방금융의 소통을 담당할 방침을 취하고 있다.

당행이 보통은행 업무로서 상기와 같이 명령에 의해 영위하는 영업 과목은 대부, 당좌대월 및 각종 수형할인의 3종이지만, 또한 「식산은행령」의 규정에 기초하여 소위 법정의무로서 조선의 산물 또는 조선의 산업상 필요한 화물을 담보로 하는 대부, 국채증권 또는 조선총독이 인가한 유가증권을 담보로 하는 대부, 환, 하환, 신탁업무, 예금 및 지금은 유가증권의 보호 인수 등의 업무를 취급하고 있다.

이들 업무의 경황은 경제계의 추이를 따라 때때로 소장(消長)이 있었음은 물론이지만 대체로 순조로운 경과를 보이며 착착 발전을 이루고 있다. 참고로 예금 및 대부에 대해 당행이 창업과 동시에 구 농공은행으로부터 승계한 당시의 숫자와 현재의 그것을 비교 대조하면, 예금은 1,100만 원에서 5,200여만 원이 되어 약 5배로 증가했고, 동 대부금은 1,260만 원에서 6,060만 원이 되어 이 역시 약 5배의 증가를 보이고 있다. 또한 법정 업무와 명령에 의한 업무의 금액을 비교해 보면 1927년 말 법정 업무 3,099만 2,000원, 명령 업무 2,364만 2,000원, 합계 5,463만 4,000원이다. 백분비로는 전자가 57%이고 후자는 43%를 점하고 있다.

각 기말 예금 잔고표 (단위: 천 원)

적요	공금예금	정기예금	당좌예금	특별당좌예금	기타	합계	지수 (승계 당시 예금 100)
농공은행 승계 (1918.10.1)	661	2,255	2,941	4,581	584	11,034	100
1918 하	1,512	2,184	4,362	5,068	1,266	14,394	131
1919 상	1,638	7,362	4,544	5,799	3,228	22,571	205
1919 하	1,640	10,312	6,197	5,715	9,052	32,916	299
1920 상	2,516	9,459	5,051	5,819	6,930	29,777	270
1920 하	2,398	9,516	5,452	5,816	11,997	35,181	319
1921 상	2,974	12,926	7,137	7,989	8,055	39,081	355
1921 하	4,616	14,868	7,419	8,256	1,906	37,067	336
1922 상	4,727	14,349	6,847	8,148	1,867	35,940	326
1922 하	5,450	14,536	6,354	7,103	1,605	35,050	318
1923 상	5,471	16,037	7,182	8,816	4,788	42,296	384
1923 하	5,455	13,527	8,379	8,379	4,607	40,350	366
1924 상	4,455	14,766	6,934	9,006	9,874	45,036	409
1924 하	4,966	16,111	7,899	8,334	6,637	43,948	399
1925 상	4,679	18,497	6,940	9,122	13,963	53,203	483
1925 하	6,769	17,709	7,550	8,781	8,605	49,416	448
1926 상	5,737	20,102	6,984	9,414	11,105	53,344	484
1926 하	5,775	21,301	7,753	8,036	10,902	53,769	488
1927 상	5,024	23,397	7,038	8,819	3,083	47,362	430
1927 하	6,554	22,077	7,546	10,098	6,206	52,482	176

각 기말 대출금 잔고표 (단위: 천 원)

기별	증권 및 수형대부	콜론	당좌대월	할인수형	하환수형	합계	지수 (승계 당시 대출금 100)
농공은행 승계 (1918.10.1)	9,356		555	2,354	407	12,673	100
1918 하	10,582		1,300	6,272	3,566	21,723	171
1919 상	9,409		4,122	7,179	1,499	22,211	173
1919 하	19,765		3,266	15,868	2,783	41,684	329
1920 상	17,953		3,833	9,722	1,298	32,807	259
1920 하	15,251	1,900	2,730	11,219	1,963	33,064	261
1921 상	16,454		2,722	10,005	1,052	30,235	239
1921 하	21,712	9,894	2,499	14,671	4,432	53,211	420
1922 상	24,801	6,880	2,765	10,616	2,363	47,428	374
1922 하	25,163	6,950	2,502	10,361	2,647	47,624	376
1923 상	27,925	9,592	2,615	7,977	1,639	49,750	393
1923 하	29,471	6,225	2,609	8,292	4,499	51,098	403
1924 상	26,401	10,111	2,716	5,388	1,495	46,113	364
1924 하	32,228	6,100	2,797	7,797	4,799	53,721	424
1925 상	22,692	12,400	3,026	5,826	2,276	46,221	365
1925 하	33,774	3,300	3,619	8,972	6,539	56,206	444
1926 상	31,924	13,100	3,841	5,667	2,881	57,414	453
1926 하	38,358	5,900	4,095	6,676	5,470	60,500	477
1927 상	30,842	6,150	4,542	4,974	1,583	48,091	380
1927 하	37,238	6,065	4,558	6,331	6,506	60,699	479

(대부금의 담보) 이들 대부금의 담보품은 국채, 지방채, 사채, 주식, 각종 증권, 화물, 토지건물, 기타로 그 담보품별 대부고의 소장(消長)은 다음과 같다.

보통은행 업무 대부금 담보별표 (단위: 천 원, ‰)

적요	국고 증권	지방채 증권	회사 채권	제 주권	제 증권	조선물산	조선산 이외 상품	토지 건물	기타	신용	합계
1918년 말	23		41	423	123	6,523	154	3,320	324	10,787	21,723
1919년 말	22		87	2,251	806	10,343	4,316	3,707	2,370	17,778	41,684
1920년 말	71	1	83	2,819	429	5,159	1,862	5,820	899	15,916	33,064
1921년 말	73	1	49	3,831	1,484	8,375	1,437	8,652	309	28,994	53,211
1922년 말	111		70	2,959	6,734	7,199	587	12,426	147	17,388	47,624
1923년 말	414		446	2,347	4,748	7,770	497	14,465	4	20,403	51,058
1924년 말	118	1	70	3,581	2,428	9,881	951	14,813	27	21,848	53,721
1925년 말	457		144	3,790	4,144	10,790	2,052	14,740	286	19,799	56,206
1926년 말	226	290	854	4,172	5,752	9,640	754	15,620	125	23,062	60,500
1927년 말	3,435	108	2,719	7,938	1,353	10,627	1,140	13,596	179	19,599	60,699
1927년 말 담보별 비율	57	2	45	131	22	175	19	224	2	323	1,000

제3절 저축예금 업무

개황 저축예금 업무는 당행의 전신인 농공은행 시대에는 이런 취급 업무가 없었고 당행 창립 후 신설된 것이다. 즉 1919년 4월 25일 이 업무에 대한 승인을 조선총독 앞으로 신청하여 동년 5월 1일 (승인) 지령을 접수했고, 9월 1일 본 지점 일제히 이 업무를 개시했다.

조선에는 아직 저축은행에 관한 규정이 없어서 당행을 비롯해 두세 개 보통은행, 금융조합 등에서 예금 업무의 일종으로서 저축예금 업무를 겸영하고는 있으나 대체로 내지의 저축은행 경영을 따라 각자 생각하는 방법을 시도하고 있는 상태이다. 여전히 경험의 시대를 벗어나지 못하고 있다. 당행이 특히 저축예금 업무의 개설을 계획한 이유는 미시마 두취가 당시의 하세가와 총독 앞으로 제출한 신청서를 통해 이를 명확히 할 수 있다. 본 신청서는 당시 이 방면의 사정을 설명하는 데 충분한 자료라고 생각된다.

저축예금 취급에 관한 건

최근 조선의 산업은 비상한 발달을 이루었고, 이에 따라 일반 재계의 팽창과 국민경제의 발달이 현저한 동시에 근검저축의 사상 내지 그 실적이 다소 현저해진 것은 정말이지 기뻐할 만한 현상이라고 생각합니다. 이제 그 주된 것을 열거하면, 우편저금, 금융조합저축예금, 기타 도(道)·부(府)·군(郡)의 시설과 관련된 각종 저축조합의 저축 등으로 이들 당국자의 열정적인 장려는 점차 양호한 성적을 올리고 있습니다. 하지만 이를 내지 또는 외국의 그것과 대비하면 점차 본격적인 일보를 내딛는 것에 불과합니다. 따라서 장래 이에 대한 장려 시설이 더욱 중요한 것이라고 느끼는 바입니다.

그리고 저축의 발달은 국민의 사상 및 경제의 발달 여하에 좌우되는 것이 많지만, 저축기관의 정부(整否)와 장려 방법의 교졸(巧拙, 익숙함과 서투름) 역시 많은 공헌을 한 것은, 이런 종류의 내외 사적(事績)에 비추어 명확합니다. 당행은 현재의 실정을 고려하고 또 당행이 조선 주요지에 50여 개 지점 또는 파출소를 가지고, 저축기관으로서 가장 적당한 지위에 있음을 자인하고, 장래에 이 적절한 시설을 구축하기 위해 노력하고자 합니다. 따라서 그 구체적 방법에 관해서는 충분히 고구(考究)한 뒤 다시 보고하겠지만, 일단 당행 예금 업무의 일종으로서 내지 「저축은행조례」 제1조에 열기한 종류의 저축 업무를 영위하기로 했습니다. 따라서 상기 사정을 양찰하시어 승인해 주시기 바라며 이렇게 신청합니다.

또한 이렇게 해서 모이게 될 저축예금의 운용과 기타에 대해서는 승인과 동시에 조선총독으로부터 부여받은 지령을 통해 명확해지고, 이에 따라 운용되고 있는 당행의 저축예금이 어떻게 유효하게 각 방면에 이용되고 있는지 알 수 있을 것이다.

- 기(記) -

1. 저축의 방법으로 흡수한 자금의 운용은 다음의 각호에 열거하는 것으로 제한해야 한다.

(1) 부, 면, 학교조합, 수리조합, 기타 공공단체에 대한 대부

(2) 금융조합, 어업조합, 기타 영리를 목적으로 하지 않는 산업에 관한 법인에 대한 대부

(3) 국채증권 또는 조선총독이 인가한 유가증권의 소유

(4) 공공단체의 채권 인수

2. 저금을 담보로 저금자에게 대부를 하거나 저금자에게 특수한 이익을 부여하여 저축의 장려에 기여하고자 하는 경우에는 그 방법을 정해 미리 조선총독의 승인을 받아야 한다.
3. 저축 업무는 다른 업무와 구분 정리하여 그 수지 손익을 명료하게 해야 한다.
4. 저축 업무를 위해 일부 국(局)을 설치하고 담임 이사를 정해야 한다.
5. 저축 업무에 관해서는 매월 1회 그 상황을 조선총독에게 보고해야 한다.

우리 저축은행 업무는 전술한 바와 같은 포부하에 개시된 것이지만 조선과 같이 경제적 발달이 또한 상당히 유치할 뿐만 아니라 다년간의 관습상 자금 축적에 대한 생각이 부족한 일반 민중에게 이 취지를 잘 이해시켜 실적으로 올린다는 것이 기실 용이한 일이 아니었다. 따라서 당초에는 저금의 종류도 비단 보통저금의 한 종류를 취급한 것에 불과했을 뿐만 아니라 그 권유도 직접 모범을 보이고 사람들이 따라오도록 하는 방법을 취해 두취 이하 행용원(行傭員)의 말단에 이르기까지 협력 일치하여 저금 업무 개시의 첫날부터 매월 일정액의 저금을 하기로 했다.

다음으로 다음 해 1920년 9월 1일 저축 업무 개시 1주년 기념일을 정하여 저금의 종류에 식산적금, 정기저금, 거치저금의 3종을 추가하고, 그렇게 함으로써 저금자의 편의를 도모하는 동시에 다른 한편 조금씩 활동사진반의 지방 순회, 저금함의 배부, 저금 선전 인쇄물의 반포, 권유원의 파견 등 극력 저축 예금의 권유에 노력한 결과 다행히 다음 표에서 보여 주는 바와 같이 착착 그 성적을 거두어 현재 예금 재고 1,351만여 원을 산하는 성황을 보이게 되었다.

식산적금 상기 각종 저금 중에서 식산적금은 미리 일정한 한도를 정해 그 한도에 달할 때까지 3개년을 기해 매월 일정액을 예입시키는 조건으로 자금을 축적하게 하는 방법이다. 식산적금은 저금으로서 가장 효과가 있기 때문에 이 적금 계약의 모집에 대해서는 특별히 힘을 기울여 일반 행원으로 하여금 이 권유에 힘을 다하도록 하는 동시에 1925년 7월 새롭게 저축 외무원 제도를 만들어 전문 권유원을 두고 이에 능률 본위의 급여를 실시하여 최선을 다하게 하는 법을 실시하여 대체로 예상에 가까운 성적을 거두고 있다. 그 계약 구수 및 계약 금액 누가(累加)의 상황은 다음 표를 통해 명확히 알 수 있다.

전기 및 가스 자금 대출 회수고표 (단위: 원)

적요	1918년	1919년	1920년	1921년	1922년	1923년	1924년	1925년	1926년	1927년	합계
연간 대출고	34	119	400	490	359	280	237	223	113	162	2,417
연간 회수고	2	68	240	244	306	225	68	94	308	111	1,666
연말 현재고	32	83	243	489	542	597	766	895	700	751	—

저금의 운용 저축예금의 운용은 저금자에게 그 저금을 담보로 하여 대부를 하는 경우를 제외하고 전기 지령이 보여 주는 것같이 그 운용 범위를 부, 면, 학교조합, 수리조합, 기타 공공단체에 대한 대부 또는 그 발행채권의 인수, 금융조합, 어업조합, 기타 영리를 목적으로 하지 않는 산업에 관한 법인에 대한 대부 및 국채증권 또는 조선총독이 인가한 유가증권의 소유로 제한되어 있다. 마치 내지에 있어서 저축은행이 자금운용상에 준엄한 제한을 가하고 있는 것과 같다. 생각건대 영세한 저금자를 위해 그 저금의 안정을 보장하고자 하는 당국의 준비에 부합하는 것임은 재론의 여지가 없다. 또한 저금자에 대해서는 신용 혹은 저금담보에 의해 일정액의 대출을 취급하고 있는데, 각 기말 대출 재고는 다음 표와 같아 최근 441만여 원에 달하고 있다.

식산적금 계약고표 (단위: 원)

기별	계약 증가고		기말 계약 현재고	
	구수(口數)	금액	구수(口數)	금액
	구	원	구	원
1920년 하반기	3,184	1,189,500	3,184	1,189,500
1921년 상반기	1,110	317,000	4,294	1,506,500
1921년 하반기	1,249	567,300	5,543	2,073,800
1922년 상반기	4,600	1,733,200	10,143	3,807,000
1922년 하반기	8,635	3,302,900	18,778	7,109,900
1923년 상반기	1,063	749,000	19,841	7,858,900
1923년 하반기	1,946	1,090,900	21,787	8,949,800

1924년 상반기	335	750,400	22,112	9,700,200
1924년 하반기	3,572	2,092,500	25,684	11,792,700
1925년 상반기	(361)	426,200	25,323	12,218,900
1925년 하반기	2,957	2,337,300	28,280	14,556,200
1926년 상반기	4,111	2,551,900	32,391	17,108,100
1926년 하반기	3,102	2,103,400	35,493	19,211,500
1927년 상반기	2,763	1,782,200	38,256	20,993,700
1927년 하반기	8,821	3,903,800	47,077	24,897,500

제5장 조선식산채권

제1절 채권의 성질

당행이 조선의 산업 및 공공금융의 소통을 주된 사명으로 하는 것은 기술한 대로이다. 그리고 이들 대출은 그 성질상 장기이고 또 저리여야 하기 때문에 이 대출 자원도 역시 가급적 저리, 장기의 채권에 기대지 않으면 안 된다는 것은 말할 필요가 없다. 이 일본권업은행에서 '권업채권'을 발행하는 것처럼 기타 특수권업금융기관 모두 그 하는 방식이 모두 같은데, 당행도 역시 「식산은행령」이 정하는 바에 따라 '조선식산채권'을 발행하는 특전을 부여받고 있다. 단 그 발행 총액에 관해서는 최초 불입자본금의 10배로 한정되어 있었지만, 1924년 4월 현행과 같이 15배로 개정되었다. 상기 한도 내라 하더라도 연부상환 대부금 총고, 정기상환 대부금 총고 및 「식산은행령」 제16조 제10호의 규정에 따라 응모 또는 인수한 채권 및 사채권 현재고를 초과할 수 없는 규정이다. 또한 당행 채권은 그 액면 10원 이상이어야 하지만 실제 지금까지 공모채권은 액면 100원, 50원, 1,000원, 5,000원, 1만 원 등의 대권(大券)뿐이다. 또한 무기명 이자 지불(利札付)을 원칙으로 하고 있음에도 응모자 또는 소유자의 희망으로 기명으로 할 수 있다. 채권의 발행은 모집 방법을 취하는 것이 보통이지만 액면 20원 이하의 채권을 발행하는 경우에는 기간을 정해 매출의 방법에 따를 수 있다.

전술한 바와 같이 당행 채권은 당행에 있어서 연부 및 정기상환 대부금 현재고 및 공공단체의 채권 또는 조선에서 식산사업을 영위하는 것을 목적으로 하는 회사 사채권의 응모 또는 인수 현재고를 초과할 수 없기 때문에 발행 채권은 모두 부동산담보대부 또는 도, 부, 면, 학교조합, 수리조합 등의 공법인(公法人) 또는 금융조합, 기타 확실한 방면에 대한 투자를 실질상 대응하여 보유한 것이다. 아울러 당행 업무는 당국의 주도면밀한 감독하에 견실한 방침에 의해 수행되고 있기 때문에 그 채권이 확실한 투자물인 것은 의심 없는 사실이다. 그렇기 때문에 '조선식산채권'은 전에 당국에 의해 저축은행의 공탁금에 대용할 수 있는 유가증권 중에 추가되었고, 내지 시장에서도 일류 채권 사이에 섞여 있어 항상 다대한 성가(聲價)를 떨치고 있다. 다음에 본 채권의 분포 상황을 나타내는데, 이 표에 통해서도 당행 사채의 대부분은 주로 내지에서 소화되고 있고, 특히 도쿄, 오사카의 양 지방에서 그 분포가 가장 두텁다는 것을 알 수 있다. 이 사실은 오늘날 또 조선 자체에 채권 응모력이 부족하다는 것을 보여 주는 동시에 당행이 과거 10년 동안 내지 자금의 두터운 후원에 힘입었음을 이서(裏書)하는 것으로 내지의 자본가 및 증권업자 사이에 당행을 이해하는 자가 많은 결과이다.

저축예금 재고표

(단위: 원)

기별	1921년		1922년		1923년		1924년		1925년		1926년		1927년	
	상반기 말	하반기 말	상반기 말	하반기 말	상반기 말	하반기 말	상반기 말	하반기 말	상반기 말	하반기 말	상반기 말	하반기 말	상반기 말	하반기 말
저금담보대(貯金擔保貸)	2	12	38	80	162	319	359	524	554	434	513	672	841	1,031
저금신용대(貯金信用貸)		23	88	228	499	1,141	1,348	1,753	1,821	2,021	2,220	2,809	3,152	3,387
합계	2	36	127	308	662	1,461	1,708	2,277	2,376	2,456	2,733	3,481	3,993	4,418

식산채권 지방별 분포 상황표

지방별	1921년 말		1924년 말		1927년 말	
	액면 금액 (원)	지방별 비율 (‰)	액면 금액 (원)	지방별 비율 (‰)	액면 금액 (원)	지방별 비율 (‰)
홋카이도	8,200	-	241,900	2	315,600	2
도호쿠 지방	100,400	2	198,000	2	404,500	2
간토 지방	31,046,700	626	62,568,100	527	99,981,400	576
주부 지방	3,896,800	79	8,908,800	75	8,247,100	48
간사이 지방	11,325,000	229	34,621,500	291	33,012,100	190
주고쿠 지방	649,600	13	3,566,400	30	5,477,900	32
시코쿠 지방	527,800	11	853,300	7	1,403,800	8
규슈 지방	203,100	4	852,800	7	2,361,600	14
내지 합계	47,757,600	964	111,810,800	941	151,204,000	872
조　선	1,792,400	36	6,961,700	59	21,617,000	124
만　주	-	-	27,500	-	624,000	4
합　계	49,550,000	1.000	118,800,000	1.000	173,445,000	1.000

제2절 발행

당행이 창업 이래 1927년 말까지 발행한 채권 회수는 이미 62회에 달하고, 그 금액 2억 6,133만 5,000원에 달하고 있다. 그중 4,350만 5,000원은 대장성 예금부가 인수한 것이고, 2억 1,783만 원은 공모 또는 은행, 기타의 인수에 의한 것이다. 이밖에 구 농공은행으로부터 승계한 채권 300만 원이 있다. 이상의 각 채권 중에는 이미 상환기한이 도래하여 전부 혹은 일부를 상환한 것도 있다. 창업 이래 각 기별 채권 발행과 상환 상황은 다음과 같다.

채권발행고표

기별	이월고	당기 발행고	당기 상환고	기말 잔고	지수 (승계 발행고 100)
	단위: 원	단위: 원	단위: 원	단위: 원	
1918.10.1. 농공은행 승계	3,000,000	-	-	3,000,000	100
1918 하	3,000,000	-	-	3,000,000	100
1919 상	3,000,000	2,000,000	-	5,000,000	167
1919 하	5,000,000	12,500,000	-	17,500,000	583
1920 상	17,500,000	7,000,000	-	24,500,000	817
1920 하	24,500,000	9,000,000	50,000	33,450,000	1,115
1921 상	33,450,000	9,000,000	100,000	42,350,000	1,412
1921 하	42,350,000	8,000,000	800,000	49,550,000	1,652
1922 상	49,550,000	13,000,000	1,000,000	61,550,000	2,052
1922 하	61,550,000	24,300,000	3,300,000	82,550,000	2,752
1923 상	82,550,000	8,300,000	1,300,000	89,550,000	2,985
1923 하	89,550,000	20,500,000	9,800,000	100,250,000	3,342
1924 상	100,250,000	7,000,000	4,350,000	102,900,000	3,430
1924 하	102,900,000	18,800,000	2,900,000	118,800,000	3,960
1925 상	118,800,000	25,000,000	3,633,000	140,167,000	4,672
1925 하	140,167,000	16,450,000	20,641,000	135,976,000	4,533
1926 상	135,976,000	14,000,000	16,391,000	133,585,000	4,453
1926 하	133,585,000	15,293,000	4,041,000	144,837,000	4,828
1927 상	144,837,000	25,442,000	13,041,000	157,238,000	5,241
1927 하	157,238,000	25,750,000	9,543,000	173,445,000	5,782

제3절 발행조건

당행의 발행채권으로서 대장성 예금부가 인수한 것은 그 수입자금의 용도가 특히 저리를 필요로 하는 사업에 투자되는 것으로 그 이율은 5.1% 내지 5.5%이기 때문에 금융시장의 번한(繁閑)에는 거의 관련이 없다. 그러나 일반 시장에 공모하거나 인수된 것은 발행 당시의 금융시장의 상황으로 그 조건이 원래부터 다 같지 않다. 이를 이율로 보면, 창업 이래 1920년 3월의 공황 전에는 7% 내외로 이를 발행할 수 있었다. 하지만 공황 이후에는 금융이 갑자기 긴축되어 8%가 아니면 공모할 수 없는 상태가 되었다. 나아가 1921년 다소 소강상태를 보여 7% 내지 7.5% 이자로 발행했지만, 1922년 다시 8%가 되었고, 1923년 9월 간토지방 진재 이후에는 더욱 불리해졌다. 1925년 들어서는 시장이 마침내 진정되어 7.5%로 발행할 수 있었고, 1926년 계속해서 0.5% 떨어져 7%가 되었다. 1927년 연말에는 6.5%에서 마침내 6%로 발행할 수 있었다. 각 회의 채권 발행 조건은 다음 표와 같다.

채권 발행 조건 일람표

횟수	발행 연월일	발행고 (원)	이율 (%)	거치 기한	기한 및 상환 방법	적요
갑	1911.11.15.	1,000,000	6.3	1914.11.15.	15년간 수시 상환	구 농공은행 승계 동양척식회사 인수
을	1917.4.16.	2,000,000	5.7	1920.4.16	17년간 매년 3월, 9월 2회 5만 원 이상씩 상환	상동
제1회	1919.6.2.	2,000,000	5.5	1924.3.1.	15년간 기타 상동	대장성 저금부 인수
제2회	1919.10.5.	10,000,000	7.0	1921.11.30.	5년간 매년 6월, 12월 2회, 20만 원 이상씩 상환	공모
제3회	1919.12.25.	2,500,000	5.5	1924.9.1.	10년간 매년 3월, 9월 2회, 12만 5,000원씩 상환	대장성 저금부 인수
제4회	1920.3.10.	5,000,000	7.0	1921.2.1.	3년간 매년 2월, 8월 2회, 50만 원 이상씩 상환	공모
제5회	1920.3.11.	2,000,000	7.0	1921.2.1.	상동 20만 원 이상씩 상환	상동
제6회	1920.7.5.	1,000,000	8.0	1921.7.5.	2년간 수시 상환	상동
제7회	1920.9.6.	7,500,000	8.0	1921.9.1.	상동	상동

제8회	1920.12.15.	500,000	8.0	1920.12.31.	5년간 연2회 5만 원씩 상환	일본권업은행 인수
제9회	1921.3.22.	5,000,000	8.0	1923.3.1.	3년간 수시 상환	공모
제10회	1921.4.15.	2,000,000	7.0	1921.10.15.	1922. 10.15. 기한	미쓰비시은행 인수
제11회	1921.6.1.	2,000,000	7.0	1922.6.1.	1926. 6.1. 기한	상동
제12회	1921.9.15.	5,000,000	7.0	1922.10.1.	6년간 수시 상환	공모
제13회	1921.12.20.	3,000,000	5.5	1926.12.1.	15년간 매년 6월, 12월 2회, 5만 원 이상씩 상환	대장성 저금부 인수
제14회	1922.1.30.	3,000,000	5.5	1922.3.1.	5년간 매년 3월, 9월 2회, 30만 원씩 상환	상동
제15회	1922.3.27.	3,000,000	5.5	1925.3.20.	7년간 매년 3월, 9월 2회, 20만 원씩 상환	상동
제16회	1922.4.25.	5,000,000	8.0	1924.5.1.	3년간 수시 상환	공모
제17회	1922.5.22.	2,000,000	8.0	1923.9.30.	1년 반 동안 수시 상환	남만주철도주식회사 인수
제18회	1922.7.15.	7,000,000	8.0	1923.8.1.	2년간 수시 상환	공모
제19회	1922.10.10.	5,000,000	8.0	1923.11.1.	상동	상동
제20회	1922.10.11.	3,000,000	8.0	1923.11.1.	상동	상동
제21회	1922.10.14.	2,000,000	5.5	1923.10.1.	4년간 매년 4월, 10월 2회, 25만 원씩 상환	대장성 저금부 인수
제22회	1922.10.20.	2,000,000	7.5	1923.4.20.	1년 반 수시 상환	미쓰비시은행 인수
제23회	1922.12.1.	300,000	8.1	1924.12.1.	18년간 매년 6월, 12월 2회, 8,000원 이상씩 상환	일본권업은행 인수
제24회	1922.12.15.	5,000,000	8.0	1924.12.1.	2년간 수시 상환	공모
제25회	1923.3.1.	8,000,000	7.5	1924.1.1.	4년간 수시 상환	공모
제26회	1923.3.10.	300,000	8.3	1925.4.1.	18년간 매년 4월, 10월 2회, 8,000원 이상씩 상환	일본권업은행 인수
제27회	누락					
제28회	1923.7.10.	5,000,000	8.0	1925.8.1.	3년간 수시 상환	공모
제29회	1923.7.13.	3,000,000	5.4	1926.6.1.	15년간 매년 6월, 12월 2회, 5만 원 이상씩 상환	대장성 저금부 인수
제30회	1923.8.20.	8,000,000	8.0	1925.6.1.	3년간 수시 상환	공모
제31회	1923.21.1.	3,000,000	8.0	1924.12.1.	2년간 수시 상환	상동

第32회	1923.12.15.	1,500,000	5.1	1926.12.1.	15년간 매년 6월, 12월 2회, 2만 5,000원 이상씩 상환	대장성 저금부 인수
第33회	1924.1.15.	7,000,000	8.0	1925.2.1.	2년간 수시 상환	공모
第34회	누락					
第35회	1924.9.1.	5,000,000	8.0	1926.9.1.	3년간 수시 상환	상동
第36회	1924.9.1.	3,000,000	8.0	1926.9.1.	상동	상동
第37회	1924.9.15.	500,000	8.3	1929.9.15.	15년간 매년 3월, 9월 2회, 1만 3,000원 이상씩 상환	일본권업은행 인수
第38회	192.9.15.	300,000	8.5	1929.9.15.	15년간 매년 3월, 9월 2회, 8,000원 이상씩 상환	상동
第39회	1924.12.1.	10,000,000	8.0	1926.12.1.	5년간 수시 상환	공모
第40회	1925.1.15.	3,000,000	8.0	1927.1.15.	상동	미쓰비시은행인수
第41회	1925.3.10.	4,000,000	5.1	1929.12.1.	13년간 매년 6월, 12월 2회 5만 원 이상씩 상환	대장성 저금부 인수
第42회	1925.3.19.	2,500,000	5.5	1930.3.1.	35년간 수시 상환	조선총독부 인수
第43회	1925. 4. 1.	500,000	7.5	1927.4.1.	13년 반간 매년 4월, 10월 2회, 1만 원 이상씩 상환	일본권업은행 인수
第44회	1925.4.10.	5,000,000	8.0	1927.4.10.	5년간 수시 상환	부동저금은행 인수
第45회	1925.5.15.	10,000,000	7.5	1927.5.15.	8년간 매년 5월, 11월 2회, 25만 원 이상씩 상환	공모
第46회	1925.8.15.	450,000	7.5	1927.5.1.	15년간 매년 5월, 11월 2회, 1만 원 이상씩 상환	일본권업은행 인수
第47회	1925.9.22.	6,000,000	5.5	1930.9.1.	34년 반 동안 수시상환	조선총독부 인수
第48회	1925.11.16.	10,000,000	7.0	1927.12.1.	8년간 매년 6월, 12월 2회, 20만 원 이상씩 상환	공모
第49회	1926.3.1.	10,000,000	7.0	1928.3.1.	8년간 매년 3월, 9월 2회, 20만 원 이상씩 상환	상동
第50회	1926.3.25.	4,000,000	5.1	1930.12.1.	15년간 매년 6월, 12월 2회, 5만 원 이상씩 상환	대장성 저금부 인수
第51회	1926.7.15.	450,000	7.5	1928.3.15.	15년간 매년 3월, 9월 2회, 1만 원 이상씩 상환	일본권업은행 인수
第52회	1926.7.20.	2,273,000	5.1	1931.7.20.	첫 5년 3만 원 이상, 다음 5년 4만 원 이상, 다음 5년 5만 원 이상, 다음 5년 7만 원 이상씩 매년 1월, 7월 2회 상환	대장성저금부 인수

제53회	1926.9.20.	2,570,000	5.1	1931. 9.20.	첫 10년 2,500원씩, 다음 10년 12만 5,000원씩 3월, 9월 2회 상환	상동
제54회	1926.10.15.	10,000,000	7.0	1928.10.15.	8년간 매년 4월, 10월 2회, 20만 원 이상씩 상환	공모
제55회	1927.1.25.	10,000,000	7.0	1929.2.1.	8년간 매년 2월, 8월 2회, 20만 원 이상씩 상환	상동
제56회	1927.4.25.	10,000,000	7.0	1929.5.1.	8년간 매년 5월, 11월 2회, 20만 원 이상씩 상환	상동
제57회	1927. 6. 24.	3,610,000	5.1	1932.6.24.	첫 5년 4만 원, 다음 5년 6만 원, 다음 5년 8만 원, 다음 5년 10만 원 이상씩 6월, 12월 2회 상환	대장성 저금부 인수
제58회	1927.6.4.	832,000	5.1	1932.6.24.	첫 10년간 1,000원, 다음 9년 반 4만 원씩, 최종 반년 5만 2,000원 씩 매년 6월, 12월 2회 상환	상동
제59회	1927.6.24.	1,000,000	5.1	1932.6.1.	15년간 매년 6월, 12월 2회, 2만 원 이상씩 상환	상동
제60회	1927.8.4.	4,000,000	6.0	1928.2.5.	기일 일시 상환, 2월 및 4월 이자 지불	상동
제61회	1927.9.1.	1,220,000	5.5	1928.3.1.	첫 4년 반 1만 1,000원 이상, 다음 5년 2만 2,000원 이상, 다음 5년 3만 원 이상, 다음 5년 4만 2,000원 이상 매년 3월, 9월 2회 상환	대장성 저금부 인수
제62회	1927.9.1.	530,000	7.5	1928.9.1.	15년간 매년 3월 및 9월 2회, 1만 원 이상씩 상환	일본권업은행 인수
제63회	1927.10.15.	10,000,000	6.5	1929.10.5.	8년간 매년 4월, 10월 2회, 20만 원 이상씩 상환	공모
제64회	1927.11.15.	10,000,000	6.0	1929.11.15.	8년간 매년 5월, 11월 2회, 20만 원 이상씩 상환	상동

원금 이자의 지불

식산채권의 원리 지불은 권면에 기재된 발행 조건을 준수하여 이루어졌다. 이자 및 전액 상환의 경우는 기일의 도래와 함께 이표(利札, 채권에 붙이는 이자 상환 증서) 또는 채권 교환으로 이를 지불하고, 공모 채권의 분할 상환의 경우는 그 때마다 추첨을 통해 상환 채권을 결정하고 해당 번호 채권 소유자의 청구를 기다려 채권 교환으로 지불하고 있다. 추첨은 상환

기약 1개월 전에 당행 행 내에서 이루어지고 조선식산은행 감리관(監理官)이 임석한 가운데 당행 중역의 입회하에 집행한다. 당첨 번호는 이를 관보 및 신문에 공고하고, 각지에서 당첨 채권 소유자가 지불을 받는 편리를 제공하고 있다. 과거 채권 원리(元利) 지불 성적은 1회라고는 해도 기한, 기타 조건의 이행을 어기는 일 없음은 물론 제16회 채권 500만 원의 상환의 경우 때마침 1927년 금융대공황 때여서 모라토리엄 실시 중이었음에도 불구하고 조금도 지연되는 일 없이 모두 기일 상환을 행할 수 있었다.

제6장 영업 성적

제1절 손익 계산

당행은 전장에서 말한 것처럼 착착 발달해 온 조선의 산업금융기관으로서 관민의 여망(輿望)을 지고 창립된 것이다. 또한 조선 금융의 실상을 감안하여 보통은행 업무, 저축예금 업무 등의 겸영도 승인되었기 때문에, 한편으로는 정부의 주도면밀한 지도 감독이 있고, 다른 한편으로는 민간의 두터운 동정이 있어 산업 시설의 보급, 생산의 증가 등 조선 경제계의 진전과 함께 업무가 해마다 발전하였다. 저 1920년 봄의 재계 대반동 때에도 다행히 큰 영향을 받는 일 없이 각 대부 업무에서 각 기(期)에 모두 상당한 이익을 거두어 오늘에 이르렀다. 이렇게 해서 일면 채권 및 예금에 대해 비교적 고율의 이자를 지불하고, 또 업무의 발전과 함께 상당히 팽창하고 있는 제 경비를 지불하고, 다시 매기 각종 소각을 행해도 여전히 손익의 차이인 순익금은 매기 점진 일로를 보이고 있다. 즉 각 기의 총손익금 및 순이익금의 계수는 다음과 같다.

손익계산표

기별	총익금	총손실			차감 순익금
		손실금	소각금	합계	
1918 하	1,260,150.72	1,125,634.56	60,170.01	1,185,804.57	74,346.15
1919 상	2,312,581.66	2,022,659.60	174,540.66	2,197,200 .26	115,381.40
1919 하	3,788,039.22	3,370,974.53	131,737.35	3,502,711 .88	285,327.34
1920 상	5,797,245.13	5,181,714.24	141,035.10	5,322,749 .34	474,495.79
1920 하	6,906,949.31	5,987,339.58	169,477.23	6,156,816.81	750,132.50
1921 상	7,344,580.29	6,401,020.28	182,461.26	6,583,481.54	761,098.75
1921 하	8,565,855.95	7,549,670.43	186,728.72	7,736,399 .15	829,456.80
1922 상	9,713,223.83	8,428,527.77	200,471.25	8,628,999 .02	1,084,224 .81
1922 하	10,373,214.46	8,943,696.94	232,956.90	9,176,653.84	1,196,560.62
1923 상	11,446,881.97	10,168,881.85	243,205.98	10,412,087.83	1,034,794.15
1923 하	12,194,829.88	11,119,146.71	174,578.84	11,293,725 .55	901,104.33
1924 상	12,547,819.83	11,246,769.14	247,902.10	11,494,671.24	1,053,148.59
1924 하	13,085,605.78	11,749,033.64	228,183.53	11,977,217.17	1,108,388.61
1925 상	14,165,902.40	12,674,124.73	394,341.70	13,068,466.43	1,097,435.97
1925 하	14,791,011.54	13,423,467.97	241,458.37	13,664,926.34	1,126,085.20
1926 상	15,071,327.42	13,555,520.42	329,426.58	13,884,947.00	1,186,380.42
1926 하	15,372,530.84	13,794,994.14	377,104.96	14,172,099.10	1,200,431.74
1927 상	15,692,486.36	14,244,767.48	242,441.90	14,487,209.38	1,205,276.98
1927 하	13,213,545	11,654,839.27	345,119.49	11,999,958.76	1,213,587.15

제2절 이익금 분배

이익금 분배는 법이 정하는 비에 따라 100의 8 이상을 결손보전준비금, 100분의 2 이상을 배당 평균 준비금으로서 적립하고, 또 역원 상여금 및 교제비를 공제한 잔액을 주주에게 배당하거나 후기로 이월하는 것으로, 창업 이래 각 기의 분배 실제를 나타내면 다음과 같다.

이익금 분배표 (단위: 천 원)

기별	이익금				결손 보전 준비금	배당 평균 준비금	역원 상여 및 교제비	주주 배당금	특별 적립금	후기 이월금
	순익금	전기 이월금	정부 보급금	합계						
1918 하	74	-	39	114	6	1	7	99	-	-
1919 상	115	-	43	158	9	2	11	135	-	-
1919 하	285	-	-	285	24	6	22	216	-	15
1920 상	474	15	-	489 외에 236	276	11	33	385	-	21
1920 하	750	21	-	771	63	17	56	586	-	48
1921 상	761	48	-	809	68	17	56	586	-	82
1921 하	829	82	-	911	76	19	70	660	-	86
1922 상	1,084	86	-	1,170	160	40	70	660	-	240
1922 하	1,196	240	-	1,436	240	60	70	660	-	406
1923 상	1,034	406	-	1,441	240	60	70	660	-	411
1923 하	901	411	-	1,312	200	50	60	660	-	
1924 상	1,053	342	-	1,395	240	60	70	660	-	
1924 하	1,108	365	-	1,473	240	60	70	660	-	
1925 상	1,097	443	-	1,541	240	60	70	660	-	
1925 하	1,126	510	-	1,636	320	80	70	660	-	
1926 상	1,186	506	-	1,693	320	80	70	660	50	
1926 하	1,200	513	-	1,713	320	80	63	660	50	
1927 상	1,205	540	-	1,745	300	100	60	586	100	
1927 하	1,213	598	-	1,812	300	100	60	586	150	

비고: 1920년 상반기에 총익금 전기이월금 외에 236,000원의 이익금을 표시한 것은 모집 신주의 액면 초과금이다.

위의 표 중 주주 배당금의 불입자본금(정부 소유주 분을 제외한)에 대한 비율은 1918년 하반기 내지 1920년 상반기는 연 7%, 1920년 하반기 및 1921년 상반기는 연 8%, 1921년 하반기부터 1926년 하반기까지는 연 9%, 1927년 상반기 및 동 하반기는 연 8%를 배당하고 있다.

단 1927년 상하 양반기의 배당률의 감소는 당국의 일반은행에 대한 이익금 배당 감소 권고에 기인한 것으로 어떤 업적 부진에서 나오는 것이 아니다. 그리고 창업 이래 적립에 할당한 이익금은 결손보전 및 배당 평균의 두 법정준비금 및 특별준비금을 합쳐 550만 3,000원(1927년 하반기 결산의 적립금을 포함한다)에 달하고 있다.

제7장 산업 및 공공대부 용도의 개요

산업 및 공공대부는 기술한 대로 당행 본연의 업무이고 당행의 성쇠 여부가 이 대부에 존재한다고 해도 과언이 아니다. 특히 그 대출 재고는 당행 채권 발행의 기초를 이루고, 당행 채권은 본 대부 잔고에 의해 사실상 보장되고 있기 때문에, 이들 대부금의 용도에 대해서는 주주는 물론 당행 채권에 이해를 가지는 사람들이 널리 알기를 원하는 바이고, 또한 이들 용도에 대한 설명은 여실히 조선 산업의 현상을 이야기하는 것이고, 나아가 반도 개발의 생생한 기록이라고 할 수 있기 때문에 일부러 하나의 장을 마련하여 그 중견을 이루는 연부 및 정기 대부의 용도에 대해 개요를 서술하기로 한다.

한편 이들 자금의 용도는 제3장 제1절 중에 표시한 바와 같이 매우 광범위해서 사업의 종류를 가지고 할 때는 농업, 공업, 수산업, 광업, 상업, 운수교통 등 다양하고, 마찬가지로 농업에서 있어서도 수리, 토지개량, 임업, 잠업, 축산 등의 용도별이 있으며, 공공사업에는 행정, 교화, 위생, 토목 등의 용도가 있어 거의 조선 통치 제반의 시설, 직접 또는 간접으로 당행의 사금에 관계되지 않는 것이 없다고 할 수 있다. 당행 또한 창립의 본지를 감안하여 조선총독부 및 지방 관헌과 밀접한 연락을 유지하여 그 방침에 순응하여 조선 산업개발의 내업에 미력을 보태려고 애쓰고 있다. 이하 이들 용도에 대해 항을 따라 그 개요를 설명하기로 한다.

제1절 행정

조선의 행정은 중앙에 총독부가 있고, 지방에 도(道)가 있으며, 그 관하에 부, 군, 도(島) 및 면 등이 있어서 이를 행한다.

도지방비 도는 내지의 부현(府縣)에 해당하지만 법인격을 가지고 있지 못하고 「조선도지방비령(朝鮮道地方費令)」에 의해 설치된 도지방비가 공공단체로 간주되고 있다. 도지방비는 각 도에 이를 마련하고 지사가 이를 관리하며 도평의회라 칭하는 자문기관을 두어 세출입 예산과 기타 중요 사항에 관해 도지사의 자문에 응하게 하고 있다. 그 사업은 토목, 권업, 교육, 위생, 구제, 보조 등으로 지방세 및 국고보조금을 그 주요한 재원으로 한다.

부 부(府)는 내지의 시(市)에 해당하고, 그 소재지는 경성, 부산, 마산, 구난, 목포, 대구, 인천, 평양, 진남포, 신의주, 원산, 청진이다. 부의 통할자인 부윤은 나라의 관리로 부윤의 자문에 응하도록 하기 위해 부에 협의회를 둔다. 부의 사무 중 주된 것은 일반 공공사무 및 법령에 의해 부에 속하는 사무를 처리하는 데 있지만, 참고로 그 공공적 사무를 열거하면 (1) 상수도, (2) 하수도, (3) 병원, 전염병원 또는 격리병사, (4) 사회구제 사업으로서 공설시장, 공동숙박소, 공설욕장, 해수욕장, 무덕관(武德館), 공설운동장, 인사상담소, 직업소개소, 간이식당, 공설시료소(公設施療所), 공동세탁소 등을 설비한다. (5) 기타 시구 개정, 도로교량의 개수, 제예(除穢), 도장(屠場), 묘지, 화장장, 시장, 공원, 공회당, 도서관, 소방, 구제, 전기사업 등이다. 부세(府稅), 사용료, 수수료 등은 그 세입의 주된 것이다.

면 면은 내지의 정촌(町村)에 해당하고 전 조선을 통해 493면(1928년 3월 말)이 있다. 면에도 면협의회가 있어서 면장 및 면협의원으로 이를 조직하고, 그 취급하는 사무는 법령에 의해 면에 속하게 된 사무를 처리하는 외에 (1) 도로, 교량, 도선(渡船), 하천 제방, 관개 배수, (2) 시장, 조림, 농사, 양잠, 축산, 기타 산업의 개량 보급, 해조충(害鳥蟲) 구제, (3) 묘지, 화장장, 도장(屠場), 상수, 하수, 전염병 예방, 오물의 처리, 욕장, 세탁장, (4) 소방, 수방, (5) 제 증명, 공부(公簿), 도면 열람 등의 사무를 처리할 수 있다. 전게(前揭) 이외의 사무를 처리하고자 하는 경우는 조선총독의 인가를 받아야 하는 것으로 되어 있다. 면의 지출에 충당해야 할 세입은 부과금을 중심으로 기타 재산 수입, 사용료, 수수료, 부역현품(夫役現品)의 부과 등으로 한다.

이들 공공단체는 연도 내 일시 차입 또는 사업자금의 기채(起債)를 인정받고(지정 면 43개 이외의 면은 사업자금의 기채는 인정되지 않는다) 있지만, 그 세계(歲計)는 시설의 확충, 기타의 원인으로 매년 증대하여 1919년의 1,769만 원에서 1927년 6,309만여 원이 되어 3.5배가 되었고, 당행의 이 방면에 대한 대출도 일로진경(一路進境)을 보이고 있다. 단 이들 공공단체에 대한 대출은 그 용도에 따라 이를 일반행정 외에 위생, 토목, 기타의 몇 개 항으로 나누어 처리하고 있기 때문에 이들에 대해서는 그 항에서 설명하기로 하고 본항 행정자금 대출의 연도별 소장(消長)을 나타내면 다음과 같다.

행정자금 대출 회수고표 (단위: 천 원)

적요	1918년	1919년	1920년	1921년	1922년	1923년	1924년	1925년	1926년	1927년	합계
연간 대출고	63	263	978	686	1,127	1,310	941	758	772	2,077	8,979
연간 회수고	19	174	509	752	511	1,200	749	825	1,002	1,736	7,480
연말 현재고	44	133	602	536	1,152	1,262	1,454	1,387	1,157	1,498	-

제2절 교화

학교 조선의 학교는 그 경영자에 따라 관립, 공립 및 사립으로 대별할 수 있다. 관립학교는 대학 이하 13교가 있고, 공립학교는 중학교, 고등여학교 이하 1,955교가 있다. 사립학교는 전문학교 이하 675교 있다. 그 총수는 2,643교에 달하고 개요는 다음 표와 같다.

경영자별 학교수표(1927년 5월 말 현재)

적요	대학	대학 예과	전문 학교	사범 학교	중학교	고등 여학교	소학교	고등 보통 학교	여자 고등 보통 학교	보통 학교	실업 학교	실업 보습 학교	각종 학교	합계
관립	1	1	5	1	-	-	2	-	-	2	1	-	-	13
공립	-	-	-	13	11	22	455	15	6	1,337	44	46	6	1,955
사립	-	-	5	-	-	-	1	9	9	80	4	1	566	675
계	1	1	10	14	11	22	458	24	15	1,419	49	47	572	2,643

이들 학교의 경영에 대해 당행의 자금과 관계있는 것은 공립학교의 경영자인 도지방비, 학교조합, 학교비 및 사립학교의 경영자인 개인, 기타 단체로, 그중에서도 특히 학교조합과 학교비는 그 주된 것이다.

학교조합 학교조합의 제도는 1909년 통감부 공포의 「학교조합령」에 의해 조선 재임(在任) 내지인이 그 자제의 교육을 행하기 위해 설치한 것으로, 이의 설치는 발기인에서 구역을 정하고 그 구역 내에 주소를 가지고 독립 생계를 영위하는 내지인 3분의 2 이상의 동의를 얻어 조합 규약을 만들어 조선총독의 허가를 받아야 한다. 조합원은 영조물을 공유하는 권리를 가지는 동시에 조합의 경비를 분담할 의무를 진다. 조합에는 의결기관으로서 학교조합회라는 것이 있고 의원은 조합원 중에서 선거한다. 조합의 관리는 관리자가 이를 행하고, 관리자는 조합원 중에서 도지사가 이를 임명하고 임기는 3년으로 한다. 단 부(府)의 구역을 포함하는 조합에서는 부윤이 그 관리자인 직무를 행하게 되어 있다. 1927년 말의 조합 수는 432개 있고 그들이 경영하는 학교는 중학교 1, (1928년도에 도로 이관) 고등여학교 22, 소학교 455, 실업학교 3, 실업보습학교 9 등이다. 1927년도 세계 예산 총액은 592만 원에 달한다.

학교비 학교비 제도는 1920년 10월 실시된 조선인의 교육에 관한 보통학교와 기타 교육비를 지불하기 위해 부, 군, 도(島)에 이를 설치하고 부윤, 군수 또는 도사(島司)가 이를 관리한다. 그 자문에 응할 수 있도록 학교평의회가 있다. 학교비의 지출은 부과금, 사용료, 보조금, 재산 수입, 기타로써 이에 충당하지만, 1926년 말 학교비는 전 조선에 걸쳐 232가 있어 그 경영 학교는 보통학교 1,336, 실업보습학교 37, 기타 약간 교(校)로 1927년도 경비 예산은 1,442만 원이다.

종교 조선의 종교는 조선 고래의 불교, 내지인이 전도한 천리교, 금광교(金光教) 등의 신도(神道), 내지 불교 및 기독교 등으로 이들 종교의 사사(寺社), 포교소는 조선 내 각지에 걸쳐 5,000여 개가 있고, 각각 신자를 가지고 많은 사회교화적 시설도 운영하고 있어서 그 소요 자금을 당행에서 구하는 것이 많다.

당행의 이들 교화사업에 대한 대부는 1918년 말에 겨우 7만여 원이었던 것이 조선인 교육의 쇄신에 자극받아 1920년 이후 급증하였고 1924년 말에는 400여만 원에 달했지만 교육기관 확충의 일단락과 함께 1927년 말 312만 원으로 감소했다.

교화자금 대출 회수고표 (단위: 천 원)

적요	1918년	1919년	1920년	1921년	1922년	1923년	1924년	1925년	1926년	1927년	합계
연간 대출고	77	144	1,266	1,175	1,821	1,834	1,097	762	1,028	1,507	10,706
연간 회수고	2	52	230	898	503	782	826	894	1,049	2,258	7,579
연말 현재고	75	167	1,203	1,389	2,707	3,759	4,030	3,898	3,877	3,126	-

제3절 금융조합연합회

금융조합연합회 금융조합연합회에 대한 당행의 대부는 주로 금융조합의 소요(기타 산업조합, 어업조합 및 축산동업조합 등 연합회에 가입한 제 조합의 소유자도 포함한다. 단, 그 가입조합 수 및 대출금액은 아직 많지 않다) 자금의 융통을 목적으로 하는 것으로 금융조합에 대한 자금의 융통은 농공은행 시대에는 직접적으로 이루어졌지만 1918년 10월 당행의 창립과 때를 같이하여 도(道)를 구역으로 하는 13개의 금융조합연합회가 조직되어 각 도 내의 금융조합은 빠짐없이 연합회에 가입하게 되었다. 연합회는 관내의 금융조합의 지도감독 기관인 한편 조합 상호 간의 자금조절기관이라는 임무를 가지고 있다. 이래 금융조합, 금융조합연합회 및 당행은 확연한 금융계통을 사실상 구성한다. 비단 당행이 금융조합을 위해 연합회를 통해 그 자금조절상의 업무를 취급하는 데 그치지 않고 금융조합은 당행의 대리 및 매개대부 업무를 취급하여 서로 상응하여 조선의 산업금융에 공헌하게 되었다.

금융조합 금융조합은 내지의 신용조합과 유사한 일종의 서민금융기관으로 「금융조합령」에 의해 설립되고 각 부(府)·군(郡)·도(島) 내에 일정한 구역을 정해 그 구역 내에서 가입하는 조합원으로 조직되고 있다. 단, 이 가입자는 조합 설립의 취지를 감안하여 주로 중류 이하의 계급에 속하는 자를 선발하는 것이 보통이다. 그리고 조합은 이 출자자인 조합원의 금융을 완화하고 그 경제의 발달을 기도하는 것을 목적으로 한다. 조합 구역이 촌락이냐 시가지이냐에 따라 촌락조합, 도시조합으로 나뉜다. 그리고 촌락조합은 설립과 동시에 기본금으로서 조합당 1만 원 혹은 5,000원을 정부로부터 하부 받고, 도시조합도 마찬가지로 기본금의 의미로 연합회를 통해 당행으로부터 5만 원 혹은 3만 원씩의 저리자금을 공급받아(자원은 이를 대장성 예금부에서 조달한다) 자금의 충실을 기하고 있다. 그 업무의 성질도 촌락조합과 도시조합에 따라 자연 다소의 상이함은 있으나 대체로 다음의 사업을 영위한다.

1. 조합원에 대해 그 경제의 발달에 필요한 자금을 대부할 것(도시조합의 경우에는 수형할인을 할 수 있음)
2. 조합원을 위해 예금을 받을 것
3. 조합원을 위해 산업상 필요한 재료의 대부 혹은 공동구입하거나 조합원의 위탁으로 그 생산물을 판매할 것
4. 조합원을 위해 그 생산물을 창고에 보관하거나 이에 대해 창하증권(倉荷證券)을 발행할 것
5. 조선총독의 인가를 받아 조합원이 아닌 자의 예금을 받을 것
6. 조선총독의 인가를 받아 은행의 업무를 대리하거나 그 업무를 매개할 것
7. 조선총독의 명령이 있을 때는 지방금융의 조절에 관한 업무를 영위할 것

조합에는 조합장, 이사, 감사, 평의원 등의 역원이 있고 이들 역원은 조합원 중에서 선임하는 것을 원칙으로 하지만 현재 촌락조합의 이사는 조선총독이 임명하는 것으로 조합장과 공동으로 조합을 대표하고 업무를 집행하게 되어 있다.

금융조합이 처음 설립된 것은 1907년 5월로 창립 이래 20여 년이 지난 지금 조선의 서민금융기관으로서 중요한 지위를 점하고, 1927년 말에 촌락금융조합 500, 도시금융조합 61, 합계 561조합을 헤아린다. 조합원 수는 49만 7,000여 명에 달하고, 출자금 737만여 원, 예금 5,952만여 원, 대부금 8,565만여 원, 조선식산은행 대리 매개 대부금 1,013만여 원에 달하는 호성적을 보이기에 이르렀다.

대리 매개 대부 당행이 금융조합을 통해 이런 대부를 행하는 것은 당행의 본지점이 그 업무 구역의 관계로부터 평소 구역 내의 금융조합과 밀접한 연락을 취하고 금융조합은 당행 본지점을 위해 수형(어음)의 추심, 기타 대리 업무를 취급하고 있음을 이용하여 당행 본 지점 소재지보다 원격지에 있는 산업자를 위해서도 그 필요자금을 공급하고 사업을 원조하고자 하는 미충(微衷, 변변치 못한 작은 성의)에서 나온 것으로 그 대부고의 소장은 다음 표와 같다.

금융조합의 당행 대리 및 매개 대부고표 (단위: 천 원)

적요	1918년 말	1919년 말	1920년 말	1921년 말	1922년 말	1923년 말	1924년 말	1925년 말	1926년 말	1927년 말
금액	1,803	4,721	5,955	8,138	9,807	10,191	8,774	8,470	9,021	10,134

다음으로 금융조합연합회는 기술한 대로 도(道)를 구역으로 삼고, 현재 그 수 13개가 있어 모두 각 도청 소재지에 그 사무소를 두고 그 소할(所轄) 조합에 대해 대부한 자금은 1927년 말 현재 3,955만여 원을 계상하고 있다.

당행은 이들 연합회에 대해서는 그 지위를 감안하여 항상 최선의 편의를 제공하고 거래의 원활을 기하며 대부 이율 같은 것도 애써 저율을 적용하고 있다. 그 대출고는 매년 증가하여 1927년 말 1,922만여 원에 달했다.

금융조합연합회 자금대출 회수고표 (단위: 천 원)

적요	1918년	1919년	1920년	1921년	1922년	1923년	1924년	1925년	1926년	1927년	합계
연간 대출고	651	6,676	5,273	4,208	3,850	2,687	6,480	6,074	9,127	25,105	70,136
연간 회수고	182	881	748	604	936	2,485	5,112	8,767	9,852	21,341	50,913
연말 현재고	469	6,264	10,789	14,393	17,307	17,509	18,877	16,184	15,459	19,223	-

제4절 위생

조선의 위생 시설은 대부분 총독부 또는 지방공공단체에 의해 영위되고 겨우 의원의 경영에서 사영(私營)의 시설을 보는 상황이다.

당국의 시설 이제 총독부의 이 방면에 대한 시설을 열거하면, 의료기관에서는 총독부 시정 이래 경성에 총독부 의원을, 각 도 주요지에 자혜의원을 설치하였다. 또한 각지에 공의(公醫)를 배치하여 진료하게 하고 점차 이를 확장하여 현재 도자혜의원 1, 노립의원 28, 공의 220명에 달한다. 보건위생에서는 경성, 인천, 평양, 진남포의 각 도시에 독력(獨力) 수도를 부설했을 뿐만 아니라 부산, 목포, 군산, 원산, 기타 시가지 10여 개소에 대해 다액의 보조금을 교부하여 수도의 부설을 조성하고 또 각 도에 보조하여 공동 우물 굴착(掘鑿)을 장려하는 등 음료수의 개선에 힘썼다. 그밖에 위생 행정에 대해서는 종래 법제로서 이렇다 할 만한 것이 없었던 것을 이에 대한 제정의 업을 추진하여 의사, 치과의사, 기타 요속(僚屬)에 관계된 법령, 사립병원, 음식물 및 음식물용 기구, 약품 및 약품 영업의 단속, 아편, 모르핀, 도장(屠場), 도축, 묘지, 화장장 및 매화장 및 전염병 예방, 폐결핵, 지방병, 수역(獸疫) 예방, 청결 방법, 소독 방법, 검역, 기타 공중위생에 관한 각 반의 법령을 정비 실시하였다. 또 전염병 및 수역의 예방에 대해서는 매년 다액에 달하는 국비를 지출하여 기의(機宜, 적절한) 조치를 강구하고, 천연두가 유행 창궐하는 것이 극에 달하여 극력 종두를 장려하여 그 근절을 기하고, 제예사업, 기타 일반 보건위생의 단속을 정려하여 위생 상태의 면목을 일신하는 데 힘을 다하고 있다.

지방 공공단체 시설 도지방비, 부, 면 등의 지방 공공단체에서도 그 본지를 따라 예의 위생 상태의 개선에 노력하고 있고, 그 시설한바 병원의 경영, 상수도의 부설 확장, 제예(除穢), 도장, 묘지, 화장장의 경영 등 매우 광범위에 이른다.

당행의 본항(本項) 대부는 주로 지방 공공단체의 상게(上揭) 시설에 대해 이루어지고 있는데, 또한 개인 경영 병원과 기타에도 이루어지고 있다. 대출액은 누기(累期) 증진의 대세에 있다. 본 용도에 대해서는 기왕 543만여 원을 대출하였고, 292만 원을 회수, 현재 251만여 원의 대부를 가지고 있다.

제5절 교통운수

조선의 철도는 1900년 개통한 경인선을 효시로 한다. 그 후 매년 부설이 연장되어 지금은 조선의 간선인 국유철도만으로도 1927년 12월 말에 1,433마일에 달한다.

사설철도 조선에 있어서 지방의 개발은 많은 경우 철도의 부설될 때까지 기다려야 했기 때문에, 조선총독부는 오로지 국비로써 국유철도의 부설 연장을 추진하는 동시에 다른 한편 지방철도의 부설에 사설을 인정하였다. 1912년 우선 「조선경편철도령」을 제정하여 1914년부터 해마다 예산에 사설철도 보조비를 계상하고 중요 선로에 대해 기공 당초부터 일정한 기간 그 익금(益金)이 회사의 불입자본금액에 대해 소정의 비율에 달하지 못할 경우는 정부 예산의 범위 내에서 보급하기로 했다. 그 비율 한도를 1917년까지 연 6%, 1918년부터 7%, 1919년 9월부터 연 8%로 인상하고 사업(斯業)의 장려에 도움이 되도록 했다. 때마침 구주대전 후 재계의 성황 때였기 때문에 내선 사업가의 주의를 끌어 회사가 신설된 것이 많았고, 그 부설 면허 마일 수 1,250여 마일에 달했다. 그러나 이들 회사 중 어떤 것은 1920년 3월 습래한 재계 반동 이후 지속된 불경기의 영향을 받아 부설자금의 조달이 곤란해졌고, 1923년 9월 마침내 조선중앙, 남조선, 서선식산, 조선삼림, 조선산업 및 양강척림의 6사를 합병하여 조선철도주식회사를 설립함으로써 사업의 진척을 도모했다. 이제 약 330마일에 이르려 하는 영업선을 개통하고, 이에 기타 회사선을 합하면 사설철도 영업선 총연장 524마일에 달하게 되었다.

이들 사설철도의 선로는 대체로 국유선을 기점으로 하고, 그 경영은 조선, 경남, 조선와사전기, 금강산전기, 도문(圖們), 빈천(份川)의 6회사에 의해 이루어졌다. 1927년 말 기설 제 회사의 투하자본액은 불입자본금, 차입금, 사채 조달금 등을 합해 6,500여만 원에 달하고 있다.

철도망계획 조선 관사(官私) 철도의 발달은 상술한 대로이지만, 아직 여전히 유치한 상태이기 때문에 당국은 1927년도부터 12개년에 걸쳐 새롭게 5선(線) 860마일의 건설 및 그 사이에 개재하는 사설철도 5선 209마일의 매수 및 개량을 계획하고, 기성선(既成線)의 개량, 함경선, 평원선의 건설과 맞물려 사업(斯業)의 면목을 일신하고자 하여 신규로 2억 3,000만 원, 기정 계획에 속하는 8,900만 원, 합계 3억 2,000만 원의 경비를 계상, 제52 의회의 협찬을 거쳐 드디어 실시되기에 이르렀다. 또한 사설철도는 상기 기간 내에 매수 교부금, 기타 합계 5,700만 원의 자금을 투입하여 510마일의 신선을 부설하고, 매수선과 기성선을 합쳐 800여 마일의 개업선을 얻을 전망이다. 이것이 완성될 때는 관사철도의 총연장은 3,400여 마일에 달할 것이다.

궤도 궤도의 주된 것은 경성, 부산, 평양의 시가전차로 그 연장은 약 30마일이고 기타 수개 소에 가솔린 또는 인력에 의한 궤도가 있다.

당행은 지금까지 2, 3 철도회사의 요구에 응해 본항 자금의 대부를 취급하고, 또 평양 시가전차가 부영(府營)이 될 때도 그 발행공채를 인수하여 이를 원조해 왔다. 이 밖에 도선장(渡船場) 설비비, 자동차 영업자금, 기타 일반 운송업자의 수요자금 대출도 취급하여 기왕

2,341만 원을 대출하고, 2,083만 원을 회수, 257만여 원의 현재 대출고를 가지고 있다. 즉 다음 표와 같다.

교통운수자금 대출 회수고표

(단위: 천 원)

적요	1918년	1919년	1920년	1921년	1922년	1923년	1924년	1925년	1926년	1927년	합계
연간 대출고	67	247	138	488	3,845	2,103	2,841	4,120	212	9,648	23,415
연간 회수고	1	31	94	145	95	129	115	3,717	7,274	9,230	20,836
연말 현재고	66	282	326	369	4,119	6,093	8,819	9,222	2,160	2,578	

제6절 농업

현황 농업은 고래로 조선에 있어서 산업의 대종(大宗)으로 현재 조선 총호수 361만여 호(1926년 말 현재) 중 농업에 종사하는 호수는 275만여 호를 점해 실로 총호수의 약 80%에 해당한다. 조선이 경지는 그 면적 437만여 정보로 내지의 경지면적과 비교하면 약 75%에 해당한다. 경지의 종류는 논(畓, 내지의 田)과 밭(田, 내지의 畑)을 중심으로 경지 총면적에 대해 논은 36%, 밭은 64%를 점하고 있다. 또한 산록(山麓), 하변(河邊), 간척 등에서 경작에 적합한 미간지도 적지 않다.

조선에서 재배되는 작물은 내지와 마찬가지로 쌀을 제일로 하고 맥류, 두류가 뒤를 잇는다. 기타 속(粟), 피(稗), 수수(黍) 등의 작부 역지 적지는 않다. 특용작물로서는 면, 대마, 저마, 연초, 인삼, 감채, 완초, 들깨(荏), 참깨(胡麻), 기류(杞柳) 등이 그 주된 것이다. 또 과수는 사과(林檎), 배, 복숭아, 감, 대추, 밤, 호두, 포도를 주로 하고 감귤류는 제주도 이외에서는 재배되지 않는다. 1927년의 농산물 수확고는 쌀 1,729만 석, 보리 907만 석, 대두 474만 석, 밤 499만 석, 면화 1억 5,203만 근, 연초 436만 관, 인삼(수삼) 35만 7,000근(1926년), 사과 500만 관이다. 이들 농산물은 조선 내의 소비에 충당되는 외에 내지, 기타를 향해 이수출된다. 1927년 중 그 가액 2억 8,000만 원에 달한다. 동년 수이출 무역고 3억 5,900만 원의 약 80%

를 점했다. 물론 쌀, 대두, 잠업품 등이 그 중심을 이루는 것은 말할 것까지도 없다.

상기와 같이 농업은 조선 산업의 대종이고 주민 대다수의 직업으로서 매우 중요한 지위에 있지만 그 발달 정도는 매우 유치하여 개발 여지가 매우 크다는 것은 그 토지의 생산력으로 이를 알 수 있다. 즉 조선의 중요 농작물인 쌀, 보리, 콩의 3종에 대해 1927년에 이르는 최근 5개년 동안의 전 조선 평균 반당 수확량을 보면, 멥쌀(粳米) 9말(斗) 7되(升) 약, 보리(大麥) 8말 4되 6홉(合), 대두 5말 5되 3홉으로 이를 내지의 평균 수확량과 비교하면 쌀과 보리는 약 반액, 대두는 약 65% 강에 불과하다.

농업개발의 길 조선에 있어서 농경지의 수확고가 이와 같이 작은 이유는 논과 밭 모두에서 농업이 매우 유치한 것에 연유하는 바 많다. 즉 경지의 불정비, 경운(耕耘)의 불충분, 농구의 불완전, 종자의 열악, 비료의 부족 등 일일이 열거할 수 없을 정도이다. 이와 함께 논에 있어서 관개의 불충분과 경작에 적합한 광대한 미간지가 그대로 방치되어 있는 것은 조선의 농업에 착목하는 자가 간과할 수 없는 사실이어서 농사의 개량과 토지개량은 모두 조선의 농업개발상 가장 급무로 하는 바이다.

농사의 개량 당국에서는 그 대책으로서 일찍이 토지개량계획을 수립하고 관개, 배수, 개간, 간척 등의 사업을 장려하는 동시에 농사개량상의 시설로서 권업모범장, 기타의 권농기관을 설치하여 농사의 모범작업, 실지지도, 시험, 조사, 종묘의 육성 배포, 기술원의 양성 등을 실시하고 우량품종의 보급, 시비의 장려, 건조 조제의 개량, 미곡검사의 실시 등 지도 장려에 힘써 이미 상당한 실적을 거두고 있다. 하지만 여전히 후술하는 산미증식계획의 일부로서 농사개량을 철저하게 할 계획을 세워 현재 이를 실행 중이다.

산미증식계획에 포함되는 농사개량계획은 비료의 시용을 주로 하고, 비료 구입 자금의 공급, 기타에 의해 그 목적을 달성하고자 하는 것이다. 종래 관개설비를 가지고 또는 향후 토지개량에 의해 그 설비를 갖게 되는 논 74만 정보에 대해 판매비료 구입 자금 3,700만 원을 공급하여 이를 시용하게 하고, 그밖에 자금 300만 원을 공급하여 전기 74만 정보 이외의 도작에 시용하는 녹비와 퇴비의 증산 및 일반 도작의 증산에 필요한 농사개량에 기여하고자 하는 것으로 그 소요 자금 합계 4,000만 원은 동양척식주식회사 및 당행으로 하여금 이 대출을 담당하게 하고 있다.

당행에서 용도를 농업으로서 취급하고 있는 연부 및 정기 대부는 농가가 필요로 하는 종묘, 비료, 농구, 경작, 농업용 건물의 구입 및 건축, 제연입(製莚叺), 제승, 기타 일반 농작용 자금(수리업 및 토지개량사업자금을 제외함) 등으로 본항 용도의 대부는 재고 발군의 숫자를 보이고 있다.

농업자금 대출 회수고표

(단위: 천 원)

적요	1918년	1919년	1920년	1921년	1922년	1923년	1924년	1925년	1926년	1927년	합계
연간 대출고	1,532	3,843	4,441	4,277	9,143	11,641	6,504	22,678	17,931	26,814	108,807
연간 회수고	352	1,533	2,722	3,395	4,807	3,453	6,398	14,904	9,062	13,152	59,781
연말 현재고	1,180	3,490	5,209	6,091	10,427	18,615	18,721	26,495	35,364	49,026	

제7절 토지개량

조선의 경지에 개량을 가함으로써 그 생산력을 증진할 수 있는 여지가 많은 것은 기술한 대로이다. 그밖에 조선에는 초생지(草生地), 간척지로서 지목 변환을 통해 유리하게 이용될 수 있는 토지가 매우 많다.

개간 간척의 장려 이들 토지의 개량산업은 일찍이 당국에 의해 장려되었다. 정부는 1906년 수리조합 제도를 마련하였고, 이어 1907년 「국유미간지이용법」을 공포하여 민유(民有)가 아닌 원야(原野), 황무지, 초생지(草生地), 소택(沼澤) 및 간척지의 대부 및 처분에 대해 규정하였다. 이에 기초하여 국유 미간지의 대부를 받은 자가 개간, 목축, 식수 등 예정 사업을 성공했을 때는 그 토지를 부여하기로 했다. 또한 1920년 「토지개량사업보조규칙」을 공포하여 일정 면적 이상의 밭을 변환하여 논으로 만든 자에게는 공사비의 20% 이내, 밭 이외의 토지를 논으로 만들거나 해면(海面)이나 수면(水面)을 매립 또는 간척하여 논으로 만든 자에게는 동 30% 이내의 보조금을 교부하기로 정하고 이를 실시했다.

그런데 조선의 토지개량사업은 발흥의 기운을 맞이하여 당시 계획된 정부의 제1차 산미증식계획은 진행 도중에 물가고(物價高)나 금리고(金利高) 등 많은 예기치 못한 장해(障害)가

닥쳐와 결국 계획을 갱신하지 않을 수 없게 되었다. 또한 1920년도부터 1925년도에 이르는 6년 동안 9만 정보의 토지개량에 성공하고 있다. 또한 이 기간 동안 1923년 「공유수면매립령(公有水面埋立令)」이 공포되어 1924년 8월부터 시행되었는데, 이는 동 사업의 장래에 큰 양과(良果)를 가져올 것으로 기대하고 있다.

산미증식계획 현재 실시 중에 있는 산미증식계획은 전게 제1차 계획의 뒤를 이어 제51회 제국의회의 협찬을 거쳐 성립되어 1926년도부터 실행에 착수했다. 그 내용은 토지개량사업을 중심으로 하고 여기에 전항에서 상술한 농사개량사업과 함께 증미(增米) 연액 820만 석을 거두는 것으로 되어 있다. 토지개량사업은 1926년도부터 14개년을 기하여 총경비 3억 325만 원의 거책을 투입하여 35만 정보의 토지를 개량하고자 하는 것으로 이 면적 중 18만 5,000정보는 관개설비 시행에 의해, 9만 정보는 밭(田地)과 기타의 지목 변환에 의해, 7만 5,000정보는 미간지를 개간하거나 간석지(干潟地)를 간척하여 논으로 전환시키는 것에 의해 그 목적을 달성하고자 하는 것이다. 소요 자금 중 국고보조금 6,507만 원 및 기업자 조달 예상 자금 3,948만 4,000원을 공제한 잔액 1억 9,869만 6,000원은 동양척식주식회사 및 당행에서 공급할 예정이다.

간척사업 토지개량사업 중 규모가 큰 것은 수리조합과 간척사업으로 수리조합에 대해서는 다음 항 수리조합 사업 중에서 서술하기로 하고, 여기에 간척사업의 상황을 열거하면 건당 10정보 이상의 것으로 이미 당국의 허가를 얻은 것이 297건, 그 간석지 면적 6만 8,037정보로 이미 사업이 완성된 것이 154건 7,208정보에 달하고 있다.

이들 사업이 큰 것은 물론 유력한 자본가, 회사 또는 법인격이 있는 조합의 사업에 기댈 수밖에 없지만, 개인 또는 임의조합 혹은 계(契, 조선인 사이에 이루어지는 일종의 임의조합) 등에 의해 소규모로 이루어지는 것도 많아서 상당한 성적을 거두고 있다. 이들 조합 혹은 계에 대해 당행은 특히 10인 이상 연대 무담보대부를 인정하고 있고, 기타 일반 개인 사업에 대해서도 원조를 아끼지 않을 방침이기 때문에 임하여 널리 자금 수요에 계속 응하고 있다. 따라서 경지정리, 개간, 간척, 매립, 축제(築堤), 기타 본항 용도의 대출은 다음 표와 같이 누기(累期) 증진하여 현재 1,410만 원에 달했고 앞으로 더욱 증가기 기대되고 있다.

토지개량자금 대출 회수고표 (단위: 천 원)

적요	1918년	1919년	1920년	1921년	1922년	1923년	1924년	1925년	1926년	1927년	합계
연간 대출고	3,090	3,125	3,410	4,995	5,606	3,425	3,788	4,528	3,279	19,002	54,254
연간 회수고	429	1,357	1,702	1,401	2,515	1,839	3,849	3,986	2,827	20,238	40,148
연말 현재고	2,661	4,429	6,137	9,731	12,822	14,408	14,347	14,889	15,341	14,105	-

제8절 수리사업

관개의 개선 조선에 있어서 논의 관개 상황을 보건대, 총면적 156만여 정보 중 관개설비를 가지고 있는 것은 43만 정보(1925년도 말 현재 공사 중인 것을 포함)로 그 대부분은 오로지 천수(天水)에 의해 경작하는 상황에 있다. 때문에 식부(植付)나 기타 필요한 시기에 적당한 강우를 얻을 수 없어 한발(旱魃)의 재난에 처하는 일도 적지는 않다. 조선 농업의 대종을 이루는 도작(稻作)이 이러한 논에서 이루어지는 것은 매우 우려할 만한 것으로 이 상태를 개선하는 것은 조선의 농업에 있어서 제일가는 급무임은 이제 와서 재론을 요하지 않는다.

제언과 보 이를 개선하는 방법 1은 재래의 제언(堤堰, 내지의 溜池) 또는 보(洑, 내지의 堰)가 황폐해진 것을 선택해 수축(修築)하여 이용하는 것이다. 아울러 또 방법 2는 새롭게 수원(水源)을 찾아 여기에 도수(導水) 설비를 하여 관개를 편리하게 하는 것이다. 그리고 방법 1에 대해서는, 1909년부터 총독부에 국고금 보조 제도를 마련하여 이를 장려하였다. 1918년까지 이 수축공사를 마친 것으로 제언 1,527개, 보 410개의 다수에 이르는데, 1919년부터는 그 재원을 도지방비로 이전하여 도로 하여금 적절한 공사에 보조하도록 하고 있다. 방법 2에 대해서는, 조선은 하수와 강우 모두 충분하지 않기 때문에, 수원(水源)에 대한 설비는 자연스럽게 대규모가 되고, 또한 그 수원을 관개를 필요로 하는 논의 부근에서 구하는 것이 매우 곤란하여 많은 경우 이를 원격지에서 구해야 하는 사정이 있다. 따라서 자연 송수에 필요한 수로도 장거리에 걸쳐야 하는 경우가 많다. 예컨대 전북 옥구수리조합의 수원인 대아리(大雅里) 저수지의 제언이 길이가 137간(間)이고 높이가 100척(尺)에 이르고, 수로의 간선이 멀리 18리나 떨어져 있다. 마찬가지로 전북 동진수리조합(東津水利組合)의 수원인 옥정리(玉井里)의 저수지 제언이 길이 65간, 높이 82척 5촌(寸)(거기에 높이 12척 5촌의 조절수문을 설치한다)인데, 그 두 개의 간선수로의 길이가 하나는 5리, 다른 하나는 6리 반에 달하는 것이 적절한 예이다. 이와 같이 수리 공사가 대규모가 되는 결과는 자연스럽게 거액의 자금을 필요로 하고 아울러 세련된 기술 및 재정적 재간(才幹)을 필요로 한다.

수리조합 수리조합은 이 필요에 응하는 것으로 조합은 관개, 배수, 수해 예방 또는 토지개량(「조선토지개량령」 제1조에 규정하는 토지개량을 가리킨다)을 목적으로 하고, 조합 사업을 위해 이익을 받는 토지를 가지고 구역으로 삼고, 구역 내의 토지 또는 가옥, 기타 공작물을 소유하는 자로써 조합원을 조직하는 공법인(公法人)이다. 수리조합의 설치는 조선총독이 정하는 바에 따라 조합원 자격이 있는 자 5인 이상이 창립자가 되어 조합규약을 만들고, 조합원 자격이 있는 자 2분의 1 이상, 조합의 구역이 될 만한 토지 총면적의 3분의 2 이상에 해당하는 토지 소유자의 동의를 얻어 조선총독의 인가를 받음으로써 성립한다. 조합에는 조합장과 평의원이 있다. 조합장은 도지사에 의해 임명되어 조합을 대표한다. 평의원은 조합원 중에서 호선되며 조합장과 함께 평의회를 조직하여 조합의 중요 사항에 대한 자문에 응한다. 그리고 조합은 기채를 통해 그 자본을 얻을 수 있고, 소요 경비는 주로 조합원의 토지에 대한 부과금으로써 조달하지만, 그 채무를 완제(完濟)한 후가 아니면 그 조합을 폐지할 수 없는 규정이 있다.

수리조합은 구한국 광무 10년(1906년) 이래의 시설한 것으로 그 발달에 대해서는 정부가 무엇보다 중요하게 생각하는 바이다. 1917년에 종래의 준거 법규인 「수리조합조례」를 개정하여 「수리조합령」을 발포하여 그 내용을 정비했다. 1919년 「수리조합보조규정」을 제정하여 사업의 조사 계획을 정부에서 시행하는 동시에 공사비 보조로서 사업비의 15% 이내를 국고에서 하부하기로 되었다. 또한 1920년 「토지개량사업보조규칙」을 발포하여 개관 개선에 관한 공사비의 보조율을 20% 내지 30% 이내로 높였다. 그 결과 조합조직의 계획이 계속 일어나 1927년 말 현재 조합 수 97개(당행 관계 조합 76개), 그 몽리 면적 14만 5,688정보(당행 관계 몽리 면적 10만 197정보)에 달하고, 그중 8만 9,751정보는 이미 공사가 완성되어 5만 5,937정보는 공사 중이거나 공사 준비에 있다. 이들 조합의 총사업비는 9,235만 원에 달할 전망으로 목하 출원 중이거나 계획 중인 것을 합하면 약 200개소, 그 구역 면적 25만 정보에 달한다고 알려져 있다.

소규모 관개 상게(上揭) 제언, 보 또는 수리조합에 의한 것 외에 외국인이나 기타에 의해 경영되는 관개사업은 관의 인허를 얻도록 되어 있어 이 방침에 기반하여 인허를 받은 관개 사업은 현재 390개소, 그 몽리 면적 1만 3,500여 정보에 달하고 있다. 이들 개인사업의 감독과 조성에 관한 법규로서 1927년 12월 새롭게 「토지개량령」이 공포되기에 이르렀다. 소규모 관개사업도 장래 더욱 주목할 만한 것이 있을 것이라고 생각된다.

당행은 조선 산업 개발상의 특수사명을 감안하여 동양척식회사와 함께 이들 사업자금을 융통하면서 장기채권 발행으로부터 조달한 자금을 여기에 할당하여 사업의 성공을 원조하고 있다. 하지만 그 대출고는 매기 증진되어 1927년 말 현재 4,400여만 원에 달하고 있다. 즉 다음과 같다.

수리사업자금 대출 회수고표 (단위: 천 원)

적요	1918년	1919년	1920년	1921년	1922년	1923년	1924년	1925년	1926년	1927년	합계
연간 대출고	1,102	574	4,357	10,508	10,209	14,775	12,145	13,469	21,038	19,431	107,613
연간 회수고	99	278	1,699	5,904	4,456	7,580	7,482	9,490	10,874	15,680	63,547
연말 현재고	1,003	1,299	3,957	8,561	14,314	21,509	26,172	30,151	40,315	44,066	-

옥구수리조합(沃溝水利組合)

설치연월일	1920년 2월 5일
조합구역	전라북도 익산군 익산면, 오산면, 옥구군 대야면 외 5개 면
사업목적	관개 및 배수
몽리면적	9,420정보
공사준공연월	1923년 6월
특색	본 조합은 호남평야의 관개 개선과 함께 간척사업을 아울러 행하는 대지구로서 사업 성적 역시 우량하다. 그 용수원인 대아리의 저수지는 시설이 웅대한 사계(斯界)의 모범사업으로서 추칭(推稱)되는 곳이고 또한 본 저수지의 저류수(貯溜水)는 관개용수 외에 군산부 상수도에 이용되고 있다.

동진수리조합(東津水利組合)

설치연월일	1925년 8월 19일
조합구역	전라북도 김제군, 정읍군, 부안군 3군 내 12개 면
사업목적	관개 및 배수
몽리면적	14,560정보
공사준공연월	잔공사(殘工事) 시행 중
특색	본 조합의 몽리지역은 그 넓이 면에서 반도 사계(斯界) 제일로 소위 동진강의 옥야(沃野) 및 간척지를 포용하고, 그 용수원은 완전히 유역을 달리하는 섬진강 본류에 혼응토(混凝土) 제언을 축설하여 유수(流水)를 저류(貯溜)하고 분수령에 터널을 천착(穿鑿)하여 동진강으로 유입시키는 것으로 저수량이 24억 입방척으로 그 장관이 웅대하다. 기실 동양 제일이라는 명칭이 있다.

광진수리조합(光津水利組合)

설치연월일	1926년 9월 29일
조합구역	평안북도 의주군 광성면, 고진면
사업목적	관개
몽리면적	177정보
공사준공연월	1926년 12월
특색	본 조합은 서선(西鮮) 국경 부근에 있는 작은 소지구로 소형 발동 펌프를 응용한 것이 특색이다. 본 소형 펌프는 그 능력에 따라 각개(各個) 지배지구를 분담 관개하는 시설로서 취급이 간편하고 수로가 협소하고 간이한 것을 특장으로 한다. 본 시설은 조선으로서는 새로운 시도로 이러한 종류의 전력을 용이하게 얻을 수 있는 지방을 위해 농촌 전화(電化)의 좋은 예를 보여 준다고 할 수 있다.

중앙수리조합

설치연월일	1922년 10월 4일
조합구역	강원도 철원군 동송면 외 7면, 평강군 현내면
사업목적	관개
몽리면적	9,270정보
공사준공연월	1925년 5월

특 색	본 조합의 사업지는 반도 유수의 일대 지역으로서 용암이 쌓인 고원지대이다. 따라서 그 시설 변화가 많고 혹은 수로에 낙차공이 있거나 혹은 사이혼식 송수관이 있어서 공사에 현대 기술의 최상을 다했다는 생각을 들게 한다. 본 사업의 성공으로 과거 불모의 지자수(地慈水)를 얻어 좋은 논으로 만들고, 인연(人煙, 인가)이 희박한 일대 고원도 토착민의 증가와 이민의 초치 등과 맞물려 충실한 농촌을 현출하기에 이르렀다.

운남수리조합(雲南水利組合)

설치연월일	1925년 2월 21일
조합구역	경상남도 창녕군 운산면 외 3개 군
사업목적	관개, 배수 및 수해 예방
몽리면적	1,032정보
공사준공연월	1926년 5월 3일
특 색	본 조합의 특색은 관개공사 이외 방수, 배수에 힘을 기울인 데 있다. 이는 본 조합이 남선 낙동강에 연하는 저습지를 몽리지로 하기 때문이다. 본 조합은 방수를 위해서는 강을 따라 제방을 만들고, 배수를 위해서는 물이 흐르는 하신(河身)을 다른 것으로 교체하여 종래 구역 안을 난류(亂流)하던 하천을 통일시켰다. 저층부에는 5정보 내지 35정보의 소집단지를 구획하고 주위에 소제(小堤)를 축조하여 윤중(輪中)을 이루게 했다. 따로 배수펌프 250마력 3대, 양배수펌프 100마력 1대를 설치하여 양배수에 힘을 다하고 있다.

제9절 임업

임야의 황폐 조선의 임야는 광무(廣袤, 넓이) 1,588만 정보이고 조선 전토의 약 71%를 점함에도 불구하고 성림지(成林地, 소생[疏生] 또는 산생지[散生地]를 포함)는 겨우 3분 1 강, 즉 548만 정보에 불과하다. 나머지 1,040만 정보는 대체로 치수지(稚樹地)이거나 무립목지(無立木地)이다. 그 지질 및 기후 모두 수목 생육상 결코 부적합하지 않고 수목의 종류도 700여 종에 달하여 매우 유망한 임업지이면서도 조선의 임야가 앞에서 서술한 바와 같은 황폐 상태에 있는 것은 고래의 임정(林政)이 적절치 못했던 결과에 다름 아니다.

당국의 시설 임야의 황폐는 단지 자연의 풍치(風致)를 해할 뿐 아니라 폭우가 내리면 곧

바로 탁류가 범람하고 가뭄(旱天)이 계속되면 관수(灌水)가 고갈된다. 나아가 국토의 안보를 손상시키고 산업의 발달을 저해하는 등 재화(災禍)가 미치는 바 크다는 사실은 두말할 필요가 없다. 그렇기 때문에 조선 임야의 보호 증식을 도모할 필요는 일찍이 관민이 인정하는 바이다. 1908년 구정부 시대에 이미 「삼림법」이 발포되고, 1911년 이를 폐지하고 새롭게 「삼림령」을 제정하여 임야의 개량에 관한 근본 규정을 정했다. 또한 각종 조사를 실시하여 국유 임야의 경영 및 처분에 관한 기본을 정하고, 국유 요존(要存) 임야에 대해서는 압록강, 두만강 유역에 영림창(營林廠)을 설치하였고 기타 구역에는 산림과의 출장소를 설치하여 정부가 직접 경영하였다. 일반 사유림에 대해서는, 혹은 수묘(樹苗)를 배부하고, 혹은 도와 면에 모범림을 설치하고, 또는 매년 기념식수를 해서 조림사업을 촉진하고, 다른 한편 국비의 보조를 받아 각종 피해 예방 구제를 행하거나 사방공사를 실시한다. 기타 보안림 제도를 두어 임업단체의 설립을 종용하는 등 열심히 경영해 왔다. 1926년 또한 총독부 관제를 일부 개정하여 새롭게 산림부를 두어 임정을 총괄하고, 영림창 및 산림과 출장소 제도를 폐지하고 전 조선에 걸쳐 36개의 영림서(營林署)를 설치함으로써 통제를 새롭고 크게 하려고 하고 있다.

시설의 결과 상기와 같은 임야에 대한 총독부의 열성적인 각종 시설의 결과는 한편으로는 인적이 아직 이르지 않고 오래전부터 부월(斧鉞)을 허용하지 않은 압록강과 두만강 상류 및 척량산맥(脊梁山脈) 오지의 대삼림의 초채(樵採)를 용이하게 하여 소위 압록강재(鴨綠江材)를 시장에 내놓았다. 이는 기타 일반림의 산물과 합쳐 임산 연액 6,430만 원(1926년도)을 산출하는 좋은 성적을 거두고, 조선 내의 수요에 충당하는 외에 연 300만 원의 목재 및 130만 원의 신탄을 수이출하게 되었다. 다른 한편 자연생 치수(稚樹)의 보육 및 인공 식수(植樹) 조림이 성행하여 국가, 각종 단체 및 개인에 의해 1911년부터 1926년 말에 이르는 도안 212만 정보를 조림하였다. 흑송(黑松), 적송(赤松), 상수리나무, 낙엽송, 오리나무, 밤 등의 묘목을 위해 식부된 종수는 무려 12억 1,800만 그루에 달했다.

이와 같이 놀랄 만한 다수의 수목이 조림을 위해 수요되고, 임업의 진흥상 수묘(樹苗)가 절실하게 필요하기 때문에, 조선의 관민은 극력 이 육성에 계속 노력하고 있어 당행의 본 항 대부의 대부분은 묘포(苗圃)의 경영, 묘목 구입 등의 용도에 사용되었다. 이밖에 약간의 목탄 제조 자금, 조림 노은(勞銀) 자금 등을 포함하고 있다. 당행이 창업 이래 본 항 용도에 방출한 자금은 총액 264만여 원으로 이 중 190만 원을 회수, 현재 74만 원의 잔고가 남아 있다.

임업자금 대출 회수고표 (단위: 천 원)

적요	1918년	1919년	1920년	1921년	1922년	1923년	1924년	1925년	1926년	1927년	합계
연간 대출고	307	309	425	315	297	208	137	195	344	105	2,647
연간 회수고	31	145	150	218	162	187	229	265	369	139	1,900
연말 현재고	276	440	715	812	947	968	876	806	781	747	-

제10절 잠업

잠업자금의 용도 잠업 자금은 주로 잠종 제조업자 및 군농회 등에 대출되고 일반 잠업자에 대한 대부는 거의 드물다. 대체로 총독부의 방침이 후술하듯이 조선에 있어서 잠업을 농가의 부업으로 건전한 발달을 이루게 하려는 데 있기 때문에, 당행 역시 그 방침에 순응하여 일반 농가로 하여금 차금(借金)을 통해 잠업을 대규모로 경영하는 위험을 감수하지 않도록 주의를 환기시키고 있다.

잠업 제조가에 대한 대부는 말할 것도 없이 재상(栽桑), 잠구 구입, 잠실 건축 등 잠종 제조상의 쓰임에 제공되고, 또 잠종 제조조합인 임의 단체를 통해 10인 연대의 형식으로 잠종 공동판매 대금의 전도금(前渡金)을 받게 하는 편의도 제공하고 있다. 군농회에 대한 대부는 상묘 공동구입 자금의 일시적 대부도 있지만, 많은 경우는 고치(繭) 공동판매 취급소 및 건견장(乾繭場) 설비 자금 등에 충당되는 장기대부여서, 그 상환 자원(資源)은 고치 공동판매 수수료 및 건견장 사용료로 충당하고 있다.

조선에 있어서 군농회가 이런 고치 판매나 기타 설비를 하는 까닭은 구역 내 회원의 산견(山繭)을 공동판매에 부칠 필요에서 나온 것이다. 산견 공동판매는 조선의 잠업이 농가의 부업으로서 이루어지고 호당 고치 생산액이 소량인 결과 자칫하면 농가는 이 판매상에 불리를 초래할 우려가 있고, 동시에 상인은 공을 많이 들여 고치 매수에 곤란한 실정에 있는 것을 구제하고, 이에 따라 양자에 대량 거래의 이익을 향유하게 하는 데 있다.

당국의 방침 조선의 사업(斯業)이 주로 부업으로서 장려되고 있는 것은 농가의 경제와 기타 조건이 이를 적당하게끔 만들기 때문이다. 당초 당국의 방침은 (1) 양잠가 1호당 춘잠종 1매(枚)의 사육에 충당할 정도의 재상(栽桑)을 하도록 할 것, (2) 재상지는 가급적 경지를 사용하지 않도록 방침을 정하고, 동시에 상묘 및 우량 잠종의 보급, 잠업의 강습, 강화, 살용(殺蛹, 번데기 죽이기), 건견(乾繭)의 개량 등에 노력하여 1919년 「조선잠업령」과 기타 각종 소요 법령을 발포하여 각 도에 잠업취체소, 원잠종제조소를 설치함으로써 사업(斯業)의 진흥을 도모했다. 그 결과 해마다 잠품종의 통일, 견질의 향상 및 산견액의 체증(遞增)을 유치하여 병합 당시에 사육 호수 7만 6,000여 호, 산견액 1만 4,000석에 불과했던 것이 1925년에는 사육 호수 49만 8,000여 호, 산견고 28만 5,000석에 달했다.

100만 석 계획 견 산액이 이와 같이 현저하게 증가한 것은 한편으로 고치의 이출 증가를 촉진하여 1910년에 겨우 2,400여 원에 불과했던 것이 1925년에는 986만 원이라는 숫자를 보게 되었다. 따라서 자연히 각종 사업의 발달을 촉진하여 1912년에 생사 산고(産高) 1만 7,500관이었던 것이 1925년에는 10만 8,000관에 달하는 성황을 보였다. 이에 당국은 양잠의 장려가 적절하고 유효하다고 보고, 1925년도부터 15개년을 기하여 양잠가 1호에 대해 춘잠종 2매, 하추잠종 1매를 사육하는 데 충분한 뽕나무를 재배(栽桑)하도록 했다. 부업의 경지를 벗어나지 않고 고치 생산량을 100만 석에 달하게 했다. 여기에 필요한 뽕나무밭(桑田) 증식(增殖)을 위해 보조금의 교부 및 식상 기술자를 배치하여 잠업의 진흥을 기도할 방침을 세웠다. 이후 이를 실행하여 1926년 31만 7,000석, 1927년 35만 5,000석의 고치를 생산하는 성황을 맞이하여 사업(斯業)의 전도 날로 유망함을 보이고 있다. 그리고 당행 잠업 자금의 대출 회수 상황은 다음 표와 같아서 현재 대출 잔고 93만여 원을 헤아리고 앞으로 더욱 증가할 것으로 기대되고 있다.

잠업자금 대출 회수고표 (단위: 천 원)

적요	1918년	1919년	1920년	1921년	1922년	1923년	1924년	1925년	1926년	1927년	합계
연간 대출고	199	471	755	329	229	253	251	450	428	534	3,903
연간 회수고	12	327	313	332	229	275	299	456	366	359	2,972
연말 현재고	187	331	773	770	770	748	700	694	756	931	-

제11절 축산

축산의 규모 조선의 축산은 역축(役畜)의 사양 및 농가가 부업으로서 영위하는 양돈, 가금, 양봉 등의 소산으로 그 사양은 대부분 매우 소규모로 이루어진다. 그 대종을 이루는 축우의 경우조차 각 농가에 의해 노역을 목적으로 하여 1두 내지 수 두 사양되는 경지를 벗어나지 못하고 있다. 따라서 이 매수, 사양, 기타에 관해 개개 목축업자가 필요로 하는 자금도 소액이 보통이다. 따라서 이들 자금의 융통은 오로지 서민금융기관인 금융조합에 의해 취급되고 있고, 당행이 직접 취급하는 목축자금 대출은 주로 축산동업조합에 대해 이루어지고 있다.

축산동업조합 축산동업조합은 조선에 있어서 축산 개량 증식상 가장 중요한 기관으로 「중요물산동업조합령」에 의해 군을 구역으로 한다. 구역 내에서 소의 생산 또는 매매 혹은 그 중개에 종사하는 자를 조합원으로 하여 설치되었다. 축우 및 돼지와 닭의 개량 증식을 도모하고 조합원 공동의 이익 증진이 목적이다. 조합 수는 현재 219개에 달한다. 그 행하는 업무는 종우(種牛)의 배치 및 종부(種付), 우량우의 보호 및 표창, 목야(牧野)의 경영, 사료 및 축산물의 개량 장려, 가축 및 축산물의 매매 중개, 가축의 치료 및 수역(獸疫) 예방, 축우의 공제(共濟), 강습, 강화 및 품평회의 개최, 축산에 관한 조사, 돼지, 닭의 번식, 종돈(種豚) 및 종란(種卵)의 배부 등이다. 조합장, 조합부장 및 평의원 등 도지사에 의해 선임되는 역원을 둔다. 조합장은 조합을 대표하고 조합 일체의 사무를 담임한다. 조합부장은 조합장을 보좌하고 평의원은 조합장의 자문에 응하거나 업무의 집행 및 재산의 상황을 감사한다. 조합은 이들 역원 밑에 서기, 기수 등의 유급 사무원을 두고 사무를 처리하게 한다. 경비는 조합원의 부담금 및 요금 수입 등으로 이를 조달하는 조직으로 각 조합 모두 도를 구역으로 해서 설치되었다(평안남도를 제외함). 축산동업조합연합회의 지도와 감독을 받아 순조로운 발달을 이루고 있다.

당행의 본 조합에 대한 대부는 널리 조합의 사업자금이 되어 일반 축산의 개량 증식을 위해 이용되는 것은 물론이다. 하지만 그 대부분은 축우의 개량 증식 자금에 충당되고, 조합은 이를 이용해 우량종 숫송아지(牡牛)나 우량종 암송아지(牝牛)를 구입하여 이를 조합원에게 예탁하여 종부(種付) 및 번식 및 경운 용도로 제공하여 우종의 개량 및 우량우의 증식에 기여한다.

축산의 자질 예부터 조선우는 체질이 강건하여 견인력(牽引力)이 강하고 성질이 온순하여 노역에 적합하다. 또한 고기 맛이 좋아서 널리 역용 또는 식용으로 제공되고 있다. 최근 내지에서 수요가 증가함에 따라 그 이출되는 것이 눈에 띄게 증가했기 때문에 조선 내에 있어서 연 도살 수 30만 두, 이외에 해마다 5, 6만 두, 가액으로 약 400만 원 내외의 이수출을 보기에 이르렀다. 이들 수이출우는 모두 장년기의 우량우이지만, 상기 도살우의 증가에 따라 잔류 축우의 체격 열변(劣變)과 두수의 감소를 걱정했으나 사실은 이와 달리 두수에서도 후술하듯이 현저한 증가를 보였다. 이는 본 조합의 활동에 힘입은 바 다대하다고 할 것이다. 이제 조선에 있어서 축산 증가의 상황을 살펴보면, 1910년 말부터 1926년 말에 이르는 기간에 축우는 70만 두에서 159만 두가 되었고, 돼지는 56만 두에서 122만 두가 되었으며, 닭은 279만 마리에서 608만 마리가 되었다.

당행의 본 항 자금 대출 회수 상황은 다음의 표와 같다.

축산자금 대출 회수고표 (단위: 천 원)

적요	1918년	1919년	1920년	1921년	1922년	1923년	1924년	1925년	1926년	1927년	합계
연간 대출고	24	40	90	24	29	21	89	44	40	163	568
회수고	2	13	32	44	28	20	36	22	28	74	303
연말 현재고	22	49	107	87	88	89	142	164	176	265	-

제12절 공업

조선 고대의 건축 또는 고려자기 등 지금까지 잔존한 것은 조선의 공업이 과거 각자 특색이 있는 발날을 이룬 것임을 보여 주고 있다. 지도를 잘 받기만 하면 공업의 융흥을 기할 수 있을 것으로 생각된다.

공업의 장려 1906년 제국의 보호정치가 조선에 실시된 이래 당국은 깊이 공업의 장려에 유의하여 각종 획책하는 바 있었다. 이어 1910년 총독부제가 실시되자 총독부 및 지방청은 공업의 진작(振作)에 관해 더욱 계획 시설을 추진하였다. 종래 이루어진 특종 공업에 관해 조합 또는 독지가에 대한 보조금품의 교부 혹은 전습, 지도 등 종전의 시설을 주도면밀하게 하는 동시에 중앙시험소를 설치하여 공업에 관한 각종 조사 연구를 했고, 또는 조선 교육기관을 창설하여 지식의 계발과 기술의 양성에 기여하는 등 예의 공업의 발달에 노력하였다.

그 결과는 기술의 진보, 제품의 개량, 생산액의 증가 모두 볼만하고 현저하게 조선인의 공업사상을 계발했다. 하지만 다른 한편으로 세계대전 호영향의 자극과 상응하여 공장 조직에 의해 사업을 경영하고자 하는 자 속출했고, 게다가 내지 실업가로 하여금 조선에 있어서 공업의 경영에 착목하게 하여 1916년부터 정련, 방적, 제당, 경질도기, 펄프 등의 제조에 대해 대규모 공업을 경영하는 자가 나타나게 되었다. 조선의 공업은 이에 점차 발달이 본격화하였다. 때로 1918년 10월 당행의 창립이 이루어지고 이 기운에 편승하여 장기 공업자금의 대출에 응했기 때문에 조선의 공업은 이후 신시대를 열어 급속한 진보를 고하게 되었다.

이제 공업 발전의 실적을 보면, 공산액은 1911년의 3,000만 원에서 1926년 3억 4,766만 원이 되었다. 공장공업은 1910년의 공장 수 151개, 자본금 798만 원, 종업자 8,203인, 생산품 가액 922만 원이었던 것이 1926년에는 공장 수 4,293개, 자본금 3억 1,918만 원, 종업자 8만 3,450인, 생산품 가액 3억 6,584만 원에 달했다.

유망한 공업 공업의 종류는 다종다양하지만 대저 조선 내에서 생산되는 원료품에 가공하여 이를 수이출하거나 조선 내 소비에 충당하는 것을 목적으로 그 장래가 유망시되는 것은 기업(機業, 틀을 써서 피륙을 짜는 사업), 방적업, 제사업, 제지업, 요업, 양조업, 철공업, 제혁업, 제수업(製燧業, 부싯돌), 제분업, 감채제당업, 제연업, 제유업, 비누제조업 등으로 곧 조업을 개시하게 될 함남의 전기화학공업(요소비료 제조)의 경우 세계적 대공업으로서 지금부터 촉망되고 있다. 기타 편조물(編組物), 어망, 칠기, 목죽세공품, 기류세공품 등의 제조업도 가내공업으로서 유망한 사업에 속한다. 기타 일반 공업과 함께 당행이 열심히 원조를 아끼지 않는 것으로 특히 가정공업(家庭工業)에 대해 당행은 금융조합연합회를 통해 그 산업조합을 원조하여 판매, 구입, 이용의 방도를 마련하는 데 힘을 다하고 있다. 이들 공업의 장래는 단지 조선 내의 수요를 충당하는 것을 목적으로 하지만 발달의 여지가 매우 많고, 여기에 조선 내의 원료품이 풍부하고, 값싼 임금, 지나(중국)나 기타 시장에 대한 접근이 편리함을 아울러 생각하면 조선 공업의 전도가 더욱 다행스러움을 알 수 있다.

조선의 공업은 현재에도 여전히 매우 유치한 상태에 있지만, 장래에 크게 발달할 소지를 가지고 있음은 전술한 대로이다. 그리고 이를 달성할 수 있는 것은 풍부한 재력과 숙달된 기업가의 노력에 의지하지 않을 수 없다. 당행은 과거 이 방면에 대해 다음 표가 나타내는 것과 같이 2,450만 원의 대출을 하였고, 1,687만여 원을 회수, 현재 458만여 원의 대출을 가지고 있다.

공산품 개설(1926년)

종별	생산고		수이출고		산지	도착지
	수량	가격(원)	수량	가액(원)		
요업제품	80,257,381개(個)	10,817,500	-	441,325	경기, 전남, 경남, 경북, 황해, 함북	조선, 내지, 남양, 지나
견포(絹布)	329,848반(反)	3,378,493	-	-	충남, 전북, 경남	조선
저포(苧布)	556,607반	2,193,249	-	-	충남, 전북, 경남	조선
마포(麻布)	2,826,908반	7,465,727	-	-	경남, 경북, 함남, 함북, 강원, 평남, 평북	조선
면포(綿布)	10,082,783반	18,571,488	-	-	경기, 경북, 경남, 황해, 평남, 평북	조선
조선지(朝鮮紙)	97,589괴(塊)	2,779,052	31,088근(斤)	91,280	경북, 전북	조선, 내지, 노지(露支) 방면
완초(莞草)	1,222,211관(貫)	1,480,072			경북, 경남, 충남	조선, 내지
기류제품(杞柳製品)	1,142,946개	610,302			경기, 충남, 충북	조선
죽제품(竹製品)	2,570,516개	841,952			전남, 전북	조선, 내지, 만주
석기(石器)	56,706개	260,174			전북, 황해, 함북	조선, 내지
금속제품	16,311,569개	14,462,342			경기, 전남, 경북, 경남, 황해, 평북	조선
칠기	117,512개	251,895			경기, 경남	조선, 내지, 외국

공업자금 대출 회수고표

(단위: 천 원)

적요	1918년	1919년	1920년	1921년	1922년	1923년	1924년	1925년	1926년	1927년	합계
연간 대출고	34	119	400	490	359	280	237	223	113	162	2,418
연간 회수고	2	68	240	244	306	225	68	94	308	111	1,667
연말 현재고	32	83	243	489	542	597	766	895	700	751	-

제13절 수산

조선의 수산업은 최근 장족의 진보를 이루었다. 그 생산액은 1926년 8,787만 원에 달해 병합 당시의 동 생산액과 비교하면 약 9배가 되고, 당행 창립 전의 숫자와 비교하면 2배 반이 된다. 사업(斯業)의 발달이 이렇게 현저한 것은 조선의 환경이 이에 적합한 것은 물론이지만, 또한 당국의 조장행정(助長行政)이 주효했던 점과 당업자의 분려(奮勵), 금융업자의 기여도 적다고 할 수 없다.

수산지 조선 조선은 본토와 도서를 합해 해안선의 연장이 4,300여 리에 달하고, 지세와 기후, 조류 등의 관계상 수족(水族)이 매우 풍부하여 유리한 어장이 많다. 그중에서도 특히 경상북도 연안의 고등어(鯖魚), 경상남도와 함경남북도의 정어리(鰮魚), 함경남북도 연안의 명태어, 서해안의 조기(石首魚), 진해만의 대구(鱈魚), 경북, 강원, 함경남북도의 청어(鰊魚), 동서남 연안의 삼치(鰆魚), 전 조선에 걸쳐 있는 도미(鯛魚), 서해안과 남해안의 갈치(太刀魚)와 새우(蝦魚), 전남, 경상 두 남도 연안의 상어(鱶魚)는 조선의 중요 어업이라고 칭하는 어획고가 가장 많은 것이다. 기타 가자미(鰈), 전갱이(鰺), 동갈민어(鮸), 방어(鰤), 미역귀(和布), 청각채(海蘿) 등 그 생산액이 전자에 비해 뒤지지 않는다.

당국의 시설 수산업이 지리적 이점이 있음은 이와 같기 때문에 당국은 이 개발에 힘을 다하고, 어업 법규의 정비, 어항의 수축, 어선, 어구 및 어법 개량의 지도, 수산 양식 및 제조의 장려, 수산회 및 어업조합의 설립, 수산시험장의 설치, 수산교육의 보급 등 각종 시설을 강구하여 이미 상당한 성적을 거두어 상기 생산액을 기록했다. 수산상의 천혜(天惠)가 풍부하고 전도에 개발의 여지가 매우 많아서 당업자의 지도 장려에 일층 전진하는 동시에 수산시험장으로 하여금 철저하게 시험조사를 행하도록 하여 한편으로 어업조합의 보급, 수산회의 발달, 우량어선의 건조, 김(海苔), 굴(牡蠣)의 양식, 어획물 냉장사업의 보급 등에 노력하고 있다.

당업자의 순응 당국의 시설 장려가 이와 같기 때문에 당업자 역시 이에 잘 순응하여 어장의 개척, 어선, 어구, 어법의 개량 등에 노력하고, 어로 기술이 향상함에 따라 점차 대규모 어업을 보기에 이르렀다. 그 어획고는 병합 당시의 810만 원에서 1917년(당행 창립 전년) 2,000만 원이 되었고, 1926년 5,374만 원이 되었다. 또한 그 제조업은 종래의 졸렬조잡(拙劣粗雜)한 염장과 건제(乾製)하는 수준에서 원료의 정선, 제법의 개량으로 나아가 우량품을 생산하기에 이르렀다. 그 생산고에서도 1911년의 265만 원에서 1917년 1,300만 원으로, 1926년 3,412만 원을 기록하기에 이르렀다. 또한 양식사업에서도 착실한 기업자가 속출하였고, 경상, 전라 두 남도의 김 양식 사업의 경우 1918년의 생산액이 5만 원에서 1926년 218만 원을 기록하는 성황을 보이기에 이르렀다.

상술한 수산상의 제 시설 및 사업(斯業)의 거침없는 발달에는 적지 않은 자금을 요한다. 이 조달은 그 자금의 성질상 다른 산업과 비교하여 위험시되는 일이 많기 때문에 이를 일반 금융업자에게 구하는 것이 거의 불가능하여 당행에 기대하는 일이 많다. 당행 역시 그 사명을 감안하여 이의 원조에 최선을 다해 왔다. 하지만 당국의 제 시설 및 당업자의 자각 등에 기초하여 어업조합 같은 시설이 점차 본격적으로 발달하여 이들을 통해 대출에 응해 온 사실과, 당업자의 신용이 점차 좋아진 것과 상응하여 많은 위험을 감수하는 일 없이 기대에 부응할 수 있었던 것은 다행스러운 일이다. 과거에 이 대출 회수는 대출고 571만여 원, 회수고 412만여 원으로 현재 158만여 원의 대출을 가지고, 이 방면 자금의 수요도 장래 마침내 증가할 것으로 생각된다.

제14절 전기 및 가스(瓦斯)

전기사업 조선의 전기사업은 1899 미국인에 의해 경성에서 개시된 것을 효시로 한다. 일한병합 이래 발흥의 기운을 맞이하여 지금은 전 조선을 통해 주요한 곳에는 전기업의 경영을 보지 않는 곳이 없는 상황이다. 현재(1927년 3월 말) 전기사업 경영 수는 영업용 72(개업 65, 미개업 7), 관청용 14, 자가용 72, 합계 158로 개업한 영업용 전기 경영자는 1부(평양부), 2면(사리원면, 겸이포면), 48회사로, 그 발전력은 3만 6,800킬로와트를 기록하였다. 가스, 중유 등을 연료로 하는 것이 그 과반수를 점하고, 수력에 의한 것은 2사, 7,500킬로와트에 불과하다.

조선의 수력발전에 대해서는 종래 자칫 비관시되고 있었지만, 조사가 진행됨에 따라 이에 제언식(堰堤式) 발전 시설을 이룰 때는 풍부한 발전력을 확실하게 얻을 수 있어 수력전기 사업의 경영이 점차 유망시되기에 이르렀다. 단 제언식(언제식) 발전은 대규모 경영이 아니면 채산이 곤란하기 때문에 과거에는 아직 이 방면에서 볼만한 것이 없었지만, 금강산전기철도주식회사의 수전사업(水電事業)을 선구로 하여 조선수전주식회사의 부전강수전계획(赴戰江水電計劃) 및 장진강수력전기주식회사의 장진강수력전기계획(長津江水力電氣計劃)에 의해 반도의 전기업계는 정말이지 일대 신기원을 열 수 있는 기운을 맞이했다.

조선수전주식회사의 부전강수전계획은 부전강의 좁은 계곡(隘溪)에 높이 260척의 제언(堤堰)을 쌓고 그 전체 흐름을 막아 주위 19리에 넘치는 저수지를 만들어 그 저수를 10리 수로를 통해 발전소로 유도하여 3,500척의 낙차를 이용하여 18만 킬로와트의 수력전기를 발생시키려는 것으로 그 제1기 공사로서 총공비 4,500만 원으로 5만 킬로와트의 발전장치를 완성하기 위해 1926년 기공하였다. 현재 공사는 진행 중으로 1928년 중에 이를 완성하고 1931년 여름까지 전 공사를 준공할 예정이다.

또한 장진강수력전기주식회사는 1억 원의 자본으로 장진강의 수력을 이용하여 21만 7,000킬로와트를 발전하여 전력 공급 사업 외에 전기정련, 전기화학공업을 겸영하고자 하는 것으로 이 역시 곧 공사에 착수할 예정이다.

이렇게 두 회사의 예정된 공사가 처음부터 끝까지 잘 완성되면 조선의 영업용 발전력은 44만이나 45만 킬로와트에 달할 것이다. 또한 이들 수원(水源) 이외에 조선의 하천에 발전 능력이 적지 않은 것은 현재 진행 중에 있는 발전 수력 조사의 예찰(豫察) 수력 지점이 140개소에 달하고 그 연평균 총마력수가 125만 마력에 달한다는 사실에 대해서도 알 수 있다. 기타 서해안에서 조수간만의 차를 이용하여 발전장치를 하는 것도 상당히 유망한 것으로 연구되고 있다.

(가스 사업) 조선의 가스 공급 사업은 경성 및 부산의 2개소에서만 볼 수 있어서 아직 널리

보급은 되어 있지 않다. 대체로 그 원인은 그 성질 등화용(燈火用), 동력용으로서는 전기에 미치지 못하고, 열용(熱用)으로서 겨우 도회 생활자 사이에 환영받고 있음에 불과하다는 점, 조선의 재래 가옥이 이를 사용하는 데 불편한 점, 재주자(在住者)의 민도가 아직 이를 일반적으로 사용하는 정도에 미치지 못하는 점에 있다. 따라서 평양, 대구와 같은 대도시에서조차 오늘날 여전히 이를 결하고는 있지만 조선의 개발이 그 도를 더해 도시생활이 향상됨에 따라 장래 이들의 시설을 필요로 하는 자가 많이 나타날 것이라고 생각한다.

본 항 전기 및 가스 사업 자금의 대출 회수 상황은 다음과 같아서 평양부의 전기사업 경영 자금의 일부 같은 것도 당행의 부공채(府公債) 인수에 의해 조달된 것이다.

전기 및 가스 자금 대출 회수고표 (단위: 천 원)

적요	1918년	1919년	1920년	1921년	1922년	1923년	1924년	1925년	1926년	1927년	합계
연간 대출고	34	119	400	490	359	280	237	223	113	162	2,417
연간 회수고	2	68	240	244	306	225	68	94	308	111	1,666
연말 현재고	32	83	243	489	542	597	766	895	700	751	—

제15절 양조

원료의 풍부 조선은 쌀, 대두, 보리, 수수, 옥수수 등의 양조 원료품을 다량으로 생산한다. 그중에서도 특히 산미(産米)는 곡량도(穀良都), 조신력(早神力), 웅정(雄町), 금종(錦種) 등 주조미로서는 이상적이라는 정평이 있다. 또 대두는 유분(油分)의 함유가 적고 단백질이 풍부하여 된장(味噌), 간장(醬油)의 양조 원료로서도 무엇보다 적합하기 때문에 주조미와 함께 내지 당업자 사이에 애용되고, 그 이출액은 해마다 증가하고 있다.

이와 같이 조선은 양조업의 우량 원료품이 풍부함에도 불구하고 병합 당시에는 양조업이 매우 유치한 수준을 벗어나지 못하고 일단 원료를 내지로 이출하여 다시 그 제품을 이입하는 상황이었다. 때문에 운임이나 기타 비용을 이중으로 지불하는 결과가 되어 그 불리함은 내지인 이주자의 증가에 따라 날로 통절하게 느끼게 되었다. 이를 바로잡을 목적으로 조선에서 청주, 기타 내지인을 대상으로 한 양조업이 장려되었고, 또 조선인을 대상으로 한 양조업은 종래 부업적으로 소규모로 이루어졌던 것을 위생, 징세 등의 견지에서 공장조직 경영으로 고쳐 대규모 생산을 만들 필요가 있어 이에 대한 개선도 같이 기도되기에 이르렀다.

당국의 장려 이로써 당국은 조선공업 지도상의 특설기관인 총독부 중앙시험소 내에 양조부(1923년도에 한해 폐지)를 두고 양조에 관한 시험성적을 발표하여 당업자가 참고하도록 하고, 혹은 주조기사를 배치하여 실지지도를 하게 하여 품평회, 이주회(唎酒會) 등도 자주 개최하여 예의 품질 향상에 노력했기 때문에 최근 현저한 발달을 이루고 지금은 그 제품은 내지산 우량품과 비교해서 손색이 없게 되었다. 생산액 역시 해를 거듭하며 증가해 1926년의 생산고는 청주 5만 8,000석, 소주 25만 2,000석, 약주 6만 8,000석, 탁주 146만 석, 미림(味淋)·혼성주·과실주·기타 1,400석, 식초 1만 3,000석, 내지 간장(醬油) 8만 5,000석, 내지 된장(味噌) 201만 관, 총가액 6,346만 원을 헤아리게 되었다.

양조업의 융운이 이와 같이 발전함에 따라 종래 수이입에 의존했던 청주는 자연 조선산품으로 충용되었고, 수이입액은 해마다 감소하는 동시에 반대로 지나, 기타로의 수이출은 차츰 증가하여 1927년 35만 원을 기록하게 되었다. 된장, 간장에서도 대체로 자급할 수 있는 정도에 도달했다.

조선에 있어서 내지인의 양조업은 기술한 바와 같이 신흥 사업인 데다가 조선인을 대상으로 한 양조업 역시 대규모 경영으로 옮겨 가는 도상에 있기 때문에 모두 자금의 융통에 원활함을 결하는 감이 있고, 그 영향을 미치는바 적지 않기 때문에 당행은 당업자의 요망에 기초하여 당국과도 협의하여 1919년부터 각지 주조조합을 통해 그 조합원 개인 또는 연대에 대해 유담보 또는 무담보의 정기대부를 하거나 공장재단 저당 대부도 같이 행하여 양조업의 발달에 기여하고 있다.

당행 창업 이래의 본 항 대부는 방출 450만 원, 회수 336만 원으로 현재 114만 원의 대출잔고가 있다.

양조자금 대출 회수고표 (단위: 천 원)

적요	1918년	1919년	1920년	1921년	1922년	1923년	1924년	1925년	1926년	1927년	합계
연간 대출고	132	440	507	367	559	319	308	942	519	409	4,507
연간 회수고	4	118	277	308	365	316	298	744	448	476	3,359
연말 현재고	128	450	680	739	933	936	946	1,144	1,215	1,148	-

제16절 토목

각종 토목사업 조선은 오늘날 여전히 제 사업이 초창기에 있기 때문에 토목사업의 경우 무엇보다 활발하다. 그중에서도 특히 도로의 개수, 항만의 수축, 치수장치 및 도시의 시설은 그 주요한 것이다.

이들 토목사업은 그 성질에 따라 혹은 총독부에 의해, 또는 지방 공공단체에 의해 경영된다. 즉 도로에 있어서는 1, 2등 도로는 총독부에 의해 3등 도로 이하는 도지방비, 부비(府費) 등에 의해 경영되고, 항만에서는 부산, 인천, 진남포, 군산, 목포, 원산, 청진, 성진, 다사도, 웅기, 신의주, 용암포 등 개항 설비는 총독부가 경영하고, 그 이외의 지방 상항(商港), 어항, 피난항은 지방 공공단체의 경영에 맡겼다. 치수에 대해서는 만경강, 재령강, 한강, 낙동강, 용흥강, 대동강 등 6개 하천의 개수는 총독부가 이미 실행에 착수하였고, 시가지 부근의 치수에는 부, 면 등이 이를 경영하고 있다. 또 도시의 시설은 경성의 도시계획을 제외하고 각각 각 도시의 경영에 맡겨져 있다.

이상 각종 토목사업을 토해 지방 공공단체가 경영하는 것에는 상당액의 국고 보조금을 교부하고, 잔여 자금은 경영자인 지방 공공단체의 조달에 의지한다. 당행의 본 항 대부금의 대부분은 기실 이들 지방 공공단체의 수요에 기초한 것이고, 그 일부는 도지방비의 기채에 의한 도로개수비이다.

도로의 개수 도로의 개수는 조선에 있어서 기왕 토목사업의 중심으로 현저한 실적을 올렸다. 즉 조선에는 종래 도로로서 볼만한 것이 없어 여객은 밭두둑(畦畔)을 통행하고 화물은 사람 어깨(人肩), 말의 등(馬背)으로 운반하는 상태였다. 총독부제의 실시 이래 도로행정이 비로소 본격화하여 도로망계획이 이루어져 오늘날에 이르렀다. 조선의 도로는 유효한 폭이 1등 도로 4간 이상, 2등 도로 3간 이상, 3등 도로 2간 이상이다. 도로망계획은 1등 도로 37선 연장 817리, 2등 도로 88선 연장 2,397리, 3등 도로 419선 2,892리이기 때문에 주요 노선 및 지방적 맥락을 완전하게 한다. 1911년 기공한 이래 개수가 준공된 것은 1, 2등 도로 2,357리, 3등 도로 1,999리로 이를 도로망 총연장과 대비하면 1, 2등 도로는 약 73%, 3등 도로는 약 69%에 해당한다. 지금은 각지 주요 도읍 및 시장 사이에서 보통 우마차의 운전을 반드시 보게 되고, 영업 자동차의 운전구간 역시 약 2,800여 리에 달했다. 따라서 그 면목을 일신했음을 충분히 알 수 있다.

기타 토목자금이 계속 이용되고 있는 실례를 들면, 신의주부는 본 자금에 의해 시가지의 확장을 계획하고, 원산, 청진의 양부에서는 마찬가지로 이것에 의해 해면 매립 공사를 함으로써 도시의 시설을 추진했다. 경상북도 감포, 동 구룡포의 축항 자금은 그 일부를 당행에서 조달하였고, 신의주부의 압록강 호안공사, 전라남도 광주면의 고아주천 개수공사, 충청남도 조치원면의 조천(鳥川) 개수공사의 경우 치수사업도 본행에 자금적 관계를 가진다. 토목자금의 대출 회수 상황은 다음 표와 같다.

토목자금 대출 회수고표 (단위: 천 원)

적요	1918년	1919년	1920년	1921년	1922년	1923년	1924년	1925년	1926년	1927년	합계
연간 대출고	-	11	153	146	69	294	831	514	525	950	3,498
연간 회수고	-	2	29	14	52	45	33	183	140	1,686	2,189
연말 현재고	-	9	133	265	282	531	1,329	1,660	2,045	1,309	-

제17절 광업

광물의 풍부함 조선은 또 비교적 광산물이 풍부하다. 금, 철, 석탄, 흑연, 동, 아연, 텅스텐 등은 그 주된 것으로 그중에서도 특히 금, 철, 석탄, 흑연은 조선의 4대 광업으로 불린다. 그 매장량은 상당히 풍부한 것으로 알려져 있다. 조선의 금 생산액은 최근 연간 600만 원 내외로 제국 영토 내 금 총생산액의 약 절반을 점한다. 철은 철광 200만 원, 선철 500만 원 내외를 생산하고, 현재 겸이포에 있는 미쓰비시제철소(三菱製鐵所)의 원광(原鑛) 이외에 규슈 야하타제철소(八幡製鐵所)에도 공급되고 있다. 자철광은 매장이 비교적 적지만 역시 철광, 갈철광은 다량으로 매장되어 있어 장래 전력의 이용과 기타에 의한 야금술의 진보에 따라 그 진가를 발휘하게 될 것으로 기대하고 있다. 석탄은 현재 연 생산액 300에서 400만 원에 달하고 그 매장량은 아직 전체 조사가 끝나지 않았지만 상당히 다량 존재하여 제국의 일대 부원이라고 일컬어진다. 과거 조사가 끝난 것을 보더라도, 평양 부근의 무연탄 6, 7억 톤, 함경북도 북부 일대의 갈탄 4, 5억 톤의 매장은 확실하다고 여겨진다. 기타 최근에 발견된 함경남도 문천(文川), 강원도 삼척, 울진, 경상북도 문경, 전라남도 화순 등의 유연 또는 무연탄은 양질이고 매장량도 다량이라고 전해지고 있다. 흑연은 연간 30에서 40만 원(1917년 100만 원)을 생산하고 경상북도, 평안북도, 함경북도를 주산지로 하여 그 매장량이 매우 풍부하다.

광업의 장래 이들 각종 광업은 세계대전의 영향을 받아 1918, 1919년경에 가장 활약하였지만, 1920년 재계의 반동 이래 광물 시가의 폭락에 직면하여 일전(一轉) 불황 침체가 지속되어 오늘에 이르고 있다. 하지만 철도망계획의 완성이나 기타에 의해 운반비나 기타 비용이 하락하였기 때문에 장래 상당한 활약을 할 것으로 기대하고 있다.

조선에 있어서 광물의 매장은 기술한 대로 풍부하지만 광업의 부진이 심하여 당행의 광업 대출 역시 구주전시에서 전후에 걸쳐 약간 증가했을 뿐 이후 회수 초과로 바뀌어 현재 4만여 원의 대출 잔고가 남아 있음에 불과하다. 그리고 현재 대부금은 철광의 채굴 및 운반, 석탄 채굴, 연탄 제조 등의 자금에 충당되었는데 모두 광업 소규모 경영자의 운전자금이다.

광업자금 대출 회수 상황은 다음과 같다.

구채 정리자금 회수고표 (단위: 천 원)

적요	1918년	1919년	1920년	1921년	1922년	1923년	1924년	1925년	1926년	1927년	합계
연간 대출고	198	2,252	1,362	8,047	1,771	1,444	609	1,833	1,207	2,155	20,884
연간 회수고	2	230	596	1,368	6,573	1,350	1,160	1,794	1,003	1,196	15,278
연말 현재고	196	2,218	2,984	9,663	4,861	4,955	4,404	4,443	4,647	5,606	-

끝

부록

1. 조선식산은행 연표

1918년

6월 7일	「조선식산은행령」이 공포되다
6월 20일	조선식산은행 설립위원 야마가타 이사부로 씨(조선총독부 정무총감) 외 내선의 유력자 27명 조선총독에 의해 임명되다
7월 1일	조선식산은행 설립위원은 위원회를 개최하고 정관을 의정 조선총독에게 이에 대한 인가를 신청하다
7월 2일	조선총독 상기 정관을 인가하다
7월 8일	주식 모집을 공고하다
7월 18일	상기 주식 모집 호성적을 거두어 예정대로 마감하다
8월 26일	제1회 주금 415만 7,040원의 불입(정부 소유주 6,598주는 1주 50원 전액 불입, 기타는 주당 50원 중 20원 불입)을 완료하다
10월 1일	창립총회를 열고 정규 절차를 밟아 당행은 완전히 성립하다
동일	미시마 다로(三島太郎) 씨 두취에, 아루가 미쓰토요(有賀光豊), 나카무라 미쓰요시(中村光吉), 사쿠라이 고이치(櫻井小一), 박영효의 네 명은 이사에, 히로세 미쓰마사(廣瀨滿正), 이근상 두 명은 감사에 각각 취임하다
동일	미시마 두취는 설립위원장 야마가타 이사부로(山縣伊三郎) 씨로부터 사무를 인도받다
동일	한호, 평안, 경상, 전주, 광주, 함경의 6개 농공은행의 권리 의무 일체를 승계하다
동일	전기 구 6개 농공은행 본지점 소재지인 경기도 개성 외 45개소에 지점 설치에 대해 조선총독의 명령을 받아 본지점 일제히 영업을 개시하다
10월 2일	당행 설립 및 구 6개 농공은행 해산의 등기를 하다
동일	보통은행 업무에 속하는 대부 및 당좌대월 및 각종 수형할인 업무를 영위할 수 있다는 취지를 조선총독으로부터 지정받다
동일	일본권업은행 대리점 사무 취급을 개시하다
10월 19일	직무규정, 급여규정, 여비규정, 사택규칙을 제정, 10월 1일로 소급해 실시하다

11월 16일	휴전 축하를 위해 임시휴업하다
12월 7일	직원복무징계 및 휴직 규정을 제정하다
12월 15일	조선은행의 신의주, 마산 양 출장소의 업무를 승계하고 마산에 신마산파출소를 설치하다
동일	시의주 지점에서 지금고 사무 취급을 개시하다
12월 25일	경기도 수원군 수원면에 본점 소속 수원파출소를 설치하다

1919년

1월 22일	제1기 이익배당 보급금 3만 9,887원을 하부받다
1월 24일	전라남도 광주군 송정면 송정리에 광주지점 소속 송정리파출소를 설치하다
1월 25일	경상남도 부산부 매립신정(埋立新町)에 부산지점 소속 북빈(北濱, 기타하마)파출소를 설치하다
3월 3일	이태왕 전하 국장에 조의를 표하여 임시휴업하다
4월 10일	경기도 수원군 수원면 소재 본점 소속 파출소를 승격하여 수원지점으로 하다
4월 16일	직무규정, 급여규정 및 여비규정을 개정 4월 1일로 소급해 실시하다
4월 23일	부산지점 영업소를 부산부 매립신정으로 이전하는 동시에 북빈파출소를 부산부 영정(榮町) 6정목으로 이전하고 초량파출소라 개칭하다
5월 1일	저축예금 업무의 개시에 대해 조선총독의 승인 및 해당 자금의 운용 방법에 관해 명령을 받다
5월 5일	인천부 본정 4정목에 인천지점을 설치하다
5월 7일	황태자 전하 어성년(御成年) 축하를 위해 임시휴업하다
6월 21일	조선은행 도쿄지점 영업소 내에 당행 사무소를 설치하다
7월 1일	평화 극복 축하를 위해 임시휴업하다
7월 25일	당행 채권은 「저축은행조례」 제4조에 규정된 예금 인출 담보가 될 수 있음을 인정받다(계속해서 개정 「저축은행법」 제9조의 공탁 국채의 대용증권이 될 수 있다)
7월 28일	제2기 이익배당 보급금 4만 3,000원을 하부받다
8월 1일	전라북도 군산부 본정통에 군산지점을 설치하다
9월 1일	저축예금부를 신설하고 보통저축 업무를 개시하다
10월 24일	제2회 주금 불입 193만 4,020원의 불입(전액 불입이 끝난 정부 지주를 제외하고 주당 10원씩)을 종료하다
10월 25일	평안북도 강계군 강계면 동부동에 강계지점을 설치하다

1920년

1월 20일 | 감사 이근상 씨 사망하다
2월 23일 | 제3회 주금 불입 193만 4,020원의 불입(정부 소유주를 제외하고 주당 10원씩)을 종료하다
2월 24일 | 윤덕영 씨 감사에 당선 취임하다
동일 | 통상총회에서 증자 및 이에 관한 정관 변경의 건을 의결하다
3월 1일 | 상기 '자본금 및 정관 변경의 건' 조선총독의 인가를 받다
3월 9일 | 제4회 주금 불입 193만 4,020원의 불입(정부 소유주를 제외하고 주당 10원씩)을 종료하다
4월 15일 | 함경북도 경흥군 웅기면 웅기동에 웅기지점을 설치하다
5월 10일 | 함경북도 회령군 회령면 이동(二洞)에 회령지점을 설치하다
6월 11일 | 신주식 제1회 주금 500만 원(주당 12원 50전씩)의 불입을 종료하다
6월 26일 | 두취 미시마 다로 씨 사망, 이사 아루가 미쓰토요 씨 두취 권원 중 두취 직무를 대행하다
7월 2일 | 이사 아루가 미쓰토요 씨 두취에 취임하다
8월 27일 | 이시이 미쓰오 씨 이사에 취임하다
9월 1일 | 식산적금, 정기저금, 거치저금(据置貯金)의 3종 저축예금의 취급을 개시하다
10월 1일 | 감사 히로세 미쓰마사 씨 및 윤덕영 양씨 임기 만료 중임하다
10월 31일 | 경성지점 영업소를 함경북도 경성군 나남면 본정에 이전 나남지점으로 개칭하다
동일 | 조선은행 나남출장소의 업무를 승계하다
동일 | 나남지점에서 지금고 사무 취급을 개시하다
11월 2일 | 직무 급여 및 여비 규정을 개정하다

1921년

6월 18일 | 주식회사 경남은행 마산지점이 폐쇄되어 동 지점이 취급하던 대출 및 예금 사무를 인계받다
8월 23일 | 후카오 도조(深尾道恕) 씨 이사에 취임하다
11월 1일 | 직무규정을 개정하다

1922년

2월 9일 | 고(故) 종1위 대훈위 공작 야마가타 아리토모(山縣有朋)의 국장으로 임시휴업하다

3월 15일	일본권업은행과 특약권업채권에 대한 조선 독점 판매 업무를 인수하다
6월 1일	직무규정, 급여규정, 여비규정, 고용원규정 및 당숙직규정(當宿直規程)을 개정하다
8월 22일	도쿄출장원 사무소에서 당행 주식 사무의 일부 취급을 개시하다
10월 1일	이사 나카무라 미쓰요시(中村光吉), 동 사쿠라이 고이치, 동 이시이 미쓰오, 동 박영효 및 감사 히로세 미쓰마사, 동 윤덕영 제씨 임기 만료 중임하다
12월 31일	일요일이지만 세말(歲末)이기 때문에 특별히 평상시대로 영업하다

1923년

2월 5일	오사카시 히가시구(東區) 요코보리(橫堀) 1정목에 출장원사무소를 설치하다
2월 14일	고(故) 원수 육군대장 대훈위 공2급 사다나루신노(貞愛親王) 전하 국장으로 임시휴업하다
4월 22일	도쿄출장원사무소를 도쿄시 고지마치구(麴町區) 에이라쿠초(永樂町) 1정목 1번지 마루노우치 빌딩 제268구로 이전하다
7월 11일	나카무라 미쓰요시(中村光吉) 씨 이사를 사임하다
8월 18일	모리 고이치(森悟一) 씨 이사에 취임하다
11월 19일	부산지점 소속 초량파출소를 경상남도 부산부 좌천동(佐川洞)으로 이전하고 부산진파출소라 개칭하다

1924년

1월 26일	황태자 전하 어결혼 봉축을 위해 임시휴업하다
4월 23일	임시주주총회에서 정관 변경의 건을 결의하고 당일 조선총독의 인가를 받다
7월 12일	고 종1위 대훈위 공작 마쓰카타 마사요시(松方正義) 국장에 대해 경조(敬弔)를 위해 임시휴업하다
10월 1일	감사 히로세 미쓰마사, 동 자작 윤덕영 양씨 임기 만료 중임하다

1925년

2월 2일	당행 주식은 대장성에 의해 「저축은행법」 제9조에 의한 저축은행의 공탁국채의 대용증권이 될 수 있음을 승인받다
4월 10일	직무규정을 개정하다
5월 11일	천황, 황후 양 폐하 어결혼 만 25년의 어축의 봉축을 위해 임시휴업하다

5월 18일	대전지점에서 일본은행 대리점 사무 취급을 개시, 의주지점의 동 사무 취급을 폐지하다
5월 20일	오사카시 히가시구(東區) 이마바시(今橋) 3정목 15번지에 오사카지점을 설치하다
7월 2일	두취 아루가 미쓰토요 씨 임기 만료 중임하다
7월 16일	저축 외무원 제도를 마련하여 저금의 권유 및 집금에 도움이 되도록 하다
7월 28일	후카오 도죠 씨 이사를 사임하다
8월 24일	야나베 에이사부로(矢鍋永三郎) 씨 이사에 취임하다
10월 15일	간페이타이샤(官幣大社) 조선신궁 진좌제(鎭座祭) 봉축을 위해 임시휴업하다
12월 28일	인천지점 영업소를 경기도 인천부 해안정 4정목으로 이전하다

1926년

4월 24일	직무규정을 일부 개정하다
6월 10일	고 대훈위 이왕 전하 국장에 대해 봉도(奉悼)를 위해 임시휴업하다
7월 26일	사쿠라이 고이치 씨 이사를 사임하다
10월 1일	이사 이시이 미쓰오, 동 모리 고이치, 동 박영효 및 감사 히로세 미쓰마사, 동 윤덕영 제씨 임기 만료 중임하다
10월 22일	조케이(長慶) 천황 어등렬(御登列) 친고제(親告祭) 당일이어서 임시휴업하다
12월 27일	1926년(昭和 1) 다이쇼(大正) 천황 붕어하셔서 봉도를 위해 임시휴업하다

1927년

1월 24일	군산지점 영업소를 전라북도 군산부 전주통으로 이전하다
2월 5일	이시이 미쓰오 씨 이사를 사임하다
2월 7,8일	다이쇼 천황 장례식 거행으로 봉도를 위해 임시휴업하다
2월 28일	다카히사 도시오(高久敏男) 씨 이사에 취임하다
4월 22, 23일	전국 은행 일제히 휴업으로 임시휴업하다
8월 15일	총회에서 정관 변경(「정관」 제47조의 변경)의 건을 의결하나
9월 1일	상기 정관 변경을 인가받아 실시하다

2. 「조선식산은행령」

1918년 6월 제령 제7호 공포

1924년 3월 제령 제1호 개정

「조선식산은행령」(1918.7.4. 제령 제7호)과 개정 내용

내용	개정
제1장 총칙	
제1조 조선식산은행은 주식회사로서 본점을 경성에 둔다.	
제2조 조선식산은행의 자본금은 1,000만 원으로 하며 이를 20만 주로 나누어 1주의 금액을 50원으로 한다. 다만, 조선총독의 인가를 받아 자본금을 증가할 수 있다.	
제3조 조선식산은행의 존립 기간은 설립등기일부터 100년으로 한다. 다만, 조선총독의 인가를 받아 연장할 수 있다.	
제4조 조선식산은행의 주권은 기명식으로 한다. 제국신민 또는 제국법령에 의해 설립한 법인이 아니면 조선식산은행의 주주가 될 수 없다.	
제5조 정부 또는 공공단체는 조선식산은행의 주주가 될 수 있다.	
제2장 중역(重役)	
제6조 조선식산은행에 두취(頭取) 1인, 이사 3인 이상, 감사 2인 이상을 둔다.	(개정) 1936년(昭和 11) 7월 29일 제령 제11호 제6조 중 '두취 1인'을 '두취 및 부두취 각 1인'으로 한다.
제7조 두취는 조선식산은행을 대표하고 사무를 총괄한다. 두취에게 사고가 있을 때에는 정관이 정하는 바에 의하여 이사 중 1인이 그 직무를 대리하고, 두취가 결원인 때에는 그 직무를 행한다. 이사는 두취를 보좌하며 조선식산은행의 업무를 분장한다. 감사는 조선식산은행의 업무를 감사한다.	(개정) 1936년(昭和 11) 7월 29일 제령 제11호 두취는 조선식산은행을 대표하고 사무를 총괄한다. 두취에게 사고가 있을 때에는 부두취가 직무를 대리하며, 두취가 결원인 때에는 그 직무를 행한다. 부두취 및 이사는 두취를 보좌하며 정관이 정하는 바에 의하여 조선식산은행의 업무를 분장한다. 감사는 조선식산은행의 업무를 감사한다.
제8조 두취는 조선총독이 임명하며 임기는 5년으로 한다. 이사는 50주 이상을 소유한 주주 중 주주총회에서 선거한 2배의 후보자 중에서 조선총독이 임명하며 임기는 4년으로 한다.	(개정)1941년(昭和 16) 10월 6일 제령 제29호 제8조 중 '50주 이상을 소유한 주주 중' 및 '30주 이상을 소유한 주주 중'을 삭제한다.

감사는 30주 이상을 소유한 주주 중 주주총회에서 선임하며 임기는 2년으로 한다.	
제9조 두취 및 이사는 어떠한 명칭으로도 다른 직무 또는 상업에 종사할 수 없다. 다만, 조선총독의 인가를 받은 때에는 그러하지 아니하다.	
제3장 주주총회	
제10조 통상 주주총회는 정관이 정하는 시기에 두취가 소집한다.	
제11조 임시 주주총회는 임시로 필요한 때 두취가 소집한다.	
제12조 감사의 전원 또는 자본의 5분의 1 이상에 해당하는 주주는 회의의 목적 사항 및 소집의 이유를 기재한 서면을 두취에게 제출하여 총회의 소집을 청구할 수 있다. 두취는 전항의 청구를 받은 때에는 임시 주주총회를 소집해야 한다.	
제13조 주주의 의결권은 1주에 대하여 1개로 한다. 다만, 11주 이상은 10주가 증가할 때마다 1개를 추가한다.	
제14조 주주는 주주가 아닌 자를 대리인으로 해서 의결권을 행사할 수 없다. 다만, 법정대리인은 그러하지 아니하다.	
제15조 정관의 변경은 자본의 반액 이상에 해당하는 주주가 출석해서 의결권의 과반수로 결정한다.	
제4장 영업	
제16조 조선식산은행은 다음 각호의 업무를 행한다. 1. 30년 이내의 연부상환 또는 5년 이내의 정기상환의 방법에 의해 부동산 또는 부동산상의 권리를 담보로 하는 대부 2. 5년 이내의 정기상환의 방법에 의해 어업권을 담보로 하는 대부 3. 법령의 규정에 의해 설정한 재단을 담보로 하는 제1호의 방법에 의한 대부 4. 농업자 또는 공업자 20인 이상이 연대해서 채무를 진 자에 대해 5년 이내의 정기상환의 방법에 의한 무담보 대부 5. 공공단체에 대한 제1호의 방법에 의한 무담보 대부 6. 지방금융조합·어업조합 기타 영리를 목적으로 하지 않는 산업의 법인에 대한 제1호의 방법에 의한 무담보 대부	(개정) 1924년(大正 13) 3월 19일 제령 제1호 제16조 제1항 중 '30년'을 '50년'으로, '20인'을 '10인'으로, '지방금융조합'을 '금융조합'으로 한다. (개정) 1931년(昭和 6) 6월 9일 제령 제13호 제16조 제1항 제11호를 다음과 같이 한다. 11. 담보부사채에 관한 신탁사업 (개정) 1933년(昭和 8) 8월 17일 제령 제9호 제16조 제1항 제10호 중 '공공단체의 채권' 다음에 '·조선금융채권'을 추가한다. (개정) 1941년(昭和 16) 10월 6일 제령 제29조

7. 조선의 산물 또는 조선의 산업상 필요한 화물을 전당으로 하는 대부 8. 국채증권 또는 조선총독이 인가한 유가증권을 전당으로 하는 대부 9. 환 및 하환 10. 공공단체의 채권 또는 조선에서 식산사업의 경영을 목적으로 하는 회사 사채권(社債券)의 응모 또는 인수 11. 신탁업무 전항에 게기한 대부로 1년 이내의 것은 어음할인의 방법에 의할 수 있다.	제16조 제1항 제1호 중 '연부상환'을 '할부상환'으로 한다. 동조 동항 제4호를 다음과 같이 한다. 4. 농업자·임업자·어업자 또는 공업자 5인 이상이 연대하여 채무를 진 자에 대한 5년 이내의 할부상환 또는 정기상환의 방법에 의한 무담보 대부 동조 동항 제6호의 다음에 다음 1호를 추가한다. 6의 2. 전호에 규정한 것을 제외하고 조선 총독이 지정한 영리를 목적으로 하지 아니하는 법인에 대한 제1호의 방법에 의한 무담보 대부 동조 동항 제10호 중 '조선금융채권' 다음에 '조선주택채권'을 추가한다. 동조 동항에 다음 1호를 추가한다. 12. 국채증권·공공단체의 채권·조선금융채권·조선주택채권·사채권 또는 주권의 모집, 그 불입금의 수납 또는 그 원리금 또는 배당금의 지불 취급 (개정) 1942년(昭和 17) 9월 19일 제령 제30호 제16조 제1항 제6호의 2 중 '전호에 규정한 것을 제외하고 조선총독이 지정한 영리를 목적으로 하지 아니하는 법인'을 '전 2호에 규정한 법인 이외의 법인으로 조선총독이 지정하는 것'으로 한다. 동조 동항 제10호 및 제12호 중 '조선금융채권·조선주택채권'을 '특별 법령에 의하여 설립된 법인의 채권'으로 한다.
제17조 조선식산은행은 예금을 하거나 지금은(地金銀) 유가증권의 보호예치를 할 수 있다. 정기예금 이외의 예금은 전조 제1항 제7호 내지 제8호의 자금으로 충당하는 것 외에 사용할 수 없다.	(개정) 1941년(昭和 16) 10월 6일 제령 제29조 조선식산은행은 예금 및 보호예치를 할 수 있다. (개정) 1942년(昭和 17) 9월 19일 제령 30호 제17조 제2항을 삭제한다.
제18조 조선식산은행이 저당을 징수할 때는 모두 제1 저당이어야 한다. 다만, 구채(舊債)가 있는 경우에 조선식산은행에서 차입한 신채(新債)로서 그 구채를 상환하는 효과에 의해 신채의 제1저당이 되는 때에는 그러하지 아니하다.	(개정) 1924년(大正 13) 3월 19일 제령 제1호 제18조 중 '신채의 제1 저당이 되는 때에는'을 '신채의 제1 저당이 되는 때 또는 선순위의 저당권자가 조선식산은행으로 구 대부금액 및 신 대부금액이 제20조의 제한을 초과하지 아니하는 때에는'으로 한다. (개정) 1942년(昭和 17) 9월 19일 제령 제30호 제18조를 삭제한다.
제19조 조선식산은행이 저당으로 징수하는 토지는 영구적으로 확실한 수익의 전망이 있는 것에 한한다.	

제20조 부동산, 부동산상의 권리, 어업권 또는 재단을 저당으로 대부하는 금액은 조선식산은행에서 감정한 가격의 3분의 2 이내로 한다.	(개정) 1939년(昭和 14) 11월 8일 제령 제16호 제20조의 2 대부금의 연부상환에 대하여는 5년 이내로 거치연한을 정할 수 있다. 연부상환 기간 전에 천재지변 및 기타 부득이한 사고가 있을 때에는 5년 이내로 다시 거치연한을 정할 수 있다. (신설) (개정) 1941년(昭和 16) 10월 6일 제령 제29호 제20조의 2 중 '연부상환'을 '할부상환'으로, '거치연한'을 '거치기간'으로, '연부상환 기간'을 '할부상환 기간'으로 한다. (개정) 1942년(昭和 17) 9월 19일 제령 제30호 제20조 중 '감정한 가격의 3분의 2 이내'를 '감정한 가격 이내'로 하고, 동조에 다음 1항을 추가한다. 전조의 경우 선순위 또는 동순위의 저당권자가 있는 때에는 조선식산은행이 대부하는 금액은 전항의 감정가격보다 선순위 또는 동순위 저당권자의 대부금액(선순위 저당권자의 대부금 중 조선식산은행 또는 이와 동순위 저당권자의 대부금으로 상환하여야 하는 금액이 있을 때에는 이를 공제한다.)을 공제한 금액 이내로 한다. (신설)
제21조 연부상환의 방법으로 차입하는 채무자는 상환기한 전에 차용금의 전부 또는 일부를 상환할 수 있다. 전항의 경우에는 조선식산은행은 정관이 정하는 바에 의해 상당한 수수료를 청구할 수 있다.	(개정) 1941년(昭和 16) 10월 6일 제령 제29호 제21조 중 '연부상환'을 '할부상환'으로 한다.
제22조 채무자는 차용금의 5분의 1 이상을 상환한 때는 그 비율에 따라 저당물의 일부에 대한 해제를 청구할 수 있으며, 잔액에 대한 차용금의 5분의 1 이상을 상환할 때에도 같다.	
제23조 조선식산은행은 연부금의 불입을 지연한 채무자에 대해 상환기한 전이라 하더라도 대부금 전부의 상환을 청구할 수 있다.	(개정) 1941년(昭和 16) 10월 6일 제령 제29호 제23조 및 제25조 중 '연부금'을 '할부금'으로 한다.
제24조 조선식산은행은 저당물의 가격이 감소해서 대부금 상한 잔액이 제20조의 비율에 부족한 때에는 저당물의 추가를 청구하거나 부족분에 상당하는 대부금액의 상환을 청구할 수 있다. 채무자가 전항의 청구에 응할 수 없을 때에는 조선식산은행은 상환기한 전이라 하더라도 대부금 전부의 상환을 청구할 수 있다.	(개정) 1941년(昭和 16) 10월 6일 제령 제29호 제23조 및 제25조 중 '연부금'을 '할부금'으로 한다. (개정) 1942년(昭和 17) 9월 19일 제령 제30호 제24조 제1항 중 '대부금 상환 잔액이 제20조의 비율에'를 '조선식산은행의 대부금 상환 잔액 또는 선순위 또는 동순위 저당권자가 있는 때에는 그 대부금의 상환잔액과 조선식산은행의 대부금 상환 잔액의 합계액에 대하여'로 한다.

第25条 무담보로 차입을 한 공공단체, 기타 법인이 연부금·정기상환금 또는 이자의 불입을 지연하거나 기한 전의 상환 청구에 대해 불입을 지연할 때에는 조선식산은행은 그 법인의 감독관청에 불입에 관한 처분을 청구할 수 있다. 감독관청은 전항의 청구를 받은 때에는 공공단체, 기타 법인에게 명하여 연체금 및 지연이자를 불입하게 해야 한다.	
第26条 조선식산은행은 국채증권 또는 조선총독이 인가한 유가증권을 매입하거나 조선총독이 지정한 은행에 예금하는 경우를 제외하고 영업상의 잉여금을 사용할 수 없다.	(개정) 1924년(大正 13) 3월 19일 제령 1호 조선식산은행은 국채증권·지방채증권 또는 조선총독이 인가한 유가증권의 응모·인수 또는 매입을 하거나 조선총독이 인정한 은행에 예입하는 경우를 제외하고 영업상의 잉여금을 사용할 수 없다.
第27条 조선식산은행은 조선총독의 인가를 받아 다른 은행 또는 동양척식주식회사의 업무를 대리할 수 있다. 전항의 규정에 의해 대부의 대리를 하는 경우에는 조선식산은행은 채무자를 위해 채무 보증을 할 수 있다.	(개정) 1939년(昭和 14) 11월 8일 제령 제16호 제27조 제1항 중 '동양척식주식회사' 다음에 '또는 일본산금진흥주식회사'를 추가한다. (개정) 1942년(昭和 17) 9월 19일 제령 제30호 제27조 제1항을 다음과 같이 한다. 조선식산은행은 조선총독의 인가를 받아 다른 법인의 업무를 대리할 수 있다.
第28条 조선식산은행은 공공단체를 위해 그 단체의 금전출납을 취급할 수 있다.	
第29条 조선식산은행은 이 영에 규정하지 아니한 업무를 행할 수 없다.	

제5장 채권

第30条 조선식산은행은 불입 자본금액의 10배를 한도로 채권을 발행할 수 있다. 다만, 연부상환 대부금 총액, 정기상환 대부금 총액과 제16조 제10호의 규정에 의해 응모 또는 인수한 채권 및 사채권의 현재액을 초과할 수 없다. 채권을 발행하는 때에는 상법 제199조의 규정을 적용하지 아니한다.	(개정) 1924년(大正 13) 3월 19일 제령 제1호 '제5장 채권'을 '제5장 조선식산채권'으로 한다. 제30조 중 '10배'를 '15배'로, '상법 제199조'를 '상법 제199조 및 제200조의 2'로 하고 동조에 다음 1항을 추가한다. 채권을 발행하는 경우에는 응모총액이 사채신청증에 기재한 사채총액 미만인 때라 하더라도 사채를 성립하고자 하는 취지를 사채신청증에 기재한 때에는 그 응모총액을 사채총액으로 한다.(신설) (개정) 1941년(昭和 16) 10월 6일 제령 제29호 제30조 중 '연부상환 대부금 총액'을 '할부상환 대부금 총액'으로 한다.
第31条 채권은 권면 금액을 10원 이상으로 하며 무기명 이찰부로 한다. 다만, 응모자 또는 소유자의 청구에 의해 기명으로 할 수 있다.	

第32조 조선식산은행은 채권을 발행하고자 하는 경우에는 매회 그 금액, 조건과 발행 및 상환 방법을 정하여 조선총독의 인가를 받아야 한다.	
第33조 조선식산은행은 권면금액 20원 이하의 채권을 발행하는 경우에는 매출의 방법으로 할 수 있다. 이 경우에는 매출기간을 정해야 한다. 전항의 경우에는 사채신입증 제작을 요하지 아니한다. 제1항의 규정에 의해 발행한 채권은 상호 및 상법 제173조 제2호, 제4호 내지 제6호에 게기한 사항을 기재해야 한다. 상법 제204조의 3 제1항의 기간은 채권의 매출기간 만료일부터 기산하며, 등기하여야 하는 사항은 매출기간 내의 채권의 매상총액 및 상법 제173조 제4호 내지 제6호에 게기한 사항으로 한다. 매출의 방법에 의해 채권을 발행하는 경우의 사채 등기신청서에는 매출 기간 내의 채권의 매상총액을 증명하는 서면을 첨부하여야 한다.	
第34조 조선식산은행은 매출의 방법에 의해 채권을 발행하고자 하는 때는 매출기간 및 상법 제203조 제2항 제1호 내지 제3호에 게기한 사항을 공고해야 한다.	(개정) 1939년(昭和 14) 11월 8일 제령 제16호 제34조의 2 채권은 할인의 방법으로 발행할 수 있다.(신설)
第35조 조선식산은행은 채권 차환을 위해 일시적으로 제30조의 제한에 의하지 않고 저금리 채권을 발행할 수 있다. 전항의 규정에 의해 채권을 발행한 경우에는 발행 후 1월 내에 그 발행 권면금액에 상당하는 구채권을 상환해야 한다.	
第36조 조선식산은행은 조선총독의 인가를 받아 채권을 매입·소각할 수 있다.	
第37조 채권 원금의 청구권은 15년간 행사하지 아니한 때는 시효로 인하여 소멸한다.	
第38조 채권의 모조(模造)에 관해서는 「통화 및 증권모조단속법」을 준용한다.	
제6장 준비금	
第39조 조선식산은행은 매 영업연도 준비금으로 자본의 결손을 보충하기 위해 이익의 100분의 8 이상 및 이익 배당의 평균을 맞추기 위해서 이익의 100분의 2 이상을 적립해야 한다.	

제7장 감독	
제40조 조선총독은 조선식산은행의 업무를 감독한다.	
제41조 정관의 변경은 조선총독의 인가를 받지 않으면 효력이 발생하지 않았다.	
제42조 조선식산은행이 지점 또는 대리점을 설치하고자 할 때는 조선총독의 인가를 받아야 한다. 조선총독은 필요하다고 인정하는 때에는 조선식산은행에 명하여 지점 또는 대리점을 설치하게 할 수 있다.	
제43조 조선식산은행은 조선총독의 인가를 받지 않으면 이익을 배당할 수 없다.	
제44조 조선총독은 조선식산은행의 업무에 관해 감독상 필요한 명령을 할 수 있다.	
제45조 조선총독은 조선식산은행 감리관을 두고 조선식산은행의 업무를 감시하게 한다.	
제46조 조선식산은행 감리관은 조선식산은행의 금고·장부 및 문서를 검사할 수 있다. 조선식산은행 감리관은 필요하다고 인정할 때는 조선식산은행에 명해서 영업상의 계산 및 경황을 보고하게 할 수 있다. 조선식산은행 감리관은 주주총회, 기타 회의에 출석해서 의견을 진술할 수 있다.	
제8장 벌칙	
제47조 다음 각호의 경우에는 조선식산은행의 두취 또는 두취의 직무를 하거나 대리한 이사는 100원 이상 1,000원 이하의 과료에 처하며, 이사의 분담업무에 관계된 때에는 이사를 과료에 처하는 것도 같다.	(개정) 1942년(昭和 17) 9월 19일 제령 제30호
1. 인가를 받아야 하는 사항에 관해서 인가받지 아니할 때 2. 제10조 또는 제12조 제2항의 규정에 위반해서 주주총회를 소집하지 아니할 때 3. 제16조·제18조 내지 제20조의 규정에 위반해서 대부 또는 할인을 할 때 4. 제17조 제2항의 규정에 위반해서 예금을 사용할 때 5. 제26조의 규정에 위반해서 영업상의 잉여금을 사용할 때 6. 제29조의 규정에 위반해서 이 영(令)에 규정하지 아니한 업무를 경영할 때	제47조 제3호 중 '제18조 내지'를 '제19조 또는'으로 한다. 동조 중 제4호를 삭제하고 제5호를 제4호로 하며 이하 순차적으로 올린다.

	7. 제30조 제1항, 제33조 제1항·제3항 또는 제34조의 규정에 위반해서 채권을 발행할 때 8. 제35조 제2항의 규정에 위반해서 채권의 상환을 하지 아니할 때 9. 제39조의 규정에 위반해서 적립금을 적립하지 아니한 때 10. 제42조 제2항의 명령 또는 제44조의 명령에 위반할 때	
제48조	조선식산은행의 두취 또는 이사가 제9조의 규정에 위반할 때는 20원 이상 200원 이하의 과료에 처한다.	
제49조	전2조의 과료에 관해서는 「비송사건수속법(非訟事件手續法)」 제206조 내지 제208조의 규정을 준용한다.	(개정) 1939년(昭和 14) 11월 8일 제령 제16호 제49조를 삭제한다.
부칙		
제50조	이 영은 공포일부터 시행한다.	
제51조	조선총독은 설립위원을 임명해서 조선식산은행 설립에 관한 일체의 사무를 처리하게 한다.	
제52조	설립위원은 정관을 작성해서 조선총독의 인가를 받아야 한다.	
제53조	설립위원은 「농공은행령」에 의해 설립한 농공은행의주주에 대해서 5원 불입 주식 4주, 10원 불입 주식 2주, 20원 불입 주식 1주에 대해 각 조선식산은행의 주식 1주를 할당해야 한다. 다만, 정부 소유의 주식은 5주에 대해 조선식산은행 주식 2주를 할당해야 한다. 설립위원은 전항의 할당을 하기 위해 조선총독의 인가를 받은 방법에 의해 공고해서 일정 기간 농공은행 주식의 명의 게재를 정지할 수 있다.	
제54조	전조 제1항의 할당을 하는 경우에 설립위원은 농공은행의 주주에게 1월 내에 주권을 설립위원에게 제공해야 한다는 취지 및 기간 내에 이를 제공하지 않을 때는 주주의 권리를 상실하게 된다는 취지의 통지를 하고 이를 공고해야 한다.	
제55조	설립위원이 전조의 수속을 해도 주주가 주권을 제공하지 않을 때는 그 권리를 상실하며, 주주가 주권을 제공한 경우에 할당에 적당하지 않은 주가 있을 때는 그 주에 대해서도 같다.	

전항의 규정에 의해 주주가 권리를 상실할 때는 설립위원은 지체 없이 그 주주의 성명 · 주소 및 주권 번호를 공고하여야 한다.	
제56조 설립위원은 전조 제1항의 규정에 의해 권리를 상실한 주주에 대해서는 그 주식을 매각하고 대금을 교부하여야 한다. 농공은행령 제3조의 규정은 전항의주식 매수인에게 적용하지 아니한다.	
제57조 설립위원은 전항의 주식 매수인에게 제53조 제1항의 규정에 의해 즉시 주식을 할당해야 한다. 전항의 규정에 의해 할당할 수 없는 주식은 조선총독이 정하는 바에 의해 농공은행이 소각해야 한다.	
제58조 농공은행의 주식을 목적으로 하는 질권은 제53조 제1항의 규정에 의해 할당해야 하는 조선식산은행의 주식 및 56조 제1항의 규정에 의해 교부하는 대금상에 존재한다.	
제59조 설립위원은 조선식산은행의 주식 총수에서 제53조 제1항 및 제57조 제1항의 규정에 의해 할당해야 하는 주식을 공제한 잔여 주식에 대해 주주를 모집해야 한다. 상법 제126조 내지 제130조의 규정은 전항의 모집에 준용한다. 제1회의 불입금액은 각 주식에 대하여 20원으로 한다. 주식신청증에는 다음 각호의 사항을 기재하여야 한다. 1. 정관인가 연월일 2. 상법 제120조 제1호 내지 제4호 및 제7호에 규정한 사항 3. 본점의 소재지 4. 존립 시기 5. 제1회의 불입금액 6. 농공은행의 주주에 대하여 할당한 주식의 수 및 그 비율 7. 설립 비용	
제60조 전조에 의해 모집한 주식 총수에 대해 제1회의 불입이 있을 때는 제53조 제1항 및 제57조 제1항의 규정에 의해 할당한 주식에 대한 정부 소유의 주식은 전액, 그 이외의 주식은 제1회의 불입을 완료한 것으로 본다.	

제61조 제59조 제1항의 규정에 의해 모집한 각 주식에 대한 제1회의 불입이 있을 때는 설립위원은 지체 없이 창립총회를 소집하여야 한다. 창립총회는 제53조 제1항 및 제57조 제1항의 규정에 의해 주식의 할당을 받은 농공은행의 주주와 제59조 제1항의 규정에 의해 모집한 주식의 인수인으로서 자본의 반액 이상에 해당하는 자가 출석해서 의결권의 과반수로 일체의 결의를 한다. 제13조, 제14조, 상법 제132조, 제156조 제1항·제2항, 제163조 내지 제163조의 4의 규정은 전항의 창립총회에 준용한다.	
제62조 창립총회에서는 창립에 관한 사항을 조사·보고하게 하기 위한 검사역을 선임하여야 한다.	
제63조 창립총회는 제8조의 규정에 준해서 설립 후 첫 번째 이사 후보자의 선거 및 감사를 선임해야 한다.	
제64조 조선식산은행은 창립총회의 종결로 인해 성립한다. 설립위원은 조선식산은행이 성립할 때는 즉시 그 사무를 조선식산은행 두취에게 인도하여야 한다.	
제65조 「농공은행령」에 의해 설립한 농공은행은 조선식산은행 성립일에 해산하고, 일체의 권리·의무는 조선식산은행이 승계하며 이 경우에는 청산을 요하지 않는다. 전항의 경우에는 조선식산은행 두취는 농공은행에 대해서는 해산등기를 하고, 조선식산은행에 대하여는 상법 제141조 제1항의 규정에 준해서 설립등기를 해야 한다. 상법 제142조의 규정은 전항의 경우에 준용한다.	
제66조 전조 제1항의 경우에는 「농공은행령」에 의해 발행한 농공채권은 이 영에 의해 발행한 채권으로 본다.	
제67조 제65조 제1항의 규정에 의해 조선식산은행이 승계한 부동산 및 부동산을 목적으로 하는 권리는 등기부 또는 증명부의 농공은행 명의는 조선식산은행의 명의로 변경한 것으로 본다.	
제68조 조선식산은행은 당분간 조선총독이 지정하는 보통은행의 업무를 행할 수 있다.	

제69조 조선식산은행은 정부 소유의 주식에 대하여는 조선총독이 지정하는 기간 동안 이익을 배당하지 아니할 수 있다.	
제70조 「농공은행령」은 조선식산은행 성립일부터 폐지한다.	

자료 : 鮮殖産銀行, 『朝鮮殖産銀行二十年志』, 1938, 부록 18~32쪽 ; 『조선총독부관보』.

3. 주식회사 조선식산은행 정관

1918년 7월 2일 조선총독부 인가

1920년 2월 24일 개정

1924년 4월 23일 개정

1927년 8월 15일 개정

제1장 총칙

제1조 당 은행은 1918년 제령 제7호「조선식산은행령」에 의해 설립하고 주식회사 조선식산은행이라고 칭한다.

제2조 당 은행은「조선식산은행령」에 의거해 영업하는 것을 목적으로 한다.

제3조 당 은행은 본점을 경성에 둔다.

제4조 당 은행은 조선총독의 인가를 받거나 조선총독의 명령에 의해 필요한 곳에 지점 또는 대리점을 설치할 수 있다.

제5조 당 은행의 존립기간은 설립등기한 날부터 100년으로 한다. 단, 조선총독의 인가를 받아 이를 연장할 수 있다.

제6조 당 은행의 공고는『조선총독부관보』및 신문지에 한다. 단, 공고할 수 있는 신문지는 두취가 이를 선정하고『조선총독부관보』에 공고해야 한다.

제2장 자본금 및 주식

제7조 당 은행의 자본금은 3000만 원으로 하고 이를 60만 주로 나누어 1주의 금액을 50만 원으로 한다. 단, 조선총독의 인가를 받아 자본금을 증기시킬 수 있다.

【주: 1920년 2월 24일 제7조 중 '1000만 원'으로 되어 있던 것을 '3000만 원'으로, '20만 주'로 되어 있던 것을 '60만 주로'로 개정함】

제8조 당 은행의 주권은 기명식으로 한다.

제국신민 또는 제국법령에 의해 설립한 법인이 아니면 당 은행의 주주가 될 수 없다.

정부 및 공공단체는 당 은행의 주주가 될 수 있다.

제9조 당 은행의 주권은 1주권, 10주권, 100주권 및 1000주권의 4종으로 한다.

제10조 당 은행의 주식 중 63,597주는 「농공은행령」에 의거해 설립한 농공은행의 주주에게 그가 소유한 5원 불입 주식 4주, 10원 불입 주식 2주, 20원 불입 주식 1주에 대해 각 1주씩을 할당한다. 단, 정부 소유 주식에 대해서는 5주에 대해 2주를 할당한다.

제11조 주금 제1회의 불입금액은 1주에 대해 20원으로 한다. 단, 증가 자본금의 주금 제1회 불입금액은 1주에 대해 12원 50전으로 한다.

【주: 1920년 2월 24일 제11조 제1항에 '단, 증가 자본금의 주금 제1회 불입금액은 1주에 대해 12원 50전으로 한다'의 단서를 추가함】

전조에 따라 할당한 주식에 대해서는 정부 소유의 주식은 전액, 그 이외의 주식은 제1회 불입을 완료한 것으로 간주한다.

제12조 주주가 제1회 주금 불입을 했을 때는 영수서를 교부하고 곧 주권과 교환해야 한다. 주금의 불입이 있을 때마다 주권에 그 금액을 기재하고 두취는 여기에 날인해야 한다.

제13조 주금 제2회 이후의 불입 기일, 방법 및 금액은 영업의 사정에 따라 두취가 이를 정하고 적어도 2주 전에 그 내용을 각 주주에게 최고(催告)하고 동시에 이를 공고해야 한다. 단, 그 불입 금액은 매회 1주에 대해 10원을 넘지 않아야 한다.

증가 자본금의 주금 제2회 이후의 불입 금액은 매회 1주에 대해 12원 50전을 넘지 않아야 한다.

【주: 1920년 2월 24일 제13조에 '증가 자본금의 주금 제2회 이후의 불입 금액은 매회 1주에 대해 12원 50전을 넘지 않아야 한다'의 1항을 제2항으로서 추가함】

제14조 주주가 주금의 불입을 소홀히 했을 때는 그 불입 기일 다음 날부터 현 불입일까지 체납금으로 100엔에 대해 1일 4전의 비율에 해당하는 배상금을 징수해야 한다.

제15조 주주 및 그 법정 대리인은 인감 및 주소를 당 은행에 신고해야 한다. 이를 변경했을 때 역시 같다. 단, 인감 또는 법정 대리인의 권한에 대해 당 은행에서 증명을 청구했을 때는 그 수속을 해야 한다.

제16조 당 은행의 주식을 양도할 경우에는 주권 뒷면에 당사자 쌍방이 기명날인하고 여기에 연서의 명의서환청구서(名義書換請求書, 명의변경청구서)를 첨부하여 당 은행

에 제출해야 한다. 단, 상속, 유증(遺贈, 상속과 증여) 또는 경매 등으로 당 은행의 주식을 취득했을 때는 취득자만 주권 뒷면에 기명날인하고 증명서를 첨부해야 한다.

전항의 청구를 받았을 때는 당 은행은 주주명부에 기입 수속을 하고 그 주권 뒷면에 두취 기명날인한 뒤 이를 환부해야 한다.

제17조 당 은행의 주권이 감실(減失)했을 때는 주주는 그 사유와 종류, 번호를 상세히 기입하고 당 은행이 적당하다고 인정하는 2명 이상의 보증인을 세워 당 은행에 신고하여 신주권의 교부를 청구할 수 있다.

전항의 청구를 받았을 때는 당 은행은 신주권을 교부해야 한다. 단, 감실의 증적(證迹, 증거와 흔적)이 판명되지 않은 것은 분실의 예에 따른다.

제18조 당 은행의 주권을 분실하거나 도취(盜取, 도난) 당했을 때는 주주는 그 종류, 번호를 상세히 기입하고 그 내용을 당 은행에 신고하여 신주권의 교부를 청구할 수 있다.

전항의 청구를 받았을 때는 당 은행은 청구인의 비용으로써 그 내용을 공고하고 한 달이 경과한 후 당 은행이 적당하다고 인정하는 2명 이상의 보증인을 세워 신주권을 교부해야 한다.

전항의 기간 내에 청구인이 해당 주권을 발견했을 때는 곧바로 당 은행에 신고해야 한다. 당 은행은 청구인의 비용을 가지고 그 내용을 공고해야 한다.

제19조 감실, 분실 혹은 도난의 신고가 있었던 주권에 관해 고장 신고를 한 자가 있을 때는 당 은행은 확정판결에 의하지 않으면 신주권을 교부해서는 안 된다.

제20조 당 은행의 주권이 오염 또는 훼손되었을 때는 주주는 그 사유를 상세히 기입하고 그 주권을 첨부하여 당 은행에 제출하고 신주권의 교부를 청구할 수 있다.

전항의 청구를 받고 그 주권을 심사하여 진정(眞正)하다는 것을 감별하기 어려운 경우에는 분실의 예에 따른다.

제21조 당 은행은 주주의 청구에 따라 주권의 종류 변경을 해야 한다.

제22조 당 은행은 주권의 명의변경의 경우에는 1통에 대해 5전, 감실, 분실, 도난, 오염, 훼손 또는 종류 변경에 따라 신주권 교부의 경우에는 1통에 대해 20전의 수수료를 청구인으로부터 징수해야 한다.

제23조 당 은행은 통상주주총회 전 한 달 이내에 주식의 양도에 의한 주권의 명의변경을

정지한다. 단, 이 경우에는 미리 그 내용을 공고해야 한다.

임시주주총회의 경우에는 전항의 규정을 준용할 수 있다.

제3장 중역

제24조 당 은행은 두취 1인, 이사 3인 이상, 감사 2인 이상을 둔다.

제25조 두취는 그 임기를 5년으로 하고 조선총독이 이를 임명한다.

이사는 그 임기를 4년으로 하고 50주 이상을 소유하는 주중 중에서 주주총회에서 2배의 후보자를 선거하여 조선총독이 그중에서 이를 임명한다.

감사는 그 임기를 2년으로 하고 30주 이상을 소유하는 주주 중에서 주주총회에서 이를 선임한다.

이사 또는 감사에 궐원이 있을 때는 다음 주주총회에서 보궐선거를 실시해야 한다. 그 보궐원의 임기는 전임자의 잔여 임기로 한다.

제26조 이사는 그 소유하는 당 은행의 주권 각 50주를 재임 중 감사에게 공탁해야 한다.

전항의 주권은 본인이 퇴직하더라도 그 기에 속하는 결산보고가 주주총회의 승인을 얻은 후가 아니면 이를 돌려받을 수 없다.

제27조 두취의 직무권한은 다음과 같다.

1. 두취는 일체의 업무에 대해 당행을 대표한다.
2. 두취는 법률, 명령 및 정관의 규정 및 주주총회 및 중역회의 결의에 따라 당 은행 일체의 사무를 집행한다.
3. 두취는 주주총회 및 중역회의 의장이 되어야 한다.

제28조 두취에게 사고가 있을 때는 이사 1인으로 하여금 그 직무를 대리하게 한다.

두취가 궐원일 때는 이사의 호선을 통해 두취의 직무를 행하는 자를 정한다.

제29조 이사는 두취를 보좌하고 두취의 명을 받아 당 은행의 업무를 분장한다.

제30조 감사는 당 은행의 업무를 감사한다.

제31조 두취 및 이사의 보수 연액은 다음과 같다.

1. 두취 5000원
2. 이사 1급 3500원 2급 3000원

감사의 보수액은 주주총회의 결의로 이를 정한다.

두취 및 이사에 대해서는 수당을 지급할 수 있다. 그 액수는 조선총옥이 정하는 바에 따른다.

제4장 중역회

제32조 중역회는 두취 및 이사로 이를 조직한다.

제33조 중역회는 당 은행의 중요한 업무를 결의한다.

제34조 중역회는 두취가 이를 소집한다.

중역회는 회원 반수 이상이 출석하지 않으면 이를 개최할 수 없다. 단, 회원 중 질병, 여행, 기타 사고가 있어서 정수에 미치지 못하더라도 그 사무를 급하게 시행해야 할 때는 출석원에서 이를 결의하고 다음 중역회에서 그 내용을 보고해야 한다.

의사는 다수로써 결의한다. 가부 동수일 때는 의장이 이를 결정한다.

제35조 중역회에서 결의한 사항은 결의록에 기재하고 출석원이 여기에 기명날인해야 한다.

제5장 주주총회

제36조 주주총회를 나누어 통상과 임시 2종으로 한다.

제37조 통상주주총회는 매년 2월과 8월 두 번에 이를 개최한다. 그 일시, 장소 및 회의의 목적인 사항은 두취가 이를 정하고 적어도 개회일로부터 2주 전에 각 주주에게 통지해야 한다.

제38조 임시주주총회는 다음의 경우에 한해 이를 개최한다. 그 일시 및 장소는 두취가 이를 정하고 회의의 목적된 사항과 함께 적어도 개회일로부터 2주 전에 각 주주에게 통지해야 한다.

1. 두취가 필요하다고 인정할 때
2. 감사 전원 또는 자본의 5분의 1 이상에 해당하는 주주로부터 총회의 목적된 사항 및 그 소집 이유를 기재한 서면을 제출하고 그 소집을 청구했을 때

전항 제2호의 처우를 받았을 때는 두취는 2주 이내에 이 소집의 수속을 해야 한다.

제39조 각 주주의 결의권은 그 소유 주수 1주에 대해 1개로 하고 11주 이상은 10주를 늘릴 때마다 1개를 추가한다.

제40조 주주는 주주가 아닌 자를 대리인으로 하여 총회에 출석해 결의권을 행사하게 할 수 없다. 단, 법정 대리인은 이 제한에 있지 않다.

당 은행의 역원 및 사용인은 법정 대리인일 경우 외에 어떤 경우에도 대리인이 될 수 없다.

제41조 주주총회의 결의는 출석 주주의 결의권의 과반수로써 이를 한다. 가부동수일 때는 의장이 결정하는 바에 따른다. 단, 정관의 변경을 결의할 경우에는 자본의 반액 이상에 해당하는 주주가 출석해야 한다.

제42조 주주총회에서 결의한 사항은 이를 결의록에 기재하고 두취, 이사 및 감사가 여기에 기명날인해야 한다.

제43조 주주총회 출석명부는 두취, 이사 및 감사가 기명날인한 뒤 결의록에 부철해야 한다.

제6장 영업

제44조 당 은행의 영업은 다음과 같다.

1. 50년 이내의 연부상환 또는 5년 이내 정기상환의 방법에 의해 부동산 또는 부동산상의 권리를 담보로 하여 대부할 수 있다.

   【주: 1924년 4월 23일 '30년'이라고 되어 있는 것을 '50년'으로 개정함】

2. 5년 이내 정기상환의 방법으로 어업권을 담보로 하여 대부할 수 있다.
3. 법령의 규정에 의해 설정한 재단을 담보로 하여 제1호의 방법에 의해 대부할 수 있다.
4. 농업자 또는 공업자 10인 이상 연대하여 채무를 지는 자에 대해 5년 이내의 정기상환의 방법으로 무담보 대부를 할 수 있다.

   【주: 1924년 4월 23일 '20인'으로 되어 있던 것을 '10인'으로 개정함】

5. 공공단체에 대해 제1호의 방법으로 무담보 대부를 할 수 있다.
6. 금융조합, 어업조합 기타 영리를 목적으로 하지 않는 산업에 관한 법인에 대해

제1호의 방법으로 무담보 대부를 할 수 있다.

【주: 1924년 4월 23일 '지방금융조합'을 '금융조합'으로 개정함】

7. 조선의 산물 또는 조선의 산업상 필요한 화물을 담보로 대부할 수 있다.
8. 국채증권 또는 조선총독이 인가한 유가증권을 담보로 대부할 수 있다.
9. 환 및 하환을 취급할 수 있다.
10. 공공단체의 채권 또는 조선에서 식산사업을 영위하는 것을 목적으로 하는 회사의 사채권의 응모 또는 인수를 할 수 있다.
11. 신탁의 업무를 할 수 있다.
12. 예금 및 지금은 유가증권의 보호예치를 할 수 있다.

전항에 열거한 대부로서 상환기간의 1년에 미치지 못한 것은 어음할인의 방법에 따라야 한다.

제45조 「조선식산은행령」 제18조 단서의 경우에 구채(舊債)를 상환해야 할 금액은 차주(借主)에게 교부하지 않고 이를 그 상환에 충당해야 한다.

제46조 저당으로 잡는 건물의 보험은 모두 당 은행에서 확실하다고 인정하는 보험회사의 보험이어야 한다. 그 보험계약은 대부기한 중 계속되어야 한다.

제47조 상환기한 전에 연부상환 대부금의 전부 또는 일부의 상환을 받았을 경우에는 당 은행은 해당 상환금액의 100분의 2 이내의 수수료를 징수한다. 단, 천재 또는 피할 수 없는 사고로 기한 전 상환을 받을 경우는 이 제한에 있지 않다.

제44조 제1항 제5호, 제6호에 열거하는 법인으로부터 기한 전 상환을 받을 경우에 특별한 사정이 있을 때는 전항 수수료를 면제해야 한다.

【주: 1927년 8월 15일 제47조 중 '또는 제44조 제1항 제5호, 제6호에 열거하는 법인으로부터'를 삭제하고 '제44조 제1항 제5호, 제6호에 열거하는 법인으로부터 기한 전 상환을 받을 경우에 특별한 사정이 있을 때는 전항 수수료를 면제해야 한다'의 1항을 제2항으로서 추가함】

제48조 당 은행은 조선총독의 인가를 받아 다른 은행 또는 동양척식주식회사의 업무를 대리할 수 있다.

전항의 규정에 의해 대부업무의 대리를 했을 경우에는 당 은행은 채무자를 위해 그 채권의 보증을 할 수 있다.

제49조 당 은행은 공공단체를 위해 그 금전출납의 취급을 할 수 있다.

제50조 당 은행은 영업을 위해 필요한 물건을 취득하거나 또는 채무변제를 위해 물건을 인수하는 경우를 제외하고는 그밖에 동산 또는 부동산을 소유할 수 없다.

제51조 당 은행은 어떤 경우라도 당 은행의 중역 및 사용인에 대해 대부할 수 없다.

제7장 조선식산채권

【주: 1924년 4월 23일 '제7장 채권'으로 되어 있던 것을 '제7장 조선식산채권'으로 개정함】

제52조 당 은행에서 발행하는 채권은 권면금액을 10원 이상으로 하고 이찰부무기명(利札附無記名)으로 한다. 단, 응모자 또는 소유자의 청구에 의해 기명으로 해야 한다.

제53조 채권의 발행고는 불입자본금고의 15배를 한도로 한다. 단, 그 발행 현재고는 연부상환 대부금 총고, 정기상환 대부금 총고 및 제44조 제1항 제10호의 규정에 의해 응모 또는 인수한 채권 및 사채권 현재고를 초과할 수 없다.

【주: 1924년 4월 23일 '10배'로 되어 있던 것을 '15배'로 개정함】

제54조 당 은행이 채권을 발행하는 경우에는 주주총회의 의결을 요하지 않는다.

제55조 채권의 이자는 매년 1회 이찰(利札) 교환으로 지불해야 한다.

제56조 채권의 상환에 대해서는 5년 이내의 거치기간을 정해야 한다.

【주: 1924년 4월 23일 '30년'으로 되어 있던 것을 '50년'으로 개정함】

제57조 채권의 발행 및 상환의 경우에 필요한 사항은 미리 이를 공고해야 한다.

제58조 제16조 내지 제20조의 규정은 기명채권에 이를 준용한다.

제59조 당 은행은 기명채권의 명의변경을 할 경우에는 1통에 대해 5전, 기명채권을 무기명으로 무기명채권을 기명으로 변경할 경우 또는 감실, 분실, 도난, 오염 혹은 훼손에 의해 신채권을 교부할 경우에는 1통에 대해 20전의 수수료를 청구인으로부터 징수해야 한다.

제8장 계산

제60조 당 은행은 그 영업연도를 매년 1월부터 6월까지 및 7월부터 12월까지로 한다. 매 영업연도의 끝에 두취는 제(諸) 계정을 결산하고 재산목록, 대차대조표, 영업보

고서, 손익계산서 및 이익금분배안을 작성하여 통상주주총회에 제출해야 한다.

제61조 이익금 분배의 방법은 총익금으로부터 영업비 기타 제(諸) 비용 및 제 손(諸損)을 빼고 그 잔액을 이익으로 하여 다음의 비율로 분배해야 한다.

1. 이익금 100분의 8 이상 결손보전준비금
2. 이익금 100분의 2 이상 배당평균준비금
3. 이익금(전기이월금을 공제한 것) 100분의 10 이내 역원상여금 및 교제비
4. 이익금 중에서 앞의 3호의 금액을 뺀 잔액은 이를 주주에게 배당하거나 특별적립금 혹은 후기이월금으로 해야 한다.

제62조 당 은행의 이익배당금이 정부 소유 주식 이외의 주식에 대해 연 100분의 7의 비율에 달하지 않았을 때는 설립 초기의 말일부터 5년 동안만 이에 달하는 금액의 보급(補給)을 정부로부터 받기로 한다. 단, 그 액수는 어떤 경우라도 정부 이외의 자가 소유하는 주식의 불입자본액에 대해 100분의 7의 비율을 초과할 수 없다.

제63조 정부 소유의 주식에 대해서는 설립 초기부터 15년 동안 이익 배당을 하지 않는 것으로 한다. 단, 최후의 5년 동안은 그 배당에 상당하는 금액을 결손보전준비금에 편입시켜야 한다.

제64조 당 은행은 조선총독의 인가를 받은 후 주주에게 이익금을 배당한다.

이익금의 배당은 그 배당을 결의한 주주총회 당일 현재의 주주에게 이를 지불하는 것으로 한다.

배당금 지불의 기일 및 장소는 두취가 이를 정하고 주주에게 통지해야 한다.

부칙

제65조 설립에 관한 일체의 비용은 당 은행에서 부담하기로 한다. 단, 그 금액은 5만 원 이내로 한다.

【주: 1918년 10월 1일 '3만 원 이내'로 되어 있던 것을 '5만 원 이내'로 개정함】

제66조 당 은행은 성립일에 농공은행에서 가진 일체의 권리와 의무를 승계한다.

제67조 당 은행은 당분간 조선총독의 지정에 의해 보통은행의 업무를 영위한다.

제68조 당 은행에 상담역을 둘 수 있다.

상담역은 두취가 이를 촉탁한다. 그 인원수 및 사례금은 두취가 이를 정한다.

제69조 당 은행 자본금 중 2천만 원은 1920년 2월 24일 주주총회의 결의로 증가시키고 그 증가 자본금 중 50만 원에 대한 주식 1만 주는 액면 이상의 가격으로써 발행한다.

【주: 1920년 2월 24일 제68조의 다음에 '제69조 당 은행 자본금 중 2천만 원은 1920년 2월 24일 주주총회의 결의에 의해 증가시키고 그 증가 자본금 중 50만 원에 대한 주식 1만 주는 액면 이상의 가격으로써 발행한다'의 1조를 추가함】

4. 「농공은행령」

1914년 5월 제령 제21호

제1장 총칙

제1조 농공은행은 주식회사로 한다.

농공은행의 자본금은 10만 원 이상으로 하며 각 주식의 금액은 20원으로 한다.

제2조 농공은행의 영업구역은 조선총독이 정한다.

농공은행은 1영업구역 안에서 1행으로 한다.

제3조 농공은행의 영업구역 안에서 주로 농업 또는 공업을 경영하고 1년 이상 계속하여 주소를 가진 일본의 신민 또는 회사가 아니면 농공은행의 주주가 될 수 없다. 다만, 일본의 신민 또는 회사가 상속 또는 합병에 의하여 주식을 취득한 경우에는 그러하지 아니하다.

주주는 전항의 요건에 충족되지 아니하게 된 때더라도 국적을 상실한 경우를 제외하고 자격을 상실하지 아니한다.

제4조 정부 또는 농공은행의 영업구역 안의 공공단체는 주주가 될 수 있다.

제2장 영업

제5조 농공은행은 다음 각호의 업무를 경영한다.

1. 20년 이내의 연부상환의 방법에 의한 부동산에 대한 대부
2. 5년 이내의 정기상환의 방법에 의한 부동산에 대한 대부
3. 농업자 또는 공업자가 20인 이상 연대하여 채무를 부담하는 자에 대한 5년 이내의 정기상환의 방법에 의한 무담보 대부
4. 공공단체에 대한 제1호 또는 제2호의 방법에 의한 무담보 대부
5. 지방금융조합, 어업조합, 기타 영리를 목적으로 하지 아니하는 산업에 관한 법인에 대한 제1호 또는 제2호의 방법에 의한 무담보 대부
6. 조선의 산물을 담보로 하는 대부

7. 조선의 산물의 저장을 주목적으로 하는 창고업자가 발행하는 예탁증권, 질입증권 또는 창하증권에 대한 대부 또는 지방금융조합이 발행하는 창하증권에 대한 대부

8. 조선에서 농업 또는 공업을 경영하는 것을 주목적으로 하는 주식회사의 주권 또는 사채권에 대한 대부

9. 환 및 하환

10. 어음의 할인. 다만, 제6호 내지 제8호의 산물 또는 증권을 담보로 하는 경우에 한한다.

제6조 전조 제1호 내지 제3호의 대부는 자금을 다음 각호의 사항에 사용하는 경우에 한한다.

1. 개간, 배수, 관개 또는 경지의 토질 개량

2. 경작도로의 축조 또는 개량

3. 식림, 목축

4. 종묘, 비료, 기타 농업용 또는 공업용 원료의 구입

5. 농업용 또는 공업용 기구, 기계, 주차(舟車), 수축(獸畜)의 구입

6. 농업용 또는 공업용 건물의 축조 또는 개량

7. 전 각호 외에 농업 또는 공업의 개량

제7조 농공은행은 예금 또는 지금은(地金銀), 유가증권의 보호예치를 할 수 있다. 다만, 정기예금 이외의 예금의 총액은 자본금액을 초과하지 못한다.

정기예금 이외의 예금은 제5조, 제6호 내지 제10호의 자금에 충당하는 경우 외에 사용하지 못한다.

제8조 농공은행의 저당은 모두 제1저당이 되어야 한다. 다만, 구채가 있는 경우 농공은행에서 차입한 신채로 구채를 상환하는 효과에 의하여 신채가 제1저당이 되어야 하는 경우에는 그러하지 아니하다.

제9조 농공은행의 저당 토지는 영속적으로 확실한 수익이 전망되는 것에 한한다.

농공은행의 저당 건물은 보험에 든 것에 한한다.

제10조 부동산 저당으로 대부하는 금액은 농공은행이 감정한 가격의 3분의 2 이내로 한다.

제11조 연부금은 원금과 이자를 합하여 계산하며, 각 년을 통하여 일정하고 평등한 상환액을 정하여야 한다.

전항의 상환액은 변경하지 못한다. 다만, 대부금의 일부를 상환하는 경우에는 금액을 경정할 수 있다.

제12조 대부금의 연부상환에 대하여는 5년 이내의 거치연한을 정하여야 한다. 다만, 그 연한 동안의 이자에 대하여는 그러하지 아니하다.

제13조 연부상환의 방법으로 차입한 채무자는 상환기한 전에 차용금의 전부 또는 일부를 상환할 수 있다.

전항의 경우 농공은행은 정관이 정하는 바에 의하여 상당하는 수수료를 청구할 수 있다.

제14조 채무자는 차용금의 5분의 1 이상을 상환한 때에는 그 비율에 따라 저당물의 일부 해제를 청구할 수 있으며, 잔액에 대한 차용금의 5분의 1 이상을 상환한 때 또한 같다.

제15조 농공은행은 연부금의 불입을 지연한 채무자에게 상환기한 전이라도 대부금의 상환을 청구할 수 있다.

제16조 농공은행은 저당물의 가격이 감소하여 대부금의 상환잔액에 대한 제10조의 비율에 부족이 발생한 때에는 저당의 증가를 청구하거나, 그 부족분에 상당하는 대부금액의 상환을 청구할 수 있다.

채무자가 전항의 청구에 응하지 아니한 경우 농공은행은 상환기한 전이라도 대부금의 상환을 청구할 수 있다.

제17조 저당 부동산이 법령에 의하여 수용당한 경우 농공은행은 상환기한 전이더라도 대부금의 상환을 청구할 수 있다. 다만, 채무자가 수용의 보상금을 공탁하거나 다시 상당하는 부동산을 저당 잡히는 경우에는 그러하지 아니하다.

수용이 저당 부동산의 일부에 그치는 경우에는 그 부동산 가격의 비율에 따라 대부금의 상환을 청구할 수 있으며, 이 경우에는 전항 단서의 규정을 적용한다.

제18조 채무자가 대부의 목적에 반하여 대부금을 사용한 때에는 농공은행은 상환기한 전이라도 대부금의 상환을 청구할 수 있다.

제19조 무담보로 차입한 공공단체, 기타 법인이 연부금, 정기상환금 혹은 이자의 불입을 지연하거나 기한 전의 상환청구에 대하여 불입을 지연한 때에는 농공은행이 그 법인의 감독관청에 불입에 관한 처분을 청구할 수 있다.

감독관청은 전항의 청구를 받은 때에는 공공단체, 기타 법인에게 명하여 연체금 및 지연이자를 불입하게 하여야 한다.

제20조 농공은행은 국채증권 혹은 조선총독이 인가한 유가증권을 매입하거나 조선총독이 지정한 은행에 예입하는 경우를 제외하고 영업상의 여유금을 사용하지 못한다.

제21조 농공은행은 조선총독의 인가를 받아 차입금을 쓸 수 있다.

제22조 농공은행은 조선총독의 인가를 받아 타 은행의 업무를 대리하거나 타 은행과 '코레스폰던스(correspondence, 은행 간 환거래 계약)'를 체결할 수 있다.

농공은행은 동양척식주식회사의 업무를 대리할 수 있다.

제23조 농공은행은 조선총독의 인가를 받아 공공단체를 위하여 금전출납을 취급할 수 있다.

제24조 농공은행은 이 영에 규정하지 아니한 업무를 경영하지 못한다.

제3장 농공채권

제25조 농공은행은 자본금의 4분의 1 이상의 불입이 있을 때에는 불입금액의 5배에 한하여 농공채권을 발행할 수 있다. 다만, 연부상환 대부금 총액에서 제21조의 차입금을 공제한 금액을 초과하지 못한다.

농공채권은 권면금액을 5원 이상으로 하며, 무기명 이찰부(利札附)로 한다. 다만, 응모자 또는 소유자의 청구에 의하여 기명으로 할 수 있다.

농공채권을 발행하는 경우에는 상법 제199조의 규정을 적용하지 아니한다.

제26조 농공채권의 거치연한은 5년 이내로 하며, 상환기한은 20년 이내로 한다.

제27조 농공은행이 권면금액 20원 이하의 농공채권을 발행하는 경우에는 매출의 방법에 의할 수 있으며, 이 경우에는 매출기간을 정하여야 한다.

전항의 경우에는 사채신청증의 작성을 요하지 아니한다.

제1항의 규정에 의하여 발행하는 농공채권에는 상호 및 상법 제173조 제2호, 제4호 내지 제6호에 게기한 사항을 기재하여야 한다.

상법 제204조의 3 제1항의 기간은 농공채권의 매출기간 만료일부터 기산하며, 그 등기하여야 하는 사항은 매출기간 내의 농공채권의 매상총액 및 상법 제173조 제4호 내지 제6호에 게기한 사항으로 한다.

매출의 방법에 의하여 농공채권을 발행하는 경우에 사채의 등기신청서에는 매출기간 내의 농공채권의 매상총액을 증명하는 서면을 첨부하여야 한다.

제28조 농공은행은 매출의 방법에 의하여 농공채권을 발행하고자 하는 때에는 매출기간 및 상법 제203조 제2항 제1호 내지 제3호에 게기한 사항을 공고하여야 한다.

제29조 농공은행은 농공채권을 차환(借換)하기 위하여 일시적으로 제25조의 제한에 의하지 아니하고 저리의 농공채권을 발행할 수 있으며, 이 경우에는 발행 후 1개월 내에 추첨으로 그 발행권면액에 상당하는 구 농공채권을 상환하여야 한다.

제30조 농공은행은 연부상환 대부금의 상환액에 따라 매년 2회 이상 추첨하여 그 채권을 상환하여야 한다.

제31조 농공은행은 연부상환 대부금의 상환을 연체하여 기대금액에 미치지 못하더라도, 전조의 상환과 동일 시기에 추첨하여 연체 대부금액에 상당하는 채권을 상환하여야 한다.

제32조 농공은행은 연부상환 대부금의 기한 전에 상환을 받은 경우에는 조선총독의 인가를 받아 그 금액을 한도로 하여 농공채권을 매입소각할 수 있다.

제33조 농공채권의 모조에 관하여는 「통화 및 증권모조취체법」을 준용한다.

제4장 준비금

제34조 농공은행은 매 영업연도의 준비금으로서 자본 결손을 보충하기 위하여 이익의 100분의 8 이상 및 이익배당금의 평균을 기하기 위하여 이익의 100분의 2 이상을 적립하여야 한다.

제5장 감독

제35조 조선총독은 농공은행의 업무를 감독한다.

제36조 농공은행의 정관 변경은 조선총독의 인가를 받지 아니하면 효력이 없다.

제37조 농공은행이 지점 또는 대리점을 설치하고자 하는 때에는 조선총독의 인가를 받아야 한다.

조선총독은 필요하다고 인정한 때에는 농공은행에 명하여 지점 또는 대리점을 설치하게 할 수 있다.

제38조 농공은행은 조선총독의 인가를 받지 아니하고는 이익을 배당하지 못한다.

제39조 이 영에 정한 사항 외에 농공은행의 영업취체에 관하여 필요한 사항은 조선총독이 정한다.

제6장 벌칙

제40조 다음 각호의 경우에는 농공은행의 취체역을 10원 이상 1,000원 이하의 과태료에 처한다.

1. 인가를 받아야 하는 사항에 관하여 인가를 받지 아니한 때
2. 제5조, 제6조 또는 제8조 내지 제12조의 규정에 위반하여 대부 또는 할인한 때
3. 제7조 제1항 단서의 규정에 위반하여 예금하거나, 동조 제2항의 규정에 위반하여 예금을 사용한 때
4. 제20조의 규정에 위반하여 영업상의 여유금을 사용한 때
5. 제24조의 규정에 위반하여 이 영에 규정하지 아니한 업무를 경영 또는 제45조 제2항의 금지에 위반하여 영업한 때 또는 영업구역 외에서 업무를 경영한 때
6. 제25조 제1항, 제27조 제1항, 제3항 또는 제28조의 규정에 위반하여 농공채권을 발행한 때
7. 제29조 내지 제31조의 규정에 위반하여 농공채권을 상환하지 아니한 때
8. 제34조의 규정에 위반하여 이익금을 처분한 때
9. 제37조 제2항의 명령에 따르지 아니한 때
10. 이 영에 의하여 발하는 명령에 위반한 때

전항의 과태료에 관하여는 「비송사건수속법」 제206조 내지 제208조의 규정을 준용한다.

부칙

제41조 이 영은 1914년 7월 1일부터 시행한다.

제42조 구령에 의하여 설립한 농공은행은 이 영에 의하여 설립한 것으로 본다.

제43조 이 영 시행 당시 농공은행의 주식을 소유한 자는 제3조의 규정에 불구하고 그 주식의 소유를 방해하지 못한다.

제44조 농공은행은 조선총독의 인가를 받아 이 영 시행 후 3년을 한도로 제25조 제1항 단서의 제한에 의하지 아니하고 농공채권을 발행할 수 있다.

제45조 농공은행은 당분간 보통은행 업무의 병행 경영을 계속할 수 있다.

조선총독은 필요하다고 인정한 경우에는 1년 전에 예고하여 전항 영업의 전부 또는 일부를 금지할 수 있다.

제46조 농공은행은 정부가 인수한 주식에 대하여 당분간 조선총독이 정하는 바에 의하여 이익을 배당하지 아니할 수 있다.

* 참고 자료 : 『조선총독부관보』 제542호, 1914.5.22.

5. 「농공은행조례」

1906년 3월 칙령 제12호

1907년 1월 14일 칙령 제3호 개정

제1조 농공은행은 농업공업의 개량 발달을 위한 자본을 대부함을 그 목적으로 한다. 주식회사로 자본금을 10만 원 이상으로 하며 각 주식의 금액은 20원으로 한다.

제2조 탁지부대신은 토지의 정황에 따라 농공은행의 영업구역을 정할 수 있다.

제3조 농공은행은 다음 각호의 사업(事業)을 경영한다.

1. 연부 또는 정기상환의 방법에 의한 부동산을 저당으로 대부한다.
2. 법령으로 조직된 공공단체에 대해 무저당으로 전항의 대부를 한다.
3. 20인 이상의 농업자 또는 공업자가 논의 후 연대책임으로 차용을 신청할 때는 그 신용이 확실한 자에 한해 5개년 이내에 정기상환의 방법에 의해 무저당으로 대부한다.

제4조 전조의 대부는 다음 각호의 사항에 사용하는 경우에 한한다.

1. 개간, 배수, 관개 또는 경지의 토질 개량
2. 경작도로의 축조 또는 개량
3. 식림사업
4. 종묘·비료, 기타 농공업용 원료의 구입
5. 농공업용 기구, 기계, 주차(舟車), 수축(獸畜)의 구입
6. 농공업용 건물의 축조 또는 개량
7. 전 각호 외에 농공업의 개량

제5조 농공은행에서 부동산 저당을 요구할 때는 모두 제1저당으로 요구한다. 다만, 구채가 있는 경우 농공은행에서 차입한 신채로써 구채를 상환하는 효과에 의하여 신채의 제1저당이 될 수 있다. 경우에 따라서는 그러하지 아니하다.

제6조 농공은행에서 저당으로 하는 토지는 영속적으로 확실한 수익이 전망되는 것에 한한다.

제7조 부동산 저당으로 대부하는 금액은 농공은행이 감정한 가격의 3분의 2 이내로 한다.

제8조 연부금은 원금과 이자를 합하여 계산하며, 각 년을 통틀어서 일정하고 평등한 상환액을 정하여야 한다.

다만, 기정(旣定)한 상환액에 초과한 반상(返償)을 하고자 할 때에는 그러하지 아니하다.

제9조 대부금의 연부상환에 대해서는 1개년 이상 5개년 이내의 거치연한을 정해야 한다.

다만, 그 연한간의 이자는 그러하지 아니하다.

제10조 채무자가 연부금 정기상환금 또는 이자의 변납을 지연할 때는 변납기일의 다음날부터 그 금액에 대해서 이자를 지불해야 할 의무를 부담한다.

제11조 채무자는 차용금의 5분의 1 이상을 상환한 때에는 그 비율에 따라 저당물의 일부 해제를 청구할 수 있으며, 그 잔액에 대해서도 마찬가지이다.

제12조 농공은행은 연부금의 변납을 지연하는 채무자에 대해서 상환기한 전일지라도 대부금 전부의 상환을 요구할 수 있다.

제13조 농공은행은 저당물의 가격이 감소해서 대부금 상환 잔액에 대해 제7조의 비례에 부족이 생길 때에는 저당 증가를 요구하거나 그 부족에 상당한 대부 금액의 상환을 요구할 수 있다.

제14조 무저당으로 차입한 공공단체에서 연부금, 정기상환금 또는 이자의 변납기일을 지나 이것을 변납하지 않을 때는 농공은행은 감독관청에 그 처분을 청구할 수 있다.

감독관청은 전항의 청구를 받은 때에는 해당 공공단체에게 명령하여 연체금 및 제10조의 이자를 변납하게 해야 한다.

제15조 농공은행은 제3조의 대부를 하는 경우에 채무자가 대부의 목적에 반해서 대부금을 사용할 때는 상환기한 전일지라도 대부금 전부의 상환을 요구할 수 있다.

제16조 농공은행은 정기예금하거나 또는 지금은(地金銀), 유가증권의 보호, 예치를 할 수 있다.

제17조 농공은행은 정관에서 정한 바에 따라 농공채권을 발행할 수 있다.

농공채권 발행액과 발행 방법 및 조건에 대해서는 탁지부대신의 인가를 받을 것을 요구할 수 있다.

제18조 농공채권은 액면금액 10원 이상으로 하고 기명식으로 해야 한다.

(개정) 광무11년 1월 14일 칙령 제3호

'액면금액 10원 이상으로 하고'를 '액면금액 10원 이상으로 한다'로 개정하고, '기명식으로 해야 한다'는 삭제한다.

제19조 농공채무의 소유자가 그 원금 또는 이자를 요구할 때는 원금은 10년 후, 이자는 3년 후면 그 요구의 권리를 잃는 것으로 한다.

제20조 농공은행에서 이 장(章)에 게재한 것 외 타 은행 업무를 하고자 할 때는 탁지부대신에게 신청하여 인가를 받을 필요가 있다.

제21조 전조에 의한 타 은행 업무를 경영하고자 할 때는 탁지부대신 혹은 탁지부대신이 특별히 임명한 자의 지휘 감독을 받아서 그 업무를 집행할 필요가 있다.

제22조 농공은행은 매년 준비금으로서 자본의 결손을 보충하여 이익의 100분의 8 이상을 적립하고 이익배당의 평균을 얻기 위해 이익의 100분의 2 이상을 적립해야 한다.

제23조 탁지부대신은 농공은행의 업무를 감독한다.

제24조 다음 각호의 사항에 대해서는 탁지부대신의 인가를 필요로 한다.

1. 정관 및 그 변경
2. 지점 및 대리점의 설치 및 변경
3. 주식에 대해서 배당금의 분배

제25조 정부는 농공은행의 영업을 보조하기 위해 자금의 공급 또는 주식의 부담을 보조할 수 있다.

전항 보조의 방법은 탁지부대신이 이를 정한다.

제26조 전조의 보조를 한 농공은행에 대해서는 탁지부대신은 그 지명한 감리자를 해당 은행에 상치(常置)하게 하여 영업상 필요한 지도 및 감독을 할 수 있다.

제27조 이 조례에 정한 각 조규에 위배하거나 또는 탁지부대신의 명령에 위범할 때는 농공은행 이사자(理事者)보다 10원 이상 500원 이하의 금액을 벌금으로서 징수한다.

제28조 전조의 벌금은 재판소의 명령으로서 이를 과료하고 그 변납에 대해서는 이사자는 연대해서 그 책임을 부담한다.

제29조 농공은행 설립에 관한 방법에 대해서는 탁지부대신이 그것을 정한다.

부칙

제30조 이 영은 반포일로부터 시행한다.

* 『통감부관보』 제3409호, 1906.3.24. ; 『통감부관보』 제3664호, 1907.1.16.

6.「수형조합조례」

1905년 9월 30일「탁지부령」제16호

제1조 수형조합은 상업의 덕의를 중시하고 수형(어음, 이하 수형으로 표기_편역자)의 신용을 유지하며 또한「약속수형조례」에 준유(遵由)함을 그 목적으로 한다.

제2조 수형조합을 조직하고자 할 때는 탁지부대신의 인가를 받아야 한다.

제3조 새롭게 가입하기를 원하는 자가 있을 때는 수형조합은 그 신상을 조사하여 상당한 자산이 있고 확실함을 확인한 후 이를 허가한다.

제4조 제1조의 목적에 배반하는 자가 있을 때는 이를 제명한다.

제5조 조합원의 가입과 제명하는 자가 있을 때는 그때마다 탁지부대신에게 보고하고 또 신속하게 신문지를 통해 공고해야 한다.

제6조 수형조합은 다음의 권한을 갖는다.

1. 조합원이 발행하는 수형의 소지인의 신탁(申託)에 의해 타협하게 하거나 심결(審決)하여 권리 보호의 순서를 행할 것
2. 수형의 교환 호삭(互削)할 것
3. 수형에 관한 생경(生梗, 불화가 생김)이 있을 때는 당사자의 신탁에 의해 타협하게 하거나 심결하여 권리 보호의 순서를 행할 것
4. 상업상에 관한 사항을 조사 심의할 것
5. 조합원의 가명(加名) 및 제명을 결의할 것

제7조 수형조합에 다음의 직원을 둔다.

1. 조합장　　1명
2. 평의원　　3명

전항 외에 탁지부에서 감독을 위해 수시 파원하여 조합 사무를 조사할 것

제8조 조합장 및 평의원은 조합 중 중의 선거에 의해 탁지부대신의 인가를 받아야 한다.

제9조 조합장은 상무(常務)를 전행하고 수형에 관한 생경(불화)의 타협, 심결 및 조합원의 가명, 제명, 기타 상무 이외의 사항은 모두 평의원회의 결의에 의한다.

제10조 평의원회는 조합장, 평의원 외 탁지부에서 파원하여 평의에 협동할 것

제11조 수형조합의 세칙은 조합에서 이를 제정하고 탁지부대신의 인가를 받아야 한다.

(비고) 본 조례는 전 조례와 마찬가지로 조선문으로 되어 일본 가나로 토(傍訓)를 단 것을 언문(조선 가나)을 제거하고 일본 가나를 그대로 여기에 전재한 것이다.

7. 조선식산은행 제20기 대차대조표

1928년 상반기 말 현재

(생략)

8. 조선식산은행 관계 수리조합 일람표

1927년 말 현재

(생략)

3. 『약진반도와 조선식산은행』

〈자료 134〉『약진반도와 조선식산은행』

(本田秀夫 編,『躍進半島と朝鮮殖産銀行』, 朝鮮殖産銀行, 1940年.)

1. 당행 설립 전의 은행과 금융

개황: 예부터 조선의 산업은 농업을 중심으로 한 것이어서, 거래 방법도 매우 유치하고 많은 경우 구래의 물물교환이 각 지방의 시장에서 이루어지는 것에 불과했다. 따라서 화폐를 중심으로 하는 경제는 최근 수십 년 전부터 급속하게 발달한 것으로, 이런 관계로 금융기관의 발달 같은 것도 매우 지연될 수밖에 없었다. 하지만 시세의 요구에 응해 1895년 처음으로 대한천일은행(현재 조선상업은행)이 경성에 설립되었고, 계속해서 1903년 한성은행, 1906년 한일은행(현재 동일은행)이 마찬가지로 경성에 설립되어 지역은행[地場銀行]으로서 보통은행 업무를 경영하게 되었다. 한편 내지은행의 지점은 1978년 제일은행의 부산지점 설치를 시작으로 규슈(九州)나 주고쿠(中國) 소재 은행이 지점이나 출장소를 두고 각기 은행 업무에 종사하였고, 화폐의 유통과 조선 내 금융의 소통에 크게 공헌했다. 이들 내지 은행 지점은 특수한 목적을 가질 경우를 제외하고는 개항장 재류 내지인을 상대로 하여 상업금융에 전념했기 때문에, 도시에서의 금융은 비교적 원활하게 이루어지게 되었다. 하지만 일단 지방 농촌으로 들어가면 농민은 경영상 유리한 경지가 있어도 이를 구입할 자금을 획득할 길이 없어 수수방관할 수밖에 없는 상태이다. 또한 토지가 있더라도 개량과 경영 자금의 조달이 곤란하여 충분한 토지의 개량 및 유리한 경영을 할 수 없거나, 또한 모처럼 수확하게 되더라도 미곡 담보 금융의 길이 없어 불리함을 무릅쓰더라도 방매할 수밖에 없는 상태였다. 하지만 당시 기존 금융기관이 이들 농경지 또는 미곡을 담보로 하는 금융에 적극적 진출을 도모하지 않은 것은, 물론 먼저 토지제도 및 부동산등기제도 등 부동산 금융의 기본 될 만한 제도상의 결함이 원인이지만, 무엇보다 큰 원인은 이들 금융기관이 농업에 대한 자금

의 공급을 목적으로 하지 않고 또 여기에 적합한 조직을 가지고 있지 않았던 것에 있다고 할 수 있다. 그 뒤 화폐제도의 개혁, 재무기관 및 세제의 개정, 조세의 금납제 실시 등 여러 개혁이 원인이 되어 일시 재계의 혼란을 가져와 상인은 자금 조달의 길을 잃고 농민도 미곡 방매에 곤란을 느끼는 등 1904, 1905년 무렵 경성을 중심으로 공황이 발생하였다. 따라서 우선 한성공동창고주식회사를 설립하여 상품 담보대부를 하거나, 또는 수형조합을 설치하여 종래의 어음을 대신해 신식 어음의 유통을 도모하거나, 혹은 정부 창고를 설치하여 미곡 담보 금융을 하는 등 직접 간접으로 각종 응급적 수단이 강구되었다. 물론 이것들은 모두 임시적인 조치로 항구적 대책으로서는 불충분했다.

농공은행의 설립과 업무의 발전: 그래서 한국 정부는 내지 농공은행의 예를 따라 지방분업제(地方分業制)하에 각 관찰도를 영업구역으로 하는 농공은행을 설립하기로 하고 1906년 3월 「농공은행조례」를 공포했다. 이에 기초하여 동년 6월 우선 한성농공은행이 당국의 절대적인 원조하에 설립된 것을 시작으로 이어 평양, 대구, 전주, 진주, 광주, 충주, 해주, 경성(함경북도), 공주에 각 농공은행이 설립되었다. 이들 농공은행은 연부 또는 정기상환의 방법으로 부동산 담보[典當] 대부, 법령으로 조직된 공공단체에 대한 무담보 대부, 농공업자 20명 이상의 무담보 연대 대부 등을 영업 종목으로 하여 개업했다. 1907년 함흥농공은행의 설립으로 은행 수가 11개에 달했지만, 지방 경제권이 확대됨에 따라 금융계의 실정상 자금을 충실히 할 필요성에서 점차 합병의 기운이 일어 1907년 말에는 본점 6행, 지점과 출장소 22개를 헤아리게 되었다. 이제 그 업무의 주요한 숫자를 열거하면, 공칭자본금 120만 원, 불입자본금 55만 5,000원, 농공채권 발행고 75만 원, 예금 75만 2,000원, 대출금 268만 1,000원이었다. 이것들은 지금 생각하면 너무 적은 액수였다. 하지만 영업 종목이 광범위에 걸친 점과 영업소가 많은 점이 다행히 다른 은행들과 함께 도시와 농촌을 통해 조선 경제에 공헌하는 바가 결코 적지 않았다. 그러나 당시는 러일전쟁이 끝난 뒤여서 통감정치의 실적이 착착 올랐고 그에 따라 조선 산업개발이 마침내 본궤도에 오르면서 내지인이 조선에 건너와 상공업과 농업에 종사하는 자가 증가했다. 따라서 금융조합의 설립, 동양척식주식회사, 한국은행(현재 조선은행)의 설립 등이 이루어지고 농공 척식 자금 공급의 길이 열리는 동시에 금융기관의 체제도 정비되기에 이르렀다. 병합 후 조선총독부의 각종 시정(施政)이 진전되고 정세가 안정되면서 식산흥업의 획기적 비약을 이루기 위해서는 여전히 유감스러운 점이 많아

척식은행 설립의 목소리가 마침내 조야에 창도되어 "내외인이 크게 조선의 식산흥업에 착안하고 현재 토지 매수 등에 착수하는 자가 나타나면서 점점 발전이 급해지는 때에 즈음하여 완전한 척식은행 설립을 보지 못하는 것은 조선 계발에 있어서 일대 한사(恨事, 한스러운 일, 원통한 일)라고 할 수 있다"는 진정서가 1910년 12월, 경성 일본인 상업회의소로부터 당국 앞으로 제출되고 있는 것을 보더라도 얼마나 금융기관이 미력했는지를 엿볼 수 있고 동시에 당시 민간 요망의 일단을 알기에 충분하다.

2. 조선식산은행의 설립

조선식산은행의 설립: 그런데 1914년 구주대전이 발발하면서 일본은 매우 호경기를 겪었다. 상공업의 발전, 무역의 증진 등 경제계는 급격한 진전을 이루었는데, 조선에서도 신흥공업이 계속해서 내지로부터 진출하는 한편 조선 내 자본에 의한 상공업도 상당히 발전하여 종래 농업을 주체로 하는 조선 경제에 미증유의 발전을 초래했다. 따라서 당시 산업 총생산가액도 누증하여 1916년 3억 7,400만 원에 달했다.

이렇게 산업경제는 눈부시게 발전했는데, 조선 산업의 현상(現狀)을 고려할 때, 농업자금이나 공업자금 모두 장기에 걸쳐 고정되는 성질의 자금으로 훨씬 많이 필요로 했다. 이런 의미에서도 당시 농공은행의 장기대부 총액 350여만 원은 생산물 총가액의 100분의 1에도 미치지 못하는 것은 너무 빈약한 상태여서 각 농공은행을 통일하여 일대 은행을 설립하고, 자본금을 증가시켜 기초의 강화를 도모하고 신용을 높이고 기채(起債) 능력을 강화시켜 널리 내지자본의 유입에 힘쓰고, 그렇게 함으로써 조선 경제의 발전을 기해야 한다는 여론이 관민 사이에 대두하기에 이른 것은 오히려 당연하다고 말하지 않을 수 없다. 때마침 1907년 설립 이래 조선 산업을 위해 공헌한 것이 적지 않은 농양척식수식회사가 1917년 10월 본사를 도쿄로 이전하게 되었기 때문에, 자연 조선식산은행 설립의 기운은 급속하게 구체화하여, 이 준거 법규인 「조선식산은행령」은 1918년 6월 공포 시행되었고, 아울러 탁지부장관 스즈키(鈴木穆) 씨는 "……이를 요약하면 조선식산은행의 설립은 시세의 요구에 순응하여 날로 조선 산업의 개발을 촉진한다는 목적에 다름 아니기 때문에 …… 널리 내선인에 대해 금융의 편리를 도모하고 그들로 하여금 동심 협력함으로써 본부(本府)의 시행방침에 적응하여 식산흥업을 이룰 수 있도록 기한다"는 성명서를 냈는데, 그렇게 함으로써 당행 설립의 의의가 어디에 있었는지 엿볼 수 있을 것이다.

조선식산은행의 설립: 이어서 정무총감 야마가타(山縣伊三郎) 씨를 설립위원장에, 기타 내선 관민 31명을 설립위원 및 간사에 위촉하고, 동시에 당행 설립에 관한 명령을 내렸다. 이에 기초하여 야마가타 위원장은 곧바로 주식 20만 주의 모집에 착수하고, 그중 8만 6,992주를 공모했는데, 그 응모 주수는 실로 295배를 넘는 성황을 이루었다.

이렇게 해서 10월 1일 창립총회를 개최하고, 두취 이하 각 중역의 임명 또는 선임을 보았다. 이로써 당행이 설립되었기 때문에 당일 농공은행을 해산하고 그 권리와 의무를 모두 승계하였다. 한호농공은행 본점을 당행 본점으로 정하고, 기타 각 농공은행의 본지점을 지점으로 하여 개업하였다.

3. 정부의 보호 및 감독

개설: 이와 같이 당행의 설립은 시세의 요구에 따른 것인데, 그 특수한 사명을 달성하기 위해 업무상 많은 보호 특전을 부여받는 동시에 다른 한편 엄중한 감독을 따르고 있다.

조선식산채권 발행의 특전: 당행의 사명으로 하는 금융은 많은 경우 장기자금의 융통에 있기 때문에 그 자원(資源)도 장기 자금으로써 충당해야 한다. 이러한 필요에서 당행은 채권 발행의 특전을 부여받고 있는데, 이에 따라 조달한 자금은 1919년 제1회 채권 발행 이래 197회(그중 2회 결호 있음) 10억 1,331만여 원(농공채권 300만 원을 포함한다)에 달하고 있다(1939년 말 현재).

정부 소유 주식에 대한 전액 불입과 배당 면제: 당행 주식 중 정부가 소유한 6,598주에 대해서는, 제1회 불입 때 특별히 전액을 불입하여 자본금의 충실을 원조했을 뿐 아니라, 상기 주식에 대해 설립 초기부터 15년 동안 이익 배당을 면제받았다. 그리고 그 불입금액은 32만 9,900원이다.

배당 보증: 당행 주식에 대해서는 이익 배당 보증이 필요하다고 인정되어 그 배당금이 정부 소유주 이외의 주식에 대해 연 7푼(7%)의 비율에 달하지 않을 경우는, 설립 초기의 말일부터 5년에 한해 이에 달하는 금액의 보급(補給)을 정부로부터 받을 수 있었다. 단, 이 특전

에 의해 당행이 실제 보급을 받은 금액은 창립 초기 및 그다음 기 합계 8만 2,800원뿐으로 이후 필요없어졌기 때문에 스스로(?) 사퇴했다.

자금 조달상의 원조: 당행 채권 중 그 용도에 따라 특별히 저리 장기의 자금을 필요로 할 경우에는, 대장성 예금부 인수로써 발행하는 것을 상태(常態, 보통)로 하고 있는데, 이 방법에 의해 기왕 2억 2,098만 원의 채권이 발행되었다.

정부의 감독: 당행은 이와 같이 정부의 보호를 받는 한편 그 감독을 받아 업무상 필요한 사항에 대해서는 조선총독의 인가를 받게 되어 있다.

4. 조선 산업경제의 발전

개황: 조선은 국가의 정세나 민도로 인해 과거 수백 년 동안은 산업의 발달, 문화의 진보, 생활의 향상은 지지부진하여 필연적으로 근대산업으로의 진전은 현전하게 저해되었을 뿐인가, 그 중심인 농업 부문에서조차 다년간 토지의 겸병이 강하게 이루어져, 일부 상층 계급에 집중한 결과 소작농이 증가하고, 빈농 계급이 거의 대부분을 점하게 되었다. 따라서 토지의 개량을 비롯해 경종(耕種), 시비의 개선 등 경영 방면에 이르기까지 소홀한 결과 오로지 약탈농업으로 시종(始終)하여, 그 생산력도 감퇴하여 단지 자급자족이 곤란할 뿐인가 농민은 3, 4월 무렵에는 춘궁이라 칭하여 식량에 결핍을 초래하고, 산야로 초근목피를 구하는 상태에 놓이고, 동양에서는 가장 근대적 문명에 늦은 국가 중 하나로서 잔존하기에 이르렀다. 청일, 러일 두 전쟁을 경과하여 일본과 밀접한 관계를 맺게 되고, 정치·경제 산업의 각 방면에 급속한 개혁 보호가 이루어져 점차 근대적 국가로의 진전이 이루어지고 있는데, 때마침 '일한병합'을 계기로 하여 사태는 완전히 일변하여 제반 사상(事象)은 모두 일본 정치 경제의 일환으로서 새로운 출발을 개시하기에 이르렀다.

우선 정치 방면에서는 중앙에 조선총독부가 설치되었고, 전선(全鮮)을 13도의 행정구역으로 나누고, 그 아래 부(府), 군(郡), 도(島), 읍(邑), 면(面)을 두는 동시에, 재정 방면에서는 내지로부터 거액의 보조금을 받아 그 도립의 기초를 배양하고자 힘썼다. 또한 주요 철도 간선을 국유로 하는 동시에, 장래 부설되는 사설철도에도 거액을 보조하여 지방 교통상의 편리함을 도모했다. 또한 토목공사를 진흥하여 치수, 도로, 항만의 완비를 도모하고, 해운업의 흥융을 기하여 내지에 대해서도 외국무역에 대해서도 발전을 도모했다. 또 농업 쪽에서는 수리시설을 확충하고 경종법과 시비법을 개선하여 증산에 노력하고, 아울러 잠업, 축산업을 장려하는 동시에 농산물을 원료로 하여 비교적 유치한 기술로써 충분한 공업을 장려하여 공산품의 자급자족에 힘썼다. 또, 금융기관에 대해서는 새롭게 중앙은행으로서 조선은행을, 또한 부동산 금융기관으로서 통감부 시대에 설립한 농공은행의 합병 정리를 단행하여 그 조직, 기능을 강화하고, 혹은 지역은행의 정비에 노력하는 동시에 재정고문 시대에 형성된 응급적 금융시설을 정리했다. 이와 같이 조선의 정치 경제는 면목을 일신하여 착착 근대적 양상을 구비하기에 이르렀다. 고래 조선의 산업은 농업을 중심으로 하는 특수한 사정에서 특별히 산업, 그중에서도 농업 방면에서 현저하게 보호 조성이 이루어졌다. 즉 당국은 농업의 발달로써 시정의 요체로 하고, 더구나 이를 실행할 때는 조선 농업의 실정에 비추어 장려 사항을 제한하고 그 실행을 간이하게 하여 비용의 지출은 거의 없거나 소액으로 하고, 또 그 효과의 적확함을 기했기 때문에, 장려할 만한 사항도 작물의 품종개량, 비료의 증시(增施), 수리 관개의 개선, 부업의 장려 등의 범위에 그쳐 오로지 실적을 올리는 것에 있고, 따라서 농산물의 증가, 품질의 향상 등 급속한 진보를 이루었지만, 전체적으로 볼 때는 여전히 불충분했다.

구주대전의 진전과 조선의 경제: 때마침 구주대전을 만나 일본은 미증유의 호영향을 받았다. 무역은 오랜 침체를 깨고 출초(出超)로 바뀌었고, 무역 외의 수입 증대에 의해 막대한 외화는 일본에 흘러들어왔다. 물자의 소비 증대, 수입의 두절과 함께 물가는 현저하게 등귀하여 이를 계기로 하여 일본에는 지금까지 없었던 제 공업이 급속하게 발흥했다. 더구나 본 대전은 전후 5년이라는 장기간에 걸쳤기 때문에, 이들 신흥공업은 매우 번성했는데, 계속해서 신지역 조선으로 진출하기에 이르렀다. 이제 반도로 눈을 돌리면, 총독정치의 치적은 착착 이루어지고 인심은 안정되고 있다. 게다가 다년에 걸친 당국의 산업장려로 쌀, 보리, 감자, 옥수수 등의 양조 원료, 전분 원료를 비롯해 대두, 목화씨(棉子), 피마자(蓖麻子) 등의 제유 원료, 면화, 고치(繭), 대마(大麻), 저마(苧麻) 등의 직물 원료가 풍부하고, 기타 금, 은, 철, 흑연, 석탄 등의 중요 광물을 비롯하여 점토, 규사, 석탄석 등의 도기, 시멘트, 유리 원료도 곳곳에 부존하고 있다. 또 소, 돼지 등 피혁 원료로서 적합한 것도 적지 않아 압록강과 두만강 상류 지방에는 제지, 펄프, 석냥(燐寸) 공업의 원료인 목재가 풍부하다. 또 수산 방면에서는 정어리(멸치, 鰯)가 많이 잡혀 관련 공업의 발전은 현저하여, 유비(油肥) 공업을 비롯해 통조림 공업도 매우 유망하다. 이렇게 공업원료로서 풍부한 자원을 가지고 산업발전상 유리한 밑바탕을 가진 조선이 내지 자본의 진출에 도움이 된 것은 당연하다고 할 수 있다.

이렇게 종래 농산물을 원료로 한 수공업에서 근대적 대기업으로 매우 완만하면서도 발전과정을 거쳐 온 조선의 산업경제는 다시 중공업으로 진출하는 기운을 만나 산업의 새로운 분야의 개척과 함께 일제히 약진하기에 이르렀는데, 여기에 특기할 만한 것은 1920년 수립된 조선산미증식계획에 관한 사항이다.

산미증식계획과 조선 경제: 예부터 내지는 미곡의 수급이 원활하지 못해 해마다 다액의 수이입을 해야 했는데, 1918, 1919년 무렵에 이르러 수요가 급증했다. 특히 1919년 같은 경우는 외미 수입고가 464만 석, 가액 1억 6,200만 원의 거액에 달했다. 또한 이후 매년 인구의 증가와 소비량의 증대를 고려하면 일층 다량의 수요 증가가 예상되고 있어 식량문제의 해결은 더 이상 간과하기 어려운 초미의 문제가 되고 있다.

당시 내지의 미작 상태를 보면, 그 경영은 극도로 집약화되어 농업 생산력은 한계에 달하여 다시 그 증산을 도모한다고 해도 급속하게 팽창하고 있는 국내 수요를 충족시키는 것이 불가능한 상태에 있다. 하지만 일단 눈을 반도로 돌리면 미개발 경지가 다수 존재하고 있고 더구나 그 경지라는 것도 충분히 이용되고 있지 않을 뿐만 아니라, 현존하는 논(畓)도 대부분은 천수답이어서 완전한 관개설비를 갖춘 것이 매우 드물고 토지의 집약도도 낮아서 농사의 개량도 충분한 여지가 있어 이에 적당한 시설을 하게 되면 자연적 조건의 제약을 어느 정도까지 극복하여 비교적 용이하게 쌀의 증산을 이루는 것이 가능해지고, 그렇게 함으로써 반도의 부력(富力)도 증진하는 결과를 낳게 된다. 조선은 시정 이래 10년 동안 오로지 품종개량, 자급 비료의 증시(增施), 경종법의 개선 등 점진적 방법으로 산미(産米)의 증식을 도모하고, 연액 500만 석, 수이출고 250만 석의 증가를 볼 수 있었다. 또한 여기에 적극적 방책을 강구하여 토지개량사업을 일으키고, 논 총면적의 증가를 도모할 뿐 아니라 수리관개의 안전을 기하고 아울러 농사의 개량을 하게 되면, 일본의 매년 수요 증가액에 대해 그 공급을 확보하는 것도 그렇게 곤란하지 않다. 게다가 조선은 1919년 미증유의 대한발(大旱魃)이 발생하여 곡식류의 감수(減收) 500만 석, 이재궁민 70만 명이라는 대재액(大災厄)을 입었기 때문에, 이에 대한 항구적 대책을 강구할 필요에서도 토지개량사업을 일으키는 것은 긴급한

(喫緊) 중요사(重要事)라고 하지 않을 수 없다.

이에 1920년 조선 산업개발상 획기적 시설이라고도 할 수 있는 산미증식계획이 수립된 것이다. 본 계획은 현재 논의 관개설비 개선 40만 정보, 지목 변경 20만 정보, 황무지, 간석지(干潟地) 개척 20만 정보, 합계 80만 정보에 대해 1920년도부터 30개년을 기하여 토지개량사업을 수행할 방침하에, 우선 제1기로서 향후 15년 동안 42만 7,500정보의 토지개량을 행하고, 경종법의 개선과 함께 920만 석의 산미증식을 도모하고자 했다. 그후 일층 적극적인 조장(助長)정책을 행하는 것이 중요해져서 1925년에 이르러 산미증식갱신계획이 수립되기에 이르렀다. 본 계획은 1926년도부터 12개년을 기하여 기성 논의 관개 19만 5,000정보, 지목변환 9만 정보, 개간 간척 6만 5,000정보, 합계 35만 정보의 토지개량에 의해 280만 석, 또 상기 토지개량 시행 지역에 대한 경종법의 개선으로 192만 석, 기성 논 139만 정보에 대한 농사개량으로 344만 석, 합계 816만 석의 산미증식을 도모하여 500만 석의 수이출 증가를 이루고자 했다.

이렇게 산미증식계획은 조야의 기대를 품고 등장하였고, 근대과학의 정수를 모아 방대한 토목사업이 착착 진행되어 그 실적도 매우 좋았지만, 1930년과 1932년 내선(內鮮) 양쪽의 대풍작과 세계 농업공황의 영향을 받아 미가는 급격하게 하락하여 본 계획도 1934년도를 끝으로 일단 중지할 수밖에 없었다.

만주사변 및 지나사변의 발발과 광공업의 발전: 이와 같이 시대의 각광을 받아 화려하게 등장한 산미증식계획도 도중에 중지되었지만, 1931년 만주사변의 발발을 계기로 하는 일본 재정경제의 준전시체제로의 돌입 및 금수출 재금지에 수반한 무역의 증가(殷賑)와 국내 물가의 상승 등을 원인으로 경기 회복의 빛이 현저하게 나타났고, 특히 군수산업을 중심으로 하여 광공업의 약진을 보기에 이르렀다. 그중에서도 금은 국제수지 결제자금으로서 가장 중시되고 있었기 때문에, 고래로 금의 부존으로 널리 산금국(産金國)으로서 저명했던 조선은 금의 증산에 매진하게 되었다. 이후 금 매입가의 인상으로 인한 이윤의 증가와 함께 미개발 광구의 개발도 급속하게 본격화하는 동시에 신광맥의 발견과 개발에 따라 군수공업이 필요로 하는 특수강 합금재료, 경금속재료, 유용한 비금속광물 등이 발견되어 조선의 광업은 종래의 금, 철, 석탄, 흑연의 4대 광물에 더해 텅스텐, 수연(水鉛, 몰리브덴), 마그네사이트, 반토혈암(礬土頁岩), 아연, 운모, 형석(螢石), 유화철(硫化鐵) 등을 비롯해 많은 중요 광물에 대해서도 중요시되기에 이르렀다.

또한 구주대전 당시 급격하게 발흥한 공업은 전후의 재계 반동 및 계속된 재계 불황의 영향을 받아 이후 수년 동안은 침체 상태에 빠져 있었다. 하지만 만주국의 창건에 의해 지리상 가장 유리한 관계를 갖게 된 조선은, 광대한 판로에 접근하게 되었고, 만주국을 중심으로 하는 외국무역이 급속하게 진전하기에 이르렀다. 이에 따라 내지의 공업은 오로지 반도에 주목하게 되었고, 당국의 보호조장책과 맞물려 종래의 경공업에 더해 중공업 부문이, 혹은 전력 및 풍부하고 저렴한 노동력을 노리고, 혹은 신판로의 획득을 목적으로 하여, 혹은 선내 자원의 개발 이용을 목적으로 하여 진출하기에 이르렀다. 하지만 이들이 최근 조선에 있어서 공산물가액을 급증하고 산업기구를 전면적으로 개변(改變)시킨 것은 물론, 지나사변의 발발에 의해 반도가 전진 병참기지로서 중대사명을 부담하게 된 중요한 소인(素因)을 이루고 있는 것은 말할 필요도 없다. 1938년의 공산물가액은 11억 4,011만 원이고, 그 순위는 화학공업, 식료품공업, 방적공업, 금속공업, 요업, 기계기구공업 순으로 되어 있고, 연년(連年) 식료품공업의 하위에 있던 화학공업은 3억 5,200만 원으로 급증하여 선내 공업의 수위를 점하게 되었다. 그리고 그 중심을 이루는 것은 풍부한 전력을 원료로 하는 전기화학공업인 것은 물론이다. 또한 기타 방적제사공업을 비롯해 제철·제련·경금속·기계기구공업, 비행기제작공업, 양탄(洋炭)공업, 제지·펄프제조공업, 대두유(大豆油) 및 어유(魚油)의 유지공업, 경화유공업, 화약공업, 석탄액화·석유정제·무수주정공업(無水酒精工業), 제분공업 등도 주요한 것이고, 그중에는 군수산업의 핵심(?)으로 특필할 만한 것도 적지 않다.

그리고 이들 산업의 발흥은 종래 취약했던 조선의 공업 부문을 현저하게 강화하였다. 또 농업에서는 신미의 증식과 내지 보급(補給)의 확보와 함께 국방산업, 군수공업의 첨단을 걷는다. 따라서 지나사변의 진전과 더불어 반도의 병참기지적 사명의 중요성이 강조되는 오늘날, 어쨌든 종래 군수공업 부문에 관계하는 정도가 낮은 반도공업은 착착 보강공작(補强工作)이 이루어져 그 사명을 수행하는 데 유감이 없도록 만전을 기하고 있다.

수력발전사업의 발달: 이와 같이 종래의 농업 조선에 더해 광공업이 발흥하여 약진 산업 조선의 양상을 보이게 된 것은, 그 기초적 조건인 지상과 지하자원을 비롯해 수산자원의 풍부한 부존에 의한 것임은 말할 필요도 없는 바이지만, 여기서 주목할 만한 것은 수력발전사업의 현저한 발달이다.

조선의 수력발전에 대해서는 일찍이 당국이 조사한 바로, 이미 1936년도부터 4개년 계속 사업으로서 조사한 결과 총 발전지점 수 148개소, 그 최대발전력 약 560만 킬로와트를 얻었다.

원래 조선의 하천은 강수의 관계로부터 유량의 변화가 현저하고, 동계에는 수원이 고갈되는 것이 보통이기 때문에, 내지에 많이 보이는 수로식 발전 방법은 경제상 불리한 것이 많아 오늘날 발전사업의 8할여는 저수지식 발전 방법을 채용하고 있다. 그리고 특유한 지형에서 유역 변경에 의한 대저수지식 고낙차 발전이 북선지방에서 이루어지게 되면서 종래 어쨌든 수력전기에 대해서는 비관적으로 여겨지던 조선이 급격하게 전기가 풍부한 지역으로 도약하게 되었다. 무엇보다 이 획기적 발전 방법은 이미 금강산전기철도주식회사가 북한강 상류를 이용한 것을 효시로 하지만, 조선수전주식회사가 1932년 압록강수계 장진강 지류 부전강에서, 이어 장진강수전주식회사가 1933년 장진강 상류에서, 총계 52만 킬로와트의 집약적 발전에 성공하여 반도의 전력계에 신기원을 연 것은 특필할 만한 것이라고 하지 않을 수 없다. 기타 부령(富寧)수력전기주식회사가 계획한 2만 8,000킬로와트의 수력발전 공사는 이미 완성하여 영월(寧越)탄전을 중심으로 하는 조선전력주식회사의 화력발전 10만 킬로와트도 그 과반을 준공하여 남선 일대에 걸쳐 전력을 공급하게 되었다. 또한 황수원강(黃水院江) 35만 킬로와트, 압록강 수풍발전소 64만 킬로와트, 한강 30만 킬로와트의 발전공사가 진행 중이지만, 앞으로 기술의 진보와 조사의 진척에 따라 새로운 전원의 발견과 개발도 크게 기대되어 반도 산업계에 공헌하는 바 결코 적지 않을 것이라고 생각한다.

조선경제력 일람표

적요	단위	1918년	1927년	1933년	1937년
산업총생산물가액	1000원	1,264,802	1,621,161	1,520,580	2,996,604
경지면적	1000정보	4,342	4,454	4,489	4,506
미곡생산액	1000석	15,294	17,298	18,192	26,796
무역액	1000원	316,327	742,341	772,813	1,549,095
회사공칭자본금액	1000원	125,622	490,997	682,476	1,472,438
국유철도운수 수입	1000원	17,039	36,363	43,611	76,908

통상우편물 취급 건수	1000통	228,461	423,779	562,735	700,043
발전력	KW	5,213	41,397	292,417	668,206

종류	1918년		1927년		1936년		1937년	
	금액(천 원)	비율(‰)	금액(천 원)	비율(‰)	금액(천 원)	비율(‰)	금액	비율(‰)
농산물 가액	1,009,684	798	1,122,853	692	1,208,911	519	1,560,487	521
임산물 가액	28,397	23	64,306	40	118,064	51	138,709	46
수산물 가액	52,083	41	106,886	66	164,003	70	187,953	63
광산물 가액	30,838	24	24,169	15	110,429	47	150,145	50
공산물 가액	143,797	114	302,945	187	730,806	313	959,308	320
합계	1,264,802	1,000	1,621,161	1,000	2,332,216	1,000	2,996,604	1,000

생산력확충계획과 당행의 신사명: 지나사변의 장기화와 동아 신질서 건설공작의 진전에 수반한 물자의 수요 증대에 대응하고, 또한 동아블록에 있어서 자급자족을 도모하지 않으면 안 되는 내외의 정세로부터 생산력확충4개년계획이 수립되어 이미 2년째를 경과하려고 하고 있다. 그리고 반도는 마치 대륙에 접속하는 제국 유일의 지역이라는 특수한 관계로부터, 사변 발발 이래 대륙병참기지로서 상당히 중요한 것이 인식되기에 이른 것은 주지의 사실이지만, 이 중대한 사명을 유감없이 수행하기 위해서는 물론 반도 현유(現有) 경제력의 유지에 그치는 것이 아니라, 나아가 필요물자의 증산을 도모해야 하는 것은 말할 필요도 없다.

여기서 일본 생산력확충계획의 일환으로서 반도에도 생산력확충계획이 수립되어 이제 전력을 다해 중요물자의 생산력 확충에 매진하고 있다. 하지만 이 계획의 수행에는 막대한 자금이 필요하기 때문에, 정부는 이들 물자의 급속한 생산 확보를 요하는 국제 관계에 비추어 중요산업자금 공급책으로서, 1939년 3월 29일 '예산외 국고의 부담이 될 계약(予算外国庫の負担となるべき契約)'에 기초하여 조선에 있어서 정부가 지정하는 금융기관이 발행하는 채권의 원리 지불에 대해 채권의 상환기한 20개년 이내, 액면 2억 원까지 보증하기로 했다. 이어 동년 12월 9일 총독부 고지로 '철강(특수강을 포함한다), 석탄, 경금속(알루미늄, 마그네시움), 비철금속(동, 납, 아연), 석유 및 그 대용품(인조석유, 무수주정(無水酒精)), 소다 및 공업염, 유산

건이고, 또 농산물은 단지 조선 내 상거래만이 아니라 중요한 대내지 무역품으로서 이출액의 절반을 점하고 있는 상황이다. 그리고 농업이 반도경제의 지배적 지위를 점하고 상공업의 발달이 비교적 늦어져 있기 때문에, 자본의 축적은 미미함을 면하지 못하고, 산업의 발전과 부력의 증진을 도모하기 위해서는 금융기관의 활동에 기대하는 바가 크지만, 이러한 상황하에서 그 사명을 잘 수행하기 위해서는, 금융기관의 신용을 강고하게 하는 동시에 그 업무를 광범위하게 하여 온갖 자금의 수요에 대해 원활한 공급을 할 수 있도록 노력해야 하는 것은 물론이다. 당행의 보통은행 업무 겸영도 필경 이러한 필요성에 발족하는 것에 다름 아니다.

종합적 금융과 업적의 향상: 그리고 당행의 종합적 금융이 현 단계에 있어서 조선 산업경제계의 제 양상과 융합하여 그 발전에 적지 않은 공헌을 하고 있는 것은 현저한 사실이다. 또한 그것들이 서로 맞물려 당행 업적의 거양(擧揚)에 기여하고 있는 것도 매우 많다. 즉 최근의 사정에 대해 보지만, 1930년부터 수개 년에 걸친 재계의 불황, 특히 농산물의 대종인 미가의 폭락은 조선 경제 발전의 맹아를 억지하고, 나아가서는 당행 업무도 다소 부진을 벗어날 수 없었다. 하지만 광범위에 걸친 영업을 하는 결과 산미증식계획의 수행과 미곡통제시설에 수반하는 대출 증가 및 궁민구제사업의 진전과 이 융자의 현저한 증가, 수산자금의 대출 및 채권 인수 업무의 왕성 등에 의해 그 타격을 현저하게 완화했을 뿐만 아니라 도리어 업적의 향상을 초래하고, 그에 더해 만주사변을 거쳐 지나사변의 진전에 수반하는 군수산업의 발흥에 즈음하여 수요 자금의 공급에 만전을 기하고, 그렇게 함으로써 업적의 발전을 기한 일은 특필할 만하다고 생각한다.

예금 대출의 팽창: 이렇게 해서 당행 창업 이래 업적의 표상인 예금과 대출금의 소장(消長)을 보면, 예금은 1918년 10월 전신 농공은행으로부터의 승계액 1,102만 원은 1939년 말 2억 5,067만 원이 되었고, 동 대출금은 승계 잔고 1,860만 원에서 1939년 말 8억 547만 원으로 증가하였다. 이제 전기 승계액에 대한 증가 비율을 보면, 예금은 그 사이 23배 이상 늘었고, 대출금은 동시에 43배 이상이 되었다. 그리고 한 눈에 쉽게 알 수 있듯이 특히 대출금의 증가가 현저한데, 이는 원래 예금에서는 조선 내의 산업이 농업을 주로 하고 있는 관계상 자금의 축적이 여전히 미미한 반면, 산업의 진흥에 필요한 자금의 수요는 매우 왕성하다는 증거이다. 그리고 당행 예금과 대출금의 실액(實額)에서 대출액이 예금액을 초과하는 것이 5억

원에 달한다는 사실은 주로 당행 특전의 하나인 조선식산채권의 발행이 순조롭게 이루어져 풍부한 자금의 조달이 가능해지고, 이 산업자금으로서 널리 각각의 방면으로 투하된 결과에 다름 아니다.

이렇게 당행 예금과 대출금은 해를 더하면서 순조로운 팽창을 계속하여 오늘날에 이르렀는데, 이 조선 금융계에서의 지위는 어떤가 하면 1939년 말 예금 2억 5,067만 원은 전 조선 각종 은행 예금 8억 6,787만 원의 28%, 대출금 8억 547만 원은 전 조선 각종 은행 대출금 15억 2,264만 원의 52%에 해당한다. 예금에서도 그렇지만 대출금 분야에서 특히 중요한 지위를 점하고 있음을 엿볼 수 있을 것이다.

예금 대출의 팽창

적요		단위	1918년 말	1923년 말	1927년 말	1932년 말	1939년 말
예금액	조선 내 각종 은행(A)	1000원	66,834	152,257	200,309	255,655	867,874
	식은(B)	1000원	15,245	47,852	68,132	73,587	250,677
	식은의 비중(B/A)	%	22	31	33	28	28
대출금액	조선 내 각종 은행(A)	1000원	126,971	333,518	386,422	529,632	1,522,640
	식은(B)	1000원	29,839	172,069	233,959	338,338	805,479
	식은의 비중(B/A)	%	23	51	60	63	52

2. 산업 및 공공금융

산업 및 공공 금융은 당행 본연의 업무에 속하고, 그 취급하는 대부는 50년 이내의 연부상환 또는 5년 이내의 정기상환, 채권 또는 사채권의 응모 또는 인수 등의 방법에 의한 것으로, 그 대출은 대체로 장기이다. 창업시대에는 이를 일괄하여 권업금융이라고 불렀지만, 업무의 번망과 함께 공공금융을 분립하여 산업금융, 공공금융의 두 가지로 했다.

당행에서 산업금융이라 부르는 것은, 부동산, 부동산상의 권리, 재단 혹은 어업권 등 담보로 하여 행하는 연부 및 정기 상환 대부를 가리키는데, 조선에서 식산사업을 영위하는 것을 목적으로 하는 회사가 발행하는 사채권의 응모 또는 인수도 그 성질이 본 금융에 속해야 하는 것이다. 또 공공금융이라 부르는 것은, 공공단체, 비영리 산업법인에 대해 연부 및 정기 상환의 방법에 의한 무담보대부, 농공업자 10인이 연대하여 채무를 지는 자에 대한 무담보 정기대부를 가리키는 것이다. 이밖에 공공단체가 발행하는 채권, 조선금융채권의 응모 또는 인수 업무도 역시 본 업무에 속한다.

이렇게 이들 금융의 특질은 산업금융에 있어서는 원칙적으로 부동산, 기타 채권을 확보하는데 충분한 담보를 설정하는 데 반해 공공금융에서는 이를 설정하지 않고 양자를 통해 장기저리의 금융을 행함에 있어서 당행은 채권 발행의 특전을 활용하여 이 자원(資源) 확보에 유감 없음을 기하고 있다.

(1) 산업 및 공공대부

대부금의 격증: 산업 및 공동대부는 조선 산업경제 흥융의 원인이 되고 결과가 되어 비약적으로 증가하여 1939년 말 현재 4억 8,600만 원에 달했다. 설립 당시 농공은행으로부터 승계한 대출고 593만 원에 비하면 실로 82배의 증가이다.

대부금의 격증

연별	산업대부			공공대부			합계	승계 본대부 잔고를 100으로 하는 지수
	연부	정기	합계	연부	정기	합계		
1918년 10월 1일 농은으로부터 승계	—천 원	—천 원	—천 원	—천 원	—천 원	—천 원	5,934천 원	100
1923년 말	45,340	21,596	66,936	25,512	22,297	52,130	119,067	2,006
1927년 말	82,671	18,422	101,093	40,926	32,550	73,476	174,570	2,941
1931년 말	116,675	25,705	142,380	66,290	41,613	107,904	250,285	4,217
1936년 말	128,920	74,548	203,468	99,325	29,379	128,705	332,174	5,596
1938년 말	139,005	109,448	248,454	99,819	47,901	147,721	396,175	6,675
1939년 말	152,999	154,436	307,435	101,636	77,817	179,454	486,889	8,205

차주의 종류: 산업대부는 각 개인을 대상으로 하는 데 반해 공공대부는 거의 공공단체 또는 공익을 목적으로 하는 산업법인, 기타 제 단체를 대상으로 한다. 이제 차주의 종류별로 대부고를 적기하면 다음과 같다.

차주의 종류

적요	단위	공공단체	조합	농업자	공업자	상업자	광업자	어업자	기타	계
1921년 말	천 원	9,745	15,365	34,972	2,643	6,645	475	321	3,543	73,711
1927년 말	천 원	51,694	19,905	64,655	5,240	24,762	139	992	7,178	174,570
1927년 말 현재 차주별 비중	‰	296	114	370	30	142	1	6	41	1,000
1932년 말	천 원	90,665	32,609	96,167	6,175	22,892	335	1,704	17,172	267,722
1939년 말	천 원	99,006	72,334	156,202	43,303	44,291	10,842	2,728	58,179	486,889
1939년 말 현재 차주별 비중	‰	203	148	321	89	91	22	6	120	1,000

대부금의 분포: 산업 공공대부의 차주는 조선 내에 거주하고 조선 내에서 사업을 경영하는 것이 보통이지만, 특수한 사정으로 내지에 거주하면서 조선 내에 사업을 영위하는 자도 있다. 이제 본 대부금의 차주 거주지별로 그 분포 상태를 나타내면 다음과 같다.

대부금의 분포

지방별	1927년 말			1939년 말		
	구수(口)	금액(천 원)	금액에 의한 비중(‰)	구수(口)	금액(천 원)	금액에 의한 비중(‰)
경기도	3,603	38,785	222	7,840	191,896	394
충청북도	1,224	4,305	25	1,849	6,803	14
충청남도	2,104	10,619	61	4,646	19,130	39
전라북도	2,407	19,879	114	6,581	42,358	87
전라남도	2,604	14,322	82	6,684	30,042	62
경상북도	2,394	10,917	63	5,012	24,552	50

경상남도	3,048	24,707	142	4,319	27,028	56
황해도	1,617	13,334	76	4,649	34,565	71
평안남도	1,257	6,923	40	4,089	19,835	41
평안북도	1,476	8,989	51	4,270	19,404	40
강원도	959	11,539	66	2,130	16,265	34
함경남도	1,466	5,436	31	2,564	25,975	53
함경북도	514	3,060	17	1,948	27,831	57
기타	30	1,754	10	63	1,200	2
합계	24,703	174,570	1,000	56,644	486,889	1,000

담보의 종류: 공공대부는 무담보이지만, 산업대부는 유담보대부만으로 제한되어 있다. 당행이 기왕에 취득한 담보 물건은, 논(일본어로는 田), 밭(일본어로는 畑), 대(垈, 주택), 임야, 잡종지, 미간지, 건물 등의 부동산 또는 부동산상의 권리, 공장, 궤도, 철도, 자동차교통사업 등의 각종 재단, 어업권, 기타이고, 관리 용이하게 하여 확실한 수익을 올리고 시장성이 풍부한 것을 요한다. 관리상 곤란을 동반하는 것이 현저하여 시장성이 결여된 것, 또는 공공적 성질을 가지는 물건은 특수물건으로서 취득상 특별한 주의를 기울이고 있다. 이제 당행이 본 대부상 취득하고 있는 담보 중 주된 것을 들면, 1939년 말 현재 논 7억 9,948만 평, 밭 3억 223만 평, 대지 1,930만 평, 임야 5,306만 평, 기타 잡지 2,874만 평, 건물 2만여 동 60만여 평, 기타 공장, 철도, 궤도, 광업, 자동차교통사업재단 등으로 그 감정 가격은 5억 9,610만 원에 달하고 있다.

대부금의 기간: 대부 기간은 자금의 용도, 차주의 경제적 사정을 참작한 뒤 결정하는 것이지만, 산업경제의 발전과 각종 자금 수요에 따라 대부 기간도 다양해진다. 따라서 짧은 것은 정어리비료제조업(鰯油肥製造業)수산조합에 대한 대부와 같은 것은 2개월 이내의 어음할인의 방법에 의한 단기대부, 비료자금 및 조선금융조합연합회대부 혹은 공공단체의 연도 내 일시 차입금 같은 것은 1개년 미만의 것부터 길게는 수리조합에 대한 대부 같은 40년에 미치고 있다. 이제 이 기간별 표를 적재하면 다음과 같다.

대부금의 기간

기간별	1927년 말			1939년 말		
	구수	대부 재고	대부 비율	구수	대부 재고	대부 비율
	구(口)	천 원	‰	구(口)	천 원	‰
3년 이내	3,592	41,868	240	23,385	203,580	330
5년 이내	3,909	16,293	93	1,898	32,141	75
7년 이내	7,786	17,310	99	2,485	5,295	14
10년 이내	5,702	24,656	141	4,307	18,727	37
15년 이내	3,096	27,926	160	22,557	108,544	237
20년 이내	406	16,670	96	1,117	46,385	126
30년 이내	205	29,573	169	849	69,082	173
40년 이내	7	271	2	46	3,132	8
50년 이내	-	-	-	-	-	-
합계	24,703	174,570	1,000	56,644	486,889	1,000

대부금의 이자: 1927년의 금융공황 이래 기채시장의 완화에 수반하여 당행은 극력 기발(既發) 고리채의 차체(借替) 및 신규 자금의 조달에 힘쓰고, 자금 코스트의 저감과 그 충실을 도모했다. 나아가 수시로 대부 금리의 대폭 인하 및 수리조합을 비롯해 기타 기왕 대부의 이자 인하를 장려하고, 그렇게 함으로써 한편으로 당국의 저금리정책에 순응하여 농촌 및 중소상공업자의 부담 경감을 도모하는 동시에, 다른 한편으로 신흥산업의 조장 육성에 노력하고 있다.

매개대부(媒介貸付): 당행은 전 조선 주요 지역에 지점, 출장소, 파출소를 두어 그 수 현재 66개에 달하고 있다. 그러나 이들 다수의 영업소를 두고 있음에도 전 조선에 걸쳐 자금을 살포(撒布)하는 것은 용이하지 않다. 특히 오지에 있어서 금융은 취급 불편의 상태에 놓여 있다.

이 대책으로서 당행의 전신인 농공은행은 일찍이 금융조합과 매개대부의 방법으로 산업자금의 대부를 행해 왔는데, 당행도 역시 각 금융조합과 대리점 계약을 체결하고 전 조선

900여의 금융조합 및 동 지소와 연락을 취하여 저리 자금의 공급을 하고 있다. 그리고 그 매개대부고는 1939년 말에 2,674만 원이다.

금융조합의 당행 대리 및 매개대부 잔고표

(단위: 천 원)

적요	1918년 말	1923년 말	1927년 말	1933년 말	1939년 말
금액	1,803	10,191	10,141	9,407	26,741

(1) 산업대부

당행에서 산업대부라 칭하는 것은, ① 50년 이내의 연부상환 또는 5년 이내의 정기상환의 방법에 의해 부동산 또는 부동산상의 권리를 담보로 하는 대부, ② 5년 이내의 정기상환의 방법에 의해 어업권을 담보로 하는 대부, ③ 법령의 규정에 의해 설정한 재단을 담보로 하는 ①의 방법에 의한 대부를 가리는 것으로 필경 부동산, 부동산상의 권리, 각종 재단 혹은 어업권을 담보로 하는 저당대부에 다름 아니다. 유래 산업금융은 자금이 장기에 걸쳐 고정하고, 그 이윤도 대체로 낮은 것이 보통이기 때문에, 한편으로 그 용도는 가장 엄밀하게 조사를 함으로써 자금의 유용한 활동에 기여하는 동시에, 다른 한편 그 담보가 될 만한 물건은 장기간에 걸쳐 채권을 확실하게 담보하는 것이어야 한다. 그리고 이런 종류의 금융은 필연적으로 담보 물건의 경제적 가치를 판단하는 감정 사무와, 권리의 보전을 목적으로 하는 부동산등기 사무를 수반하는 것으로, 대부액은 감정에 따라 결정되는데, 그 액수는 「조선식산은행령」에 의해 감정 가격의 3분의 2 이내로 한정되어 있다.

(2) 공공대부

당행에서 공공대부라 칭하는 것은 ① 농업자 또는 공업자 10인 이상이 연대하여 채무를 지는 자에 대한 5년 이내의 정기상환 방법에 의한 무담보대부 ② 공공단체에 대한 50년 이내의 연부상환 또는 5년 이내의 정기상환 방법에 의한 무담보대부 ③ 금융조합, 어업조합, 기타 비영리 산업법인에 대한 ②의 방법에 의한 무담보대부 ④ 「식산은행령」 제27조의 규정에 의한 타 은행 또는 회사의 업무대리에 의한 대부이다.

당행에서 공공단체로서 취급하는 것은 도(道), 부(府), 읍(邑), 면(面), 읍면조합, 학교비, 학교조합, 농회, 미곡통제조합, 수산회, 상공회의소, 수리조합 등으로 비영리법인으로서 취급하는 것은 조선금융조합연합회, 수산조합, 어업조합, 공업조합, 산업조합, 중요물산동업조합, 조선연초경작조합협회 등이다. 이들 제 단체는 법령에 기초하여 그 설립이 강제 또는 조장되고, 혹은 감독관청의 엄중한 감독에 따르는 것으로, 모두 극히 확고한 기초를 가지는 것이다. 이밖에 농공업에 관한 임의단체로서 취급하는 것으로 상업조합(蔘業組合), 잠종제조업조합, 상묘조합(桑苗組合), 수리계, 비료구입계, 산미개량조합 등이 있다.

(3) 산업 및 공공 대부금 용도의 개요

본 대부금의 사용처는 행정, 교화, 위생, 수리사업, 토지개량, 토목 등의 공익적 사업을 비롯해 농업, 공업, 상업 등 조선 통치 및 산업 제 시설의 전반에 걸쳐 있기 때문에, 하나로써(?) 직접, 간접 당행 융자가 관계하지 않는 것은 드물다고 하는 것도 과언은 아니다.

그중에서도 산미증식계획에 기초한 방대한 토지개량사업자금 및 농사개량자금 대출 같은 것은, 국책적 사업자금으로서 특필할 만한 것이고, 또 농업자금, 조선금융조합연합회자금, 수산자금 등 거액의 대출도 필경 당행의 실력을 이서하는 것에 다름 아니다.

당행은 본 대부금의 용도를 21개 항목으로 나누고 있지만, 이제 용도별로 각 연말의 재고를 적기하면 다음과 같다.

산업 및 공공대부금 용도별표 (단위: 천 원)

용도별	1918년 말	1923년 말	1927년 말	1931년 말	1935년 말	1939년 말
행정	44	1,262	1,498	559	576	6,642
교화	75	3,759	3,126	2,423	1,974	3,614
금융조합 연합회	469	17,509	19,223	27,213	21,977	23,998
위생	7	1,299	2,513	3,925	1,807	2,429
교통운수	66	6,093	2,578	4,023	565	16,245
수리사업	1,003	21,509	44,066	65,548	76,183	69,644
토지개량	2,611	14,408	14,105	15,917	19,845	27,030
농업	1,180	18,615	49,026	84,449	84,811	147,332

임업	276	968	747	488	368	883
잠업	187	748	931	1,838	777	1,280
축산	22	89	265	666	1,330	2,944
공업	423	3,397	4,580	3,610	2,834	39,983
수산	36	1,796	1,589	2,902	9,941	35,227
전기 및 가스	32	597	751	619	1,071	52
양조	128	936	1,148	1,585	1,702	6,217
토목	—	531	1,309	1,697	1,465	10,410
광업	1	231	48	151	156	9,549
상업	753	5,167	9,299	10,777	11,943	34,132
토지가옥	425	9,652	11,395	13,707	17,400	32,944
구채정리	196	4,955	5,606	7,891	9,633	13,774
기타	173	1,214	757	288	604	2,550
합계	8,116	114,746	174,570	250,285	266,971	486,889

다음으로 이들 자금 용도에 대해 개요를 서술해 보자.

① 행정: 지방공공단체인 도, 부, 읍, 면, 읍면조합 등은 법령에 의해 사업자금의 기채 및 연도 내 일시 차입금을 빌리는 것이 허용되고 있기 때문에, 이들에 대해 융자하는 것을 말하는 것이다. 그중에서 교화, 위생, 토목에 대해서는 각 항목으로 나뉘어 있기 때문에 본 항에 해당하는 것은 연도 내 일시 차입금, 시장 시설비, 기타 각 항목에 해당하지 않는 것이다.

② 교화: 공공학교의 경영자인 도, 부, 학교조합, 학교비 및 사립학교의 경영자인 개인, 기타의 단체에 대해 학교의 신설, 교사의 증축, 시설 확충 자금으로서 융통하는 것이다.

③ 금융조합연합회: 금융조합연합회는 조선 내 13도에 지부를 두고, 그 아래 900여의 금융조합 및 동 지소와 185만 명의 조합원을 거느리는 농촌지도기관인 동시에 서민금융기관으로, 그 근원은 일찍이 1907년 한국정부 재정고문 메가타(目賀田) 남작이 시설한

것이다. 당행은 농공은행 시대부터 금융조합과 순치보거(脣齒輔車)의 관계를 유지하여 오늘에 이르고 있다. 잉여금의 예입 및 필요 자금의 대출을 맡고 있다.

④ 위생: 도, 부, 읍, 면 등 지방 공공단체가 경영하는 상수도 시설 자금 또는 하수도 공사 자금을 비롯해 병원, 제예(除穢), 도장(屠場), 묘지, 화장장 설비 자금의 대부를 하는 것이다.

⑤ 교통운수: 사설철도, 사설궤도 및 경편철도를 비롯해 해운업, 자동차교통사업에 대한 융자인데, 거액인 자금의 수요에 대해서는 당행 업무의 하나인 사채 인수 업무에 의해 융자의 길을 강구하고 있다.

⑥ 농업: 농업이 조선 경제에서 점하는 지위가 매우 중요하다는 것은, 조선 총생산액에서 장차 조선 무역에서 점하는 비율로부터 보더라도 명확하여 시정 이래 오랫동안 당국이 가장 힘을 기울인 곳이다. 따라서 당행의 농업자금도 용도별 중에서 최고액을 점하는 것으로 그 용도도 경지의 구입을 비롯해 종묘, 비료, 농구, 농업용 건물의 건축 구입, 제연입(製筵叺), 제승(製繩), 기타 일반 농업용 자금이다. 당행은 이들 소요 자금을 일반 개인은 물론, 농회, 미곡통제조합, 연초경작조합, 삼업조합, 산미개량조합의 제 단체에 대해 융통한다.

⑦ 토지개량: 토지개량이라는 것은 관개, 배수에 관한 설비 또는 공사, 토지의 교환, 분합(分合), 개간, 지목 변화, 기타 구획 형질의 변경, 또는 도로, 제당(堤塘), 휴반(畦畔), 구거(溝渠), 유지(溜池)의 변경 혹은 배치와, 이상의 사업 시행을 위해 필요 공작물의 설비 또는 유지 관리 등 그 범위는 매우 다기에 걸치고 있는데, 조선에서는 관개, 배수, 수해 예방 또는 토지개량을 위해 필요 있을 때는 수리조합을 설치할 수 있게 되어 있다. 따라서 당행의 자금 용도에서도 수리조합에 의한 토지개량사업은 이를 수리사업으로서 처리하고 있기 때문에, 여기서 말하는 토지개량이라는 것은 수리조합에 의하지 않는 토지개량사업을 가리키는 것이다. 그리고 토지개량사업은 기왕 산미증식계획에 있어서 주요 부분을 이루고 있기 때문에, 해당 계획의 진행과 함께 당행의 본 자금대부고도 거액에 달하고 있다. 현재 당행이 본 항목에 의해 융자하고 있는 것은 오로지 간척사업이다.

⑧ 수리사업: 수리사업은 관개, 배수, 수해 예방을 주된 목적으로 하는 것이다. 그리고 조

선에서는 이들 사업을 하기 위해 필요할 때는 수리조합을 설립할 수 있기 때문에, 산미 증식계획 수립 후 본 사업은 급속하게 발달했다. 따라서 이 방면에 대한 당행의 대부도 거액을 산하게 되었다.

⑨ 임업: 묘포의 경영, 조림, 사방, 임야 구입 자금, 부업, 기타 임업에 관한 자금의 융통이다.

⑩ 잠업: 잠실의 신축, 잠(누에)의 구입, 재상(栽桑), 기타의 설비 자금 및 군농회 경영의 건견장(乾繭場), 공동판매시설을 비롯해 상전(桑田)의 구입, 비배(肥培) 관리 비용 등에 충당하는 것이다.

⑪ 축산: 현재는 오로지 군농회의 사업인 경우의 매입 자금 및 경마구락부에 대한 설비 및 운용자금의 대부이다.

⑫ 공업: 일반 공업에 대한 대부인데, 이밖에도 당행은 기초 산업 또는 국책적 산업에 대해서는 여유금을 가지고 주식의 응모, 인수 혹은 매입을 하여 직접 기업의 창설에 참여하고, 또한 조선 내 자본에 의한 대공업에 대해서는 사채의 인수에 의해 자금의 조달을 원조하는 동시에, 기타 공장재단 저당 또는 보통 저당의 방법에 의해 직접 융자에 노력하고, 나아가 가내공업의 소유자금에 대해서는 당행 직접 또는 금융조합을 매개로 융자하고 있다.

⑬ 수산: 어선 건조, 어구의 구입, 수산물 제조장 건설 자금, 각종 수산조합에 대한 사업 자금의 융통이다. 이 중에는 정어리기름비료(鰯油肥)제조사업에 대한 거액의 대부도 포함되어 있다.

⑭ 전기 및 가스: 전기 및 가스 사업에 대한 융자이다.

⑮ 양조: 술, 간장, 식초의 제조 자금 및 주조조합, 누룩(麯子)제조회사에 대한 원료 준비 자금 및 제조장 건설 자금의 대부이다.

⑯ 토목: 치산치수사업, 항만의 시설, 도로의 개수, 시가지계획 등 오로지 지방 공공단체의 토목사업을 대상으로 하는 융자이다.

⑰ 광업: 금, 철, 석탄, 흑연, 텅스텐, 몰리브덴(水鉛), 납(鉛), 아연, 기타 일체 광물의 탐굴, 제련소의 건설 등 광업자금에 충당한다.

⑱ 상업: 당행이 연부 또는 정기의 방법에 의해 취급하는 상업자금의 대부는 주로 점포의 신설 확장 및 운전자금의 충실 등 상업의 기초를 이루는 자금이다.

⑲ 토지가옥: 시가지 주택 및 대가용(貸家用) 토지 가옥의 구입 및 가옥 건축 자금의 융통이다.

⑳ 구채 정리: 농촌의 고리채 정리 자금의 대부이다.

21. 기타: 이상 모든 용도에도 해당하지 않는 것 일체를 포함하고 있다.

(2) 채권의 응모 또는 인수

당행이 취급하는 채권의 응모 또는 인수 업무는 「조선식산은행령」 제16조 제1항 제10호에 기초한 것으로, 당행이 소위 산업공공금융 업무의 일부를 이루고, 도, 부 등 지방 공공단체가 발행하는 채권, 조선금융채권 및 조선에서 식산사업을 영위하는 것을 목적으로 하는 회사가 발행하는 사채권의 응모 또는 인수를 하고, 그렇게 함으로써 그 발행을 용이하게 하는 것인데, 조선에 있어서 공공단체 제 시설의 진전과 각종 사업회사의 발흥에 수반하여 본 업무도 급격하게 발전했다. 즉 1925년 말까지 당행이 인수한 채권 총액은 2억 3,281만 8,800원으로, 그중 1억 5,281만 8,800원은 도·부채, 잔액 8,000만 원이 사채이다.

(3) 주식의 응모 또는 인수

당행은 「조선식산은행령」에 의해 영업상의 여유금을 가지고 국채증권, 지방채증권 혹은 조선총독이 인가한 유가증권의 응모, 인수 혹은 매입을 하는 것이 인가되어 있다. 그리고 국채증권 및 유가증권이 여유금의 운용상 은행업자가 매입해 보유하는 것이 가장 보통인데, 이밖에 당행이 조선총독이 인가한 유가증권의 응모, 인수 혹은 매입을 할 수 있는 것은, 그 운용 여하에 따라서는 당행이 본래의 사명으로 하는 조선의 산업개발상 크게 기여할 수 있는 것으로, 특설의 기업금융기관을 갖지 않는 조선에서는 특히 그 운용에 유의해야 한다. 이와 같은 의미로부터 당행은 종래 업무로서는 아니지만, 산업개발상 필요한 기업에 대해서는 조선총독의 인가를 받아 유가증권의 응모, 인수 혹은 매입, 그중에서도 주식의 응모, 인수 혹은 매입을 하여 오늘에 이르고 그 액수는 1,200여만 원에 달하고 있다. 이렇게 해서 당행은 의도하는 바의 기업금융기관적 사명을 어느 정도 수행해 왔지만, 얼마 전 제령 제17호의 공포로 조선총독이 인가한 주식의 응모 또는 인수를 업무로서 할 수 있게 된 것은 기술한 대로이다.

3. 보통은행 업무

연혁 및 예금대출 업무의 발전: 당행은 세상에서 말하는 부동산금융을 행하는 특수은행이지만, 일반 보통은행 업무도 할 수 있기 때문에, 사실은 보다 넓은 내용을 가지고 있는 것은 전술한 대로이다. 그리고 당행이 이들 업무를 행하는 것을 인정받은 그 연혁은 멀리 농공은행 시대에 시작되었기 때문에, 1914년 「농공은행령」 공포 때에도 보통은행 업무의 계속을 인정받았다. 또한 1918년 6월 「조선식산은행령」이 공포될 때에는 그 주요 업무를 규정한 조항에서 보통은행 업무에 속하는 조선의 산물 또는 조선의 산업상 필요한 화물을 담보로 하는 대부, 국채증권 또는 조선총독이 인가한 유가증권을 담보로 하는 대부, 환 및 하환, 각종 예금, 보호예탁 등을 영위할 수 있음을 명기했다. 또한 동령 부칙에서 당분간 조선총독이 지정하는 보통은행 업무를 영위할 수 있다고 규정하고, 당행이 설립되면서 동년 10월 2일 조선총독으로부터 보통은행 업무의 경영에 관한 지령을 받아 오늘에 이르고 있다. 따라서 본 업무는 그 발생 원인 및 이를 필요로 한 조선 경제의 실정으로부터 보는 것도, 또한 당행 업무상 점하는 지위로부터 보는 것도 매우 중요한 것이어서, 당행의 기능은 장기금융인 산업공공금융과 단기금융에 속하는 보통은행 업무를 병행해 영위함으로써 마치 장단(長短) 상호 보족하여 조선 경제 사정에 적합하고, 매우 묘미 있는 운용하에 산업개발상 공헌하는 바 크다. 따라서 본 업무도 산업의 발전과 내선무역의 긴밀화에 수반하고, 차제에 성운(盛運)을 맞이하여 예금 및 대출액은 현저한 신전(伸展)을 보이기에 이르렀다. 지금 당행 예금 및 대부금 잔고를 적기하면 다음과 같다.

대부금 잔고

(단위: 천 원)

연별	증서 및 어음 대부	콜론	당좌대월	상업어음	하환어음	합계(단,1936년 이후 특별대부 포함)	승계 당시의 대출을 100으로 한 지수
1918년 10월 1일 농공은행 승계	9,356	—	555	2,354	407	12,673	100
1923년 말	29,471	6,225	2,609	8,292	4,499	51,098	403
1927년 말	37,238	6,065	4,558	6,331	6,506	60,699	479

1931년 말	46,976	7,470	4,356	5,100	5,641	70,326	555
1936년 말	108,830	750	12,274	21,772	13,169	156,797	1,237
1938년 말	145,472	3,800	10,266	17,208	11,175	188,113	1,484
1939년 말	252,546	4,900	19,744	21,493	8,189	307,062	2,422

예금 잔고

(단위: 천 원)

연별	공공예금	정기예금	당좌예금	특별 당좌예금	기타	합계	승계 당시의 대출을 100으로 한 지수
1918년 10월 1일 농공은행 승계	661	2,255	2,941	4,581	584	11,024	100
1923년 말	5,455	13,527	8,379	8,379	4,607	40,350	366
1927년 말	6,554	22,077	7,546	10,098	6,206	52,482	476
1931년 말	—	31,413	10,604	11,970	9,255	63,242	574
1936년 말	—	50,329	22,492	23,543	29,491	125,857	1,142
1938년 말	—	92,285	36,967	34,153	24,067	187,473	1,700
1939년 말	—	103,729	62,634	50,383	33,930	250,677	2,273

환업무: 본 업무는 창업 당시에는 그 거래선도 적었고, 또 취급액에서도 근소함을 면하지 못했지만, 당행은 예의 거래선의 증가에 힘쓰는 동시에, 환 결제에 편리하도록 1925년 5월 오사카지점을 개설하고, 예의 이 진전에 힘을 다한 결과 내선무역의 긴밀화와 맞물려 업무가 현저하게 번망을 다하게 되었다. 환 거래선은 1939년 말 1만 1,793, 그 거래 지역도 내지 각 부현은 말할 것도 없고 널리 홋카이도, 가라후토, 대만을 비롯해 만주국, 중화민국, 남양에까지 달하고 있다. 그리고 1939년에 있어서 연간 취급고를 보건대, 송금 어음에서 수입고(受入高) 8억 6,478만 원, 지불고 9억 9,178만 원, 대금 추심 어음 수입고 6억 808만 원, 지불고 7억 4,642만 원이고, 타점 계정[勘定]에서는 1939년 말 대(貸) 454만 5,000원, 차(借) 922만 1,000원에 달했다.

송금어음(각 연도 취급고)

(단위: 천 원)

적요	1919년	1923년	1929년	1933년	1939년
수납고	112,942	124,506	248,407	230,411	864,784
지불고	124,658	129,425	251,407	251,429	991,783

대금추심어음(각 연도 취급고)

(단위: 천 원)

적요	1919년	1923년	1929년	1933년	1939년
수납고	164,510	153,056	251,626	270,655	608,086
지불고	144,989	144,998	214,205	239,918	746,429

타점으로의 대출

(단위: 원)

적요	1918년 말	1923년 말	1929년 말	1933년 말	1939년 말
내지	—	355,284	900,004	639,194	—
조선	—	85,862	108,594	171,719	—
기타	—	17,900	20,115	61,640	—
합계	671	459,047	1,028,715	872,554	4,545,907

타점으로부터의 차입

(단위: 원)

적요	1918년 말	1923년 말	1929년 말	1933년 말	1939년 말
내지	—	820,848	1,474,531	1,890,645	—
조선	—	1,157,787	1,338,617	1,141,963	—
기타	—	62,282	125,684	128,120	—
합계	1,845,634	2,040,918	2,928,833	3,160,729	9,221,945

기타 부대 업무: 이상 외 당행은 도, 부 등 지방 공공단체의 금고사무를 취급하고 있다. 도(道)금고사무 취급은 1920년 10월 경기도 금고사무 취급을 한 것을 시작으로 현재 조선 내 13도 중 12도에 미치고 있다. 또 대구, 마산, 원산, 청진, 나진 각 부의 부 금고사무 취급에 관해 계약을 체결하고 사무 취급을 하고 있다.

대리점 업무: 당행은 「조선식산은행령」에 의해 조선총독의 인가를 받아 타 은행 또는 동양척식 및 일본산금진흥 두 주식회사의 업무를 대리할 수 있는 것이어서, 현재 일본은행 대리점으로서 국고금의 출납, 국채 및 정부 유가증권의 취급을 하고, 또 일본권업은행 대리점으로서 권업채권의 모집, 권업채권, 저축채권 원리금 및 할증금의 지불, 권업채권, 저축채권 및 그 이찰(利札)의 교환, 교부, 주식 배당금 지불 사무, 등기 신청 및 열람 사무를 취급하고 있다. 또한 조선저축은행은 당초 당행이 조선총독의 지령에 기초하여 1919년 9월부터 10년 동안에 걸쳐 취급해 온 저축예금 업무를 계승하여 창업을 개시한 특수한 연혁 관계 때문에 1929년 7월 동행 설립 후에는 대리점으로서 동행 본지점 및 출장소 없는 당행 영업소 53개 점에서 이 업무를 취급하고 있다.

6. 조선식산채권

개설: 한편 당행의 산업공공금융은 조선식산채권의 발행으로 마련한 자금으로 하는 금융이라는 것은 전술했다. 산업공공금융이 해마다 현저한 발전을 이루게 된 것은 당행 채권의 진가가 서서히 내지 기채시장에 알려지는 동시에 그 소화가 순조롭게 이루어져 자금 공급이라는 점에서 어떤 불안도 없었기 때문이다.

발행 방법의 변천: 당행 채권도 창업 당시에는 일부 공모 발행한 것을 제외하고 특수인수 또는 특별차입금으로 조달된 것으로, 모두 연고 관계의 범위를 벗어나지 못했지만, 이후 내지에 있어서 장기 금융시장의 현저한 발달과 조선산업 사정 및 당행 업무와 조선 경제에 있어서 당행의 중요성이 인식됨에 따라 당행 채권 발행도 매우 용이해졌다. 따라서 특수인수에 의한 비공모를 제외하고 다른 것은 모두 내지 증권업자의 총액 인수 방법을 취하여 오늘에 이르고 있다.

발행상의 특전과 제한: 조선식산채권은 당행이 「조선식산은행령」에 기초하여 발행하는 일종의 사채권(社債券)으로 특수금융기관에서 발행하는 각종 채권과 궤를 같이한다. 그리고 그 발행 총액은 불입자본금의 15배로 정해져서 다른 회사채에 비해 현저한 특전이 부여되어 있을 뿐 아니라, 응모 총액이 발행 총액에 미치지 못하는 경우에도 사채의 성립을 인정하여, 그럼으로써 자금의 충실을 기했다. 또 권면 금액 최저 10원까지의 소액 채권의 발행을 인정하는 동시에 권면 금액 20원 이하의 채권을 발행할 경우에는 매출의 방법을 사용할 수 있어, 이것이 서로 맞물려 영세자금의 흡수를 용이하게 하고 있다. 기타 발행에 관해서도 상법 규정의 제외례(除外例)를 인정받아, 일반 사채 발행에 관한 절차 중 간편한 방법에 의한 것을 허락받는 등, 수많은 특전이 부여되어 채권의 발행 및 자금 조달에 편리함을 얻고 있다. 발행 총액은 설립 당초에는 불입자본의 10배로 제한되어 있었지만 1924년 4월 현행과 같이 개정되어 오늘에 이르고 있다. 그러나 상기 한도 내라고 하더라도 연부상환 대부금 총액, 정기상환 대부금 총액에 「조선식산은행령」 제16조 제1항 제10호의 규정에 의해 응모하거나 인수한 채권 및 사채권 현재고를 초과할 수 없어서, 이렇게 일정한 제한을 둠으로써 채권 발행에 의해 얻은 자금의 용도를 제한하고, 또 채권의 신용을 확보하는 구조[仕組]로 되어 있다. 그리고 얼마 전 제령 제17호의 공포로 향후 당행이 정부 보증 채권을 발행할 경우에는 이 후자의 제한을 받지 않게 된 것은 기술한 대로이다.

발행: 당행은 창업 이래 1939년 말까지 채권의 발행을 거듭하는 것이 이미 197회(그중 2회 결호 있음), 총액 10억 1,331만 6,500원(구 농공은행으로부터 계승한 농공채권 100만 원을 포함함)에 달했다. 그중 2억 2,098만 6,500원은 대장성 예금부의 인수에 관계된 잔액 7억 9,233만 원은 공모 또는 특수인수에 의한 것이다.

그리고 1939년 말 현재에 있어서 당행 채권 발행고는 4억 4,032만 8,200원으로 그중 대장성 예금부 인수에 관계된 채권 현재고는 9,409만 8,200원, 보통채권은 3억 4,623만 원이다. 그리고 이와 같은 거액의 자금이 조선 산업경제의 각 부문에 널리 퍼져 오늘의 발전을 초래한 요소가 되어 있는 것은, 어떤 사람이라도 부정할 수 없는 사실일 것이다.

원금 이자의 지불: 조선식산채권 원리의 지불은 권면 기재 조항을 준수하여 이루어진다. 이자 및 전액 상환의 경우는 기한 도래와 함께 이찰(利札)이나 채권 교환을 통해 이를 지불한다. 공모 채권 분할 상환의 경우에는 그때마다 상환 채권을 결정하고 해당 번호 채권 소유자가 청구하면 채권 교환의 방법으로 시행하고 있다. 추첨은 상환 기약 1개월 전 당행에 조선식산은행 감리관의 임석을 청해 당행 중역 입회하에 집행하고, 그 결과는 관보 및 지정 신문에 공고함으로써 각지에 있어서 당첨 채권 소유자의 지불을 청구하는 편의에 제공하고 있다(당첨 채권 소유자가 편리하게 지불을 청구할 수 있게 하고 있다). 그리고 당행 채권 공모 중 제167회 채권 이전에는 원리금의 지불 장소는 전부 당행 본점으로 정해져 있었으나 1936년

2월 발행 제168회 채권 이후의 분은, 당행 오사카지점을 비롯해 전국 주요지의 내지 은행 본점 25개점을 지불 장소로 지정함으로써 사채 소유자의 편의를 도모하게 되었다. 참고로 당행이 창립 이래 상환한 채권 총액은 1939년 말 현재 5억 7,298만 8,300원에 달한다.

7. 조직 및 관리

자본금 및 주식: 설립 당시 당행의 자본금은 1,000만 원으로, 이를 20만 주로 나누어 주당 금액을 50원으로 했다. 1918년 8월 20일 자로 정부가 그 소유 주식 6,598주에 대해 전액 불행을 한 것 외에는 모두 주당 20원 불입이었고, 불입 자본금 419만 7,000여 원으로써 영업을 개시했는데, 설립 당초에 있어서 일반 산업자금의 급격한 수요 증가와 당행 채권 발행의 증진과 함께 자본금 충실의 필요가 대두했기 때문에, 1920년 2월 조선총독의 인가를 얻어 자본금 3,000만 원으로 증액하고, 동년 5월 제1회 불입금 500만 원을 증수했다. 이후 3회에 걸쳐 불입을 징수하여 1937년 7월 전액 불입이 끝나게 되어 1938년 11월 조선총독이 인가를 얻어 다시 자본금을 6,000만 원으로 증액하여 1939년 2월 제1회 불입금 750만 원을 징수하여 현재 불입자본금은 3,750만 원이다.

주주: 주주는 「조선식산은행령」에 의해 제국신민 또는 제국법령에 의해 설립된 법인이어야 한다. 이밖에 정부 또는 공공단체도 특별히 주주가 될 수 있다. 현재 주주는 제국정부, 궁내성을 비롯해 지방 공공 단체 및 각종 은행, 회사, 공익법인 등 매우 다방면에 분포되어 있고, 그 수도 1939년 말 현재 5,336명에 달하고 있다.

본점 및 지점: 당행은 본점을 경성에 두고 지점 혹은 출장소, 파출소로 널리 조선 내 주요지에 설치하여 그 수 현재 66개점에 이른다. 이밖에 도쿄에 출장원 사무소, 오사카에 지점을 가지고 있다. 그리고 조선 내에 있어서 본점 외 66개점 중 49개점은 구 농공은행으로부터 승계한 것이고, 그 나머지 18개점 및 내지에 있는 출장원 사무소 및 지점은 모두 신설된 것이다.

전부터 당행은 그 사명으로 하는 바에 비추어 조선 내 영업은 원칙으로 하고 있지만, 기술한 바와 같이 당행은 비단 산업공공금융의 임무를 담당할 뿐 아니라, 널리 보통은행 업무도 경영하는 등 영업의 범위 매우 광점위하여 자금의 수요가 왕성한 것은 도저히 타 은행과 비교가 되지 않는다. 그리고 조선 내의 빈약한 자금으로 가지고는 이에 응하는 것이 불가능한 상태여서, 계절적 단기 소요자금 같은 것도 일부는 당시 내지 금융시장에 기대지 않으면 안 되고 누년 격증하는 내선무역과 이에 수반한 자금의 조종이 점차 번망해지게 되었기 때문에, 1919년 6월 우선 도쿄 출장원 사무소를, 이어 1923년 2월 오사카 출장원 사무소(1925년 5월 오사카지점으로 승격한다)를 각각 신설하여 동서가 협조하여 조선식산채권의 발행 및 자금의 조정에 관한 사무를 취급하고 있다.

참고로 조선 내 지점, 출장소, 파출소의 소재지는 다음과 같다.

경기도	인천, 수원, 개성
충청북도	청주, 충주
충청남도	공주, 조치원, 대전, 논산, 강경, 장항, 홍성
강원도	춘천, 철원, 강릉, 원주, 장전, 삼척
전라북도	전주, 군산, 이리, 정읍, 김제, 남원, 줄포
전라남도	광주, 목포, 여수, 순천, 벌교, 영산포, 제주도, 송정리, 나주
경상북도	대구, 포항, 김천, 상주, 안동
경상남도	부산, 마산, 통영, 진주, 부산진, 신마산
황해도	해주, 사리원
평안남도	평양, 진남포, 안주
평안북도	의주, 신의주, 박천, 선천, 영변, 강계
함경남도	원산, 함흥, 북청, 원산리
함경북도	청진, 나남, 성진, 웅기, 회령, 나진

중역: 당행의 중역은 「조선식산은행령」이 정하는 바에 따라 두취, 부두취, 이사 및 감사이고, 그 정원은 두취, 부두취 각 1명, 이사 3명 이상, 감사 2인 이상이다. 설립 당시에는 부두취 규정은 없었는데, 업무의 번망에 따라 1936년 8월 새롭게 부두취 규정을 만들어 이사 와타나베(渡邊彌幸) 초대 부두취로 승임하여 오늘에 이르고 있다.

두취, 부두취는 조선총독이 이를 임명하고 그 임기는 5년이다. 또한 이사는 주주총회에서 선거한 2배의 후보자 중에서 조선총독이 이를 임명하게 되어 있고, 그 임기는 4년이다. 또한 감사는 주주총회에서 선임하고 그 임기는 2년이다.

두취는 일체의 업무에 대해 은행을 대표하고, 그 사무를 처리하는 외에, 중역회 주주총회의 의장이 되는데, 유고시에는 부두취가 두취의 직무를 대리하고, 두취 결원일 때는 그 직무를 행하게 되어 있다. 이밖에 중요 업무에 대해서는 두취, 부두취, 이사는 정관에 기초하여 중역회를 조직하여 의결하지만, 기타의 업무에 관해서는 부두취 및 이사는 두취를 보좌하고, 정관이 정하는 바에 따라 업무를 분장하고, 또 감사는 당행의 업무를 감사하게 되어 있다.

두취, 부두취, 이사의 지위는 이렇게 중요하기 때문에 그 직에 있는 자는 어떤 명칭을 가지고 하던지 다른 직무 또는 상업에 종사할 수 없다. 다만 조선총독의 인가를 받은 경우에만 예외를 인정받고 있다. 그리고 현임 중역은 다음과 같다.

두취	하야시 시게조(林繁藏)
부두취	와타나베 미요시(渡邊彌幸)
이사	가네코 류조(金子隆三), 야마구치 시게마사(山口重政), 도미나가 후미카즈(富永文一), 마쓰이 히코지로(松井彦治郎)
감사	하라 구니조(原邦造), 스스무 다쓰마(進辰馬), 나가토미 게이타(中富計太)

그리고 도쿄 출장원 사무소 및 오사카 지점은 당행 채권의 발행, 기타 자금 조정상의 요지에 소재하는 까닭에 일찍이 이사 주재 규정을 정해 현재 다음의 제씨가 각각 주재하고 있다.

도쿄 출장원 사무소	가네코 류조
오사카 출장원 사부소	마쓰이 히코지로

고문 및 상담역: 고문 및 상담역은 모두 당행 정관이 정하는 바에 의해 두취가 이를 촉탁한다.

고문: 고문 규정은 1930년 9월 정관의 일부 개정으로 창시되었고, 오랫동안 당행의 경영에 관여하여 특히 공로가 현저하고 사회적으로 명망이 있는 제씨에 대해 이를 촉탁한다. 현

재 다음의 두 사람이 재임 중이다.

전 감사	자작 윤덕영 씨	1930년 10월 1일 촉탁
전 두취	아루가 미쓰토요(有賀光豊)	1937년 11월 15일 촉탁

상담역: 상담역 규정은 당행 설립과 동시에 정관에 의해 인정된 것으로 두취가 촉탁한다. 대체로 당행의 창립이 농공은행의 합병에서 비롯된 관계상, 구 농공은행 중역에 대해 이를 촉탁한 것이어서, 영업상의 자문기관으로서 이래 계속해서 오늘에 이르고 있다. 그리고 그 인원수는 당행 설립 당초에는 38명에 달했으나 사망, 기타의 이유로 25명이 줄어 1939년 말 현재 13명이 재임하고 있다.

직원 및 용원: 당행의 직원은 이를 행원과 고원 둘로 구별하고 있는데, 이밖에 용원(傭員), 저축 외무원이 있고, 또 수시 촉탁원을 둘 수 있다. 그 총인원은 1939년 말 현임 2,341명, 이를 창립 당시 직원 410명, 용원 75명(용원 수는 1918년 말 현재), 합계 415명과 비교하면 4.8배에 해당하는 증가이다.

사무분장: 두취는 조선식산은행을 대표하여 그 업무를 총리하고, 부두취 및 이사는 두취를 보좌하여 행무를 분장한다. 감사는 은행의 업무를 감독하게 되어 있다. 현재 본점 사무의 분장 조직은 비서실, 인사과, 서무과, 검사과, 심사과, 계산과, 증권과, 감정과, 산업금융과, 공공금융과, 상업금융과, 조사부로 1부 1실 10과로 되어 있다. 부에는 부장, 과에는 과장을 두어 당행 사무를 소관하게 하는 외에 부에 부장대리, 과에 과장대를 두고 필요에 따라 행원 중에 비서역, 검사역, 조사역, 감정역, 출납역 및 기사를 명할 수 있다. 그리고 이들 중에서 비서실만 두취에 직속하고, 부 및 각 과는 부두취 및 이사 분장하여 장리하는 조직이다.

8. 영업 성적

업무계수의 팽창: 다행은 영업의 범위가 매우 광범위하게 걸쳐 있는데, 전부터 산업공공금융은 개발자금의 공급이어서 저리 장기의 대부를 본령으로 하기 때문에, 당행은 그 사명에 비추어 그 이율의 경우 극력 저하를 기한다는 방침하에 영업에 임하고 있다. 그리고 창립

이래 1920년의 재계 대반동, 1930, 1931년의 농업공황 등은 조선의 산업경제를 압박하였고, 따라서 당행의 업무에도 영향을 주는바 적지 않았다. 다행히 당행은 설립 이래 정부 당국이 주도하는 지도 감독 및 민간의 끊이지 않는 지원을 받은 점과, 설립과 동시에 농공은행이 십수 년 동안에 걸쳐 배양해 온 영업상의 지반(地盤)과 수많은 경험을 승계했기 때문에, 제 변동에 잘 즉응(卽應)하는 대책을 강구하여 무사했을 뿐 아니라, 업적이 해마다 좋아져 소기의 결과를 거둘 수 있었다. 이제 그 사이 비약적 발전 상황을 들면 다음과 같다.

당행 업무 계수 대조표

(단위: 원)

자산				부채			
적요	금액			적요	금액		
	농은에서 승계	제20기 (1928년 6월 말)	제43기 (1939년 12월 말)		농은에서 승계	제20기 (1928년 6월 말)	제43기 (1939년 12월 말)
미불입 자본금	1,130,110	15,000,000	22,500,000	자본금	2,599,990	30,000,000	60,000,000
채권가격 교차(較差)	—	1,600,270	—	각종 적립금	606,270	5,503,270	18,991,494
각종 예치금	437,508	6,134,380	4,590,940	미불 배당금	3,346	45,624	56,149
지방비 대월(貸越)	42,638	—	—	채권 발행고	3,000,000	169,139,000	440,328,200
연부 및 정기대부	5,934,612	176,088,268	486,889,252	당첨채권	1,940	724,400	118,200
인수채권	—	342,000	16,196,000	미불 채권이자	386	168,241	57,154
증서 및 어음대부	9,356,640	41,749,281	252,546,755	정부 각종 대하금	1,459,980	1,459,980	1,459,980
당좌대월	555,354	4,444,063	19,744,025	도금고(道金庫)	1,070,478	—	4,168,063
할인어음	2,354,633	5,086,329	21,493,852	지방비	—	2,260,817	—
하부(荷付) 환어음	407,326	2,939,465	8,189,565	각종 예탁금	11,890,106	57,636,514	250,677,133
특별 대부	—	—	187,840	각종 저축예금	—	15,933,330	—
콜론	—	5,700,000	4,900,000	대장성예금부 차입금	—	—	36,000,000
저금담보대부	—	1,223,736	—	특별 차입금	—	1,200,000	—
저금신용대부	—	3,489,838	—	각종 차입금	2,430,221	—	69,000,000

타점에 대한 대부	632,059	587,469	4,545,907	조선은행대리점	44,900	—	—
지불승낙대가	—	6,334,517	15,265,161	당좌차월	—	—	3,666,617
대리대부(代理貸付)	—	133,687	—	콜머니	—	—	7,300,000
가불금(假拂金)	18,162	760,213	259,800	일본권업은행 대리점	—	6,587	73,725
신축비	—	99,999	122,120	타점으로부터의 차입	1,025,998	1,748,698	9,221,945
소유 유가증권	1,364,870	14,017,063	70,377,030	본지점 간 미달(未達)	185,924	504,149	8,902,195
영업용 토지 건물 집기	892,623	5,813,261	—	지불승낙	—	6,334,517	15,265,161
동산 부동산 계정	—	—	6,309,072	대리대부 보증	—	133,687	—
유입(流込) 토지, 건물, 기타	340,654	3,022,199	—	가수금(假受金)	3,363	2,009,356	2,651,705
현금	1,025,882	2,091,422	7,147,205	전기 이월금	57,512	615,597	1,517,036
				당기 순익금	112,658	1,233,695	3,146,235
합계	24,493,077	657,468	941,497,122	합계	24,493,077	296,657,468	941,497,122

(계정 과목의 변경으로 제43기 합계액은 일치하지 않음)

손익계산: 이렇게 영업이 두드러진 약진을 보임에 따라 총이익금도 매기 증가하였고, 매기 적지 않은 상각금이 발생했음에도 여전히 여유 있는 순익금을 거둘 수 있었다.

손익계산 (단위: 천 원)

연별	상반기					하반기				
	총익금	총손금			순익금	총익금	총손금			순익금
		손실금	상각금	계			손실금	상각금	계	
1919년	2,312	2,022	174	2,197	115	3,788	3,370	131	3,502	285
1923년	11,446	10,168	243	10,412	1,034	12,194	11,119	174	11,293	901
1927년	15,692	14,244	242	14,487	1,205	13,213	11,654	345	11,999	1,213
1931년	13,292	11,438	338	11,777	1,515	14,203	11,603	1,096	12,698	1,504
1936년	17,290	14,329	1,092	15,422	1,868	18,162	15,139	1,140	16,279	1,882

1937년	19,172	15,898	1,370	17,269	1,903	20,754	17,573	954	18,528	2,225
1938년	22,894	19,619	1,036	20,656	2,237	23,876	20,731	893	21,625	2,251
1939년	26,963	23,480	677	24,158	2,805	30,932	26,565	1,221	27,786	3,146

이익금 분배: 당행 이익금의 분배는 「조선식산은행령」이 정하는 바에 의해 이루어진다. 동령은 순익금의 100분의 8 이상을 결손보전준비금, 100분의 2 이상을 배당평균준비금으로서 적립할 것을 규정하고, 또 정관에 의해 100분의 10 이내의 역원 상여금 및 교제비를 공제한 잔액을 주주에게 배당 혹은 후기로 이월하는 규정이다. 참고로 창업 이래 각기에 있어서 이 분배 상황을 적기하면 다음과 같다.

이익금 분배표

(단위: 천 원)

기별	이익금				결손보전 준비금	배당평균 준비금	역원상여 및 교제비	주주 배당금	후기 이월금	특별 적립금
	순익금	전기 이월금	정부 보조금	합계						
1918년 하반기	74	—	39	114	6	1	7	99	—	—
1923년 하반기	901	411	—	1,312	200	50	60	660	342	—
1927년 하반기	1,213	598	—	1,812	300	100	60	586	615	150
1931년 하반기	1,504	742	—	2,247	320	100	65	885	777	100
1936년 하반기	1,882	1,154	—	3,036	400	100	90	1,125	1,221	100
1938년 하반기	2,251	1,377	—	3,629	450	150	95	1,350	1,434	150
1939년 하반기	3,146	1,517	—	4,663	600	250	95	1,687	1,630	400

부기

1. 당행은 도쿄지점 설치에 관해 1940년 2월 9일 조선총독으로부터 설치 명령 및 대장대신으로부터 면허를 받았기 때문에, 동일로써 도쿄시 고지마치구(麴町區) 마루노우치 2정목 20번지의 1에 도쿄지점을 설치하고 4월 1일 자로 개업했습니다.
2. 1939년 12월 8일 조선총독부 고지 제1009호의 지정에 의해 당행은 액면 2억 원에 한해 정부 보증에 의한 채권을 발행하고, 이를 통해 얻은 자금으로 조선총독이 지정한 중

요산업자금을 공급하게 되었기 때문에, 주로 본 자금 취급을 담당하도록 1940년 3월 15일 자로 특별금융과를 창설했습니다. 따라서 당행 본점에 있어서 사무분장 조직은 1과를 증가시켜 1부 1실 11과가 되었습니다.

1940년 4월 30일 인쇄
1940년 5월 4일 발행

III

일제하 보통은행 관계 자료

해제

제Ⅲ부에서는 주로 1920년대에 진행된 보통은행 합동에 관련된 자료, 그중에서도 특히 조선금융제도조사회의 자료를 정리하였다.

주지하듯 일본은 1920년대 '공황의 시대'라 불릴 정도로 내내 만성적인 불황에 시달렸다. 회사의 경영은 악화되었고 이는 금융기관의 부실로 이어졌다. 이에 일본의 대장성은 1926년 금융제도조사회를 구성하여 금융제도 개편에 나섰다. 조선도 예외가 아니었다. 1927년 8월에 관민 합동으로 조선금융제도조사회를 설치하였던 것이다. 1928년 8월에 제1차 조선금융제도조사회가 개최되어 동 준비위원회가 준비한 초안을 심의하였고 그 결과 1928년 12월에 「은행령」, 「저축은행령」이 개정되었다. 1929년 1월의 제2차 조선금융제도조사회의 심의 결과 1929년 4월에 「금융조합령」이 개정되었다. 1931년 1월의 제3차 조선금융제도조사회에서는 「조선신탁업령」이 제정되고 「무진업령」이 개정되었다.

조선금융제도조사회의 제도 개선안은 주로 금융조합의 업무 확대와 보통은행의 합동을 통한 축소였다. 금융조합에 대해서는 업무 제한 규정을 철폐함으로써 은행의 지위를 확립해 준 반면, 은행에 대해서는 최소자본금 규정을 일본보다 더 강화함으로써 은행들 사이의 흡수와 합병의 근거를 마련해 주었다. 이를 통해 조선총독부는 조선은행-조선식산은행-조선저축은행-금융조합으로 연결되는 특수 금융기관 중심의 금융 통제의 기초를 제도적으로 확립하였다.

'1. 보통은행 개선에 관한 방책'에서는 보통은행 업무의 부진 원인에 대한 조사 결과를 담고 있다. 조선금융제도조사회가 조사한 바에 따르면, 보통은행 업무의 부진 원인은 다음과 같았다.

1. 자력이 충실하지 못하고 기초가 박약한 점

(1) 예금의 흡수가 충분하지 못한 점

(2) 자기자금이 과소한 점

(3) 자본금에 비해 적립금이 과소한 점

(4) 고정자산이 비교적 과대한 점

(5) 고정대출이 많은 점

(6) 이익률이 낮은 점

2. 업무의 경영이 견실하지 못한 점

3. 부당경쟁이 이루어지고 있는 점

4. 내부 감독이 철저하지 못한 점

부진 원인을 위와 같이 진단한 조선금융제도조사회에서는 그에 대한 대책을 내놓고 심의하였는데, 본 자료에는 그 심의 내용이 정리되어 있다. 또한 금융제도조사회에서는 외부적 요인도 같이 언급하고 있는데, 다음과 같다.

1. 조선에서는 중앙은행으로서 은행권 발행의 특권을 부여받은 조선은행과 부동산금융은행으로서 채권 발행의 특권을 부여받은 조선식산은행이 모두 보통은행 업무를 행하고 있을 뿐 아니라 도시금융조합과 내지 은행 지점이 현저한 발전을 거듭하고 있다. 여기에 무진회사, 신탁업자 등의 활동 역시 경시하기 어려워 보통은행으로서는 충분한 업무의 진전을 보기가 용이하지 않은 입장에 있는 점
2. 조선의 산업 경제가 아직 발달하지 못하고 부동산 이외에 적당한 담보물이 적은 점
3. 창고, 교통기관 등의 금융 보조기관이 발달하지 못한 점
4. 은행의 집약적 영업이 곤란한 사정에 있는 점

'2. 「은행령」 개정에 관한 조사'는 앞에서 진단한 보통은행 영업 부진의 원인을 내외 양 측면에서 살펴본 뒤 이에 대한 대책을 「은행령」 개정을 통해 제도에 어떻게 담을 것인지를 논의한 자료이다. 각 항목별로 어떻게 바꿀 것인지, 그 이유는 무엇인지, 그에 대한 근거 또는 참조한 법령은 어떤 것인지 구체적으로 정리해 놓았다. 아울러 경성, 대구, 부산의 조합은행이 각각 해당 항목에 대해 어떤 반응을 보이고 있는지도 언급해 놓았다.

'3. 조선의 보통은행_은행 합동'은 이러한 법령 공포 후에 조선의 보통은행들이 어떻게 합병되었는지를 정리한 자료인데, 이시모리의 '은행합동촉진론'을 소개한 뒤 은행 합동이 어떻게 진행되었는지를 정리해 놓았다.

1. 보통은행 개선에 관한 방책

〈자료 135〉 보통은행 개선에 관한 방책

비(秘) 보통은행 개선에 관한 방책

1928년 8월

조선금융제도조사회

조선 내에 본점을 가진 보통은행은 1928년 8월 1일에 14행이다. 그중 설립 후의 경과 연수 10년 미만의 것은 6행이고 10년 이상의 것은 8행이다. 대체로 한일병합 후에 설립된 것이 많다. 자력이 충실하지 못하고 기초가 아직 박약하다. 또한 업무 경영이 적절하지 못하며 자산의 내용이 불량하다. 그 결과 금융기관으로서 제 기능을 충분히 발휘하지 못하는 은행이 있을 뿐 아니라 예금자 보호의 견지에서 보더라도 유감스러운 점이 적지 않다. 따라서 이에 대한 대책을 연구하여 정비하고 개선할 필요가 있다고 생각된다.

이제 보통은행의 업무 부진의 내부적 원인으로 판단되는 것을 열거하면 다음과 같다.

제1 자력이 충실하지 못하고 기초가 박약한 점

1. 예금의 흡수가 충분하지 못한 점

조선 내 보통은행의 예금은 대체로 소액에 그치고, 대출금에 미치지 못하는 점이 멀기 때문에, 자금의 조종이 매우 원활하지 못해 항상 비교적 고리의 차입금으로 영업자금의 부족을 보충해야 하는 상황이다. 이는 내지 은행의 그것과 비교하여 상당히 뒤떨어진다.

제1표 불입자본금 또는 대출금 대비 예금 비율 내선 비교표

(단위: 천 원)

기별	구분	예금	불입자본금	예금 비율 (대(對)불입자본금)	대출금	예금 비율 (대(對)대출금)
1926년 (昭和 1) 하반기 말	조선	57,237	16,525	34.6%	75,962	75.0%
	내지	9,031,090	1,496,613	60.2%	9,083,024	90.0%
1927년 (昭和 2) 상반기 말	조선	57,528	16,939	33.9%	76,147	75.0%
	내지	8,810,881	1,495,257	58.9%	8,528,721	103.0%
1927년 (昭和 2) 하반기 말	조선	57,612	16,950	33.9%	75,476	76.0%
	내지	8,906,473	1,482,658	60.0%	8,122,926	109.0%

비고: 본표에서 '조선'은 조선에 본점을 가진 보통은행, '내지'는 내지 소재의 보통은행을 가리킨다.

제2표 조선 내 보통은행 예금 대출금 증감 조사표

(가) 조선 내 보통은행(내지 측 지점 제외) 예금 증감표

(단위: 천 원)

기간	예금 총액	전기 대비 증감(△)	비고
1926년(大正 15) 하반기 말	57,237	2,589	
1927년(昭和 2) 상반기 말	57,528	291	
1927년(昭和 2) 하반기 말	57,612	84	

(나) 조선 내 보통은행(내지 측 지점 제외) 대출금 증감표

(단위: 천 원)

기간	대출금 총액	전기 대비 증감(△)	비고
1926년(大正 15) 하반기 말	75,962	5,652	
1927년(昭和 2) 상반기 말	76,147	185	
1927년(昭和 2) 하반기 말	75,476	△672	

제3표 보통은행 1행당 예금 및 대출금 내선 비교표

(가) 1행당 예금 (단위: 천 원)

기간	구분	영업소 수			예금 총액	본점 1행당 예금	본지점 1행당 예금
		본점	지점	계			
1926년 (昭和 1) 하반기 말	조선	16	59	75	57,237	3,577	763
	내지	1,420	5,299	6,719	9,031,090	6,359	1,344
1927년 (昭和 2) 하반기 말	조선	16	61	77	57,612	3,600	748
	내지	1,283	5,215	6,498	8,906,473	6,941	1,372

비고: 조선, 내지의 구분은 제1표와 같음.

(나) 1행당 대출금 (단위: 천 원)

기간	구분	영업소 수			대출금 총액	본점 1행당 대출금	본지점 1행당 대출금
		본점	지점	계			
1926년 (昭和 1) 하반기 말	조선	16	59	75	75,962	4,748	1,012
	내지	1,420	5,299	6,719	9,083,024	6,396	1,351
1927년 (昭和 2) 하반기 말	조선	16	61	77	75,476	4,717	980
	내지	1,283	5,215	6,498	8,122,926	6,331	1,250

비고: 조선, 내지의 구분은 제1표와 같음.

2. 자기자금이 과소한 점

자기자금은 불입주금(불입자본금)과 적립금이 모두 소액으로 내지와 같이 다수의 소은행을 갖고 있지 않음에도 불구하고 1행당 자기자금은 별표와 같이 내지의 1행과 비교하여 소액이고, 예금의 흡수 또한 여의치 않아 경영이 상당히 곤란한 상태에 있다.

제4표 불입자본금과 적립금 내선 비교표 (단위: 천 원)

기별	구분	불입자본금	적립금	합계	행수	1행당 금액
1926년(昭和 1) 하반기 말	조선	16,525	3,254	19,779	16	1,236
	내지	1,496,613	663,054	2,159,667	1,420	1,521
1927년(昭和 2) 상반기 말	조선	16,939	3,356	20,295	16	1,268
	내지	1,495,257	678,805	2,174,062	1,364	1,580
1927년(昭和 2) 하반기 말	조선	16,950	3,560	20,510	16	1,281
	내지	1,482,658	694,556	2,177,214	1,283	1,696

비고: 조선, 내지의 구분은 제1표와 같음.

3. 자본금에 비해 적립금이 과소한 점

설립 연수가 경과하지 않은 것이 많아 내용이 충실하지 않고 수익률이 일반적으로 낮아 항상 저율 배당을 한다. 따라서 여전히 적립금 비율이 과소하다.

제5표 자본금에 대한 적립금의 비율 내선 비교표 (단위: 천 원)

기별	구분	적립금	공칭자본금	적립금 비율 (대(對)공칭자본금)	불입자본금	적립금 비율 (대(對)불입자본금)
1926년(昭和 1) 하반기 말	조선	3,254	32,275	10%	16,525	19%
	내지	663,054	2,380,997	27%	1,496,613	44%
1927년(昭和 2) 상반기 말	조선	3,356	32,275	10%	16,939	19%
	내지	678,805	2,377,734	28%	1,495,257	45%
1927년(昭和 2) 하반기 말	조선	3,560	32,275	11%	16,950	21%
	내지	694,556	2,370,800	29%	1,482,658	46%

비고: 조선, 내지의 구분은 제1표와 같음.

4. 고정자산이 비교적 과대한 점

조선 내 경제 사정이 아직 은행의 집약적 경영에 적합하지 않은 경향이 있고, 업부의 분량에 비해 비교적 영업설비가 과대한 관계상 고정자산(영업용 토지건물이나 집기 등)의 비율이 과

대하여 자금고정에 의한 불이익이 크다.

제6표 고정자산 대 기타 자산 비율 내선 비교표 (단위: 천 원)

기별	구분	고정자산	백분비	기타 자산	백분비	합계	백분비
1926년(昭和 1) 하반기 말	조선	5,700	5	113,305	95	119,005	100
	내지	374,748	2	16,255,365	98	16,630,113	100
1927년(昭和 2) 상반기 말	조선	5,681	5	112,433	95	118,114	400
	내지	396,473	2	16,012,526	98	16,408,999	100
1927년(昭和 2) 하반기 말	조선	4,514	4	117,948	96	122,462	100

비고: 1. 조선, 내지의 구분은 제1표와 같음.
2. 본표에서 고정자산이라고 하면 영업용 토지, 건물, 집기를 총칭한다.

제7표 불입자본금 및 적립금의 합계에 대한 고정자산 비율 내선 비교표 (단위: 천 원)

기별	구분	불입자본금	적립금	합계	고정자산	고정자산 비율 (대(對)불입자본금+적립금)
1926년(昭和 1) 하반기 말	조선	16,525	3,254	19,779	5,700	28.8
	내지	1,496,613	663,054	2,159,666	374,748	17.3
1927년(昭和 2) 상반기 말	조선	16,939	3,356	20,295	5,681	29.7
	내지	1,495,257	678,805	2,174,061	396,473	18.2
1927년(昭和 2) 하반기 말	조선	16,950	3,560	20,510	4,514	22.0

비고: 1. 조선, 내지의 구분은 제1표와 같음.
2. 본 표에서 고정자산이라고 하면 영업용 토지, 건물, 집기를 총칭한다.

5. 고정대출이 많은 점

담보물 관계상 자금의 대출이 비교적 장기로 흐르기 때문에 거래처의 자산 및 영업의 성쇠에 따른 고정대출이 비교적 많은 경향이 있다.

6. 이익률이 낮은 점

자기자금이 적음에도 불구하고 고정된 자산이 비교적 많고, 더구나 예금은 대출과 비교하여 소액이다. 따라서 영업자금의 보충을 고리의 차입금에 기댈 수밖에 없고, 그 결과 수익률이 낮을 수밖에 없다.

제8표 보통은행 수익률 내선 비교표 (단위: 천 원)

기별	구분	행수	불입자본금	순익금	순익률
1926년(大正 15) 상반기	조선	16	16,525	882	연율 10.6%
	내지	1,475	1,490,518	169,403	연율 22.7%
1926년(昭和 1) 하반기	조선	16	16,525	872	연율 10.5%
	내지	1,420	1,496,613	166,672	연율 22.2%
1927년(昭和 2) 상반기	조선	16	16,939	917	연율 10.8%
	내지	1,364	1,495,257	169,785	연율 22.7%
1927년(昭和 2) 하반기	조선	16	16,950	914	연율 10.7%

비고: 조선, 내지의 구분은 제1표와 같음.

제2 업무의 경영이 견실하지 못한 점

조선에서는 은행 수뇌자로서 적임자를 구하기 어려운 사정이 있어서 은행의 경영을 담당하거나

1. 장기자금 대출로 치우치는 자
2. 위험률이 많은 대규모 대출을 감행하는 자
3. 중역의 특수관계로 특별히 정실 대출을 감행하는 자
4. 자금의 사용처에 주의를 기울이지 않는 자
5. 담보물의 가격을 상당히 고가로 평가하는 자

등이 적지 않기 때문에 자금회수가 양호하지 못하고 운전이 민활하지 못해 자금 수요 시기에 관계없이 항상 모은행으로부터 비교적 고리로 차입을 행할 수밖에 없다. 또한 예금을 흡수할 때에도 종종 채산상의 불이익을 감소해서라도 높은 이자를 붙이곤 한다. 따라서 자금의 원가가 높아서 대출금리를 낮추기 어렵고, 따라서 점차 우량한 대출처를 잃고 은행의 경영을 곤란하게 만드는 일이 적지 않다. 은행의 경비는 대체로 총익금에 비해 비교적 높은 경향이 있다.

제9표 불입자본금과 제 적립금에 대한 부동산담보대부금 내선 비교표 (단위: 천 원)

지방별	불입자본금 및 제 적립금(A)	부동산담보대부(B)	B/A (%)
조선 내 본점을 갖는 보통은행	19,780	30,303	153.2
내지 보통은행	2,159,667	1,553,056	71.9
비고: 부동산담보대부라는 것은 토지건물을 담보로 하는 것으로 선박, 철도재단 및 광업재단 등을 포함하지 않는다.			

제10표 조선 내 보통은행(내지 측 지점은행 제외)의 대규모 대출 조사표 (1926년 12월 말 현재)

총대출액		총대출 중 약 반액에 해당하는 대규모 대출		총대출에 대한 비율	
구수	금액	구수	금액	구수	금액
38,916	75,962	1,288	40,064	3.3	52.7

대규모 대출금액 구분

구분	구수	금액(천 원)	행수
1인당 2,000원 이상의 대출을 대규모 대출로 본 것	59	421	2
1인당 3,000원 이상	377	2,233	2
1인당 5,000원 이상	308	4,019	4
1인당 1만 원 이상	211	4,813	3
1인당 3만 원 이상을 대규모 대출로 본 것	333	28,578	5
계	1,288	40,064	16

제11표 총익금에 대한 경비 비율 내선 비교표

기별	구분	총익금	경비	총익금에 대한 경비의 비율
1926년(昭和 1) 하반기	조선	5,828	1,146	19
	내지	407,317	52,580	12
1927년(昭和 2) 상반기	조선	6,161	1,073	17
	내지	306,637	49,081	15
1927년(昭和 2) 하반기	조선	5,813	1,168	20

비고: 조선, 내지의 구분은 제1표와 같음.

제3 부당경쟁이 이루어지고 있는 점

조선에서는 아직 경제가 충분히 발달하지 못한 데다가 각종 금융기관이 경합하기 때문에, 보통은행에서는 자행의 업적 향상을 도모하기 위해 자연히 대출 또는 예금 등에서 부당한 경쟁을 감행하지 않을 수 없는 상태이다. 얼마 전 조선 전체에 걸쳐 예금 이율의 협정이 이루어졌을 뿐 아니라 은행업자가 회동하는 기회마다 동업자 간 협조에 대해 상당한 논의가 이루어지고 있으나 사실상은 아직 부당한 경쟁이 전개되어 서로 적지 않은 희생을 치르고 있다.

제4 내부 감독이 철저하지 못한 점

은행 업무의 공공적 성질이라는 견지에서 볼 때는 감사역이 감사기관으로서 직책을 수행하는 것의 중요성은 다른 사업회사에 비해 훨씬 긴절한 것임에도 불구하고 현실에서 감사역은 거의 유명무실한 상황이다.

따라서 이상 각 항의 원인에 대해 대책을 고려하고, 기타 예금자 보호라는 점에 대해서도 아울러 고려할 필요가 있다.

제12표 예금에 대한 지불준비 비율 내선 비교 (1)

(단위: 천 원)

기별	구분	예금 총액	지불준비			총액에 대한 준비의 비율
			현금	예금	계	
1926년(大正 15) 하반기	조선	62,520	2,884	1,373	4,257	6.8
	지점은행	45,372	2,321	1,009	3,330	7.3
	내지	9,031,090	695,217	314,478	1,009,695	11.1
1927년(昭和 2) 상반기	조선	63,181	2,864	1,222	4,086	6.4
	지점은행	46,193	1,601	1,052	2,653	5.7
	내지	8,810,881	667,028	373,865	1,040,893	11.8
1927년(昭和 2) 하반기	조선	62,429	3,007	1,185	4,192	6.7
	지점은행	45,440	2,011	1,257	3,268	7.1

비고: 본 표에서 '조선'은 조선에 본점을 둔 보통은행, '지점은행'은 조선 밖에 본점을 둔 은행의 조선 내 지점, '내지'는 내지의 보통은행을 가리킨다.

제12표 예금에 대한 지불준비 비율 내선 비교 (2)

(단위: 천 원)

기별	구분	예금 총액	지불준비				예금에 대한 준비의 비율
			현금	예금	유가증권	계	
1926년(大正 15) 하반기	조선	62,520	2,884	1,373	4,697	8,954	14.3
	지점은행	45,372	2,321	1,009	8,624	11,954	26.3
	내지	9,031,090	695,217	314,478	2,148,844	3,158,539	34.9
1927년(昭和 2) 상반기	조선	63,181	2,864	1,222	6,654	10,740	16.9
	지점은행	46,193	1,601	1,052	9,352	12,005	25.9
	내지	8,810,881	667,028	373,865	2,317,322	3,358,215	38.1
1927년(昭和 2) 하반기	조선	62,429	3,007	1,185	6,578	10,770	17.2
	지점은행	45,440	2,011	1,257	7,493	10,761	23.6

비고 1. 조선, 지점은행, 내지의 구분은 제12표 (1)과 같음.

본 표에 계상한 유가증권은 은행의 대자대조표 자산의 무에 계상하는 소유 유가증권의 전액으로 해당 증권 중에는 차입금의 담보 또는 예금 담보로서 사용 중인 것이 있어 전액을 곧바로 예금 지불준비로 보는 것은 적당하지 않으나 내용이 명확하지 않기 때문에 일단 전액을 계상함.

그리고 이를 조사할 때는 다음의 방침에 따르기로 한다.

제1 은행의 자력 충실을 기할 것
제2 견실한 경영을 조장할 것
제3 부당경쟁을 방지할 것
제4 내부 감독의 주도면밀함을 기할 것
제5 예금자 보호를 완전하게 할 것

우선 법령 관계 사항으로서

제1 은행의 자력 충실을 기하기 위해

1. 최저 자본금을 법정할 것인가의 여부(제3항)
2. 법정 준비금의 최저율 인상 여부(제4항)

제2 견실한 경영을 조장하기 위해

3. 타업 겸영 여부(제5항)
4. 임원의 타 업무 종사를 제한할 것인가의 여부(제6항)
5. 자금의 운용을 제한할 것인가의 여부(제7항)
6. 부동산 저당 대부 등의 장기 대출을 제한할 것인가의 여부(제8항)

제3 부당경쟁을 방지하기 위해

7. 출장소와 대리점에 관한 건(제9항)

제4 내부 감독의 철저를 기하기 위해

8. 영업의 주체를 주식회사로 제한할 것인가의 여부(제2항)
9. 감사역에게 감사서 작성 의무를 지게 할 것인가의 여부(제10항)

제5 예금자 보호를 완전하게 하기 위해

10. 예금의 지불준비를 법정할 것인가의 여부(제11항)
11. 은행의 면허 취소, 기타의 처분과 신고에 관한 건(제12항)
12. 은행의 청산, 화의, 파산 및 강제 화의에 관한 건(제13항)

이외에

13. 은행으로서 감독해야 할 업태에 관한 건(제1항)
14. 「은행령」 시행지 외에 본점을 둔 은행이 「은행령」 시행 내지에서 은행업을 영위할 경우의 취급에 관한 건(제14항)

에 대해 연구할 필요가 있다고 판단된다.

은행 부진의 내부적 원인 중 앞의 법령 개정으로 교정하기 어려운 것에 대해서는 감독상의 취급이나 당업자의 자성을 구함으로써 이를 개선하기 위해 노력해야 한다.

또한

1. 조선에서는 중앙은행으로서 은행권 발행의 특권을 부여받은 조선은행과 부동산 금융은행으로서 채권 발행의 특권을 부여받은 조선식산은행이 모두 보통은행 업무를 행하고 있을 뿐 아니라 도시금융조합과 내지 은행 지점이 현저한 발전을 거듭하고 있다. 여기에 무진회사, 신탁업자 등의 활동 역시 경시하기 어려워 보통은행으로서는 충분한 업무의 진전을 보기가 용이하지 않은 입장에 있는 점.
2. 조선의 산업 경제가 아직 발달하지 못하고 부동산 이외에 적당한 담보물이 적은 점
3. 창고, 교통기관 등의 금융 보조기관이 발달하지 못한 점
4. 은행의 집약적 영업이 곤란한 사정에 있는 점

등도 역시 보통은행의 업무가 부진한 외부적 원인이라고 생각되는데, 이에 대해서는 별도 이에 대한 대책도 강구할 필요가 있다고 생각된다.

2. 「은행령」 개정에 관한 조사

〈자료 136〉「은행령」 개정에 관한 조사

비(秘) 「은행령」 개정에 관한 조사

1928년 8월

조선금융제도조사회

「은행령」 개정에 관한 조사

제1항 은행으로서 감독해야 할 업체에 관한 건

제2항 영업의 주체를 주식회사로 제한하는 것에 대한 가부

제3항 최저 자본금액 법정에 대한 가부

제4항 법정준비금 최저율 인상의 가부

제5항 타업 겸영에 대한 가부

제6항 임원의 타 업무 종사 제한에 대한 가부

제7항 자금 운용 제한에 대한 가부

제8항 부동산 저당 대부 등의 장기대출 제한에 대한 가부

제9항 출장소와 대리점에 관한 건

제10항 감사역에게 감사서 작성 의무를 지우는 것에 대한 가부

제11항 예금지불준비의 법정에 대한 가부

제12항 은행의 면허 취소, 기타 처분 및 신고에 관한 건

제13항 은행의 청산, 화의, 파산 및 강제화의에 관한 건

제14항 「은행령」 시행지 외에 본점을 둔 은행이 「은행령」 시행지 내에서 은행업을 영위할 경우의 취급에 관한 건

제1항 은행으로서 감독해야 할 업체에 관한 건

(「은행령」 제1조, 「은행법」 제1조)

본 항은 다음과 같이 정하는 것이 적당하다고 판단함.

1. 다음에 열거하는 업무를 영위하는 자는 이를 은행으로 할 것

   가. 예금 수납과 금전 대부 또는 어음할인을 모두 실시할 것

   나. 환거래를 실시할 것

2. 영업으로서 예금 수납을 하는 자는 이를 은행으로 간주할 것

(이유)

(1) 현행 「은행령」에 의하면 증권할인만을 실시하는 자도 이를 은행으로 인정하고 있으나, 이와 같은 여신 업무만을 행하는 자도 은행업으로 하여 예금자 보호의 견지에서 하는 각종 제한 규정을 적용하는 것은 적당하지 않기 때문에, 「은행법」과 마찬가지로 이를 은행업의 범주 밖에 두고 그에 대한 감독에 대해서는 장래 필요가 발생했을 때 연구하는 것이 적당할 것임.

(2) 불특정 다수로부터 예금을 수납하고 여신 업무를 행하지 않는 자는 전항의 정의에 비추어 은행이 아니게 되지만 이를 자유롭게 방임할 때는 예금자 보호의 견지에서 보아 좋지 않은 결과를 낳기 때문에 「은행법」과 마찬가지로 이를 은행으로 간주하고 「은행령」에 의해 영업의 면허를 받게 하고 (은행법과: 편역자) 같은 단속을 해야 함.

(참고)

조합은행의 의견은 다음과 같음.

경성, 대구, 부산 모두 본 개정에 이의 없음.

단, 부산은 다음과 같이 희망함.

① 은행 계통의 정리 감독을 고려하기 바람.

② 도시금융조합을 은행업자로서 단속하기 바람.

③ 신탁업법을 실시하여 은행업 유사업자를 단속하기 바람.

제2항 영업의 주체를 주식회사로 제한하는 것에 대한 가부

(「은행법」 제3조, 제40조)

본 항은 다음과 같이 정하는 것이 적당하다고 판단함.

1. 영업의 주체는 이를 주식회사로 한정할 것.
2. 현재 주식회사가 아닌 자에 대해서는 본령 개정 후 5년의 유예기간을 줄 것.

(이유)

(1) 주식 조직의 회사는 다액의 자금을 흡수하는 데 편리하고 아울러 영속성을 갖는다. 또한 주주총회 가사역 등의 제도가 있어 내부 감독상 경영의 신중함과 계산의 정확함을 기할 수 있기 때문에 공공적 성질을 갖는 금융사업의 주체가 되기에 적당할 뿐 아니라 이에 대한 감독을 행하는 데 있어서도 편익이 많기 때문에 「은행법」의 예에 입각하여 조선에서도 본 제도를 채용하는 것이 적당할 것임.

(2) 조선에서는 주식회사 조직 이외의 은행으로서 현재 합자회사 밀양은행이 있기 때문에 내지에서와 같이 5년의 유예기간을 인정하는 것이 적당할 것임.

(참고)

조합은행의 의견은 다음과 같음.

경성, 대구, 부산 모두 이의 없음.

단, 부산은 유예기간을 3년으로 단축해야 할 것임.

제3항 최저 자본금액 법정에 대한 가부

(법 제3조, 제41조)

본 항은 다음과 같이 정하는 것이 적당하다고 판단함.

1. 자본금액을 200만 원 이상으로 법정할 것.
2. 기설은행으로서 전호에 정하는 자본금액을 갖지 못한 자에 대해서는 본령 개정 후 5년 이내에 자본금 100만 원 이상으로 증자하도록 하는 것에 그칠 것.

(이유)

(1) 보통은행의 자본금에 대해서는 현행 「은행령」 중에 아무런 제한을 두지 않았으나 자본이 박약할 때는 금융계의 동요를 감당할 수 있는 힘이 부족하여 자연히 신용 수수 기관으로서의 직책을 완수할 수 없는 감이 있음. 특히 조선에서는 그 운전자금의 대부분을 대부할 필요가 상당히 큰 실상에 있음. 자기자금을 충실히 할 필요가 내지에 비해 더욱 크기 때문에 보통은행의 자본금은 최저 200만 원으로 법정하는 것이 적당할 것임.

(2) 기존의 소자본 은행에 대해 이를 강제로 실행할 경우에는 너무 가혹한 경향이 있기 때문에 이에 대해서는 특히 본령 개정 후 5년 이내에 100만 원 이상으로 증자시키는 것에 그쳐 본 항 법정의 영향을 완화하는 것이 적당할 것임.

(참조)

조합은행의 의견은 다음과 같음.

경성, 「은행법」대로 해서 이의 없음.

단, 자본금의 한정은 은행 합병의 기운을 촉진시키는 결과가 될 것이기 때문에 은행의 합병 결과 잔존 은행 혹은 신설 은행의 내용이 도리어 합병 전의 은행의 그것과 비교하여 박약하지 않도록 유의하시기 바람.

대구, 자본금에 최저한도를 설정하기 바람.

부산, 일률적으로 100만 원으로 법정해야 함.

단, 자본금은 이를 200만 원 이상으로 법정해야 한다고 희망하는 자 있고, 유예기간을 3년으로 단축해야 함.

제1표 자본금 100만 원 미만 은행에 관한 조사[1927년(昭和 2) 12월 말 현재]

은행명	공칭자본금(천 원)	불입자본금(천 원)	자본금을 100만 원으로 하기 위해 필요한 최저한도 불입 금액(천 원)	법정 적립금 이외의 적립금 현재액(원)	인구(명)
선남은행	300	300	175	83,000	82,549
동래은행	500	250	375	40,300	15,864
북선상업은행	500	375	250	48,500	32,249
밀양은행(합자)	50	50	250	32,000	14,198

제4항 법정준비금 최저율 인상에 대한 가부

(「은행법」 제8조)

본 항은 다음과 같이 정하는 것이 적당하다고 함.

1. 자본의 총액에 달할 때까지 이익을 배당할 때마다 준비금으로서 그 이익의 10분의 1 이상을 적립시킬 것.

(이유)

현행 「은행령」에서는 보통은행이 이익 배당을 할 경우 준비의 최저율에 관해 하등 규정하는 바 없고, 따라서 상법 제194조의 규정에 의해 자본금의 4분의 1에 달할 때까지 그 이익의 20분의 1을 적립하기로 되어 있으나 그 업무의 성질에 비추어 볼 때 일층 자금의 충실을 도모하고 아울러 기초를 공고히 할 필요가 있기 때문에 「은행법」에 입각하여 본 항과 같이 법정 준비금의 최저액 및 최저율을 인상하는 것이 적당할 것임.

(참고)

조합은행의 의견은 다음과 같음.

경성, 대구, 부산 모두 이의 없음.

제5항 타업 겸영에 대한 가부

(「은행령」 제2조 제2항, 「은행법」 제5조)

본 항은 현행의 인가제도를 유지하는 것이 적당하다고 판단함.

(이유)

은행이 함부로 타업을 영위하게 되면 타업의 실패가 결국 은행의 기초를 동요시켜 예금자에게 손해를 입힐 우려가 있다. 그 때문에 「은행법」에서는 담보부사채신탁업이나 보호예치[保護預り], 기타 은행업에 부수하는 업무 외에 이를 영위할 수 없도록 했다. 하지만 조선의 현재 상황을 고려하면, 예컨대 창고업 같은 경우 그 보급 발달이 아직 완전하지 않고 독립 경영이 곤란한 실정이기 때문에, 당분간 은행의 겸영을 인

정할 여지를 인정할 필요가 있어 현행 인가제도를 유지해야 할 것임.

(참고)

조합은행의 의견은 다음과 같음.

경성: 조선의 현재 특수사정에 비추어 당분간 창고업 겸영에 대한 인가제도를 유지하기를 희망함.

대구: 열기주의(列記主義)로 하기를 희망함.

부산: 담보부사채신탁업 외에 이를 인정하지 않고, 단지 3년의 유예기간을 줄 것을 희망함.

제2표 겸업 은행과 겸업에서 발생하는 수익의 총수익에 대한 비율 조사 (1927년 하반기)

은행명	겸업명	겸업수익	총수익 (전기 이월 제외)	겸업 수익의 총수익에 대한 비율
경상공립은행	창고업	9,904	81,831	12.1%
조선상업은행	창고업	115,075	2,224,592	5.1%
호남은행	화재보험대리업	68	305,800	0.0%

제6항 역원의 타 업무 종사 제한에 대한 가부

(「은행법」 제13조)

본 항은 다음과 같이 정하는 것을 적당하다고 판단함.

1. 상무(常務)에 종사하는 취체역 또는 지배인이 다른 업무에 종사할 경우는 조선총독의 인가를 필요로 할 것.

(이유)

은행의 임원 중 상무에 종사하는 자가 동시에 타 업무에 종사할 때는 은행 업무에 전념할 수 없게 될 우려가 있을 뿐 아니라 타업과의 관계상 자연 정실대출 등의 폐해도 발생하기 쉬워 오히려 이를 금지해야 할 것이지만 조선에서는 여전히 이 실행을 곤란하게 만드는 실상에 있다고 판단되기 때문에 특히 그 필요가 있을 때는 인가를 받게 하는 것이 타당하다고 할 수 있음.

또한 「은행법」에서는 다른 회사의 상무에 종사하고자 하는 경우에만 인가를 필요로 한다고 규정했으나 불철저한 감이 있기 때문에 본 항과 같이 정하는 것이 타당할 것임.

(참고)

조합은행의 의견은 다음과 같음.

경성: 「은행법」대로 하는 것에 이의 없음. 단, 본 조 규정 외에 은행의 상무에 종사하는 임원 또는 지배인으로 하여금 타업의 겸영을 가급적 회피하도록 당국에서 적절한 조치를 취할 것을 희망함.

대구: 역원의 타업 겸영은 제한할 것을 희망함.

부산: 은행의 상무에 종사하는 역원은 다른 회사의 상무 또는 평 중역이 되는 것을 금함. 단, 특별한 사정이 있을 때는 인가를 받기로 정했으면 함.

제7항 자금 운용 제한에 대한 가부

(「은행법 시행세칙」 감사서 초안)

본 항은 다음과 같이 정하는 것이 적당하다고 판단됨.

1. 다음 사항을 감사서에 기재하도록 하고 은행의 상황에 따라 적절히 주의를 줄 것

가. 1인(동일 이해관계를 갖는 자는 이를 1인으로 간주한다)에 대한 대부, 예금 및 기타 채권(사채 및 보증을 포함)이 불입자본금 및 준비금의 10분의 1을 넘는 것

나. 은행이 소유하거나 채권의 담보로서 받는 1회사의 주식이 해당 회사의 총주식의 5분의 1을 넘는 것

(이유)

자금운용이 너무 편중되는 것은 경계해야 할 일이지만 법규로 이를 제한할 때는 당업자의 자유를 심하게 구속하고 금융기관으로서의 기능을 충분히 발휘하지 못하게 할 우려가 있기 때문에 「시행세칙」에서 정하는 양식에 따라 감사서에 상기 사항을 기재하게 하고 은행의 상황에 따라 적절히 주의를 주는 것이 적당하다고 할 수 있음.

(참고)

조합은행의 의견은 다음과 같음.

경성: 의견 없음.

대구: 같은 1인에 대한 대출 최고한도를 일정하게 하고 이를 초과하여 대출하고자 할 때는 인가신청의 절차를 밟아야 함을 규정했으면 함.

부산: 찬성, 5년 유예기간을 주었으면 함.

제8항 부동산저당대부 등의 장기대출 제한에 대한 가부

본 항은 다음과 같이 정하는 것이 적당하다고 판단됨.

1. 보통은행 중에는 자금의 운용이 부동산저당대부 등의 장기대출로 치우치는 것이 적지 않아 그 수신 업무를 고려할 때 온당하지 못하기 때문에 장래 가급적 이 한도를 불입자본금과 준비금의 범위에 그치도록 주의할 것.

(이유)

비교적 단기자금이어야 할 예금을 부동산저당대부 등의 장기대출에 충당하는 것은 은행 경영상 타당하지 않기 때문에 장래 가급적 이 한도를 자기자금인 불입자본금과 준비금의 범위에 그치도록 할 방침으로 적절히 주의를 줄 필요가 있음. 또한 부동산저당채권의 자금화와 현재 특수은행이 실시하고 있는 보통은행 업무의 제한이나 폐지의 가부에 관해서는 별도 충분히 연구해야 할 것임.

(참고)

조합은행의 의견은 다음과 같음.

경성: 의견 없음.

대구: 의견 없음.

부산: 부동산저당대부는 이를 기간의 장단에 관계 없이 한도를 불입자본금, 적립금 그리고 정기예금의 총금액으로 해야 함. 또한 부동산 담보의 평가에 대해서는 검사관이 엄중히 단속했으면 함.

제9항 출장소와 대리점에 관한 건
(「은행령」 제2조의 1, 「은행법」 제6조·제7조, 「은행법 시행세칙」 제6조)

본 항은 다음과 같이 정하는 것이 적당하다고 판단됨.

1. 지점, 출장소의 구분을 명확히 하고 본점과 지점 이외의 영업소에는 출장소라는 명칭을 붙이고 출장소의 설치에 대해서도 인가를 받게 할 것.
2. 출장소로서 이미 인가를 받은 점포라 하더라도 이를 지점으로 변경하고자 할 때는 다시 인가를 받게 할 것.
3. 대리점의 설치는 인가를 요할 것. 또한 대리점의 출장소나 복대리점 등은 이를 인정하지 않을 것.

(이유)

① 현행 「은행령」에서는 은행이 해당 지점의 설치와 이전을 하게 될 때는 인가를 받아야 한다는 규정이 있음. 업무의 전부 또는 일부를 영위하기 위한 영업소는 그 명칭 여하와 상관없이 지점으로서 상기 인가를 받도록 취급해 왔으나 거래자의 편의를 위해 「은행법 시행세칙」과 마찬가지로 점포의 명칭을 본점, 지점 그리고 출장소의 3종으로 한정하고 그 구별을 명확히 함. 행원이 소속 모점으로부터 매일 통근하고 매일 계산을 모점과 합쳐 계산하며, 독립 계정을 갖지 못하고, 외부에 대해서는 소속 모점의 이름으로 거래하는 것만을 출장소라 지칭하기로 하고, 출장소의 위치에 대해서도 인가를 받아야 한다고 규정해야 할 것임.

② 지점, 출장소를 명확하게 구별한 결과 출장소로서 인가를 받은 점포를 지점으로 변경할 경우에도 인가를 받게 해야 함.

③ 조선 내에서는 현재 보통은행의 대리점이 존재하지 않지만, 그 설치에 대해 어떤 법규상의 제한을 받지 못하기 때문에, 개정령에서는 모두 인가를 받도록 한다. 또한 대리점의 출장소나 복대리점 등은 폐해가 많기 때문에 이를 인정하지 않는 것이 적당할 것임.

(참고)

조합은행의 의견은 다음과 같음.

경성, 대구, 부산 모두 이의 없음.

단, 경성은, 대리점 제도는 조선의 현상에 비추어 필요하지 않기 때문에 기존의 것을 제외하고 이를 인정하지 않기를 희망함.

제10항 감사역에게 감사서 작성 의무를 지우는 것에 대한 가부

(「은행법」 제12조, 「은행법 시행규칙」 제10조)

본 항은 감사역에게 감사서 작성 의무를 지게 하는 것이 적당하다고 판단됨.

(이유)

감사역에게 업무 내용에 정통할 수 있도록 하고 아울러 감사의 결실을 거둘 수 있도록 매기 2회 「은행법」과 같은 감사서를 작성하게 하여 이를 은행에 비치할 의무를 지게 한다. 조선총독이 감독상의 필요가 있다고 인정했을 때는 언제든지 은행에 상기 감사서의 제출 명령을 내릴 수 있도록 할 것.

(참고)

조합은행의 의견은 다음과 같음.

경성, 대구, 부산 모두 동의함.

제11항 예금 지불준비의 법정에 대한 가부

(「은행법 시행세칙」, 업무보고서 양식 2, 5)

1. 예금의 1할에 상당하는 금액 이상의 지불준비를 소지하도록 할 것.
2. 은행에서 작성하여 공고하는 대차대조표와 조선총독이 요구하는 영업보고서 중에 예금 지불준비에 관한 사항을 명료하게 하도록 「은행법 시행세칙」 초안[雛形]에 준하여 초안을 개정할 것.

(이유)

지불준비금의 비율을 은행의 자유에 방임하게 되면, 은행은 영업수익을 늘리기 위해 신용을 부당하게 팽창시켜 준비금을 박약하게 하고 신용의 기초를 위태롭게 할 우려가 있다. 보통은행이 발달 과정에 있는 조선에서는 특히 이를 법정하여 철저하게 실행할 필요가 있다고 생각되기 때문에 최저한도를 예금총액의 1할로 법정하는 것이 적당할 것임.

(참고)

조합은행의 의견은 다음과 같음.

경성: 조선에서는 콜 거래와 은행 인수 어음이 없기 때문에 특별히 지불준비 중에 지방채 및 우량 유가증권(지정되는 것도 가능)을 추가했으면 함. 또한 당국에서 감독상 이 충실에 대해 충분히 고려되기를 희망함.

대구: 예금 지불준비액을 일정하게 했으면 함.

부산: 예금의 지불준비금으로서 총예금의 1할 이상을 준비해야 한다고 법정해야 함.

제12항 은행의 면허 취소, 기타 처분 및 신고에 관한 건

(「은행법」 제18조, 제19조, 제23조 내지 제25조)

본 항은 다음과 같이 정하는 것이 적당하다고 판단됨.

1. 업무 정지 명령을 받은 은행에 대해 그 정리 상황에 따라 필요하다고 판단될 때는 영업면허를 취소할 수 있도록 할 것.
2. 은행의 해산이나 업무 폐지에 관한 결의는 조선총독의 인가를 받지 않으면 효력이 발생하지 못하도록 할 것.
3. 은행이 법령, 정관 또는 명령을 위반하거나 공익을 해할 만한 행위를 했을 때 취체역이나 감사역의 개임(改任) 명령을 내릴 수 있다는 규정을 설치할 것.
4. 다음의 경우에는 곧바로 그 내용을 공고하고 감사관청에 신고하도록 할 것.

   가. 천재지변이나 기타 피할 수 없는 사변으로 임시휴업할 때

   나. 예금 인출을 정지할 때

(이유)

① 은행 업무나 재산 상황에 따라 필요하다고 판단할 때 이에 대해 업무정지 명령을 내릴 수 있는 것은 현행 「은행령」(제9조)이 인정하는 바이지만, 업무정지 명령을

받은 은행 중 정리가 더디고 정지 명령 해제의 가능성이 없는 은행에 대해 면허를 취소할 방법이 없어 「은행법」(제24조)과 같은 규정을 두는 것이 적당하다고 할 것임.

② 보통은행 업무의 공공적 성질에 비추어 해산하거나 업무를 폐지하고자 할 경우, 「은행법」(제25조)과 마찬가지로 이 결의에 대해 조선총독의 인가를 받지 않게 되면 그 효력이 발생하지 않는다고 하는 것이 적당할 것임.

③ 「은행법」과 마찬가지로 조선에서도 본 규정을 두어야 할 것임.

④ 가. 현행 「은행령 시행규칙」(제7조)의 규정은 임시휴업을 할 수 있는 사유가 너무 넓은 점과, 미리 공고하게 되면 실행 곤란할 수 있는 점 때문에, 「은행법」(제18조)에 준하여 규정을 개정하는 것이 적당할 것임.

나. 은행이 법률상 정당한 이유 없이 일반적으로 예금의 인출을 중지할 경우에는 신속하게 적당한 조치를 강구할 필요가 있기 때문에 곧바로 공고와 신고를 하도록 하는 것이 적당할 것임.

(비고) 「은행법」에서는 은행이 목적을 변경하여 다른 업무를 영위하는 회사로서 존속했을 경우와 합병으로 인해 은행이 아닌 회사가 은행의 예금 채무를 승계했을 경우에는 그 회사가 예금 채무를 완제할 때까지 대장대신이 이를 감독한다고 규정하고 은행이 영업면허를 취소당했을 때는 이를 근거로 해산하도록 규정했으나(「은행법」 제26조, 제27조) 현행 「은행령」보다 더욱 충분히 예금자 보호의 목적을 달성할 수 있는 것으로 생각된다(「은행령」 제12조, 제13조).

(참고)

소합은행의 의견은 나음과 같음.

경성, 대구, 부산 모두 이의 없음.

제13항 은행의 청산, 화의, 파산 및 강제화의에 관한 건

(「은행령」 제12조 내지 제18조, 「은행법」 제27조 내지 제31조)

본 항은 다음과 같이 정하는 것이 적당하다고 판단됨.

1. 은행의 청산는 현행 규정대로 조선총독이 이를 감독할 것.

2. 은행의 화의, 파산 및 강제화의의 경우에 재판소는 필요하다고 판단할 때는 은행의 검사 감독에 종사하는 관리에게 의견을 구하거나 검사 혹은 조사를 촉탁할 수 있는 것으로 하고, 또 상기 관리는 재판소에 대해 언제든지 의견을 진술할 수 있다고 할 것.

(이유)

① 은행 해산 후라 하더라도 다수의 예금자를 보호하기 위해서는 그 청산을 엄중하게 감독할 필요가 있음. 「은행법」에서는 종래 아무런 규정이 없었기 때문에 이를 개정하여 재판소의 감독에 맡기고, 또 은행의 검사 감독에 종사하는 관리에 대해 의견을 구하거나 검사 혹은 조사를 촉탁할 수 있도록 하고, 또한 상기 관리는 재판소에 대해 의견을 진술할 수 있는 것으로 함. 그런데 「은행령」에서는 청산은 행정관청의 감독에 맡기고 있고 조선에서는 은행의 수도 비교적 적어 충분히 감독의 결실을 거둘 수 있기 때문에 이 제도를 유지하는 것이 적당할 것임.

② 화의, 파산 및 강제화의의 경우에도 감독하는 재판소로 하여금 해당 은행의 상황에 정통한 은행 검사 관리와 연락을 유지하도록 하고, 또 동 관리로 하여금 이를 원조하게 하는 것이 필요하기 때문에, 상기와 같이 정하는 것이 적당할 것임.

(참조)

조합은행의 의견은 다음과 같음.

경성, 대구, 부산 모두 이의 없음.

제14항 「은행령」 시행지 외에 본점을 둔 은행이 「은행령」 시행지 내에서 은행업을 영위하는 경우의 취급에 관한 건

(「은행법」 제32조)

본 항은 다음과 같이 정하는 것이 적당하다고 판단됨.

1. 「은행령」 시행지 외에 본점을 둔 은행이 「은행령」 시행지 내에서 은행 사업을 영위하는 경우에 관해서는 「은행법」 제32조, 1927년(昭和 2) 칙령 제328호에 상당하는 규정을 둘 것.

2. 외국은행이 「은행령」 시행지 내에서 은행 업무를 영위하는 경우 면허는 상호주의에 의

할 것.

(이유)

본 건에 대해서는 「은행법」과 동일하게 취급하는 것이 적당할 것임.

(참고)

조합은행의 의견은 다음과 같음.

경성, 대구, 부산 모두 이의 없음.

3. 조선의 보통은행-은행합동

〈자료 137〉『조선금융기관발달사』

(高杉東峰 編,『朝鮮金融機關發達史』, 京城:實業タイムス社, 1940年, 68-77쪽)

조선의 보통은행

보통은행의 합병

올해 봄, 구체적으로 말하면 1940년 4월 1일부터 종래 식산은행을 친은행(親銀行)으로 한 한성은행은, 반도의 중앙은행인 선은(鮮銀) 산하에 놓이게 되어, 각 방면에서 그러한 사정이 발표되었다. 그러자 각 신문의 경제면에는 곧바로 이를 조선에 있어서 보통은행 대합동의 전제로 다루었고, 경성에서는 한은(漢銀)·상은(商銀)·동일(東一)의 합동은 쉽게 이루어질 것이고, 지방은행에서도 우선 대구상공과 경상합동의 합병에서 시작하여 호남은행도 이러한 추세에 뒤따랐다. 중앙과 지방이 각각 하나의 은행이 된 이상 다시 전부가 합동하게 될 것이라는 줄거리이다.

따라서 가까운 장래에 현재의 보통은행이 합동하게 될 것인지 여부는 추측하는 한 알 수 없으나, 적어도 과거의 금융기관 발달사에서 보통은행의 합동론이 강조되었고, 그것이 실현되어 오늘날의 상태에 이른 것은 사실이다.

은행합동촉진론

1923년 5월에 이시모리 히사야(石森久彌) 씨는 「조선 통치라는 대국적 견지에서 은행 합동을 종용한다」는 제목으로 다음과 같이 논한 적이 있다. 이를 통해 당시 반도 은행계의 상황을 엿볼 수 있을 것이다.

(전략)

이러한 견지에서 조선 현하의 금융기관을 일별하면 행정 당국자 및 금융업자는 어떤 감상을 갖게 될까. 나는 이에 직언직필(直言直筆)하거니와 조선 금융기관에는 두드러지게 일본 국민성의 결함이 나타나 있다. 그런데 결함이라는 것은 무엇인가, 말하거니와 다른 것이 아니다, 군소자(群小者)의 무모한 경쟁이다. 나는 이제 여기서 군소배타적인 일본 국민성의 결함을 상세하게 논할 여유가 없어 유감이지만, 이는 오로지 조선에서만 일어나는 문제가 아니다. 내지에서도 마찬가지이다, 만주·몽고·중화 각지·시베리아나 남북 아메리카 등, 적어도 일본 민족이 이주한 지역에서는 모두 이러한 군소배타적 폐풍(弊風)이 나타나고 있음에 개탄심우(慨嘆深憂)를 금할 수 없다.

조선의 금융기관도 역시 이 군소배타적 국민성에 사로잡혀 각지에 군소기관을 설치한 것은 조선 통치의 일대 과오라고 하지 않을 수 없다. 고양이 마빡만 한 천지에 다수의 기간을 설립하고, 서로 배타와 정의(猜疑)(시기와 의심)와 중상과 참무(讒誣, 거짓으로 남의 허물을 말함)하고 있는 추태는 제정신을 가진 사람의 짓이라고는 보이지 않는다. 원래 금융업자는 경제계의 선각자로서 시류에 앞서가야 한다. 그런데 실제적인 문제로 이를 보게 되면 두부 장수의 경쟁, 이발소의 고객 쟁탈과 하등 다를 것이 없다. 이렇게 해도 여전히 그들은 자기가 경제계의 선각자로서 자임할 수 있을 것인가, 선각자에게는 선각자로서의 포부와 식견과 이상이 있을 터이다. 이를 가지고 있지 않은 금융업자는 단지 한 사람의 고리대금업자에 불과한 것이다. 나는 이 점에 대해 특히 깊은 금융업자의 숙려와 반성을 촉구하지 않을 수 없다. 원래 금융업자의 직능은 그 제일보를 잘못 내디디게 되면 고리대금업자와 하등 다를 바가 없는 자로 간주되는 델리킷(delicate)한 입장에 있다. 저리로 맡긴 돈을 고리로 내출한다, 이것을 가리켜 고리대금업자라 칭하지 않고 달리 또 무엇을 고리대금업자라고 하겠는가. 그러나 금융업자에게는 사명이 있다, 고리대금업자는 단지 금리를 얻으려고 할 뿐으로 달리 목적을 갖지 않는다, 이 점이 근본적으로 서로 용납할 수 없는 다른 점이다. 그런데 조선 현재의 금융기관 운용 당사자는 그 사명을 잘 이해하고 목적 성취에 매진용왕(邁進勇往)할 수 있을 것인지, 나는 그에 대해 불행하게도 '아니다'라고 대답할 수 없음을 충심으로 마음 아파하는 자이다.

조선은 세계에서 가장 금리가 높은 곳이다. 미국은 어떤 일에 대해서도 세계 제일을 표방하는 나라이지만 금리가 높은 것에 대해서는 도저히 조선의 적수가 되지 못한다. 조선은 달리 어떤 일도 세계 제일로서 자랑할 만한 것을 가지고 있지 않지만, 단지 금리가 높은 것만은 세계 제일이라고 알려져 있는데 이것이 과연 조선의 명예일 것인가. 금리가 높은 원인에 대해서는 나도 이를 이해하는 점이 없지 않으나, 더구나 그 원인이 어쩔 수 없는 것이라고 해서 확실하지 않은 사실을 긍정하거나, 시인하거나, 칭송할 수 없다. 확실하지 않은 사실은 어디까지나 확실하지 않은 것이다. 금융업자는 이 점을 어떻게 고려할 것인가. 최근 내가 입수한 런던 이코노미스트가 보도하는 보에 따르면, 세계 각국의 금리는 런던 3.5%, 뉴욕 3.8%, 파리 4.5%, 베를린 7.8%, 도쿄 8.5%, 경성 10.1%이다. 이 내용은 그 일부를 발췌한 것인데, 이를 통해 보면 조선의 금리가 얼마나 고율인지 알 수 있다.

조선 통치 최고의 목적은 산업개발을 통해 조선 재주민(在住民)의 복지 증진을 도모하는 데 있다. 그런데 산업개발의 원동력인 자금을 구하고자 하면 세계 제일의 고리(高利)를 지불하지 않으면 입수할 수 없다. 이러한 상황하에서 사업의 개발을 기하는 것은 나무에서 물고기를 구하는 것보다도 훨씬 곤란하다. 조선의 금리가 왜 이렇게 고율인가 거기에는 여러 원인이 있지만, 제일 먼저 들 수 있는 것은 군소 은행의 남흥(濫興)이다. 동일 지역에 동일 업자의 출현은 자연스럽게 경쟁을 야기할 수밖에 없다. 그 지역에 양자를 소화할 힘이 있으면 문제가 없겠지만, 조선 현재의 사회 상태는 동일 지방에 동일 업자의 속출을 허락할 정도로 발달되어 있지 않다. 특히 금융업자, 그중에서도 은행과 같이 특수한 성질을 갖는 것은 더욱 그러한 경향이 현저하다. 그런데 사실은 어떠한가. 경성·부산·대구·인천·평양·원산·청진 등의 저명한 지역을 시작으로 약간 이름이 있는 도시는 모두 은행 과잉을 웅변적으로 말해주고 있다. 그리고 이에 시달리는 것은 비단 은행만이 아니라 일반 지방민 역시 위험을 당하게 되는 것이다.

정당성의 견지에서 보는 동업자 사이의 경쟁은 고객에게 지대한 편익을 주지만, 무모한 경쟁은 오히려 고객으로 하여금 재액(災厄)을 입히는 결과는 낳는 법이다. 군소은행 속출의 결과, 권모술수적인 경쟁이 개시된 것은 매우 어쩔 수 없는 것인 동시에 또한 필요적인 결과라고 해야 할 것이다.

조선총독부 당국자 중에 예리한 경제적 통찰력을 가지고 있는 자가 있다면, 그들은 그 부여받은 권능으로 군의망론(群議妄論)을 배제하고 조선 통치 최고의 목적 성취를 위해 군소은행에 대해 허가의 지령을 내리지 않았을 터이지만, 경제적으로 완전히 맹목적인 당국자는 군의(群議)를 경청하여 옥석을 구별하는 일 없이 허가를 내주고, 이제 와서는 총독 정치 운용상의 장해가 될 뿐만 아니라 지방 산업개발을 막는 것임을 깨달아 애타는 심정을 금할 수 없다는 식의 큰 추태를 보이고 있다. 근시안적인 자들이 국정을 망치는 일은 동서고금을 막론하고 마찬가지이다. 군소 은행 경영 방법에 대한 비난은 오늘날 시작된 문제가 아니지만, 최근 경제계의 침체와 함께 금융의 경색과 핍박이 나타나면서 맹렬하게 각 방면에서 논의되기에 이르렀다. 나는 금융업자에 대한 논란과 공격을 무조건 긍정하는 사람은 아니지만, 군소은행의 경영은 문화정책을 표방하는 조선총독부의 방침에 배치하는 것은 사실이다. 조선 현재의 사회 상태는 여전히 유치하여 모든 일이 원시적 분위기를 벗어나지 못한다. 자연히 경제기관 같은 경우도 순수 경제학이 보여 주는 내용을 곧바로 응용하고자 하는 것은 잘못된 것이다. 그런데 금융기관의 운용 상태를 보면, 지방의 이해를 완전히 무시하고 오로지 은행의 존재를 위해서만 노력하고 있다. 이렇게 되면 금융기관은 유해무익한 것이 되고 만다.

군소 은행이 어째서 당초의 기대를 저버리고 유해무익한 것이 되었는가. 이것은 동업자와의 경쟁에 의한 자기 생존의 부득이한 결과이다. 그들은 자기 생존을 위해 무모하다는 것을 알면서도 고율로 예금을 흡수한다. 예금이 고율이니 대출도 자연히 고율이 된다. 그러나 고율의 자금으로는 진정한 사업은 경영이 이루어지지 않는다. 사업가가 공을 100년 후에 기하는 것에는 착수하지 않고 일확만금을 꿈꾸는 투기사업에 힘쓰는 것은 필연적인 귀결이라고 해야 할 것이다. 그러나 투기는 쉽게 목적을 달성할 수 있는 것이 아니다. 따라서 은행은 자연히 회수불능액이 증가하게 되고 경영 곤란을 느끼게 된다. 이러한 난관을 돌파하기 위해 더욱 권모술수를 행하여 예금 흡수를 도모할 수밖에 없게 되는 것이다. 동업자 간에 협정된 금리율(金利率) 같은 것은 종위 위의 한문사(閑文字, 필요 없는 문자)처럼 여겨지고, 경제계를 혼란하게 만드는 예금 쟁탈전이 개시되는 것이다. 이렇게 되는 근본 원인은 다름 아닌 '군소은행의 남설'에 있다. 그리고 그것이 원인이 되어 결과를 낳고, 결과는 다시 원인이 되어 결과를 낳는데, 결국 은행의 내용이 위험 상태로 변하여 예금자·은행·사업가 모두에게 곤란을 초래하여 경제계를 더욱 악화시키게 된다. 그리고 그 결과는 조선 통치 최고의 목적 성취에 장애가 되고, 당국자에 대한 원망의 소리가 되어 나타나게 되는 것이다.

조선 경제계의 순조로운 발달을 저해하고 사업계를 위축시키는 병원(病源)이 은행의 군소(群小)에 있음을 알게 된다면, 그에 대한 선후책은 곧바로 마련될 것이다. 군소은행의 합동이 곧 그것이다. 현재 각지에 남흥(濫興)되고 있는 군소 은행을 어떻게 합동시킬 것인가는 상당히 고려가 필요한 문제이지만, 다음의 은행표를 일람하면 합동시켜야 할 은행은 설명할 필요 없이 누구의 머리에서든 곧 명백하게 정해질 것이다. (다음 표 중, 선은과 식은은 특수은행이다.)

은행명	소재지	자본금	은행명	소재지	자본금
조선은행	경기 경성	8,000	선남은행	경북 대구	100
조선식산은행	경기 경성	3,000	대구은행	경북 대구	200
조선상업은행	경기 경성	200	경상공립은행	경북 대구	200
한성은행	경기 경성	600	밀양은행	경남 밀양	500
조선실업은행	경기 경성	500	경일은행	경남 밀양	200
해동은행	경기 경성	200	동래은행	경남 동래	50
한일은행	경기 경성	200	경남은행	경남 부산	100
호서은행	충남 예산	200	부산상업은행	경남 부산	150
삼남은행	전북 전주	100	신의주은행	평북 신의주	50
호남은행	전남 광주	150	북선실업은행	함남 함흥	50
대동은행	평남 평양	200	원산상업은행	함남 원산	50

이렇게 많은 은행이 각지에 설립되고 있는 데다가 또한 중앙은행인 조선은행, 준중앙은행인 조선식산은행이 지점을 설립하고 있어서 예금 쟁탈을 위한 백병전을 벌이게 될 것이다. 또한 경성, 부산, 목포, 군산, 인천, 원산, 평양 등에는 내지의 은행 지점이 있어서 더욱 쟁탈전이 맹렬하게 전개된다. 이런 상태에서 은행이 건실하게 경영될 리가 없다. 최근 경제계는 세계적 공황의 큰 파도를 가까스로 벗어났다고 하나 여전히 위험 구역에서 방황하고 있다.

조선이 경제 문제로 인해 진퇴양난에 빠진 것은 중대한 일이라고 해야 할 것이다. 조선총독부 당국자는 극구 조선의 평온을 설명하고 있지만, 사실 그것을 깊이 배반하는 것이 있다. 조선인의 사상 악화도 근본 원인은 생활 안정의 결여에 있기 때문이다. 의식이 충족된 뒤에야 예절을 찾는 것이 사람이다. 당국이 아무리 산업개발을 역설하더라도 그 원동력인 금융기관이 현재와 같은 상황이라면 절대로 유종의 미를 거둘 수 없다.

은행의 합동을 단지 경제계의 일이라고 간과하게 되면 결국 조선의 문화정책은 파산하게 될 것이다. 이는 조선 통치와 중대한 관계를 갖는다. 금융조합이 아무리 조선 개발을 위해 크게 공헌했음을 알게 된다면, 위정 당국자는 최선을 다하여 금융기관 개선에 노력해야 한다. 은행업자 역시 위정 당국자의 뜻을 따르고, 보다 크게는 인류의 복지를 위해, 또 문화정책 목적 성취를 위해 상부상조함으로써 유종의 미를 거두어야 할 것이다. 나는 불안과 위협에 전 세계가 전율하고 있는 상황에서 조선은 하나의 낙원으로서 인류 공영공존이 실현되는 땅으로 만들어질 것을 기대한다. 이를 실현하기 위해서는 우선 제일 먼저 금융기관의 개선을 도모해야 한다. 그리고 개선의 첫걸음은 군소 은행의 합동에서부터 시작해야 한다.

이상이 그 당시 은행계의 실상과 합동의 필요를 설명한 것인데, 각 은행 자본금 등은 물론 현재와 다르다. 그 무렵은 아직 '암거래'라는 말이 없었지만, 예금 쟁탈을 위해 경쟁적으로 이자를 서로 끌어올린 것은 일종의 암거래로, 조금 합쳐진 예금(纏った預金)이나 관공서 등의 규약적금(規約貯金) 등에는 빈번하게 이자의 암시세가 있었음은 주지의 사실이었다.

은행 합동의 진척

보통은행의 합동 문제는 여론이기도 했지만, 당국도 재계 공황의 여파를 고려하여 그 필요를 통감하고 있었던 것인지, 그 전후부터 합동 촉진 방침을 취해 왔다. 그래서 1928년 11월 24일 제령 제6호로 공포된 「은행령」에 따르면, 다음과 같은 조문이 있다.

제1조 다음에 열거하는 업무를 영위하는 자는 이를 은행으로 한다.

1. 예금의 수입과 금전의 대부 또는 어음(手形)의 할인을 병행하는 것
2. 환거래를 행하는 일

영업으로서 예금을 받는 자는 이를 은행으로 한다.

제2조 은행업은 조선총독부의 면허를 받지 않으면 이를 영위할 수 없다.

제3조 은행업은 자본금 200만 원 이상의 주식회사가 아니면 이를 영위할 수 없다.

제4조 은행은 금전 이외의 재산을 가지고 출자의 목적으로 할 수 없다.

제10조 은행은 예금의 지급준비금(支拂準備金)으로서 예금 총액의 10분의 1 이상을 준비해 두어야 한다.

전항의 지급준비금은 현금, 지금은, 외국 통화, 우편대체저금(郵便振替貯金)[1], 국채나 기타 조선총독이 인가한 유가증권으로써 이를 보관하거나 조선총독이 지정한 은행에 예입해야 한다.

은행은 제1항의 지급준비금이 예금 총액의 10분의 1에 미치지 못할 때는 이를 보전할 때까지는 신규 대부 또는 어음 할인을 하거나 이익 배당금의 지불을 할 수 없다.

이와 같은 「은행령」에 준거할 때는 전도 보통은행으로서 열거한 지역은행 중에는 자본금의 표준에 미달한 은행도 있고 업적 관계로 합병을 득책으로 삼는 은행도 있어서 대체로 다음과 같은 합병이 이루어졌다.

▲조선상업은행은 원산상업은행, 조선실업은행, 대동은행, 만주은행 신의주지점, 삼남은행, 북선상업은행 및 부산상업은행을 순차적으로 합병 또는 매수.

▲한성은행은 해동은행을 합병.

▲한일은행은 호서은행을 합병하고 동일은행으로 개칭.

▲경일은행은 경상공립은행, 선남은행을 합병하고 대구상공은행으로 개칭.

▲호남은행은 동래은행을 합병.

▲대구은행과 경남은행이 합병하여 경상합동은행으로 개칭.

이 중 한두 개는 이미 합병 이전에 다른 은행과 합병한 것으로 전항의 은행명과 불일치한 것은 그 때문이다. 이밖에 내지 지점은행인 18은행은 조선에서 철수하고, 야마구치은행(山口銀行)은 본점의 합동으로 산와은행(三和銀行)으로 개칭했다. 따라서 현재의 보통은행은 지역은행으로서 상업은행, 한성은행, 동일은행의 3행이 경성에 본점을 두었고, 지방에는 대구에 대구상공, 경상합동, 광주에 호남은행의 세 은행이 본점을 두었다. 내지에 본점을 가지는 지점은행은 다이이치은행(第一銀行), 야스다은행(安全銀行), 산와은행이다.

---

1 郵便振替, 한국어로는 우편대체(郵便對替)라 한다. 우편대체란 우체국에 계좌를 개설하여 송금이나 채권 및 채무의 결제 따위를 현금으로 직접 하지 않고 우체국의 장부상으로 대체하는 일을 가리킨다. 우편대체저금이란 우편대체를 위해 저금해 두는 것을 말한다.

IV

금융기관으로서의 동척과 서민금융

해제

제Ⅳ부에서는 동양척식주식회사(이하 '동척')의 기능 중 금융기관으로서의 성격을 보여 줄 수 있는 간단한 자료를 소개하고, 이어서 서민금융기관이라고 할 수 있는 신탁업과 무진업에 관한 자료를 정리하였다.

1. 금융기관으로서의 동척

이 자료는 다카스기 도호(高杉東峰)가 펴낸 『조선금융기관발달사』 중 '금융기관으로서의 동척'만을 따로 번역한 것이다. 1908년 설립된 동양척식주식회사를 줄여 보통 '동척'이라고 부른다. 동척의 설립 근거인 「동양척식주식회사법」은 한일 양국에서 제정, 공포되었다. 동척은 1908년 12월 28일 설립되었다. 한일 양국 정부가 임명한 총 116명의 창립위원 중 한국인은 조진태, 백완혁, 한상룡, 이근배 등 33명이었다. 창립 자본금은 1,000만 원으로 총 20만 주, 주당 50원이었고, 한국 정부는 토지로 투자하여 6만 주를 인수하였다. 「동양척식주식회사법」 제1조에 기록되어 있듯이 동척은 '한국에서 척식사업을 영위할 목적으로 하는 주식회사'였다. 동법 제11조에는 동척의 업무가 아래와 같이 규정되어 있었다.

1. 농업
2. 척식을 위해 필요한 토지의 매매 및 대차
3. 척식을 위해 필요한 토지의 경영 및 관리
4. 척식을 위해 필요한 건축물의 축조, 매매 및 대차
5. 척식을 위해 필요한 일한 이주민의 모집 및 분배
6. 이주민 및 한국 농업자에 대해 척식상 필요한 물품의 공급 및 그 생산 또는 획득한 물품의 분배

7. 척식상 필요한 자금의 공급

보통 동척을 금융기관의 하나로 보는 근거는 제11조 제7호 때문이다. 동법 제13조에는 제7호 자금 공급의 방법이 규정되어 있다.

1. 일한 이주민에 대해 25년 이내의 연부상환 방법에 의한 이주비의 대부
2. 이주민 및 한국 농업자에 대해 15년 이내의 연부상환 방법에 의한 한국에 있는 부동산을 담보로 하는 대부
3. 이주민 및 한국 농업자에 대해 5년 이내의 정기상환 방법에 의해 한국에 있는 부동산을 담보로 하는 대부
4. 이주민 및 한국 농업자에 대해 그 생산 또는 획득한 물품을 담보로 하는 대부
5. 한국에 있는 부동산을 담보로 하는 3년 이내의 정기상환 방법에 의한 대부

제1항 제2호 내지 제5호의 대부금 총액은 불입자본액 및 사채 미상환액 합계의 5분의 1을 넘을 수 없다.

요컨대 동척은 척식상 필요한 부농산 경영 및 일한 이수민의 모집 및 분배, 그리고 그에 필요한 자금 공급을 목적으로 하는 회사인 것이고, 따라서 동척을 금융기관의 하나로 보는 이유도 여기에 있다. 본 자료의 내용은 다음과 같다.

먼저 부동산 금융기관으로서의 동척이 설립될 때까지 한국에서 부동산 소유권 증명과 부동산 담보 금융을 위한 관련 법령이 어떻게 정비되어 왔는지를 다룬 뒤, 1918년 농공은행을 합병해 설립된 조선식산은행과 부동산 금융기관으로서 쌍벽을 이루고 있음을 명확히 밝히

고 있다. 아울러 만주에서도 동척이 부동산 금융기관으로서 활약하게 되는 과정을 설명하였는데, 1938년 만주국 정부, 만주은행, 동척이 공동 출자하여 설립한 만주방산주식회사(滿洲房産株式會社)가 설립된 이후에는 만주에 있어서 동척의 사업은 다소 소극적이 되었다.

다음으로는 동척이 조선, 만주, 북중국(원문에는 '북부지나'), 남양 등 지역별로 동척이 얼마나 자금을 공급하고 있는지 1912년부터 1940년까지의 시기를 대상으로 비교해 놓았다. 아울러 1938년 말(제40기) 현재의 종목별 자금 공급의 현황이 정리되어 있다. 동척의 사업 중 특히 수리조합에 대한 자금 공급은 산미증식계획과의 관계를 고려할 때 중요한 부분이다. 여기서는 제40기 현재 동척 관련 주요 수리조합을 정리하였고, 산미증식계획과 관련하여 구체적으로 어떻게 자금이 공급되고 있는지를 보여 준다.

또한 1917년 7월 「동척법」 개정 이후 '이민취급업과 기타 척식사업의 영위를 목적으로 하는 회사의 주권 또는 채권의 응모 인수'가 영업과목에 추가되었는데, 이때 동척이 주식 인수 또는 사채 인수를 통해 관계하고 있는 55개 주요 회사가 정리되어 있다.

마지막으로 이 자료에는 동척이 주요 영업과목 중 하나인 농사 경영과 관련한 사항들이 정리되어 있다. 1913년 현재 도별 매수지 현황, 1913년 현재 도별 출자지 현황, 그리고 1938년 현재 사업용 사유지(社有地)의 면적과 가격이 표로 정리되어 있다.

요컨대 본 자료는 동척이 금융기관의 성격을 가지고 한국을 중심으로 한 식민지 또는 점령지를 척식 개발하기 위해 어떤 분야에 어느 정도의 자금을 공급했는지 알 수 있는 자료이다.

2. 서민금융기관 관계 자료

여기서는 1931년 6월 개최된 제3차 금융제도조사회의 심의 내용 중 '2. 신탁 관계 법규 제정 조사에 관한 요항'을 정리하였다. 「은행령」 개정 때와 마찬가지로 각 조항의 개정 내용과 그 이유, 그리고 참고 법령을 정리해 놓았다. '3. 신탁회사 관련 신문기사: 신탁회사 대합동' 에서는「조선신탁업령」의 공포 이후 신탁업의 동향과 신탁회사 합동 과정을 신문기사를 통해 상세하게 보여 주고 있다. '4. 무진업'은 서민금융업의 한 형태인 일본의 무진업이 어떤 것인지를 보여 주고 역시 제3차 금융제도조사회 심의를 위해 1930년 12월에 만들어진 '5. 무진 관계 사항 참고서'를 통해 무진업의 현황과 참고 조문을 상세하게 정리하였다.

참고로 무진이란 일정한 구수(口數)와 금부 금액을 정해 가입자를 모으고, 가입자가 적립한 정기적인 괘금(掛金)에 기초하여 추첨 또는 입찰 등을 통해 순서에 따라 급부를 받는 금융의 한 방법이다. 마치 예전에 가정주부들이 특정 목적으로 목돈이 필요할 때 계주를 중심으로 계를 운영하던 방식과 유사하다. 이때 매일(日賦) 또는 매월(月賦) 정기적으로 적립하거나 지불하는 돈을 괘금이라고 하고, 자기 순서가 돌아왔을 때 목돈을 받게 되면 그 돈은 일종의 대부금이 된다. 따라서 위의 미수, 무진, 괘금이란, 일부나 월부의 형식으로 계약한 금액을 매일 또는 매달 내야 하는데, 아직 계약한 금액을 다 채우지 못해서 향후 계속 지불해야 할 돈을 가리킨다.

1. 금융기관으로서의 동척

〈자료 138〉「금융기관으로서의 동척」

(高杉東峰 編, 『朝鮮金融機關發達史』, 京城:實業タイムス社, 1940年, 462-481쪽)

영업지 부동산금융

조선에 있어서 부동산을 담보로 한 금융제도에 대해서는 앞에서도 개설했지만, 여하튼 문헌이 정리되어 있지 않아 기원을 확실하게 이야기할 수 없다. 그러나 대체로 이조 초기에 제정된 듯하다. 부동산의 매매와 담보에 관해 보호하는 제도가 마련되었지만, 물론 이는 완전한 내용이 아니었다. 그리고 담보금융 방법 중 환매약관부담보[買戾約款付擔保]로, 금융 당시의 원본액을 가지고 하는 것을 환퇴(還退)라 했고, 환매 당시의 시가(時價)에 의한 것을 권일(權壹)이라고 했다. 이러한 제도는 이조 말엽까지 일반적으로 이루어졌는데, 원래 그 성질, 계약 방식, 담보 물건의 처분 등에 대해 명확한 관념이 결여되어 있었고, 오로지 관습에 의해 이루어지고 있었다.

그 때문에 병합 전에는 악랄한 고리대금업자가 발호하여 토지를 담보로 돈을 빌려주고 심야에 해당 토지의 경계를 나타내는 푯대[標杭, 標柱]를 변경하여 지역을 확대함으로써 불법적인 이익을 얻거나, 변제 기일에 채무자가 돈을 지참하면 부재를 가장해 만나지 않고 고의로 원리금의 변제를 못하게 한 뒤 담보 물건을 몰수하여 폭리를 취했다는 등의 이야기를 들었다. 이런 것들은 법의 불비함을 이용한 고약한 놈들의 상투 수단인 듯하지만, 이와는 반대로 타인의 토지 등을 담보로 하여 사기 행위를 하는 사람들도 적지 않았던 것 같다.

1906년(明治 39)에 통감부가 설치되었을 때부터 부동산 권리의 설정과 득실에 관한 제도가 개선되었고, 동년 11월에 통감부령으로 「토지건물증명규칙」과 전당 집행에 관한 법령이 공포되었다. 또한 1908년(明治 41)에 「토지건물소유증명규칙」이 시행되어 부동산 권리의 설정과 득실에 대해 구체적인 제도가 마련되었지만, 그럼에도 아직 제삼자에 대한 효력에 대해서는 불충분한 점이 있었다. 병합 후인 1912년(明治 45) 4월에 「조선부동산등기령」,

「조선부동산증명령」, 「조선민사령」의 시행으로 상기 결**점(缺**點, 원문 그대로임)이 보완되었고, 다시 1912년(大正 1) 8월 「토지조사령」이 공포되어 토지제도를 명확히 함으로써 부동산에 관한 권리의 분쟁을 막을 수 있었다. 특히 1918년(大正 7)에 토지조사의 대사업이 완성된 뒤부터 부동산담보 권리를 명확하게 하여 부동산담보금융이 발달하는 데 다대한 공헌을 했다. 또한 이 부동산금융기관으로서 근대적인 조직을 띤 것은 1906년(明治 39) 6월에 창립된 한성농공은행이 효시로, 평양, 대구, 전주, 진주, 광주, 충주, 해주, 경성(鏡城), 공주, 함흥 등에도 연이어 개업하여 주로 농업금융의 임무를 담당하였다. 그밖에 1908년(明治 41)에 동척이 창립되어 척식자금을 공급하였고 금융조합이 설립되었다. 1918년(大正 7)에는 농공은행이 합병 통일되어 조선식산은행이 설립되었다. 이후 식은과 동척이 부동산금융기관의 쌍벽으로서 반도 산업발달에 주력해 왔다.

◇

또한 만주의 상황은, 러일전쟁의 결과로 아국(일본)은 남만주에서 러시아가 차지하고 있던 이권 전부를 계승하였고, 이 이권에 대한 경영 방침의 하나로서 일본흥업은행으로 하여금 식산흥업기관의 역할을 담당하게 했다. 하지만 동행은 식민지 사업 경영의 곤란함과 자본 투하의 위험 등을 우려하여 업무를 개시하지는 못했다. 그런데 척식기관의 결여는 사업의 발전을 상당히 제약하였고, 이에 제국정부는 1910년(明治 43) 5월에 정금은행(正金銀行)에 명하여 만주 부동산금융이라는 중요 임무를 담당하게 했다. 그러나 동행은 환은행이라는 본래의 성질상, 만주 개발이라는 대사명을 달성하기 위해 충분히 활동을 기대하기 어려운 사태에 있었기 때문에, 결국 동척에게 그 차례가 돌아오게 되었다.

즉 1917년(大正 6) 7월에 법률 제23호로 「동양척식주식회사법」의 일부를 개정하여 영업지역을 종래의 '조선'에서 '조선 및 외국'으로 고쳤기 때문에, 동척은 정금은행이 취급해 온 만주에서의 특수대출 사무를 계승하였고, 동년 말에는 대련과 봉천에 지점을 개설하였고, 1919년(大正 8)에 하얼빈(哈爾濱), 1924년(大正 13) 간도에 출장소를 설치하는 등 현저한 발전을 이루었다. 그 뒤에도 1933년(昭和 8)에 신경지점을 개설, 만주의 척식기관으로서 부동산담보 대출, 기타 척식자금의 공급에 노력하였고, 만주 개발의 사명을 달성하는 데 공헌했다. 하지만 그동안 구(舊) 군벌하의 만주였기 때문에 법제가 제대로 갖춰져 있지 않아 채권보전에 곤란이 발생하였고, 아직 방인(일본인)의 상조권(商租權) 같은 경우도 확보 불능에 빠져 영농자금의 공급에 불안을 느끼는 일도 많았다. 하지만 1931년(昭和 6)의 만주사변 발발로 만주국이 출현했기 때문에, 법제는 착착 정비되었고, 1936년(昭和 11) 9월 「상조권정비법(商租權整備法)」의 공포로 종래 방인(일본인)이 가지고 있던 일체의 토지에 대한 권리는 만주국 민법상의 권리로 각각 전환되었다. 또한 동년 7월부터 방인은 완전한 토지소유권을 획득할 수 있는 한편 3월 공포된 「토지심정법(土地審定法)」으로 지적(地籍)의 정리가 이루어지고 있다. 이런 사정들과 맞물려 「부동산등록법」이 시행되면서 부동산 거래가 원활해졌고, 나아가서는 부동산금융에 공헌하는 바 크다.

만주국의 금융기관에 대해서는 별항에서 약술했지만, 중앙은행을 설립하고 새롭게 신은행법을 제정하여 보통은행을 통제 지도하는 동시에 농촌과 서민금융기관으로서 금융합작사를 창립했지만, 그럼에도 불구하고 부동산담보의 장기금융은 건국을 전후하여 동척이 독점하게 되었다. 그러나 1937년(昭和 12) 12월에 만주흥업은행이 창립되고, 특수은행으로서 일반 상업금융 외에 부동산금융을 영위하게 되었다. 또한 1938년(昭和 13) 2월에 만주국 정부, 만주은행 및 동척의 출자로 만주방산주식회사(滿洲房産株式會社)가 설립되어 주택경영 외에 부동산담보금융을 실시하게 되었고, 이로 인해 부동산금융은 이들 은행, 회사와 동척이 실시하고 있다. 하지만 동척의 사업은 대체로 소극적으로 되었고, 오히려 방산(房産)을 통해 활약하고 있는 것처럼 여겨진다.

자금 공급의 내용

다음으로 이들 자금이 어떤 방면으로 공급되고 있었는지를 보면, 우선 지방별로는 다음과 같이 되어 있다.

지방별	조선	만주	북중국 (북부지나)	남양	합계
1912년도(제5기)	2,473	—	—	—	2,473
1917년도(제10기)	8,486	3,792	—	—	12,278
1922년도(제15기)	54,435	50,325	11,587	10,580	126,927
1927년도(제20기)	61,157	50,393	4,141	6,544	122,235

1932년도(제28기)	89,527	33,263	2,296	8,796	133,882
1937년도(제38기)	102,072	36,552	5,207	15,742	159,573
1938년도(제40기)	109,730	43,469	3,962	15,372	172,533
1940년도(제43기)	142,532	57,630	8,848	7,213	216,224

이 내용을 다시 종류별로 구별하면 동척 창립 후 5년째인 1912년(大正 1)도 말에는 옹업자금 190만 4,000원, 잡자금 49만 7,000원, 이주비 대부 7만 2,000원, 합계 247만 3,000원에 불과했던 것이, 1938년(昭和 13)도 제40기 말에는 1억 7,253만 3,000원이 되었고 종목도 많이 증가하여 다기에 걸치고 있다.

(단위: 천 원)

토지개량 및 개간	2,705	수산업	3152
수리사업	33,227	광업	10457
시가지 토지경영	34,982	제지업	125
농사경영	38,682	제재(製材)	37
임업	5,113	방적업	9048
잠업	305	정미업	103
과실 재배	215	제유업(製油業)	253
비료	6,448	요업	466
인삼 재배	5	양조업	1495
축산업	707	제공업(諸工業)	6733
운수교통업	28	마(麻) 및 야자(椰子) 재배	3,775
전기 및 가스	6,845	잡자금(雜資金)	7,066
재해 구제	41	이주비 대부	83
위생	2	합계	172,533
교화(敎化)	429		

수리조합에 대한 대부

동척과 수리사업은 떼려야 뗄 수 없는 관계다. 조선에서 수리사업이라고 하면 누구나가 곧 동척을 생각할 정도이다. 원래 식산은행에서도 수리사업에 금융을 제공하여 그 발달을 조장하고 있고 대부금액도 식은 쪽이 다액이다. 하지만 이는 동척이 다른 방면에 많이 진출했기 때문에 자연스럽게 그렇게 된 것이다. 본래 농업 방면에서 발족한 동척으로서는 사실 수리사업에 더 많은 융자를 해야 마땅하다고 생각하는 사람도 적지 않은 듯하다. 어찌 되었건 동사 제40기의 보고에 의하면 수리조합에 대한 대부금 총액은 조합 수 87개, 3,300만 9,000여 원에 달하고, 그중 중요한 조합은 다음과 같다. (괄호 안은 사업지)

동양(東洋)수리조합	전라북도 김제, 정읍, 부안군	18,500 정보
대정(大正)수리조합	평안북도 용천군	11,093 정보
안녕(安寧)수리조합	황해도 재령, 안악군	9,775 정보
평안(平安)수리조합	평안남도 대동, 평원군	4,556 정보
고부(古阜)수리조합	전라북도 고창군	4,322 정보
서천(舒川)수리보합	충청남도 서천군	3,500 정보
영광(靈光)수리조합	전라남도 영광군	2,600 정보
박천(博川)수리조합	평안북도 박천군	2,578 정보
하남(下南)수리조합	경상남도 밀양군	1,878 정보

여기서 산미증식계획에 관한 것을 간단히 적어 놓는 것도 의미 없지 않을 것이다. 조선산미증식계획의 2대 강령 중 하나인 토지개량사업이라는 것은, 1926년(大正 15)부터 시작하여 14개년 동안 면적 35만 정보의 토지를 미작에 적합하도록 개량하려는 것이다. 이 35만 정보 중 수리관개 설비를 통해 산미의 확실함을 도모하려는 것이 18만 5,000정보이고, 지목변경 즉 밭[畑]은 논[水田]으로 변화시키고자 하는 것이 9만 정보, 미간지를 개간하고 간석지(干潟地, 갯벌)를 건조시켜 논으로 만들려는 것이 7만 5,000정보라고 한다.

이를 수행하기 위해서는 3억 325만 원이 필요할 전망이다. 이에 대해 6,507만 원의 보조금을 준다. 상기 토지개량 기업자가 14년 동안 3,948만 원을 조달한다. 그리고 나머지 1억 9,869만 원에 대해서는 정부가 알선하여 저리자금을 당업자에게 공급하기로 한다. 이 중 절반이 대장성 예금부로부터 동척과 식은을 거쳐 대부하고, 나머지는 상기 회사와 은행이 사채를 발행하여 조달한다. 토지개량과 대립하여 중요한 것은 농사개량이다. 비료의 사용을 농가에 권유하여 그 방법을 쉽게 하는 것이다. 조선 논의 총면적 155만 정보 중, 한해와 수해의 걱정 없는 관개설비를 가진 논은 39만 정보이다. 이는 훌륭한 논임에도 불구하고 농가에 비료의 관념이 부족하여 좋은 논[美田]을 충분히 이용할 수 없는 상황이기 때문에, 이들 논과 토지개량에 의해 생긴 35만 정보와 합계 74만 정보에 대해 판매 비료를 사용하게 하여 산미증식을 도모하고자 한다. 여기에 필요한 자금이 3,700만 원 예상되어 35만 정보의 토지개량에 의한 증수(增收)가 약 284만 석, 토지개량에 의한 논에 비료를 늘리고 경작법을 개량하여 약 192만 석을 증수할 예정이라는 것, 그리고 기타 139만 정보에 대해 경종법만 행함으로써 약 344만 석의 증수를 예상되어 합계 820만 석을 증수할 계획이다. 현재 1,500만 석과 합계 조선에서 2,300만 석의 쌀이 생산되는 것이다. 현재 내지 공급미 500만 석 외에, 추가로 500만 석을 내지에 공급할 수 있을 것이기 때문에, 국가의 이익이자 조선을 위함이다. 이것은 시모오카(下岡) 정무총감의 대영단에 의한 것이다.

주식 및 사채 인수

1917년(大正 6) 7월에 「동척법」이 개정된 뒤부터 이민취급업과 기타 척식사업의 영위를 목적으로 하는 회사의 주권 또는 채권의 응모 인수를 영업과목에 추가한 동척에서는, 이후 조선, 만주, 지나 및 남양, 기타 방면에서 이루어지는 각종 사업회사의 설립 및 사업을 원조함으로써 산업의 개발에 공헌하고 있다. 동사가 현재 주식을 인수하고 있는 회사는 약 60사에 달하고, 불입주금 1억 5,230만 원, 사채의 인수는 307만 원으로 그밖에 국채증권 602만여 원을 보유하여 합계 1억 6,140만 원에 달하고 있다. 다음에 관계 회사 중 주요한 것을 적는다.

회사명	본점 소재지	주요 업무
부령(富寧)수력전기주식회사	함북 부령(富寧)	전기사업
강계(江界)수력전기주식회사	경성(京城)	동(同)
교오(膠澳)전기주식회사	청도(青島)	동(同)
조선전력주식회사	경성(京城)	동(同)

조선압록강수력발전주식회사	경성(京城)	동(同)
만주압록강수력발전주식회사	신경(新京)	동(同)
서선합동(西鮮合同)전기주식회사	평양(平壤)	동(同)
조선송전주식회사	경성(京城)	동(同)
만주전업주식회사	신경(新京)	동(同)
남선수력전기주식회사	경성(京城)	동(同)
동척광업주식회사	경성(京城)	광업
북선탄광주식회사	경성(京城)	동(同)
조선아연광업주식회사	경성(京城)	동(同)
장성매광철로고빈(長城煤礦鐵路股份) 유한공사	천진(天津)	탄광철도업
조선무연탄주식회사	경성(京城)	석탄 채굴 판매, 연탄 제조 판매
산동(山東)광업주식회사	청도(青島)	광산에 대한 투자
만주채금(採金)주식회사	신경(新京)	광업
조선철도주식회사	경성(京城)	철도업
다사도(多獅島)철도주식회사	신의주(新義州)	동(同)
일본무수주정(無水酒精)특허주식회사	도쿄(東京)	무수주정 제조의 특허권 매매, 임대
조선무수주정주식회사	신의주(新義州)	무수주정 제조, 판매
조선중공업주식회사	부산(釜山)	조선업
대동(大同)주정주식회사	하얼빈(哈爾濱)	주정 및 가공품 제조, 판매
조선석유주식회사	경성(京城)	석유의 채굴, 정제, 판매
북선제지화학공업주식회사	경성(京城)	펄프와 지류(紙類) 제조 판매
만몽모직주식회사	봉천(奉天)	모사(毛絲), 모직물 제조 판매
일만제분(日滿製粉)주식회사	하얼빈(哈爾濱)	제분업
만주특산공업주식회사	봉천(奉天)	고량, 대두 등 정백(精白) 가공, 판매
만주염업주식회사	신경(新京)	소금의 제조, 가공, 판매
남양흥발(南洋興發)주식회사	남양 사이판도(島)	제당업
주식회사 천진방적공사(天津紡績公司)	천진(天津)	방적 및 방직

일로(日魯)어업주식회사	도쿄(東京)	어업
조선도시경영주식회사	경성(京城)	부동산 경영
주식회사 홍업공사(鴻業公司)	대련(大連)	부동산 경영
만주방산(房産)주식회사	신경(新京)	주택, 기타 가옥 건축의 조성 및 그에 부대하는 일체의 업무
산동기업(山東起業)주식회사	청도(青島)	토지 건물 임대업 및 부동산금융
조선미곡창고주식회사	경성(京城)	창고 경영
동성실업(東省實業)주식회사	봉천(奉天)	금융, 주식 인수, 생산품 중개 판매
해남산업주식회사	남양 사이판도(島)	필리핀 마닐라 마(麻), 야자 재배 가공
동양축산홍업주식회사	경성(京城)	축산에 관한 제(諸) 사업
선만척식주식회사	경성(京城)	서북선 및 만주국 조선인 이주자에게 필요한 사업
남양기업(南洋企業)주식회사	도쿄(東京)	열대지방에서의 농업 및 임업과 그 생산물의 가공 및 판매
해외홍업주식회사	도쿄(東京)	이민 취급, 식민지 경영, 해외 기업의 투자
조선임업개발주식회사	경성(京城)	조선에서의 조림사업과 그에 부대하는 업무
해림목재(海林木材)주식회사	목단강(牧丹江)	벌목사업
만주임업주식회사	신경(新京)	목재 매매 수출입 및 제재
마마조니야산업주식회사	도쿄(東京)	아마존 유역 이식민(移殖民)과 척식사업
만주척식공사	신경(新京)	척식사업의 경영과 척식자금의 공급
일백면화(日伯棉花)주식회사	오사카(大阪)	브라질 면화의 구입, 판매, 조면공장의 경영
남양척식주식회사	남양 파라오도(島)	척식사업의 경영과 척식자금의 공급
대만척식주식회사	타이페이(臺北)	척식사업의 경영과 척식자금의 공급
북지나(北支那)개발주식회사	도쿄(東京)	북지나 경제의 부흥과 개발의 조성
중지나진흥주식회사	상하이(上海)	중지나 경제의 부흥과 개발의 조성
조선임업개발주식회사	경성(京城)	임업
조선축산주식회사	경성(京城)	축산

직영 척식사업

동척이 외지에 대한 척식사업을 위해 전항과 같이 다액의 금융과 투자를 통해 이를 조장하고 있는 것은 물론인데, 현지에 딱 들어맞는 직영 척식사업은 조선에서 확고한 기초를 쌓고 있다. 동사의 농사경영은 1909년(明治 42)에 창시되어 정부 출자지와 자사 매수지를 기본으로 하여 1913년(大正 2)에는 이미 면적 6만 4,862정보를 경영하고 있었다. 이후 더욱 매수를 추진하여 이를 증가시켰지만, 이주민 등에게 양도하거나 공공용지로 제공한 것이 있어 감소하기도 하여 1938년(昭和 13) 12월 말에는 6만 591정보가 되었다.

1913년(大正 2)도 말 현재 도별 매수지 현황표

도별	논(田)(町)	밭(畑)(町)	산림(町)	잡종지(町)	합계	
					면적(町)	가격(円)
경기도	1,312	537	1	106	1,957	519,867
충청북도	623	413	—	35	1,072	321,430
충청남도	3,642	700	6	60	4,409	1,356,084
전라북도	5,698	469	24	130	6,321	1,575,482
전라남도	7,178	1,799	940	492	10,411	2,203,832
경상북도	2,505	1,018	199	22	3,746	1,268,841
경상남도	1,889	967	271	234	3,363	937,023
황해도	5,279	3,104	517	743	9,644	1,358,613
평안남도	656	1,116	1	73	1,847	296,455
평안북도	663	426	7	69	1,165	464,318
강원도	187	905	—	7	1,100	91,696
함경남도	897	1,102	—	108	2,108	337,549
면적 합계	30,534	12,563	1,968	2,082	47,148	—
가격 합계	8,887,259	1,622,485	59,582	161,869	—	10,731,196

1913년(大正 2)도 말 현재 도별 출자지 현황표

도별	논(田)		밭(畑)		잡종지		합계	
	면적(町)	가격(円)	면적(町)	가격(円)	면적(町)	가격(円)	면적(町)	가격(円)
경기도	3,010	611,792	2,859	288,204	4	—	5,873	899,996
충청남도	291	61,872	35	4,223	3	—	329	66,096
전라북도	984	155,166	21	9,088	106	—	1,201	164,254
전라남도	183	27,883	24	1,649	—	—	207	29,335
경상북도	1,093	210,815	412	38,127	83	—	1,589	248,942
경상남도	2,926	591,209	922	75,012	35	—	3,883	666,222
황해도	4,027	859,499	306	32,585	51	—	4,384	892,084
평안남도	6	971	238	30,733	—	—	246	31,705
합계	12,523	2,519,210	4,908	479,624	282	—	17,714	2,998,835

1938년(昭和 13)도 말 현재 사업용 사유지 면적 및 가격표

도별	논(田) 면적(町)	밭(畑) 면적(町)	주택 면적(町)	산림 면적(町)	잡종지 면적(町)	면적 합계(町)
경기도	2,456	2,319	96	162	169	5,202
충청북도	743	510	42	10	8	1,313
충청남도	3,511	561	45	78	69	4,264
전라북도	6,991	522	65	47	75	7,700
전라남도	6,629	1,582	37	678	238	9,164
경상북도	2,617	1,244	105	154	66	4,186
경상남도	3,452	1,197	112	44	183	4,999
황해도	6,321	2,734	55	—	172	9,282
평안남도	1,018	458	8	—	89	1,573
평안북도	84	4	—	—	—	88
강원도	304	167	6	54	21	552
함경남도	1,060	875	13	—	72	2,020

함경북도	—	75	1	—	73	149
간도	367	6,591	2	—	3,139	10,099
합계	35,553	18,839	598	1227	4,374	60,591

2. 신탁 관계 법규 제정 조사에 관한 요항

〈자료 139〉「신탁 관계 법규 제정 조사에 관한 요항」

(朝鮮金融制度調査會,「信託關係法規制定調査ニ關スル要項」, 1931년 6월)

(1) 조사의 필요

조선에 있어서 신탁 관계 법규로는「담보부사채신탁법」이 있을 뿐 일반 신탁 법규를 결하고 있음에도 불구하고 현재 신탁회사라 칭하며 영업하는 자는 29사를 헤아린다. 1923년 내지에서 신탁법 및 신탁업법이 시행된 후에는 잠시 자발적으로 이들 내지 법규의 취지에 준거하여 업무를 개선하려는 경향이 나타났음에도 대체로 실질적인 영업 내용은 아직 다종다양하기 그지없다. 그중에는 신탁회사의 업무로 적당하다고 보기 어려운 것이 있을 뿐 아니라, 은행 유사 업무를 영위하는 자는, 1927년 실지조사의 결과에 의하면, 신탁회사 17사 중 13사에 달했다. 또한 자본이 너무 적어서 기초가 박약한 데다 경영 방법이 적절하지 않아 위탁자와 수익자에 대한 보호가 충분하다고 보기 어려워서 사회 일반은 편안하게 신탁회사를 이용할 수 없었다. 그리고 신탁회사의 견실한 활동은 사인(私人)의 손에 사장(死藏)되거나 그 운용이 적절하지 못한 재산을 사회적으로 활용하게 함으로써 국민경제에 공헌하는 바 적지 않다. 따라서 신탁이라는 이름을 마음대로 사용하는 부정 금융업자에 대해 철저히 난속하는 동시에 신탁업의 건전한 발전을 기하는 것은 무엇보다 중요한 사항이기 때문에 신탁업에 대해 신속하게 법적 제약을 가하는 것이 적당하다고 생각한다.

(2) 조사의 방법

신탁의 실체관계에 관한 방책은 별도 기관이 조사해야 하므로 본 조사는 범위를 영업으로 한다. 신탁의 인수 즉 신탁업에 대한 방책에 국한하여 조선의 실정에 적응하게 하고, 아울러 되도록 내지의 정책에도 순응하게 할 취지 외에 다음의 방침에 적합하게 하는 것이 적당하다고 생각한다.

① 신탁업자의 자력(資力)의 충실을 기할 것
② 신탁업의 견실한 경영을 조장할 것
③ 수익자의 이익을 보호할 것
④ 신탁업 감독의 주도함을 기할 것
⑤ 다른 금융기관과의 조정을 유지하게 할 것

(3) 조사의 항목

조사항목은 다음의 각항과 같이 하는 것이 적당하다고 생각한다.

제1항 신탁업을 면허영업으로 할 것인가에 대한 가부
제2항 영업의 주체를 주식회사로 할 것인가에 대한 가부
제3항 법정 최저자본금액에 관한 건
제4항 법정준비금에 관한 건
제5항 신탁업무의 범위에 관한 건
제6항 병영업무(併營業務)의 범위에 관한 건
제7항 금전신탁에 관한 건

1. 종별에 관한 건
2. 원본보전이익보족계약(元本補塡利益補足契約)에 관한 건
3. 최고이익보증에 관한 건
4. 금전신탁 인수 기간과 금액의 제한에 관한 건

제8항 영업상 자금의 운용 방법에 관한 건
제9항 신탁재산에 속하는 금전의 운용 방법에 관한 건
제10항 공탁에 관한 건
제11항 조세에 관한 건

1. 등록세에 관한 건

2. 영업세에 관한 건

제12항 기타 행정상의 감독에 관한 건

제13항 기설 신탁회사에 대한 조치에 관한 건

(4) 방책

제1항 신탁업을 면허영업으로 할 것인가에 대한 가부

신탁업은 이를 면허영업으로 해야 함.

(이유)

신탁업은 널리 타인의 신임에 기초하여 그 재산의 관리 또는 처분을 하는 것을 업으로 하는 자로서 그 경영 여하에 따라 사회 일반에 중대한 영향을 미치게 될 것이기 때문에 이를 면허영업으로 하는 것이 적당함.

(참고)

*「신탁업법」 제1조: 신탁업은 주무대신의 면허를 받지 않으면 이를 영업할 수 없음. 전항의 면허를 받고자 하는 자는 신청서에 정관과 업무의 종류 및 방법을 기재한 서면을 첨부하여 이를 주무대신에게 제출해야 함.

*「은행법」 제2조 *「저축은행법」 제2조 *「무진업법」 제2조 *「유가증권할부판매업법」 제2조	주무대신의 면허
*「담보부사채신탁법」 제5조 *「보험업법」 제1조	주무관청의 면허
*「은행령」 제2조 *「저축은행령」 제2조	조선총독의 면허

제2항 영업의 주체를 주식회사로 할 것인가에 대한 가부

영업의 주체는 이를 주식회사로 제한해야 함.

(이유)

주식조직의 회사는 자본 구성에 편리하여 영속성이 있는 동시에 공고(公告) 제도에 의해 널리 회사의 내용을 알릴 기회를 부여하고, 또한 주주총회, 감사역 등의 제도가 있어서 내부의 감독상 경영의 신중과 계산의 정확을 기할 수 있기 때문에 공공적 성질을 갖는 신탁업의 주체가 되기에 적당할 뿐 아니라, 이 감독을 행하는 데 있어서도 편익이 많기 때문에 영업의 주체는 이를 주식회사로 제한하는 것이 적당함.

(참고)

* 「신탁업법」 제2조 신탁업은 자본금 100만 원 이상의 주식회사가 아니면 이를 영위할 수 없음.

*「은행법」 제3조 *「저축은행법」 제3조 *「은행령」 제3조 *「저축은행령」 제3조	주식회사로 한정

제3항 법정최저자본금액에 관한 건

법정최저자본금액은 이를 200만 원으로 하는 것이 적당하다고 판단됨.

(이유)

사회적 신임을 영업의 기초로 하는 신탁회사의 자본금은 상당한 것이어야 하므로, 그 최저자본금액을 200만 원으로 법정하는 것이 적당함.

(참고)

* 은행답신서: 200만 원으로 할 것.
* 업자요망서: 원칙으로는 100만 원으로 하고, 인구 10만 미만의 도시에서는 50만 원으로 할 수 있음.
* 「신탁업법」 제2조: 신탁업은 자본금 100만 원 이상의 주식회사가 아니면 이를 영위할 수 없음.
* 「은행법」 제3조: 100만 원. 단, 칙령으로 지정하는 지역에 본점 또는 지점을 가진 은행의 자본금은 200만 원.

* 「저축은행법」 제3조: 50만 원.
* 「무진업법」 제3조 제2항: 3만 원. 그 금액에 대한 불입금액은 1만 5,000원 이상.
* 「유가증권할부판매업법」 제3조 제2항: 10만 원. 그 금액에 대한 불입금액은 5만 원 이상.
* 「보험업법」 제16조: 10만 원.
* 동 제28조: 10만 원 (상호회사의 기금)
* 「담보부사채신탁법」 제7조: 100만 원.
* 동 제8조: 불입 완료 자본금이 50만 원에 달하지 않으면 사업에 착수할 수 없음.
* 「은행령」 제3조: 200만 원.
* 「저축은행령」 제3조: 100만 원.

제4항 법정준비금에 관한 건

자본 총액에 달할 때까지는 이익을 배당할 때마다 준비금으로서 이익의 10분의 1 이상을 적립시키는 것이 적당하다고 판단됨.

(이유)

신탁회사의 성질에 비추어 볼 때 일반 상사회사에 비해 특히 그 기초를 공고히 해야 할 필요가 있으므로 상법 제194조 제1항의 규정에 따른 법정준비금의 최저액 및 최저율을 인상하는 것이 적당함.

(참고)

* 「신탁업법」 제12조: 신탁회사는 자본 총액에 달할 때까지는 이익을 배당할 때마다 준비금으로서 그 이익의 10분의 1 이상을 적립해야 함.
* 상법 제194조 제1항: 자본의 4분의 1에 달할 때까지는 이익의 20분의 1 이상.
* 「은행법」 제8조: 자본 총액에 달할 때까지는 이익을 배당할 때마다 그 10분의 1 이상.
* 「저축은행법」 제21조: 「은행법」 제8조에 의함.

*「무진업법」 제20조
*「유가증권할부판매업법」 제14조 } 「은행법」과 같음.
*「은행령」 제9조

*「저축은행령」 제20조: 「은행령」 제9조에 의함.

*「금융조합령」 제53조: 정관으로 정한 준비금에 달할 때까지 매 사업연도 잉여금의 4분의 1 이상.

제5항 신탁업무의 범위에 관한 건

신탁의 인수가 가능한 재산의 종류는 다음에 열거하는 것으로 제한하는 것이 적당하다고 판단됨.

가. 금전

나. 유가증권

다. 금전채권

라. 토지 및 그 정착물

마. 지상권 및 토지 임차권

(이유)

신탁업의 건전한 발전을 도모하고 아울러 감독을 철저히 하기 위해 신탁의 인수가 가능한 재산의 종류를 본항과 같이 제한하는 것이 적당할 것임. 또한 금전신탁에 관한 제한에 대해서는 별항에서 고려하기로 함.

(참고)

*「신탁업법」 제4조: 신탁회사는 다음에 열거하는 재산 이외의 것에 대해 신탁의 인수가 불가함.

1. 금전
2. 유가증권
3. 금전채권
4. 동산

5. 토지 및 그 정착물

6. 지상권 및 토지 임차권

제6항 병영(倂營) 업무의 범위에 관한 건

본항은 다음과 같이 정하는 것이 적당하다고 판단됨.

1. 보호예탁
2. 채무의 보증
3. 부동산의 매매 또는 대차의 매개
4. 공채, 사채 또는 주식의 모집, 그 불입금 수납 또는 그 원리금이나 배당금 지급의 취급
5. 재산에 관한 유언의 집행
6. 회계의 검사
7. 다음의 사항에 관한 대리사무

   가. 재산의 취득, 관리 혹은 처분 또는 금전 이외 재산의 대차

   나. 재산의 정리 또는 청산

   다. 채권의 추심

   라. 채무의 이행

   마. 보험업무
8. 담보부사채신탁업 (「담보부사채신탁법」을 따르도록 할 것)

(이유)

신탁회사가 마음대로 타업(他業)을 영위하게 되면 타업의 실패가 이어져 신탁회사의 기초에 동요를 일으킬 우려가 있으므로, 신탁회사에 그 본래의 업무에 전념하게 하고 또 그 견실한 발날을 기하기 위해서는 병영(겸영) 업무의 범위를 신탁업 영위에 유익하거나 편리한 업무로 제한하는 것이 적당할 것임.

(참조)

* 은행답신서:

1. 창고업, 보험업, 기타의 영업 겸영은 이를 금지할 것
2. 채무의 보증에 대해서는 「신탁업법 시행세칙」 제10조 또는 제14조의 제한을 둘 것

3. 신탁업과 은행업의 겸영을 금지하고 다음의 점에 대해서는 명확하게 규정할 것

(1) 환 거래, 수형(어음) 할인을 운용 방법으로 특정 또는 지정한 금전의 신탁 인수를 금할 것

(2) 은행 업무에 속하는 신용장 발행을 금할 것

(3) 신탁재산의 운용 범위를 환 거래, 수형(어음) 할인 이외로 제한할 것

4. 담보부사채신탁업 겸영에 관해서는 인수 사채액과 수탁회사의 자산 신용을 참작하여 적당한 제한을 둘 것

* 업자요망서: 신탁업법 제5조 외에 보험회사의 대리업무 및 창고업을 인정할 것.

*「신탁업법」 제5조: 신탁회사는 다음에 열거하는 업무에 한하여 이를 겸영할 수 있음.

1. 보호예탁

2. 채권의 보증

3. 부동산 매매의 매개 또는 금전 혹은 부동산 대차의 매개

4. 공채, 사채 혹은 주식의 모집, 그 불입금의 수납 또는 그 원리금이나 배당금 지급의 취급

5. 재산에 관한 유언의 집행

6. 회계의 검사

7. 다음의 사항에 관한 대리업무

가. 재산의 취득, 관리, 처분 또는 대차

나. 재산의 정리 또는 청산

다. 채권의 추심

라. 채무의 이행

주무대신은 채무의 보증에 대해 명령으로 필요한 제한을 둘 수 있음.

*「신탁업법」 제6조: 신탁회사는 「담보부사채신탁법」에 의해 담보부사채에 관한 신탁업을 영위할 수 있음.

제7항 금전신탁에 관한 건

본항은 다음과 같이 정하는 것이 적당하다고 판단됨.

1. 종별에 관한 건

본호는 다음과 같이 정하는 것이 적당하다고 판단됨.

금전신탁은 그 운용 방법에 따라 다음의 2종으로 이를 구분할 것.

가. 운용 방법의 특정이 있는 금전신탁

나. 운용 방법의 특정이 없는 금전신탁

(이유)

내지 현행법에서는 금전신탁을 그 운용 방법에 따라 특정, 지정 그리고 특정·지정 없는 금전신탁으로 구분했지만, 현재 내지 신탁회사의 금전신탁 중 위탁자 지정의 실(實)이 없는 지정 금전신탁이 그 대부분을 점하여 거의 금전신탁의 정형(定型)을 이룬 감이 있을 뿐 아니라, 특정·지정의 구분이 명료하지 않아서 법령 적용상 의의(疑義)가 생기기 쉽기 때문에, 오히려 본호와 같이 지정 금전신탁 및 특정 및 지정 없는 금전신탁을 일괄하여 특정 없는 금전신탁으로 해서 특정 있는 금전신탁과 대립시키는 것이 적당할 것임.

(참고)

* 은행답신서: 금전신탁의 특정과 지정의 구분을 엄밀하게 규정할 것.

*「신탁업법」 시행세칙 제2조 제1항: 업무의 종류 및 방법을 기재할 서면에는 다음의 구분에 따라 그 영위하는 신탁업무의 종류를 기재해야 함.

갑(甲) 금전신탁에 대해서는 그 운용 방법에 따른 구분

(1) 운용 방법의 특정이 있는 금전신탁

(2) 운용 방법의 지정 있는 금전신탁

(3) 운용 방법의 특정·지정 없는 금전신탁

2. 원본보전이익보족계약(元本補塡利益補足契約)에 관한 건

특정 없는 금전신탁에 한해 원본에 손실을 끼쳤을 경우 또는 미리 일정한 액수의 이익을 얻지 못했을 경우에 이를 보전하거나 또는 보족할 계약을 할 수 있게 하는 것이 적당하다고 판단됨.

(이유)

신탁이 보급되지 못한 현재 상황에 비추어 신탁 이용자에게 일정한 보증을 줌으로써 이를 고려해 신탁회사를 이용할 수 있도록 하는 한편, 신탁회사에 책임을 느끼게 함으로써 경

영을 신중하게 하려면 특정 없는 금전신탁에 한해 본호와 같이 정하는 것이 적당하다고 판단됨.

(참조)

* 은행답신서: 이익 보족 계약은 이를 인정하지 말 것.
* 업자요망서: 부동산의 관리신탁에 평가 원본에 대해 연 5푼(5%)의 이익 보족 계약을 인정할 것.
* 「신탁업법」 제9조: 신탁회사는 명령이 정하는 바에 따라 운용 방법을 특정하지 않은 금전신탁에 한해 원본에 손실을 끼쳤을 경우 또는 미리 일정한 액수의 이익을 얻지 못했을 경우에 이를 보전하고 또는 보족할 계약을 할 수 있음.

3. 최고 이익 보증에 관한 건

최고 이익 보증 비율은 당분간 연 4푼 5리(4.5%)로 정하는 것이 적당하다고 판단됨.

(이유)

최고 이익 보증 비율을 부당하게 높게 하는 것은 신탁회사의 건전한 발달을 기하는 이유가 아니기 때문에, 현재 금리의 상황에 비추어 일단 본호와 같이 정해 시의에 응해 이를 변경할 수 있도록 규정하는 것이 적당할 것임.

(참고)

* 은행답신서: 이익 보족에 관한 계약은 이를 인정하지 말 것. 만약 어쩔 수 없다면 1922년(大正 11) 내지 은행 정기예금 갑종 협정률이 연 6푼(6%)인 것에 대해 5푼 5리(5.5%)로 정한 선례에 비추어 가능한 저율로 정할 것.
* 업자요망서: 최고 이익 보증 비율은 연 8푼(8%)으로 할 것.
* 「신탁업법」 시행세칙 제21조: 신탁회사가 「신탁업법」 제9조의 규정에 따라 미리 일정한 액수의 이익을 보족하는 계약을 할 경우 그 이익 비율은 대장대신이 정하는 비율을 초과할 수 없음.
* 1922년(大正 11) 12월 1일 대장성 고시 제157호: 「신탁업법」 시행세칙 제21조의 규정에 따라 「신탁업법」 제9조의 보족 계약의 최고 이익 비율을 연 5푼 5리(5.5%)로 정하고 「신탁업법」 시행세칙 시행일부터 이를 시행함. (1922년[大正 11] 12월 28일 칙령 제512호에 따라 1923년[大正 12] 1월 1일부터 시행)

* 조선 내 은행의 정기예금 협정률

경성	갑	5푼(5%)	18은행	5푼 2리(5.2%)
	을	5푼 8리(5.8%)		
인천	〃		〃	
군산	〃		〃	
목포	갑	5푼(5%)	〃	
	을	6푼 2리(6.2%)		
대구	갑	5푼(5%)		
	을	6푼(6%)		
부산	갑	5푼(5%)	18은행	5푼 2리(5.2%)
	을	5푼 8리(5.8%)		
평양	〃			
원산	〃		18은행	5푼 2리(5.2%)
진남포	〃			
청진	갑	5푼 2리(5.2%)		
	을	6푼(6%)		
신의주	갑	5푼 5리(5.5%)		
	을	6푼 3리(6.3%)		
회령	갑	5푼 5리(5.5%)		
용정촌	갑	5푼 5리(5.5%)		

*「신탁업법」 시행 당시 (1922년[大正 11])의 도쿄 및 오사카의 은행 정기예금 협정률

갑종은행 6푼(6%)　　　　　을종은행 6푼 5리(6.5%)

* 현재 도쿄 오사카의 은행 정기예금 협정률

갑종은행 4푼 5리(4.5%)　　　　을종은행 5푼(5%)

4. 인수 기간 및 금액의 제한에 관한 건

본호는 다음과 같이 정하는 것이 적당하다고 판단됨

가. 최단 인수 기간은 이를 3년으로 할 것

나. 최저 인수금액은 이를 법정하지 않을 것

(이유)

금전신탁은 소위 정적(靜的) 장기적 자금의 신탁을 원칙으로 하기 때문에 인수 기간은 상당히 장기를 요한다. 따라서 본호와 같이 규정함으로써 경제계에 급격한 변동을 주지 않는 것이 적당함

(참고)

* 은행답신서

1. 최단기간을 3년으로 할 것.

2. 최저금액을 500원으로 할 것.

* 업자요망서

1. 최단기간을 1년으로 할 것.

2. 최저금액을 300원으로 할 것.

*「신탁업법」 시행세칙 제9조: 신탁회사는 신탁기간 2년에 못 미치는 금전신탁의 인수를 할 수 없음. 단, 운용 방법이 특정된 것에 대해서는 이러한 제한에 있지 않음.

*「신탁업법」 시행세칙 제8조: 신탁회사는 500원 미만의 금전신탁의 인수를 할 수 없음.

제8항 영업상 자금의 운용 방법에 관한 건

1. 영업상의 자금은 다음의 방법에 의한 것 외에는 이를 운용할 수 없게 할 것.

가. 공채, 사채 또는 주식의 응모, 인수 또는 매입

나. 공채, 기타 전호에 언급한 유가증권을 담보로 하는 대부

다. 부동산의 매입

라. 부동산 또는 법령에 따라 설정한 재단을 저당으로 하는 대부

마. 공공단체에 대한 대부

바. 은행 또는 금융조합연합회에 맡긴 예금 또는 우편저금

사. 은행 또는 신탁회사가 인수한 어음의 매입

2. 다호의 규정에 따른 부동산 매입가격 총액은 불입자본금 및 준비금의 2분의 1을

넘을 수 없음.

(이유)

신탁회사는 재산의 수탁기관으로서 사회적 신임을 기초로 하여 그 업무를 영위하는 것이기 때문에 그 담보가 될 수 있는 영업상의 자금은 안전 확실한 방법에 따라 운용하게 할 필요가 있음. 따라서 본항과 같이 그 운용 방법을 한정하는 것이 적당할 것임.

(참고)

* 은행답신서: 신탁회사의 동산 매입 또는 동산을 담보로 하는 대부는 이를 피하게 할 것.
* 업자요망서: 부동산의 매입한도를 불입자본금 및 준비금의 3분의 2로 정하고 매입 또는 담보로 할 수 있는 동산의 종류 중에 창하증권(倉荷證券)을 인정할 것.
* 「신탁업법」 제11조: 신탁회사는 다음의 방법에 따른 것 외에는 그 영업상의 자금을 운용할 수 없음.

1. 공채, 사채 또는 주식의 응모, 인수 또는 매입
2. 공채, 기타 전호에 언급한 유가증권을 담보(質)로 하는 대부
3. 동산의 매입 또는 동산을 담보로 하는 대부
4. 부동산의 매입
5. 부동산 또는 법령에 따라 설정한 재단을 저당으로 하는 대부
6. 공공단체 또는 산업조합에 대한 대부
7. 은행에 맡긴 예금 또는 우편저금
8. 은행 또는 신탁회사가 인수하는 어음의 매입

전항 제3호에서 규정하는 동산에 대해서는 그 종류를 정하고 주무대신의 인가를 얻어야 함.

제1항 제4호의 규정에 따른 부동산의 매입가격의 총액은 불입자본금 및 준비금의 3분의 1을 넘을 수 없음.

* 「저축은행법」 제11조

1. 국채, 지방채, 사채 또는 주식의 응모, 인수 또는 매입
2. 국채, 기타 전호에 언급한 유가증권을 담보(質)로 하는 대부
3. 부동산을 저당으로 하는 대부
4. 예금자에게 그 예금액을 한도로 하는 대부

5. 「저축은행법」 제1조 제1항 제4호의 규정에 따른 급부금(給付金)의 채권자에 대해 그 급부 금액을 한도로 하는 대부

6. 은행에 맡긴 예금 또는 우편저축

7. 은행 인수 어음의 매입

전항에서 규정하는 사채 및 주식에 대해서는 그 종류를 정하고 주무대신의 인가를 얻어야 함.

*「저축은행령」 제11조: 「저축은행법」 제11조와 대체로 동일하나 단, 6.은행의 다음에 '또는 금융조합연합회'를 부가함.

*「무진업법」 제9조

1. 국채증권, 지방채증권, 기타 특별한 법령에 따라 설립한 회사의 채권 또는 주권의 매입

2. 전호의 유가증권 또는 부동산을 담보로 하는 대부

3. 일부나 월부로 붓는 부금(賦金)에 대해 계약 급부 금액을 한도로 하는 대부

4. 은행에 맡긴 예금 또는 우편저금

전항 제3호의 규정에 따른 대부금 총액은 불입 완료 자본금 및 각종 준비금의 총액을 넘을 수 없음.

*「유가증권할부판매업법」 제6조: 전술한 각 법과 유사한 규정임.

제9항 신탁재산에 속하는 금전의 운용 방법에 관한 건

본항은 다음 같이 정하는 것이 적당하다고 판단됨.

1. 특정하지 않은 금전신탁 원본의 운용은 다음의 방법에 따르도록 할 것.

가. 공채, 사채 또는 주식의 응모, 인수 또는 매입

나. 공채, 기타 전호에 언급한 유가증권을 담보로 하는 대부

다. 부동산 또는 법령에 따라 설정한 재단을 저당으로 하는 대부

라. 공공단체에 대한 대부

마. 은행 또는 금융조합연합회에 맡긴 예금 또는 우편저금

바. 가호와 나호에 규정된 사채 및 주식에 대해서는 그 종류를 정해 조선총독의 인가를 받도록 할 것

2. 신탁재산에 속하는 금전으로서 전호 이외의 것에 대한 운용은 신탁행위로써 별도로 정한 경우를 제외하고는 우편저금 및 은행, 금융조합 또는 금융조합연합회에 대한 예금에 한정하게 할 것

(이유)

신탁재산에 속하는 금전의 운용 방법은 수익자의 이익을 보호하기 위해서 이를 본항과 같이 법정하는 것이 적당할 것임.

(참고)

*「신탁법」 제21조: 신탁재산에 속하는 금전의 관리 방법에 관해서는 칙령으로써 이를 정한다.

*1922년 12월 28일 칙령 제119호 제5조: 신탁재산에 관한 금전의 운용은 신탁행위로써 별도로 정한 경우를 제외하고는 다음의 방법에 따라야 한다.

1. 공채 및 특별한 법령에 따라 설립한 회사 사채의 응모, 인수 또는 매입
2. 전호의 유가증권을 담보로 하는 대부
3. 우편저금
4. 저축은행 및 특별한 법령에 따라 설립한 은행에 맡긴 예금
5. 전호의 은행 이외의 은행에 맡긴 예금

전항 제5호의 방법에 따른 운용은 해당 방법에 따를 수밖에 없는 사유가 있다고 인정될 때에 한한다.

제10항 공탁에 관한 건

본항은 다음과 같이 정하는 것이 적당하다고 판단됨.

1. 자본금의 10분의 1 이상의 금액에 상당하는 국채를 공탁할 것. 단, 그 금액은 100만 원을 초과할 필요가 없음.
2. 공탁액의 5분의 3을 초과하는 금액에 대해서는 조선총독이 인가한 유가증권을 가지고 국채를 대신할 수 있음.
3. 공탁 방법에 대해서는 내지 현행법에 따라 별도 규정을 설정할 것.
4. 신탁회사의 신탁 의무 위반으로 인해 손해를 입은 수익자는 공탁한 국채 또는 유가

증권에 대해 다른 채권자보다 먼저 변제받을 권리를 갖도록 할 것.

(이유)

신탁회사의 의무 위반으로 인해 수익자에게 생길 수 있는 손해의 담보로서 본항과 같은 공탁제도를 두는 것이 적당할 것임.

(참고)

* 은행답신서: 자본금의 10분의 2 이상으로 할 것.
* 업자요망서: 「신탁업법」의 반액으로 하고 국채 외에 조선총독이 인정한 유가증권(조선총독이 인정한 은행의 예금증서를 포함한다)의 공탁을 인정할 것.
* 「신탁업법」 제7조: 신탁회사는 신탁의무의 위반으로 인해 수익자에게 생길 수 있는 손해의 담보로서 명령이 정하는 바에 의해 자본금의 10분의 1 이상의 금액에 상당하는 국채를 공탁해야 함. 단, 그 금액은 100만 원을 넘을 필요가 없음.
* 「신탁업법」 시행세칙 제15조: 신탁회사는 「신탁업법」 제7조에 의한 공탁액이 자본금의 20분의 1(자본금 1천만 원 이상일 때는 50만 원)에 달할 때까지는 매 사업연도 말일부터 20일 이내에 자본금의 200분의 1 이상(자본금 1,000만 원 이상일 때는 50만 원 이상)의 금액에 상당하는 공탁을 해야 함.

신탁회사는 사업연도 말일 시점에서 신탁재산의 가격이 자본금의 액수에 달했을 때는 해당 사업연도 말일부터 20일 이내에 전항의 규정과 상관없이 자본금의 10분의 1 이상(자본금 1,000만 원 이상일 때는 100만 원 이상)의 금액에 상당하는 공탁을 할 필요가 있음.

* 「저축은행법」 제9조: 저축은행은 제1조 제1항 및 제5조 제1호, 제5호의 규정에 따라 수납한 금액의 3분의 1에 상당하는 국채를 공탁해야 함. 단, 공탁금액 중 수납 금액의 5분의 1을 초과하는 액수에 대해서는 제11조 제1항 제1호의 유가증권으로 가지고 국채를 대신할 수 있음.
* 동 제11조 제1항 제1호: 주무대신의 인가를 받은 사채 및 주식.
* 「저축은행령」 제9조: 「저축은행령」 제9조와 같음.
* 「보험업법」 제4조의 2: 주무관청은 필요하다고 인정할 때는 상당한 금액을 공탁하게 할 수 있음. 회사는 주무관청이 인허한 유가증권으로 가지고 공탁금을 대신할 수 있음

제11항 조세에 관한 건

본항은 다음과 같이 정하는 것이 적당하다고 판단됨.

1. 등록세에 관한 건

본호는 다음과 같이 정하는 것이 적당하다고 판단됨.

(1) 신탁 등기의 세율을 다음과 같이 정할 것

부동산에 관한 등기

소유권에 대해서는	부동산 가격 1000분의 2
소유권 이외의 권리에 대해서는	부동산 가격 1000분의 1

(2) 관리를 목적으로 하는 신탁재산인 부동산의 원본을 수탁자로부터 위탁자 이외의 수익자 또는 귀속 권리자에게 옮길 경우 부동산의 소유권 취득 등기의 세율을 다음과 같이 정할 것. 위탁자와 위탁자 이외의 자가 원본의 수익자 또는 귀속 권리자인 신탁에 대해 역시 마찬가지임. 부동산 가격 1000분의 38.

단, 신사, 사원, 사우(祠宇, 사당), 불당 또는 민법 제34조의 규정에 따라 설립한 법인이 원본의 수익자 또는 귀속 권리자일 때는 1000분의 25.

(3) 신탁으로 인해 발생하는 재산권 취득 등기로서 다음의 각호의 하나에 해당하는 것에는 등록세를 부과하지 말 것.

가. 위탁자로부터 수탁자에게로 옮길 경우의 재산 취득권 등기

나. (2)에 해당하지 않은 신탁에 대해 수익자 또는 귀속 권리자의 권리 취득 등기

다. 신탁의 수탁자를 경질할 경우의 신수탁자의 권리 취득 등기

(이유)

부동산신탁의 발달을 기할 필요 및 「조선등록세령」에서 규정하는 다른 세율과의 균형을 고려하여 위와 같이 정하는 것이 적당할 것임.

(참고)

* 은행답신서: 부동산신탁 등록세의 경감을 기할 것.
* 업자요망서: 신탁에 관한 부동산등록세액을 내지법에 비해 크게 경감할 것.

2. 등록세에 관한 건

신탁업에 대해서는 개업 다음 해부터 3년 동안 영업세를 면제하는 것이 적당하다고 판

단됨.

(이유)

신탁업은 은행업, 보험업 등과 마찬가지로 개업 후 3년 정도는 수익률이 낮은 상황이 될 것으로 생각할 뿐 아니라 조선의 실정에 비추어 해당 기간 영업세를 면제하는 것이 적당할 것임.

(참고)

*「조선등록세령」 제11조: 새롭게 개시한 영업에 대해서는 개업한 다음 해부터 영업세를 부과한다.

다음에 나열하는 영업에 대해서는 개업한 다음 해부터 3년 동안 영업세를 면제한다.

은행업, 보험업, 제조업, 가스 공급업, 전기 공급업, 운송업, 창고업, 철도업, 인쇄업, 출판업

제12항 기타 행정상의 감독에 관한 건

본항은 주된 행정상의 감독에 관해 다음과 같이 정하는 것이 적당하다고 판단됨.

1. 금전 이외의 재산을 가지고 출자의 목적으로 쓰는 것을 금할 것
2. 매월의 영업보고서 및 매 영업연도의 업무보고서를 제출하게 할 것
3. 매 영업연도의 대차대조표를 작성 공고하게 할 것
4. 복대리점(復代理店)의 설치는 이를 인정하지 말 것
5. 언제든지 신탁회사에게 업무를 보고하게 하거나 업무와 재산의 상황을 검사할 수 있을 것
6. 업무 또는 재산의 상황에 의해 필요하다고 판단할 때는 업무의 종류 또는 방법의 변경이나 업무의 정지를 명하거나 기타 필요한 명령을 할 수 있을 것
7. 신탁회사에 위법 또는 부당한 행위가 있을 경우 업무의 정지, 취체역, 감사역의 개임(改任)을 명하거나 영업면허의 취소를 할 수 있을 것
8. 영업면허의 취소로 신탁회사를 해산시킬 것
9. 신탁회사의 청산은 조선총독의 감독에 속하게 할 것
10. 다음의 경우에는 조선총독의 인가를 받게 할 것

    가. 상무(常務)에 종사할 취체역 또는 지배인이 영리를 목적으로 하는 다른 업무에

종사하고자 할 때

나. 합병하고자 할 때

다. 업무를 폐지하거나 해산하고자 할 때

라. 정관을 변경하고자 할 때

마. 업무의 종류 또는 방법을 변경하고자 할 때

바. 대리점을 설치하고자 할 때

(이유)

「신탁업법」, 「은행령」, 「저축은행령」 등에 상당히 상세한 감독규정이 있기 때문에 대체로 그에 근거하여 위와 같이 정하는 것이 적당할 것임.

(참고)

* 은행답신서

1. 현존 신탁회사를 적당하게 감독 지도하는 것을 제일(第一)의 목표로 할 것
2. 신탁회사 취체역으로 하여금 연대변상 책임을 지게 할 것
3. 신탁업자를 위해 조선 내 은행이 위협을 받지 않도록 적절하게 안배하고 은행업과 신탁업의 분계(分界)를 엄격하게 규정할 것
4. 신탁업자가 「신탁예금」이라는 속칭을 사용하지 못하도록 적절한 단속 방법을 둘 것

* 업자요망서: 조선 고유의 실정에 적합해야 하고 현존 신탁업자를 부액 선도할 방침을 취할 것.

* 「은행령」 제4조: 은행은 금전 이외의 재산을 가지고 출자의 목적으로 할 수 없음.

* 「은행령」 제12조: 은행은 매월의 영업보고서 및 매 영업연도의 업무보고서를 조선총독에게 제출해야 함.

* 「은행령」 제13조: 은행은 조선총독이 정하는 양식에 의해 매 영업연도의 대차대조표를 작성하여 이를 공고해야 함.

* 「은행령」 제8조: 은행은 대리점주에게 그 대리사무와 관련해 대리점의 출장소, 기타 그에 따른 영업소 또는 복대리점을 설치하게 할 수 없음.

은행의 대리점주는 그 대리사무에 관해 대리점의 출장소, 기타 그에 따른 영업소 또는 복대리점을 둘 수 없음.

*「신탁업법」 제17조: 주무대신은 언제든지 신탁회사에게 그 업무를 보고하게 하거나 업무와 재산의 상황을 검사할 수 있음.

*「신탁업법」 제18조: 주무대신은 신탁회사의 업무 또는 재산의 상황에 의해 필요하다고 판단할 때는 업무의 종류 혹은 반경의 변경 또는 업무의 정지를 명하고 기타 필요한 명령을 할 수 있음.

*「신탁업법」 제19조: 신탁회사가 법령, 정관 혹은 주무대신의 명령을 위반하거나 공익을 해할 만한 행위를 했을 때는 주무대신은 업무의 정지 혹은 취체역, 감사역의 개임을 명하거나 영업의 면허를 취소할 수 있음.

*「은행령」 제29조: 은행이 영업의 면허를 취소당했을 때는 이에 따라 해산함.

*「은행령」 제30조: 은행의 청산은 조선총독의 감독에 속한다.

*「은행령」 제15조: 은행의 상무에 종사하는 취체역 또는 지배인이 영리를 목적으로 하는 다른 업무에 종사하고자 할 때는 조선총독의 인가를 받아야 함.

*「신탁업법」 제14조: 신탁회사의 합병은 주무대신의 허가를 받지 않으면 그 효력이 생기지 않는다.

(「은행령」 제16조 같음)

*「은행령」 제27조: 은행업의 폐지 또는 해산의 결의는 조선총독의 인가를 받지 않으면 그 효력이 생기지 않는다.

*「신탁업법」 제15조: 신탁회사는 다음의 경우에 주무대신의 인가를 받아야 함.

1. 정관을 변경하고자 할 때
2. 업무의 종류 또는 방법을 변경하고자 할 때
3. 대리점을 설치하고자 할 때

(저축은행령 제16조 같음)

제13항 기설 신탁회사에 대한 조치에 관한 건

본항은 다음과 같이 정하는 것이 적당하다고 판단함

1. 본령 시행할 때까지 1년 이상 계속해서 신탁업을 영위하는 자로서 본령 시행 후 6개월 내에 신탁업의 면허를 신청하는 자에게는 본령 시행 후 5년에 한해 제2항 및 제

3항의 규정을 적용하지 않을 것.

2. 본령 시행할 때 현재 신탁업을 영위하는 자로서 본령에 따라 면허를 받은 자는 본령 시행 전 행한 계약으로서 본령에 따라 신탁회사가 할 수 없는 업무에 속하는 것에 대해 그 계약이 완료할 때까지 이를 계속하게 할 것.

(이유)

기설 신탁회사의 면허 신청에 대해서는 6월의 유예기간을 부여하는 동시에 장래 존속을 승인하는 자에게는 곧바로 소정의 조건을 따르기 어려운 사정이 있으므로 본항과 같이 정하는 것이 적당할 것임.

(참고)

* 은행답신서: 기설 신탁회사의 자본금은 최저 25만 원으로 할 것.
* 업자요망서: 기설 신탁회사의 자본금은 최저 10만 원으로 할 것.
* 「신탁업법」 부칙 제2항: 본법 시행 때까지 1년 이상 계속해서 신탁업을 영위하는 자로서 본법 시행 후 6월 내에 신탁업의 면허를 신청하는 자에게는 본법 시행 후 5년에 한해 제2조의 규정을 적용하지 않음. 단, 그 자본금은 25만 원 밑으로 내려갈 수 없음.
* 동 제3항: 본법 시행할 때 현재 신탁업을 영위하는 자로서 본법에 의해 면허를 받은 자는 본법 시행 전 행한 계약으로서 본법에 의해 신탁회사가 할 수 없는 업무에 속하는 것에 대해서는 그 계약이 완료될 때까지 이를 계속할 수 있음.

*「은행법」 제40조 제1항 제2항 *「은행령」 부칙 제2항 제3항	유예기간을 4년으로 한다.
*「저축은행법」 제28조 *「저축은행령」 부칙 제2항	「신탁업법」 부칙 제3항과 같음

3. 신탁회사 관련 신문기사: 신탁회사 대합동

〈자료 140〉 토지신탁회사 설립

(《매일신보》, 1913.10.15.)

조선토지신탁주식회사가 발기되다. 이 회사는 동양척식주식회사의 보조기관으로 주로 토지 및 일반 재산의 신탁업무를 경영한다.

〈자료 141〉 신탁회사의 조사

(《매일신보》, 1913.11.13.)

최근 조선에서 신탁회사의 설립을 계획하는 자가 적지 않아 이미 총독부에 출원한 것도 있다는데 신문통신 사업에 종사하는 자도 신탁업 또는 흥신사업을 경영함은 폐해가 적지 않으므로 감독 관청에서는 이런 업자의 겸영은 일반적으로 허가하지 않는다 하며 기타 주식회사 조직으로 설립을 청원한 자도 있으나 그 발기자 또는 알선자에 충분히 신뢰할 수 없는 자도 있으며 또 영업의 성질이 단지 신탁업이라 할 뿐이고 실제 어떤 업무를 하는지 매우 불명확한 자도 있다 하여 총독부 탁지부 당국에서는 금융의 관계상 신탁업에 대해 상세 조사하겠고 또 농상공부과(農商工部課)에서도 신탁회사의 전도에 대하여 연구한즉 현재는 신탁회사 설립의 허가 여부는 미정이라더라.

〈자료 142〉 조선은행 임시총회

(《매일신보》, 1918.4.3.)

조선은행에서는 오는 19일 오전 10시에 도쿄시(東京市) 고지마치구(麴町區) 에라쿠초(永

樂町) 2초메(丁目) 도쿄은행집회소에서 정관 변경을 위해 임시주주총회를 개최한다는데 당일에 있을 회의의 목적 사항을 물은즉 정관 변경의 건은 다음과 같더라.

제25조를 (다음과 같이 변경한다.-편역자) 당 은행에 총재, 부총재 각 2인, 이사 3인 이상, 감사 2인 이상을 둔다.

제26조 제1항을 (다음과 같이 변경한다.-편역자) 총재와 부총재는 그 임기를 5년으로 하고 정부가 이를 명(命)하는 자로 한다.

제29조를 (다음과 같이 변경한다.-편역자) 부총재는 총재가 사고가 있을 때는 그 직무를 대리하고 총재가 궐원(闕員)일 때는 그 직무를 행한다.

제30조를 (다음과 같이 변경한다.-편역자) 부총재와 이사는 총재를 보좌하고 총재의 명을 받아 당 은행의 업무를 분장한다.

제32조 제1항을 (다음과 같이 변경한다.-편역자) 총재 부총재와 이사 1개년의 보수액은 다음과 같다.

총재 6,000원, 부총재 5,000원, 이사 1급 4,000원, 2급 3,000원

동조 제3항을 총재, 부총재와 이사에 대해서는 수당을 지급할 수 있고 그 액수는 조선총독이 정하는 바에 의한다.

제33조를 (다음과 같이 변경한다.-편역자) 주주총회에서 결의한 사항은 이를 결의록에 기록하고 총재, 부총재, 이사와 감사가 기명(記名) 날인(捺印)한 후 결의록에 부철(附綴)해야 한다.

제45조 제1항에 다음의 1항을 추가한다.

신탁의 업무

제53조 제2항을 (다음과 같이 변경한다.-편역자) 전항의 지불준비에 의하는 외에 5,000만 원을 한도로 하고 국채증권, 기타 확실한 증권 또는 상업어음(商業手形)을 보증으로 은행권을 발행하는 일이 있다.

〈자료 143〉 조선은행 신탁예금 개시하기로 결정

(《매일신보》, 1918.5.25.)

조선은행에서는 「은행법」의 개정에 따라 신탁업무를 경영할 수 있게 되었으므로 신탁 개시에 따른 각종 조사를 시행하는 중이니 조만간 종료되어 신탁 개시의 공고를 행할 터인데 들은 바에 따르면, 당초 문제가 되던 신탁예금도 여러 가지로 강구(講究)한 결과 이를 실행하기로 결정했다. 하지만 내지(內地)[1]에서 대만은행과 흥업은행이 실행하는 중에 있는 것과 같이 자금 흡수를 제일의(第一義)로 하지 않고 견실한 저축기관이 되게 하고자 함인 듯하다 하니, 즉 학교의 기본금 혹은 공공단체 등의 적립금의 예탁을 받으려고 하는 것과 같음이 그 일례(一例)이오, 이자 같은 것도 이를 고율로 하지 않아 적극적으로 진출함에는 이르지 못하리오, 결국 시중(市中)과 지방은행의 일부에서 조선은행 신탁예금의 개시가 예금 이자의 혼란한 이자를 초래함과 같다고 함은 생각건대 기우에 불과하다고 하더라.

〈자료 144〉 조선은행 신탁예금 개시를 중지

(《매일신보》, 1918.6.13.)

조선은행에서 신탁 업무를 영위하기로 된 결과 내지와 조선에 곧 신탁예금을 개시하리라 하나 이번에 대장성에서 은행의 신탁 업무에 관한 법안을 새롭게 제정하기로 하여 현재 입안 중인데 아마 제41 의회에 제안할 터이오, 상기 법안의 실시까지는 형편상 조선은행 신탁예금의 개시는 중지하리라 하며 또 대만은행은 작년부터, 또 일본흥업은행은 최근 신탁예금을 내지에 개시하였는데 …… 정부의 의향에 따라 두 은행이 다 신탁예금을 중지하였다 더라.

1 일본. 이하에서는 내지로 통일

〈자료 145〉 조선은행 신탁업무 취급규정 탈고

(《매일신보》, 1918.6.30.)

조선은행에서는 법률 개정에 따라 신탁업무를 영득(營得)하기로 된 결과 요시다(吉田) 영업국장 지휘하에 영업국 내에 신탁업무 취급규정을 입안 중인바 이틀 안에 탈고할 터이므로 곧 상응하는 절차를 행하겠고 한편 도쿄(東京)와 오사카(大阪) 방면에 행원을 파견하여 신탁업무에 관한 조사를 행하게 하여 준비가 종료하는 대로 가급적 속히 그 개시를 하게 될 터인데 선만(鮮滿)[2]의 실제 형세와 회사사업의 현황으로 보면, 당분간 사채 주식의 인수 공모와 같은 신탁 사무의 번다(繁多)는 기대하기 어렵겠고, 이에 당분간의 취급점도 본점, 대련(大連)과 봉천(奉天) 등의 2, 3점에 그칠 것이고, 본점에서는 영업과 내에 신탁계를 신설할 방침이라 하고 또 신탁예금은 정부의 방침에 따라 지난번 이미 개시한 대만은행, 일본흥업은행에 중지한 것인즉 조선은행에서도 당분간 개시하지 않을 것이라 하더라.

〈자료 146〉 신탁회사 속기(續起)

(《매일신보》, 1919.11.29.)

최근 조선에 있는 사업열 발흥에 따라 조선, 내지, 만주 간의 경제적 관계가 점점 밀접하여 가며 특히 주식 매매의 왕성에 따라 각종 유가증권의 성질 감별 및 이에 대한 각종 사업회사의 관계 등에 대하여 상세한 조사와 전문 지식의 필요가 매우 많으며 또 재산상 법률에 관계한 사항도 역시 치밀하게 되어 그동안 개인의 힘으로 하기보다는 오히려 일종의 조직력에 의지하는 것이 편리하게 된 자가 적지 않게 되었다. 이 기운에 즈음하여 조선에서도 토지, 건물, 기타 재산의 관리와 매매, 자금 운용 수탁, 유가증권 및 그 대금 거래 대변(代辨), 상품의 위탁판매, 기타 법률상 각종 감정(鑑定) 등 소위 사업계에 있는 신탁사업 회사의 설립이 점점 많아지려는 경향이 현저한데 현재 자본금 100만 원의 대정토지건물주식회사(大

---

2 조선과 만주.

◇◇◇

사회는 날로 복잡화하여 재산의 보안 증식을 도모하는 방도도 점점 더 다기에 걸쳐 주의의 후박(厚薄) 여하에 따라서는 소유자의 입는 이익과 손해가 혹심(酷甚)할 뿐 아니라 시대의 추세는 인류 공존공영의 정신을 존중하게 되었으므로 개인의 재산이라도 사회 일반의 복리 증식을 조장하는 동시에 이의 소유자에게도 또한 안전한 이익을 주게 되면 이 자산은 소위 사재(死財)가 아닌 동시에 생재(生財)이며 장재(藏財)가 아니요 동력(働力)을 가진 자산이다.

◇◇◇

그런데 확실하고 또 안전한 기초를 가진 자본의 활용이라 하면 오늘날과 같은 분업시대에 있어서는 결국 전문가의 지식과 경험에 기대지 않을 수 없으며 이에는 현재의 상태로는 우편저금과 은행예금 외에는 상기 자산으로서의 사명을 못한 증식 방법은 없다. 그러나 우편저금이나 은행예금으로는 도저히 증식의 목적을 달성할 수 없을 뿐 아니라 또한 벌써 이들의 증식 방식은 이미 시대에 뒤떨어진 것인 듯한 감이 없지 않다. 그러므로 나는 신탁회사를 이용하여 이들 결함을 보완할 시기가 도래한 것을 간곡히 설득(切言)하는 동시에 아울러 신탁회사의 그 무엇인가를 일반에 설명하여 안전 확실한 재산의 관리 즉 이상적 증식법을 소개하고 끝으로 당업자의 사명을 촉진하려 한다. (계속)

〈자료 163〉 자산의 이상적 증식법과 신탁사업의 대사명, 신탁회사 이용의 가을

(《매일신보》, 1925.8.28.)

신탁사업이라 하는 것은 과연 어떤 것이며 또한 신탁회사는 어떠한 영업을 하는 것인가. 이제 이를 개조(箇條)를 들어 그 윤곽을 보이려 한다.

신탁의 내용

1. 신탁이라 함은 자기의 재산을 수탁자에게 인도하여 이를 확실히 관리하게 하는 동시에 안전히 이식(利殖)하게 하는 것인즉, 재산의 다소(多少)를 불문하고 그 안전과 증식을 희망하는 사람들은 크게 이용할 방법이다.

2. 신탁의 인수를 영업하려는 자는 새로운 법규를 따라 대장대신의 면허를 득한 주식회사에 한하며 평소 해당 당국의 엄중한 감독을 받는다.
3. 법률은 신탁회사에 대하여 회사 자신의 재산 및 그 수지와 위탁자의 신탁자 재산과 그 수지를 명료히 구별하여서 이를 관리하도록 명하고 회사 재산에 속하는 권리 의무와는 전혀 상범하는 일이 없다.
4. 신탁회사는 각 개인의 신탁에 대하여 일정한 시기에 이해관계인에 대하여 열람에 제공할 법률상 의무가 있는 동시에 위탁자는 언제든지 그 서류의 열람 및 신탁사무의 처리에 대해 설명을 구할 권리가 있다.
5. 신탁회사는 의무 위반으로 신탁재산의 수익자에 피해 줄 듯한 손해의 담보로 법률 규정에 따라 국채증서를 정부에 공탁할 필요가 있으며, 신탁계약의 수익자는 그 국채에 대하여 다른 채권자에 우선하는 변제를 받을 권리가 있다.
6. 신탁회사에 신탁할 재산은 금전(금전)을 비롯하여 국채, 기타의 유가증권과 토지건축대부관리 등이 주요한 것이다. (계속)

〈자료 164〉 자산의 이상적 증식법과 신탁사업의 대사명, 신탁회사 이용의 가을

(《매일신보》, 1925.8.29.)

영업 종목

1. 금전신탁은 일명 신탁예금이라고도 하는데, 이를 운용 관리하여 그 이익 또는 원본을 반환하는 것을 신탁주는 수탁자에게 그 신탁자금의 운용 범위를 지정하여 특정할 수 있다.
2. 별종 금전신탁은 금전을 신탁하고, 예컨대 공채나 사채나 혹은 견실한 주식 또는 부동산에 투자 운용하여 취득한 재산을 그대로 반환하여 달라는 법이니 그 금액과 기간은 수의(隨意).[6]

6 정확한 뜻을 알 수 없어 원문 그대로 제시함.

3. 유가증권신탁은 공채, 사채 등의 유가증권을 신탁재산으로 하고 이를 안전히 보관함은 물론 여기서 나오는 이익 외 운용상의 이익에 대하여 배당을 받는 것.

4. 부동산과 기타 신탁은 토지 가옥의 보존 개량 혹은 증수(增收)를 도모하며 또는 지상권(地上權) 차지권(借地權)의 권리를 확보하는 것으로 이 분야의 전문가가 이를 담당하여 그 이익과 같은 것도 배당하는 것.

5. 금전채권의 신탁은 금리상의 채권을 확실히 보호하고 원리금의 상환을 취급하고 아무런 정실(情實)이 없으므로 상환을 받기가 극히 어려운 것도 비교적 용이하게 해결할 수가 있는 것.

6. 부수 업무로 다음과 같은 것이 있다.

(1) 보호예치(保護預置)

(2) 채무의 보증

(3) 부동산 매매의 매개

(4) 부동산 대차의 매개

(5) 금전 대차의 매개

(6) 공채, 사채 주식의 모집 또는 불입금 수납(受入)의 취급

(7) 공채, 사채 원리금 또는 주식 배당금 지불의 취급

(8) 재산 취득 관리 처분 또는 대차의 대리사무

(9) 재산 정리 또는 청산대리(清算代理)의 사무

7. 회사의 고유자금 운용 방법으로 다음과 같은 것이 있다.

(1) 각종 대부

① 공채, 사채 또는 주식을 담보로 하는 대부

② 부동산 또는 법령에 따라 설정한 재단을 담보로 하는 대부

③ 공공단체 또는 산업조합에 대한 대계(貸計)

(2) 기타

① 공채, 사채 또는 주식의 응모 인수 또는 매입

② 부동산의 매입

③ 은행 또는 신탁회사가 인수한 어음(手形)의 매입 (완)

〈자료 165〉 곡물신탁 대부계원 사금(社金)을 임의 유용, 사장으로부터 고발

(《매일신보》, 1926.3.16)

-곡물신탁회사 대부계원의 부정 발각으로 사장이 고발-

시내 메이지초(明治町) 곡물신탁주식회사(穀物信託株式會社) 대부계원으로 있는 시내 미나미요네쿠라초(南米倉町) 1반 84번지 우메네 시게키치(梅根茂吉)는 1924년(大正 13) 가을경부터 그 회사 대부계원으로 있으면서 역시 그 회사에 거래하는 손님인 한강통(漢江通) 3번지 우야마 다네이치(宇山種一)와 공모하고 상기 우야마(宇山) 명의의 장부를 감쪽같이 속여 기록하여 오늘날에 이르기까지 혹은 회삿돈(社金)을 횡령하기도 하고 혹은 횡령한 돈을 대신 물어넣기도 하여 여러 해 동안을 암중에서 둘이 공모하고 회삿돈을 임의로 활용하여 왔으나 지금까지 그 회사에서는 알지 못하고 있다가 요즈음에 와서 비로소 알고 지난 13일에 그 회사장 덴지쓰 쓰네지로(天日常次郎)로부터 상기 두 사람을 걸어 혼초서(本町署)에 고소를 하였다더라.

〈자료 166〉 신탁업자대회

(《매일신보》, 1926.4.15.)

전국신탁업자대회는 16일 오후 공업구락부에서 개최하고 장상(藏相), 법상(法相), 상상(商相) 등도 열석하고 하마구치 상상과 가타오카(片岡) 상상의 연설이 있나너라.[7]

---

7 이 기사의 전국신탁업자대회는 조선에서 벌어진 신탁업자대회와는 다른 일본 전체 신탁업자대회이다.

<자료 167> 금융제도 개선안 근본적으로 혁신할 방침

(《매일신보》, 1926.4.18.)

정부는 이번에 특수은행의 개선에 관련하여 금융제도 개선을 철저하게 단행하는 동시에 식민지금융제도에도 개선을 행하고자 이의 조사를 하기로 되어 현재 대장성 당국, 조선총독부, 관동청 간에 종종 협의를 거듭하는 터이라. 그런데 조선에 있는 금융기관의 소장(消長)으로 보아 그 기초가 교착(交錯), 복잡한 상황은 내지의 일부와 하등 이상(異狀)이 없으나 그러나 반관적(半官的) 특수은행은 논외로 하고 조선에 본점을 가지고 있는 은행의 현상은 대부분은 소자본으로 내지에서 투기적 야심을 가지고 도선(渡鮮)하는 자산가(資者)에게는 상당히 원조의 편의를 도모하고 종래 서민(賤民)을 미혹케 하여 원한을 사던 악덕 금융업자는 조사 판명되는 대로 이를 삼제(芟除)하기로 방침을 결정하였다고.

〈자료 168〉 권업신탁 해산과 설립 이래의 경위

(《매일신보》, 1926.5.5.)

1921년(大正 10)경 주식열의 발흥에 따라 우리 조선에도 주식회사가 우후죽순처럼 속출하였다.

◇◇◇

그중에도 각종의 신탁회사가 다수 출현한 것은 아직도 우리 기억에 여전히 새롭다.

◇◇◇

전 대장성 정무차관 다케우치 사쿠헤이(武內作平) 씨가 설립한 당시 자본금 1,000만 원의 조선권업신탁회사가 있었다.

◇◇◇

설립 이래 재계의 불황과 오사카 세키젠은행(積善銀行)의 파탄으로 많은 손실을 입어 회사로 기사명을 발휘하기 어렵게 되었다.

◇◇◇

이의 구급책으로 자본금을 500만 원으로 감자하고 진용을 개정(改整)하였으나 중역 간의 알력으로 날로 비경(悲境)에 빠질 뿐이다.

◇◇◇

다시 자본금을 25만 원으로 제2회의 감자를 행하였으나 그 창이(瘡痍)는 도저히 이를 치유(治癒)하기 어려워 이번에 부득이 해산하게 되었다.

◇◇◇

한편 주주의 분포 상황을 보면 1,000주 이상의 대주주는 대다수가 조선인이다.

◇◇◇

조선인 측 주주는 모두 일시적 호경기에 피선(被煽)되어 부동산으로 주식을 샀다.

◇◇◇

그런데 회사는 무배당으로 감자에 감자를 더하는 고로 소유 부동산은 타인의 손에 넘어가고 일종의 휴지와 마찬가지의 주권만 남았던 것이다.

◇◇◇

권업신탁으로 하여금 파산하고 길거리(路頭)에 방황하는 자 경성에만 10여 명에 달한다 함에는 놀라지 않을 수 없다.

〈자료 169〉 부정 신탁회사에 철퇴가 내리게 된다

(《매일신보》, 1926.5.23.)

작년도 내지에서는 양민을 속이는 부성회사를 대정리함과 동시에 조선에서도 그 시점 혹은 출장소의 폐지를 명하였었는데 그것뿐 아니라 부랑패류의 전용기관이 되기 쉬운 신탁업(信託業)자들에 대하여 관계상 당국자들은 요사이 무서운 눈으로 그들의 내막을 살피게 되었다. 조선에서는 아직 신탁업에 대한 법령이 시행되지 않은 관계로 허가(許可)를 요구하는 영업은 아니나 일반에 영향이 다대한 것이므로 경기도 재무부(京畿道 財務部)에서는 경성부에 명하여 경성부에서 시내 19개소 신탁업자의 영업 내용을 조사하게 되었는데 그 결과는 아직 조사가 끝나지 아니하였으므로 알 수가 없으나, 만일 부정한 내용을 발견하는 동시에는 단연한 처분을 할 터인즉 이로부터 신탁업자들의 머리 위에 큰 철퇴가 내리게 되었더라.

〈자료 170〉 주주의 책동으로 곡물신탁 분규, 후치키(淵木) 전무 이야기
(《시대일보》, 1926.6.22.)

곡물신탁에서는 오는 28일에 정기총회를 개최할 터인데 동 총회를 앞두고 최근 일부 주주의 책동에 의하여 사내(社內)에 1주(株)의 어두운 그림자를 드리웠으니, 즉 최초 주주 이케다 초지로(池田長次郎) 씨가 동사 당국에 장부의 점검을 요구한 다음에 아사마쓰 다로(淺松太郎) 씨가 마찬가지 요구를 하여 회사에 일대 결함이 있다고 주장함으로 동사 전무 후치키 씨는 즉시 덴지쓰(天日) 사장에 대하여 주주 한 명에게 장부를 보일 것이 아니고 희망 주주의 대표자를 선정하면 언제든지 보여 줄 수 있다고 대답하였다. 이에 대하여 후치키 전무는 말하되, 결함이라 하더라도 조선인 상대의 관계로 5만 원의 수탁판매(受託販賣)로 인한 대손(貸倒, 貸損)이 있으나 이는 현재 모리바야시(森林) 기타 부동산의 처분을 통해 보전(埋置)할 것으로 대책을 강구 중이며 기타의 결함은 없다. 이 점으로 책임을 물으면 물론 인책(引責)할 만한 각오가 있으나 이것으로써 각종 선전을 하여 주가가 실가(實價) 이하로 폭락함이 있으면 주주에 대하여 할 말이 없다고.

〈자료 171〉 곡신의 원매인(願買人)은 언제든지 인수, 이마무라(今村) 씨 이야기
(《시대일보》, 1926.6.22.)

곡신 문제에 대하여 동사 중역 이마무라 이사부로(今村伊三郎) 씨는 말하되

대손(貸損, 貸倒)이 있음은 사실이나 이는 회수의 가망이 있음인즉 실로 회사를 위할 것 같으면 외부를 향해 이 설을 누설할 필요가 없다고 생각한다. 전액 불입주에 대하여 중역은 한 사람도 주(株)를 판 사람이 없고 도리어 모두 사들였으니 나는 필요에 의하여는 4원의 시가

(時價)로 전부 인수하더라도 무방하다 할 것이며 또 상당한 수속을 밟으면 장부는 언제든지 보여 줄 것인데 나의 일을 말하는 것은 이상한 일인바 회사를 위하여는 적극적으로 희생할 것이라고.

〈자료 172〉 곡신 분규 5만 원의 결손 문제

(《매일신보》, 1926.6.23.)

곡물신탁에서는 오는 28일 정기총회를 개최할 터인데 최근 일부 주주의 책동으로 사내에 한 주(株)의 어두운 그림자가 생겨 즉 최초 주주 이케다 초지로(池田長次郞) 씨가 동사 당국에 장부의 점검을 요구하고 이어서 아사마쓰 다로(淺松太郞) 씨가 같은 요구를 한 바 동사 전무 후치키 기지로(淵木喜次郞) 씨는 곳 덴지쓰 쓰네지로(天日常次郞) 사장과 상의하여 한 주주에게 장부를 열람하게 함은 불가하니 희망 주주의 대표자를 선정하면 언제라도 열람하게 하여도 무방하다고 후치키 전무는 말하더라.

〈자료 173〉 금융경제조사위원 머지않아 임명

(《매일신보》, 1926.7.1.)

조선에 있는 금융경제계는 근래 현저하게 발날하는데 지금도 여전히 많은 안선이 남아 있다. 즉 은행권 통일 문제, 저축은행에 관한 건, 신탁업에 관한 건, 금융조합에 관한 건 등은 그중에서도 주된 문제이다. 이들 문제의 해결을 보다 신중히 고려할 것이므로 본부(本府) 이재과에서는 이의 근본적 조사를 행하기로 결정하고 이 금융경제의 조사기관을 설치할 예정이다. 조사에 종사할 자는 이재과장 이하 동과 직원 8명의 전임 조사원으로 문서과의 젠쇼 에이스케(善生永助) 씨를 촉탁하고 다시 2, 3일 중으로 조선은행 서무과장 이케가와 노부토시(池川信俊) 씨를 촉탁 임명하기로 내정하였는데, 조사 사항은 일반 금융경제정책에 관한 사항, 조선은행에 관한 사항, 보통은행에 관한 사항, 금융조합에 관한 사항, 기타 사항 등이라더라.

〈자료 174〉 보통은행제도 금융조사 간사회에서 개선 문제를 협의

(《매일신보》, 1926.7.4.)

2일 금융제도조사회 간사회는 보통은행제도 개선에 대하여 협의하였는데,

1. 보통은행 자본금을 100만 원으로 법정할 것
2. 영업 정지 기간을 법률로써 규정하고 기간 만료와 함께 인가를 취소하는 규정을 정할 것
3. 영업책임자의 책임을 중하게 할 것

전부 실현함에 대체로 의견이 일치하였더라. (도쿄 전)

〈자료 175〉 금융제도 전개책을 어떻게 할까

(《매일신보》, 1926.7.4.)

총독부에서는 조선 내 금융기관의 조사를 개시하였는데 그 목적은 부진한 선내 금융제도의 전개에 이바지하자 하는데 조사의 결과 과연 어떤 정도까지 제도의 개선을 볼 것인지 매우 의문시된다. 하지만 현행 제도에 대하여 혹 어떤 정도까지는 교정의 필요가 있는 것은 사실인 고로 하등의 방책을 세우리라 기대되는데 이 문제에 대하여 모 금융업자는 말하되 현재 조선에 있는 소위 지장은행(地場銀行, 특수은행을 제함)은 겉으로는 예금은행이면서 사실은 거의 특수은행과 다르지 않고 상업자금과 같은 것도 성적이 양호한 자가 5할, 보통 3할, 불량자는 2할로 운전함에 불과하다. 단기자금으로써 장기대출에 충당하며 조선에서 금융조합이 은행의 위협이 되는 것은 비교적 장기자금으로써 장기대출할 자이다. 원래 농업국의 조선에서 내지와 같이 상업은행을 경영함에는 출발점에 다대한 착오가 있다. 여하간 특수은

행인 선은이 감자한 결과 정화준비와 같은 것도 격감하여 본래의 기능을 충분히 발휘하기 어려운데 보통은행의 조직이 전술한 바와 같으니 업적 부진은 당연한 귀결이다. 농업자금 증서를 정화준비에 더하여 장기자금에 충당하는 태환권을 발행함도 하나의 방법이니 또한 현재의 지장은행으로는 전반에 걸친 정리, 긴축이 필요하다는 것은 논할 여지가 없겠더라.

〈자료 176〉 신탁업과 은행업자 경쟁 치열

(《매일신보》, 1926.7.29.)

「신탁업법」 시행 이래 근근 3년 이내에 전국 신탁 재산은 4억 수천만 원에 달한 상태로 최근 은행과 신탁업자의 경쟁은 점점 치열하여 전에 은행업자가 대장성에 요청하여 신탁기간을 2년으로 연장하게 하였는데 신탁업자 특히 미쓰이신탁(三井信託) 같은 경우는 기간 도래 전 신탁예금자가 신탁금을 담보로 대부함은 「신탁법」 위반이나 예약상쇄(豫約相殺, 변제의 경우는 신탁예금으로써 상쇄)의 방법에 의하여 대부를 계약하면 「신탁법」에 저촉하는 것이 없을 것이오, 전에 금전신탁 기간을 2년으로 연장한 규정은 공문(空文, 死文)으로 귀하게 하고 현재 미쓰이신탁, 기타 유력 신탁회사가 이 해석으로써 은행의 정기예금을 침식하는 한편 소위 특정신탁예금이라 칭하고 신탁예금자가 특정의 투자 방법을 형식상 지지함에는 3개월씩 혹 6개월이라도 기간 여하를 불문하고 예금이 가능하겠으니 이들 방법은 은행업자를 심히 위협하고 이미 이의 대책도 협의하나 대장성도 이 점에 대하여는 충분 주의하는 고로 곧 어떤 수난을 취하리라 관찰되더라.

〈자료 177〉 신탁업 겸영 문제, 내지보다 조선이 긴급

(《매일신보》, 1926.11.3.)

은행의 신탁업 겸영 여하에 대하여 지난달 28일 금융제도조사회 특별위원회에서 은행 측 위원과 신탁 측 위원 사이에 논의들이 비등하여 결국 미결인 채로 산회하였다. ◇ 당초 위원 측에서도 이와 같은 결과에 이를 것은 예상치 못하였을 뿐 아니라 대장(大藏) 당국도 양자 간에 개재하여 가볍게 결정할 수 없을 것이다. ◇ 대장성의 복안으로는 신탁업 겸영 문제가 1922년(大正 11) 「신탁법」 제정 때에 내정된 모양이다. ◇ 그러나 은행은 「은행법」 제1조, 신탁회사는 제4조에 의하여 각자 규정되었다. ◇ 따라서 은행은 담보부사채신탁 외에는 이를 인정하지 아니하는 고로 신탁업은 전부 신탁회사로 하여금 행하게 하였다. 그러나 종래의 관습상 여전히 은행이 형식으로써 금전신탁을 하는 자 있고 또 내지는 최근 신탁회사가 발흥하자 은행예금이 신탁회사에 잠식되는 형세이니 이를 은행이 겸영한다는 것은 의의 있는 문제이다. ◇ 이에 대하여 조선 내에 있는 각 은행가의 의견을 구한즉 이구동성으로 겸영을 찬성한다. ◇ 그중에서도 특히 조선은 금융 사정상 대신탁회사의 출현은 당분간 바라기 어려울 뿐 아니라 은행의 담보 종류도 내지에 비하여 많다. ◇ 그러므로 내지보다 조선이 먼저 겸영하여 거래의 원활을 도모함이 필요한데 이에 대하여는 조선 본위의 「신탁법」 제정이 긴요할 것이다.

〈자료 178〉 「신탁업법」 개정을 은행 측이 요구?

(《매일신보》, 1926.11.10.)

금전신탁예금의 쟁탈을 중심으로 하는 신탁회사와 은행과의 경쟁은 지난번 신탁회사의 성명으로 노골화하여 은행 측의 격앙을 사서 그 결과 여하는 금융계에 대파문을 일어나게 했다. 은행 측으로는 지난번 금융제도조사회에서 은행이 신탁을 겸영한다고 함에 의논(議論)이 있을 뿐이고 아직 적극적으로는 아무런 명책(明策)을 강구하지 아니하였다. 또 신탁회사의 합동 운용은 할 것인지, 정기예금의 2개년 기한으로 협정이율(協定利率)이 없는 자유의 예금을 개시하여 신탁예금에 대항하자는 설도 있으나, 은행가 중에는 신탁 겸영은 오늘날의 법제로 말하면 불합리한 요구이다. 또 신탁예금의 합동 운용을 금지한다고 하면 모처럼 산출(産出)한 신탁회사를 파쇄(破殺)함과 다르지 않다. 따라서 은행 측은 어디까지 신탁업자를 곤란케 하겠으나 결국은 「신탁업법」의 결함을 지적하여 이의 개정을 대장성에 요구함에 그칠 듯하다. 예컨대 특정 및 지정이 없는 금전신탁보다 그 예금은 증가할 것은 물론이다.

그러나 신탁회사의 현상으로는 거의 반대하는데 그 원인은 법의 운용 범위가 엄격하게 제한되어 신탁회사가 어떻게 흡수하여도 아무런 이익이 되지 않는다고 하니, 은행 측이 위협을 느끼는 지정금전신탁에 대하여도 이와 마찬가지의 운용 범위에 엄중한 제한을 부(附)하면 무관하겠으니 대장성령으로써 「신탁업법」의 개정을 행함이 가장 좋은 대책이나 그 의견이 유력 은행가 중에 나타났으니 이에 은행업자의 태도를 결정할 필요가 생기는 고로 미쓰이(三井)의 이케다 시게아키(池田成彬) 씨가 이번 달 중순 오사카(大阪)로 내려가는 것을 기회로 오사카 측의 은행가 의견을 듣고 동서가 협의하여 금융조사회에서 이를 주장할 예정이라더라.

〈자료 179〉 내지에 있는 신탁 이하(利下) 27일 발표

(《매일신보》, 1926.11.30.)

지난번 미쓰이신탁(三井信託)이 다음 기의 수익자 배당 예상률을 6푼 5리 내지 7푼으로 발표한 것을 동기로 간사이(關西) 각 신탁회사도 금리의 전도가 낮아지는 경향이 있는데 종래의 7푼 이상의 배당률을 유지함은 도저히 곤란하고 스미토모신탁(住友信託)과 야스다신탁(安田信託)은 인하 교섭 중이니 교섭이 정리되면 27일 스미토모신탁 요시다(吉田) 전무가 오사카로 돌아오는 것을 기다려 7푼의 배당률을 6푼 7리 내외로 인하할 취지로 발표하고, 또 야스다신탁도 종래 7푼 이상을 위와 같은 율(率)로 인하하여 12월 1일부터 실행하게 되었다. 11월 1일부터 5리 인하를 표방하는 간사이신탁(關西信託)을 더하여 기실 동서 유력 신탁이 일제히 이하(利下)하겠으니 오늘까지 누누이 문제가 되는 은행 예금의 인하 그도 주된 장해가 제거되겠으니 그 실현 기운이 섬자 농후하여 오더라.

〈자료 180〉 토지신탁사업은 대행 회사가 경영하나?

(《매일신보》, 1926.12.12.)

토지개량사업의 진척과 함께 내지 또는 선내의 원격지에 거주한 토지소유자를 위하여 장래 사업지의 감독, 매매, 소작미의 징수 등에 임할 신탁회사 신설의 필요에 대하여는 이미 보도한 바와 같은데, 이는 종래 불이흥업회사가 겸영하고 또 동척도 정관 중에 부대사업으로 토지신탁 겸영이 가능하고 토지개량회사가 이를 경영하여도 지장이 없으니 결국 회사의 신설 없이 불이흥업토지개량회사, 동척토지개량회사에서 편의(便宜) 겸영하게 되겠더라.

〈자료 181〉 조선신탁 내용이 의심스럽고 불안하다는 주주, 주주 아쿠쓰 히로시(堆浩) 씨 외 1인이 검사역 선임을 법정에

(《매일신보》, 1927.3.22.)

-선임 신청은 수리됐다-

인천에 있는 조선신탁주식회사의 주주 아쿠쓰 히로시(堆浩) 씨 외 1명은 수일 전에 경성지방법원 인천지청에 상기 회사에 대한 검사역(檢查役) 선임 신청을 제기하였던바 즉시 수리되었는데 신청 이유서의 내용은 다음과 같다더라.

조선신탁주식회사는 자본 총액 200만 원으로, 신청인 등은 그 자본의 10분의 1 이상을 소유한 주주인바, 앞의 회사 상무취체역 구와노 겐지(桑野健治)는 일찍이 문화인쇄주식회사(文華印刷株式會社) 취체역[8]으로 재임 중에 배임적 행위가 있었다 전하며, 동사의 취체역 오히라 가주로(大平嘉重郎)도 인천곡물협회 이사 재직 중에 인천정미조합의 회계상에 좋지 못한 풍설(風說)이 있는바, 신임과 인격을 기초로 장기에 걸쳐 동산, 부동산, 유가증권 및 금전 수탁을 본래 업무로 하는 신탁회사의 사명에 대하여 우려하지 않을 수 없기 때문에, 상기 양

8 이사.

자의 인격이 전하는 바와 같으면 내용에 관해서도 역시 의심스럽고 불안의 염려가 없을 수 없는 터이며 실로 주주인 신청인 등에 대하여 적지 않은 이해관계를 갖기 때문에, 회사의 업무 및 재산의 상태가 어떠한가에 대한 조사의 필요가 있다. 즉 이에 이 조사를 행할 상법 제198조, 「비송사건수속법(非訟事件手續法)」 제126조 및 제131조에 의하여 검사역을 신청하는 바이다.

구와노(桑野) 중역을 불신할 점은 이렇다고

별항의 아쿠쓰 히로시 씨가 조선신탁주식회사의 두 중역을 불신하여 법정에 검사역 선임의 신청을 제기한 이면은 연전(年前)에 해산되어 방금(方今) 청산 중인 인천문화인쇄주식회사의 건물, 공장, 기계, 활자 등의 재산을 당시 동사의 중역이든 상기 구와노 겐지 등이 2만 3,500여 원으로 평가하여 주주총회에 보고하였던 것을 그 해당 동 재산을 구와노 등이 1만 원에 인수하여 처분한 것과 그 외에 동사의 재산에 의심되는 점이 적지 않음으로 상기 신탁회사 중역의 임무도 신인(信認)하여 맡길 수 없다고 전하더라.

〈자료 182〉 「은행령」 실시 후 신탁업 조사 위험성 있는 자에게 경고, 「신탁령」 발포를 준비

(《매일신보》, 1928.12.6.)

조선의 「은행령」도 머지않아 재하(裁下)를 거쳐 마침내 발령하게 되었으므로 내년 1월 1일부터는 이를 실시하기로 결정되었으며 동법 시행령도 내년 상반기 중에는 발령하게 되리라 하니 은행에 관한 법령은 이로써 완비케 되었으나 은행 업무와 유사한 성질을 갖는 금전신탁업에 관하여는 아무런 규정도 없으며 또한 취체(取締, 단속)하는 법령이 설치되지 않았으므로 이에 예금자 보호에는 유감되는 점이 적지 않다. 조선에 있어서 거의 신탁 업무는 1910년(明治 43)에 인천신탁회사가 창립되어 신탁 업무를 개시하였음이 효시로서 그 후 1919, 20년(大正 8·9) 재계 호황 당시 신탁회사의 설립이 유행하여 한때 30사에 달하는 성황을 보였다. 그 후 재계의 반동으로 합병 해산이 속행되었으나 그래도 오늘날까지 잔존하여 영업을 계속하는 것은 17회사인데 그 자본금 930만 원, 불입금 270만 원, 예금 250만 원, 대출 500만 원에 달한다. 이들 회사의 취급하는바 신탁예금의 흡수는 그 성질이 은행예금과 큰 차이가 없으므로 「은행령」에 의하여 이를 취체하기는 불가능하지는 아니하나 그 예금이 신탁계약에 기초하였으면 민법상 이를 위법으로 인정할 수도 없고 또 오늘날까지 그 실제 피해가 없으므로 당국에서도 매우 중대한 조치를 취하는 중이나 그중에는 8푼 5리 내지 1할이라는 고율의 배당을 행하는 자도 있어서 자연히 그 대출구(貸出口)에 대하여는 불견실(不堅實)한 것을 면하지 못하였다. 특히 최근의 신탁업은 점점 더 위험한 방향으로 향하는 자도 적지 않으므로 재무당국은 현재 각 신탁회사의 내용에 관하여 일일이 엄밀한 조사를 행하여 경영 상태의 위험한 자에 대하여는 일일이 경고를 발하는 터이나 다시 간두일보(竿頭一步)를 나아가 「신탁령」과 「신탁업령」을 시행하여 은행과 마찬가지로 신탁예금에 대하여도 이 보호의 만전을 도모함에 같지 않다 하여 현재 고구(考究) 조사 중에 있으므로 「은행령」, 「저축은행령」을 실시한 후에 다시 「신탁령」, 「신탁업령」의 발포를 급속히 하리라더라.

〈자료 183〉 현 제도 개선을 도모하는 금융제도조사회, 당국에 제출한 의안들 의외로 쉽게 통과하나

(《매일신보》, 1929.1.17.)

금융조합의 개선 충실에 관한 금융제도조사회는 15, 6의 양일에 본부(총독부) 제1 회의실에서 개최하였다. 15일은 오전 10시 반부터 제1 회의실에서 개최하고 이케가미(池上) 회장 외 위원 17명(4명 결석) 출석, 위원장은 먼저 다음과 같이 일장의 예사(禮辭)가 있은 후에 부의안의 심의에 들어갔는데 이 부의안에 대한 상세한 심의는 특별위원(8명)에 의하기로 되었다. 그리하여 본회의는 종료하고 특별위원은 재무국장실에서 심의를 개최하였다. 특별위원은 15일 오후와 16일 오전 중에 심의하여 의견을 도취(都聚)하여 16일 오후에 다시 본위원회를 열고 특별위원회의 결정안을 제출하여 해결하기로 하고 금융조합제도의 개선충실안에 대하여는 작년 말 준비위원회를 개최하고 우선 그 의향을 결정하였는데 이번 본위원회에서는 의외로 간단히 당국의 제출안의 통과를 예상하더라.

-조사회장 예사-

본일 제3회 금융제도조사회를 개최하게 되어 신춘(新春) 초 공사다망함에도 불구하고 위원 각위의 참집(參集)함을 득함은 실로 감사해 마지않는 바이다. 작년 제1회 회의에서 각위의 심의를 청한 보통은행과 저축은행 문제에 대하여는 이미 아시는 바와 같이 「보통은행령」 개정 및 「저축은행령」의 공포를 보아 전자는 올해 1월 1일부터 실시되기에 이른 것은 실로 동경(同慶)에 마지않는 바이다. 이번에는 서민금융기관의 개선 충실에 관한 방책의 일단으로 금융조합의 정비에 관한 건을 부의할 터인데 이 금융조합의 제도는 실로 20여 년 전 창설된 것으로 금융기관이 부족하던 당초부터 서민금융을 위하여 많은 공헌이 있었음은 지금 다시 언급할 것도 없는 주지의 사실이다. 그리하여 조합의 업무는 그 후 해를 경과함에 따라 점차 진전(進展)하여 전 조선 도처에 조합의 설치를 보게 되었으나 조선의 산업과 경제의 발달에 따라 장래 더욱 서민경제의 향상을 도모하기 위해서는 앞으로 더욱 금융조합의 활동을 조장하여 그 사명을 관철하게 하는 것이 중요하다고 생각한다. 더욱 한편으로 다른 금융기관의 보급에 따라 금융기관 상호 모두 그 직책을 충분히 행하게 할 필요를 통감하여 수년 전부터 금융제도준비조사위원으로 하여금 연구를 거듭하게 한 결과 금융조합의 현행 제도와 업무 내용 등에 대하여 정비 개선을 가할 필요가 있음을 인정한 사항을 이에 제안하여 각위의 심의를 청하고자 한다. 대개 보통은행과 금융조합과는 현재 조선에 있는 금융기관의 중축(中軸)이 되는 양쪽 날개의 제도라고도 말할 수 있으므로 향일(向日) 개선을 기도한 보통은행과 함께 금융조합 기능을 충분히 발휘하게 하여 장래 조선의 경제적 약진에 대하여 크게 기여할 바가 있기를 믿노라. 각위는 아무쪼록 의견의 존(存)한 바를 숨김없이 토로하여 소사의 완벽을 기하도록 협력하기를 간절히 바라노라.

〈자료 184〉 은행과 금융조합의 이자율 인하, 신탁예금 증가, 우편저금 격증에 비추어 앞으로의 추세가 주목

(《매일신보》, 1929.5.16.)

조선의 신탁업은 1918, 19년(大正 7, 8)의 호경기에 일시 격증하여 더욱이 유가증권의 신탁 같은 것은 경향(京鄕)을 통하여 유행하였으나 그 후 재계의 불황에 따라 대부분 합동 혹은 해산을 단행하고 지금은 몇 개가 남아 있음에 불과한데 이들의 업적은 대개가 양호하다. 그런데 최근에는 각 은행에서 예금이자를 인하하고 금융조합(金組)도 금리를 인하하여 예금자는 이하(利下)[9]하기 전부터도 은행이나 금융조합의 이자로 만족하지 못하는 중 몇 차례의 이하를 거듭하였으므로 예금을 대신해 금전을 신탁하는 자가 증가한다. 그런데 신탁업자 자체로 보면 각 은행의 대출이자가 모두 낮아졌으므로 신탁회사에서도 이에 추종하여 자연 대출이자를 낮추지 않을 수 없는 상태이며, 한편 은행과 금조 등에서 금리를 낮춰 금융계의 대세는 이자율 인하로 기울어진 오늘날 오로지 신탁회사만 이하를 단행치 않음도 금융계의 대세에 역행하는 결과가 되므로 각 신탁업자는 금후의 대책에 대하여 협조 중이나 우편저금의 이율이 5푼 4리 8모(5.48%)로 이하를 실행하지 않는 금일 신탁회사가 금리를 인하하지 않는다 하여 이것을 가지고 금융계의 대세에 역행한다고 인정할 수 없는즉 다만 방자(放資)에만 무리가 없으면 현행 배당 이율을 유지하고자 하는 의향(意向)이 많은 모양이니 이 반면에는 신탁업의 건전한 발달을 도모함에는 이들 금융의 대세에 순종하여 대출이자를 낮추어 방자(放資)의 조건을 엄격히 하는 것이 절실하게 필요하다는 의향도 있으나 대체는 앞의 설(說)이 유력한 모양인데 현행 배당률은 회사의 내용에 의하여 일치하지 않으나 대개가 5푼 5리(5.5%) 이상을 보증하고 있는데 조선에 있는 신탁업은 「신탁령」에 의하지 않고 「회사령」에 의하여 경영하기 때문에 「신탁령」이 발포되기까지는 신탁업자의 보조가 일치되기 어렵겠더라.

〈자료 185〉 동척과 토지신탁 구체적 안이 성립

(《매일신보》, 1929.5.17.)

동척은 미야오(宮尾) 총재 취임 이래 시베리아(西伯利亞) 방면의 투자와 조선의 토지신탁 업무에 착안하고 조사를 시행하였는바 근간 조선에 「신탁법」이 발포되겠으므로 마침내 조

9 이자 인하.

선에 있는 신탁 업무의 계획이 구체화하였다. 즉 현재 동척 정관에도 위탁에 의한 토지의 경영 및 관리라는 조항이 있고 또 위탁을 신탁으로 해석할 수 있다 하는데 만약 불가능한 때는 「조선신탁령」이 발포된 후 적당한 시기에 정관을 개정하여도 무방한데 우선 이번에 개최할 지점장회의에 이 안을 자문할 모양인데 각 지점장도 기왕(旣往)부터 토지신탁의 필요를 인정하는 바이니 급전직하적으로 실현되리라 관측되더라.

〈자료 186〉 조선식산신탁 중역 등 종로서에 구인, 전남 각지에서 거액 금전을 편취(騙取)한 혐의 사건

(《매일신보》, 1929.5.24.)

부내(府內) 종로 2정목 조선식산신탁회사 부사장 김종선(金種善)과 동 전무취체역 정기찬(鄭紀燦), 동 이호영(李虎榮), 유래정(柳來禎), 이택진(李宅鎮), 후지키 요시하루(藤記義治) 등 6명은 현재 종로서에 사기의 혐의로 인취(引致)되어 후지타(藤田) 사법주임의 직접 취조를 받고 있는 중인데 사건의 내용은 절대 비밀에 부치는 중이나 탐문한 바에 의하면 상기 식산신탁회사는 지점을 전남 송정리에 두고 전남 일대에서 저축금(貯蓄金) 수만 원을 취급함에 대하여 부정한 사건이 있다는바 사건은 취조에 따라 의외의 방면에 확장될 모양이라더라.

〈자료 187〉 조선식산신탁 중역 6명을 구류 처분, 종로서에서 중요 서류를 압수

(《매일신보》, 1929.5.26.)

이미 보도한 종로 2정목 조선식산신탁회사 자본 증자와 관련된 부정사건에 대하여는 관할 종로서에서 21일부터 중역 6명을 구류 처분하고 후지타(藤田) 사법주임이 취조 중인데 24일은 아침 일찍부터 이층 특별취조실에서 엄중한 대질신문을 행하는 동시에 주식대장, 기타 중요서류를 압수한 후 오후 6시까지 계속 취조를 행하였더라.

〈자료 188〉「신탁령」과 은행가 의견

(《매일신보》, 1929.11.3.)

「신탁령」 발포 준비로 본부에서는 경성조합은행에 질문하였는데 동 조합은행은 이번 달 중에 정식 총회를 열고 답신하게 된바 은행 수뇌부 쪽의 의견을 종합하면 대체로 내지 「신탁령」에 준거하여 법령을 제정하는 외에 다른 방도가 없다고 의견이 일치하였다. 조선 내 현재 신탁회사는 모두 기초가 박약하고 중소은행 유사 영업을 행하는 경향이 있어 자금운용의 단속(取締) 규정이 없으므로 적확(的確)한 단속 및 지도가 불가능한 상태로 이 업계 발달상으로 보아도 「신탁령」 발포가 필요하더라.

〈자료 189〉 신탁업자대회 답신안 작제

(《매일신보》, 1929.12.19.)

조선 내 신탁업자는 다음 달 하순쯤 신탁업자대회를 경성에 개최하고 「신탁령」에 대해 구체적 협의를 마치고 답신안을 작제(作製)할 터인데 대체로 내지 「신탁법」에 준거하고 조선의 특수사정을 가미할 모양인바 내지는 신탁예금 500원 2개년 이상으로 제한함에 대하여 조선은 6개월이나 1개년 100원 이상이 적당하다 하니 결국 정기예금 이이(移異)[10]를 고려하여 1개년 100원 이상으로 답신할 것 같더라.

〈자료 190〉「신탁령」 발포로 신탁회사 창립할까, 동척에서 현재 계획 중

(《매일신보》, 1929.12.21.)

조선에도 머지않은 근간(近間)에 「신탁령」을 시행하게 되므로 이를 기회로 동척에서 부동

10 정확한 의미를 알 수 없으나 원문 그대로 옮김.

산을 주로 하는 신탁회사를 창립하고자 계획으로 목하 내부에서 연구하는 모양이다. 또한 「신탁령」으로 부동산의 취득을 제한함으로 토지경영 같은 것은 완화를 희망하는데 신탁의 골자는 대개 자본금을 100만 원으로 하고 유예기간은 내지가 5년임에 대하여 조선은 10년을 요망하나 결국 5년가량으로 될 듯하며 금전신탁은 기한 1개년 금액 200원 이상으로 제한하고 배당금은 대개 6분 이상을 보증하게 되리라더라.

〈자료 191〉 신탁업자대회 다소 연기

(《매일신보》, 1930.1.19.)

전선신탁업자대회는 2월 하순 경성에서 개최하기로 내정하였는데 예정보다 다소 연기되리라 하며 아라이 하쓰타로(荒井初太郎) 씨가 도쿄에서 경성으로 돌아오기를 기다려 개회할 예정이라더라.

〈자료 192〉 신탁업자 등 당국에 진정 다음 달 대회 개최

(《매일신보》, 1930.1.24.)

작년 가을부터 총독부 재무국에서 「조선신탁령」을 기초 중인데 이에 감(鑑)하여 이케베(池邊) 조선신탁 사장, 아라이(荒井) 조선도지경영 사장, 아이미네(相峰) 공제신탁 전무 등은 일전에 고지마(兒島) 이재과장을 본부(本府)로 방문하고 당업자의 곤란한 처지를 진정한 바 있었으며 또 2월 하순쯤 개최될 신탁업자대회에서 결의한 후 다시 정식으로 당국에 요망할 터라는데 당국에는 될 수 있는 대로 앞의 「조선신탁령」의 성안을 속히 하여 현재 불완전한 신탁업의 기초를 확립하게 할 예정이더라.

〈자료 193〉「신탁령」 답신안 조은(組銀)이 심의 중

(《매일신보》, 1930.1.24.)

경성조합은행에서는 「신탁령」에 대한 본부(本府) 자문 답신안을 현재 작제(作製) 중인데 대체 원안도 성립되었으므로 곧 총회를 열고 정식으로 답신안을 심의 결정한다더라.

〈자료 194〉 신탁업자대회 2월 말로 내정

(《매일신보》, 1930.1.29.)

전선신탁업자대회는 아라이(荒井) 토지경영 사장이 경성으로 돌아오는 것을 기다리고 총독부 이재당국의 형편에 의하려 고려한 결과 2월 말에 개최하기로 내정하였는데 총독부에서는 고지마(兒島) 이재과장 및 ■야마(■山) 속(屬)이 임석하여 민간업자의 의견을 존중할 방침인 듯하며 신탁예금 및 기한의 문제 등도 조선의 특수사정을 특히 고려할 모양이더라.

〈자료 195〉 신탁 답신안 목하 작제 중

(《매일신보》, 1930.2.1.)

「신탁령」 시행에 대한 은행 측 답신은 목하 선은(鮮銀), 식은(殖銀) 양자가 초안을 작제 중인데 이것을 완성하기까지 다소의 시일이 걸리겠더라.

〈자료 196〉 대지주의 예금 신탁회사가 흡수, 은행 정기예금 감퇴

(《매일신보》, 1930.2.5.)

작년 겨울 이래 각 은행과 금융조합의 예금 상태를 보면 당좌예금과 기타 소액예금은 대

변동이 없으나 통지예금(通知預金)의 증가와 정기예금의 감퇴(減退)이다. 이는 대개 정기예금이 감퇴하니만큼 통지예금이 증가한 것인데 그 원인은 예년 같으면 대지주 등의 작전(作錢)과 은행, 회사 등의 배당금을 모두 정기예금에 임치(任置)하는 사람이 많았으나 올해에는 금해금(金解禁)의 결과로 금리가 오를 것을 예상하고 적어도 6개월 이상의 장기인 정기예금에 임치함은 불리하다 하여 통지예금에 일시 임치하였다가 금리가 앙등한 후 정기예금으로 바꾸어 임치하고자 하는 까닭인데 이 경향은 앞으로도 상당히 계속할 것 같으며 이 이면에 있어서 신탁회사 등의 예금 흡수에 대한 경쟁은 치열하여 지주급(地主級)의 예금은 신탁회사에 많이 흡수되는 모양이다.

〈자료 197〉 대정신탁 파탄 상보(詳報), 갱생은 용이하지 않다

(《매일신보》, 1930.2.15.)

대정신탁회사(대정 9년 7월 설립 자본금 10만 원, 그중 4만 원 불입) 휴업 문제는 이미 보도한 바와 같은데 그 상세한 내용을 조사하면 공소(訴訟) 문제 등에 관련하여 12, 13 양일에 약 3만 원의 부도어음(不渡手形)으로 내용이 폭로되었다. 동사의 영업 과목은 금전, 유가증권, 동산, 부동산의 신탁 및 매매중개, 대금업 등인데 작년부터 신탁금 모집 방법을 금전신탁으로 변경하여 모집이 곤란한바 다나하시(柵橋) 취체역의 사망 후 소송 문제를 야기하여 모 유력자의 후원으로 겨우 영업을 지속하고 최근 「신탁령」 발포에 대비하기 위하여 자본금 100만 원의 중앙흥업회사(中央興業會社) 설립을 계획 중인바 후원자가 관계를 끊는 관계로 지출 요구의 예금이 일시 3, 4만 원에 달하여 파탄하게 되었는데 은행 관계는 한성은행 본정지점(本町支店) 외 각 방면에 걸쳐 그 금액은 4, 5만 원쯤이나 동사에는 예금 17만 원 남짓, 금전신탁 25만 원 남짓이나 재계 불황으로 정리가 상당히 곤란하겠다.

〈자료 198〉「신탁령」과 당국의 태도

(《매일신보》, 1930.2.15.)

대정신탁회사의 파탄으로 일반 당업자는 「신탁령」의 조속 발포를 희망하는데 이에 대하여 고지마(兒島) 총독부 이재과장은 말하되 대정신탁의 파탄으로 「신탁령」의 발포를 서두를 필요는 없으나 조선에 「신탁령」이 필요한 것은 벌써부터 인지하는 고로 곧 당업자 및 은행업자와 기타 일반의 의견을 청취한 후 금융조사회에 부의할 예정인데 당국도 물론 서둘러 발포할 심산이라 한다.

〈자료 199〉 대정신탁 정리 방침

(《매일신보》, 1930.2.16.)

대정신탁회사에서는 휴업을 발표하고 극력 장부를 정리 중인바 장부 측면에서 보면 채권(債權) 40만 원, 채무 30만 원 남짓인데 대체로 정리 방침은 다음과 같다.

1. 일주일 이내 임시총회를 열고 최후의 대책을 결정할 것
2. 정리에 따라 소액 예금자(100원에서 500원)에게는 환급하고 대액 예금자에게는 양해를 구하여 지출하지 아니할 것
3. 한편 종래 계획 중인 신회사의 설립을 촉진하고 유력자의 후원을 받을 것

〈자료 200〉 신탁대회 협의 사항

(《매일신보》, 1930.2.16.)

경인신탁동업자회는 14일 오전 11시 토지경영회사에서 회합하고 협의한 결과 다음과 같이 결정하였다.

1. 전선신탁동업대회(全鮮信託同業大會)는 경인신탁동업자회 주최로 3월 4일 오전 11시부터 경성상업회의소에서 개최

2. 협의 또는 결의 사항

   ▲「신탁법」▲신탁업 법령 시행세칙 및 부속 관계 법규

3. 최저자본금액

   취급 업무의 범위

   지정금전신탁의 최저금액 및 최저기간

   보증의 공탁

   신탁 보수

   이익배당률 보증 최고액

   법정 사항 유예에 관한 규정

   등록세액

4. 기타 사항

   전선신탁동업자회 설립의 건

각지 신탁업자는 주식회사 31사, 합자회사 11사, 합명 2사, 계 43사이다.

〈자료 201〉 신탁령안 조사 종료

(《매일신보》, 1930.2.19.)

「신탁령」 및 「신탁업령」 발포 시행은 금융제도 개선 조사 사항 중 가장 급하게 처리해야 할 초미의 문제로 이재과에서 만반의 조사를 종료하였는데 하야시(林) 재무국장이 귀임(歸任)하면 곧 조사회를 개최하고 이에 대한 해결을 도모하리라 관측된다.

일부에 상당히 유력하여 상조설(尙早說)도 전연 경시할 수 없다. 다음으로 이미 「신탁령」을 기초하면서 조장(助長)에 치중할까 취체(取締, 단속)에 치중할까, 즉 기초의 정신을 어디에 둘 것인가 하는 데 대하여 조사 연구하게 되겠다. 조장과 취체 모두 필요하나 이 기초(起草)의 근본방침은 가장 중대하니 이것이 결정되면 세목(細目)의 조사 연구는 비교적 용이하다. 이 항(項)의 논의가 상당히 신중하게 취급되겠더라.

〈자료 214〉 신탁령조사회와 자본금의 한도 대소 규모의 양파에 분리, 결국 대신탁주의 실현

(《매일신보》, 1930.4.6.)

금융조사준비회의 「신탁령」 조사는 3회의 심의로 상당히 진척하여 자본금액까지 종료하였다. 동 준비회는 위원의 의견을 들을 뿐으로 채결(採決)하지 않기 때문에 결의한 사항은 없으나 3회까지의 경과는 다음과 같다.

△ 「신탁령」의 필요: 현존한 신탁회사에는 적용할 법규가 없고 단속(取締)과 감독이 불가능하기에 이 의미에서 제정이 필요하나 제령을 제정하면서 신탁회사의 경영 등에 대하여도 고려할 필요가 있다. (이상 제1회 위원회)

△ 제령 제정의 정신: 신탁업은 조선의 경제계에 어떤 사명을 가지고 있으며 장래 어떤 쪽으로 신전(伸展)하겠느냐 하는 점인데 큰 기대는 바라기 어렵다는 의견도 있으나 장래는 상당하리라는 설도 있다. 감독 단속(取締)과 조장과는 입법하면서 고려하게 될 것이다.

△ 면허제도: 이론(異論)이 없다. (이상 제2회 위원회)

△ 자본금: 대신탁주의자와 소신탁주의자가 있다. 소신탁주의자는 조선의 신탁업은 지방 분산주의로 각지에 소회사를 만들어 지방 사정에 정통한 자로 경영하게 함이 가하다 함과 대신탁주의자는 내지의 자본의 최저한 100만 원이 너무 적다 함인데 신탁회사는 대규모가 아니면 안 된다고 양파(兩派)로 나뉘었다. 신탁회사 측 위원이 소신탁주의로, 은행 측의 위원이 대신탁주의임은 물론인데 비교적 중립 지위에 있는 위원은 대자본

에 육성하는 모양 같다. (이상 제3회 위원회)

〈자료 215〉 신탁 조사의 중심 문제 될 것은 대신탁? 소신탁?

(《중외일보》, 1930.4.8.)

「신탁령」의 준비 조사는 대단히 진행되어 자본금액의 최저한에 대해서도 일단 심의를 마쳤으나 대신탁과 소신탁은 각 위원의 입장에 의하여 의견이 상이함으로 앞으로도 업무 취급 범위와 금전신탁의 한도 등을 심의할 때 대신탁과 소신탁이 문제될 듯하다. 그러면 조선에는 어떤 것이 적합한가 하는 문제에 대하여 양쪽의 말하는 바를 종합하면 다음과 같더라.

1. 소신탁(小信託)이 적합하다는 측: 신탁회사는 각지에 분산하여 지방 사정에 정통한 자가 운영할 것이다. 일본에서는 대신탁이 호성적이라 하나 일본에서는 은행의 보조기관과 같은 것으로 은행이 동적(動的) 자금을 취하고 신탁회사도 정적(靜的) 자금을 수탁하는 것으로 고액으로 예금하고 낮게 대출한다. 즉 종업자, 기타의 경비를 절감하여 기탁자(寄託者)와 대출자 측에게 유리하게 하는 것이 필요하다. 조선은 자금난이므로 신탁 배당을 고율로 하여 일본의 자금으로 기탁도 필요하다. 부산신탁과 같이 150만 원의 신탁예금 중 80만 원은 일본의 기탁이고 군산신탁도 이 이상이다.
1. 대신탁(大信託)이 적합하다는 측: 조선에는 은행, 금융조합, 무진회사 등이 있어 신탁회사는 불필요하며 신탁회사는 어떤 사명을 띠고 활동할까 하는 것이 문제이므로 여지가 없고 금전신탁과 정기예금은 법리적으로는 서로 다르나 실제는 완전히 동일하다. 금전신탁이 정적 자금이면 정기예금도 정적 자금이나 금리를 고율로 하면 금전신탁도 상당히 모이겠지만 그것은 금융시장의 교란이며 일본 자금 기탁도 정도 문제로 재력만 소신탁으로는 크게 기대할 수 없으며 조선에는 유력한 신탁회사가 한둘 있으면 충분하여 대자본의 자본적 배경이 확실한 것을 필요하며 부동산신탁이 조선에 가장 필요한 것은 인정하나 금전신탁에 노력하여야 할 것은 자원(資源)이 빈약한 조선에서는 실제를 고려한 것이며 소신탁은 결국 신탁 수수(手數)만으로는 경영난으로 겸업으로 겨우 영업

을 계속할 것이다. 금후 「신탁령」으로 자금운용을 현저하게 제한하면 고통도 커서 대신탁이 아니면 약산(掠算)[11]이 안 될 것이다.

〈자료 216〉 대정신탁 부활 문제

(《매일신보》, 1930.4.23.)

방만한 영업방침으로 30여만 원의 고정대부(固定貸付)를 행하고 300이 넘는 예금자에게 다대한 손실을 입혀 조선신탁업계의 신용 문제에까지 파급케 한 대정신탁회사 정리 문제는 이후 20여 명의 위원에 회복책을 연구한 결과 다음과 같이 성안(成案)을 얻었다.

1. 자본금을 20만 원으로 증가할 것
1. 증자 내용은 이미 불입한 4만 원에 현재 예금 38만 원 중 16만 원을 증자, 불입금에 충당하고 예금 잔액은 매회 1만 5,000원씩 예금액에 응하여 안분(按分) 환급할 것

이상 방침에 의하여 진척 중이나 이 회사는 자본금 10만 원, 불입 4만 원으로 아직 6만 원이 있음에도 불구하고 곧 증자의 방식을 취함은 상법상 위반행위라 하여 부활책도 좌절되고 제2안에 대하여 응의(凝議, 熟議) 중인바 20일 위원회 재회 결과 다음과 같이 협정하였다.

1. 현 주주 중 불입 능력이 없는 자는 실권(失權)의 의미로 채권자에 무조건으로 양도할 것
1. 양수(讓受)한 채권자는 유능 주주와 합류하여 미불입 6만 원의 전액 불입을 완료할 것
1. 이 불입금 6만 원을 유동자금으로 하고 현재 채무는 5개년 무이식(無利息)으로 할 것

---

11 원문 그대로이나 무슨 의미인지는 정확하지 않다.

〈자료 217〉 신탁예금 제한 철폐는 당연 필요

(《매일신보》, 1930.4.24.)

현재 금융조사위원회에서 심의하고 「조선신탁업법」 중 은행업자와 가장 밀접한 이해관계가 있는 예금 최저한 및 보증이율은 이미 보도한 바와 같이 금액 300원, 이율은 연 7푼 5리 설이 유력시되는데 이에 대하여 토지경영 전무 스에모리 도미요시(末森富良) 씨는 말하되 「신탁업법」을 제정하게 되면서 감독관청이 예금액을 한정하고자 함은 일반은행 업적이 저축은행 업적에 직접, 간접으로 영향이 있을까 하여 이를 조절하고자 함이다. 그러나 영세한 자금을 합법적으로 은행 이식(利息) 이상으로 유리하게 운영케 하는 것이 신탁업자 본래의 사명이니 이러한 순이론(純理論)으로 말하면 예금액은 제한만은 적당하지 않은 조치이니 이렇게 불합리적인 장벽은 점차 업계의 개선, 진전에 따라 단연(斷然) 철폐될 것이라 생각한다.

〈자료 218〉 「신탁령」과 당업자 요망

(《매일신보》, 1930.7.19.)

조선신탁동업회 역원회는 17일 오전 10시부터 토지경영회사에서 개최하고 출석자 이사 스에모리(末森) · 가와바타(川端, 토지경영), 우메하라(梅原, 공제신탁), 이케베(池邊, 조선신탁), 야마무라(山村, 부산신탁), ○○(평양), ○○(군산), 정(鄭, 대구 대발신탁), 시노다(信田, 함흥), 미즈시마(水島, 북선신탁), 감사 이케다, 마쓰오(池田, 松尾, 경성곡신), 기지마(木島, 부산미신), 아사이(淺井, 권농신탁)의 제씨 출석하여 본부에서 곧 「신탁령」 기초(起草)에 착수하겠으므로 우선 요망사항에 관하여 협의하고 2시 반부터 본부(本府)로 고지마(兒島) 이재과장을 방문하고 진정하였다.

〈자료 219〉 의견이 구구불일(區區不一)한 약소 신탁회사 존폐, 도태설이 가장 유력하다

(《매일신보》, 1930.7.22.)

「신탁업령」 기초(起草)에 임하여 기설 회사는 금전신탁의 최저한을 300원으로 하고 자본금도 지방에 따라서는 50만 원으로 인정하여 달라는 희망을 열심히 진술하고 있으나 신탁회사는 유력한 것 외에 약소회사는 이번에 차라리 도태하는 것이 좋다는 의견도 유력하여 50만 원 인정은 실현이 곤란하겠다.

〈자료 220〉 신탁법령 내년 3월경 발포

(《매일신보》, 1930.11.18.)

신탁법령은 재무국을 떠나 심의실(審議室)에 회부되어 현재 심의 중인데 현재의 상태를 보면 늦어도 내년 봄 3월쯤에는 발포될 모양이다. 앞의 신법령에 따르면 당연 자본금 100만 원 이하의 소회사는 해산 또는 대회사에 흡수 합병하겠는데 본 법령 발포 준비 당시부터 인가된 것으로 볼 것은 조선토지, 조선, 부산, 군산 각 신탁과 공제신탁의 5사이다.

〈자료 221〉 조신(朝信) 주주총회 다음 달로 연기

(《매일신보》, 1930.11.20.)

배임 횡령 문제의 와중에 있는 인천 조선신탁주식회사는 11월 말 결산을 종료하고 11월 중에 주주총회를 개최할 터인데 대주주인 아쿠쓰(堆) 모가 배임 횡령 혐의로 구인(拘引)되어 앞의 총회는 다음 달로 연기할 모양인데 현재 회사의 사무를 보는 잔류 중역은 4푼 배당의 의향이나 이에 대하여 다수 주주 간에는 금일의 사태로 배당은 불가능하다는 반대론이 있으니 결국 무배(無配)로 할 모양이다.

〈자료 222〉 인천 조선신탁 배임사건 확대, 데라다(寺田) 검사의 활동 점차 맹렬, 사장 등 간부 유치

(《매일신보》, 1930.11.20.)

인천 조선신탁회사 중역의 배임 부정사건에 대하여는 데라다 검사의 활동이 맹렬하여 신탁회사 관계자의 심문을 계속하는 동시에 시내 대수사를 하여 사장 이케베 다케지(池邊竹次), 전무 세키 만토(關滿登), 취체역 요시오카 히사시(吉岡久) 등을 인천서에 유치하였으며 연일 계속하여 관계자를 취조 중인데 사건은 더욱 확대하리라 한다.

〈자료 223〉 인천 조선신탁 사건 예심 회부로 수감, 인천 검사국에서 경성에 호송

(《매일신보》, 1930.11.26.)

-이케베, 아쿠쓰 히로시, 양 등 5명-

배임, 횡령 사건으로 일시 세상에 큰 문제를 일으켰던 조선신탁회사 사장 이케베 다케지(池邊竹次), 전무취체역 세키 만토(關滿登), 동 요시오카 히사시(吉岡久), 취체역 아쿠쓰 히로시(堆浩), 요시다 슈지로(吉田秀次郎), 이마이 쇼조(今井省三) 등과 및 조선산업주식회사 사장 양제박(梁濟博) 등 제인(諸人)에 대한 배임 사건은 그동안 인천검사분국 데라다(寺田) 검사가 연일 취조를 거듭하여 왔는데 24일에는 취조의 일단락을 짓고 25일에는 예심에 회부하게 되있다. ○속중에 있는 이케베, 세키, 요시오카, 아구쓰 히로시, 양 등 5명이 25일 오전 자동차 2대로 경성으로 압송되어 즉시 서대문형무소 미결수감에 수용되었다. (사진은 왼쪽 아쿠쓰 히로시와 오른쪽 양제박, 사진 생략)

〈자료 224〉 조선신탁과 조선산업 교호(交互)된 암흑 이면, 신탁의 돌연 형사사건 전개로 산업 편에 영향 불소(不少)

(《매일신보》, 1930.11.27.)

함남 일대의 201명의 지주가 분연히 일어나 "내 토지를 반환하라"고 은행과 회사 등을 걸어 경성지방법원에 소송을 일으킨 조선산업주식회사 사건은 방금 오는 29일의 제1회 준비수속일자를 앞두고 동 법원 하기(萩) 재판장의 손에서 준비가 진행되는 중이다. 이 소동은 유령적 존재를 가진 산업주식회사의 기괴한 내용을 배상에 드러나게 하는 동시에 그 부대사건으로 조선신탁주식회사의 형사문제를 일으키게 되었다. 민사사건으로부터 형사사건으로 진전하는 이 사건은 장차 어떠한 결말을 지을지 이는 자못 폭풍우의 정적을 느끼게 하는데 토지 반환의 민사소송의 공판은 금년 안으로는 개정할 가망이 없고 해를 넘길 형편이고, 신탁회사 사건은 경성지방법원의 검사들의 강경한 주장에 어제 보도한 바와 같이 25일 오후 6시에 구리야마(栗山) 예심판사의 손에 계속되어 서대문형무소 미결감에 수용되었다. 데라다(寺田) 검사는 어제 오후 2시에 사카이(笠井) 검사정을 방문하고 이 사건의 일체를 밀고하는 동시에 향후 활동할 내용의 사무타협을 보고하고 그 지시를 요구하였다. 사카이 검사의 의견에 동의를 표한 듯하였는데 이로 보면 이 신탁회사 사건은 다시 진전을 보리라는데 이 산업회사 사건과 신탁회사 사건은 1931년도의 사건으로 세간의 주목을 받게 되었다.

〈자료 225〉 토지신탁 집세 인하 최고 1할 7푼[12]

(《매일신보》, 1930.12.17.)

조선토지신탁회사는 저금리와 일반 물가에 순응하여 동 회사 소유가(所有家)의 집세(家賃) 인하에 대하여 조사하고 중역회에서 협의한 결과 326채(軒) 중 200여 채에 대하여 1할 7푼

12 비율을 나타내는 단위인 푼과 리는 각각 1할=10분의 1, 1푼=100분의 1, 1리=1000분의 1. 따라서 1할 7푼은 17퍼센트와 같다. 이하 본문의 할, 푼, 리 단위에 병기한 퍼센트(%)는 편역자가 추가한 것임을 밝혀 둔다.

(17%), 최저 3푼 2리의 집세 인하를 내년 1월부터 실행하기로 결정하였다. 시세(時勢) 변천과 주위의 발전에 따라 인상할 자도 차제에 인상하지 아니하고 그대로 두기로 결정하였는데 종래 경성 집주인(家主)은 물가 하락에 대한 집세 인하에 이해가 없었는데 이번 동사의 집세 인하는 경성 전반 집세 인하에 큰 자극을 주리라 추측된다.

〈자료 226〉 인취 총회를 이용하려는 조선신탁의 비난, 주주의 대부분이 상성(上城) 개회 형식만 취하려는 태도

(《매일신보》, 1930.12.18.)

얼마 전 사장 이하 취체역 4명의 배임 사건이 폭로된 조선신탁회사에서는 15일 돌연 29일 오후 2시부터 정시주주총회를 개최한다는 통지를 발송하였는바 이날은 인취(仁取) 임시총회가 경성에서 개최하게 되어 인천 총주주는 대거 경성으로 올라가기로 되었으므로 신탁회사 주주의 대다수는 당일의 총회는 개최만 한 후 폐회의 형식을 취하여 다시 내년 초에 계속 회를 개최하려는 의도가 있어서 15일에 개최하였던 4단체 연합총회 석상에서도 문제가 되어 방금 회사 당로자(當路者)와 교섭 중인바 동사는 이미 보도한 바와 같이 중역의 부정대출로 배임죄로 취조를 받는 불미사실(不美事實)까지 폭로하여 세간의 주목을 끌 뿐 아니라 동사에 예치한 다액의 신탁예금이 지불 불능에 빠져 다수 예금자에게 고난을 주는 현재 상황으로 이렇게 다수 주주의 출석 불능 시기에 총회 기일을 정하는 것은 '화사도재(火事盜財)'적[13] 비열한 태도라 하여 현재 낭면 중역에 대한 비난이 비등하는 중이다.

13 화재가 났을 때 재물을 훔친다는 뜻으로 매우 비열함을 가리키는 말이다.

〈자료 227〉 특별위원회에서 「신탁령」 원안 수정, 자본금은 원칙으로 200만 원, 본 회의에 부의

(《매일신보》, 1931.1.16.)

금융제도조사회에 있는 「조선신탁령」 원안은 14일 동 조사회 특별위원회에서 아루가(有賀) 위원장 주재하에 심의한 결과 다음과 같이 수정 결정하고 15일 조사회 본 회의에 부의하였는데 수정 조항은 다음과 같다.

1. 최저자본금은 200만 원(원안)을 원칙으로 하고 기설 회사는 발령(發令) 후 5개년 이내 100만 원으로 할 것
1. 신탁 업무 범위에 금전, 유가증권, 금전채권, 토지 및 그 정착물(定着物), 지상권(地上權) 및 토지대차권(원안) 외에 동산을 추가할 것
1. 금전신탁 운용 방법 중 신용대부는 불능하고 이익의 최고보증 원안 4푼 5리를 5푼으로 할 것
1. 금전신탁 인수기간 및 금액 제한에 관한 건 중 원안 3개년 금액의 무제한으로 최단 인수기간을 2개년 1구 금액을 500원으로 할 것. 단, 발령 후 3개년간은 기간 1개년 1구 300원으로 함
1. 영업상 자금운용에 관한 건 중 동산담보대부를 추가함. 단, 조선총독의 인가를 요할 것
1. 부동산 매입가액 총액은 불입자본금 및 준비금의 2분의 1을 넘지 못함(원안)을 내지법과 같이 3분의 1을 초과하지 못하게 수정. 단, 5개년간 유예기간을 둘 것
1. 신탁재산에 관한 금전운용 방법 건 중 동산담보의 대부를 추가함. 단, 조선총독의 인가를 요할 것

〈자료 228〉 조사회 통과한 「신탁업령」 요항, 주식회사로 제한하고 최저자본 200만 원

(《매일신보》, 1931.1.17.)

금융제도조사회를 통과한 「신탁업령」의 요항은 다음과 같다.

1. 면허영업으로 함
2. 주체는 주식회사로 제한함(5년 유예)
3. 최저자본금 200만 원. 단, 기설 회사는 5개년 내에 100만 원으로 할 것
4. 법정 준비금: 자본의 총액에 달하기까지 배당마다 이익의 10분의 1을 적립할 것
5. 신탁 업무 범위: 금전, 유가증권, 금전채권, 동산, 토지 및 그 정착물, 지상권 및 토지대차권
6. 병영 업무 범위
   (1) 보호 보관
   (2) 채무보증
   (3) 동산 매매의 매개 또는 부동산 혹은 금전대차의 매개
   (4) 공채, 사채 혹은 모집 주식에 대한 불입의 수납 또는 원리금, 배당금의 지급 취급
   (5) 재산에 관한 유언의 집행
   (6) 회계 검사
   (7) 나음의 내리 업무
      (가) 재산의 취득, 관리 혹은 처분 또는 금전 이외의 재산 대차
      (나) 재산의 성리 노는 청산
      (다) 채권 추심(取立)
      (라) 채권의 이행
      (마) 보험 업무
      (바) 담보는 사채신탁업
7. 금전신탁 종별(種別)은 특정신탁, 특정이 없는 신탁으로 함. 원본보부이익보족(元本補賦

〈자료 230〉 부동산신탁과 이전등기료

(《매일신보》, 1931.1.20.)

조선에서는 「신탁업령」은 신탁등기료 1000분의 2로 하여 내지의 1000분 4에 비하면 반감하였는데, 다시 내지에서는 신탁등기와 동시에 1000분의 45의 소유권 이전등기료를 징수하는 것을 조선에서는 전액 면제하기로 되었다. 그러므로 부동산 신탁자는 비상히 편리하며 더욱이 그 대신에 수익자가 위탁자와 다를 때나 또는 위탁자로 수익자가 사망, 기타 이유에 의하여 변경될 때는 1000분의 38의 소유권 이전등기료를 부과하게 될 모양이다. 요컨대 내지에서는 부동산의 신탁과 동시에 소유권 이전등기료를 부과한 것을 조선에서는 수익자의 변경에 의하여 이익이 위탁자 이외에 배당되기까지는 소유권 이전등기료는 부과하지 않기로 되었다. 이는 내지보다 일보를 나아간 것인 동시에 부동산신탁이 많아지리라고 예상하는데 조선의 실정을 상당히 반영한 것이다.

〈자료 231〉 「신탁법」 발포기일 3월 말쯤인가

(《매일신보》, 1931.1.27.)

「신탁법」의 제정과 「무진업령」의 개정에 관해서는 지난번 조사위원회에서 총독부안은 결정되었으므로 현재 이재과에서 기안(起案) 중인바 심의실에서 일단 심의하기로 되었다. 또 척무성 다하라(田原) 서기관이 조사회에 출석하였으므로 문제는 없으나 요는 법제국이다. 그러나 그 심의도 연도 내에는 종료하게 될 것이며 그 발포도 3월 말까지는 대체로 틀림이 없다고 한다.

〈자료 232〉 신탁회사 중역 배임 사건 구형, 벌금과 중역형을 각각 구형, 판결은 2월 5일

(《매일신보》, 1931.2.1.)

(인천) 지난해 12월 상순 인천 조선신탁회사 중역들의 배임 사건 취조 중에 드러난 합명회사 조선조선철공소(朝鮮造船鐵工所, 인천) 업무 담당 사원 오가타 히사시(緖方久), 동 무라타 마코토(村田孚), 인천경찰서 경비선 기관장(경기도 고원) 우에하라 요시타로(上原芳太郎) 외 2명에 관한 증수뢰(贈收賂) 사건의 공판은 30일 오전 11시 35분부터 경성지방법원 인천지청에서 데라다(寺田) 검사의 입회로 개정하였다. 이 사건은 전기 오가타, 무라타 두 명이 자기가 중역으로 있는 상기 조선철공소에서 청부를 맡아 내려오는 경비선 수리의 감독자인 우에하라에게 세 번에 나누어 290원의 뇌물을 보내어 감독 완화를 꾀하고, 수리조합 이사, 서기에게 500원 내지 800원의 차용(借用)에 응한 후 수리조합의 공사청부 경쟁입찰에 편익을 도모하였다는 것으로 오후 0시 반경까지 우에하라(上原) 외 2명의 공무원의 사실심리를 마치고 휴정하였다가 동 2시에 재개하여 오가타, 무라타 두 명의 심리가 있었는바 피고들은 대체의 범위를 시인하였다. 그리고 입회 검사의 논고(論告)가 있은 후 다음과 같은 구형이 있은 다음 나카지마(中島)의 4명 변호사로부터 정상참작(情狀參酌)에 대한 변호가 장시간 계속된 후 언도는 2월 5일에 하기로 하고 동 6시경에 폐정하였는데 당일 공판정에는 인천공립상업학교 5학년생들의 방청도 있어서 장내는 입추의 여지도 없는 만원을 고하였었다.

▲ 벌금 200원씩 오가타 히사시(緖方久), 무라타 마코토(村田孚)

▲ 징역 6월씩 우에하라 요시타로(上原芳太郎) 외

〈자료 233〉「신탁령」과 기설 회사 처치 심의

(《매일신보》, 1931.3.1.)

총독부 재무국에서는「신탁령」발포에 앞서 발포 후에 있는 현존 신탁회사의 처치 등을 심의하고 법제국 질문에 대한 회답의 참고자료에 제공하기 위해 10일 전부터(前旬來) 부산을 비롯해 전선신탁동업회 가맹 회사의 내용을 상세 조사 중인데 부산, 대구, 군산, 목포 등도 이미 조사가 완료하여 현재 경성과 인천 두 곳의 신탁회사에 대한 조사를 개시하였는데 인천신탁회사가 26일 조사가 일부에 불과한데 지난번 불미사건(不美事件)에는 아무런 직접적 관계가 없는 모양이다.

〈자료 234〉 군산신탁 결국 합병하나

(《매일신보》, 1931.3.7.)

조선의 「신탁령」은 곧 발포되겠는데 기설 회사 20여 사 중 「신탁령」 적용을 받아 신탁회사로 인가될 가능성이 있는 것을 현재 자본금으로 보면 부산의 부산신탁, 부산미곡증권신탁, 군산의 군산신탁, 인천의 조선신탁, 경성의 조선토지신탁 5사인데 그중 인천 조신은 작년 말 불상사건(不祥事件) 야기 이래 거의 휴업 상태로 재생의 희망 없으니 결국 조신을 제외한 4사뿐이나 현재의 반도경제 상태로 보아 상기 부산, 군산, 경성 외에 대구, 평양, 북선의 중심도시에 신탁회사가 필요하니 본부(本府)는 5개년 유예기간 내에 동 지방에 현존한 군소회사를 합병하게 할 터이다.

〈자료 235〉 「신탁령」의 발포는 다소 지연을 면하기 어려울 듯

(《매일신보》, 1931.3.15.)

조선 신「신탁령」 원안은 목하 척무성에서 심의 중인데 업자 요망에 따라 개정된 점들의 재삭제 문제가 일시 비관되었으나 그 후 순조롭게 진척하여 본 문제로 도쿄에 간 토지신탁 스에모리(末森) 전무의 정보에 의하면 이번 개정과 같이 척무성을 무사통과하여 신속하게 법제국에 회부되는 모양이니 현재의 상태로 보면 본령은 5월경까지는 발포될 모양이나 의회, 기타 관계로 다소 지연될는지도 알 수 없다 한다.

〈자료 236〉「신탁」,「무진」두 법령, 4월 중 발포될 듯

(《매일신보》, 1931.3.27.)

25일 저녁 경성에 돌아온 스에모리(末森) 토지신탁 전무는 말하되,「신탁업령」,「무진업령」은 모두 척무성에서 다하라(田原), 나가이(永井) 두 서기관이 주로 심의 중인데 대체 두 안은 원안에 변화가 없을 것이다. 총독부에서 작제한 원안에 대하여 당업자에 의견을 묻고 이의가 없으면 원안을 승인하겠다 하니 발령은 4월경이고 법제국에서 큰 논의는 없으리라 생각한다.

〈자료 237〉 조선신탁회사 소송 제1회 준비 수속, 7일 오후 경성지방법원에서 쌍방의 설전이 일어나 각자의 주장 격렬

(《매일신보》, 1931.4.9.)

<원고 지주 무려 200>

함남 200 지주가 분기하여 "내 토지를 반환하라"고 조선신탁회사(朝鮮信託會社)의 7개소의 은행, 회사를 걸어 경성지방법원에 제기한 등기말소 청구소송은 작년 12월 이래 하기(萩) 재판장에게 담임이 되었었는데 피고의 한 사람인 신탁회사 간부들은 동 회사의 부정 사건으로 방금 동 법원 예심에 계속해서 심리를 진행 중이어서 사건을 대리한 변호인들이 면회를 할 수 없어 시금까시 준비수속(準備手續)을 수차 연기하여 오던 터인데 7일 오후 3시에 드디어 제1회 준비수속을 민사부 제1호 준비실에서 행하였다. 이 소동의 원피고는 비로소 시비를 가릴 주장으로 설전을 일으킨 것이다.

<원고 측 주장>

원고 측에서는 주식회사의 출제로 정당한 절차를 거쳐 토지를 현금 대신으로 투자한 것이 아니고 간부의 간책(奸策)에 속은 것이라고 주장함에 대해

〈피고 측 주장〉

피고 측에서는 원고들이 도장을 전부 맡겨 가지고 토지를 주권 불입금으로 대용하라고 허락한 것은 사실이고 동시에 이것은 정당한 수속을 가진 것이지 절대로 부정한 이면을 가진 것이 아니라고 항변하였다.

〈자료 238〉 파렴치죄 지은 회사 간부만 보아도 흑백을 알 수 있다는 원고대리 이승우 변호사 담

(《매일신보》, 1931.4.9.)

준비절차를 마치고 법정문을 나서는 200 원고를 대리한 이승우(李升雨) 변호사는 적이 흥분한 태도로 다음과 같이 이야기하였다.

> 방금 제1회 준비수속을 마치고 나왔습니다. 준비수속의 내용은 기자께서 조사한 것과 다르지 않습니다. 소송이라는 것은 양편이 모두 옳다고 하여 싸우는 것이니까 각각 주장하는 이유가 있겠지요. 나는 먼저 피고 측의 부당함을 반박하는 것보다 피고의 한 사람이 된 문제의 신탁회사 간부가 전부 업무 횡령과 사기 사건으로 목하 경성지방법원 예심에 걸려 있기 때문에 원고 편의 주장에 유력한 증거는 이 예심 내용에서 나오리라고 생각합니다. 일이 아직 진행 중이니까 결정적으로는 말할 수 없으나 하여튼 정의가 최후의 승리를 이기는 것은 어찌할 수 없는 천리(天理)올시다.

제2회의 준비수속은 오는 5월 9일에 다시 행하게 되었는데 사회의 주목은 벌써 제1회의 설전에 주목의 초점을 두고 그 결과를 고대하게 되었다.

〈자료 239〉「신탁령」과 내용 불견실 회사 결국 불허가할 듯

(《매일신보》, 1931.4.16.)

「조선신탁령」은 이미 척무성을 떠나 목하 법제국에서 심의 중이니 이번 달 말 또는 다음 달 초순에는 발령되리라 예상되는데 조선 내 각 신탁회사는 「신탁령」 발포에 대한 준비가 완성되어 발포와 함께 서류로써 허가신청을 제출하는 한편, 총독부는 각 신탁회사의 내용 조사도 완료되었으니 내용 불견실한 회사에 대해서는 불허가하리라 관측된다.

〈자료 240〉 신탁회사는 금전 이외도 주력, 당국의 근본 방침인 듯

(《매일신보》, 1931.4.28.)

하야시(林) 재무국장이 신탁동업회 제1회 총회에서 연설한 중에 조선은 원래 예금이 적어 각 금융기관이 예금을 쟁탈하는 기미가 있으니 신탁회사가 다시 금전신탁에 주력하면 일층 이것이 심하여 각 금융기관의 자원(資源)이 높아지면 각 기관의 위험을 유발하기 때문에 신탁회사는 금전신탁 외 다른 재산 관계 방면에도 크게 주력해야 한다고 언급하였으니 총독부 신탁회사에 대한 근본방침이라 하여 중요시된 공제신탁이 희망하는 신용대(信用貸)의 인용(認容) 등은 도저히 실현성이 없고, 즉 신용대를 인정하면 신탁회사가 상당히 고리로 운용하여 (자연 위험성이 수반) 금전신탁에 목표를 두나 이것이 불능하면 부동산을 주로 대조운용(對照運用)하여 고율의 신탁 배당은 곤란하니 현재와 같은 8푼 신탁 배당은 어떨까 생각되며 또 재무국장 설에 따르면 동 국장은 신탁회사가 부동산신탁에 주력하기를 희망하는 것 같다.

〈자료 241〉「신탁법」 실시는 내년 6, 7월경인가, 금조 이하(利下)는 이사장회에 자문, 하야시(林) 재무국장 담

(《매일신보》, 1931.5.8.)

1930년(昭和 5)도 예산의 결산도 최근 대체로 종료하였는데 최초의 예상보다는 상당히 양호한 모양이다. 아직 충분한 자신이 있지는 않으나 300만 원가량의 잉여금이 생길 것 같으며 그중 얼마를 내년도 예산의 재원에 충용할 것인지 알 수 없으나 올해는 재해년(災害年) 같은 기분이 있으므로 이쪽도 생각하고 한다. 금융조합(金組) 예금 이자율 인하(利下) 문제는 대체 그 시기가 아닌 줄 생각하나 경남북(慶南北) 같은 곳은 연합회에서 자발적으로 인하를 요구하는 도(道)도 있으므로 다음 달 중에 개최할 예정이나 이사장회의에 상담한 후 최후의 결정을 하고자 한다. 그러나 경상남북도만은 인하하지 않으면 안 될 것이다.「신탁법」의 발포와 실시기(實施期)는 「무진업령」의 개정안을 이미 법제국에서 심의하였으므로 「신탁법」도 대체 종료한 것으로 생각한다. 그러나 종종 부가사항이 있는 모양이며 발포를 하게 되는 것은 6, 7월경이 될는지도 모른다. 이와 같이 되면 신탁업자도 대체 준비가 되어 있는 듯하며 상당한 유예기간을 두지 않으면 안 된다. 그리고 실시는 내년 1월경이 될 것 같으며 내년도 예산은 이제부터 서서히 연구하고자 하여 내년도는 될 수 있는 대로 무리한 신(新) 재원(財源)의 염출(捻出)은 피하고자 한다. 예의 전매는 어떻게 될는지 모르나 최근 내지에서는 술(酒)의 전매안까지 운위(云爲)하는 모양이므로 이것이 실현되면 맥주도 하고자 한다. 그리고 담배(煙草)의 가격 인하는 내지 문제이니 전에 내지에서 2할 가격 인상으로 한 때에 조선은 두었으므로[14] 이번에 내지에서 2할의 가격 인하를 하더라도 조선은 가격을 인하할 필요가 없다. 대장성 예금부 운용위원회에서 결정한 1930년도분의 조선 관계 농촌융자는 거의 수리(受理)하였으나

1. 조선미곡입고미자금(朝鮮米穀入庫米資金) 580만 원은 이미 조선은행(鮮銀), 식산은행(殖銀)을 거쳐 융자받아 운용하고 있으며

14 가격 변동 없이 그냥 두었다는 뜻.

1. 조선미곡응급대책자금(朝鮮米穀應急對策資金)의 1,000만 원은 식은을 거쳐 현재 450만 원을 수리하였으나 잔액의 550만 원은 착수하지 않고 남아 있으며

1. 조선산미증식자금(朝鮮産米增殖資金) 1,350만 원은 식은과 동척에서 융자를 받았으나 그중 400여만 원은 수리조합차체자금(水利組合借替資金)에 충당하고 잔액은 적당히 운용하였고 저리자금 1,500만 원은 1931년(昭和 6)도 신계획의 궁민구제사업비(窮民救濟事業費) 6,500만 원의 저리자금(低資)인데 지금의 현 정부 긴축으로는 재정은 수십만 원의 저리자금을 얻기가 매우 어렵다.

〈자료 242〉「신탁업령」, 오는 1일 공포할까

(《매일신보》, 1931.5.30.)

「조선무진업령」 개정 및 「신탁업령」 공포는 머지않아 제령으로 발포할 터인데 이와 동시에 「무진업령」 개정에 의한 영업세 체감의 「영업세령」의 개정, 「신탁업령」 공포에 의한 신규 등록상 「등록세령」의 개정, 「무진업령」 개정에 의한 종래 형식상 금융조합에 예금이 한정된 것을 완화 관계상 「금융조합령」의 일부 개정, 「신탁업령」 공포에 의하여 종래 식산은행이 신탁업의 경영이 가능하던 것을 신탁회사에 양(讓)하여 「식산은행령」의 개정 등 제령으로 공포하겠다.

〈자료 243〉「무진」, 「신탁」 두 법령은 근간 각의에서 결정

(《매일신보》, 1931.6.3.)

정부는 조선에 대하여도 내지와 마찬가지로 「무진업령안」과 「신탁업령」을 시행하기로 하였다. 그리하여 요전에 그 성안(成案)을 얻어서 법제국의 심사를 거쳤으므로 2일 또는 5일의 각의에서 제령 안을 결정하기로 되었다. 그런데 두 법안이 모두 내지와 마찬가지로 개정 제정되었다.

〈자료 244〉 금전신탁보다 토지신탁을 중시, 「조선신탁령」의 특색

(《매일신보》, 1931.6.7.)

전부터 의안(議案) 중이던 「조선신탁령」 및 「무진업령」이 4일 각의에서 가결된 것은 이미 공포되었는데, 이는 「조선취인소령」과 함께 반도경제계의 충실을 표시하는 것으로 실로 경하(慶賀)할 일이다. 아직 두 법령의 조문은 공표되지 않았으나 내지의 그것과 비교하여 다른 점을 다음에 약설(略說)한다.

「신탁법」

신탁행위는 채권행위(債券行爲)와 물권행위(物權行爲)를 같이 갖는 특수한 법률행위로 원래 이 행위는 내지 민법의 대부분이 시행되어 있으나 아직 「신탁법」의 시행을 보게 되지 못하였다. 그런데 이번에 「조선민사령」 개정에 의하여 민법의 예외 규정인 「신탁법」을 그대로 시행하게 되어 재산권의 이전 및 기타의 처분을 하고 타인으로 하여금 일정한 목적에 따라 재산 정리 또는 처분을 하게 하는 신탁행위가 민법의 법률행위의 규정만으로 채택하게 되지 못하였으므로 내지에서는 1922년(大正 11) 법률 제62호로 「신탁법」을 공포하고 민법에 대한 특별법으로 이 신탁행위라 하는 것을 인정하고 이 행위에 관련한 각종 법률관계를 규정하였으나 조선에서 「조선민사령」에 의하여 확실히 합법적 행위라고 인정되어 있다. 이 규정이 설정되기 전에도 조선에는 신탁회사가 많이 있어서, 사실상 신탁행위가 실현되어 있었으나, 충분한 준거법(準據法)이 없으면 재산의 이전을 수반하게 되는 관계상 위탁자가 극도의 불안을 느끼고 채권적(債券的) 내부 제한을 공정증서에 의하여 보존하였음에 불과하였었으나 「신탁법」 시행에 의하여는 이러한 불안이 일소되는 것이다.

「신탁업법」

신탁을 영업으로 하는 회사는 일반에 중대한 영향을 미치게 되므로 충분한 자금력(資力)과 신용이 필요하여 내지에서는 「신탁업법」을 시행하고 성립, 자본과 업무 방법을 규정하고 다시 벌칙을 마련하여 엄중한 감독을 하고 있다. 이번에 조선에서는 「신탁업령」을 시행하게 되었으나 내지와 조선과는 경제 사정이 다른 까닭으로 「신탁업령」의 내용도 다소 다르며 내지 그것과 비교하는 금전신탁보다는 토지신탁을 중대시하며 신탁회사의 신용과 자력도 내지보다 가중(加重)되어 있는 외에 업무 종목도 조선의 특수사정이 고려되어 있다. 즉 말하면,

1. 신탁회사의 자본금이 내지의 100만 원에 대하여 200만 원으로 한 것은 조선에서는 신탁회사의 기초를 일층 엄중히 하려는 까닭이다. 그러나 현존 신탁회사의 자본금 200만 원 이상의 기설 회사는 기득권은 인정하고 일정한 기간까지는 그대로 존속함을 허락하고 기간 내에 증자하거나 해산하거나 하지 않으면 안 된다.
2. 금전신탁에 관하여는 내지에서는 그 운용 방법에 따라 셋으로 구분하여 있다. 제1은 특정신탁으로 그 은행에 대한 예금이든지 그 회사에 대한 대금(貸金)이든지 그 운용 방법을 위탁자가 특정하고 신탁회사의 임의 운용은 불허하는 것이다. 500원 이상의 금액 제한은 있으나 신탁기한의 제한이 없다. 제2는 지정신탁이 운용 방법을 특정은 아니 하나 가령 예금이든지 대금이든지 운용 방법을 지정하여 회사는 예금할 은행과 대금할 회사를 자유로 선택할 수 있다. 이것은 손실보전이익보족계약(損失補塡利益補足契約)을 허가하는 동시에 신탁기한 이상의 제한이 있다. 제3은 특정 및 지정이 없는 금전신탁인데 이것은 손보이보계약(損補利補契約)과 기타 금액 기간 제한도 제2의 경우와 같다. 그리고 태도를 달리하는 것만으로 법률 효과는 전혀 같은 일이기 때문에 「조선신탁업령」으로서는 제2의 경우와 제3의 경우에 구별을 인정하지 아니한다. 그러나 경제적 영향의 큰 차이는 없게 된다.
3. 그러면 본래 신탁 업무와 부수 업무를 열거하면 이는 타업(他業)의 병업(併業)을 전혀 인정하지 아니함에 반하여 조선에서는 특히 다른 보험회사의 내리 검영을 인정하고 있는 것은 조선에서 견실한 보험대리업자가 결핍한 특수사정으로 한정되어 있는 것이다.
4. 신탁회사는 신용을 기반으로 할 뿐이고 영업의 견실한 것은 공익상 형편으로도 필요한 고로 영업자금 운용에는 주도면밀한 주의를 필요로 하며 안전하고 확실한 자로 제한할 필요가 있다. 내지에서는 제2조의 제한적 열거를 하고 있는데 제3호의 동산(動産) 매입 또는 담보로 할 대부를 인정하고 있으나 동산 가격은 변동이 없고 까딱하면 위험하기 때문에 부동원안(府洞原案)에는 인정하지 않았으나 의회에서 부가되었으므로 그 종류를 정하여 주무대신이 이것을 정하게 되었다. 「조선신탁령」이 미곡 이외에 동산신탁을

인정하지 아니한 것은 자못 마땅한 것으로 영업을 견실하게 하는 것이다.

5. 내지에서는 산업조합에 대한 대부를 인정하고 있으나 조선에는 산업조합은 아직 충분히 발달되지 못하여 그 대신 조선의 특수금융 관계인 금융조합연합회에 대부할 것을 인정하고 있는 것은 내선(內鮮) 특수사정을 고려한 것이다.

이상의 내용 외에 문제가 된 토지이전등기료, 무상명의서환료(無償名義書換料)의 저감(低減) 등 방법을 통해 금전신탁보다도 차라리 토지신탁에 중점을 두고 있는 것을 엿볼 수 있다.

〈자료 245〉 신탁과 무진은 점진적으로 개선, 금전신탁은 더욱 개선이 필요, 고다마(兒玉) 정무총감 담

(《매일신보》, 1931.6.7.)

조선의 「신탁업령」과 「무진업령」은 재정조사위원회에서 대체의 성안(成案)을 얻어서 이를 내각에 제출하였던 것이 5일의 각의에서 결정을 보게 된 것이다. 원래 조선 내에도 신탁회사는 오늘날까지 상당히 많으나 그 취체(取締) 개선 등에 관해서는 마치 옥석(玉石)을 혼합한 듯한 감이 있었다. 특히 금전신탁 같은 것은 그 내용과 정비는 특별히 취체할 필요가 있어서 현재 그대로 방임하여 두면 일반에게 다대한 손해를 입힐 염려도 있다. 「신탁령」에 의한 새 회사는 현재 있는 신탁회사가 차례로 내용의 충실을 기하며 혹은 일정한 연한을 정하여 개선하여 나아가게 될 것이다. 그런데 내지에는 비상히 신탁업계가 융창(隆昌)하여 일반의 돈독한 신용을 얻어서 상당한 성적을 올리고 있음에 비추어 조선도 「신탁령」이 시행되게 된 이상에는 일반의 신용도 차지하게 되어 귀중한 재산, 기타도 거리낌 없이 신탁하게 될 것이므로 조선 재계를 위하여도 이는 크게 기뻐하여야 할 것이라고 생각한다. 「무진령」에 관해서도 마찬가지로 조선 내에는 상당한 회사가 많으며 이들도 당국으로서의 감독도 중대한 책임이 있는 것이다. 그러므로 만일 일반에 대하여 손해를 끼치게 될 염려도 있으며 또 그 실례도 최근 있었던 일이다. 그러므로 앞으로 「신탁령」과 동일한 취지에 기초하여 내용의 정리와 함께 점차로 개선하여 나아갈 것이다. 그러나 이도 「은행령」과 함께 서로 대립하여 상당히 향후 유익한 진보 발전하게 될 것을 기대하고 있는 바이다. 그리고 앞으로 연초원매별회사(煙草元賣捌會社)를 폐지하고 전매국의 직할로 판매기관의 통제를 행하여 활용시키기로 된 것은 그 인재를 필요로 하게 되었으므로 이에 그 관제(官制)를 개정하게 된 것이다.

〈자료 246〉 적폐에 비추어 만전을 기하였다, 조선의 특수사정을 가미, 하야시(林) 재무국장 담

(《매일신보》, 1931.6.7.)

금융제도조사회의 논의를 거쳐 총독부에서 입안 중인 「조선신탁업령」과 「무진업령」 개정 제령은 5일의 각의로 결정한 후 칙재(勅裁)를 거쳐 공포될 터인데 이에 관해 하야시(林) 재무국장은 다음과 같이 말한다.

내용에 관해서는 칙재를 거친 후에 공표하기로 되었다. 그런데 「신탁」, 「무진」 두 법령이 모두 사업(斯業)의 진보 발달에 수반하여 여러 가지의 폐해도 일어나기 쉬움에 따라 이에 대한 감독을 엄중히 하여 안심하고 이용할 수 있도록 한 반면에는 업자의 조장(助長) 발달을 기도한 것이다. 물론 현재 이상의 감독을 필요로 하게 되었으므로 당업자는 상당히 곤란한 감이 많을 것이나, 요컨대 이용자와 당업자의 공존공영의 입장으로 상호 안심할 수 있도록 함에 법령의 의의가 있는 것이다. 법령의 내용은 대체로 내지법에 순응하였으나 또한 역시 조선은 조선 특유의 사정을 가미하여 만약을 기한 것이다.

〈자료 247〉 「무진」, 「신탁」 두 법령 시행 기일, 「무진」 7월 1일, 「신탁」 11월 1일부터, 각의에서 척상 설명

(《매일신보》, 1931.6.7.)

[도쿄 전] 5일의 각의에서 결정을 보게 된 「조선무진업령」은 7월 1일, 「신탁업령」은 11월

1일부터 각기 시행하기로 되었다.

[도쿄 전] 하라 척상(拓相)은 5일의 각의에서 「조선무진업령」 개정 제령안과 「조선신탁업령」 제령안의 내용에 관하여 다음과 같이 설명하여 각 각료의 승인을 구하였다.

1. 조선무진업은 1922년(大正 11) 제령 제7호 「조선무진업령」에 의하여 내지의 「무진업법」에 준거한 것이다. 그런데 내지 「무진업법」이 개정되었고 또 시세 진운(進運)에 수반하여 조선의 실정에 부합하지 않는 것이 있으므로 이번에 그 개정을 행하여 조선에서의 사업(斯業)의 정비 발전을 도모하여 그 기능을 더욱 발양시키려 하는 것이다.
1. 조선의 신탁에 관한 법규로는 칙령 제533호로 「담보부사채신탁법」을 시행할 뿐으로는 일반 신탁법규를 결여하고 있음에도 불구하고 현재 신탁회사라고 칭하는 것이 29사가 있고 1923년(大正 12) 내지에서 「신탁법」 및 「신탁업법」이 시행된 후 어느 정도 자발적으로 이들 내지 법규의 취지에 준거하여 그 업무를 개선하려는 경향이 생기었다 할지라도 대체로 그 영업의 실제 내용은 극히 다종다양하여 그중에는 신탁회사의 업무로는 적당하다고 인정할 수 없는 것이 있음에도 불구하고 은행 유사의 업무를 경영하는 자 또한 적지 않다고 한다. 그러나 자본이 부족하여 기초가 박약할 뿐 아니라 경영 방법도 적절하지 못하여 신탁자 및 수익자의 보호가 충분하다고 할 수 없는 상황에 있으므로 「조선신탁업령」을 제정하여 사계(斯界)의 건전한 발달을 도모하는 동시에 그 감독의 주도면밀을 기할 필요가 있다.

〈자료 248〉 「무진」, 「신탁」 두 법령 9일 『관보』로 공포, 두 제령 내용과 요점에 대하여, 하야시(林) 재무국장 담

(《매일신보》, 1931.6.9.)

「조선무진업령」 및 「신탁업령」은 이번 달 9일부로 『총독부관보』에 「무진업」은 제령 제7호로, 「신탁업령」은 제령 제8호로 각각 공포하게 되었는데 시행 기일에 대하여는 대체로 「무진업」은 올해 7월 1일, 「신탁업령」은 11월 1일로 될 모양이나 「시행규칙」의 제정 공포 관계로 아직 확정은 되지 아니하였다. 두 제령 공포에 대하여 총독부 하야시(林) 재무국장은 다음과 같이 말한다.

건전한 발달을 도모하고 동시에 주도면밀한 감독이 필요

-「무진업령」 개정에 대하여-

(내용 생략)

단속(取締)을 더욱 엄중히 하여 회사 신용의 향상을 도모

-「신탁업령」 제정에 대하여-

조선신탁 관계 법규로는 1920년(大正 9) 11월에 조선에 시행된 「담보부사채신탁법」이 있을 뿐이오, 일반의 신탁에 관한 실체법과 신탁업에 관한 규정은 모두 없었던 것입니다. 그런데 근래 신탁회사라 하여 영업하는 자가 점차로 증가하여 1930년(昭和 5) 6월 말 현재에는 29사를 헤아리게 되었습니다. 그런데 내지에서 1923년(大正 12) 1월 「신탁법」 및 「신탁업법」이 시행된 후로는 조선에 있는 신탁회사도 자발적으로 이들 내지 법규의 취지에 준거하여 그 업무를 개선하려는 경향도 보였으나 대체에 있어서 그 경영하고 있는 업무는 극히 다종다양한 것이어서 본래의 신탁 업무로 인정하기 어려운 것도 상당히 있는 모양이오, 그중에는 은행 업무에 유사한 업무까지 경영하고 있는 정황이 있습니다. 더구나 그 자본은 대개 소액이오 기초도 약할 뿐 아니라 경영 방법도 반드시 적당하다고 할 수 없는 것이 적지 않아 이를 이대로 방임하는 것은 다만 위탁자 및 수익자의 보호라는 견지에 있어서 불충분할 뿐 아니라 조선 경제계의 장래에도 큰 화근이 될 염려가 없지 아니하다고 생각하는 바 있습니다.

◇

대저 신탁회사의 견실한 활동은 재산의 관리에 관하여 충분한 지식을 갖지 못한 자 또는 지식은 있으나 자기의 재산을 스스로 운용할 여가가 없는 사람들을 위하여 그를 대리하여 재산의 운용, 이식(利殖)을 도모하며 또는 처분하는 기능을 가지고 있으므로 이 업무가 견실히 발달되며 사회경제를 위하여 공헌하는 바가 적지 않은 것은 다시 말할 필요가 없습니다.

◇

따라서 신탁에 이름을 빌린 부정 금융업자의 단속에 철저를 도모하는 동시에 신탁업의 건전한 발전을 기하는 것은 조선으로서도 목하의 급무로 인정하고 올해 1월 조선금융제도조사회를 개최하여 조선의 실정에 상응하게 하는 동시에 될 수 있는 한 내지의 정책에도 순응하게 하는 취지하에 심의를 마쳐 이에 「조선신탁업령」 외 4건의 제령의 발포를 보게 된 것입니다.

이제 그 중요한 사항에 관하여 말씀드리면 (이하 생략)

〈자료 249〉「신탁」과 「무진」의 2대 법령 공포, 9일 자 『관보』로 발표

(《매일신보》, 1931.6.9.)

다년 현안 중에 있던 조선 재계의 2대 법령은 9일자 『관보』를 통해 제령으로 「조선신탁업령」 및 「조선무진업령」 개정을 공포하기로 되어 있다. 이에 관련한 법령, 즉 「조선등록세령」 「조선영업세령」, 「조선식산은행령, 「조선금융조합령」도 각기 제령으로 개정 발포를 보게 될 모양인데, 또한 「조선민사령」으로 「신탁법」을 조선에 시행하게 됨에 따라 그 개정을 보게 되었는데 「조선무진업령」 개정은 7월 1일부터, 「조선신탁령」은 12월 1일부터 실시 예정이라는바 시행은 관계 법령과 일치하여 다시 부령(府令)으로 발포하리라 한다.

[「신탁업령」 전문] (이하 생략)

〈자료 250〉 은행과 신탁 간의 업무는 충분 협정, 오직 견실한 발달을 희망, 야나베(矢鍋) 식은 이사 담

(《매일신보》, 1931.6.9.)

「조선신탁업령」이 발포된 것을 실로 기뻐하는 바이다. 은행 업무는 신탁 업무에 대하여는 금융제도조사위원회에서 충분히 협조가 되었으며 「신탁업령」도 대체로 위원회 결정대로 조선의 실정에 치중하여 결정한 것이므로 은행으로서는 아무런 문제가 없다. 다만 실제 문제로 일반은 물론 은행의 형제격으로 견실히 신탁회사의 발달을 희망하는 바이다. 「신탁업령」 발포에 의하여 신탁업자는 종래보다 제한을 가하는 동시에 보호도 받는 한편 신탁자에 안심을 주게 되므로 신탁업이 발전할 것은 확실 명료하며 조선에 있는 금융은「무진업령」의 발포와 함께 점차 완전한 통제를 할 것은 조선 경제계를 위하여 경하하는 바이다.

〈자료 251〉 은행 정기예금은 결국 신탁예금화, 전기 신탁 배당금 8푼 1리, 은행 대 신탁 경쟁 피하기 어렵다

(《매일신보》, 1931.6.9.)

「신탁령」 실시에 따라 신「신탁령」으로 인가된 신탁회사는 은행보다도 도리어 내용이 충실함으로 은행의 정기예금은 자연 이식(利殖) 관계로 신탁회사에 신탁될 염려가 있다 한다. 그리하여 은행에서도 이 점을 충분히 경계하는데 신탁회사 측에서는 정기예금의 대부분을 신탁화하리라 한다. 그러므로 은행 대 신탁회사의 경쟁은 날로 노골화하리라 하며 따라서 신탁배당금(이자)은 조선토지신탁 전기 결산에 의하면 연 8푼 1리(8.1%)로 현행 은행 정기예금 이자보다 연 2푼 5, 6리(2.5~6%) 높다.

〈자료 252〉「민사령」의 내용으로 된「신탁법」에 대하여(상), 후카자와(深澤) 총독부 법무국장 담

(《매일신보》, 1931.6.10.)

이번「조선민사령」중 일부 개성의 결과 그 내용이 되는「신탁법」은 신탁에 관한 사법적 관계의 통칙(通則)을 규정한 것이오, 동일한「민사령」의 내용인 민법에 대하여 특별법인 지위를 가지고 있다.「신탁법」의 소위 신탁이라 함은 약언(約言)하면 어떤 사람이 자기의 재산을 타인에게 이전하여 또는 기타의 처분을 하여 그 타인으로 하여금 일정한 목적에 따라 재산을 관리 처분하게 하는 것이다. 그러나 이 신탁의 관념은 종래도 조선의 경제사회에 존재하였던 것으로서 예컨대 어떤 모임이나 구락부(클럽) 등의 단체에서 그 구성원 전부의 소유에 속하는 부동산에 관하여 대표자 또는 관리인의 명의로 등기를 하며 혹은 모집금, 회비 등에 관하여 발기인 또는 회장의 명의로 은행, 기타에 예금을 하고 혹은 다노모시고(頼母子講)의 강원(講員, 멤버)에 대한 채권 및 담보권을 강원 명의로 관리하며 혹은 재산을 은닉함이 아니오, 기타의 특수사정에 의하여 자기의 재산을 타인 명의로서 관리하게 하는 등 그 예가 적지 않은 것이다. 또 신탁업에 관하여는 1919년(大正 8) 호황 이래 이를 경영하는 자가 속출하여 점차로 증가하는 경향이며 1929년(昭和 4) 9월 말에는 신탁업을 목적으로 한 회사가 30사에 달하게 되었다.

◇

대저 신탁은 특수한 법률관계를 발생하는 재산제도이어서 그 법률관계를 복잡, 광범에 걸쳐 민법이나 상법 등의 일반 실체 법규만으로는 당사자의 관계를 규율하는 것이 완전하지 못하다. 특히 영업으로 행하는 신탁의 인수 즉 신탁업을 보호 감독하여 그 건전한 발달을 기하려 함에는 적절한 실체 법규의 제정을 필요로 한다. 「신탁법」은 신탁의 일반사법상(一般私法上)의 권리관계를 명확히 하여 관계 당사자의 이익을 적당히 보호하여 이 신탁의 목적을 달성하게 하는 것을 정신으로 하여 제정된 것이다. 그리하여 내지에서는 1923년(大正 12) 1월부터 시행되어 오늘날까지의 사이에 상당한 연월(年月)을 경과하였으므로 동법의 내용에 관하여 자연 주지(周知)하게 된 바가 있다고 생각하나, 조선에서는 전연 신규의 특수한 재산제도에 관한 법령이므로 이에 관하여 일언(一言)하는 것은 부질없지 않다고 생각하는 바이다. 이제 그 요강에 관하여 진술해 보고자 한다.

제1, 신탁의 관념

무릇 재산의 소유자가 스스로 그 재산을 관리 처분하는 것은 보통의 상태이다. 또 무능력자의 후견인, 기타의 법정대리인, 법인의 이사, 부재자의 재산관리인, 유언집행자, 상속재산관리인, 청산인 또는 일반의 위임대리인과 같이 타인으로서 재산의 관리 처분을 행하게 되는 것도 오늘날의 법제상 인정된 사항이다. 그러나 다시 한 걸음 나아가 그 관리 처분을 하려 하는 재산권 자체를 타인에게 옮겨 그 타인으로 하여금 타자(他者)의 이익을 위하여 재산의 관리 처분을 행하게 하는 관계가 발생하는 경우가 있다. 이때 위탁받은 자는 그 재산권의 주체 즉 권리자로 된다고 할지라도 관리 처분으로 인해 스스로 이익이 되지 못하고 그 이익은 타인에게 귀속시키지 않을 수 없는 관계에 선다. 이것이 소위 신탁의 관념이어서 「신탁법」 제1조 신탁으로서 그 취지를 규정한 것이다. 그런데 「신탁법」에서 신탁의 설정을 목적으로 하는 법률행위를 신탁행위라 하며 신탁 관계에 있어서 관리 처분의 목적인 재산을 신탁재산, 관리 처분을 위탁하는 자를 위탁자, 그 위탁을 받는 자를 수탁자, 관리 처분의 이익을 받는 자를 수익자라고 칭하고 있다. 위와 같이 신탁은 재산의 관리 처분을 목적으로 하는 것이므로 신분권(身分權), 기타 재산권 이외의 권리에 관하여는 전연 신탁 관계를 발생하지 않는 것이다.

제2, 신탁행위

신탁행위라 함은 신탁의 설정을 목적으로 하는 법률행위인데 생전(生前) 행위인 경우에는 계약으로써 이를 행하고 사후 행위인 경우에는 유언으로써 이를 행한다(제1조, 제2조). 신탁계약 체결에 관하여는 특별한 방식을 필요로 하지 않고 유언에 의한 경우는 내지인에 관하여는 법정의 방식(민법 1067조 이하), 조선인에게는 관습상 규정된 방식이 없으므로 서면 또는 구두의 그 어느 것에 의하여서라도 이를 행할 수 있다.

제3, 신탁 당사자

(가) 위탁자

법률행위를 행할 수 있는 자는 어떤 사람이라도 위탁자로 될 수 있다. 단, 재산권의 이전, 기타 처분을 행할 수 있는 능력을 가져야 할 것을 필요로 한다.

(나) 수탁자

수탁자에게 관하여는 제한을 둔 비성년사, 금치산사(禁治産者), 준금치산사는 수탁자로 되지 못한다. 아내(妻)는 남편(夫)의 허가가 있을 때는 수탁자로 될 수 있다(제5조). 기타 법령에 있어서 일반에 재산권의 향유를 제한한 것은 그 권리에 관하여 수탁자로 되지 못한다. 영업으로 신탁을 인수하는 것은 「신탁업령」의 규정에 의하여 행정 관청의 허가를 얻은 신탁회사이어야 한다. 신탁의 인수든 영업으로써 행할 때에는 상행위로 한다(제6조).

(다) 수익자

수익자로 되는 데는 제한이 없다. 단, 특정한 재산권에 관하여 법령으로써 그 향유를 금지시킨 자는 이름(名)을 신탁에 빌려 그 권리를 향유하면 동일의 이익을 수득(收得)하지 못한다(제10조). 수익자는 신탁행위의 당시 통상 특정되거나 특정되지 못하고 혹은 존재하지 아니하는 일도 있다. 이런 경우에는 수익자의 이익을 보호하여 신탁의 실행을 확보하기 위하여 이를 대신할 신탁관리인을 둔다(제8조). 위탁자와 수익자는 서로 겸할 수 있으나 수탁자와 수익자는 이를 겸하지 못한다. 특히 여러 명의 수익자가 있어서 수탁자도 그 한 사람으로서 다른 수익자와 공동하여 수익하는 경우에는 예외가 된다(제9조). 위탁자와 수익자가 동일인인 때를 제하면 신탁행위는 제3자를 위하여 행하는 계약인데 민법의 규정에 의하면 제3자의 권리는 이익 향수의 의사표시를 행한 때에 발생하는 것이나(민법 제537조) 본법은 실제의 편의와 인정(人情)을 고려하여 신탁행위에 별단(別段)의 규정을 행한 때 이외에는 당연히 신탁의 이익을 향수하는 것으로 정하였다(제7조).

제4, 신탁의 목적

신탁의 목적은 이를 대별(大別)하여 공익의 목적을 가진 것과 그렇지 아니한 것의 2종으로 한다. 통상 전자를 공익신탁이라 하고 후자를 사익신탁이라 한다. 앞의 어떤 신탁임을 불문하고 그 목적의 적법인 것을 필요로 함은 일반의 법률행위와 다르지 않다. 그리고 소송행위를 행하는 것을 주요 목적으로 하여 행하는 신탁은 이를 방지하고 또 소송대리에 관한 법규 등의 잠탈(潛脫)을 저지하려 함에서 나오게 된 것이다(제11조). 또 사해적(詐害的) 신탁에 관하여는 민법 제424조의 취소권을 확장하여 취소를 용이하게 하여 수익자의 이익을 보호하고 있다(제12조).

〈자료 253〉「민사령」의 내용으로 된「신탁법」에 대하여(중), 후카자와(深澤) 총독부 법무국장 담

(《매일신보》, 1931.6.11)

(내용 생략)

〈자료 254〉「민사령」의 내용으로 된「신탁법」에 대하여(하), 후카자와(深澤) 총독부 법무국장 담

(《매일신보》, 1931.6.12)

(내용 생략)

〈자료 255〉 신탁법규 발령으로 책임의 중대를 통감, 발달을 조장하고자 각종 세금 경감, 아라이(荒井) 동업회장 담

(《매일신보》, 1931.6.10.)

「조선신탁업령」과 이의 관계 법규가 발포되었다. 원래 법령은 비밀히 기안하여 발령을 보게 되었는데 우리 신탁은 작년 3월부터 6월에 걸쳐 금융제도준비조사위원회에서, 또 올해 1월 동 조사회에서 업자 대표를 더한 관민의 권위를 집중하여 극히 신중하게 토의한 후 이를 기준으로 당국 관헌(官憲)이 원안을 작성하여 척무성 법세국 각의를 통과하여 이에 제령으로 당당히 발포하게 되었다. 그 법령의 내용은 이미 당국에서 상세히 설명한 바와 같이 기본법인「신탁법」은 내지법을 그대로「조선민사령」 중의 내용에 편입하고「신탁업령」에 이르러서는 조선 특유의 법률로 대강(大綱)을 내지 업법을 모방하였으나 내지 업계 기왕의 실적에 비추어 충분히 조선의 특수사정을 짐작하여 장래 조선 경제계의 향상 발전에 공헌 순응하도록 제정한 것이다. 이에 그 특점(特點)을 적거(摘擧)하면 다음과 같다.

1. 최저자본액은 200만 원이나 현재 회사의 면허를 받은 자는 100만 원으로 가능하며 기타 현상 존중의 정신이 충분히 포함되었다.
2. 자금의 운용과 기타 영업의 제한이 엄중하다.
3. 법령 위반에 의한 제재(制裁)가 내지보다 준열하여 징역, 금고 등의 체형을 가할 것.
4. 청산의 감독을 조선총독의 손에 거두어 행정상 감독은 자못 주도면밀할 것.
5. 신탁업의 발달을 조장하는 의미로 각종 세금이 매우 가볍다.

조선에서는 신탁이라 하면 일종의 투기적, 고리대금적 불량업자인 것같이 오해하는 경향이 있어 당업자 중에도 실제 비평하는 자가 있어 정당업자(正當業者)가 입는 곤란은 적지 않다. 다행히 신법(新法)의 발령을 보아 신탁의 실체가 명료히 일반 대중에 인식하게 되어 신탁업이 은행, 취인소 등과 병행하여 독특한 기능을 발휘하여 순수한 공익적 영업으로 조선 산업의 개발에 자익(資益)이 많음을 이해하여 우리 업자의 책임이 날로 중대화(重大化)하게 됨을 터득하는 바이다.

〈자료 256〉 조선신탁회사 사건, 사장 이하 전부 유죄, 엉터리 회사를 조직하고 사기 자행, 죄상 판명 공판 회부

(《매일신보》, 1931.6.17.)

음험한 흉계로 순진한 농민을 속여 수만금을 사취한 조선신탁회사 배임 횡령 사건은 작년 이래 경성지방법원 제4예심 요시카와(吉川) 판사의 손에서 신중히 심리를 진행 중, 16일 오후에 드디어 예심결정이 되었다. 피고 다섯 명은 모두 죄상이 명백하여 배임 횡령, 사기, 상법 위반 등의 죄명의 적용을 받아 공판으로 넘어갔다. 이 사건은 다시 동 회사와 자매 관계를 가진 조선신탁회사[15]를 걸어 함남 지주 201명의 토지반환 청구소송과도 관계가 깊은데 이들은 상기 회사의 간부인 것을 기회로 지주들이 주금(株金)으로 제공한 토지를 은행에

15 조선산업주식회사의 오기인 듯함.

저당하여 소비하고 주금불입장부(株金拂入帳簿)에는 한 자의 기입도 없었다. 이 사건의 유죄 인정은 신탁회사 소송에 있어서도 유력한 증거가 되리라는데 형사와 민사의 두 사건의 공판은 무엇을 빚어낼 것인가. 유죄 인정을 받은 피고는 다음과 같다.

▲ 조선신탁회사 사장 이케베 다케지(池邊竹次)

▲ 동 취체역 아쿠쓰 히로시(堆浩)

▲ 동 요시오카 히사시(吉岡久)

▲ 동 세키 만토(關滿登)

▲ 동 양제박(梁濟博)

〈자료 257〉「신탁령」 실시에 따라 당업자 합동이 필요, 내지 신탁은 대개 일류 은행이 겸영, 당국은 그 실현을 절망

(《매일신보》, 1931.6.23.)

신탁 문제, 은행 감배(減配) 문제 등에 관하여 고지마(兒島) 이재과장은 말하되, 「무진업령」은 목하 신총독, 신정무총감에게 앙재(仰裁) 중이므로 오늘 내일 중에 결재할 터인데 「신탁령」의 시행세목도 7월 중에는 발령하게 될 것이다. 이렇게 되면 오는 12월부터 시행하게 될 터인데 어떤 신탁회사에 면허를 주겠느냐에 대하여는 이미 그 업적 조사를 마쳤으므로 이제부터는 최후의 결성을 하게 된다. 물론 12월 시행의 기일(期日)까지는 미리 신탁업자에 대하여 내인가(內認可)[16]를 주고 존속이나 해산을 준비할 터인데, 「신탁령」을 시행하게 되면 당국으로서는 될 수 있는 대로 견실한 회사의 실현을 절망한다. 이 의미는 현존 회사를 즉시 정리하는 것은 아니나 장래 가급적 이러한 기운이 조성하기를 희망한다. 여하간 법령이 없을 때 설립된 회사인 고로 지반(地盤) 경영자, 자산 등의 관계들로 즉시 합동하기는 지극히 어려운 문제이다. 여하간 내지 신탁회사는 모두 제일은행 이외는 일류 은행의 겸영뿐인 고

16 정식으로 본 면허를 내주기 전에 면허의 대상이 되었다는 의미로 통지해 주는 것을 가리킨다.

로 비상한 신용이 있는 것이므로 이로 이용하는 자도 신뢰한다. 이번 기(期) 은행의 감배(減配) 대해서는 내지 대장성(大藏省)도 상당히 고려하는 모양이다. 조선의 현재 상태로 보아 이것이 견실한 방책인 것 같다.

〈자료 258〉 신탁은 전선적(全鮮的) 합동, 총독부에서는 통일을 희망하나 급속 실현은 곤란

(《매일신보》, 1931.7.14.)

총독부는 전 조선의 신탁회사를 한 개로 통일하고자 하는 의향인데 조선토지신탁, 군산신탁, 부산신탁 등의 유력한 신탁회사 간에 합동 기운이 조성하지 아니하는 이상 실현되기는 자못 곤란한 것으로서 급속히 실현될 것 같지 아니하다. 따라서 신탁회사의 태반은 인가 신청에 당하여 도태를 면치 못할 모양이며 칙령이 인정하는 각종 유예기간 중에 한 회사와 합동하든지 각자 개립(個立)하여 갈 것인지 스스로 대세가 결정되리라고 관측된다.

〈자료 259〉 신탁회사 대합동 실현이 용이하지 않다

(《매일신보》, 1931.8.5.)

남선(南鮮) 각 신탁회사를 역방한 토지신탁 스에모리(末森) 전무는 다시 서선지방에 출장하여 현재는 함남북도(咸南北道) 각 신탁회사와 협의하는 중인데 각 회사를 일괄한 조선 전체에 한 개의 신탁회사는 실현이 곤란하니 결국 「신탁령」 실시에 의하여 인가될 회사는 경성 1, 군산 1, 부산 1에 그칠 것 같다.

〈자료 260〉 신탁회사 면허 분산주의가 필요, 신탁동업회의 의견

(《매일신보》, 1931.8.12.)

총독부의 「신탁업령」에 의한 신탁회사 면허의 방침은 중앙일회사주의(中央一會社主義)를 취할 것인지 또는 지방분산주의(地方分散主義)를 취할 것인지 매우 주목하는데 이번 조선토지신탁회사 스에모리(末森) 전무가 신탁동업회 임원으로 조선 전체 신탁회사를 시찰한 결과에 의하면 신탁 업무는 은행업과 상이하여 지점 출장소 등에 영업망을 많이 펼치는 것이 성공이 없다. 즉 신탁업으로 지방색을 존중하고 지방 사정에 통하는 것이 가장 중요하며 그 운용이 원활하지 못한 것은 회사라도 이를 충실하게 하여 분산적으로 허가하는 것이 회사를 확실하게 하고 이 업계의 발전을 기함이라는 결론인데, 조선신탁동업회로는 분산주의에 의하여

1. 북선 방면 4사는 합동하여 1사로 할 것

1. 서선 방면은 평양에 신탁회사 1사

1. 부산에는 부산신탁, 부산미곡증권신탁을 합동하여 1사를,
   합동이 불가능하면 2사로 할 것

1. 대구는 대팔신탁(大八信託) 1사

1. 목포는 전남신탁 1사

1. 군산은 군산신탁 1사

1. 중앙은 조선토지신탁, 공제신탁 2사 또는 여기에 조선신탁을 가입하여 3사

위와 같이 면허를 희망하는 모양이다.

〈자료 261〉「신탁법 시행세칙」상순 중 발포

(《매일신보》, 1931.9.2.)

「신탁법 시행세칙」에 대하여 이미 재무국에서 성안(成案)도 얻어 심의실에 회부하고 목하 심의 중인데 심의실에는 정리 문제, 기타 사무 번망(繁忙)으로 수일 중에는 착수할 수 없으나 상순 중에는 발포될 것 같다.

〈자료 262〉 신탁회사 대합동은 사실 불가능

(《매일신보》, 1931.9.2.)

신탁회사 면허에 대하여 본부(本府)는 상처 없는 합동회사 실현을 바랐다. 실제 문제로는 도저히 불가능하니 결국「신탁령」에 의한 지방적 합동에 의하는 외에 다른 방도가 없어서 대체로 부산 1사, 군산 1사, 평양 1사, 북선 1사, 경성 1사로 면허하리라 관측된다.

〈자료 263〉 신탁회사의 인가, 당국은 엄선주의

(《매일신보》, 1931.9.4.)

「신탁업령 시행세칙」은 곧 공포하기로 내정하였는데 이 공포와 전후하여 총독부는 각 도에 내인가(內認可) 신청을 받는 모양이나 총독부는「신탁업령」실시 후 신탁회사는 매우 부자유(不自由)로 내인가 신청을 제출할 자 극히 소수라 생각하나 실제는 내신청(內申請)을 제출할 회사가 상당한 모양이다.

〈자료 264〉「신탁업령 시행세칙」17일 공포

(《매일신보》, 1931.9.16.)

총독부는「신탁업령 시행규칙」을 17일 공포할 예정인 시행기일,「신탁업」시행에 따라 세령(稅令) 중 개정 및 관계 규정들을 부령(府令)으로서 17일 발표할 터이다.

〈자료 265〉「신탁업령 시행규칙」의 정신, 하야시(林) 재무국장 담

(《매일신보》, 1931.9.17.)

조선신탁업에 대한 근본제도는 얼마 전 발포된「조선신탁업령」에 의하여 확립된 것이오, 본령 시행 후는 기존의 신탁회사든지 새롭게 설립하는 신탁회사든지를 불문하고 본령에 준거하여 영업의 면허를 받지 않으면 신탁 업무를 경영하기 불가할 뿐 아니라 그 명칭 중에 신탁이라는 문자를 사용할 수도 없다.「신탁업령」은 결국 올해 12월 1일부터 시행하게 되었다. 또 이번에 발포될「조선신탁업령 시행규칙」은 이들 영업면허 후의 업무집행 방법 등에 관한 수속을 지정한 소위 수속법규(手續法規)로「신탁업령」에 준거하여 영업 면허를 받는 것이 새롭게 설립하는 신탁회사는 물론 기존 신탁회사도 균등하게 본령의 수속(절차)을 이행해야 한다. 다만 기존 신탁회사에 대한 조치에 관하여서는 신탁업의 사명에 비추어 장래 참으로 건전한 신탁회사로 그 사명을 발휘할 만한 충분한 확신이 있는 것만을 면허할 방침이나 기존 회사의 장래 업무 계속 가능 여부는 당업자는 물론이오, 거래자(取引者)에게 미칠 영향도 적지 않은 줄로 생각한다. 또 개개의 기존 회사에 대하여 면허할 것인지 아닌지는 가급적 관계 업자로 장래라도 신탁회사로 하여 업무 경영의 계속을 희망하는 때는 업령 시행기일인 12월 1일을 기다릴 것 없이 차제에 가급적 신속하게 내면허의 수속을 하면 당국으로서는 신중히 조사 고려한 후 적당하다 인정한 회사에 대하여서는 내면허(內免許)를 주려고 생각하고 있다.

〈자료 266〉「신탁재산관리규정」 부령으로 발포

(《매일신보》, 1931.9.17.)

(내용 생략)

〈자료 267〉 (사설) 「신탁업령」의 시행규칙 발포

(《매일신보》, 1931.9.18.)

(내용 생략)

〈자료 268〉「신탁업령 시행규칙」 전문 38조

(《매일신보》, 1931.9.18.)

(내용 생략)

〈자료 269〉「신탁업령 시행규칙」 전문 38조(계속)

(《매일신보》, 1931.9.19.)

(내용 생략)

〈자료 270〉 일반이 기대하는 대신탁회사 실현할 것인가, 도쿄 재벌을 중심으로 진행, 당국도 이의가 없을 듯

(《매일신보》, 1931.9.19.)

「조선신탁업령 시행규칙」 공포에 따라 「신탁업령」 시행기일이 결정되었으므로 조선인들 사이에서는 조선에 일대 신탁회사를 설립하고자 일부에서 계획 중인데 재계 불황으로 조선 내만으로는 주식의 소화가 도저히 불가능하여 도쿄(東京) 재계 거두에게 양해 연권(連勸)을 시도한바 모두 그 필요를 인정하니 결국 도쿄 재벌을 중심으로 일대 회사가 실현되리라 관측된다. 현재 조선 내에 분포된 신탁회사는 자본금이 적고 따라서 그 신용 정도가 박약하니 당국도 기존 회사를 압박하지 않는 정도에서는 대자본의 회사를 물론 인정할 모양이라 생각한다.

〈자료 271〉 신탁회사 인가 일부 소수에 불과, 잔여는 금융회사로 존속, 취체는 물론 엄중

(《매일신보》, 1931.9.26.)

「신탁업령」은 12월 1일부터 실시하게 되어 기설 회사는 그때까지 내인가(內認可) 신청을 제출하여 12월 1일부터 신탁회사의 간판을 걸게 되었다. 법령상 12월 1일 후 1개월 동안의 인가신청 기간은 단순한 명목에 불과하고 기설 회사 중 인가의 가능성이 있는 회사가 몇 개나 될 것인가가 문제인데 본부(本府) 당국의 방침은 엄선주의를 취하여 많아야 4사, 극단이면 2사의 인가에 그칠 듯하다. 기설 회사 중에는 벌써 불인가를 예상하고 신규 예금의 취급을 중지하여 예금 환급(拂戾) 준비에 착수하는 경향도 상당한데 내지에 있는 「신탁업령」 발령 당시를 보면 514사의 기설 회사 중 인가된 것은 겨우 2사에 불과하고 대다수는 금융회사로 잔존하여 목하 재계의 암으로 되었고 미쓰이(三井), 스미토모(住友) 등 현존 37사의 신탁회사는 모두 발령 후에 설립한 자이다. 이런 예를 보더라도 당국의 엄선주의는 내지를 모방하였으니 대다수의 기설 회사는 내지와 마찬가지로 금융회사로 잔존함은 부득이한 일이고 금융회사 취체(단속)는 내지와 마찬가지로 비상히 엄중할 터이다.

〈자료 272〉 조선신탁과 토지신탁 합병설, 불량재산의 처분이 문제, 토신 중역 의견 불일치

(《매일신보》, 1931.9.30.)

조선토지신탁회사에서는 28일 오후 2시부터 2층에서 중역회를 열고 아라이(荒井) 사장, 스에모리(末森) 전무 외 각 중역이 참집(參集)하여 무슨 일인지 극비리에 협의하였는데, 그 내용에 대하여 탐문한 바에 의하면, 「신탁령」의 실시에 의하여 신탁회사로 도저히 인가할 가망이 없는 인천 조선신탁회사에서 모(某) 유력 방면의 알선으로 합동을 제안하였으므로 조신(朝信) 합동의 가부를 부의한 것 같다. 다만 문제가 중대함으로 즉결(卽決)은 불가능하므로 다시 논의하게 될 것인데 중역회의 대세는 합동을 승인할 것 같으나 어떤 조건, 즉 주식의 비율을 어떻게 할 것인가와 조신 현재 보유의 신탁예금 선처책(善處策)에 대하여 각종 관계상 가볍게 결정하기 어려우며 또 합동 후 토지신탁의 신용 관계도 고려하지 않으면 안 되기 때문에 다시 회의를 속개하고 태도를 결정하리라 한다.

-합병은 사실상 곤란- 스에모리(末森) 전무 담

조선토지신탁회사의 인천 조선신탁회사 흡수 합병에 관한 중역회는 전호에서 이미 보도한 대로 28일 오후 개회하였는바 중역 중에 합비양파(合非兩派)가 있어 쉽게 의견이 일치되지 않고 상무(常務) 중역 측은, "토지신탁의 영업목적은 부동산을 주안(主眼)으로 한 것인데 조선신탁은 증권에 치중하여 영업의 실체에 다대한 간격이 있고 내용의 양부(良否)도 비교가 되지 않으며 또 조신(朝信)을 합병하면 그 불량채권의 정리 회수를 토지신탁에서 실행할 때는 매우 곤란한 점이 있어 토지신탁의 불평을 일부에서 사게 된다 하여 쉽게 합동설에 귀를 기울이지 않아 결국 합동은 곤란하리라 한다. 그러나 합동 주창의 중역 측은 아직 그 소견(所見)을 버린 것이 아니기 때문에 다시 1, 2회를 회합할지도 모르나 토지신탁으로서는 조신과 합동하지 않아도 인천지국을 상당한 시기에 개설할 수도 있다."는 의견을 가지고 있는

데, 이에 대하여 스에모리 전무는 말하되, "나로서는 이 합동에는 찬성하기 어렵다. 대물신용(對物信用)을 목적으로 한 신탁회사가 조신과 합동하여 그 정리 회수를 강제적으로 한다는 것은 생각만 하여도 재미없다. 토지신탁의 평판도 불량해질 것이므로 나는 이 문제에 대해 별로 간섭하고 싶지 않다."

〈자료 273〉 신탁회사 인가는 전선일사주의(全鮮一社主義)? 조선토지신탁에 합병을 종용, 총독부 엄선주의

(《매일신보》, 1931.10.8.)

「조선신탁업령」에 의한 기설 신탁회사의 내인가(內認可)에 대하여는 총독부로서는 내인가 신청에 따를 방침이며 이미 각 도 당국을 통해 각 회사에 신청을 재촉하기 때문에 총독부에 제출될 것이다. 총독부의 엄선주의에 대하여 기설 회사 중 반신반의(半信半疑)를 가진 자는 물론 일류 회사 수뇌부에서도 총독부에 일참(日參)[17]하는데 총독부로서의 속마음은 대체로 조선 내에 1사의 표준으로 볼 수 있는 대로 경성 조선토지신탁을 중심으로 유력한 군산, 부산 신탁회사와 합병하게 할 방침인 것 같다. 총독부 당국이 내지 「신탁업령」 발포와 함께 570여 개의 신탁회사 중에서 결국 2사에 인가를 내주었으므로 조선으로서도 최초는 1사로 충분하며 또 자격이 없으면 전혀 인가하지 않아도 좋다는 말투를 살피건대 1사가량의 인가는 대략 상상하기 어렵지 않고 오히려 장래 이 법규에 기반하여 신규로 신용이 확실한 회사의 신설을 절망할 모양이다.

---

17 매일 찾아가 공을 들임.

〈자료 274〉 불화사혹(弗貨思惑)의 신탁업자를 단속(取締), 대장성의 방침 결정

(《매일신보》, 1931.10.25.)

최근 신탁업자가 외화(外貨) 일본가(日本價) 매입자금의 금융을 이면(裏面) 이유로 불화의 혹(弗貨思惑, 달러 투기)의 경향이 현저하므로 대장성은 향후의 모양 여하에 따라 엄중한 단속(取締)을 할 의향을 가지고 있다.

〈자료 275〉 인가 신탁회사 2, 3사에 불과할까, 북선 방면은 면허 신청을 단념, 엄선주의의 반영

(《매일신보》, 1931.10.27.)

「조선신탁령」에 의한 각 신탁회사의 내면허(內免許) 가부는 늦어도 11월 10일까지 결정되겠는데 인가 회사는 가장 소수로 조선 전체를 통해 2, 3사에 불과할 것 같다. 북선 방면의 신탁회사는 내면허 신청을 단념한 것 같으며 이 내면허 신청과 불허가의 지령을 받을 회사는 20사 이상에 달하겠는데 현재 신탁예금은 약 600만 원으로 인가 예상 회사의 신탁예금은 약 400만 원이고 나머지 200만 원은 「신탁령」 실시 후는 신탁회사의 자격을 상실하여 신탁예금은 「조선신탁령」 실시 후에는 「신탁령」에 의하여 당국에서 단속(取締)하게 될 것이므로 기한 도래와 함께 환급(拂戾, 환불)이 가능하도록 준비하는 회사도 있는 모양이다.

〈자료 276〉 난산 중에 있는 대자본의 신탁회사 배경은 결국 내지 재벌인가

(《매일신보》, 1931.10.31.)

내지 재벌과 연락하여 경성에 있는(在城) 내선 유력자 사이에 계획한다는 신신탁회사는 대체로 총독과 총감의 양해를 얻어 동상(東上)[18]한 한상룡 씨의 귀성, 즉 11월까지 계획의 내용을 공개할 터인데 동 회사는 모 대재벌을 배경으로 하고 전무에 유망한 당업통(當業通)을 둘 터이다. 부동산의 예탁 관리 금융을 주로 하고 금전신탁도 힘을 기울이며 기설 회사를 흡수 합병할 터인데 내지 자금 이입이라는 점으로 보아 신금융기관의 활동으로 상당히 기대한다.

〈자료 277〉 불허가(不許可)의 신탁회사 금일 중 결정

(《매일신보》, 1931.11.10.)

조선 방면에 출장하였다가 곧 귀임(歸任)하였고 각 신탁회사의 신청을 심사함에는 국장의 의향도 듣지 않을 수 없다. 요컨대 면허될 회사는 다소 지령이 연기되겠고, 면허 불능의 회사는 오늘 내일 중 통지할 터이나 업계가 주목하는 목표인 만큼 신중히 결정하지 않을 수 없다고 고지마(兒島) 이재과장은 말한다.

〈자료 278〉 신탁의 내면허 13일 결정

(《매일신보》, 1931.11.11.)

하야시(林) 재무국장은 대연습 참관차 일본에 간 우가키(宇垣) 총독의 최후 결재를 얻기 위해 11일 일본으로 출발할 터인데 신탁회사에 대한 내면허(內免許)는 13일경 허가 회사에 내통(內通)할 모양이다. 인가 가능한 회사는 대개 이미 보도했듯이 군산신탁, 공제신탁, 토지신탁, 부산신탁 외 부산미신탁도 가장 유력한 후보라 한다. 그 이유는 부산미신의 배후에는 부산 유력한 재단이 있으니 부산신탁만 허가하고 부산미신을 불허가는 불가능하다 하며 한편 부산의 각종 금융기관과의 관계를 고려하여 부산신탁과 부산미신 2사의 병립과 합병

18 도쿄에 간다는 뜻.

불가능의 사정을 종합하여 2사가 모두 불인가로 될 설(說)도 있어서 아직 확정적으로 알 수 없으나 부산 두 신탁은 목하 당국의 방침만을 기다리고 있다고 한다.

〈자료 279〉 합병 불성(不成), 조신 및 토신

(《매일신보》, 1931.11.11.)

토지신탁과 조선신탁[19]과의 합병에 대하여 조선신탁 측을 대표해서 지난번부터 요시다 슈지로(吉田秀次郎) 씨가 합병을 제안했었는데, 토지신탁은 누차 중역회를 열고 협의한 결과 합병 조건에 대한 중역 의견의 불일치로 결국 합병을 거절하기로 결정하였다.

〈자료 280〉 신탁회사 인가 조건 엄중

(《매일신보》, 1931.11.13.)

기설 신탁회사 내인가(內認可) 문제에 관하여 고지마(兒島) 재무국장은 말하되, 12월 중에는 총감의 내인가 결재가 있는데 4, 5사에 불과하고 혹 한 지방에 2개 회사를 허가할는지도 알 수 없다. 내인가할 때는 회사 수뇌자와 회견하고 장래의 경영에 관하여 철두철미 의탁자(依託者)의 옹호상(擁護上) 장래 한 점의 불안이 없도록 엄중한 조건을 제시하고 회사가 이를 양해한 후 비로소 정식으로 인가할 것이다. 만약 본부(本府)의 조건을 하나라도 이행할 수 없는 자는 내인가를 취소할는지도 알 수 없다.

19 이때 조선신탁은 인천 지점을 말함.

〈자료 281〉 신청 중의 신탁회사 5사에만 내면허, 「신탁령」은 12월 1일부터 실시, 조건은 채무 정리

(《매일신보》, 1931.11.14.)

올해 6월 9일 제령 제7호로써 공포한 「조선신탁령」은 오는 12월 1일부터 실시하기로 결정하고, 본부(本府)는 본령에 의한 당사자의 신청에 의하여 신중 전형(銓衡)한 결과 경성 조선토지신탁회사, 경성 공제신탁회사, 군산신탁회사, 부산신탁회사, 부산곡물신탁회사 등 5사에 내면허를 발하였다.

1. 본령 시행기일까지 회사에 관한 일체의 채무를 정리함
1. 회사 중역은 본령 시행기일까지 그 회사에 대한 부채를 정리할 필요가 있는데, 만약 불가능한 경우는 본부가 적당하다 인정할 부채 상환 계획을 수립할 것

위와 같이 조건을 붙여 이를 확인한 후에 정식으로 회사에 대하여 인가를 발하게 되었다. 이외에 군산 및 부산에 있는 기설 신탁회사는 당분간 불허가로 결정한 모양인데 현재 조선에는 29개의 신탁회사가 있으니 본부는 향후 충분히 내용을 검토하여 확실하다 인정하는 자에 대하여는 점차 인가할 모양이다.

〈자료 282〉 경인 양취(兩取)의 합병 반대파 비관, 당국에 진정 결과

(《매일신보》, 1931.11.14.)

이미 보도한 바와 같이 인천의 인취(仁取) 합병 반대 진정위원 일행 8명은 12일 오전에 경성으로 올라가 총감, 식산국장, 상공과장, 경기도지사를 역방(歷訪)하여 반대의 진정을 하고 저녁 무렵 인천으로 돌아와 당일 저녁에는 인천공회당에서 연합회 및 주주동맹회의 연합임원회를 개최하여 진정 전말을 보고한 후에야 비밀협의로 옮겨 대책을 강구하다가 심경(深更)에야 산회하였는데 진정위원의 보고에 의하면 당국은 합리합법(合理合法)이면 합병을 허가

한다는 종래의 언명(言明)에 변경이 없을 뿐 아니라 당국의 의향은 인가할 방침인 것이 더욱 명료해졌다고 비관으로 기울었다.

〈자료 283〉 신탁 배당의 협조 희망이 농후, 어려운 문제도 없지 않다

(《매일신보》, 1931.11.18.)

내면허(內免許)를 취득한 5개 신탁회사는 곧 협의회를 열고 신탁 배당에 대하여 내밀히 협조할 모양이다. 현재의 신탁 배당은 모두 연 8푼 1리(8.1%)가량인데 운용 수익과의 관계를 고려해서 또 은행의 예금이자가 낮아서 인하를 희망하는 경향도 있다. 신탁수수료도 문제가 있는데 신탁회사에 따라서는 지금까지 수수료를 정하지 않은 곳도 있고 너무 신탁수수료를 저율(低率)로 해서 곤란한 회사도 있으며 신탁 배당은 성질상 협정할 것이 아니라 어떤 정도의 협조를 희망함은 각 회사 사이에 농후한 모양이다.

〈자료 284〉 토신(土信) 정관 개정

(《매일신보》, 1931.11.29.)

조선토지신탁회사는 회사의 정관 개정을 부의할 주주총회를 27일 오후 2시 10분 소회의실에서 개회한바 출석위임장이 모두 124인 1만 9,000주이고 아라이(荒井) 사장이 의장석에 앉아 개회를 선언한 후 스에모리(末森) 전무는 정관 개정 사정에 대하여 설명하였으며 이케다 초지로(池田長次郎) 씨가 회사의 상태가 순조롭게 진보하고 있음과 「신탁령」에 의한 내인가(內認可)를 얻은 것은 실로 감사하다 말하고 만장의 찬동으로 2시 21분 종료하였다.

〈자료 285〉 은행예금 신탁으로 이동, 갑종은행보다 3푼 3리 높다, 을종보다 2푼 5리 높다

(《매일신보》, 1931.11.29.)

신 「신탁령」에 의하여 면허되는 신탁회사의 예금은 8푼 이상을 계속할 방침인 듯하므로 시중(市中) 갑종은행에 비하여 연 3푼 3리(3.3%) 이상이며 또 을종은행에 비하여 2푼 5리(2.5%) 이상의 고율이나 그 사이의 차가 커서 은행예금의 신탁 이동은 신탁회사가 「신탁령」에 의하여 허가된 특허 회사니만큼 향후 주목될 것 같다.[20]

〈자료 286〉 신탁예금과 은행 측의 태도, 선내(鮮內) 신탁의 협위설은 기우에 불과하다

(《매일신보》, 1931.12.3.)

「신탁령」에 의하여 각 신탁회사가 당국의 엄중한 감독하에 영업하게 되면 그 신탁예금의 이자 현행 8푼 1리(8.1%)는 시중 을종은행보다 2푼 6리 이상이므로 일대 협위(脅威)가 되지 않느냐는 설에 대하여 모 은행 당국은 말하되, '「신탁령」을 실시한 후에라도 현재 신탁회사의 실정으로는 염려할 것이 없다. 따라서 내지 대신탁이 진출하면 이는 대협위가 되지만 이러한 경우에는 8푼 이상의 이자를 붙이기는 곤란하리라' 하여 별로 문제로 삼지 않는 모양이나.

20 1918년에 정해진 은행 간 예금이자에 관한 협정에 가맹하여 을종은행보다도 낮은 갑종의 예금이율을 채용한 은행을 갑종은행이라 한다. 1944년에 갑종과 을종에 대한 구별이 없어졌다.

〈자료 287〉 5 신탁회사 본면허

(《매일신보》, 1931.12.3.)

본면허 신청의 5 신탁회사, 즉 경성 토지신탁, 공제신탁, 부산신탁, 군산신탁, 남선신탁 5사 대표에 대하여 12월 1일 오후 6시경 본부(本府)로 출두하라는 명령이 있음으로 스에모리 도미요시(末森富良, 전무취체역), 요시마쓰 고지(吉松幸次, 감사역), 야마무라 마사오(山村正夫, 전무취체역), 모리 기쿠고로(森菊五郎, 취체역사장), 고스기 긴파치(小杉謹八, 남선신탁감사역) 5씨는 본부에 출두한바 고지마(兒島) 이재과장은 구두로 본면허의 취지를 전달함으로 일동은 곧 물러나 돌아갔는데 2일 오전 10시 반 조선토지신탁에 아라이 하쓰타로(荒井初太郎), 스에모리 도미요시(이상 토지신탁), 하나조에 사키치(花園佐吉), 요시마쓰 고지(이상 공제신탁), 모리 기쿠고로(공제신탁), 야마무라 마사오(부산신탁), 고스기 긴파치(남선신탁) 7씨가 회합하여 다시 본부로 이마이다(今井田) 정무총감 및 관계 국과장(局課長), 기타를 역방했는데, 본면허장은 도청과 부청을 경유하겠으므로 2, 3일 걸리겠다.

〈자료 288〉 신탁회사의 실현은 내년 봄쯤, 재만 동포와 기타 문제도 수상 이하 각 요로에 진언, 조선생명 사장 한상룡 씨 귀임 담

(《매일신보》, 1931.12.4.)

신탁 문제와 기타 재계의 중요 문제를 띠고 1개월 남짓 도쿄에 체재하며 수상 이하 각 대신(相)과 재계 각 방면에 접충(接衝) 중이던 한상룡 씨는 2일 밤 귀성(歸城)하였는데 씨는 왕방(往訪)한 기자에게 다음과 같이 말하였다.

〈금 수출 재금지(金輸再禁)〉

재계 불황과 금융의 경화(硬化)로 전도(前途)를 걱정하였으나 대장성은 권업은행과 흥업 두 은행에 특수금융을 장려하여 궁경(窮境)을 구출하고 한편 각 은행도 채권 회수에 다소 완화적 태도를 취함으로 지방은행의 불상사도 두세 개의 예금 인출 소동(取立騷動)을 듣기는 하였으나 대체로 평온하게 연말(歲末)을 경과할 것으로 생각하며 또한 현재 재계의 일대 문제가 되어 있는 정화(正貨)의 유출도 영국의 금본위 정지 이래 정화 유출은 약 3억 원에 달하였다. 그러나 일단락을 고하여 요즘 일본은행의 정화준비는 5억 3, 4,000만 원으로 감소하였으나 태환제도는 염려할 필요가 없으며 세유카이(正友會)의 금 수출 재금지 방침 천명은 재계의 평판이 좋지 못하기 때문에 나로서는 재금지는 없으리라 생각한다. 장상(藏相)의 태도도 자못 강하여 대미 환율의 상승도 이를 증명하여 원매불매(圓賣弗買)[21]의 해합(解合)도 점차 보게 되는 모양이다.

〈조선미 수매(鮮米買上)〉

문제에 대하여는 11월 중순 조선농업자대회의 결의에 의하여 나에게 전보가 있었으므로 그 결과 총리, 농상(農相), 장상(藏相) 등에게 그 취지를 일단 진정하였는데 농상의 말에 의하면 미곡법을 조선에 연장할는지 조선에 특종(特種)의 미곡법을 발령할는지 모르나 목하 고려 중이라고 하였으며 내지미(內地米)를 수매(買上)하면 자연 조선미에도 영향이 있으나 그보다도 조선미의 직접 수매(買上)가 어떠하냐에 대하여는 법령 개정 후가 아니면 불가능하다고 하였는데 여하간 내년 봄에는 어떻게든지 결정을 보게 될 것이다. 벼(籾) 노적(露積) 금융의 저리자금(低資)은 충분히 가용(可用)이 있으며 농림차관과도 충분히 의견을 교환하였으며 재무국장도 만나 보고 왔다.

〈화재보험료 인상(火保引上)〉

에 대하여는 나노 소선화재(朝火) 중역의 1인이며 나니(谷) 사장이 동상(東上)하여 관계 방면을 종횡분주(縱橫奔走)하였는데 총독부 복안이 있은즉 어떻게든지 해결점을 발견할 것이다. 다니 사장은 1안, 2안을 가지고 있으나 그 내용은 언명할 수 없다. 그러나 중순에는 총감도 동상할 터인즉 이때 어떻게든지 낙착(落着)을 짓게 될 것이나 조선의 실상은 도쿄(東京) 각 방면에서도 잘 알고 있기 때문에 연내에는 해결을 보게 될 것 같다.

---

21 일본 엔을 팔고 달러를 사는 것.

〈신탁계획〉

내가 계획하고 있는 신탁회사는 게이한(京阪, 교토와 오사카)의 미쓰이(三井), 미쓰비시(三菱), 야스다(安田), 스미토모(住友) 등 재벌에게 조선의 실상과 희망을 말하고 양해를 구했는데, 이 계획에는 우가키(宇垣) 총독도 노력 중이다. 하여간 조선에서 부동산을 목적으로 하는 신탁사업은 시세에 적합하다고 생각한다. 재계도 불황이고 연말 관계도 있기 때문에 그 실현은 내년 봄이나 내년 여름이 될 것 같다. 이 점에는 조선 재주 유력자의 원조를 구하는 바이며 또한 마지막으로 말할 것은 수상의

〈수상 전언〉

전언(傳言)인데 수상과 육상(陸相) 및 외상(外相)으로부터 재만 조선인은 가련한 상태에 있으니 가급적 시설을 하고자 노력하겠다 하고 이 뜻을 여러분에게 전언해 달라는 부탁을 받았으며 도쿄에 머무는 중에 시부사와(澁澤) 노(老=翁)가 서거하였는데 이는 일본 실업계를 위하여 일대 손실로 생각한다.

〈자료 289〉 엄선주의에서 각 신탁회사 면허, 고지마(兒島) 이재과장 담

(《매일신보》, 1931.12.4.)

지난 1일 자로 「신탁업령」에 의해 경성에 조선토지신탁, 공제신탁, 군산에 군산신탁, 부산에 부산신탁, 남조선신탁(미곡증권신탁)의 5사에 면허를 부여하였는데, 본면허를 주기 전에 「신탁업령」 시행 전이었지만 지난달에 똑같이 일정한 조건하에 정식으로 면허를 신청하면 면허를 부여하겠다는 내면허(內免許)를 부여하였었다. 이번은 각 회사가 다 그 조건을 구비하여 정식으로 신청하였으므로 인정한 바인데 신탁업은 민중을 대상으로 하는 공공의 금융기관이요 사회적 신임을 기초로 하는 영업인 이상 면허의 전형 기준은 퍽 엄밀하고 따라서 내면허를 부여할 때도 그 자본이 상당히 다대(多大)하고 기초가 확실하며 당국이 제시한 조건에 맞을 가능성이 있을 뿐 아니라 장래 발전성이 있을 것과 다른 지방 금융기관과의 조화도 고려한 터이다. 그리고 내면허를 부여할 때, 각 회사에 제시한 조건은 여러 개가 되어 상

당히 엄중하나 지금 조건마다 일일이 말할 수 없고, 각 회사 공통 기본적 조건으로는

1. 회사의 대차표 자산가액은 1전이라도 실제 가액에 떨어져서는 안 될 것
2. 정실적 대부는 차제에 일소를 기할 일

올봄부터 각 회사 실지검사로부터 세밀한 대면검사에 이르기까지 조사를 계속하였으나 그래도 더 신중한 준비가 필요하므로 본면허를 부여할 때는 관계자를 총동원하여 최종 실사를 실행하였는데 군산과 부산으로 파견한 출장원의 귀청(歸廳)을 기다릴 여가(餘暇)가 없었으므로 전보로 정황 보고를 받아 조건을 확인하여 결국 본면허 수속을 행한 것이다.

〈자료 290〉 토신탁예금 증가

(《매일신보》, 1931.12.6.)

연말 금융 관계는 토지신탁회사에 자금 수요 상태를 보면 신탁예금 담보의 차입 신청은 의외로 적고 예금은 증가하여 이미 90만 원에 달하니 연내 100만 원 접근을 예상하며 부동산담보 대출은 「신탁령」의 실시로 회사가 엄선 방침으로서 임하니 종래보다 감소할는지 알 수 없다.

〈자료 291〉 신탁회사 지점 시기가 상조

(《매일신보》, 1931.12.6.)

군산신탁의 목포 진출, 남조선신탁의 대구 진출설이 있는데 신탁회사는 영업비를 가급적 경감할 필요가 있으니 지점 설치도 신중히 할 필요가 있고 특히 남선신탁의 대구 진출 등은 아직 시기가 아니고 대구에는 다른 금융기관도 매우 많은 경향이 있다.

〈자료 292〉 (사설) 신탁업의 발양 확충

(《매일신보》, 1931.12.6.)

(1) 올해 6월 8일 자로 발포된 「조선신탁업령」은 이번 달 1일부터 시행되어 과거 어떤 준거할 법규가 없이 신탁 유사업을 경영하던 42사 중 5사가 본령에 의한 인가를 받게 되었으며 또 조선 재계의 원로이며 비장군(飛將軍)인 한상룡 씨의 알선에 의하여 자본금 1,000만 원의 일대 부동산신탁회사가 계획되고 있다고 한다. 본래 신탁업은 재산 소유주를 위하여 최선의 관리, 최선의 처분, 최선의 보장행위를 대리하는 업무여서 부의 축적을 목표로 하는 자본주의 경제조직에 있어서는 빼놓을 수 없는 중대 소임을 가진 것이다. 물론 현재 민법에 있어서 무능력자의 후견인, 법정대리인, 법인의 이사, 주재자의 재산관리인, 유언집행자, 상속재산관리인, 청산인 또는 일반 위임대리인 등 재산 소유주의 이익을 옹호하기 위한 대리행위를 인정하지 않는 것은 아니지만 다시 한 걸음 나아가 그 재산에 대한 관리처분권 자체를 다른 곳으로 이전할 수 없게 되어 있고, 또 이러한 방도(方途)가 없는 상황에서는 세태(世態)의 복잡, 경제조직의 진보가 왕왕 적지 않은 불편을 느끼게 하는 바이다. 그리하여 「신탁법」은 즉 이 방도를 강구하기 위한 제도이다. 이로써 조선 경제조직의 기초는 비로소 완비된 바이며 따라서 공업의 발달과 조장(助長)으로 인하여 일반 부력(富力)의 축적 증진을 기대하게 되는 것이 매우 크다고 할 수 있지 않을까.

(2) 3대를 지속하는 부력이 없다는 것이 조선의 현실이다. 그러나 신탁재산에 대하여는 그 신탁 전의 원인에 의하여 생긴 권리 또는 그 신탁 사무 처리에 관하여 생긴 권리에 기초한 경우를 제외하고는 강제집행 또는 이를 경매(競賣)하지 못하는 것이다. 앞으로 일반이 그것을 이용하고 활용함에 있어서는 3대(代)는 고사하고 300대, 3,000대 내지 천양무궁(天壤無窮)으로 부력의 축적과 지속을 기하게 될 것이 아니라 할 것인가.

조선은 오늘날 과도기에 처해 있다. 그리하여 민도(民度)의 발달이 균형을 잃었으며 따라서 대부분은 환경에 대한 처우의 적의(適宜)를 기하지 못하여 의외의 차질, 요외(料外, 예상)의 실패를 초래하기 쉽게 된다.

자수성가한 경험자는 시대에 느리고 대세에 어두우며 또 이를 계승하는 청소년은 경험이 부족하고 실정에 어두워 마침내 패북(敗北) 또 패북을 면치 못하게 되는 것이다. 법으로 보장하는 최선의 관리자로 하여금 그 부력을 관리하게 함이 얼마나 필요하고 또 심히 다행스럽다 할 것인가. 영국은 총유부력(總有富力) 2,360억 원 중 180억 원이, 일본은 동 1,020억 원 중 13억 즉 영국은 총유부력의 5퍼센트가, 일본은 동 1.7퍼센트가 신탁재산에 속해 있다고 한다. 신탁업이 어찌 다만 앞의 사정에만 비추어 필요하다 하겠느냐. 실로 일반적으로 부력의 축적을 기하는 최선 최량의 제도일 것이다.

(3) 선조의 제향(祭享)을 지속하고 묘소를 보관하기 위하여 위토전(位土田)을 설정하는 우리 종래의 관행은 앞으로도 영구히 잉존(仍存)할 것이며 또 그는 우리에게 있는 특수한 미덕이어서 반드시 그 관행의 보존을 희망하는 바이다. 그러나 최근에 위토전을 중심으로 한 분규와 추태가 얼마나 빈발되고 연출되고 있는가. 그리하여 「신탁법」을 이용하면서 이들 불상(不祥) 또 수치(羞恥)의 심한 악현상은 깨끗하게 영구히 제거될 것이다. 이는 또 조선 사회가 신탁제의 시행에 의하여 받게 되는 특수 이득이라 할 수 있지 않을까.

이를 요컨대 조선에 있는 신탁업의 조장 발달은 그가 조선 현재의 실정에 비춰 보거나 또는 경제조직의 완전 발달을 기하는 의미에서 가장 경하(慶賀)하고 희망할 바여서 지금 그것이 착착 진척 계획된다고 하니 무엇보다 축복하고 흔쾌함을 금치 못할 것이라 하겠다.

〈자료 293〉 불면허 신탁회사 내용 조사 착수

(《매일신보》, 1931.12.13.)

지난 12월 1일부터 「조선신탁업령」 시행의 결과 30에 가까운 불면허(不免許) 신탁회사 중에 사명을 변경하고 금융업자로 경영을 지속하는 자와 또 해산하는 자가 있는데 그 실정 조사에 대하여 본부에서는 각 지방청에 통첩을 발하고 조사 중인데 만약 영업 계속자 중 은행 유사의 업무를 행하는 자는 「은행령」 위반으로 처분할 터이다.

〈자료 294〉 전남신탁, 군산과 합병할 것인가

(《매일신보》, 1931.12.20.)

목포 전남신탁은 이번 「신탁법」의 조선 시행에 따라 불행히 불면허(不免許)가 되었는데 그 업적은 얼마 전 정식 인가된 5 신탁회사에 비하여 손색이 없어 본부(本府) 당국도 가급적 다른 신탁회사와 합병을 희망하는데 최근 전북 군산신탁과의 사이에 합병설이 있어 두 회사 수뇌자 사이에 대체로 이의가 없으니 실현성이 충분하다.

〈자료 295〉 신탁회사의 배당 8푼 지속은 곤란

(《매일신보》, 1931.12.25.)

신령에 의하여 인가된 5 신탁회사는 1월부터 신령 지시한 바에 따라 영업하는데 사실상, 금전신탁의 운용을 부동산담보대(不動産擔保貸)로 제한하였으므로 자금의 운용이 뜻처럼 되지 못하여 8푼의 신탁 배당 지속은 곤란하니 조만간 낮아지는 외에 다른 방도가 없고 부동산담보대는 물건 및 대인 신용 등으로 고려하면 1할 이상으로는 운용이 곤란하다.

〈자료 296〉 한상룡 씨 계획 신탁회사 머지않아 실현, 예산 중 보조는 물론 이 회사 자본금은 1,000만 원

(《매일신보》, 1932.1.14.)

조선의 작년 예산은 12일 공표되었는데 그중 10만 원의 신 신탁회사 보조비의 계상이 있다. 작년 가을부터 한상룡 씨가 내지 유력 방면과 교섭하여 조선에 일대 신탁회사를 신설하고자 하여 미쓰이(三井), 미쓰비시(三菱), 스미토모(住友), 야스다(安田), 기타 유력 재벌의 찬동을 얻어 대개 자본금은 1,000만 원으로 할 것이고 위의 보조도 이에 대한 보조비로 발기인 총대인 한상룡 씨에게는 어떤 내명(內命)이 있었다는 설도 있다. 동 회사는 부동산신탁에 주력함은 이미 보도한 바이며 최근 준비가 착착 진척되는 모양이니 머지않아 곧 실현하겠다.

〈자료 297〉 아직은 비판 불능, 아루가(有賀) 식은 두취 담

(《매일신보》, 1932.1.14.)

한상룡 씨의 신탁회사 계획에 대해서는 작년 본부(本府) 당국으로부터 개요를 들었으며 또 한상룡 씨로부터도 내용을 후문(後聞)하였는데 식은이 어떤 점까지 관련 또는 주식을 인수할는지 전연 미정이다. 본부의 회사에 대한 보조예산이 통과한 후이고 또 한 씨도 적극적으로 활약하리라 생각하나 아직 아무런 비평을 하지 못하겠다.

〈자료 298〉 이마이다(今井田) 총감 신탁 보조 사정 설명, 민간 금융 수뇌자에게

(《매일신보》, 1932.1.17.)

이마이다 정무총감은 15일 오찬회에 아루가(有賀) 식은 두취, 박(영철) 상은 두취, 한(상룡) 조선생명 사장, 마쓰바라(松原) 선은 이사, 나카노(中野) 동척 이사를 초대하고 신탁회사, 자작농 창정 및 광산에 대한 보조금을 예산에 계상한 점을 설명하고 각 관계 은행, 회사의 원조를 구하였다.

〈자료 299〉 조선신탁의 말로, 예금 지불 자력(資力) 부족

(《매일신보》, 1932.1.25.)

세간에서 복마전(伏魔殿)으로 보고 있는 인천 혼초(本町) 조선신탁주식회사는 중역의 의옥사건(疑獄事件) 발생 이래 신탁예금 약 24, 5만 원은 지금까지 지불을 거절하고 있는데, 최근 경성 토지신탁회사에 매수(買收)되려는 운동이 일어나 오는 30일 오후 3시에는 동사

〈자료 303〉 내지 신탁예금은 유가증권으로 전환, 화폐가치 급락과 관계있어, 조선에는 별로 영향 없어

(《매일신보》, 1932.2.26.)

금해금(金解禁)을 계기로 화폐가치가 급락한 결과 경제적 무대는 급변하였다. 내지에서는 금전신탁자가 동결(凍結)한 예금을 인출하여 비교적 유리한 유가증권을 사는 경향이 날로 현저하여 신탁회사에 일대 위협이다. 이런 상세(狀勢)에 대해 조선은 가장 둔감적(鈍感的)인데, 즉 조선토지신탁회사는 생각 외로 낙관적 태도를 가지고 금해금의 영향에 대해 완전히 무풍상태(無風狀態)이다. 앞은 회사의 금리가 시중금리보다 약 2푼(2%) 높은 8푼(8%) 고율인 관계로 신탁자는 위험을 감수할 투기적 필요가 없으나 현재 금전신탁액이 점차 증가하니 급격히 내지와 같은 현상이 없겠으므로 회사 측은 화폐가치의 하락에 대해 전혀 문제 삼지 않고 있다.

〈자료 304〉 신탁회사의 보조는 절대 불변, 기설 회사 압박설은 부당, 총독부 당국자 담

(《매일신보》, 1932.3.11.)

총독부에서는 이미 보도한 바와 같이 대신탁주의(大信託主義)에 의해 일대 신탁회사를 창립하게 하고 여기에 10만 원의 보조금을 주기로 결정한 후 추가예산으로 계상하게 되었다. 이에 대해 기설(旣設) 5 신탁회사 측에서는 요컨대 기득권에 대한 압박이라고 하여 신회사에 대한 보조 저지 또는 기설 회사에 대한 10만 원의 보조 요구 등 구체적 운동을 시도할 형세에 있어서 이미 얼마 전 관계자들이 합동하여 구체적 운동에 착수하였다 전한다. 이에 대해 총독부 당국의 의향은 가령 저지운동이 있다 할지라도 총독부가 신회사에 보조금을 교부하기로 결정한 이유가 발달이 지연된 부동산신탁을 조성할 목적에 있는 이상 이에 또 반대가 있다 해서 이를 변경할 수 있는 성질의 것이 아니며 기설 회사에 대한 보조는 그 필요를 인정하지 않는다. 물론 이에 의하여 기설 회사를 압박하는 것 같은 일은 있지 않을 것인즉 결코 압박받는 일은 없을 것이다.

〈자료 305〉 신탁회사 활동과 은행에 위협 적지 않아, 신탁예금의 운용 범위가 확대, 추이를 일반이 주목

(《매일신보》, 1932.3.31.)

조선 내에 있는 5 신탁회사가 신 「신탁령」에 의해 개업한 것은 작년 12월 1일인데 개업 당시 5 신탁회사의 신탁예금은 590만 8,758원으로 이후 점증하여 1월 말 632만 4,274원, 2월 말 662만 2,721원에 달하며, 2월 말 현재는 개업 당시에 비하면 71만 3,963원이 증가했다. 3월 말 증가는 100만 원을 돌파할 듯한데 은행예금은 감소 경향이고 금일 신탁예금의 점증하는 것은 주목할 현상인데 앞의 증가 예금의 회사별 내역은 다음과 같다.

(단위: 1,000원, △: 감소)

조선토지신탁	303
공제신탁	130
부산신탁	277
남조선신탁	50
군산신탁	△50

군산신탁의 감소는 취인소(거래소) 설립에 의한 일시적 현상이다. 위와 같이 신탁예금의 점증에 따라 이의 운용이 문제가 되는 때 지방의 신탁회사는 주로 농경지에 치중하고 시가지 투자를 주도함에 반해 경성의 조선토지와 공제 두 신탁은 시가지에 주력하여 경성을 중심으로 점차 지방도시로 세력을 연장한다. 현재 공제신탁은 최근 북선에 투자하고 조선토지신탁은 호남선 모 도시 개척 계획을 설립하니 이와 같이 신탁회사의 예금 흡수, 자금 운용 범위의 확대는 은행 및 금융조합 세력권에 침입함으로 점차 조선 내 금융계의 주목을 끌고 있다.

〈자료 306〉 신탁예금 지방 환원

(《매일신보》, 1932.4.22.)

조선토지신탁회사에서는 작년 12월 면허 이래 매월 9만 원 정도의 신탁예금이 증가하고 또 지방의 예금도 상당한 것을 감안하여 예금 운용의 범위를 단지 시내로 제한하지 않고 지방에도 이를 환원(還元)하고자 목하 여러 가지로 계획 중이다.

〈자료 307〉 신탁회사와 금조(金組) 연결 여부가 주목

(《매일신보》, 1932.4.29.)

신탁회사의 여유금을 금융조합연합회에 예입함은 제령으로 용인하여 군산도 군산신탁이 전북연합회에 예입하고자 하였으나 이는 결국 이루어지지 못했고 경남연합회도 예금초과로 그리 환영하지 아니하는데 최초 관내(管內) 금융조합과 마찬가지로 6푼 8리(6.8%)로 예입한 것을 6푼 3리(6.3%)로 낮추었다. 다른 연합회 중에는 차입금이 많은 자도 있으니 이들은 신탁회사의 예금을 환영하니 장래 신탁회사와 금융조합의 연결 여부는 다대한 의미가 있는 문제이다.

〈자료 308〉 신탁회 총회, 각지 제안을 협의, 3일 오전 중 상황

(《매일신보》, 1932.5.4.)

조선신탁협회 제1회 통상총회는 3일 오전 10시 45분부터 토지신탁회사 2층에서 개최하였는데 출석자는 아라이(荒井), 스에모리(末森), 가와바타(川畑)(이상 토지신탁), 하나조노(花園), 요시마쓰(吉松) (이상 공제신탁), 야마무라 (山村, 부산신탁), 미키(三木, 남선신탁), 히라하루(平春, 군산신탁)의 8명이고 아라이 협회장이 의장석에 앉아 제1호 의안인,

1. 1931년(昭和 6)도 재산목록 사무보고 및 수지결산서 승인의 건

원안대로 가결하고 제2호 의안과 회원 제출 의안에 들어감

1. 관청과 업자가 협조하여 신탁사상의 보급 및 선전을 여행(勵行)할 방법에 관한 건(남선신탁 제출)

각종 의견 개진이 있었는데 결국 업자가 주체로 관청 방면의 원조를 받아 특히 학교 교과서 등에도 신탁 관계를 게재하도록 당국에 요망하고 실행 방법은 다시 협의하기로 하였다.

2. 내지 자금 이입에 관한 시설(토지신탁 제출)

스에모리 토지신탁 전무로부터 내지 자금을 상당한 방법으로 한 회사나 여러 회사가 공동으로 도입하는 것은 조선 금융과 산업개발을 위해 필요하다고 말했는데, 부산과 군산은 현재 내지 자금을 도입하고 있으니 이의가 없는 방법이라고 협의하게 되었다.

3. 겸영 업무 중에는 공법인(公法人)의 수납 대리 사무 추가 요망의 건(남선신탁 제출)

미키 남선신탁 지배인이 요망의 취지를 설명하고 참석 관원과 회원 사이에 문답이 있었는데, 결국 제안 중 말미에 「관계 제도 개정 요망의 건」을 개정하였고 정오에 고지마(兒島) 이재과장이 출석하였다.

〈자료 309〉 신탁협회 총회, 각지 제안을 협의, 3일 오후의 상황

(《매일신보》, 1932.5.5.)

조선신탁협회 총회는 오후 1시 재개하고

4호 의안 신탁회사 업무는 모두 신탁업으로 인정하도록 결정할 것을 요망하는 건(남선신탁 제출)

5호 영업세 부과 방법 변경 요망의 건(군산신탁 제출)

내용에 공통성이 있으므로 일괄 부의한바, 스에모리 토지신탁 전무로부터 본부 세무 당국과 절충한 전말(顚末)에 대한 이야기가 있었으며 고지마 과장과 동업자 사이에 문답이 있었다. 신탁 과세가 은행이나 동척 등에 비해 고율로 1종 대금업으로 간주하니 은행 동례(同例)의 요망이 있었는데 고지마 과장은 담세력(擔稅力)에 관한 상당한 재료를 제출함이 필요하고 또 세법 관계상 현재 과세는 부득이하다. 그러나 총회의 의견은 의견으로 청취한다고 하였다. 결국 4, 5를 일괄하여 대금업자와 동일하게 취급하는 것은 곤란하다는 의미로 영업상 자금운용 중 대부금에 대하여 세율을 낮추기를 바란다고 하였다.

6호 의안 5호로 수정, 내지 신탁협회에 가입의 건(남선신탁 제출)

내지와 연락을 밀접하고 각별하게 행동하지 않아 협회에 가입함이 필요하다는 의견에 대하여 경비, 기타 관계를 스에모리 씨가 말하고 자격에 대하여 내지 신탁협회의 정관이 본방(本邦)의 법규로 되어 다소 의의(疑義)[22]가 있다고 한다. 이에 대하여 이사회사인 토지신탁에 일임하고 오후 2시 20분 폐회하였다.

〈자료 310〉 신탁 배당 감소, 당분간 적극 저지, 각 사(社) 적극적 활동

(《매일신보》, 1932.5.12.)

신탁회사의 금전신탁은 신령(新令) 실시와 동시에 회사의 신용 향상, 기타가 원인이 되어 점차 증가로 다소 운용난의 기미도 있다. 현재는 남조선신탁이 7푼 5리(7.5%)의 배당을 실시하는 이외에 모두 8푼(8%)의 배당으로 하나 조만간 배당은 점점 감소하리라 관측된다. 신탁 배당은 각 사가 모두 경영의 기초적 숫자인 300만 원에서 500만 원의 금전신탁을 갖기까지는 오로지 금전신탁의 증가에 노력하는 모양이다. 그때까지 8푼(8%) 배당을 적극적으로 유지할 것 같다. 경우에 따라서는 「신탁령」에서 인정하는 신탁회사의 이서(裏書)가 있는 어음(手形) 형식으로 신탁회사와 상호 연계를 유지하여 자금의 운용 수익(利廻) 저하를 방지하는

---

22 의심되는 부분.

안도 있고 내지의 금전신탁을 유치하기 위하여 크게 노력할 것 같다.

〈자료 311〉 신탁회사 설립, 민간도 적극적 태도

(《매일신보》, 1932.10.16.)

자본금 1,000만 원의 대신탁회사 설립은 머지않은 장래에 구체화하겠는데 재계 불황인 오늘날 이런 채산 불확실한 대회사를 단지 보조 목표로 설립함은 당국 방침에 민간 측이 맹종하는 것이라는 비난이 있고 그의 관계 은행 측은 이에 대해 말하되 「신탁령」이 발포될 시 인가 기설 5 회사에 대하여 당국은 대회사 신설에 대하여 언명하였으니 신회사 설립은 기정 방침이며 계획서 작성 전에 보조를 예산에 계상하고 의회의 승인을 얻어 마치 민간 측에 억권(抑勸)하는 감이 있으나 사실은 그렇지 않다. 즉 계획서 작성을 함에 있어서 하야시(林) 재무국장은 완전히 백지로 임하여 보조 등은 염두에 두지 않고 채산 본위로 설립할 희망을 말하였으니 우리도 이 방침에 따라 계획서를 작성하였다. 그 결과 적당한 연한(年限) 보조를 받으면 회사 경영이 가능하다는 결론을 얻어 마침내 신 회사를 설립하기로 했다. 물론 계획서 자체에는 보조 내용을 계상해 넣지 않고, 특히 부동산신탁을 주로 하는 이상 지금 설립하나 5년 후 설립하나 동일한 문제이니 조속히 착수하는 것도 한 방법이다.

〈자료 312〉 신탁회사 빌기인회, 가토(加藤) 씨 귀성 후

(《매일신보》, 1932.10.30.)

가토(加藤) 선은 총재는 하루 이틀 정도 만주국 신경(新京)에 출장하여 집정(執政) 및 무토(武藤) 전권(全權)에게 인사하고 대련(大連) 지점을 시찰한 후 곧 귀성할 예정이다. 최초의 일정은 각지 지점을 시찰할 예정인바 신탁회사의 창립위원장으로 여러 가지 중요 업무가 있어 이 일정을 변경하고 귀성(歸城)을 급히 하며 귀성 후에는 곧 신탁회사의 발기인회를 개최하고 회사 설립의 준비를 완료한 후 다시 도쿄로 갈 예정이다.

〈자료 313〉 하야시(林) 재무국장과 기설 신탁 대표 회견, 각자의 입장을 개진

(《매일신보》, 1932.11.2.)

조선신탁회사 설립 준비사무는 창립위원의 손에 의해 착착 진행 중인데, 한편 기설 5 신탁회사 처리 문제에 대하여 하야시 재무국장은 대표자 5명을 31일 오전 10시 본부로 초치(招致)하였다. 스에모리(末森, 경성), 모리 (森, 군산), 요시마쓰(吉松, 공제), 스기무라(杉村, 남조선), 야마무라(山村, 부산) 등 제씨가 출석하고 하야시 재무국장으로부터 대신탁회사는 목하 창립위원의 손에 의해 모든 준비가 진행되어 연내 설립을 보겠는데 기설 회사도 가급적 합동 참가를 적극 희망한다고 참가를 알선하였다. 이에 대해 대표자 측은 합동 참가에는 아무런 이의가 없으나 흡수 방법과 흡수 합병의 중심점을 질문한바 하야시 국장은 창립위원회와 절충해 달라고 답했다. 대표자 측도 이를 양해하고 회담 약 2시간이었는데 그 결과 향후 기설 회사와 조선신탁회사 창립위원회와의 직접 교섭에 들어가게 되었는데 일반적 관측으로는 기설 회사의 영업권 평가가 가장 난초(難礁)이므로 결국 총독부 당국이 조정하여 양쪽을 알선할 것이라 예상한다.

〈자료 314〉 기설 신탁의 태도, 합류 비합류 추후 결정

(《매일신보》, 1932.11.2.)

기설 5 신탁회사 대표는 31일 본부에 출두하여 신설 회사 합류에 대하여 권고를 받았는데 본부 퇴출 후 선은(鮮銀)으로 마쓰바라(松原) 이사를 방문하고 여러 가지로 간담한 후 조선토지신탁에 회합하여 합류 문제에 관하여 의견을 교환하였다. 5 신탁회사는 각각 내용이 서로 달라 합류 문제에 대한 태도가 다르기 때문에 동일한 보조를 취하는 것이 매우 어려운데 결국 잠시 형세를 관망해야 한다고 의견이 일치되었으나 합류, 비합류의 결정은 신설 회사 창립 후 각 사(社)가 각각 결정할 형세이다.

〈자료 315〉 신탁회사 발기인회와 주식의 모집 방법, 가토(加藤) 위원장 발표

(《매일신보》, 1932.11.10.)

조선신탁회사 발기인회는 8일 오후 2시부터 선은(鮮銀)에서 발기인 42명(10명은 위임장) 출석하여 창립취의서, 사업계획서, 정관을 원안대로 결정하고 창립위원에는 창립준비위원 가토 게이사부로(加藤敬三郎), 아루가 미쓰토요(有賀光豐), 다카야마 나가유키(高山長幸)[23], 민대식(閔大植), 박영철(朴榮喆), 아라이 하쓰타로(荒井初太郎), 한상룡(韓相龍) 7명을 선임하고 가토 선은 총재가 위원장에 선출되었다. 발기인은 주로 조선 내에 있는 기설 신탁 책임자, 지방유력자, 대지주의 범위에서 선정하고 찬성인은 내선(內鮮)을 통하여 의뢰장을 발송하였는데 오늘까지 100명이 승인하였다. 창립총회는 12월 15일 개최하기로 결정하였는데 주식 모집 요항은 다음과 같다.

자본금	1,000만 원
1주 금액	50원
모집 주수	2만 주
	2만 주 중 18만 주는 발기인 및 찬성인 인수
신청 단위	10주
신청 기간	11월 15일부터 11월 19일까지
	단, 모집 상황에 따라 기간 내라도 이를 마감한다.
신청 증거금	1주에 대해 2원 50전
제1회 불입금	1주에 대하여 12원 5-전(증거금 병산[倂算])
불입 월일	11월 25일부터 11월 30일까지
모입(募入)[24] 결정 방법	응모 초과 때는 발기인이 적당하게 결정한다.

23 後藤朝太郎 編, 『高山長幸: 孤竹』, 孤竹會, 1938年(일본 국회도서관 디지털아카이브(개인 송신)).

24 유가증권 응모자 중에서 할당받을 사람을 결정하는 일.

〈자료 316〉 조선신탁 수뇌부 선정, 조선은행에서 회합 협의

(《매일신보》, 1932.11.25.)

조선신탁 주식 모집 선후 처리도 낙착되어 창립총회 개최 준비에 착수하였는데 우선 회사 수뇌부를 결정할 필요가 있어 사장 이하 인선에 대하여 동상(東上) 중인 가토(加藤) 총재, 아루가(有賀) 두취 및 다카야마(高山) 총재가 협의한 결과 지명(指命)의 타전(打電)이 있어 24일 오전 10시부터 다니(谷) 조선화재 사장, 다부치(田淵) 동척 이사, 야나베(矢鍋) 식은, 마쓰바라(松原) 선은 이사 4명이 선은에서 회합하고 인사 문제, 기타에 대하여 협의하였다.

〈자료 317〉 조선신탁 초과 주 처분, 현물단 투자가 주목

(《매일신보》, 1932.11.25.)

조선신탁의 응모 초과 주 약 1만 주 처분에 대해서는 도쿄 응모자인 현물단(現物團)과 전보로 교섭 중인데 현물단 신청 주 약 2만 주 중 9,100주를 수납하고 잔여 1만여 주의 초과분은 신청을 철회하여 초과 주의 처분이 결정되었다. 종래 현물단의 조선에 대한 투자가 식산채권 인수에만 한정되었으나 이번에 처음으로 주식투자를 보게 되었으니 현물단과 관계를 연결하게 된 것이 가장 주목된다.

〈자료 318〉 조선신탁 사장 다니 다키마(谷多喜磨) 씨로 내정

(《매일신보》, 1932.11.25.)

조선신탁회사 신사장은 조선화재 사장 다니 다키마(谷多喜磨)[25] 씨로 내정하고 동씨는 이

25 1884~1952. 사가현(佐賀縣) 출신으로 1909년 도쿄제국대학 법과대학을 졸업하고 고등문관시험에 합격했다. 통감부 판사가 된 후 조선총독부 사무관을 시작으로 충청북도 재무부장, 황해도 재무부장, 충청남도 재무부장,

삼일 중 동상(東上)하여 가토(加藤) 선은 총재, 아루가(有賀) 식은 두취, 다카야마(高山) 동척 총재 등과 회견하고 회사 창립에 관하여 협의하였다.

〈자료 319〉 조선신탁과 기설 회사의 관계, 대체로 합병 기운이 농후, 각 요구 조건이 문제

(《매일신보》, 1932.11.29.)

조선신탁의 기설 신탁 합병 문제는 조선신탁이 12월 15일 창립총회를 개최한 후 각 신탁과 별개로 합병 교섭을 행하게 되었다. 다니(谷) 사장이 비교적 조선 사정에 정통하고 또 관계 방면의 비평도 양호하니 이 점은 원만하게 문제가 해결될 것 같다. 기설 신탁 중에는 주식 교부만 바라는 경향도 있고, 또 현금 교부를 희망하는 자도 있으며, 그밖에 또 주식과 현금 양쪽 교부를 희망도 있다. 조선신탁으로는 주식 교부가 불리하니 주식 교부는 선은, 식은, 동척 3자로 안분 양도하게 되겠다. 요컨대 기설 신탁의 희망은 가급적 존중할 생각이니 이 점의 절충이 난관이지만 기설 신탁은 현재 대체로 합류의 분위기가 농후하니 내년 봄이 되면 합병 문제에 따라 상당히 논의가 이루어지겠다.

-조선화재보험 회사 며칠 내로 정할까-

조신(朝信) 사장이 될 다니(谷) 조선화재보험 사장은 27일 저녁 무렵 도쿄에 도착하여 이삼일 중으로 신탁 사상에 취임할 요선을 가토(加藤), 아루가(有賀), 다카야마(高山) 세 사람과 협의하고 화재보험 사장 후임에 대하여 대주주인 아루가, 가토 두 사람과 협의할 예정이다. 이에 따라 후임자의 결정을 보는 대로 임시총회 소집 통지 지령을 본사에 전보로 하리라 한다.

농상공부 수산과장, 강원도 내부부장, 경성부윤, 평안북도 지사를 역임했다. 1929년에 취임한 경상남도 지사를 마지막으로 퇴관하였다. 이후 조선화재해상보험 사장, 조선신탁 사장, 한강수력전기 사장, 조선어업조합중앙회 회장을 지냈다.

〈자료 320〉 조신(朝信) 서무과장 하리마(張間) 씨로 내정?

(《매일신보》, 1932.12.6.)

총독부 회계과장에서 중추원 서기관으로 옮겼다 퇴관한 하리마 겐시로(張間源四郎)[26] 씨는 조선신탁 사장으로 내정한 다니(谷) 씨의 추천으로 조신 회계과장 또는 서무과장으로 입사하기로 결정하고 목하 창립사무소에서 창립 사무를 취급한다. 이는 다니 씨가 경남지사 시대에 동씨가 내부부장으로 있던 연고 관계인 듯하다.

〈자료 321〉 조선신탁에 대한 동척 투자는 일시적, 달리 긴급한 사업이 있다 하여, 이면의 사정은 복잡

(《매일신보》, 1932.12.6.)

동척의 조신에 대한 작금의 태도에 대하여 여러 가지 부설(浮說)[27]이 전하는데 조신 창립의 직접 계획자이고 선은, 식은과 함께 동사의 대주주인 동척이 선은과 식은이 바라는 상무 중역의 추천을 완곡히 거절하고 다시 또 지주(持株) 5만 주를 영구히 가질 의도가 결여한 것은 동척 자체의 의사가 아니라 척무성의 종용에 따른 것이다. 하지만 척무성이 이런 문제에까지 간섭하게 된 이면에는 여러 가지 복잡한 사정이 깔려 있어 이번 조신에 대한 동척의 투자에 대한 반대는 동척 현세(現勢)로 보아 달리 행할 사업이 있다는 이유하에 행한 것이다. 그리고 이 결과 당연 야기한 동척의 조신 주 처분은 곧 가토, 아루가, 다카야마의 세 거두 회의에서 정치적으로 해결하기로 되었는바 대부분은 기설 신탁의 매수(買收) 때 교부하게 될 주로 유용될 모양이라 한다.

---

26 1886년 아오모리현에서 태어났다. 1912년 도쿄제국대학 법과대학을 졸업하고 고등문관시험에 합격해 가가와현과 나라현 등에서 근무하였다. 1919년 6월 조선총독부 참사관으로 부임하여 고등토지조사국 위원 등을 지냈다. 1921년 5월 현재 내무국에서 근무하고 있었다. 한국사데이터베이스 한국근현대인물자료.

27 유언비어.

〈자료 322〉 조선신탁의 진용 25, 6일경 결정

(《매일신보》, 1932.12.22.)

조선신탁의 직제 및 인사는 25, 6일경 중역회에서 결정할 터인데 대체 다음과 같을 모양이다.

1. 지배인(취체역 겸임)은 당분간 이를 두지 않고 기설 신탁 합병 때 이 방면에서 선임한다.
2. 지배인대리 미키 세이이치(三木淸一) 씨
3. 3부제로 신탁, 운용, 서무 외에 비서실을 설치한다.
4. 신탁부장으로 식은의 오카자키 다쿠(岡崎卓) 씨, 운용부장은 선은으로부터 하루 이틀 중으로 입사하고 서무부장은 미키 세이이치 씨가 겸임한다.
5. 비서실 수석은 하리마 겐시로(張間源四郎) 씨
6. 참사(參事) 하야시 시게루(林繁) 씨, 이토 다쓰지로(伊藤辰次郎) 씨

〈자료 323〉 신탁사업의 순조발달(順調發達)을 기망(企望), 불황의 고민시대는 이탈, 조선신탁회사 취체역 회장 한상룡

(《매일신보》, 1933.1.1.)

1931년(昭和 6) 12월 이누카이(犬養) 내각이 단행한 금수출 재금지를 원인으로 작년 초의 우리 재계는 갑자기 호경기로 바뀌어 미국에 대한 환율은 재금지와 함께 일거에 40불대로부터 34불대까지 하락하였다. 대외 화폐가치의 폭락도 통화팽창을 예상한 투기와 환물운동(換物運動)에 따라 직접 물가 및 주식시장에 반영하고 각 상품도 일제히 가격이 상승하여 재계는 전면적으로 활황을 보여 다소 불황의 심각화를 방지한 감이 있다. 그런데 이 물가 상승은 가상적 수요에 기초한 것이니 실제 구매력은 임금(勞銀)의 저하, 농촌의 불경기와 물가고로 인해 반대로 감퇴하는 한편 미국의 불황과 상해(上海) 문제 등에 따른 수출무역 부진으로 생산과 소비의 모순이 확대되었다. 3월에 만주국의 성립이 선언되면서 산업계는 만몽경

기(滿蒙景氣)의 출현을 꿈꾸었으나 중앙 정국의 불안은 비책(秘策)의 확립을 보지 못하고 재계의 반동은 물가와 주식을 일제히 반락(反落) 정세로 전환하게 만들었으며, 금재금(金再禁) 경기는 겨우 3개월로 전락하는 부득이한 상황에 이르렀다.

농업공황은 세계적 현상인데 아국(我國)의 농업은 특히 그 타격을 많이 받으며 흉작에 더해 미가는 하락하고 고치가격(繭價)의 등락과 수견고(收繭高)의 감소로 그 고통이 배가하고 몇 년 동안 계속되는 공황은 급격히 그 심각함을 더하여 궁핍의 극에 달한 농민은 초근(草根)으로 생활하는 참상이다. 그 경제적, 사상적, 정치적 영향은 쉽지 않은 사태가 출현하였다. 5월 15일 흉변(凶變) 후를 습(襲)하여 거국일치 사이토(齋藤) 내각이 출현하였는데 재계의 실세(實勢)와 요망은 '인푸레숀'[28] 정책으로 전향하는 부득이한 상황에 이르렀다. 3월과 6월 두 번에 걸친 일은(日銀)의 이자율 인하로 인해 저금리정책을 취하는 외에 특은(特銀)을 통해 저리자금의 대출을 확장하고 다시 7억 원의 공채 증발(增發), 일은의 보증준비 확장, 한외발행세(限外發行稅)의 인하, 위체관리상도자방지법(爲替管理上逃資防止法), 관세의 대증징(大增徵) 및 시국광구(時局匡救)의 법안들은 6월과 9월 두 임시의회에서 가결되었다.

조선도 당국은 농촌구제의 시설로 궁민구제의 토목사업 및 철도 예정선의 기공 등으로 임금(勞銀)의 살포(撒布)를 도모하고 다른 한편 미가와 견가(繭價)의 등귀로 농촌에도 다소나마 호영향을 미쳤다. 그런데 '인푸레숀' 정책 전향은 점차 확실해져 재계는 점차 좋아지고 8, 9월부터 하락한 대미국 환율(對米爲替)은 우리 상품업계에 다대한 자극을 주고 물가는 점차 상승하여 주식시장도 눈에 띄게 호전하였을 뿐 아니라, 다른 한편 수출무역은 환율 하락과 증산 경쟁으로 인한 제품가격 하락(製品低)으로 수출고가 급증하여 하반기의 수출초과(出超)를 보이고 희유(稀有)의 활황을 보였으므로 일시적이나마 일반 경제력 회복의 노정을 걷게 되리라 기대하는 바이다. 이에 우리 조선 경제계에 있는 획기적 사태는 특필(特筆)할 것은 혹은 재산 처리 방법에 헤매고 혹은 자손 친척의 낭비 분쟁 등 여러 가지로 재래의 재산이 매일 감소하여 생활난에 빠지는 사태를 자주 보게 되니 이는 실로 한심한 바로 사회에 있어 중대 현상이다. 이 대책을 강구하기 위해서는 우선 현존 재산을 보호하여 그 안을 도모하는 것이 무엇보다도 급무이다. 그 최선의 방법은 재산신탁이 제일이라는 것은 구미 선진

28 인플레이션.

국의 사례를 통해 명료하다. 조선은 옛날부터 부인 혹은 아동의 재산으로 그 관리를 신뢰할 친척에게 맡기고 지방의 지주도 그 금전 취급을 도회지의 견실한 상인에게 예치하는 사실이 있었으나 합법적 신탁제도는 1931년(昭和 6) 「신탁법」의 운용에 관한 법령 「조선신탁업령」과 동 「시행규칙」의 발포에 의해 확립되고 또 나아가 작년 말 대신탁회사의 설립을 보게 되었다. 중요한 것은 법령 제도의 충실로 충분하지 않고, 방침과 운용이 잘 이루어져야 비로소 복리증진을 기할 수 있다. 회고하면 작년 재계는 실로 다망(多忙)했고, 이밖에 상해사건(上海事件)으로 대미 관계가 극도로 긴장하여 전시경제의 의식이 현저하게 강해졌는데, 만주국 성립과 함께 일만경제(日滿經濟) 관계는 자연 해결을 보게 되어 일반적으로는 심각한 세계공황 타개(打開)에 각종 제안이 있다. 농촌의 공황은 가장 심혹(甚酷)하여 5월 15일 사건 이래의 농촌운동으로 표면화하고 이에 통제경제의 문제, '인푸레숀' 문제와 농업문제 등도 여러 입장으로 나타나는데, 이상 각종 자극으로 재계의 시장심리(人氣)는 7, 8월경부터 점차 호전하여 수출 증가를 나타내고 금융의 일대 완화를 이루어 8월부터 '인푸레숀' 경기가 급속하게 재계에 나타났다. 신년도의 '인푸레숀' 역시 작년도보다 못하지 않을 것임은 쉽게 알 수 있겠다. 오랜 불황에서 벗어나는 것은 물론 쉽지 않겠지만 심각한 고뇌의 시대는 과거의 사업으로 이를 청산하고 광명으로 가득찬 갱신(更新)의 올해를 맞이하게 되었다.

〈자료 324〉 조선신탁 7일 개업, 신청이 상당

(《매일신보》, 1933.1.7.)

조선신탁회사에서는 개업 준비가 정비되어 내일 7일부터 개업하게 되었는데 동사 미키(三木) 지배인은 말하되 내일부터 개업할는지 금전신탁 및 부동산신탁의 신청 있고 주로 조선인 측이 많은 모양이다. 기설 회사와의 합병 문제에는 조건에 달려 있어 무리하게 합병할 필요는 없다. 갑을(甲乙) 두 은행이 병립하는 것처럼 신탁회사도 대중소(大中小)의 신탁회사가 병립할 수 있는데 합병이 성립되면 물론 이 이상 좋은 일은 없겠다.

〈자료 325〉 조신(朝信) 개업과 금전신탁의 성황, 오전 중 2만여 원

(《매일신보》, 1933.1.8.)

조선신탁주식회사는 7일부터 개업하였는데 오전 9시 각 부서(各係)는 일제히 사업을 개시하였다. 동사는 자력(資力, 자본금) 1,000만 원을 보유하여 신용이 다대하고 경성 현은(現銀) 갑종 정기(예금)보다 연 1푼 3리(1.3%), 을종 정기보다 5리(0.5%)의 고율인 관계상 금전신탁은 오전 중 이미 13건, 금액 20만 원에 달하고 부동산신탁 신청도 4, 5건이 있다.

〈자료 326〉 보통은행과 조선신탁의 관계, 예금 흡수상 협위(脅威)를 면하기 어렵겠다, 근간 대책 수립 예정

(《매일신보》, 1933.1.11.)

부내(府內) 본점은행에서는 조선신탁의 개업과 함께 그 업적 추이에 대하여 비상히 주목한다. 신탁예금이 6푼 2리(6.2%)로 을종은행의 예금이자보다 7리(0.7%), 갑종은행에 비하면 1푼 5리(1.5%)의 고율이므로 장래 예금 흡수상 상당히 위협을 느낀다. 그러므로 근간 회합하여 어떤 대책을 수립하는 동시 본부 당국에도 진정할 모양이다.

〈자료 327〉 토지신탁 조신(朝信) 흡수 지난(至難)

(《매일신보》, 1933.1.22.)

조선신탁의 기설 신탁 흡수 병합의 경우 부산남선신탁은 가능성 있으나 경성 조선토지신탁은 현재 160여만 원의 신탁예금이 있고 토지, 가옥 등 부동산을 소지하였으므로 합동은 토지신탁 측이 환영치 않으니 가토(加藤) 선은 총재가 알선하여도 토지신탁의 신탁부만 흡수하는 데 그칠 것 같다.

〈자료 328〉 조선신탁 내지 진출 적당

(《매일신보》, 1933.1.26.)

조선신탁에서는 금전신탁의 흡집(吸集)에 노력하고 있는데 현재 금전신탁 40여만 원 중 내지와 관계된 것은 5만 원 내외로 최근 교섭 중인 자가 10만 원 있다. 조선신탁이 6푼 2리(6.2%)라는 고금리로 조선 내의 자금을 흡집함은 조선에 본점을 둔 은행(地場銀行)과 지점은 행의 상권(商圈)을 침해하게 되어 장래 상당한 논의가 일어날 것이므로 조선신탁으로서는 될 수 있는 대로 내지의 자금을 조선에 가지고 오는 방침을 취하는 것이 지금 수긍할 만한 방침이라고 한다. 물론 내지에 신탁은 현재 증권 투기열로 신탁 신청이 점감해 가는 경향이 있으나 적어도 6리(0.6%) 내지 5리(0.5%) 높은 금리를 이용하여 이들 유자(遊資)를 흡수함은 그다지 곤란하지 않다. 조선신탁이 이런 점에 대하여 상당이 연구하고 있으므로 다음 달이 되면 다니(谷) 사장이 내지에 출장하여 이들에 대한 실정조사(實情調査)를 하는 동시에 권유하게 될지도 모른다 한다.

〈자료 329〉 조선신탁과 기설 신탁의 합동, 당분간 실현 곤란

(《매일신보》, 1933.2.25.)

조선신탁과 기설 신탁의 합동 문제는 조선신탁의 개업 이래 2개월이 되나 아무것도 표면화하지 않는 것은 주목하는 바이다. 기설 신탁 측의 태도는 남소선신탁이 다소 합병에 대해 고려하고 다른 4사는 거의 문제시하지 않는다. 즉 공제신탁은 예금이 계속 격증 경향이고, 소규모(小口) 신탁이 사명(使命)인 동사로는 완전히 조선신탁에 대항할 자신이 있는 모양이며, 군산신탁도 사업계획을 확장하여 목포에 지점 설치를 계획하여 조선신탁과의 태도는 조금도 없다. 이외에 조선토지신탁, 부산신탁 역시 합동의 의사가 없는 것 같다. 이에 대해 조선신탁도 최근 당초 설립목표인 기설 신탁의 흡수 합병에 대해 관심을 가지지 않는 태도이고, 기설 신탁이 각각 독립하여 업적이 상당한 이상 그 자산평가 내지 영업평가에 대해 기설 신탁의 주장은 강경하겠으니 기설 신탁과의 합동은 당분간 구체화하지 않을 것 같다.

〈자료 330〉 조선신탁과 기설 신탁의 합동, 당국은 기정 방침대로 합동 종용, 조건에 난관 적지 않아

(《매일신보》, 1933.3.14.)

조선신탁과 기설 신탁의 합동은 기설 신탁의 방관 상태로 당분간 실현되기 어려워 이에 대한 총독부의 방침이 주목된다. 총독부는 신탁합동이라는 기정(旣定) 방침을 가지고 동 문제에 의해 나아갈 모양으로 기설 신탁에 적극적으로 합동 종용을 행하고자 하는 분위기가 보인다. 그러나 목하 하야시(林) 재무국장, 니시자키(西崎) 이재과장이 도쿄에 가서 부재중이어서 확실한 내용을 알 수 없으나 니시자키 이재과장이 이번 달 중순 귀성 후 합동에 관한 당국의 방침을 확립하는 동시에 본격적으로 진행하겠다. 그런데 기설 신탁의 태도가 상당히 강경하니 합동 조건, 기타 재정(裁定)에 상당이 어려운 문제가 생길 것 같다.

〈자료 331〉 조선신탁 내지 진출 적극적 권유

(《매일신보》, 1933.3.14.)

조선신탁은 금전신탁의 흡수에 주력하는데 오가타(緖方) 신탁부장은 지난번 남선 쪽으로 출장하여 신탁 권유에 전력하였고 또 근간 내지에도 출장하여 내지 자본의 조선 유치 의미로 도쿄, 오사카 쪽 투자가에게 적극 권유할 예정이다. 조선신탁의 금전신탁은 이미 100만원에 달한다.

〈자료 332〉 내지 부동산신탁 미미 부진 상태, 다니(谷) 조선신탁 사장 담

(《매일신보》, 1933.4.6.)

내지에 출장했다가 4일 저녁 귀임한 다니(谷) 조신 사장은 말하되, 도쿄, 오사카, 고베(神戶) 쪽을 시찰했는데 내지의 금전신탁은 1927년(昭和 2), 1928년(昭和 3) 무렵부터 그다지 증가하지 않고 있고 금전신탁 배당률은 최저 5푼(5%), 최고 7푼(7%) 정도이며 부동산신탁은 미미하여 부진한 상태이다. 최근의 금전신탁고는 11억을 돌파하고 업계는 합동에 관한 참고 자료가 거의 없는데, 각 관계 방면을 역방(歷訪)한바 조선에 대한 인식이 대단히 부족하니 평소 선전 노력이 필요하다. 내지 자금 흡수에 대해 논했는데 내지의 2년에 대해 조선의 신탁기간 1개년은 상당한 강점이다. 재계 불안한 오늘 장기신탁을 택하는 의향이 많은 점도 주목할 터이다. 부동산신탁도 내지보다 조선이 어떤 의미에서 볼 때 진보하였다. 소위 조선 옛날의 투탁(投托) 관념은 신탁과 합치(合致)하는데 벽지(僻地)로부터 진보되어 신탁을 요생(要生)[29]하게 하는 경향을 통해 보더라도 알 수 있을 것이다. 조선 내 신탁 합동도 현재 각 회사의 자산 부채 상태, 기타를 조사 중인데 도쿄는 하야시(林) 재무국장, 가토(加藤) 선은 총재와 회견하고 대체의 사정을 말했으며 합동 교섭은 조사 완료 후 개시해도 무방하니 시기는 아직 알 수 없다.

〈자료 333〉 조선신탁, 기설 신탁의 합병 극비리에 준비 중

(《매일신보》, 1933.4.12.)

조선신탁과 기설 5 신탁의 합병 문제는 각 사(社)가 모두 자중하여 아직도 표면화하지 않는데 조선신탁에서는 목하 5사의 내용을 극비리에 조사 중이니 이 조사가 완료하면 조신은 5사의 내의(內意)를 청취한 후 총독부 당국과 타협하여 합병을 추진할 터이다.

〈자료 334〉 조선신탁 부동산 대출, 농척·식은 부대항

(《매일신보》, 1933.4.15.)

조선신탁은 예금 흡수와 함께 운용 쪽에서 특히 활약하여 부동산담보대(不動産擔保貸)에

29 양생(養生)의 오기인 듯함.

특히 주력하는데 이에 의해 동척, 식은의 둔감으로 점차 독식하는 상태이다. 금액으로 보면 조선신탁은 100여만 원을 운용함에 불과하여 큰 위협은 없다고 동척과 식은은 말하지만 동척과 식은이 8푼 8리(8.8%)(15일부터 8푼 5리)인 것에 대해 조선신탁은 8푼 2리(8.2%) 내지 3리(8.3%)로 차가 5리(0.5%)이고 또 이번의 동척과 식은의 이자율 인하가 실시된다 하여도 3리(0.3%)의 이자율 차이는 있겠다. 이 점이 조선신탁도 상당히 유리하며 동척과 식은은 이에 대해 특별히 대항적 의식이 작지 않으므로 위협도 느끼지 않으나 조선신탁이 향후 더욱 활약하면 여러 가지 현상이 생기겠다.

〈자료 335〉 예금 이하(利下)에 신탁회사는 불응, 내지는 정변 후 이하를 단행, 이자율 차이는 점차 확대

(《매일신보》, 1933.4.18.)

예금 이하(利下)[30]는 오늘날의 상태를 내지 측도 정변 후 단행코자 하는 의견으로 귀결된 바 은행이 예금 이하를 단행하면 신탁회사의 배당도 주목되어 조선의 기설 신탁은 토지신탁과 같은 작년 12월 7푼 2리(7.2%)[31]로 인하했을 뿐으로 그 후 시일도 별로 지나지 않았고 또한 신탁자의 이해도 회사로서는 신중히 고려하지 않으면 안 되므로 은행이 예금을 이하하여도 신탁회사가 이를 따라갈 의향이 없는 모양이다. 따라서 을종은행(乙銀)으로서는 예금 이하에 무조건으로 응하기 어려우며 신탁과의 이자율 차이(利鞘)가 날로 확대하여도 을은(乙銀)의 정체 상태는 점점 가중될 것 같다.

30 이자율 인하.

31 복리계산이기 때문에 사실상 7푼 3리 즉 7.3%가 된다.

〈자료 336〉 신탁회사의 합동 기운이 성숙, 기설 신탁 중 연화(軟化)하는 회사도 있다, 조신(朝信)은 여전히 조사

(《매일신보》, 1933.4.22.)

신탁합동은 점차 구체화하여 기운이 성숙되는데 조선신탁은 더욱 조사를 진척시켜 19일 공제신탁에 계산서의 제공을 요청한 사실이 있고 조사도 대체로 완료했다. 그런데 기설 신탁 측의 의향은 5월 3일 정기총회에서 비공식으로 간담하고자 하며 또 기설 신탁 중에 합동으로 기우는 회사도 있는 모양이다. 조선토지경영은 상당히 연화(軟化)[32]한 분위기도 보인다. 그러나 우선 가능성이 있는 것은 토지신탁, 남조선신탁이고 공제신탁, 군산신탁, 부산신탁의 그 태도가 강경하니 합동에는 비상한 난관이 생기겠다.

〈자료 337〉 기설 신탁합동은 권리금이 문제, 토지신탁은 조건이 더욱 복잡, 근간 합동 교섭 개시

(《매일신보》, 1933.4.29.)

신탁합동은, 총독부 및 조선신탁에서는 조사를 마치고 근간 합동 교섭을 개시할 것 같은데, 기설 신탁 측도 이에 대한 대책을 연구하고 있다. 그러나 교섭의 난관은 자산의 평가가 문제이며 권리금이 어떠냐에 달려 있는데 권리금의 액면 여하가 합동의 성부(成否)를 결정하게 될 모양이다. 즉 기설 신탁의 의향으로는 적당한 권리를 평가해 주면 합동은 불사(不辭)한다는 태도이다. 그리고 토지신탁과 같은 신탁을 영업하는 외에 토지경영을 행하는 것에 대해서는 조건이 더욱 복잡하다. 토지신탁은 합병에 응한다 할지라도 토지경영 쪽을 달리 따로 떼어서 존속하게 할 방법을 취한다는 설도 있으나 토지신탁으로서는 토지경영이 향후 유리한 것이 아니므로 만약 합병으로 하게 되면 신탁재산 이외에 신 소유부동산도 평가하여 매수해 토지회사는 존속하게 하지 않을 의향인 모양이다.

---

32 기존의 강경한 태도를 버리고 타협함.

〈자료 338〉 신탁의 대합동은 권리금이 문제, 많은 난관 개재

(《매일신보》, 1933.5.3.)

신탁의 대합동은 근간 조선신탁이 기설 회사에 대해 교섭을 개시할 모양인데, 합병 조건이 각 회사에 따라 다르다. 또한 권리금의 평가 등에 대해 상당히 난관에 봉착할 것은 거의 명백하다. 권리금에 대해서는 기설 회사가 인가권리(認可權利)만 평가해도 10만 원 이상에 달하는데 총독부는 그다지 인가 권리를 가치 있는 것으로 보지 않기 때문에 이미 이 점에 의견의 차이가 있다. 또 신용이나 기타 노렌료(暖簾料)[33] 등의 재정(裁定)은 자못 곤란한 점이 있고 주식을 교부하고자 함에 대해 현금을 희망하는 자가 많으므로 이 역시 상당한 수고가 필요할 것으로 보고 있다. 하여간 가장 문제가 되는 점은 총권리금 여하에 달려 있는데 신탁의 대합동도 도저히 용이하지는 않을 것 같다.

〈자료 339〉 신탁협회 총회 신탁합동 문제 협의

(《매일신보》, 1933.5.4.)

전선신탁협회에서는 오늘 오전 10시부터 장곡천정(長谷川町) 협회 사무소에서 간담회를 열고 신탁합동 문제에 관해 의견을 교환하고 오후 1시부터 총회를 개최하였다. 동 총회에는 조신(朝信) 다니(谷) 사장, 미키(三木) 지배인도 출석했다. 신탁합동 문제가 일어나는 이때 협회원이 아닌 다니 사장의 총회 출석은 흥미를 가지고 주시한다.

---

33 노렌(暖簾)이란, 기업의 인수 합병 때 발생하는데, 매수된 기업의 시가평가 순자산과 실제 매수가액의 차액을 가리킨다. 즉 매수된 기업의 브랜드적 가치라고 할 수 있다.

〈자료 340〉 신탁협회 총회 후 합동 문제를 간담, 기설 5사 대표와 조신(朝信) 간에, 합동의 전도 낙관

(《매일신보》, 1933.5.5.)

전선신탁협회 총회는 3일 오후 3시 종료했는데 기설 5사 대표 및 조선신탁의 다니(谷) 사장, 미키(三木) 지배인은 총회 종료에 약 1시간에 걸쳐 신탁합동 문제를 중심으로 조선 내 신탁업의 경영 문제에 관해 의견을 교환했는데 합동 문제에 관한 기설 5사의 의향은 대단히 완화하여 융화 분위기가 농후하니 합동의 전도를 낙관한다.

〈자료 341〉 신탁합동 무리는 불가, 가토(加藤) 선은 총재 담

(《매일신보》, 1933.5.25.)

가토 선은 총재는 23일 오후 1시 반 다니(谷) 조신(朝信) 사장을 초청하여 오후 3시 반까지 요담했는데 상기 결과에 대해 가토 총재는 말하되, 다니 씨로부터 조신 개업 후의 상태와 현재의 회사 내용 등을 청취한다. 대체 순조롭게 진행되고 있는 것 같다. 기설 회사의 흡수합동 문제는 숙고할 필요가 있고 재계의 문제는 무리로 하면 결과가 반드시 좋지 못하다. 조신이라든지 기설 회사를 물론하고 철저하게 생각하면 자연 일치점을 발견하겠다. 기설 회사 사원 중에는 불안을 느낀다는 설도 있다고 하나 합동이 되면 사원은 대체로 인계하지 않을 수 없으리라 생각한다.

〈자료 342〉 조신(朝信) 배당률, 내기(來期) 6푼 정도?

(《매일신보》, 1933.5.25.)

조선신탁은 5월 말 1기 가결산을 행한바 이번 기의 금전신탁 배당은 6푼 3리(6.3%)로 할 터이나 다음 기의 신탁 배당은 다소 인하하지 않을 수 없다. 즉 조선신탁의 유자(遊資)는 목하 50만 원이 있어 운용 성적으로 보더라도 인하는 당연하고 또 기설 신탁이 다음 기부터 7푼(7%) 이상으로 배당률을 인하한다는 사실에도 자극된다. 문제는 인하율이나 기설 신탁도 3리(0.3%) 인하이면 5푼 9리(5.9%)이고 5푼대로 인하하면 을종은행의 예금이자와 접근함으로 조선신탁은 기설 신탁의 높은 이자도 고려하여 6푼(6%) 정도로 인하하리라 관측한다.

〈자료 343〉 토지신탁 업적 수익배 7푼 3리

(《매일신보》, 1933.5.26.)

조선토지신탁은 이번 달 말로 이번 기 업적을 결산하는데 수익자 배당률은 7푼 3리(7.3%), 주주 배당은 6푼(6%)으로 내정하고 다음 기는 대출금리를 현행 1할(10%)보다 1푼(1%) 인하한 9푼(9%)으로 할 터인데 그만큼 수익자 배당률을 인하하게 되겠다.

〈자료 344〉 공제 금기 업적

(《매일신보》, 1933.5.26.)

공제신탁(共濟信託)은 이번 달 말로써 이번 기 업적을 결산하는데 수익자 배당률은 7푼 5리(7.5%), 주주 배당은 6푼(6%)으로 내정하였다. 다음 기는 일반 금리의 하락 추세를 감안해 수익자 배당률을 7푼(7%) 예상으로 결정하였는데 이에 따라 대출금리도 인하하겠다.

〈자료 345〉 조선신탁 유자(遊資) 처치, 지방 금조에 예입

(《매일신보》, 1933.5.27.)

조선신탁은 신탁운용에 대해 여러 가지로 생각하고 있는데 현재의 환경으로 보면 방자난(放資難)에 있는 것은 동일 상태이다. 공사채(公社債)에 대한 방자도 상당하나 금융조합연합회에 예금하는 사실이 있다. 즉 현재 충북연합회에 30만 원 내외를 예입하였는데 이는 금리 관계로 6푼 1리(6.1%)니 현재로는 수익 내기(利廻)에 상당히 유리하고 기타 부산이나 대구 연합회에도 다소 예입하였으나 이는 소액이다.

〈자료 346〉 신탁의 합동 방법 목하 신중 연구 중

(《매일신보》, 1933.6.14.)

신탁합동은 조선신탁 측에서 아직 조사 중으로 기운이 성숙하지 아니한 모양이나 합동 교섭은 8, 9월경에 개시하리라 본다. 교섭 순서는 조선신탁 측은 예의 고려 중인데 선은은 대체 신탁의 조사안에 기초하여 소위 재정안(裁定案)을 제출해 합동 방법을 추진할 터인데 대체로 다음과 같이 관측한다.

1. 조선신탁 및 기설 신탁 측에서 안을 작성할 것
1. 당초부터 선은재정안(鮮銀裁定案)을 중심으로 추진할 것
1. 기설 신탁과 2, 3사 동시에 합동담(合同談)으로 추진할 것
1. 기설 신탁 각기 별개로 추진할 것

위의 방법 중 무엇을 취할는지 미정이니 이 점에 관해 목하 신중 연구하는 모양이다.

〈자료 347〉 토신(土信) 6푼 배당

(《매일신보》, 1933.6.14.)

조선토지신탁회사 주주총회는 26일 경성상의에서 개최할 터인데 이익금 처분안은 다음과 같다.

당기 총익금(當期總益金) 25,145

전기 이월금(前期移越金) 5,924

합계 31,070

위의 처분안

법정 준비금(法定準備金) 2,600

별도 준비금(別途準備金) 6,000

역원 상여금(役員賞與金) 2,500

주주 배당(연6푼) 15,692

후기 이월금(後期移越金) 4,277

〈자료 348〉 신탁합동 문제 구체적 교섭 진척, 아라이(荒井) 씨가 가토(加藤) 총재와 회견, 최초 교섭은 토신(土信)?

(《매일신보》, 1933.6.17.)

조선신탁과 기설 신탁의 합동 문제는 가토 선은 총재의 재정안(裁定案)에 의해 해결할 터인데 아라이 신탁협회장은 수일 전 내지에서 귀성하여 곧 가토 총재와 회견하고 본 문제에 관해 협의하고 오늘도 오전 11시 반 아라이 회장은 선은으로 가토 총재를 방문하고 의견을 교환했다. 이와 같이 신탁합동 문제는 구체적 교섭에 들어갔으니 우선 아라이 회장이 사장인 조선토지신탁과의 합동담으로 옮겨가리라 관측한다.

〈자료 349〉 토지신탁은 조신(朝信) 흡수합병, 교섭은 최근 진척

(《매일신보》, 1933.6.20.)

신탁합동 문제에 대해서는 가토(加藤) 선은 총재가 최근 아라이(荒井) 토신 사장을 초치해 의견을 교환하고 토신 측의 주장을 청취했는데 대체로 토신의 흡수합병은 가능하니 불원간 실행될 모양이나 군산, 부산, 남선, 공제 4사에 대해서는 아직 아무런 교섭이 없는 모양이다.

〈자료 350〉 조선신탁 총회

(《매일신보》, 1933.6.27.)

조선신탁회사 제1회 주주총회는 26일 오전 10시부터 은행집회소에서 개회하고

1. 제1기 결산
2. 이익금 처분안
3. 고(故) 마고시(馬越) 감사역 유족에 조의금 증정의 건

위와 같이 부의한바 모두 이의 없고 제3호 의안은 중역회에 일임한 후 오전 10시 10분 산회했는데 이익금 배분안은 다음과 같다.

7,500원	법정 적립금
4,500원	역원 상여
5만 9,600원	주주 배당 연 6푼
1,900원 22진	후기 이월금

신탁합동에는 질문이 없고 주주는 아루가 미쓰도요(有賀光豐), 모리 고이치(森悟一) 씨 등이 출석하였다.

〈자료 351〉 토지신탁 조신(朝信)에 흡수합병

(《매일신보》, 1933.6.27.)

토지신탁회사의 조신 흡수, 피합병(被併合)은 제1착으로 문제가 되는데 토지신탁 당국은 병합의 대상(代償)은 예금이 아니라도 조신 주식이면 무방하며 사원은 현상대로 입사 및 중역 1명의 조신 입사 등이 조건인 듯한데 합병 대상을 어떻게 평가할는지 이것이 중대 문제이나 아직 이 점에는 논급(論及)하지 않았고 특히 토지 가옥을 가진 회사인 만큼 그 평가는 쌍방에 대해 중대 문제이니 조급하게 합동하는 것은 불가능할 것 같다.

〈자료 352〉 토지신탁 총회

(《매일신보》, 1933.6.27.)

조선토지신탁회사는 오늘 오후 3시부터 상업회의소 회의실에서 제27일 정기총회를 개최하고 이번 기 결산안을 부의하였다. 이익금 처분안을 부의하였는데 다음과 같다.

당기 총익금(當期總益金)	25,145
전기 이월금(前期移越金)	5,924
합계	31,070

위의 처분안

법정 준비금(法定準備金)	2,600
별도 준비금(別途準備金)	6,000
역원 상여금(役員賞與金)	2,500
주주 배당(연 6푼)	15,692
후기 이월금(後期移越金)	4,277

〈자료 353〉 기설 신탁회사 이자율 인하 불능?

(《매일신보》, 1933.7.4.)

경성조합은행 예금 이하(利下)와 관련하여 조선신탁은 별항과 같이 태도를 결정하였는데 소위 기설 신탁 측은 수익자 배당 예상률의 공고를 중지하고 최저보증률의 인하는 특히 고려할 필요가 있다고 한다. 즉 수익자 배당률은 운용의 결과 비로소 판명되는 문제로 은행의 정기예금과는 전연 그 성질이 상이할 뿐 아니라 지난번 협회총회에서 이미 7푼(7%) 이내로 인하할 것을 결정했으니 이번에 다시 인하를 다시 고려할 여지가 없다고 한다.

〈자료 354〉 조선신탁도 이하(利下), 중역회에서 결정

(《매일신보》, 1933.7.4.)

조선신탁회사는 오늘 오전 중 중역회를 개최하고 경성조합은행 예금 이하(利下)와 관련하여 금전신탁의 최저보증률 인하에 대해 협의한 결과 대세(大勢)에 순응하여 적당히 고려할 것을 결정했는데, 즉 보증률을 적당히 인하하는 동시에 수익자 배당 예상률의 공고를 중지한다.

〈자료 355〉 금전신탁자 배당 4리 인하를 단행, 다니(谷) 조신(朝信) 사장 담

(《매일신보》, 1933.7.6.)

조선신탁의 신탁예금 수익자 배당률에 대해 여러 가지 오해가 있으나 조신은 5일부터 이하(利下)했는데 그 내용은 다음과 같다.

1. 최고보증률 연 4푼 7리(4.7%)는 변개(變改)가 없다.
1. 종래는 운용률(運用率)을 약 1푼 5리(1.5%)로 예상한 것으로 5일부터 1푼 1리로 4리의

인하이다.

1. 7월 4일까지의 예입자에게는 1푼 5리(1.5%)의 배당을 할 예정이고 5일부터 1푼 1리 인하로 단계를 마련하였다.

대체 이상과 같은 방침인 동시 대출금리도 연리 환산적(換算的) 2리(0.2%) 낮추어 즉일 실행했다.

〈자료 356〉 신탁합동 군산신탁과 교섭, 토신(土信)은 부동산 문제로 추후 교섭, 오늘도 관계자 회견

(《매일신보》, 1933.7.6.)

신탁합동 문제는 조신(朝信) 대주주인 선은, 식은의 배려로 더욱 일진전(一進展)을 보여 군산신탁과 조신과의 합동 교섭이 구체화하기에 이르렀다. 즉 얼마 전 조신과 조선토지신탁과의 합동으로 진척할 예정이었는데 토지신탁과의 합동에는 동사(同社) 부동산 처분 등 여러 가지 문제가 있어 동사와 교섭은 추후로 하고 군산신탁과의 교섭을 개시하게 되었다. 군산신탁회 사장도 이미 입성(入城)하여 4일 오후 선은에서 가토(加藤) 선은 총재, 아루가(有賀) 식은 두취, 니시자키(西崎) 이재과장, 다니(谷) 조신 사장 등과 회견하고 기탄없이 의견을 교환했는데 오늘도 오후 2시부터 선은에서 회견하고 구체적 교섭에 들어갈 것이다.

〈자료 357〉 조신(朝信)과 군산신탁 합동 교섭이 진척, 매수가격, 기타 조건도 대체 내정, 양사가 중역회 개최

(《매일신보》, 1933.7.7.)

조선신탁과 군산신탁의 합동 교섭 5일 오후 2시부터 관계자와 선은이 회합하여 구체적 교섭에 들어갔는데 동일 교섭으로 쌍방이 접근하여 대략 매수가격, 기타 조건이 내정되어 군산신탁 모리(森) 사장은 그날 밤으로 군산으로 돌아가고 오늘 오전 중 쌍방이 각각 중역회를 열고 원안을 결정한 후 머지않아 가조인(假調印)을 마치는 대로 내용을 발표한다.

〈자료 358〉 조신(朝信) 대 군산신탁 매수조건이 결정, 매수가격은 97만 5,000원, 군신은 자연 해산

(《매일신보》, 1933.7.8.)

조선신탁과 군산신탁 합동 문제에 관해 가토(加藤) 선은 총재는 담화의 형식으로 6일 오후 3시 반 다음과 같이 발표하였다.

아루가(有賀) 군과 내가 알선해 조사 협의한 결과 쌍방 회견이 일치하여 오늘 두 회사 사이에 교환하였다. 군산신탁은 본 계약 조인 후 해산하고 9월 30일까지 자산을 조신에 넘기는 동시에 조신 군산지점이 될 터인데 그 조건은 다음과 같다.

1. 자본금 100만 원(불입 65만 원)을 불입적립금, 퇴직위로금 등 일체를 포함해 97만 5,000원으로 현금 매수를 행함.
1. 조신 주 2만 주(25만 원)는 조신으로부터 선은, 식은의 지주(持株)를 매수 교부한다.
1. 군산신탁의 현 직원은 전부 인계한다.

상기 이외의 조건은 별로 없으나 군산신탁으로부터 조신에 중역 1명이 취임하며 조신은 증자하지 않고 사내 유보금으로 매수하고 부족이 발생할 때는 차입금에 의한다.

〈자료 359〉 부동산은 분리되는가; 조선신탁의 토지신탁 합병

(《부산일보》, 1933.7.14.)

군산신탁에 이어 조선신탁의 합병 대상이 되어 있는 것은 조선토지신탁이라고 알려져 있는데, 토지신탁에 대한 관계에서는 동사의 국유계정을 어떻게 할 것인가 하는 것이 문제이다. 토지신탁은 현재 160만 원 정도의 부동산을 가지고 있는데 토지신탁으로서는 가능하면 이 부동산도 매수했으면 하는 의향이지만, 한편 조선신탁은 부동산을 인계해도 향후 3년 내에는 이것을 처분해야 해서 부동산의 인수를 바라지 않는 경향이 있다. 그래서 토지신탁으로서는 합병되면 중역의 실업자가 발생하게 되어 이 점은 가장 우려하고 있는 바로 이 점을 해결하기 위해서는 부동산만을 따로 떼어서 왕년의 토지경영회사를 존속시키고 신탁 관계만을 매수에 응해도 좋다는 두 단계 방침도 있는 모양이다. 어느 쪽이든 부동산의 처분이 교섭의 초점이 될 것은 명확하다.

〈자료 360〉 토지신탁 매수 문제

(《매일신보》, 1933.7.21.)

조선신탁 위촉으로 토지신탁의 내용을 조사하는 선은 지점 행원의 조사는 대체로 종료한 모양이다. 또한 토지신탁 소유의 부동산을 현지에서 조사할는지 이것이 결정되지 못하였는데 대체로 토지신탁의 내용이 명백하게 되면 합동 알선을 맡은 가토(加藤), 아루가(有賀) 두 거두가 부재 중이라도 다니(谷) 조신 사장이 주로 토지신탁에 대해 매수 교섭할 모양이다. 따라서 그 가부도 의외로 속히 결정되리라고 관계자는 말한다.

〈자료 361〉 부동산신탁 조선인이 대부분 예상 이상으로 유망시, 조신(朝信)과 부동산신탁, 박씨가(朴氏家) 다액 위탁

(《매일신보》, 1933.9.23.)

조선신탁의 부동산신탁은 현재 약 60만 원인데 최근 일주일 이내에 100만 원의 수탁을 결정하였다. 160만 원(약 1만 4,000정보)으로 예정 계획보다 10만 원이 증가하였다. 부동산신탁의 대부분은 조선인이고 그중 1,000정보에서 4, 500정보가 있는데 내지인은 100정보에 불과한 상태이다. 또한 부동산신탁의 대부분도 거의 수전(水田)인데 조선 내에 있는 수전 약 160만 정보 중 동척 불이농장(不二農場), 조선흥업(朝鮮興業), 구마모토농장(熊本農場)의 대농장 측을 제하면 내지인의 개인 소유 수전 20여만 정보이고 나머지 8, 90만 정보는 조선인의 소유에 속하고 또 내선인 부재지주의 부동산신탁은 향후 점증 경향이니 조선 내에 있는 부동산신탁사업은 예상 이상으로 유망시되겠다.

〈자료 362〉 조신(朝信)의 신방침

(《매일신보》, 1933.9.26.)

조선신탁회사는 군산신탁 합병 후 신방침으로 군산에 지점을 두는 동시에 목포에도 지점 설치를 총독부에 신청 중인데 군산신탁의 정식 합병 인가가 있으면 이 역시 인가되겠다.

〈자료 363〉 조신(朝信)과 부동산신탁, 박씨가(朴氏家) 다액 위탁

(《매일신보》, 1933.10.5.)

조선신탁회사는 창립 이래 금전신탁이 나날이 증가해 창립이 일천(日淺)함에도 불구하고 그 액수는 벌써 약 3,000여만 원에 달한다. 하지만 부동산신탁은 일반이 아직 이해하지 못해 겨우 50만 원에 불과한데, 이번 조선상업은행 두취 박영철(朴榮喆) 씨의 친부이면서 전북 유수의 소봉가(素封家)인 박기순(朴基順) 씨는 시가(時價) 150만 원의 집단농경지를 조선신탁회사에 부동산관리신탁으로 위탁하고 지난 30일 계약을 체결할 예정이다. 조선인으로서 이와 같은 다액의 부동산신탁은 이것이 효시이다.

〈자료 364〉 신탁제도 이용 필요, 박 상은(商銀) 두취 담

(《매일신보》, 1933.10.5.)

조상의 재산을 유증(遺贈)받은 자는 이를 완전히 보관해서 자손에게 양도하는 것이 당연한 의무로 얼핏 보면 쉬운 것 같으나 실제로는 쉽지 않다. 특히 나는 분망(紛忙)한 은행업에 관계하여 가산(家産)을 잘 경리(經理)할 여가가 없고 또 자자손손에 이르기까지 가산을 선량하게 관리하지 못하는 것은 많은 사례가 있다. 불의에 조상 전래의 가산을 상실하게 되면 선조에 대한 죄인이므로 이를 미연에 방지하기 위해 여러 가지로 고려한 결과 신탁제도를 이용하는 것이 가재(家財) 보전상 가장 좋은 방도라고 믿고 가족에게 권하여 이번에 재산 전부를 조선신탁회사에 신탁하였다. 가족이 재산을 분배하고자 하는 자녀, 친척 및 종중(宗中) 등 19인을 수익자로 지정하여 희수(稀壽)에 달한 노친(老親)도 이에 안심한 모양이다.

〈자료 365〉 신탁합병 문제 연내 해결? 총독부에서 적극적 알선, 다니(谷) 조신(朝信) 사장 분주 중

(《매일신보》, 1933.10.10.)

신탁합동은 군산신탁이 총독부의 적극적 개입으로 성립한 이래 전혀 진전되지 않고 조선신탁의 합병 추진이 곤란하여 군산과 마찬가지로 총독부가 다시 한번 개입하겠다는 의지를 보였으므로 조선신탁도 면목상 방치하지 못할 사정이다. 그러므로 다니(谷) 조신 사장은 7일 총독부에 출두 니시자키(西崎) 이재과장과 장래의 합병 방침에 대해 간담을 거듭한 결과 곧 내용 조사가 완료된 조선토지신탁의 합병에 착수할 모양으로 동 합병은 연내 해결하리라 한다.

〈자료 366〉 공제신탁 조사 종료

(《매일신보》, 1933.10.19.)

신탁합동은 조선신탁의 토지신탁 내용 재조사가 아직 종료되지 못하고 목하 부동산을 한 필지 한 필지 상세 조사 중이니 합병 교섭까지는 상당한 시일이 걸리겠다. 하지만 한편 부산의 두 신탁 조사는 선은의 보고서가 조선신탁에 제출되었으니 합병 교섭의 시기 문제이고 공제신탁의 내용 조사도 선은과 총독부에서 실시하여 16일로 종료하였으니 합병 예상인 신탁의 개괄적 내용 조사는 일단락을 고했다. 토지신탁은 자금 내용이 가장 복잡하고 또 조사의 결과는 숫자상의 차이가 있어 속히 합병되지 못하니 결국 부산신탁과의 합병담이 먼저 진척되겠다.

〈자료 367〉 조선신탁의 부신(釜信) 매수조건 발표는 내일로 연기

(《매일신보》, 1933.11.2.)

조선신탁의 부산신탁 매수담은 두 회사 대표 간에 의견이 일치되어 대주주로 알선자인 가토(加藤) 선은 총재, 아루가(有賀) 식은 두취에게 매수조건을 타전(打電)하고 답전(答電)을 기다리고 있었는데, 어제 저녁 도쿄로부터 조건 중 의심되는 부분이 있다는 조회가 있어 다니(谷) 사장, 야마무라(山村) 전무는 오늘 오전 중 이로베 미쓰구(色部貢) 선은 이사 입회하에 회견 협의한 후 오늘 정오 상세하게 타전하였고, 이에 대한 답전에 따라 가계약에 조인하고 내용은 2일 정오 발표할 예정이다.

〈자료 368〉 조선신탁의 부산신탁 매수조건, 매수 총가격 62만 6,000원, 4일 조선은행에서 발표

(《매일신보》, 1933.11.5.)

조선신탁회사의 부산신탁 매수는 2일 오후 다니(谷) 조신 사장과 야마무라(山村) 부산신탁 전무 사이에 가계약의 조인을 마쳤으므로 4일 오전 11시 반 선은에서 이로베(色部) 선은 이사로부터 매수조건, 기타 부대사항을 다음과 같이 발표하였다.

1. 부산신탁의 일체 자산 및 권리 의무의 조신 양도 가격을 48만 원으로 함
1. 매수될 부산신탁의 중역 수당을 9만 원으로 함
1. 11월 30일까지의 부산신탁 정기 이익 예상을 5만 6,000원으로 함
1. 위의 합계 62만 6,000원을 조신의 매수가격으로 함
1. 부산신탁은 조선신탁 주 1만 주(12만 5,000원)를 인수하고 잔액 50만 1,000원은 현금으로 조신이 부신(釜信)에 교부함
1. 부산신탁 사원은 현급(現給)대로 전부 조신 사원으로 인계함
1. 12월 1일부터 부산신탁은 조선신탁이 경영하기로 함

〈자료 369〉 매수가격 절대로 타당, 중역 상여 9만 원은 결코 다액이 아니다, 이로베(色部) 선은 이사 담

(《매일신보》, 1933.11.5.)

조선신탁의 부산신탁 매수조건에 대해 선은 이로베(色部) 이사는 말하되, 군산신탁 매수의 예에 비추어 매수가격은 타당하다 생각하며 중역 상여 9만 원이 너무나 다액이라고 일부에서 말하나 부산신탁은 27기 동안 장기 영업임에 불구하고 회사 내용은 가장 충실하여 한 점의 하자(瑕疵)가 없으니 중역 등의 노력은 실로 다대하다. 여러 가지 의미로 보아 중역 상여는 결코 다액이 아니라고 생각한다. 중역 문제는 매수조건에 들지 않았으나 부산신탁 중

역 중에서 1명은 조신 취체역(이사)에 취임하리라 생각한다.

〈자료 370〉 조신(朝信) 임시총회 24일 개최

(《매일신보》, 1933.11.5.)

조선신탁에서는 이번 달 24일 임시주주총회를 개최하고 부산신탁 매수의 건을 부의하고 부산신탁은 같은 날 또는 25일 해산총회를 열고 매수안의 정식 승인을 요구할 예정이다.

〈자료 371〉 공제신탁 매수 교섭 2, 3일 중 개시

(《매일신보》, 1933.11.10.)

조선신탁에서는 이미 군산, 부산 두 신탁회사를 매수했는데, 이에 매수 교섭을 개시할 회사는 경성의 공제신탁으로 결정하고 이삼일 중 매수담이 개시되겠다.

〈자료 372〉 토신(土信) 태도 아직 미결정

(《매일신보》, 1933.11.10.)

조선신탁의 토지신탁 매수 문제는 그 후 아무런 교섭도 없는 모양인데 이에 대해 토신 당국은 말하되, 아무런 교섭이 없으므로 본사는 본사 본위로 놀고사 여러 가지 적극적 입무 진전책을 실행할 방침이다. 그러나 이번 기인 11월 말을 경과한 후 다음 기부터 물론 착수할 터인데 조신 당사에 대한 태도가 결정되면 찬부(贊否)의 태도를 급히 결정할 모양이다.

〈자료 373〉 공신(共信)의 매수 교섭, 의외로 지연 난면(難免)

(《매일신보》, 1933.11.11.)

조선신탁의 다니(谷) 사장은 9일 오후 공제신탁 하나조노(花園) 사장과 회담하고 매수 교섭에 착수하였는데 조신 측이 예기한 매수가격과 공제신탁 측의 가격에 상당한 차가 있어서 쌍방이 모두 연구하고 11일 재차 교섭하게 되었다. 즉 공제신탁 매수는 의외로 시일이 걸려 교섭 중의 남조선신탁 매수와 같은 시기에 성립할 것 같다.

〈자료 374〉 조신(朝信) 임시총회

(《매일신보》, 1933.11.11.)

조선신탁회사는 이번 달 24일 오후 3시부터 은행집회소에서 임시총회를 개최하고 부산신탁 매수에 관한 건을 부의할 터인데 부산신탁의 해산총회는 25일 개최할 예정이다.

〈자료 375〉 남선신탁 매수 교섭

(《매일신보》, 1933.11.11.)

부산의 남조선신탁 사장 스기무라 이쓰로(杉村逸樓) 씨는 토목담합 사건 변호인으로 입성(入城) 중인데 동 사건의 심리(審理)도 대략 일단락되었으므로 조선신탁과의 매수 교섭에 착수하고 10일 오전 중 선은으로 이로베(色部) 이사를 방문하고 간담 후 오후 조신으로 다니(谷) 사장을 방문하고 교섭을 개시하게 되었다. 상기한 내용에 관해 스기무라 사장은 말하되, 토목담합 사건의 변호와 신탁 매수를 동시 행함은 곤란하니 한편이 종료하면 곧 매수담(買收談)이 개시되겠는데 담합 사건은 대체로 심리가 종료하였으니 당분간 경성에 머물면서 신탁 매수 교섭을 행할 예정이다.

〈자료 376〉 양 신탁회사 매수 교섭이 진보, 수일 중 동시 성립?

(《매일신보》, 1933.11.14.)

조선신탁의 남조선신탁 매수 교섭이 스기무라(杉村), 다니(谷) 두 사장의 제1회 회견으로 교섭 성립의 가능성이 충분한데 스기무라 씨는 오늘 오후 2시 다니 조신 사장과 다시 회견하고 상세한 항목에 대해 절충을 행할 것이다. 한편 공제신탁의 매수 교섭은 계속해서 12일은 일요일임에도 불구하고 두 회사 대표가 회견하여 세목에 관해 교섭했는데 며칠 내로 양사의 매수담이 동시에 성립하리라 관측한다.

〈자료 377〉 조선신탁 공제 매수 교섭, 오늘도 다시 회견

(《매일신보》, 1933.11.17.)

조선신탁의 공제신탁 매수 교섭은 두 회사 대표 2회 회견으로 충분히 의견을 교환하고, 공제 측 제안을 조신 측에서는 도쿄에 가 있는 가토(加藤) 총재와 아루가(有賀) 두취에게 타전해 양해를 구하고 그 결과에 따라 다시 교섭하게 되었는데, 가토, 아루가 양씨(兩氏)로부터 답신이 있으므로 다니 사장은 16일 오후 하나조노(花園) 사장과 회견하고 최후의 교섭을 행할 예정이다.

〈자료 378〉 공신(共信) 태도 상당히 강경

(《매일신보》, 1933.11.17.)

조신 매수 교섭에 관해 공제신탁 요시마쓰(吉松) 전무는 말하되 하나조노(花園), 다니(谷) 두 사장의 2회 회견으로 희망 한도는 이미 구체적으로 제안했으니 조신이 공신 주장을 용인하면 곧 해결되겠는데, 만일 이에 불응하면 아무리 국책이라도 응할 수 없으나 무언가 회답만 기다릴 뿐이다.

〈자료 379〉 조신(朝信)의 매수 교섭, 쌍방 주장이 접근

(《매일신보》, 1933.11.19.)

하나조노(花園) 공신 사장은 17일 오후 조선신탁으로 다니(谷) 사장을 방문하고 매수에 관한 제3차 교섭을 행했는데 쌍방이 접근하여 교섭 성립의 기운이 농후하게 되었다. 이에 대해 공제신탁 측의 모 중역은 말하되, 쌍방의 주장이 접근해진 것은 사실이다, 우리의 주장은 처음부터 정당한 바인데 조신은 군신(群信)과 부산신탁 매수의 전례도 있으니 이러한 점들을 고려하는 모양이니 향후 1, 2회의 교섭이 필요하다고 생각한다.

〈자료 380〉 부신(釜信) 합병 총회 24일 개최

(《매일신보》, 1933.11.19.)

부산신탁회사는 오는 24일 오후 5시부터 임시총회를 개최하고 조선신탁과의 합병에 관한 의안(議案)을 상정하고 주주의 승인을 구한다.

〈자료 381〉 신탁 매수, 가토(加藤) 씨 귀성 후

(《매일신보》, 1933.11.28.)

조신(朝信)의 공제(共濟), 남선 두 신탁회사의 매수 문제는 그 후 일반의 기대와 같이 진척되지 못하고 특히 공제신탁의 조신 매수가격은 쌍방 간에 약간의 간격이 있어 접근은 곤란한 것 같으나 다니(谷) 사장으로서는 아루가(有賀) 식은 두취와 무슨 협의를 하는 모양으로 결국은 가토 선은 총재가 곧 귀성한 후 그 진행을 기하게 될 것 같다.

〈자료 382〉 조신(朝信)의 공신(共信) 매수, 가토(加藤) 총재 개입 후

(《매일신보》, 1933.11.29.)

조선신탁의 공제신탁 매수 교섭은 하나조노(花園)와 다니(谷) 두 사장의 3회 회견으로 공제(共濟) 측에 희망조건이 명료하게 되었으므로 조신 측의 회답 여하를 기다리는데 가토 선은 총재는 다음 달 7, 8일경 귀성(歸城)하므로 그때까지 회답을 보류하고 동 총재의 재정(裁定)을 통해 성부(成否)를 결정할 모양이다.

〈자료 383〉 토신(土信) 적극 활동

(《매일신보》, 1933.11.30.)

조선토지신탁회사의 당기 업적을 보면 신탁예금은 200만 원을 돌파하여 205만 원 내외인데 동사는 다음 달부터 적극적 활동기를 개시한다.

〈자료 384〉 조신(朝信)의 공신(共信) 매수 교섭 정돈(停頓)의 내용

(《매일신보》, 1933.12.1.)

조선신탁의 공제신탁 매수 교섭은 하나조노(花園)와 나니(谷) 두 사장이 3회 회견 후 정돈(停頓) 상태로 추이하는데 확실히 들은 바에 의하면 공신 측은 최초 1할(10%)의 해산세(解散稅)를 고려에 넣지 않고 매수 총액을 결정하였으므로 조신 측의 매수 예성액 27, 8만 원에 가까운 가치로 산정(算定)하였으나 교섭 도중 앞의 해산세 관계로 재산정한 결과 가치 34, 5만 원으로 결정하여 쌍방 주장에 6, 7만 원의 차이가 생겼을 뿐 아니라 공제의 자금운용 방법이 각 중역 간 대부책임을 분담한다는 제도인 점을 조신 측에서 중시하고 매수 후의 책임을 각 중역에 부담케 한다는 조건을 제출하여 마침내 상담이 성립되지 못하는 것이다.

〈자료 385〉 조신(朝信)의 공신(共信) 매수 교섭이 의외 진보

(《매일신보》, 1933.12.6.)

조신의 공제신탁 매수담은 그 후 예상외로 진보(進捗)되어 조신 측은 내일 6일 중역회에 최후적 태도를 결정하고 7일 다니(谷) 조신, 하나조노(花園) 공신 사장이 회견 상담(商談)할 터이며 두 회사가 월말 정시주주총회에 매수·피매수안을 부의할 예정인데 공신 대표는 (조신의-편역자) 취체역으로 취임하지 않는다.

〈자료 386〉 토지신탁 배당

(《매일신보》, 1933.12.6.)

조선토지신탁은 5일 오후 2시부터 중역회를 개최하고 당기 결산안을 부의하였는데 변함없이 6푼(6%) 배당으로 내정하고 총회는 25일 예정이다.

〈자료 387〉 조신(朝信) 신탁 상황 1,500여만 주

(《매일신보》, 1933.12.13.)

조선신탁회사의 12일 현재 금전신탁은 본사 615만 원, 군산지점 290만 원, 부산지점 320만 원, 합계 1,225만 원에 달하고 부동산신탁은 본지점을 합해 315만 원이다.

〈자료 388〉 조선인 신탁사상이 보급, 대외무역도 급전 호세(好勢)

(《매일신보》, 1934.1.1.)

-조선생명사장 한상룡(韓相龍)-

1933년(昭和 8)에 세계 대세는 혼돈 불안리에 종시(終始)하였다 할 수 있다. 이제 세만(歲晩)에 즈음하여 내년 세계의 추이를 예상하나 여전히 혼돈하고 불안한 상태인데 어떻게 이 국면을 타개하는지는 누구나 예상을 불허하는 바이다. 그러므로 우리는 이 난국에 당면한 것을 통감하는 바인데 지난 1월은 '제네바'의 국제연맹 제19회 위원회에서 제국의 만주에 대한 문제로 비상히 분열(紛裂)이 일어나 봄에는 마침내 제국은 국제연맹을 탈퇴하지 않을 수 없는 입장에 있었다. 일본으로서는 세계를 상대하고 쟁투(爭鬪)할 필요는 없다. 일본의 정확한 주장을 철저하게 하기 위해서는 탈퇴도 불사한 것이다. 제국이 일단 연맹을 탈퇴하자 각국의 대일감정은 점차 악화하여 일본품의 수입에 대해서는 혹은 고관세(高關稅)를 부과하고 혹은 수입제한을 보이는 나라도 많았다. 그러나 일본의 대외무역은 8년 1월부터 12월 상순까지는 전년(前年)에 비해 9억 원이 증가했다. 이는 일본 국민의 노력으로 양품판매(良品販賣)로 국제무역에 임한 결과이다.

금융계를 회고하면 올해의 방대한 예산 집행으로 공채 발행도 다액에 달해 다소 '인푸레숀'의 경향이 나타났다. 그러나 한편으로는 일본은행의 '마-켓트·오페레숀'[34]에 의해 혹은 공채 매출에 의해 금융시장을 조종하고 6월에는 은행 예금의 이하(利下)가 있었으며 7월에는 일본은행의 이하가 있어 일은의 공정일보(公定日步)[35]는 미증유의 최저기록을 보였다. 9월에는 4분리공채(分利公債)[36]의 3억 원 발행이 있었는데 이는 일본은행의 인수였다. 그 후 대부분은 시장 유자(遊資)의 소화로 되어 은행, 보험, 신탁 방면이 매수(買受)하게 되었

---

34 공개시장조작이란, 중앙은행이 단기금융시장이나 채권시장과 같은 공개시장에서 금융기관을 상대로 국공채 등 유가증권을 사고 팔아 금융기관과 민간의 자금 사정을 변화시키고 이를 통해 유동성을 조절하는 정책 수단이다.

35 중앙은행이 정하는 기준금리 또는 공정이율, 공정금리를 과거 일본에서는 공정보합(公定步合)이라 했다. 여기서는 공정일보(公定日步)라고 해서 연이율이 아닌 하루치의 이자를 가리킨다.

36 4푼(4%)의 이자가 붙는 공채이다.

다. 11월에는 4분리공채 4억 원이 발행되어 일본은행 및 대장성 예금부에서 인수하여 이것이 정부의 지불자금으로 되어 시장에 유출하였으므로 연말 금융은 평온하여 낙관이 예상된다. 올해 예산에 대해서는 각의 결정액이 이미 21억 1,000만 원의 경상비이며 또한 임시부 추가예산도 상당하고 올해 공채 발행고는 역시 10억 원을 넘길 모양이다. 이 대(大)예산 중에 군사비만으로 4할(40%) 발권을 점한 것은 매우 많은 것처럼 관측하는 사람이 있으나 난국에 직면한 일본으로서는 국방제일주의의 예산 편성은 당연하다. 국방 정비는 전쟁 방지의 유일한 보험이라고도 할 수 있을 것이다. 그 국방이 완전히 된 후에 비로소 평화를 초래하여 국내도 안정되고 산업도 진전되는 것이다. 또 군사공채의 증발(增發)에 의해 역시 시장에 '인푸레숀'이 계속될 것이다.

한편 조선의 추이를 보면 작년은 대체로 순조로운 발전을 이루어 정치에 경제에 산업에 교통에 상당한 성과를 거두었다고 할 수 있다. 총독부에서는 농촌을 위해 자력갱생(自力更生), 민풍작흥(民風作興)을 제창하여 이의 전선적(全鮮的) 대운동으로 변하여 유형, 무형으로 효과를 거둔 것은 주지의 사실이니 이는 특필할 만하다. 이 농촌진흥에 있어서는 인습(因習)이 오래되고 폐풍(弊風)을 타파하여 각 방면의 향상을 도모함에 상당한 결심과 노력이 필요하나 다행히 관민 공동일치에 의해 양호한 결과를 가져온 것은 조선을 위해 매우 다행한 일이다.

경제시설에 있어서는 견업(繭業)의 장려, 면화의 재배, 북선 개척 및 철도 보급, 기타 여러 시설을 시도하였다. 그리고 산금(産金)은 조선의 지하에 매장된 금의 양이 막대한 점으로 보아 또 통화제도의 기초를 공고히 하는 점으로 보아 그 조장에 노력하는 것에는 쌍수를 들어 찬성의 뜻을 표하는 바이다. 다만 산금의 매상가격에 대해서는 다소 불만이 있으나 조선의 산금은 1932년(昭和 7)에는 2천 수백만 원에 달한다 하나 실제로는 4,000만 원 이상일 것이다. 1933년(昭和 8)은 3천 4, 5백만 원이라고 전하는데 5,000만 원 이상이 되리라 한다. 이 대산금(大産金)이 어떻게 되었는가 하면 상당히 국외에 비밀리 유출된 것 같다. 이는 정부의 산금 매상가격이 국제 시세보다 훨씬 하회(下廻)한 까닭에 금이 해외에 둔피(遁避)되는 것이 아닌가 생각한다. 이에 대하여 대장성에서는 상당히 고려하기를 바라며 조선의 주요 산물은 쌀(米)인데 작년 수확은 1,800만 석으로 예상한다. 전해에 비해 2백 수십만 석의 증수(增收)를 예상하는데 미가의 하락을 초래하여 농촌에서는 상당히 곤궁에 빠졌는데 결국은 산미증식은 식량충실이 되는 것이다. 이는 희열(喜悅)할 현상이다. 정부는 전 의회에 「미곡통제법」을 제출하고 양원의 협찬을 얻어 작년 10월부터 실시하는데 신통제법에 의하여 내지, 조선, 대만에 벼(籾) 900만 석의 저장을 실행하고 또 조선과 대만에서는 쌀과 벼를 정부에서 매상하고 또 미가는 최저와 최고를 제한하고 있다. 이는 미가 문제에서 상당한 효과를 초래할 줄 안다.

조선무역은 역시 전년에 비해 상당한 증가를 보였다. 11월과 12월은 진현상(珍現象)으로 수출초과(出超)를 초래하였는데 이것도 실제로 조선산업의 발전이라고 할 수 있다. 금융 쪽에서는 내지 추세에 따라 은행 저금 혹은 대출 쪽의 이자도 점점 하락하여 조선은행의 공정일보, 식은과 동척의 부동산 대부도 상당히 하락하였다. 조선은행의 발행고는 연초 1억 2,000만 원대에서 봄여름에 여러 차례 1억 원대 밑으로 감소했는데, 추기(秋季)부터 점차 증발하여 12월 하순에는 1억 5,000만 원이라는 미증유의 발행을 예상하였다. 이는 '인푸레' 관계로부터 상거래의 증가와 만주국 관계에 기인한 것이니 만주에는 4할 5푼(45%) 내외의 융통이 있다.

또한 향후 만주국에 대한 일본 자본의 유입 증가에 따른 그 소장(消長)은 주목되는데 조선은 종래 농업 본위였으나 향후 농촌의 조선으로부터 점차 공업의 조선이 되어 양자 병행 상태이다.

1933년(昭和 8)에는 영등포에 맥주회사의 공장, 인천에 방적회사의 공장이 계획되어 그 실현을 보게 된 것은 기쁜 현상이다. 이렇게 대공장의 실현은 물론 환영할 바인 동시에 농촌가정공업도 장려 보급되어 농가의 부(富)를 증식하기를 염원하는 바이다. 이웃나라 만주국은 건국 이래 치안, 산업, 기타 제반 정치도 점차 진전한 것 같은데 조선과의 관계는 향후 점점 밀접의 도(度)를 더할 줄 안다. 다만 조선의 공업상으로 보면 만주국 관세 고율은 조선의 수출에 대장해(大障害)가 되므로 이 점은 중앙정부와 총독부가 더욱 고려하기를 희망한다. 만주의 조선인에 대해서도 여러 시설을 하고 있다고 전하는데 향후 신이민(新移民) 즉 조선에서 이주하는 것에 대해서도 상당한 보호와 장려를 하기 바란다.

내가 관계하는 조선신탁회사도 점차로 성적을 거두어 지금 예금은 1,000만 원을 넘어 조선의 신탁도 상당히 다액에 달하고 그중에는 100년간의 토지신탁을 계약한 조선인도 있다. 이는 실로 기뻐할 현상이니 중앙정부와 총독부에서 당 회사의 설립을 조장한 본지(本旨)가 충분히 이해된 것을 생각한다. 그리고 총독부 방침과 경제계의 요구에 의해 종래 다섯 개 신탁회사 중 12월까지 이미 세 개 회사를 매수하여 조선신탁회사의 통일 방침도 점차 실행되었다. 또 신은행령이 올해 1월부터 실시됨으로 소은행이 전부 대은행에 합병되고 은행계의 통제책도 이에 완성되었다. 또한 다년간 숙제가 되어 있던 금융조합연합회가 작년에 창립되어 나는 향후 활동에 큰 기대를 하고 있다.

〈자료 389〉 토신(土信) 금전신탁 300만 원 돌파

(《매일신보》, 1934.1.7.)

조선토지신탁회사의 작년 12월 말 현재 금전신탁은 206여만 원에 달하는데 4일 영업시(營業始)에는 처음 1구(口) 5,500원과 기타 몇 구의 신청이 있었다.

〈자료 390〉 남선신탁 매수를 보류, 대차관계도 복잡

(《매일신보》, 1934.1.14.)

조선신탁의 기설 신탁 매수는 토지신탁 매수로 일단락을 고하게 되었는데 부산의 남조선신탁은 유일의 기설 신탁으로 잔여하였다. 동사 매수난(買收難)의 사정을 들으면 동사 중역에는 부산의 유력자가 많아 중역에 대한 대차관계가 상당히 복잡할 뿐 아니라 매수조건이 알선자인 가토(加藤) 선은 총재 및 아루가(有賀) 식은 두취의 재정안(裁定案)과 거리가 심하기 때문에 알선자도 급하게 움직이지 않으니 남조선 측이 다시 제안하기까지 보류할 터이다.

〈자료 391〉 평가의 대차로 토신(土信) 매수 부진, 금후 절충은 다난 예상

(《매일신보》, 1934.1.16.)

조선신탁의 조선토지신탁 매수는 조신 측으로부터 토지신탁에 결산서의 수엽제출(數葉提出)을 요구한 것과 조신 수뇌자의 선은 총재 방문 등으로 보아 기운(機運)이 움직이고 있는 것은 사실이나 아직 조신으로서는 토신 당국과 회견하는 것 같은 일은 없을 모양이며 다니(谷) 조신 사장도 신중한 태도를 가지고 있다. 즉 토지신탁의 부동산 평가를 토지신탁 측은 270만 원을 최저로 함에 대해 조신 측의 견해는 167, 8만 원인 모양으로 그 둘 사이의 차이가 약 40만 원이나 되고 또 부동산을 제외한 신탁부의 권리, 기타에 10만 원 이상의 차가 있어 양자 주장은 50만 원가량의 대차(大差)가 있다고 관측된다. 따라서 이대로 양자가 회견한다 하더라도 도저히 결정을 짓기 곤란함으로 다니 조신 사장도 자중하여 출마하지 않고 이 동안에 가토(加藤) 선은 총재로부터 아라이(荒井)와 스에모리(末森) 두 토지신탁 대표에 대해 좌담적(座談的)으로 알선하게 되지 않을까 추측되는데 토지신탁은 부동산 평가에 대해 흥신소 혹은 도쿄토지건물 같은 곳에 공정한 입장에서 의뢰하는 것이 어떠냐고 제의하였으나 조신 측으로서는 아직 여기에 의뢰하지 않고 있다.

〈자료 392〉 조신(朝信)의 토신(土信) 매수, 근간 제1회 회견

(《매일신보》, 1934.1.21.)

조선신탁의 토지신탁 매수는 조신 측의 부동산에 대한 매수 방법에 대한 법률적 연구가 이에 종료한 모양이니 구체적 교섭을 근일 중 개시하리라 믿는데 가토(加藤) 선은 총재의 경성 체재 중, 즉 내주 중에 제1회 회견을 행할 모양이다.

〈자료 393〉 조선신탁회사 목포에 지점 신설, 다음 달 중순 무렵 개시

(《매일신보》, 1934.1.23.)

조선신탁회사에서는 목포에 지점을 개설하기로 되어 지난 총회에서 이에 관한 정관 변경의 승인을 얻었으므로 총독부 당국에 현재 인가 신청 중인데 근간 인가될 모양이며 다음 달 중순 무렵에는 개업하게 될 예정이라 한다. 그런데 동지(목포)에는 군산신탁 시대부터 출장원이 있어 매수 후 오늘까지 6명의 출장원이 계속해서 업무를 보고 있었는데, 지점 개설과 동시에 이들 출장원을 지점 직원으로 사용할 터이며 전 공제신탁 사원 중 조선 전근 사원을 제한 나머지 약간 명을 사원으로 채용하여 동 지점 근무로 하기로 내정하였는데 지점장은 아직 미정으로 목하 인선 중이다.

〈자료 394〉 토지신탁 부동산 문제, 조신(朝信)에서도 주저

(《매일신보》, 1934.1.24.)

가토(加藤) 선은 총재는 25, 6일경 동상(東上)하기로 결정했는데, 그가 도쿄로 가기 전 조선신탁과 토지신탁 매수에 대해 교섭할는지 아직 미정이고 다니(谷) 조신 사장도 그리 급하지 않은 태도를 가지고 있어 그 관계는 대체로 다음과 같다.

1. 토지신탁 소유 부동산 200만 원 내외를 조신이 계속 소유하면 신탁에 의해 향후 3년 내에 처분하지 않을 수 없겠다. (불입금 및 적립금 제도에 소유 즉 140만 원 정도는 가능)
1. 그 처분과 관련하여 이해(利害)에 고사(考査)를 신중하게 할 필요가 있고 한편 부동산의 수익(利廻)도 고려하지 않을 수 없겠다.
1. 토지신탁 신탁부만 수계(受繼)하는 것은 조신의 입장에서는 환영하나 토신이 이에 응하지 않고 만일 응한다면 높은 가치를 요구할 것이다.

〈자료 395〉 부동산신탁 조신(朝信)도 소극적

(《매일신보》, 1934.1.24.)

조선신탁의 부동산신탁은 360만 원 전후는 최근 거의 증가하지 않아 조선 내 부동산신탁의 장래는 다소 의문시된다. 즉 신탁자 측의 신탁 관념은 부동산을 소유하는 것은 자기가 자기의 사회적 지위를 축성(築成)하는 것과 같이 사려(思慮)하여 부동산신탁을 그리 환영하지 않는 경향이 농후하다. 그럼으로 조선신탁회사의 부동산신탁은 소극적 방침으로 겨우 면목을 유지하는 상태이나 조신에 대한 보조가 없게 되면 두 회사에 부동산신탁은 고견(顧見)하지 아니할는지도 알 수 없다.

〈자료 396〉 토신(土信) 매수가격은 180만 원 정도, 금후 우여곡절을 난면(難免)

(《매일신보》, 1934.1.28.)

조선신탁으로부터 정식으로 매수 교섭을 받은 조선토지신탁에서는 지난 25일 오후 긴급 중역회를 개최하고 대책을 협의한 결과 토지 평가에 대한 쌍방의 주장에 매우 큰 간격이 있으므로 조신 측의 재고(再考)를 촉구하기로 결정하고 이 뜻을 27일 중에 조신에 회답하기로 되었다. 그리하여 이에 대한 조신의 태도 여하가 주목되는바 조신 측으로서는 당초 제시한 안이 변경할 여지가 없는 공정한 것이라는 확신을 가지고 있으므로 과연 어느 정도까지 양보할는지가 의문이다. 본 교섭은 향후 상당한 우여곡절을 면하기 어려운 형세로 결국 신은과 식은의 공정한 감정(鑑定)에 의하게 될 모양이기 때문에, 그 결과는 아직 알 수 없으나 조신 측 평가에 가까운 180만 원 정도로 결정될 것으로 추측되며 제2회 회견은 다음 주 중에나 개최하게 될 듯하다고 한다.

〈자료 397〉 토신(土信) 대표 조신(朝信) 방문, 합병 문제는 시일이 걸린다

(《매일신보》, 1934.1.31.)

조선신탁회사는 토지신탁 매수에 관하여 지난번 다니(谷) 사장과 미키(三木) 지배인이 토지신탁을 방문하고 희망을 진술했는데, 토지신탁은 29일 오후 중역회를 개최하고 조신 제안에 대해 협의한 결과 30일 오후 토신 아라이(荒井) 사장은 스에모리(末森) 전무와 동반하여 조신 본사를 방문하고 다니, 미키 두 사람이 제시한 매수조건에 대해 토신 측의 방침을 제출하였다. 상기 중역회 내용에 대해 모 중역은 말하되 쌍방의 부동산 평가에 비상한 차이가 있으니 과연 접근하게 될지는 의문이고 우리는 처음부터 합병에 응하지 않기로 사절(謝絶) 한 것은 아니니 성립과 결렬을 막론하고 상당한 시일이 걸리겠다.

〈자료 398〉 토신(土信)의 매수 교섭, 가격 문제로 정체, 토신 측 태도 자못 강경

(《매일신보》, 1934.2.1.)

조선신탁으로부터 매수 교섭을 받고 두세 차례 중역회를 개최하여 대책을 협의 중이던 조선토지신탁에서는 중역회의 대체적인 의향이 결정되었으므로 어제 30일 오후 4시 스에모리(末森) 동사 전무가 조선신탁으로 다니(谷) 사장을 방문한 후 중역회의 의향을 상세히 전하는 한편 매수 교섭의 핵심이 되는 평가에 대해 여러 가지 의견을 말하여 조신의 반성을 요망하고 동 5시 반경 인사하고 물러났다. 회견 내용은 쌍방이 모두 함구하고 말을 하지 아니함으로 상세하지는 못하나 토신 중역회로서는 평가에 대한 쌍방의 주장이 너무 현격하게 차이가 나서 이의 접근을 논할 방도가 발견되지 않는 이상 교섭을 더 진행하는 것은 쓸데없는 일이라는 의향에 일치되었으므로 스에모리 전무의 다니 사장 방문도 이 점에 대한 설명이 있었을 뿐이고 숫자에 관해서는 구체적으로 아무런 의견도 내지 않는 모양이다. 그리하여 매수 교섭은 겨우 제1회 교섭을 열고 가격 문제로 암초에 오른 상태인데, 조신의 방침을 처음부터 자기 안으로써 공평한 것이라는 자신 아래 교섭에 임했고 토신 측에서는 총독부 당국의 신탁정책에는 찬동하는 바이나 무리한 평가에는 따를 수 없고 만약 이 문제로 인하여 결렬되는 한이 있더라도 이는 어쩔 수 없는 일(無可奈何)이라고 자못 강경한 태도를 가지고 있다. 쌍방이 태도가 이같이 강경한 이상 향후 타개가 자못 곤란시(困難視)되는바 본부(本府)와 조선은행의 동반 알선을 보게 되더라도 과연 쌍방 주장을 어느 정도까지 완화시켜 접근을 도모할 수 있을 것인지 의문으로 추이는 자못 주목된다.

〈자료 399〉 토신(土信)의 합동 문제 점차로 완화

(《매일신보》, 1934.2.4.)

형세 혼돈으로 예측할 수 없는 조신 대 토신 합동공작은 2일 오후 3시 반부터 토신에서 다니(谷) 조신 사장, 미키(三木) 동 지배인과 아라이(荒井) 토신 사장, 스에모리(末森) 동 전무와 오후 6시경까지 약 3시간 제2차 회견으로 어느 정도 완화된 모양이나 점차 합동공작의 서광이 보이게 되었다.

〈자료 400〉 조신(朝信) 대 남신(南信) 매수 교섭, 근간 개시할 모양

(《매일신보》, 1934.2.18.)

조선신탁은 토지신탁 매수를 중지한 동시에 기존 회사인 남조선신탁에 대해서는 머지않아 구체적 교섭을 개시할 터이다. 남조선의 내용과 사산에 대해서는 이미 조사가 끝났고 어제 다니(谷) 씨와 스기무라 이쓰로(杉村逸樓) 씨 사이에 어느 정도의 교섭이 있었으니 구체적 교섭에 들어가면 의외로 쉽게 해결될 것 같다.

〈자료 401〉 신탁합동 당분간 중지, 다니(谷) 조선신탁 사장 담

(《매일신보》, 1934.2.22.)

신탁합동 문제에 대하여 다니(谷) 조선신탁회사 사장은 말하되, 조선토지신탁회사의 합동 문제는 너무나 거리가 있어서 교섭을 중지하였다. 최근 남조선신탁회사와 합동을 개시했다고 전하나 아직 교섭을 개시하지 않았고 며칠 전 스기무라(杉村) 씨가 상경하였으니 동 문제에 대해서는 논의하지 않았다. 남조선신탁 합동에 대해서는 작년 말 여러 차례 교섭했으나 그때 아무런 협정이 성립하지 않았으며 남조선신탁도 토지신탁과 같이 평가에 차이가 너무 심하여 교섭은 지극히 어려우니 신탁합동은 당분간 진행하지 않을 터이다.

〈자료 402〉 양신(兩信) 합병 교섭 완전히 결렬

(《매일신보》, 1934.3.28.)

조선신탁과 토지신탁과의 합동은 근간 하야시(林) 재무국장의 귀성(歸城)을 기다려 최후적 조정이 개시될 것이라는 설이 있는데, 유력 방면에서는 전혀 그럴 이유가 없다고 하며 4월에 들어서도 교섭 재회(再會) 등은 절대 없다고 한다.

〈자료 403〉 조신(朝信) 금전신탁 급격 증가, 27일 현재 1,800만 원

(《매일신보》, 1934.3.30.)

조선신탁회사의 지난 27일 현재 수신탁(受信託) 성적은, 금전신탁의 경우 본점 1,100만 원, 군산지점 340만 원, 부산지점 360만 원으로 총계 1,800만 원이고, 부동산은 본점 195만 원, 군산 120만 원, 목포 5만 원으로 계 320만 원에 달했으며, 유가증권은 본점 1만 5,000원, 군산지점 1만 원으로 합이 2만 5,000원이다. 이를 지난 15일 현재에 비하면 금전에서 본점 140만 원, 군산지점 10만 원, 합 150만 원이 증가하였으나 부동산은 증가하지 못했다. 근래 동사의 금전신탁은 일반의 신탁사상이 점차 보급됨에 따라 급격한 증가를 보이고 있어 본점만으로도 26일 현재 990만 원이던 것이 하루 사이에 100만 원가량 증가하여 무난히 1,000만 원을 돌파했다. 그런데 그중에는 40만 원 정도 되는 거액(大口) 신탁이 있다 하고, 한편 내지은행으로부터의 매매 차익금(利稍)을 급취하는 신탁이 현저하게 증가해 현재 약 300만 원 정도에 달한다고 한다. 그런데 어떤 현상은 조선 측의 신용을 말하는 것으로서 내지 자본의 유치는 조선 금융계로 보아 절대로 필요한 일이므로 금후에도 이의 유치에 노력할 방침이라고 한다. 다른 한편 부동산신탁은 일반의 이해 부족과 토지 감정, 기타 수속(절차) 등의 관계로 현저한 성적을 거두지 못했기 때문에, 이것도 근래에 이르러는 점차 증가의 추세를 보이고 있어 현재 본점에서 신탁계약 교섭 중에 있는 것이 300만 원가량 있는바 다음 달 초순 중에는 계약 결정을 보게 될 터라 한다.

〈자료 404〉 조신(朝信) 사옥 신축, 후보지 선정

(《매일신보》, 1934.3.30.)

조선신탁회사—신탁합동 후 현재의 사옥으로는 협소함을 느끼게 되었으므로 급하게 사옥 건축 계획을 세워 후보지로 3, 4개소를 선정하였으므로 근간 중역회에 제안하여 결정할 예정이라 한다.

〈자료 405〉 신탁협회 총회 개부(開否) 미결

(《매일신보》, 1934.3.31.)

전선신탁협회는 예년 4월에 총회를 개최하는데 협회를 조직한 5 신탁회사 중 부산, 군산, 공제 3사는 조신(朝信)에 합동되어 자연 탈퇴하고 현재 회원 회사는 토지신탁, 남선신탁의 두 회사로 해산 문제도 일어나므로 4월 총회의 개최 여부가 아직 결정되지는 못했다.

〈자료 406〉 토지신탁 부동산 처분

(《매일신보》, 1934.3.31.)

조선토지신탁에서는 조신의 매입(賣込) 단절 이후 소유 부동산 처분에 착수할 모양이다. 토지신탁은 이 현실 처분으로 작년부터 문제가 되어 결국 조신과의 합동이 결렬한 동사의 부동산 평가에 대해 조신의 소견(所見)이 타당한지 또 토신의 견해가 정당한지 이것이 명시되겠는데 한편 부동산의 처분으로 선은의 채무가 감소되겠다.

〈자료 407〉 조신(朝信) 대 남선신탁 매수 문제 현실난(現實難), 쌍방 주장이 현격

(《매일신보》, 1934.4.3.)

[부산] 남선신탁에 대한 조선신탁의 매수 문제는 얼마전 입성(入城)한 야마무라(山村) 부산 취체역 의견에 의하면 실현이 곤란하다 한다. 즉 대(對)토지신탁 관계는 부동산 평가의 상이함이 있으니 남선신탁은 그 내용과 자산에 대한 쌍방의 견해가 대단히 현격(懸隔)하고, 특히 남선신탁은 「신탁령」에 의해 허가되기 전 감자(減資)한 사실 등도 있으니 조신이 이야기하는 가격으로는 남선신탁이 매수에 응하지 않겠으니 따라서 부산은 남선신탁이 대립하여 경쟁함은 면할 수 없다.

〈자료 408〉 신탁협회 존속

(《매일신보》, 1934.4.3.)

신탁합동 진보(進捗)에 의해 신탁협회 회원은 토지신탁과 남조선신탁뿐으로 최근 협회의 해산설이 있는데 토지신탁은 해산할 이유가 없다고 부인하는 동시에 정시총회는 4월 중에 개최할 예정이라 한다.

〈자료 409〉 조신도 추수(追隨) 이하(利下), 동사는 목하 고려 중

(《매일신보》, 1934.4.10.)

조선신탁회사는 식은, 동척 장기자금 이하(利下) 결정에 따라 대부금리의 인하를 고려 중인데 동사의 이하는 인가 사항이 아니므로 식은, 동척 이하 실현 후 수시로 이하를 행할 모양이다.

〈자료 410〉 조신(朝信) 대출 이하 급속히 실현될 모양

(《매일신보》, 1934.4.13.)

조선 내 금융계의 저금리 추세는 금조연합회(金組聯合會)의 이하(利下)를 계기로 하여 지난 10일에 발표된 식은, 동척의 장기대부 이하와 맞물려 본격적 저금리 시대가 출현하였으므로 이 시세에 순응하고자 조선신탁회사에서도 얼마 전부터 연구를 거듭하던 중이었는데 어제 11일 오전에 개최된 정례 중역회에 이를 부의하여 협의할 모양이다. 이하의 범위는 식은, 동척과 마찬가지로 부동산담보대부 등의 장기물(長期物)로 제한할 터이고 이하 정도도 대체 앞의 두 기관(동척과 식은)에 준하여 4(0.4%), 5리(0.5%)가량의 인하를 보게 되리라 추측되는데, 될 수 있는 대로 속히 결정지어 당국과 협의한 후 실행할 예정이라 한다. 이에 대해 회사 당국은 말하되, 아직 구체적으로 안을 결정한 일은 없으며 대세에 순응할 필요는 있으므로 목하 연구 중인데 동척, 식은 양쪽의 인하 후 형세를 정관(靜觀)하고 시시히 실행하여도 늦지 않다고 생각한다. 현재도 부동산대부 중 7푼 3, 4리(7.3~4%)의 것이 있으며 향후에도 상대와 담보에 의해 선처하면 좋다.

〈자료 411〉 합동의 일책(一策)으로 토신(土信) 주식 매집, 이미 7,000매 이상을 매입, 조선신탁의 측면 공격

(《매일신보》, 1934.4.18.)

조선신탁의 제4차 합동공작인 토지신탁에 대한 매수 교섭은 누차에 걸쳐 접충을 계속하였으나 소유 재산 평가에 대한 쌍방 주장의 현격한 차이로 일치점을 발견하지 못해 조신 측의 교섭 중지 성명으로 절충을 정지하고 말았는데 최근에 이르러 조신 당국에서는 합동 촉진의 한 방책으로 토신회사의 주식을 매습(買拾)하기 시작해 이미 7,000주 이상을 매집하였다. 그런데 토신의 총 주수는 약 2만 6,000여 주로 금후 조신 측이 매집을 계속하여 1만 주 내지 1만 3, 4,000주만 매수하면 토지회사의 실권은 완전히 조신의 장중(掌中)에 옮기고 말 것임으로 금후의 조신 태도는 자못 관계 방면으로부터 주목을 끌고 있는바 조신에서 이미 매수한 상기 7,000매 중에는 토신의 현 중역의 수중에서 나온 것이 다수하다는 풍설이 있어 전번 합동 교섭에 강경한 태도를 가지고 있던 만큼 일반에 기이한 느낌을 주고 있다. 동 토신 주는 액면 50원으로 20원 불입한 것이므로 시중의 시세는 지난달 초순 16원 5, 60전이던 것이 최근에는 18원으로 급등하고 있다. 그 원인은 금융 완만에 근기(根基)한 일반 잡주(雜株)의 오름세에 따른 대세적 상승임은 물론이나 한편으로는 상기 조신의 매집에 그 원인이 있는 것이라는 관측이 유력한데 토신 주의 금후 동향은 주목된다.

〈자료 412〉 조신(朝信) 금전신탁 날로 증가, 1,800만 원대

(《매일신보》, 1934.4.20.)

조선신탁회사의 18일 현재 신탁 재산은 본지점을 통해 부동산 233만 8,000원, 금전 1,799만 2,000원, 유가증권 2만 3,000원, 기타 2만 3,000원으로, 합계 2,137만 8,000원에 달했는데 부동산 등은 별로 변동이 없으나 금전신탁은 날로 증가의 일로를 쫓아 1,800만 원에 접근하는 양호한 성적을 보이고 있으니 800만 원대 돌파도 하루 이틀 안에 일어날 일이라고 관측된다.

〈자료 413〉 저금리에 순응하여 조신(朝信)도 배당률 인하 실시, 대체로 3리 정도

(《매일신보》, 1934.4.21.)

금융계의 저금리 추세는 지난 식은, 동척의 대부 이자율 이하(利下) 단행으로 더욱 박차를 가해 완전한 저금리 시대를 현출(現出)했는데 이 정세에 자극되어 시내 각 보통은행에서도 2리 내지 3리(0.2~0.3%) 정도의 이하를 각자 실시하기에 이르렀다. 이에 금융계의 추이를 정관(靜觀) 중이던 조선신탁에서는 이 정세에 순응하기 위해 얼마 전부터 신중히 고려 중이었는데, 마침내 장기대부물에 대해 3리(0.3%)가량의 인하를 단행하기로 결정하고, 어제 19일 오전에 열린 정례 중역회에 부의한 바 있었는데, 동사의 이하는 인가 사항이 아니므로 발표하지는 않으나 대체로 식은과 동척의 이하 정도에 맞춰 위와 같이 실시하기로 한 것이라 한다.

〈자료 414〉 정례 중역회 사업계획 협의

(《매일신보》, 1934.4.21.)

조선신탁회사에서는 19일 오전 10시 반부터 정례 중역회를 개최하고 다음과 같이 부의하였다.

1. 다음 기 사업계획의 건
1. 금전 신임자(信任者) 배당 인하의 건

〈자료 415〉 은행예금, 신탁 배당에 소득세 3푼 부과, 총독부로부터 각 은행에 통달, 5월 1일부터 실시

(《매일신보》, 1934.4.25.)

은행예금 및 신탁 배당에 대한 제2종 소득세는 은행예금은 정관특별당좌통지(定款特別當

座通知) 각 예금 이율 100분의 2, 신탁 배당에 대해서는 배당률 100분의 3을 5월 1일부터 실시하기로 결정하고 그 취지를 은행 및 신탁회사에 대해 내달(內達)하였으므로 경성조합은행에서는 오늘 오찬회 후 이에 대한 사무상 협의를 행하였다.

〈자료 416〉 토신(土信)의 부동산 전부 처분 예정

(《매일신보》, 1934.4.29.)

조선토지신탁회사에서는 4월 초순부터 소유 부동산의 매각을 개시하였는데 오늘까지 상담(商談)이 성립된 것이 약 10만 원이고 상담 진행 중에 있는 것은 약 10만 원으로 합계 20만 원인데 올해 중에는 부동산 전부가 처분되겠다.

〈자료 417〉 보은(普銀) 측의 타격은 신탁 배당의 고율, 금조 예금 불과세는 별무영향(別無影響)

(《매일신보》, 1934.5.8.)

금융조합의 비조합원 예금에 대한 과세는 일부 은행, 특히 보통은행 간에서 요망하고 있는데 신세령(稅令)에는 면세를 명시하고 있다. 재무국장은 금조(金組) 예금의 면세가 다른 금융기관에 영향이 되면 적당한 방법을 강구하겠다는 설명도 있으므로 오는 18일 대구에서 개최되는 은행대회에 금조예금 과세요망안 제출설을 전하였으나 이상과 같은 관계와 은행대회는 친목간친(親睦懇親)을 주지(主旨)로 하고 제3자의 이해와 관련된 문제는 논의하지 않는 것이 불문률이 되어 있으며 내지에서도 조경(曹經-원문 그대로)에 이런 종류의 제안이 있었으나 취소된 전례도 있었기 때문에 결국 문제가 되지 않으리라고 한다. 한편 예금 이자 과세 100분의 3 정도가 다대(多大)하리라고는 생각되지 않으며 은행 측으로서는 차리라 신탁회사의 신탁예금 이자 고율이 문제라는 설도 있다.

〈자료 418〉 조신(朝信) 금전 배당률 5리 이하(利下) 내정, 보은(普銀)의 이하 정세에 자극, 6월부터 실시할 터

(《매일신보》, 1934.5.12.)

적호(適好)한 투자 대상물의 결핍으로 막대한 유자(遊資)를 가지고 그 운용에 고통 중인 보통은행 사이에 도쿄, 오사카 두 곳 을은(乙銀)에 뒤따라 정기예금 금리 인하 또는 정기예금 이자율 인하에 대한 기운이 점동(漸動)하는 정세에 비추어 보은과 대등한 처지에 있는 조선신탁에서는 이와 같은 저금리 추세에 순응하는 한편 보은 예금의 신탁 이동의 증가에 따른 운용난 정세를 미리 방지하고자 얼마 전부터 금전신탁 배당률 인하에 관해 신중한 연구를 거듭하는 중인데 최근에 이르러 금융계는 일층 완만의 정도를 더하여 내지 을은의 이하가 실시되기로 결정된 결과 조선 내 을은도 이를 따라 이하를 단행할 것은 기정의 사실이며, 더욱이 내지 일류 4 신탁이 다음 기부터 3리(0.3%)를 인하하기로 결정하였으므로 이들 정세에 자극되어 본격적으로 인하율을 고려하는 중이다. 그런데 동사의 상기 배당률은 5푼 8리(5.8%)로서 내지 일류 신탁의 4푼 7리(4.7%)에 비해 1푼 1리(1.1%)의 고율임으로 금후에도 타금융기관과의 경쟁적 의미를 떠나 견실한 금리책을 취하려는 방침 아래 내지 신탁의 인하율보다 2리(0.2%)가량 더해 5리(0.5%)가량 인하하기로 대체 내정을 보았다는바, 이것이 실시된다 하더라도 현행 을은의 정기예금의 5푼(5%)에 비하면 3리(0.3%), 3리가량의 인하 후와 비교할 때는 6리(0.6%)의 고율을 유지하게 되므로 5리(0.5%)의 대폭 이하에 의한 신탁주(信託主)의 변동은 없으리라고 예측하는데, 인하 실시기는 결산 관계상 신영업기 초인 6월부터 실행을 보게 되리라 한다.

〈자료 419〉 신탁협회 총회 하순에 개최

(《매일신보》, 1934.5.12.)

토지신탁 및 남선신탁 두 회사의 신탁협회 총회는 무진협회 및 은행대회가 중순에 개최되므로 이들 행사 종료 후 하순에 개최할 모양이고 본부 감사관의 임석을 요구하는 동시에 제안을 수집 중이다.

〈자료 420〉 4대 신탁과 금전신탁 배당 3리 인하 내정

(《매일신보》, 1934.5.12.)

[도쿄 전화] 각 신탁회사가 이번 기 말 금전신탁 배당률을 어느 정도까지 인하할 것인가 함은 재계 각 방면이 주목하는데 미쓰비시신탁(三菱信託)에서는 10일 오후 5시 중역회를 열고 3리(0.3%) 인하한 4푼 4리(4.4%)로 결정하고 야스다신탁(安田信託)도 마찬가지로 2리(0.2%) 인하로 내정하였으며, 한편 미쓰이신탁(三井信託)은 대체 4리(0.4%) 정도 인하 의향이 있으나 각 회사가 3리(0.3%) 인하를 결정하면 각 회사 사이에 3리(0.3%) 인하를 단행할 모양이다. 또 스미토모신탁(住友信託)도 3리 인하를 결정하였으니 이에 4대 신탁이 일제히 3리 인하를 실시하게 되었다.

〈자료 421〉 통제경제 고려할 문제, 동은(東銀)의 상무 입행은 별무타의(別無他意), 가토(加藤) 선은 총재 귀성담

(《매일신보》, 1934.5.22.)

도쿄에 체재 중이다가 20일 아침 귀임한 가토 선은 총재는 말하기를,

조신 배당률 인하: 조신의 금전신탁 이익 배당률 인하는 이미 이로베(色部) 이사를 통해 조신 당사자에게 고려를 촉구해 두었으므로 머지않아 구체적으로 문제가 될 것이다. 조신이 증권에 투자하였다고 역시 채산을 도외시하는 것이 아니므로 별로 염려할 필요는 없다. 그러나 조신으로서는 금전신탁보다 창립 당초 본래의 주지(主旨)로 보아 정리를 목적으로 한 부동산신탁에 주력해 이를 조직적으로 경영해서 지주를 구조해 가야 한다고 생각한다.

조신, 토신 주 매점: 조신의 토지신탁 주 매집은 주판을 놓아 보고자 하는 일이오, 별로 주

를 매점해서 토지신탁을 지배해 가려는 생각은 없다. 또 그런 일은 할 일도 아니다.

동일은행 문제: 동일은행(東一銀行)에 내지인 중역을 알선한 것은 별로 깊은 의미는 없다. 다만 그렇게 하는 것이 동일(東一)을 위함이라 생각하여 향후 이를 기회로 내지인 중역을 늘려 가려는 생각은 가지고 있지 않다. 나로서는 어디까지 동사의 사시(社是)를 존중하여 동행의 원만한 발전에 노력할 심산이다.

내지 자본 환영: 조선에 내지 자본이 투하되어 대사업이 일어나는 것은 매우 좋은 일이니 이에 대해 조선으로서는 상당히 주선해 줄 필요가 있다. 성진(城津)에 지점을 설치하는 것은 훨씬 뒤의 일이다. 만주 사업계는 견실하게 만주는 사변 후 급변하여 훌륭하게 되었는데, 각종 사업은 아직 좀 견실하게 할 필요가 있다고 생각한다.

통제경제 유행: 최근 통제경제가 시행되어 무조건 통제통제를 열심히 통제하는 것은 상당히 생각해 볼 일이다. 역시 자유경쟁 본위로 하여 그것이 국민 국가를 위하여 불리해진다면 국가가 이를 통제할 일이다. 정계(政界)의 일은 문제의 향후 진전 여부를 기다리지 않으면 알 수가 없다.

〈자료 422〉 조신(朝信) 배당 이하(利下) 6월 1일 실시, 4리 내지 6리 인하

(《매일신보》, 1934.5.27.)

내지 조선을 통한 금융계의 저금리 추세는 각 금융기관의 소유 자금 운용난에 따라 그 정도가 점점 심해져 이에 필연적 결과로 예금 이자의 인하를 불가피하게 하는 일이 있는데, 지난번 도쿄, 오사카 두 곳 을은(乙銀)의 정기예금 이하(利下) 결정과 조선 내 보은(普銀)의 뒤따르는 정세에 비추어 조선신탁에서는 금전신탁 배당률을 인하하기로 내정하고 그동안 신중한 연구를 거듭하여 오던바 마침내 최후 결정을 보게 되어 하반기 초인 6월 1일부터 실시하기로 결정하였다. 새로 결정된 배당률은 2년 이상의 장기신탁과 2년 이하의 단기신탁 2종으로 구분하여

1. 2년 이상 5푼 4리(5.4%)

2. 2년 이하 5푼 2리(5.2%)

로 장기(長期)는 전기(前期)보다 4리(0.4%)를, 단기는 실로 6리(0.6%)의 대폭 인하를 단행하기로 되었다. 그런데 이와 같이 일시에 4리 내지 6리의 대폭 이하를 보게 된 것은 과거에 그 예를 찾아보기 힘든 것으로 실시 후의 신탁 성적의 추이 여부는 자못 주목을 끌게 되었다. 그러나 동사의 이자는 단기의 5푼 2리(5.2%)는 비록 6리(0.6%)의 인하이나 을은(乙銀)의 현행률 5푼(5%)에 비하면 아직도 2리(0.2%)의 고율은 유지하며 을은의 3리 이하 실행 후에는 5리의 이자율 차이가 생기므로 이하에 의한 영향은 조금도 없을 것이라고 관찰하고 있다. 한편 전기와 같이 조신의 대폭 이하 결정에 자극되어 각 보은의 이하도 조만간 단행되리라 관측된다.

〈자료 423〉 토지신탁은 불개(不改) 의향, 현행 6푼 2리로

(《매일신보》, 1934.5.27.)

조선토지신탁에서는 28일 중역회를 열고 이번 기 결산안을 부의할 터인데 소유 부동산의 처분은 약 25만 원에 달하고 그중에서 4만 원의 이익을 올렸으므로 3만 원은 소각에 충당하기로 되었다. 그런데 주주 배당은 6푼(6%) 거치로 내정하였으나 하기(下期)의 신탁 배당률은 조선신탁의 이자율 인하에도 불구하고 6푼 2리(6.2%)에 거치하려는 의향이 유력한 모양인바 합병 문제가 정돈(停頓)된 이때 토지신탁의 신탁 배당률 거치 의향은 업계의 주목을 끌게 되었다.

〈자료 424〉 토지신탁 수익자 배당 6푼 2리

(《매일신보》, 1934.5.29.)

조선토지신탁회사에서는 28일 오후 2시부터 중역회를 열고 당기 결산에 관한 사항을 부의하였는데 이번 기도 상당한 이익이 있으나 대부분은 각종 소각(消却)에 충당하여 내용의 충실을 기하고 수익자 배당은 6푼 2리(6.2%), 주주 배당은 6푼(6%)으로 모두 전기와 같다.

〈자료 425〉 토신(土信) 부동산 매각 처분 호조

(《매일신보》, 1934.6.2.)

조선신탁회사에 있는 부동산 매각 처분은 일반이 호감을 가지고 희망자가 속출하여 5월 31일은 신정(新町) 조선인 유곽(貸座敷) 한 구획 전부 40여 개소가 약 9만 원에 매각되어 5월 초순 부동산 매각 개시 이래 불과 1개월 사이에 약 35만 원의 거액에 달한다.

〈자료 426〉 조신(朝信) 배당 불변, 수익자 5푼 8리

(《매일신보》, 1934.6.2.)

조선신탁회사는 5월 말로서 제3기 결산을 종료하는데 이번 기 수익자 배당은 5푼 8리(5.8%), 주주 배당은 6푼(6%)으로 전기와 같고 주주총회는 이번 달 말 개최할 터인데 오는 4기부터의 수익자 예상 배당은 6리(0.6%) 인하한 5푼 2리(5.2%)로 내정했다.

〈자료 427〉 조신(朝信) 신탁재산 2,600만 원

(《매일신보》, 1934.6.2.)

조선신탁회사— 5월 말일 현재 신탁재산은 금전신탁 2,100만 원, 부동산신탁 500만 원이고 대출고는 850만 원, 유가증권 400만 원이며 내지로부터 유입된 금전신탁은 약 800만 원이다.

〈자료 428〉 토지신탁 중역 재선 방침

(《매일신보》, 1934.6.3.)

토지신탁회사는 6일 또는 7일에 중역회를 열고 정시총회 기일, 이익금 분배안, 역원 개선 방침 등을 협의할 터인데 배당은 6푼(6%)이고 역원은 여러 가지 문제도 있으나 재선 방침을 취할 모양이다. 회사는 당기 부동산 및 유가증권의 매각 이익이 다액이지만 이들은 전부 소각(消却)에 충당할 터이다.

〈자료 429〉 은행예금의 신탁 이동 점증, 은행 측의 추이 주시

(《매일신보》, 1934.6.15.)

은행예금은 5월부터 실시된 이자로 이중의 이자로 본 셈이므로 정기예금으로서 기한이 도래한 것은 인출해서 토지신탁 및 조선신탁으로 이동하는 자가 점차 증가되며 특히 이식(利殖) 예금에 이와 같은 경향이 농후하다. 그러나 고리(高利) 쪽으로의 전향이 농후하다. 그러나 고리 쪽으로의 전향 예금 총액이 얼마나 될까 함은 문제가 되어도 은행예금의 증가 추세는 일정 부분 저지되지 않을까 하는 의견이 많아 은행 측에서는 추이를 주목하는 중이다.

〈자료 430〉 토지신탁 부동산 분양 내년까지 완료

(《매일신보》, 1934.6.17.)

토지신탁의 소유 부동산 분양은 5월 말 30여만 원에 달했으나 결산에는 17만 원 정도를 계상하였다. 당기는 적어도 4, 50만 원의 처분을 적(積)하고 기미(期米)까지 합계 7, 80만 원에 달하게 할 계획이다. 동사의 장부가격과 매각가격과의 차익은 상당하겠으며 또 내년 중에 다시 처분하고 결국 회사의 법정 소유 가능 부동산에 그치게 할 모양이니 조선신탁의 피합동은 문제 삼지 않고 직진할 방침이다.

〈자료 431〉 조신(朝信) 신탁재산 2,700여만 원

(《매일신보》, 1934.6.26.)

조선신탁회사에 있는 25일 현재 금전신탁은 본지점을 통해 2,267만 9,848원, 부동산신탁 469만 2,273원, 기타 약 5만 원, 합계 2,742만 2,121원으로 전기 말에 비하면 163만 2,141원의 증가이고 이외에 부동산신탁의 목하 교섭 진보 중에 있는 것은 3구로 약 60만 원가량이다.

〈자료 432〉 조선신탁 정총(定總) 6푼(6%) 배당 거치

(《매일신보》, 1934.6.29.)

조선신탁회사의 제3기 정기총회는 오늘 28일 오후 3시부터 장곡천정(長谷川町) 은행집회소 내에서 개회하는데 부의안은 다음과 같다.

1. 1934년(昭和 9) 상반기(8년 11월부터 9년 5월) 영업 보고

1. 재산목록, 대차대조표, 그리고 손익계산서

1. 이익금 처분안(연 6푼 거치)

그런데 일부에서 동사에 상무취체역제를 신설하기로 결정되어 이번 총회에 거안(擧案)할 것이라는 설을 전하는 자가 있으나 다니(谷) 사장은 총독부로부터 보조금을 받는 동안 실무 중역 증원에 반대 의향을 가지고 있으므로 이번 총회 제출설은 허전(虛傳)에 불과하며 따라서 당분간 실현되지 않을 모양이다.

〈자료 433〉 조신(朝信)과 토신(土信)의 합동공작 재연, 토신의 토지 처분 진보와 함께 불원간 재개설 유력

(《매일신보》, 1934.7.1.)

신탁합동의 제4차 공작으로 재산의 핵심인 토지평가에 대한 양방의 주장이 현격하여 절충 중도에 좌절된 조선신탁의 토지신탁 합병 문제는 교섭이 이루어지지 못한 때부터 총독부 당국과 혹은 선은 총재의 조정알선설은 누누히 전하였으나 지금까지 알선자의 출현은 보지 못한 채 동사 당국자의 정관리(靜觀裡)에 그대로 추이되고 있는데, 지난 28일에 개최된 조신 정기총회 석상에서 동사 주주 아사노 다사부로(淺野太三郎) 씨로부터 토신과의 합병공작 촉진에 대한 희망 의견을 말하고 다니(谷) 사장은 선처할 뜻으로 답한 적이 있었다. 그런데 전기(前記) 아사노(淺野) 씨는 토신의 대주주로서 토신 당국자의 합병에 대한 성의 유무를 논의하는 자까지 있는 때이므로 동씨의 의견 발표는 자못 주목을 끌었는데 토신에서는 목하 소유 토지를 속속 처분 중에 있어 그 성적이 양호하며 금후에도 가급적 처분에 노력할 방침이라 한즉 앞의 소유 토지의 처분은 두 회사 합병공작상의 암종(癌腫)을 제거하는 결과가 되어 토지 처분의 추이와 함께 합병 공작은 유망시되는 동시에 두 회사 사이에 합병 절충이 재연되는 것도 머지않았을 것으로 관측된다.

〈자료 434〉 오직 후기(後期) 문제, 조신(朝信) 당국자 담

(《매일신보》, 1934.7.1.)

이에 대하여 조신 당국자는 말하되, "아직 당사로서 아무런 생각하고 있는 것은 없으나 신탁의 합동은 총독부의 대방침이므로 언제든지 실현될 것은 기정의 사실이다. 토신(土信)과의 합병 좌절은 소유 토지에 대한 평가에 현격한 차이가 있었기 때문이니 이것이 유리하게 처분된다고 하면 동사에도 이로운 일이고 우리로서도 장해가 없어지는 결과가 되어 대단히 좋게 될 것이다. 하여간 오늘이냐 내일이냐 하는 문제는 있을지언정 기타에는 합병되고 말 것이니, 즉 말하자면 시기 문제에 불과하다고 생각한다."

〈자료 435〉 조신(朝信) 대 토신(土信)의 합동공작 재개, 가토(加藤), 아루가(有賀) 양씨의 알선으로 오늘 양사 간부 회견

(《매일신보》, 1934.7.14.)

소유 토지에 관한 평가액의 현격한 차이로 지난 3월 교섭을 중지한 조신의 토지신탁 합동공작은 그 후 쌍방이 모두 총독부 방침에 의한 합동의 필연성을 인정하면서 표면으로 정관(靜觀)을 가장하고 있던바 최근에 이르러 교섭 재개의 기운이 동(動)하여 관계 방면의 왕래가 빈번하던 중 이번 13일 오전 11시부터 선은 총재실에서 가토 선은, 아루가 식은 두취의 참석 아래 이로베(色部) 조신 중역, 아라이(荒井) 토신 두 사장이 교섭 정지 이래 제1회의 회견을 행했다. 회담 내용은 아직 발표하지 않으나 대체로 쌍방으로부터 평가에 대한 각자의 의거점(依據點)을 설명하는 정도에 그친 모양인바 이번 회견은 가토, 아루가 양씨의 조정 알선에 의해 양사 당국자 간에 어느 정도까지의 접근이 암암리에 진행된 결과로 추측되므로 특별한 고장(故障)이 발생하지 않는 이상 이번에는 합병 공작의 완성을 보게 될 모양이다. 그런데 토지신탁의 소유 토지는 최근에 이르러 저금리에 원유(原由)한 부동산 가격의 상승에 따라 예상 외로 상당히 유리하게 처분되고 있는 정세 때였으므로 향후 교섭에 있어 저반의 평가에 기반하여 절충을 계속하는 형식을 취할는지 의문으로 토신 측의 태도는 자못 주목된다.

〈자료 436〉 토신(土信) 매수 알선사 협의, 아루가(有賀) 씨·가토(加藤) 씨 방문

(《매일신부》, 1934.7.15.)

조선신탁의 조선토지신탁 매수 교섭은 일단 중지한 대로 추이한바 토지신탁에서는 고유계정(固有勘定)에 관한 부동산 처분에 착수하여 이미 43여만 원의 매매계약을 마쳤는데 최근 다시 매수담(買收談)이 재연하여 알선자로 조신의 대주주인 아루가 식은 두취, 가토 선은 총재, 아라이(荒井) 토지신탁 사장은 13일 선은 총재실에서 회견, 매수 교섭을 재개한 것은 이미 보도한 바인데 앞의 회견 결과 아라이 사장으로부터 새롭게 매수 대안을 제출하고 회견을 마쳤다. 다니(谷) 조신 사장은 목하 목포에 출장 중이므로 두 회사 중역회는 내주 중 개최할 터인데 가토 총재는 이번 달 16, 7일경 도쿄에 가기 때문에 그때까지 매수의 대강을 결정할 터이다. 또 오늘도 아루가 식은 두취는 가토 선은 총재를 방문하고 본 문제에 대해 협의 중이다.

〈자료 437〉 토신(土信) 매수 최후적 교섭, 오늘 중에 해결?

(《매일신보》, 1934.7.17.)

재연한 조선신탁의 조선토지신탁 매수담은 오늘 최후의 본격적 교섭에 들어가 가토(加藤), 아루가(有賀) 두 알선자를 비롯해 다니(谷) 조신 사장, 아라이(荒井) 토신 사장, 하야시(林) 재무국장, 니시자키(西崎) 본부 이재과장 등은 오전 10시 지나서 선은에서 회합하고 매수 대강을 구체적으로 절충했는데 가토 선은 총재는 내일 17일 도쿄 출장을 결정하였으니 오늘 중에는 대강이 해결되리라 관측한다.

〈자료 438〉 신탁 매수 교섭 타협 성립 가능성, 조신(朝信)은 19일 중역회 개최

(《매일신보》, 1934.7.19.)

조선신탁에서는 취체역회장 한상룡(韓相龍) 씨가 이제 18일 저녁 귀성(歸城)하므로 19일 중역회를 열고 토지신탁 매수담의 경과를 보고하는 한편 매수조건에 대해 재고려를 한 후 그 결과를 알선자인 아루가(有賀) 식은 두취에게 제시하여 양해를 구할 터인데 조신 측의 태도는 상당히 강경하다고 전하나 목하의 정세로는 전혀 절망으로 볼 수 없으며 오히려 타협이 성립될 가능성이 있다는 관측도 유력하다.

〈자료 439〉 조신(朝信) 측 양보로 급속 해결? 중역회 결과를 낙관시

(《매일신보》, 1934.7.20.)

신탁 합동 공작: 토신(土信) 측의 교섭에 대해 최후 태도를 결정하기 위한 조신 중역회는 어제 18일 귀성한 한상룡 취체역회장을 비롯하여 여러 중역의 출석으로 오늘 오전 10시부터 개최하고 매수 교섭의 경과를 보고하는 한편 매수조건에 대해 협의했는데 현재 두 회사 주장의 차이는 7, 8만 원에 불과하며 다음의 여러 점으로 미루어 어젯밤부터의 정세는 매수 가능의 가운이 농후해진 만큼 조신 중역회의 결과는 낙관적 주시를 끌고 있다. 즉

1. 토신을 매수하면 현행 신탁예금 배당률은 토신의 고율에 견인되고 있던 만큼 상당한 정도의 인하가 가능한 것
2. '인푸레-' 경기에 원인한 부동산 경기는 금후도 상당히 계속되리라는 것은 재계 일반의 일치된 관측인즉 토신 소유 토지의 인계는 상당한 이윤을 올릴 수 있으리라 예상되는 것
3. 이번 1회 교섭에는 가토(加藤), 아루가(有賀) 등 재계 수뇌자가 알선을 맡고 있는 데다가 총독부 재무당국에서도 합동 촉진의 적극적 태도를 보이고 있는 것

등에 의해 조신 측의 채산에 입각한 주장에서 일보 나아간 대국적 견지의 양보가 기대되므로 결국 조신의 대양보와 토지신탁의 약간 접근에 의해 급전직하로 해결을 보게 되리라는 관측이 유력하게 되었다. 그런데 조신 중역회에 기반한 회답은 오늘 중으로 아루가 식은 두취를 거쳐 토지신탁 측에 전달될 모양이다.

교섭 조건 주장 차이점

매수 교섭의 난관이 된 양사 주장의 차이는 별항과 같이 약 8만 원인데 그 내용은,

1. 토신 중역의 퇴직급여금 문제
2. 토지신탁에서 이미 매각한 부동산이 장부 기입 가격보다 상당히 비싸 그것이 약 4만 원 가량 있는데 이것을 토신 측에서 수수(收受)하기를 주장하는 것

〈자료 440〉 대세에 순응할 것, 무리는 대불가, 아루가(有賀) 식은 두취 담

(《매일신보》, 1934.7.20.)

조선신탁회사는 19일 오전 10시부터 중역회를 열고 토지신탁 매수를 협의하였는데 조신의 대주주이고 토신 문제 알선의 거두인 아루가 식은 두취는 말하되, 나의 주장으로는 재계 관계에 조신의 토신 매수도 무리할 필요가 없고 결국 대세에 순응할 것이다. 경제 문제, 특히 매매 문제는 평가가 서로 다른 것이 보통이나 유시유비(唯是唯非)를 단언할 수 없으며 경성에 대소(大小) 2 신탁이 병립할 필요가 있다 하는 것은 각기 견해에 따라 상이하나 일신탁주의(一信託主義)가 이상적이라고 생각한다. 나는 차제에 신중한 상태로 상의하는바 있으면 그때 가부를 말하고자 한다.

〈자료 441〉 신탁합동 공작 성부(成否)의 분기점, 양방 주장 아직도 현격

(《매일신보》, 1934.7.21.)

토신(土信) 매수안에 대한 중역회의 결정안을 가지고 다니(谷) 조신(朝信) 사장은 어제 19일 오후 2시 반 식은으로 아루가(有賀) 두취를 방문한 후 중역회의 경과와 매수가격에 관한 조신 측으로서의 최후안을 제출하여 이 안에 의한 알선을 요망하는 한편 토신 측에 전달하기를 의뢰하였는데 다니 씨가 돌아간 뒤 아루가 두취는 아라이(荒井) 토신 사장을 초치하고 조신의 매수안을 제시한 후 토신의 이 문제에 대한 향후 방침과 조신 제시안의 태도 회시(回示)를 요구한 바 있었다. 회견을 종료한 아라이 사장은 즉시 귀사하여 스에모리(末森) 전무와 조신안을 중심으로 여러 가지로 협의한 결과 20일 임시 중역회를 개최하고 태도를 결정하기로 하였는데 회견하기를 조신 측의 최후안은 극히 약간 정도의 양보에 불과하여 차액 10만 원에 대한 쌍방의 접근은 아직도 거리가 상당히 현재한 모양으로 사위정세(四圍情

勢)에 비치니 조신 측의 대양보가 기대되는 만큼 여전히 낙관을 불허하는 상태로 보이게 되었는바 합동공작의 성부는 오로지 토지신탁의 태도 여하에 달려 있어 현재 정세는 합동 성부의 분기에 선 것으로 관측된다.

〈자료 442〉 매수 성부는 예측 불허, 아루가(有賀) 두취 담

(《매일신보》, 1934.7.21.)

"다니(谷), 아라이(荒井) 양자가 회견하고 조신(朝信)의 매수안을 토신에 통지하였으니 토신(土信)으로부터 최후적 회답이 있으리라 생각한다. 나는 조신의 매수안에 아무런 가부를 말하지 않고 토신의 최후안이 제출되기 전에는 매수의 성부(成否)를 알 수 없다. 매매 쌍방간에 약간의 문제가 있는 것은 물론이나 귀결되는 바에 귀착되리라 생각한다." 운운.

〈자료 443〉 재고려를 구하거나 매수 교섭 거절? 주목되는 토신 중역회

(《매일신보》, 1934.7.21.)

조선신탁으로부터 아루가(有賀) 씨를 통해 제시받은 토지신탁에서는 이에 대한 최후 태도를 결정하기로 하여 오늘 20일 오전 10시부터 중역회를 개최하였는데,

1. 당기 이익금 중 (전기로부터 이월된 부동산 처분 이익) 수만 원의 귀속
1. 토신 중역의 퇴직급여금
1. 노포료(老鋪料)의 문제

에 대하여 토신의 복안과 조신안은 여전히 현격한 차이가 있어 토신 중역 중에도 찬부(贊否) 두 파가 있으며 더욱이 찬성 중역 중에도 조신에 합동하지 아니하고 그대로 경과하면 토신으로서는 유리하다는 견해를 가지고 있으므로 과연 어떤 결론에 이를지 주목되는데,

1. 조선의 재고(再考)를 요구할 것

1. 매수 교섭의 거절

이 2책 중에서 하나를 취하게 될 것이며 조신 제시안에 따라 거의 그대로 매수하게 되리라 추정된다.

〈자료 444〉 조신(朝信)의 토신(土信) 매수 합동공작 마침내 완성, 아루가(有賀) 식은 두취의 조정안으로, 합동 형식은 주식 매수

(《매일신보》, 1934.7.22.)

조선신탁의 토지신탁 매수 교섭은 쌍방 주장의 일치가 쉽지 않다고 판단하고 20일 오후 아루가 식은 두취는 두 사장을 초치한 후 조정안을 제시하였으므로 오늘 오전 10시부터 두 회사가 각각 긴급 중역회를 개최하고 이를 부의한 결과 쌍방이 모두 해당 조정안을 승인하기로 결정, 이 뜻을 오전 11시 반 두 사장으로부터 아루가 두취에게 회답하였다. 이 결과 각종 우여곡절을 거듭한 조신의 토신 합동공작은 마침내 성립을 보기에 이르렀는데 아루가 조정안은 종래 두 회사가 취해 온 포괄매수 형식을 받아 주식 매수에 의하게 된 것으로 내용은 다음과 같다.

〈기본 조건〉

1. 매수가격은 불입자본금(52만 3,087원)과 동액으로 함

1. 각종 적립금 및 이월금(繰越金) 10만 9,202원은 토신의 처분에 일임함

1. 당기 이익금은 당연 토신의 수득(收得)으로 함. 단 계산의 복잡을 피하기 위해 해당 이익금을 5만 5,000원으로 인정함.

〈부대 조건〉

1. 토신의 현직 사원은 전부를 인계함

1. 중역 1명을 선임함

상기 계산에 의하면 토신 주가는 현재 18원 3, 40전임으로 차액 1원 6, 70전과 적립금과 이익금에서 해산 비용, 퇴직수당을 제한 각종 할당액을 합한 것이 토신 주주의 이익이 되는 셈이다.

〈자료 445〉 조정안 제출과 승인까지의 경위

(《매일신보》, 1934.7.22.)

조신(朝信)의 토신(土信) 매수 문제는 최후의 막(幕)에서 쌍방의 태도가 강경하여 누차의 회견으로 상당한 접근을 보았음에도 불구하고 완전한 일치를 고하기에 이르지 못했다. 그 결과 알선역인 아루가(有賀) 식은 두취는 이 이상 양자의 자진 양보를 기다리게 되면 결렬될 수밖에 없을 것을 우려하여 어제 20일 오후 2시 반 다니(谷) 조신, 아라이(荒井) 토신 두 사장을 초치하고 마쓰바라(松原) 선은 이사, 우에노(植野) 저은(貯銀) 이사의 열석 아래 타개책에 대해 간담을 거듭했는데 결국 아루가 두취로부터 중재자의 처지에서 별항과 같은 타협안을 제시하고 합동공작이 정체 상태에 빠진 오늘 이외에 양책(良策)이 없을 것이라 생각한다고 말한 뒤 내일 21일 오전 중에 두 회사가 각각 중역회를 개최하여 태도를 결정한 후 동시에 회시(回示)하기를 요망했다. 그리하여 오후 7시 반 두 사장이 물러간 뒤 21일 오전 10시부터 각각 긴급 중역회를 소집하고 아루가 제시안을 부의한 결과 나소의 논의가 있었으나 주위의 사정과 알선자의 면목을 세우기 위해 승인하기로 결정, 즉시 이 뜻을 아루가 두취에게 회시하여 이로써 지난 13일 아라이 토신 사장이 선은 총재실로 가노(加藤) 총재를 방문하고 교섭 진행을 논의한 이래 9일 만에 합동의 완성을 보게 된 것이다.

〈자료 446〉 신탁사업 통제 취지를 관철, 알선역 아루가(有賀) 두취 담

(《매일신보》, 1934.7.22.)

조선신탁의 토지신탁 매수 알선에 대하여 아루가 식은 두취는 다음과 같이 말하였다.

조선 내에 있는 신탁사업 통제라는 국책에 순응하여 조선신탁이 가장 유력한 토지신탁을 매수한 것은 대체로 그 취지를 관철한 것이고 우리가 고심(苦心)하며 알선한 효과라 생각하는 동시에 조선 금후의 발전을 축하하는 바이다.

〈자료 447〉 국책에 순응하여 합동 실현은 흔희(欣喜), 두 사장 소감 담

(《매일신보》, 1934.7.22.)

조선신탁— 토지신탁 매수담 성립 후 다니(谷), 아라이(荒井) 두 사장은 다음과 같이 말한다.

다니 사장 담: 국책에 순응하여 고심 경영하던 중 이번에 다시 토지신탁을 매수하게 되었으나 향후 매수 취지를 충분히 활용하고자 한다.

아라이 사장 담: 나는 근래 조선 내 일신탁주의(一信託主義)로 이번 매수담도 이 견지에 따라 응하였다. 조정자의 알선으로 여기 실현된 것은 참으로 기뻐하는 동시에 조신의 장래를 촉망(囑望)하는 바이다.

〈자료 448〉 조선신탁 지점 설치, 평양, 대구가 유력

(《매일신보》, 1934.7.27.)

조선신탁은 토지신탁을 매수하고 나머지는 남조선신탁의 매수뿐인데 누차에 걸친 기설신탁의 매수는 인계 사원이 많아 도저히 현재의 영업 범위로는 이들 사원을 수용할 수 없다.

한편 영업망의 확대를 목적으로 지방 지점의 설립계획을 수립하고 최근 대구, 평양의 2개소에 대해 경제 사정 즉 지점 설치의 채산 여부에 대한 조사를 개시한 모양이다. 이 두 곳 중 유망하게 보는 것은 평양이다. 대구는, 부산이 결국 남조선신탁의 매수로 당연히 지점이 설치되는 남선 쪽 지점망이 이에 의해 통제되므로, 미개척의 서북쪽에 지점을 설치하는 것이 유리하고 또 적당하다는 견해도 있으니 두 지역의 지점은 곧 실현될 모양이다.

〈자료 449〉 토신(土信) 부동산 인계 형식, 조신(朝信) 태도 결정

(《매일신보》, 1934.7.29.)

조신의 토신 매수 결행상 하나의 난제(難題)인 토신 부동산의 조신 이동은 평가액 백 수십만 원에 달하므로 조신 현재의 불입 및 적립금으로는 그 부동산을 소유할 수 없어 이 사이의 편법을 전날 중역회에 협의하였다. 본부의 특별명령에 의한 부동산 소유 인가는 불가능한 것이 명백함으로 당면의 ■■책(策)으로 토지신탁으로부터 조선신탁에 부동산신탁을 행하게 하여 토신 해산 후에는 토신으로부터 위임 매각하며 기타를 조신에 의뢰하면 지장이 없겠으므로 대체로 이 방법으로 추진할 터이다.

〈자료 450〉 토지신탁 총회 8월 15일 해산

(《매일신보》, 1934.7.29.)

조선신탁회사는 27일 중역회에서 매수 가계약서를 승인하고 8월 15일 오후 2시부터 회의소에 임시총회를 열고 다음의 건을 부의한다.

1. 당 회사의 권리와 의무 일체를 조선신탁에 양도할 가계약서 승인의 건
2. 위에 따른 당 회사 해산의 건
3. 청산인 선임의 건

〈자료 451〉 신탁예금의 이자 토신(土信)분은 1푼 이하(利下)

(《매일신보》, 1934.7.29.)

조신(朝信)에서는 28일 토신 매수 가계약 조인을 완료하였으므로 향후 토신 영업의 실권은 조신으로 이동하여 곧 금전신탁은 토신 현행의 연 6푼 2리(6.2%)는 정지하고(구 예금은 당기만 불변) 5푼 2리(5.2%)로 인하하기로 결정한 취지를 미키(三木) 조신 지배인은 말한다.

〈자료 452〉 조신(朝信) 대 토신(土信) 매수 계약, 양자 날인 종료

(《매일신보》, 1934.7.29.)

조선신탁회사의 토지신탁 매수는 전일 양사 중역회에서 모든 안건을 결정하고 28일 오전 조신 사장실에서 다니(谷) 조신, 아라이(荒井) 토신 두 사장 사이에 매매 가계약의 조인을 마쳤다. 8월 하순(일자 미정) 양사가 주주총회를 열고 가계약 승인을 요구하고 최후적 결정을 보게 되겠다.

〈자료 453〉 조신(朝信) 중역회의, 방계회사 문제 협의

(《매일신보》, 1934.7.31.)

조선신탁회사에서는 30일 오전 10시 반부터 중역회를 열고 토신(土信) 매수 가조인 결과 보고 및 부동산 방계회사 설립에 관한 건에 대해 협의하였다.

〈자료 454〉 토지신탁 해산, 배당 1주 20여 원

(《매일신보》, 1934.7.31.)

신탁합동에 따른 토지신탁의 해산 주주 배당 1주 20원 불입액 외 당기 이익금 5만 5,000원이 분배되었는데 그중 해산 비용, 기타를 공제하여 1주당 분배액은 1원 남짓으로 결국 해산 배당은 21원 남짓이 될 모양이다.

〈자료 455〉 남신(南信) 매수 공작 기운이 점차 성숙

(《매일신보》, 1934.8.7.)

신탁합동의 최후공작인 조선신탁의 남조선신탁 매수는 아직 쌍방이 교섭 개시의 의향이 없는 모양이다. 토지신탁 매수에 자극되어 그 기운은 점차 성숙된다. 남조선신탁은 현재 영업은 상당한 성적을 보이니 합동하지 않아도 독행(獨行)할 여지는 충분하다. 그러나 조선에서의 신탁합동은 결국 완성될 국책인 이상 합동은 시기의 문제이다. 이런 의미에서 현재의 비교적 업적이 양호한 시기를 통해 합동하는 것이 득책(得策)이라고 전 신탁협회의 관계자 일부는 남조선신탁 당국에 보고한 사실도 있으니 남조선신탁 자신의 의향도 최근은 대체로 합동속급론(合同速急論)으로 기우는 모양이다. 한편 조선신탁은 합동 교섭 시기에 대해 태도 미정이나 가급적 속히 신탁의 합동을 완성할 방침이니 어떤 도화선이 있으면 의외로 빨리 매수 교섭에 들어갈 가능성이 있다.

〈자료 456〉 토지신탁 인계 9월 15일

(《매일신보》, 1934.8.11.)

조선토지신탁회사는 목하 조선신탁의 피매수(被買收)에 대한 준비서류를 급히 작제(作製)하는데 다수의 부동산을 소유한 관계상 가장 번잡하여 오는 9월 15일 인계하기로 결정하였다. 상기 결정에 따라 오는 15일 경성상공회의소에서 개최, 토지신탁의 조신 피매수 총회 의안 중에는 9월 15일 인계 자구를 삽입할 모양이다.

〈자료 457〉 조신(朝信) 방계회사 불입을 완료

(《매일신보》, 1934.8.28.)

조선신탁회사 방계 부동산회사는 25일까지 자본금 20만 원의 4분 1 불입을 완료하였으므로 곧 발기인회를 개최할 터인바 사정에 따라 2, 3일 연기할 터이고 역원은 취체역 3명 이상, 감사역 2명 이상으로 사장은 두지 아니하고 대표 취체역을 둘 모양이다.

〈자료 458〉 조선신탁 총회

(《매일신보》, 1934.8.31.)

조선신탁은 30일 오후 3시부터 은행집회소에서 임시총회를 열고,

1. 조선토지신탁으로부터 권리 의무 일체를 당사에 계승할 건(가결)
2. 정관 일부 변경의 건
3. 감사역 1명 선임의 건

을 부의한바 2는 평양에 지점을 설치하기로 결정하고, 3은 토지신탁을 대표하여 아사노 다사부로(淺野太三郎) 씨가 선임되었다.

〈자료 459〉 스에모리 씨 정식 취임 거절, 조신(朝信) 감사역 문제

(《매일신보》, 1934.9.4.)

이미 보도한 조선 재계 미증유의 일대 실태(失態)로 귀결이 주목되는 스에모리(末森) 토신(土信) 전무의 조신(朝信) 감사역 취임 거부 문제는 다니(谷) 조신 사장의 권설(勸說)을 비롯해 추천자인 아라이(荒井) 토신 사장의 거중(居中) 알선도 주효하지 못하고 스에모리 씨는 필경 지난 1일 정식으로 취임 거절을 회답하였는데, 문제가 주주 아닌 무자격자를 중역으로 선거한 것이고 또 본인도 이것을 이유로 거절한 것이므로 조신 당국으로서도 등기하지 못하여 총회의 결의는 무효로 돌아갔다. 따라서 이 문제는 해소되었다. 그런데 이번의 감사역 문제는 토지신탁 합병에 의하여 토신 중역 중에서 1명을 선임하게 된 것이므로 스에모리 씨가 거절한 이상 다른 중역 중에서 후보자를 물색할 수밖에 없다. 결국 당초의 물망대로 아사노 다사부로(淺野太三郎) 씨를 추천하게 될 모양이며 정식 선임은 차기 정기총회에 부의하리라 한다.

〈자료 460〉 신 부동산회사 4, 5 양일 중 창립

(《매일신보》, 1934.9.4.)

조신계의 경성부동산주식회사는 4, 5 양일 중에 관계 발기인이 집합하여 중역을 결정할 터이다.

〈자료 461〉 부동산회사 창립 완료, 전무제로 결정

(《매일신보》, 1934.9.5.)

조선신탁 방계회사 경성부동산주식회사(자본금 20만 원 4분 1 불입)는 이번 달 설립 발기인회를 열고 회사의 설립을 완료하였는데 사장은 두지 아니하고 전무제로 중역은 다음과 같이 결정하였다.

▲ 전무취체역 오가타 겐키치(緖方兼吉)

▲ 취체역 미키 세이치(三木淸一), 이토 다쓰지로(伊藤辰次郞)

▲ 감사역 오카자키 다쿠(岡崎卓), 다카하시 신(高橋申)

〈자료 462〉 토신(土信) 사원 불안 상태, 아라이 사장이 위무(慰撫

(《매일신보》, 1934.9.5.)

스에모리 도미요시(末森富良) 씨의 조신(朝信) 감사역은 직접 다니(谷) 사장에게 취임을 사퇴하지 않았으며 아라이(荒井) 토신 사장의 추천 취소, 스에모리 씨의 낙부(諾否) 표명 지연 및 씨의 지주(持株) 개무(皆無) 등의 성명으로 조신은 완전히 씨의 감사역을 해소하게 되었는데 이 추이를 보고 놀라는 것은 조선신탁에 인계할 토지신탁 사원이다. 즉 토지신탁으로부터 조신에 인계하여도 장래가 위태하며 토신을 대표할 중역이 없고 또 다니 사장, 미키(三木) 지배인의 감정을 걱정(懸念), 전날부터 이에 대해 아라이 사장은 이번 스에모리 씨 문제의 책임은 나에게 있으니 사원은 관여할 바가 아니며 또 다니 사장은 스에모리 군이 감사역을 사임하였다고 인계 사원에게 불안을 느끼게 할 이유는 만무(萬無)하다고 한다.

〈자료 463〉 스에모리(末森) 씨 문제, 조선이 무효 통지

(《매일신보》, 1934.9.13.)

조선신탁회사는 지난달 30일 주주총회에서 스에모리 도미요시(末森富良) 씨를 감사역에 선임하였는데 스에모리 씨는 주주가 아니므로 상기 선임은 당연 무효라는 내용을 11일 주주에게 통지하였다.

〈자료 464〉 토지신탁의 최후 중역회 위로금 배당 결정

(《매일신보》, 1934.9.14)

토지신탁에서는 어제 12일 오후 3시부터 동사 루상에서 최후 중역회를 개최하고 중역 및 직원의 퇴직위로금 10만 9,200원에 대한 분배액을 협의하였는데 결국 중역 6할(60%) 직원 4할(40%)의 비례로 하여 중역은 6만 5,520원을, 직원은 4만 3,680원을 배정하기로 결정하였으며 주금(株金) 환급은 2회로 나누어 교부하게 된다. 제1회분 20원 액면 환급은 오는 21일부터 교부할 예정이라 한다.

〈자료 465〉 조신(朝信) 평양지점 지점장은 후지에(藤江) 씨

(《매일신보》, 1934.9.16.)

조선신탁은 평양에 지점을 설치하기로 결정하고 본부에 인가 신청 중인바 이번 인가의 지령이 있어 10월 중순 지점 개설 예정으로 준비 중이다. 사무소는 동척 평양지점 2층을 차수(借受)하고 지점장은 본점 신탁부 부장대리 후지에 시로(藤江四郎) 씨로 결정하였다.

〈자료 466〉 토신(土信) 사원 배속

(《매일신보》, 1934.9.18.)

조선신탁의 토지신탁 매수 수속(手續)은 15일 오후 9시 반 종료했는데 그 결과 토신 사원의 배치는 조신에서 16일 자로 다음과 같이 발령하였다.

토신 지배인 가와바타 도시오(川烟俊雄)
명(命) 조신 군산지점 지배인대리
　　동 회계과장 곤도 젠타로(權藤善太郞)

명(命) 조신 평양지점 삼석(三席)

〈자료 467〉 토신(土信) 주주 배당 18일 지불

(《매일신보》, 1934.9.18)

토지신탁회사는 15일 해산하였는데 주주 분배금은 상법 규정에 의하면 시일이 걸리나 청산인의 책임으로 오는 18일부터 1주 20원씩 지불할 터이다.

〈자료 468〉 조신(朝信) 예금 이자 4푼 7, 8리가 타당

(《매일신보》, 1934.9.19)

조선신탁회사는 문제의 토신을 매수하고 부산의 남조선신탁이 남았을 뿐인데 동사는 본부로부터 연액 10만 원의 보조를 받음에도 불구하고 신탁예금은 연 5푼 3리(5.3%)를 주장하여 갑을은행(甲乙銀行)과 저은(貯銀), 금조(金組) 등에 비해 고율을 유지한다. 조신은 토신의 존재가 그 신탁예금 이하(利下)의 장애였으며 연 5푼 2리(5.2%)는 내지 신탁에 비해 약 1푼(1%) 높은 것이니, 이는 동사 창립의 사명으로 보든지 금융계의 평조유지(平調維持)로 보든지 결코 좋은 현상이 아니라 동사는 다음 기부터 인하할 방침이니 갑을은행의 중간률(中間率) 즉 연 4푼 7리(4.7%)가 타당할 것 같으며, 대신탁이 최고율의 이자를 주는 것은 동사 경영상 불리하다고 모 중역은 말한다.

〈자료 469〉 토신(土信) 임시총회

(《매일신보》, 1934.9.21.)

조선토지신탁회사는 10월 5일 오후 2시부터 경성상공회의소에서 임시주주총회를 열고 청산 대차대조표에 관한 승인을 구할 터이다.

〈자료 470〉 조신(朝信) 평양지점 머지않아 개점

(《매일신보》, 1934.9.29)

조선신탁 평양지점은 지점 차장석(長次席) 이하 전부가 부임하여 동척지점 2층에서 개업 준비 중인데 아직 개정 일자는 결정하지 않았으나 10월 7, 8일경에는 개점할 모양이다.

〈자료 471〉 조선신탁 재산 3,300만 원

(《매일신보》, 1934. 10. 6)

조선신탁회사의 9월 말 현재 신탁 재산은 3,301만 4,000원으로 전년 동기에 비하면 약 2,200만 원 급증인데 이는 4 신탁 매수 결과에도 의하나 최근 일반으로 부동산신탁의 인식이 보급된 관계인데 그 내역은 다음과 같다. (단위: 천 원)

부동산신탁	7,331
금전신탁	25,641
투자신탁	16
유가증권신탁	18
금전채권신탁	6

〈자료 472〉 조신(朝信) 평양지점 6일부터 개업

(《매일신보》, 1934.10.6.)

조선신탁회사 평양지점은 내일 6일부터 평양부 황금정(黃金町) 동척에 개설하고 다니(谷) 조신 사장은 7일 부산으로부터 귀성하여 다음 날인 8일 곧 평양에 출장하고 9일 오후 6시 반부터 평양 철도'호텔'에서 관민 관계자를 초대, 피로한다.

〈자료 473〉 토신(土信) 최종 총회

(《매일신보》, 1934.10.7.)

조선토지신탁회사 해산에 수반하는 청산보고, 주주총회는 5일 오후 2시부터 회의소에서 개회하고 청산 사무보고에 대하여 주주 측의 질문이 있었으나 결국 원안을 승인하였다.

〈자료 474〉 방자 물건 부족과 부동산의 금융전, 조선신탁의 활동으로 일층 격심, 금융기관 태도 주목

(《매일신보》, 1934.10.7.)

부동산 금융계가 조선신탁의 새로운 출현과 을종은행의 방자물건(放資物件) 부족에 따른 부동산으로의 진출 등에 나서 식산, 동척의 아성이 붕락(崩落)되어 유일한 문제를 제공하고 있는데 최근 동척의 경성지점이 겨우 1, 2개월 사이에 신규 대출 100만 원을 획득한 것은 이런 와중에 있는 금융기관의 태도로서 주목할 만한 가치가 있다. 동척으로서는 어떤 특수한 의미가 없다고 할 수 있으나 내용적으로는 조선신탁을 가상적으로 하여 연구하고 있는 한 가지 현상으로도 관측할 수 있어 다른 금융업자에 대한 시위라고 관측된다.

〈자료 475〉 조선신탁 장기금융에 진출, 당국은 엄정 감독

(《매일신보》, 1934.10.11.)

조선신탁이 최근 단기 대출로부터 점차 장기 부동산금융으로 진출하여 은행 방면의 대출과 접촉함으로 상당히 문제화함에 따라 본부 당국은 조신의 장기금융에 더욱 감독을 엄중히 하고 금융계통의 정리에 노력한다.

〈자료 476〉 부동산금융전으로 협정필요론 대두, 조선신탁을 제일 문제시한다, 실현은 도저히 곤란

(《매일신보》, 1934.10.12.)

식은, 동척, 조선신탁 등의 부동산금융전(不動産金融戰)은 점점 격화일로(激化一路)에 있어 협정이 필요하다는 분위기가 대두하고, 한편 총독부가 금융통제의 입장으로 조선신탁의 대출에 대해 감독을 더욱 엄중히 할 방침이라고 한다. 이는 별문제로 삼자협정에 대해서는 동척, 식은은 종래에도 협정이 있으니 문제가 없으나 조선신탁은 자금 자원이 신탁예금에 있어 동척, 식은과 같은 장기채권 발행이 가능한 금융업자와는 상이하다. 또 조신은 신규영업으로 특수의 가감(加減)을 하는 사정도 있으니 쉽게 동일 보조를 취하지 못하겠다. 기술 쪽은 비교적 협정이 가능하나 이 역시 실제 문제로는 완전 협정은 곤란하다.

〈자료 477〉 조선신탁 대부 독자 방침으로 진행, 신탁재산 이외는 협조

(《매일신보》, 1934.10.16.)

조선신탁의 영업 신전(伸展)에 의한 부동산금융을 주로 한 식은, 동척 간의 부동산금융의 금리 및 대출 비례에 대해 한격(扞格)이 생겨 어떠한 고려를 하지 않으면 혹은 반동시대의 화근이 되지 않을까 하고 염려되어 있었다. 더구나 담보의 감정(鑑定)을 과대하게 하여 마루가시(丸貸)에 가까운 짓을 하지 않을까 하고 염려되었었는데 조선신탁과 동척, 식은과의 사이에 분야를 정하여 부동산신탁에 수반하는 해당 신탁 재산에 대한 금융은 전부 조선신탁에 넘기고 대출금리 등도 조선신탁 독자의 채산(採算)으로 대출하고 식은, 동척의 금리와 협조하지 않아도 좋도록 결정하였다. 이상과 같이 결정한 반면에 신탁 재산 이외의 부동산금융은 식은, 동척과 협조하여 서로 물건의 쟁투(爭奪)를 행하여 인하를 경쟁하는 일이 없도록 하는 의미도 포함되어 있다. 그리고 조선신탁의 부동산신탁 및 이에 수반한 금융은 주로 지방의 경지를 목적으로 하여 도시에는 손을 대지 않는 것을 원칙으로 할 작정이다.

〈자료 478〉 남신(南信)과의 합동공작, 조신(朝信) 측 태도 신중, 다니(谷) 사장의 방침 주목

(《매일신보》, 1934.10.28)

조선신탁의 전선(全鮮) 신탁합동의 최후공작으로 남아 있는 남조선신탁과의 합동은 이번 조선토지신탁 매수가 성립된 후 즉시 교섭 개시설을 누차 전했으나 동사의 자산 내용에 대한 견해에 있어 쌍방의 의견이 근본적으로 배치되는 상태에 있으므로 조선신탁에서는 교섭 개시에 신중한 태도를 가지고 있으며 쌍방 주장에 어느 정도까지의 접근을 기대할 수 있는 가능성을 발견하게 되기까지는 정식 절충의 개시를 주저하여 정세의 추이를 정관(靜觀)하는 중이다. 남신 자산에 대한 쌍방 견해의 상위점(相違點)은 현재 동사에서 취급하고 있는 부산 계산 사무에 관한 것으로 남신에서는 앞의 취급 사무를 동사 자산수입의 일부라 인정하고 있으나 조신은 자산으로 인정하지 않고 있어서 이를 제하면 동사의 자산 내용은 비교적 단순함으로 이 문제에 대한 의견 접근만 가능케 되면 동사와의 합동공작은 조속히 실현되리라고 관측되는데 남신은 이 점에 대해 상당히 강경한 의견을 가지고 있을 뿐 아니라 동사 최근의 업적은 자못 양호한 상태를 보여 합동에 의한 양도(讓渡)를 하지 않더라도 자력으로 능히 영업을 계속할 수 있다는 자신 아래 합동을 급하게 하지 않아도 무방하다는 의견을 가지고 있는 모양인즉 조신의 신중한 방침과 함께 정식 절충을 열게 되기까지는 아직도 상당한 시일이 걸릴 것으로 관찰된다. 그러나 한편으로는 본부 방침에 따라 전선일신탁(全鮮

一信託)의 실현을 이상으로 한 조신의 사명에 비추어 합동공작의 종속완료(從速完了)를 기도하지 않을 수 없는 처지에 있는 만큼 정세의 추이와 관정(靜觀)하여 자연에 맡김을 불허하는 사이 있으므로 성불성(成不成)은 그때의 일로 미루고 속히 정식 교섭을 시작함이 좋다는 설이 관계 측 일부에서 주창되는바 이에 대해 다니(谷) 조신 사장이 어떤 태도를 가질 것인지 주목되는 중이다.

〈자료 479〉 남선신탁의 합동 공작, 양 사장이 회의 교섭

(《매일신보》, 1934.11.9.)

신탁합동에서 남은 부산의 남조선신탁 스기무라(杉村) 사장, 기시마(木島) 전무는 7일 입성(入城)하여 동일 다니(谷) 조선신탁 사장과 회견하고 합동 문제에 대해 재차 교섭을 개시하였다. 스기무라 사장은 토목담합 사건의 변호인의 중요 업무도 있어 당분간 경성에 체재하므로 향후에도 여러 차례 다니 사장과 회견할 터인데 알선자인 가토(加藤) 선은 총재도 경성에 체재 중이므로 이 기회에 매수담을 추진할 방침이다.

〈자료 480〉 남선신탁과 매수상 난점, 계승 부채가 문제

(《매일신보》, 1934.11.10.)

조선신탁의 남조선신탁 매수 교섭은 연말까지 상당 진전될 터인데 남조선신탁 매수상 가상 난제시(難題視)하는 점은 나음과 같나.

1. 동사의 부산취인소 청산사무소에 대해 그 대행권을 어떻게 평가할는지
2. 동사는 부산곡물신탁시대의 채무를 계승하였으니 이 처분을 어떻게 할는지

이 두 가지 점이며 소유 부동산은 극히 소액이므로 이는 문제가 아니다. 동사 계승 채무에

대해서는 남조선신탁 측은 어떤 정도의 절사(切捨)를 희망하는 것에 대해 조선신탁 측은 계승한 구채(舊債)라도 역시 동사의 채무라는 견해를 가지고 있어 이것을 문제시한다. 남조선신탁의 자본금은 100만 원 4분 1 불입이다.

〈자료 481〉 신탁의 합동 공작, 급속적 진전 상태

(《매일신보》, 1934.11.11.)

신탁합동의 최후 공작인 조선신탁의 남조선신탁 매수담은 가토(加藤) 선은 총재의 알선으로 급속 진전되어 9일은 가토 총재를 중심으로 니시자키(西崎) 이재과장도 참가하여 양사 대표가 회견하고 강목(綱目) 교섭에 들어갔다. 10일 도도히 회견할 예정인데 이번에는 남조선신탁 측에서도 대단히 접근하여 매수담을 제출하였으니 매수담의 성립은 거의 약진적(躍進的)이라고 관측한다.

〈자료 482〉 합동 신탁 전후 5사, 전선일사(全鮮一社) 결국 실현, 합동 종료에 당하여 재무국장 담

(《매일신보》, 1934.11.13.)

일찍이 풍설(風說)이 있던 조선신탁회사의 남조선신탁회사 매수에 관한 가계약 조인 및 부대조건의 협정은 어제 11월 11일 저녁에 종료하여 곧 동사의 주주총회로서 합병의 완성을 보게 되었다.

본건에 대해서는 실은 작년 여름 토지신탁의 매수 결정을 종료하자 즉시 남조선신탁의

◇…합병 공작에 착수한 것이다. 당국은 올해 7월 25일 동사의 취체역인 최대 주주 하자마 후사타로(迫間房太郎) 씨에게 출두를 요구하여 간담하고 9월 상순 다니(谷) 사장이 부산에서 스기무라(杉村) 사장과 회견하고 다시 10월 하순 당국에서 앞의 두 사장과 정좌(鼎座)하여 그 합병에 관한 방침을 협정하여 구체적 고지, 11월 4일 재회하기를 약속 교섭하였다.

관계자의 병으로 인하여 예정보다 수일 늦어서 지난 7일부터 연일 강목(綱目)을 협의하여 의견을 교환하고 9일 밤 선은 가토(加藤) 총재, 본부 당사자, 다니 및 스기무라 두 사장의 협의에 들어가 마쓰바라와 이로베(色部) 두 이사, 기시마(木島) 상무, 미키(三木) 지배인도 차례차례(交交) 입회하여 마침내 총재의 제안으로서 30만 원에 매수하기로 두 사장이 일단 양해하게 되었다. 나아가 10, 11일의 이틀 동안 각각 양사 중역회의 승인이 있어 가계약서에 조인하고 부대조건도 결정하여 이에 재개 후 4개월에 걸친 매수

◇…교섭도 대단원을 마무리지었다. 문제가 문제인 만큼 단시일에 해결된 이면(裏面)에 범상치 않은 관계자의 노력이 있었다는 것을 당국으로서는 고조(高調)하고 싶다.

회고하건대 기왕 5 신탁의 합병에 대해서는 당초부터 난관이 있었다. 재작년 1932년(昭和7)도 조선신탁의 성립 준비 중에 기존 5 신탁회사를 합동하여 신회사를 설립해야 한다는 의견이 있었는데 곤란한 사정도 있었으므로 부득이 조선신탁을 우선 설립하고 합병은 그 후로 미루게 된 것이다. 그 후 합병의 기운이 부진하여 관계자 사이에도 지구책(持久策)으로 나와 일이 년 후에 해야 한다는 설이 유력하게 창도(唱導)되고 있었는바 조선 내 일신탁(一信託)의 주의와 부동산신탁의 사명을 위하여 국책으로서 조선신탁이 인가된 취지에 비추어서라도 합병을 하루라도 속히 달성해야 하는 이유를 관계자에게 누차 양해를 구해 온 것이다. 부득이 작년 4월에 이르러 군산신탁 사장 모리(森) 씨에게 회견을 요구한바 신탁합동에 대해서는 대국적으로 보아 국책에

◇…순응한다는 이해 있는 언명(言明)을 얻었으므로 이에 오히려 난관시되어 있던 군산신탁에 대해 도리어 서광을 비추게 되었다. 계속해서 동 사장인 모리 씨와 조신의 다니 사장의 회견이 있었고 당국도 개재하여 협의를 진행하게 되었다. 자산평가, 중역에 대한 보상 등에 대해서는 두 당사자만으로는 해결이 곤란한 점도 있고 또 개재한 당국 관리가 중심이 되어 피아 결정할 시기도 아니므로 조선은행의 가토(加藤) 총재가 식산은행 아루가(有賀) 두취에 속했던바 조신 대주주 대표자의 입장을 떠나서 완전히 지공지평(至公至平) 적정한 조건으로 해결에 진력했으므로 합병 두 당사자는 마침내 7월에 조인을 마쳐 모두 만족한 결과를 얻었다.

그 후 전과 같은 관계자 사이에서 축차(逐次) 알선 교섭을 진행하여 11월에 부산신탁을, 12월에 공제신탁의 합병 조인을 수행할 수 있었다. 계속해서 토지신탁, 남조선신탁의 교섭

이 시작되었는데

◇…난점(難點)도 나와 관계자 사이에 연론(軟論)도 있어 거의 결렬될 위기에 처했으나 국책 수행상 결렬을 인정할 수 없어 당분간 휴지(休止)하여 두고 원래가 재계의 사태에 무리는 금물인 만큼 다만 형세를 관찰하고 있어 관계자의 공작을 재촉하는 정도로 있었던바 호전에 이르지 못했을 뿐 아니라 도리어 정관(靜觀)해서는 안 되는 징후(徵候)도 인정되므로 관청으로서 최후의 결심을 하고 나온 때 관계자 사이에 양해가 성립된 것은 무엇보다도 다행이었다. 매수조건 등에 곡절은 있었으나 조정이 주효하여 토지신탁의 매수건도 7월에 조인되어 9월에 전부 인계가 끝났다.

이에 계속해서 남선신탁도 4개월의 공작으로서 최후의 합병을 마친 것은 전술한 바와 같다.

소위 기설 5 신탁회사의 합병 경위는 지장 없는 정도에서 대체로 상술한 바와 같거니와 3년이 걸릴 것으로 예상한 것이 2년이 못 되어 합병의

◇…완성을 보게 된 것은 조선신탁 및 피합병 5 신탁의 간부와 주주 각위의 국책에 대한 심심한 이해와 자기를 비우고 대국(大局)에 처하는 희생정신의 발로에 의해 받은 선물(賜物)이라고 믿는다. 특히 또 가토 총재, 아루가 두취의 조정 노력도 합병 완성이라는 금일의 성과를 본 것에 금상첨화격(錦上添花格)으로 특필대사(特筆大辭)하지 않으면 안 될 일이다. 이런 도서적(倒叙的)[37] 합병이면서 사소한 무리도 없이 적정한 조건하에 능히 합병을 완료한 조선신탁으로서는 지금 명실공히 조선 내 유일의 신탁회사로 되어 간다. 동시에 이 독점적 대금융기관은 국책 수행의 대사명을 짊어진 사회적 공기(公器)의 본령(本領)을 점점 더 발휘하도록 대합병을 이루어 제2기의 활동기에 들어가려 한다. 이 가을을 맞이하여 축복해 마지않는 바이다.

---

37 도서(倒叙)란, 역사적인 시간의 흐름과 반대의 순서로 서술한다는 뜻이다. 여기서 의미하는 바는 기설 5개 신탁회사를 합병해 하나의 대신탁회사를 만들고자 했지만, 이를 실현하지 못하고 조선신탁이라는 대신탁회사를 만들어 기설 5개 신탁회사를 역으로 합병해 갔다는 의미를 담고 있다.

〈자료 483〉 신탁합동 최종 공작, 남신(南信) 매수 마침내 성공, 총 매수가격 30만 원, 전선일신탁 이상 실현

(《매일신보》, 1934.11.13.)

전 조선 신탁합동의 최종 공작인 조선신탁의 남조선신탁 매수 교섭은 지난 7일 남신 스기무라(杉村) 사장, 기시마(木島) 전무가 입성(入城)하여 그날로 다니(谷) 조신 사장과 제1차 회견을 가진 이래 두 번의 절충을 통해 급전직하로 성립을 보게 되어 조신은 그제 10일 오후에 남신은 동 12일 오전에 각각 중역회를 개최하고 이를 부의하여 승인을 얻었으므로 이에 재산 평가에 대한 양사의 주장이 현격(懸隔)하여 토신에 다음가는 난공작(難工作)으로 간주되고 이 문제도 원만하게 해결되었다. 매수가격은 남신의 자산 내용과 부산미곡취인소에 대한 대행권 관계 등을 고려하여 30만 원을 현금으로 교부하기로 되었는데 조건 내용은 다음과 같다.

1. 매수 가격: 금 30만 원
1. 중역 문제: 남신 스기무라 사장을 조신 취체역으로 추천
1. 사원 문제: 전부 조신에서 인계

그리고 남신에서는 30만 원을 다음과 같이 분배하기로 되었다.

1. 금 24만 원: 주주 분배금(1주에 대하여 12원씩, 불입액은 12원 50전)
1. 금 4만 5,000원: 중역 위로금
1. 금 1만 1,000원: 사원 퇴직금
1. 금 4,000원: 청산 비용, 기타

상기 가계약은 이번 달 말까지 양사가 각각 총회를 소집하여 주주의 승인을 구할 터인바 사무 인계는 이번 달 말 현재로 행하기로 되었다.

〈자료 484〉 대구에 지점 설치, 매수 총회 후 실현

(《매일신보》, 1934.11.13.)

조선신탁은 신탁합동의 최종 공작인 부산의 남조선신탁 매수에 성공하여 기정 방침인 전선일신탁주의(全鮮一信託主義)가 실현되었는데 남조선 사원 인계에 수반하여 대구에 지점을 설치하기로 내정하고 매수 총회 종료 후 곧 지점 개설 준비에 착수할 터이다.

〈자료 485〉 금후 활약에 기대, 알선역 가토(加藤) 총재 담

(《매일신보》, 1934.11.13.)

이번 교섭의 알선역인 가토(加藤) 선은 총재는 말하되, "이로써 전선일신탁(全鮮一信託)을 이상으로 한 총독부의 방침은 실현을 보게 되었다. 이번 합동이 의외로 신속하게 결말을 고하게 된 것은 양사 당국이 총독부의 방침을 선하게 이해하고 성의를 가지고 교섭에 임한 소치(所致)인 것은 물론이다. 어쨌든 조선의 신탁사업은 이에 의하여 진영(陣營)을 정리한 셈이므로 금후의 활약에 기대하려 한다."

〈자료 486〉 전력 경주 다니(谷) 조신(朝信) 사장 담

(《매일신보》, 1934.11.13.)

다니(谷) 조신 사장은 합동 성립에 대하여 다음과 같이 말한다.

오늘로 남신과의 합동 교섭이 성립되었는데 이것은 오로지 가토(加藤) 선은 총재의 알선을 비롯하여 총독부 당국의 지도에 기인하는 것으로서 제1회 합동인 군산신탁의 매수 이래 항상 매수 성립에 혹은 양으로 혹은 음으로 크게 진력해 주신 가토 선은 총재와 아루가(有賀) 식은 두취에게 깊이 그 노력에 감사하는 바이다. 이에 따라 조선의 신탁계는 조신 탄생의 사명인 동시에 총독부의 방침인 전선일신탁주의(全鮮一信託主義)를 실현하게 되었는바 금후는 전력을 경주하여 조선신탁업의 견실한 향상을 위하여 미력을 다하고자 생각한다.

〈자료 487〉 1천 년, 장기신탁 조선인 모씨, 조신에 신탁사상 초(初) 기록
(《매일신보》, 1936.2.20.)

장기간에 걸친 신탁은 조선에서 점차 증가 경향에 있어 내지에서의 장기신탁이 증가되지 않는 것과 대비하면 조선 독자의 특이한 현상이라고도 칭할 만한 감이 있다. 즉 조선신탁의 수탁계약을 기한별로 보면(단위: 천 원)

▲ 금전신탁

1개년 이상	19,290
2개년 이상	16,008
5개년 이상	254
10개년 이상	372

▲ 부동산신탁

10개년 미만	1,501
10개년 이상	3,923
20개년 이상	74,458
50개년 이상	3,287
100개년 이상	700

과 같은 상태인바 단기신탁은 많으나 부동산신탁에 있어서 100개년 이상의 것이 70만 원까지도 있는 것은 내지 신탁에서는 전혀 보지 못한 현상이다. 그런데 동사에서는 목하 기한 1천 년이라는 경이적 장기 금전신탁(금액 20만 2원)의 신청이 있었는데 이런 장기신탁이 출

현한 것은 아국 신탁사상 미증유의 것이어서 조선에서의 신탁사상이 내지에 비해 한 발 앞서 진보된 것을 나타내는 것이라 하여 자못 흥미를 갖고 있다. 그런데 그 신청자는 모 지방의 조선인 부호라 한다.

4. 무진업

〈자료 488〉 무진업

(藤戶計太,『朝鮮金融經濟研究叢書』第1輯, 京城:大東學會, 1932年)

제1집 무진(강(講))

제1장 총론

제1절 총설

무진은 고(講, こう)라고도 하고 다노모시(頼母子)라고도 하는 동양의 독특한 것으로 특히 우리나라(일본)에서는 고대부터 행해져 왔다. 그 분포도 전국에 걸쳐 있고 서민금융기관으로서 영업이 진화하는 중이다. 서민은 보통 촌락에서는 연수 1,000원 미만, 도시에서는 연수 2,000원 미만의 사람을 가리키는데, 총 호수의 90%에 달한다. 이들 다수의 서민 계급에 대해 가장 간편한 신용금융기관 중 으뜸으로 치는 것도 이 무진고(無盡講)이고, 문화적 경제사회에 적합하고 안전한 것은 영업무진(營業無盡)이다. 무진 회원은 저축을 목적으로 가입한 사람과 자금 금융을 목적으로 가입한 사람의 두 종류가 있다. 무진업 업무의 주된 목적은 은행업, 보험업, 산업조합 등의 장점을 혼화(混和), 정선(精選), 양화(良化)한 중소 농상공업자와 일반 민중에게 있어 간편한 금융기관으로서 기능하는 것이다. 또 무진업사의 입장에서도, 은행과 같이 불의의 추심을 당하는 일도 없고, 급부금(給付金)은 비교적 다수의 작은 액수로 분할되어 마지막 회차까지 원리제붕방법(元利濟崩方法)을 따르기 때문에 돌발적 대결손을 낳을 우려도 없어, 영업자가 경영만 잘하면 반드시 견실한 발달을 이루게 되는 법이다. 과거의 무진은 경제를 도외시한 구제주의(救濟主義)였기 때문에, 가입 회원이 이익을 향수(享受)하는 것도 공평하지 않았고 그 이익도 적었지만, 그다지 불평하는 소리도 나오지 않았다. 그러나 시대가 변해 이제는 계수(計數)가 명확하지 않은 구태의 무진고(無盡講), 다노모시(頼母子) 등은 전망이 밝지 않지만, 이에 반해 가입자가 공평한 이익을 향수하는 것을 존중한 영업무진은 가속적으로 발전하고 있다. 1931년(昭和 6) 3월 말일 현재 시가지에 거주하는 사람 중 3,000원 이상의 수입자는 4%, 2,000원 이상의 자는 3%, 1,000원 이상의 자는 11%, 400원 이상의 자는 20%, 200원 이상의 자는 23%, 200원 미만의 자는 31%이다. 촌락에서는 2,000원 이상의 자가 1%, 1,000원 이상의 자는 3%, 400원 이상의 자 15%, 200원 이상의 자가 22%, 200원 미만의 자는 59%이다.

제2절 무진의 기원

무진은 최초 도쿠라(土倉) 무진전(無盡錢)에서 나온 것으로 보는 것이 보통이다.[38] 무진전이라는 이름은 소기리쓰(僧祇律)의 무진재(無盡財)에서 나온 것 같다.[39] 도쿠라 무진전은 가마쿠라시대에 행해지던 무진도쿠라의 무진전을 가리킨다. 무진이라는 글씨가 처음 기록에 나타난 것은 겐초(建長, 1249~1956) 7년 8월 12일 가마쿠라 막부의 교서에 "가무쿠라 전체에서 돈을 빌려주고 이자를 취하는 것을 근년에 무진전이라 부른다. 저당물을 넣지 않고 차용이 허용되지 않는다. 따라서 사람들은 의상이나 물구(物具)를 저당 잡힌다. 운운."이다.

이어 쇼히카리(稱光) 천황이 쇼초(正長, 1428~1429) 원년 덕정령(德政令)[40]에는 오로지 담보부 무진만을 대상으로 했다. 고안(弘安, 1278~1288) 3년 11월 30일의 가마쿠라 막부의 하지서(下知書)[41]에는 "이시하라 자에몽고로다카 가문이 가마쿠라의 주인 자심에 무진전의 저당물로 잡힌 '복권(腹卷)'에 대한 판결을 받은 일이 기록되어 있다. (이하 생략)"

다노모시(賴母子)는 가마쿠라 시대부터 행해졌던 일종의 구제적 무이자 융통의 관행에서 시작되었다. 현재 무진은 가마쿠라 시대부터 행해졌던 무진, 다노모시, 고(講) 등의 단점을 제거하고 장점을 취하여 만들어진 것이다. 따라서 다노모시고(賴母子講)와 무진은 글자는 다르지만, 그 성질이나 의의에서 모두 같은 취급을 받는다.

---

38 도쿠라(土倉)는 중세의 전당포로 대부분 술집을 겸하던 고리대금업자였다.

39 불교를 수행하는 출가 집단을 소기(僧祇)라 불렀다. 따라서 소기리쓰(僧祇律)는 교단이 지켜야 할 규율을 가리킨다. 무진자이(無盡財)라는 것은 이 소기리쓰에 규정되어 사원에서 이루어지는 대부금을 의미한다.

40 도쿠세이(德政)는, 가마쿠라 시대로부터 무로마치 시대에 걸쳐 무사의 가난을 구제하기 위해 무사가 저당잡힌 토지나 물건을 무상으로 소유주에게 돌려주게 하였던 일, 또는 무로마치 시대 이후 막부의 재정을 구제하기 위해 채권이나 채무 관계를 소멸시켰던 일을 가리킨다. 현재의 모라토리엄에 해당한다.

41 게지(下知)는 가마쿠라, 무로마치 시대의 재판의 판결 또는 판결문이다.

제3절 무진의 어원

무진이라는 것은 가마쿠라 시대의 도쿠라무진전에서 나온 것으로 무진고(無盡講)라고도 부른다. 마찬가지로 소기리쓰의 무진재, 무진재를 모아 고(講)에서 나온 말인 듯하다. 무진전이라는 것은 도쿠라 즉 시치야(質屋)가 담보부·이자부로 대부하는 금전을 말하고 이러한 방법으로 대부하는 것을 무진이라고 한다.

고(講)이라는 것은 무로마치 시대 무진의 조직 방법인, 부모나 우두머리가 혼자 또는 여러 명의 발기인이 있어서 여러 명 또는 수십 명의 동지를 모집하여 하나의 조합을 조직한 것을 말한다. 이 동지들을 고슈(講衆) 또는 슈추(衆中)라고 불렀다. 그 후 이 고(講)라는 글씨는 무진 또는 다노모시에 붙여서 무진고 또는 다노모시고라 칭하게 되었다.

다노모시는 '서로 의지한다'나 '상호부조'의 '보족(補足)', '조성(助成)', '합력(合力)', '수전(手傳)'에서 전화한 것으로, 다노모시고(특히 신뢰하여 조성한 무진)는 당초 무이자·무담보로 이루어지는 일종의 구제적 융통조합이었던 것, 즉 타인의 호의와 동정에 의지하여 그 조성을 구하는 의미에서 '빙(憑)'으로 이어졌다. 그 후 덕정령의 영향을 받아 경제계 일반에 신용이 결여되면서 담보이식부(擔保利息附)인 무진도쿠라의 예를 따라 담보이식부가 되었다. 그 문헌에는 『고야산문서속보간집』 86, 겐지(建治) 원년 12월, 원천(猿川), 진강(眞岡), 신야(神野)의 3장(庄) 장관(庄官)의 청원문에, 그리고 가원(嘉元) 4년 11월 26일의 입사분실상(入寺紛失狀)에 '논(水田)을 담보로 제공했다'고 기록되어 있다.

다노모시를 빙문(憑文), 빙자(憑子), 빙지(憑支), 빙부(憑敷), 뢰지(賴支), 빙모자(憑母子), 뢰모자(賴母子), 뢰모자강(賴母子講) 등이라고 부른다. 최근 간토(關東)에서는 일반적으로 '무신' 또는 '무신고'이라고 부르고, 간사이(關西)에서는 보통 '다노모시' 또는 '다노모시고'라 부른다.

(중략)

제9절 영업무진의 특질

제1항 영업무진의 장점

영업무진의 장점 중 주된 것은, (1) 영세민을 가입시키기 용이한 점, (2) 영세민의 저축심을 함양하는 점, (3) 대부금리가 비교적 저렴한 점, (4) 신용대부가 이루어지는 점, (5) 농상공업자금을 구하는 방법으로서 구관(舊慣)이 오래된 점, (6) 변제 연한이 길어서 월부로 조금씩 갚을 수 있는 편리함이 있는 점 등이다.

제2항 영업무진의 단점

영업무진의 단점은, (1) 영업자 중 기초가 박약한 자가 있다는 점, (2) 영업자가 수수료나 기타 명의로 취득하는 금액이 너무 많은 점, (3) 영업자의 부업이 너무 많은 점, (4) 영업 구역이 너무 넓어서 신용 정도의 명확하지 못한 점을 이용한 점, (5) 영업자의 장부가 명확하지 못한 점 등이다. 요컨대 영업자의 인격 및 자력(資力) 향상과 경영 방법의 개선이 필요하다.

제10절 무진고와 영업무진

영업무진은 재래의 무진고와 다노모시고가 영업화한 업태이다. 즉 영업자의 무진 거래라는 것은 가입자 상호의 자금 융통 방법으로 그 경제상의 성질은 무진고 또는 다노모시고와 같다. 하지만,

[첫째] 그 법률상의 성질은 무진고 혹은 다노모시고와 크게 다르다. 즉 무진고 또는 다노모시고에서는 가입자 상호간에 발생하지만, 영업무진에서는 무진의 주체는 가입자를 떠나 달리 영업자가 존재한다. 환언하면 권리 의무 관계도 가입자 상호 간에 관계가 발생하지 않고 단지 가입자 각자와 영업자 사이에 발생하는 것이다. 즉 급부를 받은 가입자는 다른 가입자와 어떤 관계도 없고 오로지 영업자에서 대해서만 채무를 질 뿐이다.

[둘째] 성립 형태상 (1) 비영업무진의 성립에는 가입자 상호의 의사가 합치되어야 하지만, (2) 영업무진의 성립에는 가입자 상호의 의사가 합치할 필요가 없고 단지 영업자인 무진의 주체에 의해 성립한다. 즉, 각 가입자는 영업자와의 계약에 의해 가입함으로써 충분하다. 단 그들이 가입자를 규합하는 형태는 비영업과 영업을 구별하는 것이 곤란하다.

[셋째] 목적상 즉, 무진의 주체 곧 영업자가 영리를 도모하는 외에 달리 무진의 목적이라는 것이 존재하지 않는다. 환언하면, 무진고 즉 비영업무진은 영업을 가미하지 않는다.

무진의 관리라는 것은 다른 위임에 의해 무진에 관한 법률행위를 하는 것을 말한다. 그 요점에 두 가지가 있다. (1) 그 관리하는 무진의 권리 의무의 주체가 달리 존재할 것, (2) 그 무진 주체와의 위임에 의해 관리할 것. 단, 개인의 경우는 순수한 영업무진인지 관리무진인지 항상 의문이 생긴다.

제2장 무진의 연혁

제1절 일본 무진의 연혁

(중략)

제3항 메이지 유신 이후

메이지 유신이 이루어지고 국내가 정온(靜穩)해지면서 은행 등 신식 금융기관이 속속 생겨났다. 무진도 서민금융기관으로 이용되었다. 1877년(明治 10)에 세이난전쟁(西南戰爭)이 끝나고 투기열이 발흥하자 다시 도리노키무진(取退無盡)[42]이 대유행하였다. 그중에서도 도쿄에서 가장 심했다. 고지마치(麴町)의 마키노(牧野如石)(가입자 수천 명에 금액이 수천만 원에 달했다)의 무신, 시바 고토히라(芝琴平) 신사의 신관 오도리 세쓰넨(鴻雪年), 후가가와후도(深川不動)의 무진을 3대 도리노키무진이라 불렀으나 1896년(明治 29) 무렵부터는 금지되었다. 당시 신용조합이 없었기 때문에, 무신은 매우 편리함으로 점점 그 기능을 빌휘하였고, 종래의 무진고는 변하여 소위 영업무진 회사 조직이 발생하기에 이르렀다. 즉 1901년(明治 34) 3월 고바야시 도라키치(小林寅吉) 씨가 야마토회(大和會)라는 명칭으로 무진업법에서 말하

42 도리노키무진이란, 에도시대에 유행한 무진으로, 추첨을 통해 당첨되면 당첨금을 수령한 뒤 탈퇴하고, 이후에는 부금(賦金)을 지불하지 않아도 된다.

는 소위 관리무진적 영업을 창립했다. 이것을 영업무진의 효시로 한다. 이어 동년 7월 도다기사부로(戶田喜三郞) 씨 외 5명이 1만 원으로 교에이저금주식회사(共榮貯金株式會社)를 창립했다. 회사는 1906년(明治 39)에 10만 원, 1912년(明治 45)에 100만 원, 불입 32만 5,000원으로 증자했다. 1914년(大正 13) 10월에 교에이저금은행(共榮貯金銀行)으로 개칭하고 무진업을 폐지했다.

그 후 시대적 필요에 따라 영업무진이 현저하게 증가했는데, 그 원인을 들면 다음과 같다.

1. 중하층 금융기관이 불충분한 점
2. 고(講)와 다노모시(賴母子)의 부금이 정체되는 부족함을 보완한 점
3. 쓰브레고(潰れ講)와 다노모시에 대한 것처럼 가입원이 회사의 부정행위에 대해 포기한 점
4. 영업무진은 시대사상에 적합했기 때문에 유행이 신속했던 점
5. 영업무진은 법률로 허가받았기 때문에 그 내용이 공개되어 무엇보다 신용을 널리 얻을 수 있었던 점

폐해가 생길 우려가 있다고 하면 그 주된 원인은 다음과 같다.

1. 적당한 단속법이 결여된 경우
2. 영업자나 사용인으로 적당한 사람을 얻지 못한 경우
3. 가입원의 신용이 불명(不明)한 점이 있을 경우
4. 가입원이 투기적으로 이를 이용한 경우 등

이처럼 영업무진은 물론 오야무진(親無盡)의 오야 입장에서 보면 자선단체이지만 다른 고(講)의 구성원 전체의 입장에서 보면 순수한 금융기관이기 때문에 무진은 서민금융기관으로서 은연한 세력을 길러 마침내 1915년(大正 4) 6월 19일 법률 제24호로 무진업법이 공포되었다. 이후 견실한 발전을 이루어 오늘날과 같이 융성해졌다.

일본 무진회사표 (면허 영업무진)

연차	영업자 수	무진조 수	구수	공칭자본	불입금	계약금 부금고
1914년	831	14,346	-	20,336,750	6,946,750	127,636,580
1916년	136	5,221	335,375	7,406,500	2,576,306	30,180,022
1921년	209	10,670	415,493	12,244,000	5,319,771	129,719,306
1926년	243	234,589	1,185,294	26,042,600	11,206,964	745,715,049
1928년	-	30,970	1,437,788	-		970,610,211

제2절 조선 무진의 연혁

제1항 신법령 시행 이전

조선의 무진의 연혁은 다음과 같다. 1922년(大正 11) 8월 1일 「조선무진업령」과 동 「시행규칙」 시행 이전에는 다노모시고와 무진고가 일본인 사이에서 이루어지고, 계(契)는 조선인 사이에서 행해지고 있었으나 아직 영업무진이라는 것은 적었다. 대원군이 구제도를 개혁하여 육의전과 공물제도를 폐지하고 화폐제도를 여러 차례 변경했기 때문에, 조선인 상공업은 큰 타격을 받았고 경제계의 부진은 극에 달했다. 이와는 달리 무진고와 계는 대체로 급속한 발전을 이루었다.

제2항 신법령 이행 이후

1922년(大正 11) 4월 제령 제7호로 「조선무진업령」, 동년 5월 조선총독부령 제85호로 「조선무진업령 시행규칙」이 공포되어 동년 8월부터 시행되었다. 이후 신법령에 의거하여 공제무진주식회사(共濟無盡株式會社), 복덕무진주식회사(福德-), 흥업무진주식회사(興業-), 경성공립무진합자회사(京城共立-), 인천무진주식회사, 대구무진주식회사 등이 속속 설립되었다. 이들 회사는 1931년(昭和 6) 6월 9일 개정된 「조선무진업령」(제령 제7호)에 의해 모두 새롭게 출원하였고, 경성공립무신회사는 주식회사로 전환되었다.

제3절 경성에서의 연혁

제1항 신법령 시행 이전

1922년(大正 11) 8월 신법령 시행 이전, 조선인 측에서는 무진 유사 금융기관으로서 식리계(殖利契), 저금계, 통계(筩契), 산통계(算筒契), 작백계(作百契), 작파계(作罷契)가 있었다.

내지인(일본인) 측에서는, 1893년(明治 26) 남산정 잡화상 도다(戶田) 모가 부금 20원, 30구, 600원 강(講)을 시작했는데, 이것이 경성에서 시작된 강(講)의 효시이다. 그때부터 1907년(明治 40)까지는, 많은 경우 어느 한 개인을 위해 구조공제적(救助共濟的) 무진강회(無盡講會)가 설립되어 그 강 금액도 소액이었지만 동년 호국사 100원, 100구, 1만 원 강 및 1908년(明治 41) 동본원사 본당 건립 목적으로 조직된 약 6,000원의 무진이 당시에는 최대 규모였다.

1910년(明治 43) 메이지초(明治町)에 저금회(貯金會)가 설치되었다. 이것이 아마도 경성에 출현한 영업 유사 무진의 효시인 듯하다. 1914년(大正 3) 야마토초(大和町)에 공제금융회가 설립되었다. 이것이 진정한 영업무진의 효시이다. 기타 홍익회(興益會), 식산회, 국익사(國益社), 한성홍업금융사 등이 설립되었고, 1918년(大正 7) 경성극장 건설자금으로 7,000원의 무진이 발기되었다. 그 후 수십 개의 무진강회가 발생했다.

제2항 신법령 시행 이후

1922년(大正 11) 8월 「조선무진업령」 및 동 「시행규칙」이 공포되자, 신법령에 의거하여 공제금융회(共濟金融會)는 공제무진회사로, 경성식산회(京城殖産會)는 식산무진주식회사(뒤에 폐업함)로, 한성무진회는 홍업무진주식회사로 조직을 변경하고 개명했다. 동시에 새롭게 복덕무진회사(福德無盡會社), 경성공립무진합자회사(지금은 주식회사로 전환) 등이 설치되었다.

(중략)

제7절 영업무진과 은행

영업무진과 은행은 반드시 구별해야 한다. 즉, (1) 은행은 「은행령」을 따르고 무진은 「무진업령」을 따른다, (2) 은행은 소비대차 예약의 이행이고 무진은 무진계약의 이행이다, (3) 은행은 예금자가 채권을 취득할 뿐이지만 무진은 가입원이 부금 납입 의무를 지는 동시에 대부를 받을 권리를 취득하는 등의 다른 점이 있음에도 세상 사람들은 종종 무진회사와 은행을 혼동한다. 즉, (1) 무진회사가 많은 경우에 은행과 유사한 명칭을 붙이고, (2) 무진회사가 은행의 자매회사로서 영업하고 부금 등을 해당 은행에서 취급하는 것이 있는 점, (3) 요코하마지방재판소가 무진회사에는 은행조례를 적용해야 한다고 판결한 점, (4) 무진회사가 신탁회사의 자매회사로서 영업하는 일도 있어서 양자의 구별을 혼동하는 일이 있다.

이를 요약하면, 무진회사는 은행과 달라 (1) 예금의 추심을 당할 염려가 없고, (2) 1회 1구의 급부는 위험성이 자연 줄어들고, (3) 급부금은 비교적 다수의 소구(小口)로 분할되고 변제 방법 역시 원리금을 나누어 갚아 가는 방식이기 때문에 실제적으로 거액의 결손을 발생할 우려가 없고, (4) 경기와 불경기 등 환경으로 인한 타격이 급격하지 않다.

(중략)

제8절 무진회사와 계와 사회정책

무진회사는 원래 무계주무진(親無無盡)에서 발생한 것으로 계주무진(親無盡)의 본원은 다노모시강(賴母子講) 또는 무진강(無盡講)이다. 따라서 그 정신은 인보상조(隣保相助)에 입각한 계와 같다. 무진회사가 서민금융기관으로서 활동하고 발전 개선되는 이상 회사는 민중상담계, 선전계 등을 두고, 아울러 무진사상 선전계를 두어 법률, 경제, 사회 백반의 상담에 응하여 봉사적으로 영세민 계급에 대한 금융의 현상과 기관의 결함과 개신책을 연구하고 시설하는 것에 노력해야 한다.

(중략)

제4장 결론

금융시장의 현재 상황은 중앙 집중이 아니기 때문에 상층 편의로 기울어져 1926년(昭和 1) 말 내선 보통은행, 특종은행, 저축은행, 우편저금, 우편진체저금, 보험회사, 신탁회사 등에 흡수된 자금 217억 원 중 서민 영세 저축은 46억에 달한다. 그중 10여억 원만이 서민 계급을 위해 운용되는 데 불과하다. 소위 서민의 부는 서민을 위해 이용되어야 함에도, 이 금융 편농(片籠)은 경제상의 평등주의, 기회균등주의에 반하는 결과를 보인다.

무진과 계는 이 이상경(理想境)에 세우는 서민금융기관이기 때문에, 이를 이용하여 약자 자조의 조합, 즉 신용보증조합제도를 수립하여 한 무리의 무진을 5조(組)에서 10조의 보증조합으로 만들고 단체 가입법을 취하면 정확히 구미(歐美)의 보증조합과 같아서 보증받기 곤란하여 금융의 혜택을 입기에 불편하다. 서민 계급자의 복음이 되어야 하며 특히 조선에서는 조선인 간의 계를 내지인 간의 무진업으로 진화하여 개선 발전시키는 것이 중요하다. 다음에 조선무집협회 제6회 정기총회에서 하야시 총독부 이재과장(현 지재국장)의 훈시를 게재하여 참고할 수 있도록 한다.

5. 무진 관계사항 참고서

〈자료 489〉 비(秘) 무진 관계사항 참고서

(조선금융제도조사회, 『무진관계사항참고서』, 1930년 12월.)

무진 관계사항 참고서

1. 무진회사의 자산 부채 누년 비교표

자산의 부

연차	미불입 자본금	미수무진 괘금	괘금자에 대한 대부금	증권 및 부동산담보 대부금	소유물	예치금 및 현금	기타	총손금	계
1922년 말	870,000	53,710	91,881	78,739	86,042	54,949	17,329	3,979	1,256,629
1923년 말	1,509,000	172,549	397,832	156,518	145,091	139,900	66,498	3,647	2,591,035
1924년 말	2,139,568	454,521	591,008	340,816	178,211	204,241	62,747	197,602	4,168,714
1925년 말	2,287,300	718,084	669,529	625,895	228,652	346,110	104,067	258,348	5,237,985
1926년 말	2,342,610	801,875	699,504	668,472	257,550	279,000	96,428	305,507	5,450,946
1927년 말	2,528,200	758,097	908,932	777,864	281,798	343,658	115,828	340,587	6,054,964
1928년 말	2,550,830	816,576	1,175,453	1,222,792	331,465	578,142	57,015	425,208	7,157,481
1929년 말	2,566,800	1,059,339	1,389,189	1,378,299	354,333	624,147	134,851	521,053	8,028,011
1930년 말	2,564,830	1,376,417	1,527,207	1,413,818	440,964	624,172	116,159	538,073	8,601,640

부채의 부

연차	자본금	제적립금	미불무진 급부금	미불입찰 차금	무진급부 자금	차입금	기타	총익금	계
1922년 말	1,150,000	5,750	21,836	13,642	16,695	18,000	11,160	19,546	1,256,629
1923년 말	2,040,000	16,470	150,998	24,564	177,776	90,557	39,589	51,081	2,591,035
1924년 말	2,980,000	51,347	208,813	35,245	396,034	102,750	86,534	307,991	4,168,714
1925년 말	3,200,000	128,390	546,473	60,953	491,864	199,976	221,033	389,296	5,237,985
1926년 말	3,300,000	247,170	360,018	84,013	614,786	132,144	265,698	447,117	5,450,946
1927년 말	3,570,000	364,744	334,893	107,157	786,614	77,086	319,481	494,989	6,054,964
1928년 말	3,630,000	495,783	497,970	132,317	1,223,724	168,204	402,909	606,574	7,157,481
1929년 말	3,740,000	674,917	518,031	190,000	1,504,551	170,512	510,486	719,514	8,028,011
1930년 말	3,740,000	769,351	591,148	223,982	1,740,102	143,956	646,111	746,990	8,601,640

비고: 합자회사에 대해서는, 자본금이라고 되어 있는 것은 재산을 목적으로 하는 출자의 총액이고, 미불입자본금이라고 되어 있는 것은 아직 불입을 하지 않은 출자액으로 한다. 이하 같음.

2. 무진회사의 자산 부채 현황표(1930년 6월 말 현재)

자산의 부

(단위: 엔)

(朝信)	개업 연월	불입미제 자본금	미수 무진부금	대부금		소유물	예금 및 현금	기타	총손금	계
				대부금자 대부	증권 및 부동산 담보대부					
공제(共濟)무진	1922.2	375,000	76,158	199,271	249,297	175,322	64,213	642	85,888	1,225,791
인천무진	1922.12	50,000	46,815	25,114	4,387	4,765	11,394	907	6,919	150,301
복덕(福德) 무진	1923.2	50,000	330,561	67,590	32,393	2,887	19,188	1,662	77,697	581,978
경성공립(京城共立) 무진	1923.9	36,330	66,022	18,940	11,800	1,697	5,772	19,617	19,540	179,718
홍업무진	1924.3	65,000	87,756	56,329	-	3,327	10,139	1,565	33,480	257,636
개성무진	1927.5	45,000	3,511	150	12,420	287	856	285	1,546	64,055
충북무진	1922.11	70,000	35,204	35,419	8,299	7,980	2,130	3,120	10,040	172,192

(朝信)	개업 연월	불입미제 자본금	미수 무진부금	대부금		소유물	예금 및 현금	기타	총손금	계
				대부금자 대부	증권 및 부동산 담보대부					
충남무진	1923.3	70,000	9,354	25,105	62,322	9,220	13,163	2,077	10,009	201,250
전주무진	1924.1	65,000	6,979	52,665	17,679	1,411	3,266	1,497	8,193	156,690
군산무진금융	1924.2	187,500	64,354	140,634	84,762	20,394	13,616	4,104	23,135	538,499
목포무진	1922.10	112,500	51,064	119,549	173,877	37,525	68,834	1,799	20,414	585,562
광주무진	1924.3	60,000	11,509	68,909	17,234	9,934	5,837	2,230	9,174	184,827
순천무진	1925.6	36,000	12,549	32,836	17,912	1,234	5,928	750	8,327	115,539
대구무진	1922.11	262,500	142,395	87,779	24,400	24,669	71,238	11,509	18,828	643,318
김천무진	1923.1	30,000	21,041	3,434	5,524	1,310	1,923	24,107	3,884	91,223
포항무진	1923.10	45,000	14,972	15,013	12,169	3,800	2,298	205	10,046	103,503
조양(朝陽)무진	1924.6	75,000	54,682	25,944	7,485	3,557	5,568	1,473	8,328	182,037
부산무진	1922.12	60,000	55,850	85,246	102,409	48,331	12,673	7,257	24,657	396,423
진주무진	1924.4	45,000	19,627	21,368	40,513	6,610	5,288	424	6,935	145,765
통영무진	1924.6	-	5,762	29,252	17,243	960	3,201	1,449	5,768	63,635
마산무진	1925.10	45,000	26,090	49,514	6,490	2,580	13,455	464	13,273	156,866
경남무진	1927.5	150,000	82,206	30,843	15,864	3,214	14,719	1,198	14,540	312,584
해주무진	1928.5	45,000	10,934	7,760	800	805	11,439	786	8,182	85,706
평양무진	1925.9	50,000	52,609	73,554	249,864	10,048	100,961	8,759	26,665	572,460
진남포무진	1927.5	45,000	23,603	21,978	40,703	1,789	28,081	9,493	6,746	177,393
평안무진	1929.9	75,000	863	15,218	5,750	1,551	16,506	1,277	8,199	121,364
원산무진	1923.3	70,000	13,695	56,428	77,774	7,775	14,120	5,946	17,433	163,171
함흥무진	1923.12	75,000	14,011	55,731	28,900	22,190	30,809	120	21,656	248,417
협화(協和)무진	1923.2	75,000	24,300	26,568	6,620	10,959	24,220	112	7,402	175,181
청진무진	1924.4	75,000	10,213	48,639	35,420	6,760	20,681	-	14,182	210,895
회령무진	1926.9	75,000	744	14,230	43,508	6,532	15,308	-	4,587	159,909
웅기무진	1929.9	45,000	944	16,197	-	1,541	10,348	1,322	2,400	77,752
계		2,564,830	1,376,417	1,527,207	1,413,818	440,964	624,172	116,159	338,073	8,601,640

부채의 부

회사명	자본금	법정 준비금	기타 준비금	미불무진 급부금	미불입찰 차금	미불해약 반환금	부진급부 자금	차입금	기타	총익금	계
공제(共濟)무진	500,000	27,850	71,717	23,090	6,498	13,558	317,197	-	150,813	115,068	1,225,791
인천무진	100,000	8,050	21,552	5,000	522	-	-	-	2,484	12,673	150,301
복덕(福德)무진	100,000	15,000	43,500	-	98,526	9,115	-	30,000	192,851	92,986	581,978
경성공립(京城共立)무진	70,000	5,300	5,300	9,948	8,684	1,589	23,447	30,359	2,085	23,006	179,718
홍업무진	100,000	1,800	2,350	20,435	15,638	6,093	771	-	71,116	39,433	257,636
개성무진	60,000	440	220	524	54	-	138	-	113	2,566	64,055
충북무진	100,000	6,000	9,000	5,374	7,526	4,800	21,943	-	4,030	13,519	172,192
충남무진	100,000	6,800	19,700	22,250	1,822	-	26,389	-	8,664	15,625	201,250
전주무진	100,000	6,350	15,940	9,188	400	-	-	8,000	2,271	14,541	156,690
군산무진금융	250,000	18,600	61,700	108,000	10,599	140	16,401	25,000	7,167	40,892	538,499
목포무진	200,000	17,200	29,000	4,710	8,894	1,475	283,344	-	6,584	34,355	585,562
광주무진	100,000	7,800	16,600	2,940	3,177	57	37,220	-	1,335	15,698	184,827
순천무진	60,000	3,200	13,500	1,914	2,383	184	17,285	-	2,730	14,343	115,539
대구무진	350,000	17,820	10,530	152,923	9,411	1,998	65,215	-	11,549	23,872	643,318
김천무진	60,000	3,150	5,500	1,380	1,863	568	2,635	4,086	5,137	6,904	91,223
포항무진	60,000	6,500	10,050	5,487	1,527	-	4,663	-	3,907	11,369	103,503
조양(朝陽)무진	100,000	1,700	4,300	19,500	3,840	145	37,967	-	3,139	11,446	182,037
부산무진	100,000	9,800	36,560	45,942	11,847	4,691	103,123	29,000	21,865	33,595	396,423
진주무진	60,000	2,100	7,900	500	4,923	1,649	58,173	-	1,299	9,221	145,765
통영무진	30,000	4,270	3,460	3,608	337	-	-	4,800	7,183	9,977	63,635
마산무진	60,000	1,820	7,655	20,500	2,337	1,085	47,196	-	886	15,387	156,866
경남무진	200,000	1,600	1,300	32,300	5,959	5,397	36,339	-	12,764	17,925	312,584
해주무진	60,000	1,200	4,500	2,624	1,338	70	-	-	3,777	12,197	85,706
평양무진	100,000	6,700	17,200	7,295	4,725	2,137	393,759	-	5,900	34,744	572,460
진남포무진	60,000	1,350	8,100	1,750	5,092	3,441	84,316	-	3,622	9,722	177,393
평안무진	100,000	-	-	2,111	53	-	3,276	6,000	634	9,290	121,364

회사명	자본금	법정 준비금	기타 준비금	미불무진 급부금	미불입찰 차금	미불해약 반환금	부진급부 자금	차입금	기타	총익금	계
원산무진	100,000	8,895	25,980	7,500	2,756	194	78,056	-	10,299	29,491	263,171
함흥무진	100,000	11,500	47,000	23,500	1,766	-	-	-	31,993	32,658	248,417
협화(協和)무진	100,000	7,000	10,042	18,730	452	-	25,557	-	1,687	11,713	175,181
청진무진	100,000	8,300	27,000	2,125	604	-	45,926	-	4,920	22,020	210,895
회령무진	100,000	2,800	11,300	29,000	123	-	5,148	-	4,870	6,668	159,909
웅기무진	60,000	-	-	1,000	306	-	5,618	6,711	51	4,066	77,752
계	3,740,000	220,895	548,456	591,148	223,982	58,386	1,740,102	143,956	587,725	746,990	8,601,640

(중략)

참고 조문

제1항과 제2항 관계 참고 조문

<table>
<tr><th colspan="2">관계 법령</th><th>관계 조문</th></tr>
<tr><td>은행법</td><td>제3조</td><td>은행업은 자본금 100만 원 이상의 주식회사가 아니면 이를 영위할 수 없다. 단 칙령으로써 지정하는 지역에 본점 또는 지점을 갖는 은행의 자본금은 200만 원을 하회할 수 없다.
전항 단서의 규정에 따라 지역의 지정이 있을 경우에 그 지역에 본점 또는 지점을 갖는 은행으로서 자본금 200만 원 미만의 것은 지정한 날로부터 5년에 한해 전항 단서의 자본금을 따르지 않을 수 있다.</td></tr>
<tr><td>은행령</td><td>제3조</td><td>은행업은 자본금 200만 원 이상의 주식회사가 아니면 이를 영위할 수 없다.</td></tr>
<tr><td>저축은행법</td><td>제3조</td><td>저축은행업은 자본금 50만 원 이상의 주식회사가 아니면 이를 영위할 수 없다.</td></tr>
<tr><td>저축은행령</td><td>제3조</td><td>저축은행업은 자본금 100만 원 이상의 주식회사가 아니면 이를 영위할 수 없다.</td></tr>
<tr><td>신탁업법</td><td>제2조</td><td>신탁업은 자본금 100만 원 이상의 주식회사가 아니면 이를 영위할 수 없다.</td></tr>
<tr><td rowspan="2">담보부사채
신탁법</td><td>제7조</td><td>신탁회사의 자본 또는 금전을 목적으로 하는 출자의 총액은 100만 원을 하회할 수 없다.</td></tr>
<tr><td>제8조</td><td>신탁회사는 자본 또는 금전을 목적으로 하는 출자의 불입금액이 50만 원에 달할 때까지 그 사업을 착수할 수 없다.</td></tr>
<tr><td rowspan="2">보험업법</td><td>제16조</td><td>회사의 자본은 10만 원을 하회할 수 없다.</td></tr>
<tr><td>제28조</td><td>상호회사의 기금은 10만 원을 하회할 수 없다.</td></tr>
<tr><td>유가증권
할부판매업법</td><td>제3조
제2항</td><td>유가증권 할부판매업을 영위하는 회사의 자본 또는 재산을 목적으로 하는 출자의 총액은 10만 원, 그 금전으로써 하는 불입금액은 5만 원을 하회할 수 없다.</td></tr>
<tr><td>관동주
무진업령</td><td>제2조</td><td>무진업은 회사가 아니면 이를 영위할 수 없다.</td></tr>
</table>

제3항과 관계 참고 조문

관계 법령		관계 조문
상법	제194조 제1항	회사는 그 자본의 4분의 1에 달할 때까지는 이익을 배당할 때마다 준비금으로서 그 이익의 20분의 1 이상을 적립해야 한다.
은행법	제8조	은행은 자본의 총액에 달할 때까지는 이익을 배당할 때마다 준비금으로서 그 이익의 10분의 1 이상을 적립해야 한다.
은행령	제9조	은행은 자본의 총액에 달할 때까지는 이익을 배당할 때마다 준비금으로서 그 이익의 10분의 1 이상을 적립해야 한다.
신탁업법	제12조	신탁회사는 자본의 총액에 달할 때까지는 이익을 배당할 때마다 준비금으로서 그 이익의 10분의 1 이상을 적립해야 한다.
유가증권 할부판매업법	제14조	유가증권 할부판매업을 영위하는 회사는 자본 또는 출자의 총액에 달할 때까지는 이익을 배당할 때마다 준비금으로서 그 이익의 10분의 1 이상을 적립해야 한다.
금융조합령	제53조 제1항	금융조합은 정관으로써 정한 준비금의 액수에 달할 때까지 매 사업연도의 잉여금의 4분의 1 이상을 적립해야 한다.

제5항과 관계 참고 조문

<table>
<tr><th colspan="2">관계 법령</th><th>관계 조문</th></tr>
<tr><td>은행령</td><td>제10조
제1항
제2항</td><td>은행은 예금의 인출 준비금으로서 예금 총액의 10분의 1 이상을 비치해 두어야 한다.
전항의 인출 준비금은 현금, 지금은, 외국통화, 우편진체저금, 국채, 기타 조선총독이 인가한 유가증권으로 이를 보유하거나 또는 조선총독이 지정한 은행에 예입해야 한다.
은행은 제1항의 인출 준비금이 예금 총액의 10분의 1에 달하지 못했을 때는 이를 보전할 때까지 신규 대부 혹은 어음 할인을 하거나 이익 배당금의 지불을 할 수 없다.</td></tr>
<tr><td>금융조합령</td><td>제53조의 3, 제1항과 제2항</td><td>금융조합은 제6조의 규정에 의해 수납한 금액의 3분의 1 이상의 금액을 다음의 방법으로 관리해야 한다.
금융조합연합회 혹은 조선식산은행에 맡긴 예금이나 우편저금
국채증권 또는 지방채증권의 금융조합연합회 또는 조선식산은행에 보호 예치
전항의 수납 금액은 매년 3월과 9월 각 말일 현재에 의해 이를 정한다.

(참고)
「조합령」 제6조 금융조합은 조합원이 아닌 자를 위해 「저축은행령」 제1조 제1항 혹은 제5조 제1호의 업무를 하거나 동령 제5조 제5호의 업무를 할 수 있다.
「저축은행령」 제1조 제1항
다음에 열거하는 업무를 영위하는 자는 이를 저축은행이라 한다.
① 복리의 방법으로 예금을 수납하는 것
② 1회 5원 미만의 금액을 예금으로서 수납하는 것
③ 미리 인출 기한을 정해 정기로 또는 일정한 기간 내에 몇 회에 걸쳐 예금을 수납하는 것
④ 기한을 정해 일정 금액의 급부를 할 것을 약속하고 정기로 또는 일정한 기간 내에 몇 차례에 금전을 수납하는 것
동령 제5조 제호와 제5호
1. 제1조 제1항 각호에 열거하는 방법으로 저축을 받은 금액을 정기예금으로서 수납하는 업무
5. 공공단체 또는 산업조합으로부터 예금을 수납하는 것</td></tr>
</table>

제4항과 제7항 관계 참고 조문

(1) 일반적 자금 운용액에 관한 제한

관계 법령		관계 조문
저축은행법	제13조	1인에 대한 대부금액은 불입자본금 및 준비금의 10분의 1을 초과할 수 없다. 제11조 제1항 제3호의 규정에 의한 대부금의 총액은 불입자본금 및 준비금의 총액을 초과할 수 없다. 제11조 제1항 제5호의 대부금액 중 이미 수납한 금액을 초과하는 액수에 대해서는 확실한 담보 또는 보증이 있어야 한다. (참조) 「저축은행법」 제11조 제1항 제3호 및 제5호 3. 부동산을 담보로 하는 대부 5. 제1조 제1항 제4호의 규정에 의한 급부금의 채권자에 대해 그 급부금액을 한도로 하는 대부 동법 제1조 제1항 제4호 4. 기한을 정해 일정 금액의 급부를 할 것을 약속하고 정기로 또는 일정한 기간 내에 수회에 금액을 수납하는 것
신탁업법	제11조	신탁회사는 다음의 방법에 의하는 것 외에 그 영업상의 자금을 운용할 수 없다. 1. 공채, 사채 또는 주식의 응모, 인수 또는 매입 2. 공채, 기타 전호에 열거하는 유가증권을 저당으로 하는 대부 3. 동산의 매입 또는 동산을 담보로 하는 대부 4. 부동산의 매입 5. 부동산 또는 법령에 의해 설정한 재단을 저당으로 하는 대부 6. 공공단체 또는 산업조합에 대한 대부 7. 은행에 맡긴 예금 또는 우편저금 8. 은행 또는 신탁회사가 인수하는 어음의 매입 전항 제3호에 규정하는 동산에 대해서는 그 종류를 정해 주무대신의 인가를 받아야 한다. 제1항 제4호의 규정에 의한 부동산의 매입가격의 총액은 불입자본금 및 준비금의 3분의 1을 초과할 수 없다.
신탁업법 시행세칙	제11조 제1항	신탁회사가 보증하는 채권의 총액은 그 자본금 및 준비금의 총액을 초과할 수 없다.

<table>
<tr><td rowspan="2">보험업법
시행규칙</td><td>제16조</td><td>보험회사가 그 재산을 이용함에 있어서는 국채증권의 소유와 이를 담보로 하는 대부를 제외하는 외에 다음의 각호에 대해 그 재산(아직 불입을 하지 않은 주금 또는 기금을 제외함)의 5분의 1을 초과할 수 없다.
1. 공공단체에 대한 무담보 대부
2. 제1호에 해당하지 않는 무담보 대부
3. 동일인에 대한 대부 혹은 예금 도는 동일에 대한 채권을 담보로 하는 대부
4. 동일 회사의 주권 혹은 채권의 소유 또는 이를 담보로 하는 대부
5. 동일 공공단체의 채권의 소유 또는 이를 담보로 하는 대부
6. 동일 물건의 소유 또는 이를 담보로 하는 대부
7. 부동산의 소유
8. 동일 신탁회사에 대한 신탁
전항 제3호, 제4호 및 제8호 또는 제3호 및 제5호의 방법에 의해 이용하는 금액은 이를 통산한다.
보증은 제1항 제1호 및 제2호의 적용에 대해서는 이를 담보로 간주하지 않는다.</td></tr>
<tr><td>제17조</td><td>회사 재산 가액의 변동이나 기타 회사의 의사에 기반하지 않은 사유로 전조의 제한에 반하더라도 이를 고칠 필요가 없다. 단 그 이용 방법을 변경할 때는 전조의 제한의 취지를 따라야 한다.</td></tr>
<tr><td></td><td></td><td></td></tr>
</table>

(2) 동일인에 대한 융자액에 관한 제한

관계 법령		관계 조문
저축은행법	제13조 제1항	1인에 대한 대부금액은 불입자본금 및 준비금의 10분의 1을 초과할 수 없다.
	제14조 제1항	한 은행에 대한 예금 및 그 은행이 인수한 어음의 매입고 총액은 제1조 제1항 및 제5조 제1항 제5호에 규정하는 수납금의 10분의 1을 한도로 하고, 또한 해당 은행의 불입자본금 및 준비금의 4분의 1을 초과할 수 없다. 단 그 총액 중 국채, 기타 제11조 제1항 제1호에 열거하는 유가증권으로써 담보 제공을 받은 액수에 대해서는 이 제한을 적용하지 않는다. (참조) 「저축은행법」 제1조 제1항 다음에 열거하는 업무를 영위하는 자는 이를 저축은행이라 한다. 1. 복리의 방법에 의해 예금을 수납하는 것 2. 1회 10원 미만의 금액을 예금으로서 수납하는 것 3. 미리 인출 기한을 정해 정기로 또는 일정한 기간 내에 수회에 걸쳐 예금을 수납하는 것 4. 기한을 정해 일정 금액의 대부를 할 것을 약속하고 정기로 또는 일정한 기간 내에 수회에 걸쳐 금전을 수납하는 일 동법 제5조 저축은행은 제1조 제1항의 업무 외에 다음에 열거하는 업무를 겸영할 수 있다. 1. 정기예금 수납 업무 2. 보호예치(보관 업무) 3. 채권 추심 4. 공공단체 또는 산업조합의 금전출납 사무 취급 5. 공공단체 또는 산업조합으로부터의 요구불 예금 수납 업무 동 제11조 제1항 제1호 저축은행은 다음의 방법에 의하는 것 외에 그 자금을 운용할 수 없다. 1. 국채, 지방채, 사채 또는 주식의 응모, 인수 또는 매입
신탁업법 시행세칙	제11조	신탁회사가 보증하는 채무의 총액은 그 자본금 및 준비금의 총액을 초과할 수 없다. 1인의 채무자를 위해 보증하는 채무의 총액은 자본금 및 준비금의 10분의 1을 초과할 수 없다.
	제12조	주요 채무자가 회사일 때는 신탁회사가 그 회사를 위해 보증하는 채무의 총액은 해당 회사의 자본 또는 재산을 목적으로 하는 출자의 불입금 및 준비금의 2분의 1을 초과할 수 없다.
	제14조	신탁회사가 국채, 지방채, 특별 법령에 의해 설립한 회사의 사채 혹은 주식, 부동산 또는 법률의 규정에 의해 설정한 재단을 담보로서 보증한 채무액은 제11조 및 제12조의 적용에 대해 신탁회사가 보증하는 채무의 총액으로부터 이를 제산(除算)한다.

보험업법 시행규칙	第16조	보험회사가 그 재산을 이용할 때는 국채증권의 소유 및 이를 담보로 하는 대부를 제외하는 외에 다음 각호에 대해 그 재산(아직 불입을 하지 않은 주금 또는 기금을 제외함)의 5분의 1을 초과할 수 없다. 1. 공공단체에 대한 무담보 대부 2. 제1호에 해당하지 않는 무담보 대부 3. 동일인에 대한 대부 혹은 예금 또는 동일인에 대한 채권을 담보로 하는 대부 4. 동일 회사의 주권 혹은 채권의 소유 또는 이를 담보로 하는 대부 5. 동일 공공단체의 채권의 소유 또는 이를 담보로 하는 대부 6. 동일 물건의 소유 또는 이를 담보로 하는 대부 7. 부동산의 소유 8. 동일 신탁회사에 대한 신탁 전항 제3호, 제4호 및 제8호 또는 제3호 및 제5호의 방법에 의해 이용하는 금액을 이를 통산(通算)한다. 보증은 제1항 제1호 및 제2호의 적용에 대해서는 이를 담보로 간주하지 않는다.
	第17조	회사 재산 가액의 변동이나 기타 회사의 의사에 기반하지 않은 사유로 전조의 제한에 반하더라도 이를 고칠 필요가 없다. 단 그 이용 방법을 변경할 때는 전조의 제한의 취지에 따라야 한다.
금융조합업무 감독규정	第29조 제1항 제2항	도시조합에서는 조합원 1인에 대한 대부 및 어음할인의 총액은 1,000원을 초과할 수 없다(이하 이를 무담보 대부라 칭한다). 단 부동산, 동산, 유가증권, 인출에 대해 기한을 정한 예금증서 또는 정기적금증서를 담보로 할 때는 총액 3,000원까지로 할 수 있다(이하 이를 담보대부라 칭한다). 촌락조합에서는 조합원 1인에 대한 대부 총액은 200원을 초과할 수 없다(이하 이를 무담보대부라 칭한다). 단 부동산, 동산, 유가증권, 인출에 대한 기한을 정한 예금증서 또는 정기적금증서를 담보로 할 때는 총액 1,000원까지로 할 수 있다(이하 이를 담보대부라 칭한다).

제6항과 관계 참고 조문

<table>
<tr><th colspan="2">관계 법령</th><th>관계 조문</th></tr>
<tr><td>은행령</td><td>제7조</td><td>은행은 다음의 경우에는 조선총독의 인가를 받아야 한다.
1. 다른 업무를 겸영하고자 할 때
2. 상호를 변경하고자 할 때
3. 자본금을 변경하고자 할 때
4. 지점이나 기타 영업소 또는 대리점을 설치하고자 할 때
5. 본점이나 기타 영업소의 위치를 변경하고자 할 때
6. 지점 이외의 영업소를 지점으로 변경하고자 할 때</td></tr>
<tr><td>저축은행법</td><td>제5조</td><td>저축은행은 제1조 제1항의 업무 외에 다음에 열거하는 업무를 겸영할 수 있다.
1. 정기예금 수납 업무
2. 보호예치(보관 업무)
3. 채권의 추심
4. 공공단체 또는 산업조합의 금전출납 사무 취급
5. 공공단체 또는 산업조합으로부터의 요구불 예금 수납 업무

(참조)
「저축은행법」 제1조 제1항
다음에 열거하는 업무를 영위하는 자는 이를 저축은행이라 한다.
1. 복리의 방법에 의해 예금을 수납하는 것
2. 1회 10원 미만의 금액을 예금으로서 수납하는 것
3. 미리 인출 기한을 정해 정기로 또는 일정한 기간 내에 수회에 걸쳐 예금을 수납하는 것
4. 기한을 정해 일정 금액의 대부를 할 것을 약속하고 정기로 또는 일정한 기간 내에 수회에 걸쳐 금전을 수납하는 일</td></tr>
<tr><td>저축은행령</td><td>제5조</td><td>저축은행은 제1조 제1항의 업무 외에 다음에 열거하는 업무를 겸영할 수 있다.
1. 제1조 제1항 각호에 열거하는 방법에 의해 저축을 받은 금액을 정기예금으로서 수납하는 것
2. 보호예치(보관 업무)
3. 채권의 추심
4. 공공단체 또는 산업조합의 금전출납 사무 취급
5. 공공단체 또는 산업조합으로부터의 예금 수납 업무

(참조)
「저축은행령」 제1조 제1항
다음에 열거하는 업무를 영위하는 자는 이를 저축은행이라 한다.
1. 복리의 방법에 의해 예금을 수납하는 것
2. 1회 5원 미만의 금액을 예금으로서 수납하는 것
3. 미리 인출 기한을 정해 정기로 또는 일정한 기간 내에 수회에 걸쳐 예금을 수납하는 것
4. 기한을 정해 일정 금액의 대부를 할 것을 약속하고 정기로 또는 일정한 기간 내에 수회에 걸쳐 금전을 수납하는 일</td></tr>
</table>

신탁업법	제5조	신탁회사는 다음에 열거하는 업무에 한해 이를 겸영할 수 있다. 1. 보호예치(보관 업부) 2. 채권의 보증 3. 부동산 매매의 매개 또는 금전 혹은 부동산 대차의 매개 4. 공채 사채 혹은 주식의 모집, 그 불입금의 수납 또는 그 원리금 혹은 배당금 지불의 취급 5. 재산에 관한 유언의 집행 6. 회계의 검사 7. 다음의 사항에 관한 대리 사무 가. 재산의 취득, 관리, 처분 또는 대차 나. 재산의 정리 또는 청산 다. 채권의 추심 라. 채무의 이행 주무대신은 채권의 보증에 대해 명령으로써 필요한 제한을 둘 수 있다.
관동주 무진업령	제3조	무진업자는 관동장관의 인가를 받아 다른 사업을 겸영할 수 있다.

제8항과 관계 참고 조문

관계 법령		관계 조문
은행령	제30조	은행의 청산은 조선총독의 감독에 속한다. 조선총독은 청산 사무 및 재산의 상황을 검사하고, 재산의 공탁을 명하고, 기타 청산의 감독에 필요한 명령을 할 수 있다.
금융조합령	제78조	금융조합의 청산은 조선총독의 감독에 속한다. 조선총독은 청산 사무 및 재산의 상황을 검사하고, 재산의 공탁을 명하고, 기타 청산의 감독에 필요한 명령을 할 수 있다.
관동주 및 남만주철도부속 지금융조합령	제85조	금융조합의 청산은 관동장관의 감독에 속한다. 관동장관은 청산 사무 및 재산의 상황을 검사하고, 재산의 공탁을 명하고, 기타 청산의 감독에 필요한 명령을 발할 수 있다.
보험업법	제13조	보험회사의 청산은 주무관청의 감독에 속한다. 주무관청은 청산 사무 및 회사 재산의 상황을 검사하고 재산의 공탁을 명하고, 기타 감독에 필요한 명령을 할 수 있다.
담보부사채 신탁법	제16조	신학회사의 청산은 주무관청의 감독에 속한다. 주무관청은 몇 번이라도 전항의 감독에 필요한 검사를 할 수 있다.
상법	제89조	회사가 재판소의 명령에 의해 해산했을 때는 재판소는 이해관계인 또는 검사의 청구에 의해 청산인을 선임한다.
	제96조 제2항	중요한 사유가 있을 때는 재판소는 이해관계인의 청구에 의해 청산인을 해임할 수 있다.

<table>
<tr><td rowspan="3">상법</td><td>제226조</td><td>회사가 해산했을 때는 합병 및 파산의 경우를 제외하고 취체역을 그 청산인으로 한다. 단 정관에 별도 정한 바가 있을 때 또는 주주총회에서 타인을 선임했을 때는 이 제한에 있지 않다.
전항의 규정에 의해 청산인이 될 만한 사람이 없을 때는 재판소는 이해관계인의 청구에 의해 청산인을 선임한다.</td></tr>
<tr><td>제233조</td><td>회사의 장부, 그 영업에 관한 신서(信書) 및 청산에 고나한 일체의 서류는 본점의 소재지에서 청산 결료(結了) 등기를 한 뒤 10년간 이를 보존해야 한다. 그 보존자는 청산인이나 기타 이해관계인의 청구에 의해 재판소가 이를 선임한다.</td></tr>
<tr><td>제234조</td><td>제84조, 제89조 내지 제93조, 제93조의 2 제2항, 제95조, 제97조, 제99조, 제197조 내지 제160조의 2, 제163조 내지 제163조의 4, 제164조 제2항, 제167조의 2, 제170조, 제171조, 제176조 내지 제179조, 제181조, 제183조 내지 제187조, 제191조 내지 제193조 및 민법 제79조, 제80조의 규정은 주식회사 청산의 경우에 이를 준용한다.</td></tr>
</table>

제9항과 관계 참고 조문

<table>
<tr><th colspan="2">관계 법령</th><th>관계 조문</th></tr>
<tr><td rowspan="3">조선영업세령</td><td>제5조
제1항</td><td>영업세는 다음의 과세표준 및 세율에 의해 매년 이를 부과한다.(抄)
<table>
<tr><th>영업명</th><th>과세표준</th><th>세율</th></tr>
<tr><td rowspan="3">은행업</td><td>자본금액</td><td>1만 분의 7</td></tr>
<tr><td>예금액</td><td>1만 분의 3</td></tr>
<tr><td>사채 및 차입금액</td><td>1만 분의 1</td></tr>
<tr><td rowspan="2">보험업</td><td>자본금액</td><td>1만 분의 7</td></tr>
<tr><td>보험요액</td><td>1만 분의 7</td></tr>
<tr><td rowspan="2">무진업</td><td>자본금액</td><td>1만 분의 7</td></tr>
<tr><td>무진부금액</td><td>1만 분의 7</td></tr>
</table></td></tr>
<tr><td>제11조</td><td>새롭게 개시한 영업에 대해서는 개업 다음 해부터 영업세를 부과한다.
다음에 열거하는 영업에 대해서는 개업 다음 해부터 3년간 영업세를 면제한다.
은행업, 보험업, 가스공급업, 전기공급업, 운송업, 창고업, 철도업, 인쇄업, 출판업</td></tr>
<tr><td>제12조</td><td>저축은행업에 대해서는 영업세액의 2분의 1을 면제한다.</td></tr>
</table>

| 자료목록

자료 번호	자료명	자료(책, 신문 등)	발행처	발행일	본문 쪽수
1	「조선은행법(朝鮮銀行法)」(법률 제48호, 1911년 3월 29일)	『朝鮮銀行史』	東洋經濟新報社	1987	61
2	「조선은행정관(朝鮮銀行定款)」(1911년 8월 15일)	『朝鮮銀行史』	東洋經濟新報社	1987	71
3	조선은행 의견서, 「조선은행의 과거와 장래」	『勝田家文書』 57-3	大藏省 銀行局	1912	89
4	조선은행 의견서, 「만주금융기관의 정비에 관한 의견」	『勝田家文書』 116-11	大藏省 銀行局	1915	106
5	「조선은행 확장 계획」	『寺內文書』		1916	112
6	「만주에서의 특수은행 기능의 통일에 관한 건」	『朝鮮銀行史』	東洋經濟新報社	1987	126
7	선은(鮮銀) 만주 발전	《매일신보》	每日申報社	1915.12.8.	132
8	선은(鮮銀)의 만주 성적	《매일신보》	每日申報社	1916.12.3.	133
9	선은진체송금(鮮銀振替送金), 이달 15일 실시	《매일신보》	每日申報社	1916.12.6.	133
10	만주 별견(瞥見)의 소감: 미농부(美濃部) 선은총재 담	《매일신보》	每日申報社	1917.2.1.	134
11	선은(鮮銀) 대련지점 신축	《매일신보》	每日申報社	1917.2.14.	136
12	선은(鮮銀) 만주 영업 상황	《매일신보》	每日申報社	1917.3.4.	136
13	만주견문록(9), 부동산 대부 문제	《매일신보》	每日申報社	1917.5.15.	138
14	선만 통일은 경제적 이상, 그 실현은 나라의 경행(慶幸), 조선은행 총재 미노베 슌키치(美濃部俊吉) 씨 담(談)	《매일신보》	每日申報社	1917.8.5.	140
15	선은 대만(對滿) 발전, 선만 통화 통일	《매일신보》	每日申報社	1917.11.25.	141
16	만몽에서 선은(鮮銀) 금권 발행에 관한 대장성의 발표	《매일신보》	每日申報社	1917.11.29.	143
17	선은(鮮銀) 만주 진전, 만주 경제계 변천	《매일신보》	每日申報社	1917.11.29.	144
18	만주에 정금(正金)과 선은(鮮銀)의 교대, 만주 통화의 통일, 선은의 3점 증설	《매일신보》	每日申報社	1917.11.30.	145
19	중앙은행 된 선은(鮮銀), 선만의 이후 방침	《매일신보》	每日申報社	1917.12.1.	146
20	선은권(鮮銀券) 대팽창	《매일신보》	每日申報社	1917.12.2.	148
21	선은(鮮銀) 당면의 시설, 조선 물자를 세계적으로, 선은 총재 미노베 슌키치(美濃部俊吉) 씨 담	《매일신보》	每日申報社	1917.12.13.	149

자료 번호	자료명	자료(책, 신문 등)	발행처	발행일	본문 쪽수
22	보증준비 확장, 선은권(鮮銀券) 발행 증가	《매일신보》	每日申報社	1917.12.29.	151
23	진전 또 진전의 선은(鮮銀)	《매일신보》	每日申報社	1918.1.1.	152
24	선은위체회의(鮮銀爲替會議)	《매일신보》	每日申報社	1918.1.17.	153
25	만주와 금화본위(상)	《매일신보》	每日申報社	1918.2.3.	153
26	만주와 금화본위(하)	《매일신보》	每日申報社	1918.2.5.	156
27	호경기의 선은(鮮銀)	《매일신보》	每日申報社	1918.2.11.	157
28	선만 재계와 선은(鮮銀)(1)	《매일신보》	每日申報社	1918.2.21.	158
29	선만 재계와 선은(鮮銀)(2)	《매일신보》	每日申報社	1918.2.22.	160
30	선은 개정안 제출, 보증준비 확장과 신탁 업무 개시	《매일신보》	每日申報社	1918.2.24.	162
31	개정법 실시 후의 조선은행, 선은(鮮銀) 모 중역 담	《매일신보》	每日申報社	1918.4.11.	163
32	증자 실현기, 선은(鮮銀) 당국 담	《매일신보》	每日申報社	1918.5.29.	165
33	노국방자(露國放資)와 선은(鮮銀), 출병 문제와 재계, 미노베 총재 담	《매일신보》	每日申報社	1918.8.9.	165
34	선은권(鮮銀券) 대팽창	《매일신보》	每日申報社	1918.8.13.	167
35	(사설) 선은(鮮銀)의 방만 대출, 중앙은행의 신용 여하	《동아일보》	東亞日報社	1922.2.28.	169
36	(사설) 조선은행의 영업 방침, 재고할 필요가 없을까	《동아일보》	東亞日報社	1922.3.1.	171
37	(사설) 선은(鮮銀) 문제와 선후 방책 어떻게 할까, 조선인 본위로 하라	《동아일보》	東亞日報社	1922.3.11.	173
38	(사설) 조선은행 직제 개정에 대하여, 조선인을 중요 간부로 하라	《동아일보》	東亞日報社	1922.8.13.	175
39	선은(鮮銀) 금융 비난	《동아일보》	東亞日報社	1922.9.21.	177
40	(경제시론) 이후의 조선은행(상)	《동아일보》	東亞日報社	1924.3.1.	177
41	(경제시론) 이후의 조선은행(하)	《동아일보》	東亞日報社	1924.3.2.	179
42	재해(財海) 여파	《동아일보》	東亞日報社	1924.3.27.	180
43	선은(鮮銀)과 구제 자금	《시대일보》	時代日報社	1924.4.7.	181
44	선은(鮮銀)의 구제 자금(속)	《시대일보》	時代日報社	1924.4.8.	183
45	선은(鮮銀)의 구제 자금(속)	《시대일보》	時代日報社	1924.4.9.	183
46	조선은행의 영업 개선, 신정무총감의 의향	《동아일보》	東亞日報社	1924.7.26.	185
47	(경제시론) 융자 완료 후의 조선은행(상)	《동아일보》	東亞日報社	1924.7.26.	185
48	(경제시론) 융자 완료 후의 조선은행(하)	《동아일보》	東亞日報社	1924.7.27.	187
49	선은(鮮銀) 재할고율(再割高率)과 은행의 이중 부담	《동아일보》	東亞日報社	1924.11.14.	188

자료번호	자료명	자료(책, 신문 등)	발행처	발행일	본문쪽수
50	(사설) 조선인과 조선은행권	《동아일보》	東亞日報社	1925.4.11.	189
51	선은(鮮銀)의 이하(利下)	《동아일보》	東亞日報社	1925.5.2.	191
52	(사설) 조선은행의 완고를 논함(상), 조선은행의 '동아의 몽매함(蒙)을 깨우침(啓)'에 대하여	《동아일보》	東亞日報社	1925.5.8.	192
53	(사설) 조선은행의 완고를 논함(중), 조선은행의 '동아의 몽매함(蒙)을 깨우침(啓)'에 대하여	《동아일보》	東亞日報社	1925.5.9.	195
54	(사설) 조선은행의 완고를 논함(중)(속), 조선은행의 '동아의 몽매함(蒙)을 깨우침(啓)'에 대하여	《동아일보》	東亞日報社	1925.5.10.	197
55	(사설) 조선은행의 완고를 논함(하), 조선은행의 '동아의 몽매함(蒙)을 깨우침(啓)'에 대하여	《동아일보》	東亞日報社	1925.5.11.	199
56	선은(鮮銀) 총재의 내경(來京), 소위 선은의 조선 본위는 무엇?	《조선일보》	朝鮮日報社	1925.5.31.	201
57	선은(鮮銀) 방침 일변? 선만에 대한 태도를 비난	《조선일보》	朝鮮日報社	1925.6.18.	202
58	선은(鮮銀) 고압(高壓) 방침을 비난, 신규 대출 중지 거래 거절	《동아일보》	東亞日報社	1925.6.18.	203
59	선은(鮮銀)의 비난이 점점 심대해지고, 재할인자금(再割引資金)에도긴축?	《동아일보》	東亞日報社	1925.6.20.	203
60	선은(鮮銀), 동척, 조선을 위함에는 어떤 이익도 안 돼, 시모오카(下岡) 정무총감 담(談)	《조선일보》	朝鮮日報社	1925.8.11.	204
61	(사설) 조선은행의 정리	《조선일보》	朝鮮日報社	1925.8.16.	205
62	금융체계 개선, 문제와 조선은행 전도(前途)	《동아일보》	東亞日報社	1927.2.23.	207
63	선은(鮮銀)·동척 총재 조선 상주 필요, 도쿄 상임은 불법	《조선일보》	朝鮮日報社	1927.4.17.	208
64	선은(鮮銀)의 중역에 조선인을 선임하라, 와타나베(渡邊) 경성상의(京城商議) 회두(會頭) 주장	《동아일보》	東亞日報社	1927.6.7.	209
65	(사설) 조선은행의 환원	《중외일보》	中外日報社	1928.8.6.	210
66	조선은행 대출 방침 일변, 적극 방침을 취할 터	《조선일보》	朝鮮日報社	1927.1.9.	212
67	각지에서 선은(鮮銀) 대비약, 인천 금융계 혼란	《조선일보》	朝鮮日報社	1927.3.26.	213
68	선은(鮮銀) 적극 방침, 은행가 간에 불평	《조선일보》	朝鮮日報社	1927.4.17.	213
69	조선은행이 보은(普銀) 업무 겸영, 금융시장 조절로	《조선일보》	朝鮮日報社	1927.6.3.	213
70	선은(鮮銀) 방침, 조선 중심주의? 만주 중심주의?	《조선일보》	朝鮮日報社	1927.12.10.	214
71	(사설) 조선은행의 부동산 대출	《중외일보》	中外日報社	1928.10.8.	215
72	선은(鮮銀)의 사명은 조선 산업개발에, 산업자금 저리를 도모, 이로베(色部) 선은감리관 담(談)	《조선일보》	朝鮮日報社	1928.11.21.	216
73	조선은행의 자금운용난 대두, 대출할 대상 측을 물색 중	《조선일보》	朝鮮日報社	1929.2.21.	217

자료 번호	자료명	자료(책, 신문 등)	발행처	발행일	본문 쪽수
74	선은(鮮銀)은 정리 완료로 제2단책에 매진, 감배(減配)는 절대로 피한다	《조선일보》	朝鮮日報社	1929.9.27.	218
75	선은(鮮銀)의 적극 방침, 정리의 일단락과 함께 수면 상태로부터 탈출	《경성일보》	京城日報社	1930.1.21.	218
76	선은(鮮銀)의 적극 방침은 보통은행에게 영향이 희박, 식은(殖銀)이나 내지(內地) 은행이 오히려 고통	《경성일보》	京城日報社	1930.2.4.	220
77	전환기에 선 선은(鮮銀)의 영업 방침, 부동산 방면에도 진출	《경성일보》	京城日報社	1930.5.23.	221
78	선은(鮮銀)의 보통은행화는 보은이 선은을 회피한 까닭, 중대시되는 선은의 방침	《중외일보》	中外日報社	1930.5.24.	221
79	선은(鮮銀)의 적극적 활동으로 조선 내 금리 저락, 지점은행에게는 위협	《경성일보》	京城日報社	1930.6.1.	222
80	선은(鮮銀)이 보은(普銀)의 역내 침입점, 조선 지배인 부인	《동아일보》	東亞日報社	1932.3.3.	223
81	(사설) 부동산 금융과 선은(鮮銀)의 태도	《매일신보》	每日申報社	1932.9.16.	223
82	조선은행 대출이 팽창, 보통은행 영역을 침입, 금융 한산과 반대	《동아일보》	東亞日報社	1932.9.22.	225
83	「동아은행(가칭) 설립안 요강」(1936년 6월, 조선은행)	『昭和財政史資料』 6-32	大藏省	1936.6.	226
84	「조선 금융제도 개선 요항」(1936년 12월, 조선총독부)	『昭和財政史資料』 6-32	大藏省	1936.12.	236
85	「조선식산은행에서 도입하는 단기자금에 관한 요망」	『昭和財政史資料』 6-36	大藏省	1935	241
86	선은(鮮銀)을 목표로 한 금융기구의 개선, 선은권 만주 철수에 자극되어 일부에서 필요 주창	《매일신보》	每日申報社	1935.11.21.	248
87	신업금융의 중추로 개발회사(가칭)를 설립, 제령 발포하여 내년 봄에 완료	《매일신보》	每日申報社	1937.3.4.	249
88	조사위원회 기업금융 회사 신설 등 금융기구 개혁 조정, 오는 6월 혹은 9월에 설치	《매일신보》	每日申報社	1937.3.10.	250
89	금융기구 통제 개혁과 곤란한 중요 제 문제, 선은(鮮銀)·식은·동척 간의 마찰면과 군소 은행 합병 등 사정 미묘	《매일신보》	每日申報社	1937.3.12.	251
90	(도쿄에서 본 조선) 금융기구의 개혁, 결국 선은(鮮銀), 식은(殖銀), 동척(東拓)의 업무협정이	《부산일보》	釜山日報社	1937.3.1.	252
91	조선 내 금융기관 신업무 분야 확정, 의회 후 급실현 결정	《매일신보》	每日申報社	1937.3.19.	253
92	이론적으론 타당, 실현성에는 의문, 조선 내 금융기구 개선에 대한 금융계의 종합 의견	《매일신보》	每日申報社	1937.3.19.	254

자료번호	자료명	자료(책, 신문 등)	발행처	발행일	본문쪽수
93	은행합동 촉진? 통제 강화의 필요상	《매일신보》	每日申報社	1937.3.19.	255
94	기업금융은 신설, 총독부 측의 의향	《매일신보》	每日申報社	1937.3.19.	256
95	조선 금융기구의 개혁, 철저한 시안을 작성 중, 선은·식은 양행령의 개정에는 본부로서는 저촉치 아니할 방침	《매일신보》	每日申報社	1937.3.26.	256
96	기업금융회사안, 기존 기관의 기업금융 전부 신회사로 통일	《매일신보》	每日申報社	1937.3.26.	257
97	부동산은행화에 식은의 반대 강경, 금융기구 문제 분규	《부산일보》	釜山日報社	1937.3.28..	257
98	조선 금융기구 개혁의 핵심은 각 기관의 사명 환원, 기미모리(公森) 선은(鮮銀) 부총재 입양(入壤) 담(談)	《평양매일신문》	平壤每日新聞社	1937.6.25.	258
99	조선은행에서 식산채 인수? 식은서 교섭을 개시	《동아일보》	東亞日報社	1937.7.7.	259
100	조선 금융 통제력 일원화를 기대, 조선은행 및 식은 마찰 배제 등 금융기구 개혁상 중시	《동아일보》	東亞日報社	1937.7.7.	260
101	조선 내 금융기구 전면적 대개혁, 총독의 감독권 강화 등 기타 각 분야의 정비 결정	《동아일보》	東亞日報社	1937.7.8.	261
102	식산채 조은 인수보다 기구 정비가 급무, 양행 대립 시정이 문제	《동아일보》	東亞日報社	1937.7.8.	261
103	(식은 장기채의 선은 인수) 대장(大藏)·일은(日銀)의 양해가 성립의 선결 요건! 아루가(有賀) 씨 도쿄 방문 후에 구체화, 식은(殖銀)의 신청액은 3,000만 원	《경성일보》	京城日報社	1937.7.8.	262
104	금융기구 정비 어떻게 되어 왔는가(1)_전홍진	《동아일보》	東亞日報社	1937.7.7.	262
105	금융기구 정비 어떻게 되어 왔는가(2)_전홍진	《동아일보》	東亞日報社	1937.7.8.	264
106	금융기구 정비 어떻게 되어 왔는가(3)_전홍진	《동아일보》	東亞日報社	1937.7.9.	266
107	금융기구 정비 어떻게 되어 왔는가(4)_전홍진	《동아일보》	東亞日報社	1937.7.10.	268
108	금융기구 정비 어떻게 되어 왔는가(5)_전홍진	《동아일보》	東亞日報社	1937.7.13.	270
109	금융기구 정비 어떻게 되어 왔는가(6)_전홍진	《동아일보》	東亞日報社	1937.7.14.	272
110	금융기구 정비 어떻게 되어 왔는가(7)_전홍진	《동아일보》	東亞日報社	1937.7.15.	274
111	금융기구 정비 어떻게 되어 왔는가(8)_전홍진	《동아일보》	東亞日報社	1937.7.20.	276
112	금융기구 정비 어떻게 되어 왔는가(9)_전홍진	《동아일보》	東亞日報社	1937.7.21.	278
113	금융기구 정비 어떻게 되어 왔는가(10)_전홍진	《동아일보》	東亞日報社	1937.7.22.	279
114	금융기구 정비 어떻게 되어 왔는가(11)_전홍진	《동아일보》	東亞日報社	1937.7.23.	281
115	금융기구 정비 어떻게 되어 왔는가(12)_전홍진	《동아일보》	東亞日報社	1937.7.27.	282

자료번호	자료명	자료(책, 신문 등)	발행처	발행일	본문쪽수
116	금조(金組)의 식은 의존, 시정 기운 점차 익어, 숫자 관계상 조은(朝銀) 의존 타당, 기구 개혁의 한 문제	《동아일보》	東亞日報社	1937.7.10.	284
117	금련(金聯)으로의 선은 융자 보다 구체화, 식은 의존주의에 난점(難點)	《경성일보》	京城日報社	1937.7.10.	284
118	반도 금융기구 정비, 3거두 회담이	《부산일보》	釜山日報社	1937.7.13.	285
119	금융기구 개혁에 신기관은 불설립, 세전되는 대체 요지	《동아일보》	東亞日報社	1937.7.18.	286
120	조선·식산 양행의 상업금융이 문제, 기구 개혁상 한 난관	《동아일보》	東亞日報社	1937.7.25.	287
121	『조선은행25년사』	『朝鮮銀行二十伍年史』	朝鮮銀行	1934	288
122	조선식산은행 설립 계획	《부산일보》		1917.11.25.	344
123	조선식산은행 설립에 관한 건	『조선총독부관보』	『조선총독부관보』	1918.6.15.	344
124	조선식산은행 설립위원 한상룡의 회고(1)	청운출판사	『韓相龍君を語る』	1941	346
125	조선식산은행 설립위원 한상룡의 회고(2)	청운출판사	『韓相龍君を語る』	1941	347
126	조선식산은행 설립위원 임명	『조선총독부관보』	『조선총독부관보』	1918.6.22.	349
127	조선식산은행 설립사무에 관한 명령	『조선총독부관보』	『조선총독부관보』	1918.6.22.	350
128	주식회사 조선식산은행 주주 모집	『조선총독부관보	『조선총독부관보	1918.7.8.	352
129	식은 설립위원회	《매일신보》	《매일신보》	1918.8.6.	355
130	식산은행 설립 창립총회 역원의 임명	《매일신보》	《매일신보》	1918.10.2.	355
131	동척과 식은에 폭탄을 던져 권총을 난사하여 7명을 저격, 경성 백주에 처음 되는 일	《신한민보》	《신한민보》	1927.2.10.	357
132	금융조합 습격에 호응, 두 명의 별동대는 식은에, 내장현에서 합치어 잠직	《신한민보》	《신한민보》	1927.9.29.	358
133	『조선식산은행10년지』	『朝鮮殖産銀行』	『朝鮮殖産銀行十年誌』	1928	360
134	『약진반도와 조선식산은행』	『朝鮮殖産銀行』		1940	501
135	보통은행 개선에 관한 방책	조선금융제도조사회	朝鮮金融制度調査會	1928.8.	543
136	「은행령」 개정에 관한 조사	조선금융제도조사회	朝鮮金融制度調査會	1928.8.	554
137	『조선금융기관발달사』	『朝鮮金融機關發達史』	實業タイムス社	1940	568

자료 번호	자료명	자료(책, 신문 등)	발행처	발행일	본문 쪽수
138	「금융기관으로서의 동척」	『朝鮮金融機關發達史』	實業タイムス社	1940	580
139	「신탁 관계 법규 제정 조사에 관한 요항」		朝鮮金融制度調査會	1931.6	591
140	토지신탁회사 설립	《매일신보》	每日申報社	1913.10.15.	612
141	신탁회사의 조사	《매일신보》	每日申報社	1913.11.13.	612
142	조선은행 임시총회	《매일신보》	每日申報社	1918.4.3.	612
143	조선은행 신탁예금 개시하기로 결정	《매일신보》	每日申報社	1918.5.25.	614
144	조선은행 신탁예금 개시를 중지	《매일신보》	每日申報社	1918.6.13.	614
145	조선은행 신탁업무 취급규정 탈고	《매일신보》	每日申報社	1918.6.30.	615
146	신탁회사 속기(續起)	《매일신보》	每日申報社	1919.11.29.	615
147	토지신탁 출원, 내지인 측 경영	《매일신보》	每日申報社	1920.3.24.	616
148	증권신탁 불입	《매일신보》	每日申報社	1921.2.19.	616
149	장춘신탁 대의옥	《매일신보》	每日申報社	1921.2.24.	617
150	신탁업법 반대	《매일신보》	每日申報社	1921.7.5.	617
151	신탁예금 취체	《매일신보》	每日申報社	1922.11.6.	618
152	두 신탁회사 합동 문제 형세 역전	《매일신보》	每日申報社	1923.3.13.	618
153	토지신탁 계획	《매일신보》	每日申報社	1923.4.3.	619
154	부동산담보 격증, 경성은행계의 악현상	《매일신보》	每日申報社	1923.4.6.	619
155	권업신탁 현상, 다케우치 사쿠헤이(武內作平) 씨 설명	《매일신보》	每日申報社	1923.4.12.	620
156	두 신탁회사 합동 재연	《매일신보》	每日申報社	1923.4.15.	621
157	두 신탁회사 영업 계속	《매일신보》	每日申報社	1923.4.25.	622
158	동아신탁 총회	《매일신보》	每日申報社	1923.4.28.	622
159	권업신탁 총회 19일 무사 통과	《매일신보》	每日申報社	1923.5.1.	622
160	두 신탁회사 총회 합병 결의	《매일신보》	每日申報社	1923.5.7.	623
160	현신(現信) 영업방침	《매일신보》	每日申報社	1923.5.9.	623
162	자산의 이상적 증식법과 신탁사업의 대사명, 신탁회사 이용의 가을	《매일신보》	每日申報社	1925.8.27.	623
163	자산의 이상적 증식법과 신탁사업의 대사명, 신탁회사 이용의 가을	《매일신보》	每日申報社	1925.8.28.	624
164	자산의 이상적 증식법과 신탁사업의 대사명, 신탁회사 이용의 가을	《매일신보》	每日申報社	1925.8.29.	625

자료 번호	자료명	자료(책, 신문 등)	발행처	발행일	본문 쪽수
165	곡물신탁 대부계원 사금(社金)을 임의 유용, 사장으로부터 고발	《매일신보》	每日申報社	1926.3.16.	627
166	신탁업자대회	《매일신보》	每日申報社	1926.4.15.	627
167	금융제도 개선안 근본적으로 혁신할 방침	《매일신보》	每日申報社	1926.4.18.	628
168	권업신탁 해산과 설립 이래의 경위	《매일신보》	每日申報社	1926.5.5.	628
169	부정 신탁회사에 철퇴가 내리게 된다	《매일신보》	每日申報社	1926.5.23.	629
170	주주의 책동으로 곡물신탁 분규, 후치키(淵木) 전무 이야기	《시대일보》	時代日報社	1926.6.22.	630
171	곡신의 원매인(願買人)은 언제든지 인수, 이마무라(今村) 씨 이야기	《시대일보》	時代日報社	1926.6.22.	630
172	곡신 분규 5만 원의 결손 문제	《매일신보》	每日申報社	1926.6.23.	631
173	금융경제조사위원 머지않아 임명	《매일신보》	每日申報社	1926.7.1.	631
174	보통은행제도 금융조사 간사회에서 개선 문제를 협의	《매일신보》	每日申報社	1926.7.4.	632
175	금융제도 전개책을 어떻게 할까	《매일신보》	每日申報社	1926.7.4.	632
176	신탁업과 은행업자 경쟁 치열	《매일신보》	每日申報社	1926.7.29.	633
177	신탁업 겸영 문제, 내지보다 조선이 긴급	《매일신보》	每日申報社	1926.11.3.	633
178	「신탁업법」 개정을 은행 측이 요구?	《매일신보》	每日申報社	1926.11.10.	634
179	내지에 있는 신탁 이하(利下) 27일 발표	《매일신보》	每日申報社	1926.11.30.	635
180	토지신탁사업은 대행 회사가 경영하나?	《매일신보》	每日申報社	1926.12.12.	636
181	조선신탁 내용이 의심스럽고 불안하다는 주주, 주주 아쿠쓰 히로시(推浩) 씨 외 1인이 검사역 선임을 법정에	《매일신보》	每日申報社	1927.3.22.	636
182	「은행령」 실시 후 신탁업 조사 위험성 있는 자에게 경고, 「신탁령」 발포를 준비	《매일신보》	每日申報社	1928.12.6.	637
183	현 제도 개선을 도모하는 금융제도조사회, 당국에 제출한 의안들 의외로 쉽게 통과하나	《매일신보》	每日申報社	1929.1.17.	638
184	은행과 금융조합의 이자율 인하, 신탁예금 증가, 우편저금 격증에 비추어 앞으로의 추세가 주목	《매일신보》	每日申報社	1929.5.16.	639
185	동척과 토지신탁 구체적 안이 성립	《매일신보》	每日申報社	1929.5.17.	640
186	조선식산신탁 중역 등 종로서에 구인, 전남 각지에서 거액 금전을 편취(騙取)한 혐의 사건	《매일신보》	每日申報社	1929.5.24.	641
187	조선식산신탁 중역 6명을 구류 처분, 종로서에서 중요 서류를 압수	《매일신보》	每日申報社	1929.5.26.	641
188	「신탁령」과 은행가 의견	《매일신보》	每日申報社	1929.11.3.	642

자료 번호	자료명	자료(책, 신문 등)	발행처	발행일	본문 쪽수
189	신탁업자대회 답신안 작제	《매일신보》	每日申報社	1929.12.19.	642
190	「신탁령」 발포로 신탁회사 창립할까, 동척에서 현재 계획 중	《매일신보》	每日申報社	1929.12.21.	642
191	신탁업자대회 다소 연기	《매일신보》	每日申報社	1930.1.19.	643
192	신탁업자 등 당국에 진정 다음 달 대회 개최	《매일신보》	每日申報社	1930.1.24.	643
193	「신탁령」 답신안 조은(組銀)이 심의 중	《매일신보》	每日申報社	1930.1.24.	644
194	신탁업자대회 2월 말로 내정	《매일신보》	每日申報社	1930.1.29.	644
195	신탁 답신안 목하 작제 중	《매일신보》	每日申報社	1930.2.1.	644
196	대지주의 예금 신탁회사가 흡수, 은행 정기예금 감퇴	《매일신보》	每日申報社	1930.2.5.	644
197	대정신탁 파탄 상보(詳報), 갱생은 용이하지 않다	《매일신보》	每日申報社	1930.2.15.	645
198	「신탁령」과 당국의 태도	《매일신보》	每日申報社	1930.2.15.	646
199	대정신탁 정리 방침	《매일신보》	每日申報社	1930.2.16.	646
200	신탁대회 협의 사항	《매일신보》	每日申報社	1930.2.16.	646
201	신탁령안 조사 종료	《매일신보》	每日申報社	1930.2.19.	647
202	금전신탁 최저한과 당업자 등의 의견	《매일신보》	每日申報社	1930.2.19.	648
203	신탁동업자대회 부의할 주요 사항	《매일신보》	每日申報社	1930.2.21.	648
204	「신탁령」 발포와 자본금 제한 문제, 100만 원은 예탁자 보호상 과소, 200만 원 설 대두646	《매일신보》	每日申報社	1930.2.23.	649
205	은행 측 신탁 답신 불일간 결정	《매일신보》	每日申報社	1930.2.27.	650
206	대정신탁 회복 절망?	《매일신보》	每日申報社	1930.3.1.	650
207	신탁동업대회 경성상의서 개최	《매일신보》	每日申報社	1930.3.5.	651
208	신탁동업대회 경성상의서 개최	《매일신보》	每日申報社	1930.3.6.	651
209	신탁업은 선전이 제일, 하야시(林) 재무국장 담	《매일신보》	每日申報社	1930.3.6.	653
210	신탁동업회 역원 결정	《매일신보》	每日申報社	1930.3.16.	654
211	「신탁령」 제정 준비로 위원회를 조직, 민간 사업(斯業) 관계자를 망라	《매일신보》	每日申報社	1930.3.18.	654
212	내지의 예에 감(鑑)하여 「신탁령」은 만전을 기하고 실업구제는 총독 자신이 절충 중, 하야시(林) 재무국장 담	《매일신보》	每日申報社	1930.3.18.	655
213	「신탁령」에 대한 근본방침 심의 필요 여부와 중심점을 금융조사준비회에서	《중외일보》	中外日報社	1930.3.23.	655
214	신탁령조사회와 자본금의 한도 대소 규모의 양파에 분리, 결국 대신탁주의 실현	《매일신보》	每日申報社	1930.4.6.	656

자료번호	자료명	자료(책, 신문 등)	발행처	발행일	본문쪽수
215	신탁 조사의 중심 문제 될 것은 대신탁? 소신탁?	《중외일보》	中外日報社	1930.4.8.	657
216	대정신탁 부활 문제	《매일신보》	每日申報社	1930.4.23.	658
217	신탁예금 제한 철폐는 당연 필요	《매일신보》	每日申報社	1930.4.24.	659
218	「신탁령」과 당업자 요망	《매일신보》	每日申報社	1930.7.19.	659
219	의견이 구구불일(區區不一)한 약소 신탁회사 존폐, 도태설이 가장 유력하다	《매일신보》	每日申報社	1930.7.22.	660
220	신탁법령 내년 3월경 발포	《매일신보》	每日申報社	1930.11.18.	660
221	조신(朝信) 주주총회 다음 달로 연기	《매일신보》	每日申報社	1930.11.20.	660
222	인천 조선신탁 배임사건 확대, 데라다(寺田) 검사의 활동 점차 맹렬, 사장 등 간부 유치	《매일신보》	每日申報社	1930.11.20.	661
223	인천 조선신탁 사건 예심 회부로 수감, 인천 검사국에서 경성에 호송	《매일신보》	每日申報社	1930.11.26.	661
224	조선신탁과 조선산업 교호(交互)된 암흑 이면, 신탁의 돌연 형사사건 전개로 산업 편에 영향 불소(不少)	《매일신보》	每日申報社	1930.11.27.	662
225	토지신탁 집세 인하 최고 1할 7푼	《매일신보》	每日申報社	1930.12.17.	662
226	인취 총회를 이용하려는 조선신탁의 비난, 주주의 대부분이 상성(上城) 개회 형식만 취하려는 태도	《매일신보》	每日申報社	1930.12.18.	663
227	특별위원회에서 「신탁령」 원안 수정, 자본금은 원칙으로 200만 원, 본 회의에 부의	《매일신보》	每日申報社	1931.1.16.	664
228	조사회 통과한 「신탁업령」 요항, 주식회사로 제한하고 최저자본 200만 원	《매일신보》	每日申報社	1931.1.17.	665
229	「신탁무진업령」의 심의 경과와 본령	《매일신보》	每日申報社	1931.1.18.	667
230	부동산신탁과 이전등기료	《매일신보》	每日申報社	1931.1.20.	668
231	「신탁법」 발포기일 3월 말쯤인가	《매일신보》	每日申報社	1931.1.27.	668
232	신탁회사 중역 배임 사건 구형, 벌금과 중역형을 각각 구형, 판결은 2월 5일	《매일신보》	每日申報社	1931.2.1.	669
233	「신탁령」과 기설 회사 처치 심의	《매일신보》	每日申報社	1931.3.1.	669
234	군산신탁 결국 합병하나	《매일신보》	每日申報社	1931.3.7.	670
235	「신탁령」의 발포는 다소 지연을 면하기 어려울 듯	《매일신보》	每日申報社	1931.3.15.	670
236	「신탁」, 「무진」 두 법령, 4월 중 발포될 듯	《매일신보》	每日申報社	1931.3.27.	671
237	조선신탁회사 소송 제1회 준비 수속, 7일 오후 경성지방법원에서 쌍방의 설전이 일어나 각자의 주장 격렬	《매일신보》	每日申報社	1931.4.9.	671

자료 번호	자료명	자료(책, 신문 등)	발행처	발행일	본문 쪽수
238	파렴치죄 지은 회사 간부만 보아도 흑백을 알 수 있다는 원고대리 이승우 변호사 담	《매일신보》	每日申報社	1931.4.9.	672
239	「신탁령」과 내용 불견실 회사 결국 불허가할 듯	《매일신보》	每日申報社	1931.4.16.	673
240	신탁회사는 금전 이외도 주력, 당국의 근본 방침인 듯	《매일신보》	每日申報社	1931.4.28.	673
241	「신탁법」 실시는 내년 6, 7월경인가, 금조 이하(利下)는 이사장회에 자문, 하야시(林) 재무국장 담	《매일신보》	每日申報社	1931.5.8.	674
242	「신탁업령」, 오는 1일 공포할까	《매일신보》	每日申報社	1931.5.30.	675
243	「무진」, 「신탁」 두 법령은 근간 각의에서 결정	《매일신보》	每日申報社	1931.6.3.	675
244	금전신탁보다 토지신탁을 중시, 「조선신탁령」의 특색	《매일신보》	每日申報社	1931.6.7.	676
245	신탁과 무진은 점진적으로 개선, 금전신탁은 더욱 개선이 필요, 고다마(兒玉) 정무총감 담	《매일신보》	每日申報社	1931.6.7.	678
246	적폐에 비추어 만전을 기하였다, 조선의 특수사정을 가미, 하야시(林) 재무국장 담	《매일신보》	每日申報社	1931.6.7.	679
247	「무진」, 「신탁」 두 법령 시행 기일, 「무진」 7월 1일, 「신탁」 11월 1일부터, 각의에서 척상 설명	《매일신보》	每日申報社	1931.6.7.	679
248	「무진」, 「신탁」 두 법령 9일 『관보』로 공포, 두 제령 내용과 요점에 대하여, 하야시(林) 재무국장 담	《매일신보》	每日申報社	1931.6.9.	680
249	「신탁」과 「무진」의 2대 법령 공포, 9일자 『관보』로 발표	《매일신보》	每日申報社	1931.6.9.	682
250	은행과 신탁 간의 업무는 충분 협정, 오직 견실한 발달을 희망, 야나베(矢鍋) 식은 이사 담	《매일신보》	每日申報社	1931.6.9.	682
251	은행 정기예금은 결국 신탁예금화, 전기 신탁 배당금 8푼 1리, 은행 대 신탁 경쟁 피하기 어렵다	《매일신보》	每日申報社	1931.6.9.	683
252	「민사령」의 내용으로 된 「신탁법」에 대하여(상), 후카자와(深澤) 총독부 법무국장 담	《매일신보》	每日申報社	1931.6.10.	683
253	「민사령」의 내용으로 된 「신탁법」에 대하여(중), 후카자와(深澤) 총독부 법무국장 담	《매일신보》	每日申報社	1931.6.11.	687
254	「민사령」의 내용으로 된 「신탁법」에 대하여(하), 후카자와(深澤) 총독부 법무국장 담	《매일신보》	每日申報社	1931.6.12.	687
255	신탁법규 발령으로 책임의 중대를 통감, 발달을 조장하고자 각종 세금 경감, 아라이(荒井) 동업회장 담	《매일신보》	每日申報社	1931.6.10.	687
256	조선신탁회사 사건, 사장 이하 전부 유죄, 엉터리 회사를 조직하고 사기 자행, 죄상 판명 공판 회부	《매일신보》	每日申報社	1931.6.17.	688
257	「신탁령」 실시에 따라 당업자 합동이 필요, 내지 신탁은 대개 일류 은행이 겸영, 당국은 그 실현을 절망	《매일신보》	每日申報社	1931.6.23.	689

자료번호	자료명	자료(책, 신문 등)	발행처	발행일	본문 쪽수
258	신탁은 전선적(全鮮的) 합동, 총독부에서는 통일을 희망하나 급속 실현은 곤란	《매일신보》	每日申報社	1931.7.14.	690
259	신탁회사 대합동 실현이 용이하지 않다	《매일신보》	每日申報社	1931.8.5.	690
260	신탁회사 면허 분산주의가 필요, 신탁동업회의 의견	《매일신보》	每日申報社	1931.8.12.	691
261	「신탁법 시행세칙」 상순 중 발포	《매일신보》	每日申報社	1931.9.2.	692
262	신탁회사 대합동은 사실 불가능	《매일신보》	每日申報社	1931.9.2.	692
263	신탁회사의 인가, 당국은 엄선주의	《매일신보》	每日申報社	1931.9.4.	692
264	「신탁업령 시행세칙」 17일 공포	《매일신보》	每日申報社	1931.9.16.	693
265	「신탁업령 시행규칙」의 정신, 하야시(林) 재무국장 담	《매일신보》	每日申報社	1931.9.17.	693
266	「신탁재산관리규정」 부령으로 발포	《매일신보》	每日申報社	1931.9.17.	694
267	(사설) 「신탁업령」의 시행규칙 발포	《매일신보》	每日申報社	1931.9.18.	694
268	「신탁업령 시행규칙」 전문 38조	《매일신보》	每日申報社	1931.9.18.	694
269	「신탁업령 시행규칙」 전문 38조(계속)	《매일신보》	每日申報社	1931.9.19.	694
270	일반이 기대하는 대신탁회사 실현할 것인가, 도쿄 재벌을 중심으로 진행, 당국도 이의가 없을 듯	《매일신보》	每日申報社	1931.9.19.	695
271	신탁회사 인가 일부 소수에 불과, 잔여는 금융회사로 존속, 취체는 물론 엄중	《매일신보》	每日申報社	1931.9.26.	695
272	조선신탁과 토지신탁 합병설, 불량재산의 처분이 문제, 토신 중역 의견 불일치	《매일신보》	每日申報社	1931.9.30.	696
273	신탁회사 인가는 전선일사주의(全鮮一社主義)? 조선토지신탁에 합병을 종용, 총독부 엄선주의	《매일신보》	每日申報社	1931.10.8.	697
274	불화사혹(弗貨思惑)의 신탁업자를 단속(取締), 대장성의 방침 결정	《매일신보》	每日申報社	1931.10.25.	698
275	인가 신탁회사 2, 3사에 불과할까, 북선 방면은 면허 신청을 단념, 엄선주의의 반영	《매일신보》	每日申報社	1931.10.27.	698
276	난산 중에 있는 대자본의 신탁회사 배경은 결국 내지 재벌인가	《매일신보》	每日申報社	1931.10.31.	698
277	불허가(不許可)의 신탁회사 금일 중 결정	《매일신보》	每日申報社	1931.11.10.	699
278	신탁의 내면허 13일 결정	《매일신보》	每日申報社	1931.11.11.	699
279	합병 불성(不成), 조신 및 토신	《매일신보》	每日申報社	1931.11.11.	700
280	신탁회사 인가 조건 엄중	《매일신보》	每日申報社	1931.11.13.	700

자료번호	자료명	자료(책, 신문 등)	발행처	발행일	본문쪽수
281	신청 중의 신탁회사 5사에만 내면허, 「신탁령」은 12월 1일부터 실시, 조건은 채무 정리	《매일신보》	每日申報社	1931.11.14.	701
282	경인 양취(兩取)의 합병 반대파 비관, 당국에 진정 결과	《매일신보》	每日申報社	1931.11.14.	701
283	신탁 배당의 협조 희망이 농후, 어려운 문제도 없지 않다	《매일신보》	每日申報社	1931.11.18.	702
284	토신(土信) 정관 개정	《매일신보》	每日申報社	1931.11.29.	702
285	은행예금 신탁으로 이동, 갑종은행보다 3푼 3리 높다, 을종보다 2푼 5리 높다	《매일신보》	每日申報社	1931.11.29.	703
286	신탁예금과 은행 측의 태도, 선내(鮮內) 신탁의 협위설은 기우에 불과하다	《매일신보》	每日申報社	1931.12.3.	703
287	5 신탁회사 본면허	《매일신보》	每日申報社	1931.12.3.	704
288	신탁회사의 실현은 내년 봄쯤, 재만 동포와 기타 문제도 수상 이하 각 요로에 진언, 조선생명 사장 한상룡 씨 귀임담	《매일신보》	每日申報社	1931.12.4.	704
289	엄선주의에서 각 신탁회사 면허, 고지마(兒島) 이재과장 담	《매일신보》	每日申報社	1931.12.4.	706
290	토신탁예금 증가	《매일신보》	每日申報社	1931.12.6.	707
291	신탁회사 지점 시기가 상조	《매일신보》	每日申報社	1931.12.6.	707
292	(사설) 신탁업의 발양 확충	《매일신보》	每日申報社	1931.12.6.	708
293	불면허 신탁회사 내용 조사 착수	《매일신보》	每日申報社	1931.12.13.	709
294	전남신탁, 군산과 합병할 것인가	《매일신보》	每日申報社	1931.12.20.	710
295	신탁회사의 배당 8푼 지속은 곤란	《매일신보》	每日申報社	1931.12.25.	710
296	한상룡 씨 계획 신탁회사 머지않아 실현, 예산 중 보조는 물론 이 회사 자본금은 1,000만 원	《매일신보》	每日申報社	1932.1.14.	710
297	아직은 비판 불능, 아루가(有賀) 식은 두취 담	《매일신보》	每日申報社	1932.1.14.	711
298	이마이다(今井田) 총감 신탁 보조 사정 설명, 민간 금융 수뇌자에게	《매일신보》	每日申報社	1932.1.17.	711
299	조선신탁의 말로, 예금 지불 자력(資力) 부족	《매일신보》	每日申報社	1932.1.25.	711
300	조선신탁과 토지신탁의 합병, 조신 감자 합병할까	《매일신보》	每日申報社	1932.1.27.	712
301	개두환면(改頭換面)한 조선신탁회사, 협잡배의 발호로 결국 파산, 조선금융회사라 개칭	《매일신보》	每日申報社	1932.2.2.	712
302	은행예금 감소 신탁예금 증가, 수익(利廻) 양호로 전도 낙관	《매일신보》	每日申報社	1932.1.17.	713

자료 번호	자료명	자료(책, 신문 등)	발행처	발행일	본문 쪽수
303	내지 신탁예금은 유가증권으로 전환, 화폐가치 급락과 관계있어, 조선에는 별로 영향 없어	《매일신보》	每日申報社	1932.2.26.	714
304	신탁회사의 보조는 절대 불변, 기설 회사 압박설은 부당, 총독부 당국자 담	《매일신보》	每日申報社	1932.3.11.	714
305	신탁회사 활동과 은행에 위협 적지 않아, 신탁예금의 운용 범위가 확대, 추이를 일반이 주목	《매일신보》	每日申報社	1932.3.31.	715
306	신탁예금 지방 환원	《매일신보》	每日申報社	1932.4.22.	716
307	신탁회사와 금조(金組) 연결 여부가 주목	《매일신보》	每日申報社	1932.4.29.	716
308	신탁회 총회, 각지 제안을 협의, 3일 오전 중 상황	《매일신보》	每日申報社	1932.5.4.	716
309	신탁협회 총회, 각지 제안을 협의, 3일 오후의 상황	《매일신보》	每日申報社	1932.5.5.	717
310	신탁 배당 감소, 당분간 적극 저지, 각 사(社) 적극적 활동	《매일신보》	每日申報社	1932.5.12.	718
311	신탁회사 설립, 민간도 적극적 태도	《매일신보》	每日申報社	1932.10.16.	719
312	신탁회사 발기인회, 가토(加藤) 씨 귀성 후	《매일신보》	每日申報社	1932.10.30.	719
313	하야시(林) 재무국장과 기설 신탁 대표 회견, 각자의 입장을 개진	《매일신보》	每日申報社	1932.11.2.	720
314	기설 신탁의 태도, 합류 비합류 추후 결정	《매일신보》	每日申報社	1932.11.2.	720
315	신탁회사 발기인회와 주식의 모집 방법, 가토(加藤) 위원장 발표	《매일신보》	每日申報社	1932.11.10.	721
316	조선신탁 수뇌부 선정, 조선은행에서 회합 협의	《매일신보》	每日申報社	1932.11.25.	722
317	조선신탁 초과 주 처분, 현물단 투자가 주목	《매일신보》	每日申報社	1932.11.25.	722
318	조선신탁 사장 다니 다키마(谷多喜磨) 씨로 내정	《매일신보》	每日申報社	1932.11.25.	722
319	조선신탁과 기설 회사의 관계, 대체로 합병 기운이 농후, 각 요구 조건이 문제	《매일신보》	每日申報社	1932.11.29.	723
320	조신(朝信) 서무과장 하리마(張間) 씨로 내정?	《매일신보》	每日申報社	1932.12.6.	724
321	조선신탁에 대한 동척 투자는 일시적, 달리 긴급한 사업이 있다 하여, 이면의 사정은 복잡	《매일신보》	每日申報社	1932.12.6	724
322	조선신탁의 진용 25, 6일경 결정	《매일신보》	每日申報社	1932.12.22.	725
323	신탁사업의 순조발달(順調發達)을 기망(企望), 불황의 고민시대는 이탈, 조선신탁회사 취체역 회장 한상룡	《매일신보》	每日申報社	1933.1.1.	725
324	조선신탁 7일 개업, 신청이 상당	《매일신보》	每日申報社	1933.1.7.	727
325	조신(朝信) 개업과 금전신탁의 성황, 오전 중 2만여 원	《매일신보》	每日申報社	1933.1.8.	728

자료번호	자료명	자료(책, 신문 등)	발행처	발행일	본문쪽수
326	보통은행과 조선신탁의 관계, 예금 흡수상 협위(脅威)를 면하기 어렵겠다, 근간 대책 수립 예정	《매일신보》	每日申報社	1933.1.11.	728
327	토지신탁 조신(朝信) 흡수 지난(至難)	《매일신보》	每日申報社	1933.1.22.	728
328	조선신탁 내지 진출 적당	《매일신보》	每日申報社	1933.1.26.	729
329	조선신탁과 기설 신탁의 합동, 당분간 실현 곤란	《매일신보》	每日申報社	1933.2.25.	729
330	조선신탁과 기설 신탁의 합동, 당국은 기정 방침대로 합동 종용, 조건에 난관 적지 않아	《매일신보》	每日申報社	1933.3.14.	730
331	조선신탁 내지 진출 적극적 권유	《매일신보》	每日申報社	1933.3.14.	730
332	내지 부동산신탁 미미 부진 상태, 다니(谷) 조선신탁 사장 담	《매일신보》	每日申報社	1933.4.6.	730
333	조선신탁, 기설 신탁의 합병 극비리에 준비 중	《매일신보》	每日申報社	1933.4.12.	731
334	조선신탁 부동산 대출, 동척·식은 무대항	《매일신보》	每日申報社	1933.4.15.	731
335	예금 이하(利下)에 신탁회사는 불응, 내지는 정변 후 이하를 단행, 이자율 차이는 점차 확대	《매일신보》	每日申報社	1933.4.18.	732
336	신탁회사의 합동 기운이 성숙, 기설 신탁 중 연화(軟化)하는 회사도 있다, 조신(朝信)은 여전히 조사	《매일신보》	每日申報社	1933.4.22.	733
337	기설 신탁합동은 권리금이 문제, 토지신탁은 조건이 더욱 복잡, 근간 합동 교섭 개시	《매일신보》	每日申報社	1933.4.29.	733
338	신탁의 대합동은 권리금이 문제, 많은 난관 개재	《매일신보》	每日申報社	1933.5.3.	734
339	신탁협회 총회 신탁합동 문제 협의	《매일신보》	每日申報社	1933.5.4.	734
340	신탁협회 총회 후 합동 문제를 간담, 기설 5사 대표와 조신(朝信) 간에, 합동의 전도 낙관	《매일신보》	每日申報社	1933.5.5.	735
341	신탁합동 무리는 불가, 가토(加藤) 선은 총재 담	《매일신보》	每日申報社	1933.5.25.	735
342	조신(朝信) 배당률, 내기(來期) 6푼 정도?	《매일신보》	每日申報社	1933.5.25.	735
343	토지신탁 업적 수익배 7푼 3리	《매일신보》	每日申報社	1933.5.26.	736
344	공제 금기 업적	《매일신보》	每日申報社	1933.5.26.	736
345	조선신탁 유자(遊資) 처치, 지방 금조에 예입	《매일신보》	每日申報社	1933.5.27.	736
346	신탁의 합동 방법 목하 신중 연구 중	《매일신보》	每日申報社	1933.6.14.	737
347	토신(土信) 6푼 배당	《매일신보》	每日申報社	1933.6.14.	737
348	신탁합동 문제 구체적 교섭 진척, 아라이(荒井) 씨가 가토(加藤) 총재와 회견, 최초 교섭은 토신(土信)?	《매일신보》	每日申報社	1933.6.17.	738
349	토지신탁은 조신(朝信) 흡수합병, 교섭은 최근 진척	《매일신보》	每日申報社	1933.6.20.	738
350	조선신탁 총회	《매일신보》	每日申報社	1933.6.27.	739

자료 번호	자료명	자료(책, 신문 등)	발행처	발행일	본문 쪽수
351	토지신탁 조신(朝信)에 흡수합병	《매일신보》	每日申報社	1933.6.27.	740
352	토지신탁 총회	《매일신보》	每日申報社	1933.6.27.	740
353	기설 신탁회사 이자율 인하 불능?	《매일신보》	每日申報社	1933.7.4.	741
354	조선신탁도 이하(利下), 중역회에서 결정	《매일신보》	每日申報社	1933.7.4.	741
355	금전신탁자 배당 4리 인하를 단행, 다니(谷) 조신(朝信) 사장 담	《매일신보》	每日申報社	1933.7.6.	741
356	신탁합동 군산신탁과 교섭, 토신(土信)은 부동산 문제로 추후 교섭, 오늘도 관계자 회견	《매일신보》	每日申報社	1933.7.6.	742
357	조신(朝信)과 군산신탁 합동 교섭이 진척, 매수가격, 기타 조건도 대체 내정, 양사가 중역회 개최	《매일신보》	每日申報社	1933.7.7.	742
358	조신(朝信) 대 군산신탁 매수조건이 결정, 매수가격은 97만 5,000원, 군신은 자연 해산	《매일신보》	每日申報社	1933.7.8.	743
359	부동산은 분리되는가; 조선신탁의 토지신탁 합병	《부산일보》	釜山日報社	1933.7.14.	744
360	토지신탁 매수 문제	《매일신보》		1933.7.21.	744
361	부동산신탁 조선인이 대부분 예상 이상으로 유망시, 조신(朝信)과 부동산신탁, 박씨가(朴氏家) 다액 위탁	《매일신보》	每日申報社	1933.9.23.	745
362	조신(朝信)의 신방침	《매일신보》	每日申報社	1933.9.26.	745
363	조신(朝信)과 부동산신탁, 박씨가(朴氏家) 다액 위탁	《매일신보》	每日申報社	1933.10.5.	745
364	신탁제도 이용 필요, 박 상은(商銀) 두취 담	《매일신보》	每日申報社	1933.10.5.	746
365	신탁합병 문제 연내 해결? 총독부에서 적극적 알선, 다니(谷) 조신(朝信) 사장 분주 중	《매일신보》	每日申報社	1933.10.10.	746
366	공제신탁 조사 종료	《매일신보》	每日申報社	1933.10.19.	747
367	조선신탁의 부신(釜信) 매수조건 발표는 내일로 연기	《매일신보》	每日申報社	1933.11.2.	747
368	조선신탁의 부산신탁 매수조건, 매수 총가격 62만 6,000원, 4일 조선은행에서 발표	《매일신보》	每日申報社	1933.11.5.	748
369	매수가격 절대로 타당, 중역 상여 9만 원은 결코 다액이 아니다, 이로베(色部) 선은 이사 담	《매일신보》	每日申報社	1933.11.5.	748
370	조신(朝信) 임시총회 24일 개최	《매일신보》	每日申報社	1933.11.5.	749
371	공제신탁 매수 교섭 2, 3일 중 개시	《매일신보》	每日申報社	1933.11.10.	749
372	토신(土信) 태도 아직 미결정	《매일신보》	每日申報社	1933.11.10.	749
373	공신(共信)의 매수 교섭, 의외로 지연 난면(難免)	《매일신보》	每日申報社	1933.11.11.	750
374	조신(朝信) 임시총회	《매일신보》	每日申報社	1933.11.11.	750

자료번호	자료명	자료(책, 신문 등)	발행처	발행일	본문쪽수
375	남선신탁 매수 교섭	《매일신보》	每日申報社	1933.11.11.	750
376	양 신탁회사 매수 교섭이 진보, 수일 중 동시 성립?	《매일신보》	每日申報社	1933.11.14.	751
377	조선신탁 공제 매수 교섭, 오늘도 다시 회견	《매일신보》	每日申報社	1933.11.17.	751
378	공신(共信) 태도 상당히 강경	《매일신보》	每日申報社	1933.11.17.	751
379	조신(朝信)의 매수 교섭, 쌍방 주장이 접근	《매일신보》	每日申報社	1933.11.19.	752
380	부신(釜信) 합병 총회 24일 개최	《매일신보》	每日申報社	1933.11.19.	752
381	신탁 매수, 가토(加藤) 씨 귀성 후	《매일신보》	每日申報社	1933.11.28.	752
382	조신(朝信)의 공신(共信) 매수, 가토(加藤) 총재 개입 후	《매일신보》	每日申報社	1933.11.29.	753
383	토신(土信) 적극 활동	《매일신보》	每日申報社	1933.11.30.	753
384	조신(朝信)의 공신(共信) 매수 교섭 정돈(停頓)의 내용	《매일신보》	每日申報社	1933.12.1.	753
385	조신(朝信)의 공신(共信) 매수 교섭이 의외 진보	《매일신보》	每日申報社	1933.12.6.	754
386	토지신탁 배당	《매일신보》	每日申報社	1933.12.6.	754
387	조신(朝信) 신탁 상황 1,500여만 주	《매일신보》	每日申報社	1933.12.13.	754
388	조선인 신탁사상이 보급, 대외무역도 급전 호세(好勢)	《매일신보》	每日申報社	1934.1.1.	755
389	토신(土信) 금전신탁 300만 원 돌파	《매일신보》	每日申報社	1934.1.7.	758
390	남선신탁 매수를 보류, 대차관계도 복잡	《매일신보》	每日申報社	1934.1.14.	758
391	평가의 대차로 토신(土信) 매수 부진, 금후 절충은 다난 예상	《매일신보》	每日申報社	1934.1.16.	759
392	조신(朝信)의 토신(土信) 매수, 근간 제1회 회견	《매일신보》	每日申報社	1934.1.21.	759
393	조선신탁회사 목포에 지점 신설, 다음 달 중순 무렵 개시	《매일신보》	每日申報社	1934.1.23.	760
394	토지신탁 부동산 문제, 조신(朝信)에서도 주저	《매일신보》	每日申報社	1934.1.24.	760
395	부동산신탁 조신(朝信)도 소극적	《매일신보》	每日申報社	1934.1.24.	761
396	토신(土信) 매수가격은 180만 원 정도, 금후 우여곡절을 난면(難免)	《매일신보》	每日申報社	1934.1.28.	761
397	토신(土信) 대표 조신(朝信) 방문, 합병 문제는 시일이 걸린다	《매일신보》	每日申報社	1934.1.31.	762
398	토신(土信)의 매수 교섭, 가격 문제로 정체, 토신 측 태도 자못 강경	《매일신보》	每日申報社	1934.2.1.	762
399	토신(土信)의 합동 문제 점차로 완화	《매일신보》	每日申報社	1934.2.4.	763
400	조신(朝信) 대 남신(南信) 매수 교섭, 근간 개시할 모양	《매일신보》	每日申報社	1934.2.18.	763
401	신탁합동 당분간 중지, 다니(谷) 조선신탁 사장 담	《매일신보》	每日申報社	1934.2.22.	764
402	양신(兩信) 합병 교섭 완전히 결렬	《매일신보》	每日申報社	1934.3.28.	764

자료번호	자료명	자료(책, 신문 등)	발행처	발행일	본문쪽수
403	조신(朝信) 금전신탁 급격 증가, 27일 현재 1,800만 원	《매일신보》	每日申報社	1934.3.30.	764
404	조신(朝信) 사옥 신축, 후보지 선정	《매일신보》	每日申報社	1934.3.30.	765
405	신탁협회 총회 개부(開否) 미결	《매일신보》	每日申報社	1934.3.31.	765
406	토지신탁 부동산 처분	《매일신보》	每日申報社	1934.3.31.	766
407	조신(朝信) 대 남선신탁 매수 문제 현실난(現實難), 쌍방 주장이 현격	《매일신보》	每日申報社	1934.4.3.	766
408	신탁협회 존속	《매일신보》	每日申報社	1934.4.3.	766
409	조신도 추수(追隨) 이하(利下), 동사는 목하 고려 중	《매일신보》	每日申報社	1934.4.10.	767
410	조신(朝信) 대출 이하 급속히 실현될 모양	《매일신보》	每日申報社	1934.4.13.	767
411	합동의 일책(一策)으로 토신(土信) 주식 매집, 이미 7,000매 이상을 매입, 조선신탁의 측면 공격	《매일신보》	每日申報社	1934.4.18.	768
412	조신(朝信) 금전신탁 날로 증가, 1,800만 원대	《매일신보》	每日申報社	1934.4.20.	768
413	저금리에 순응하여 조신(朝信)도 배당률 인하 실시, 대체로 3리 정도	《매일신보》	每日申報社	1934.4.21.	769
414	정례 중역회 사업계획 협의	《매일신보》	每日申報社	1934.4.21.	769
415	은행예금, 신탁 배당에 소득세 3푼 부과, 총독부로부터 각 은행에 통달, 5월 1일부터 실시	《매일신보》	每日申報社	1934.4.25.	769
416	토신(土信)의 부동산 전부 처분 예정	《매일신보》	每日申報社	1934.4.29.	770
417	보은(普銀) 측의 타격은 신탁 배당의 고율, 금조 예금 불과세는 별무영향(別無影響)	《매일신보》	每日申報社	1934.5.8.	770
418	조신(朝信) 금전 배당률 5리 이하(利下) 내정, 보은(普銀)의 이하 정세에 자극, 6월부터 실시할 터	《매일신보》	每日申報社	1934.5.12.	771
419	신탁협회 총회 하순에 개최	《매일신보》	每日申報社	1934.5.12.	771
420	4대 신탁과 금전신탁 배당 3리 인하 내정	《매일신보》	每日申報社	1934.5.12.	772
421	통제경제 고려할 문제, 동은(東銀)의 상무 입행은 별무타의(別無他意), 가토(加藤) 선은 총재 귀성담	《매일신보》	每日申報社	1934.5.22.	772
422	조신(朝信) 배당 이하(利下) 6월 1일 실시, 4리 내지 6리 인하	《매일신보》	每日申報社	1934.5.27.	773
423	토지신탁은 불개(不改) 의향, 현행 6푼 2리로	《매일신보》	每日申報社	1934.5.27.	774
424	토지신탁 수익자 배당 6푼 2리	《매일신보》	每日申報社	1934.5.29.	774
425	토신(土信) 부동산 매각 처분 호조	《매일신보》	每日申報社	1934.6.2.	775
426	조신(朝信) 배당 불변, 수익자 5푼 8리	《매일신보》	每日申報社	1934.6.2.	775

자료번호	자료명	자료(책, 신문 등)	발행처	발행일	본문쪽수
427	조신(朝信) 신탁재산 2,600만 원	《매일신보》	每日申報社	1934.6.2.	775
428	토지신탁 중역 재선 방침	《매일신보》	每日申報社	1934.6.3.	776
429	은행예금의 신탁 이동 점증, 은행 측의 추이 주시	《매일신보》	每日申報社	1934.6.15.	776
430	토지신탁 부동산 분양 내년까지 완료	《매일신보》	每日申報社	1934.6.17.	776
431	조신(朝信) 신탁재산 2,700여만 원	《매일신보》	每日申報社	1934.6.26.	777
432	조선신탁 정총(定總) 6푼(6%) 배당 거치	《매일신보》	每日申報社	1934.6.29.	777
433	조신(朝信)과 토신(土信)의 합동공작 재연, 토신의 토지 처분 진보와 함께 불원간 재개설 유력	《매일신보》	每日申報社	1934.7.1.	778
434	오직 후기(後期) 문제, 조신(朝信) 당국자 담	《매일신보》	每日申報社	1934.7.1.	778
435	조신(朝信) 대 토신(土信)의 합동공작 재개, 가토(加藤), 아루가(有賀) 양씨의 알선으로 오늘 양사 간부 회견	《매일신보》	每日申報社	1934.7.14.	779
436	토신(土信) 매수 알선자 협의, 아루가(有賀) 씨·가토(加藤) 씨 방문	《매일신보》	每日申報社	1934.7.15.	779
437	토신(土信) 매수 최후적 교섭, 오늘 중에 해결?	《매일신보》	每日申報社	1934.7.17.	780
438	신탁 매수 교섭 타협 성립 가능성, 조신(朝信) 은 19일 중역회 개최	《매일신보》	每日申報社	1934.7.19.	780
439	조신(朝信) 측 양보로 급속 해결? 중역회 결과를 낙관시	《매일신보》	每日申報社	1934.7.20.	781
440	대세에 순응할 것, 무리는 대불가, 아루가(有賀) 식은 두취 담	《매일신보》	每日申報社	1934.7.20.	782
441	신탁합동 공작 성부(成否)의 분기점, 양방 주장 아직도 현격	《매일신보》	每日申報社	1934.7.21.	782
442	매수 성부는 예측 불허, 아루가(有賀) 두취 담	《매일신보》	每日申報社	1934.7.21.	783
443	재고려를 구하거나 매수 교섭 거절? 주목되는 토신 중역회	《매일신보》	每日申報社	1934.7.21.	783
444	조신(朝信)의 토신(土信) 매수 합동공작 마침내 완성, 아루가(有賀) 식은 두취의 조정안으로, 합동 형식은 주식 매수	《매일신보》	每日申報社	1934.7.22.	784
445	조정안 제출과 승인까지의 경위	《매일신보》	每日申報社	1934.7.22.	785
446	신탁사업 통제 취지를 관철, 알선역 아루가(有賀) 두취 담	《매일신보》	每日申報社	1934.7.22.	786
447	국책에 순응하여 합동 실현은 흔희(欣喜), 두 사장 소감 담	《매일신보》	每日申報社	1934.7.22.	786
448	조선신탁 지점 설치, 평양, 대구가 유력	《매일신보》	每日申報社	1934.7.27.	786
449	토신(土信) 부동산 인계 형식, 조신(朝信) 태도 결정	《매일신보》	每日申報社	1934.7.29.	787
450	토지신탁 총회 8월 15일 해산	《매일신보》	每日申報社	1934.7.29.	787

자료 번호	자료명	자료(책, 신문 등)	발행처	발행일	본문 쪽수
451	신탁예금의 이자 토신(土信)분은 1푼 이하(利下)	《매일신보》	每日申報社	1934.7.29.	788
452	조신(朝信) 대 토신(土信) 매수 계약, 양자 날인 종료	《매일신보》	每日申報社	1934.7.29.	788
453	조신(朝信) 중역회의, 방계회사 문제 협의	《매일신보》	每日申報社	1934.7.31.	788
454	토지신탁 해산, 배당 1주 20여 원	《매일신보》	每日申報社	1934.7.31.	789
455	남신(南信) 매수 공작 기운이 점차 성숙	《매일신보》	每日申報社	1934.8.7.	789
456	토지신탁 인계 9월 15일	《매일신보》	每日申報社	1934.8.11.	789
457	조신(朝信) 방계회사 불입을 완료	《매일신보》	每日申報社	1934.8.28.	790
458	조선신탁 총회	《매일신보》	每日申報社	1934.8.31.	790
459	스에모리 씨 정식 취임 거절, 조신(朝信) 감사역 문제	《매일신보》	每日申報社	1934.9.4.	791
460	신 부동산회사 4, 5 양일 중 창립	《매일신보》	每日申報社	1934.9.4.	791
461	부동산회사 창립 완료, 전무제로 결정	《매일신보》	每日申報社	1934.9.5.	791
462	토신(土信) 사원 불안 상태, 아라이 사장이 위무(慰撫	《매일신보》	每日申報社	1934.9.5.	792
463	스에모리(末森) 씨 문제, 조선이 무효 통지	《매일신보》	每日申報社	1934.9.13.	792
464	토지신탁의 최후 중역회 위로금 배당 결정	《매일신보》	每日申報社	1934.9.14.	793
465	조신(朝信) 평양지점 지점장은 후지에(藤江) 씨	《매일신보》	每日申報社	1934.9.16.	793
466	토신(土信) 사원 배속	《매일신보》	每日申報社	1934.9.18.	793
467	토신(土信) 주주 배당 18일 지불	《매일신보》	每日申報社	1934.9.18.	794
468	조신(朝信) 예금 이자 4푼 7, 8리가 타당	《매일신보》	每日申報社	1934.9.19.	794
469	토신(土信) 임시총회	《매일신보》	每日申報社	1934.9.21.	794
470	조신(朝信) 평양지점 머지않아 개점	《매일신보》	每日申報社	1934.9.29.	795
471	조선신탁 재산 3,300만 원	《매일신보》	每日申報社	1934.10.6.	795
472	조신(朝信) 평양지점 6일부터 개업	《매일신보》	每日申報社	1934.10.6.	796
473	토신(土信) 최종 총회	《매일신보》	每日申報社	1934.10.7.	796
474	방자 물건 부속과 부동산의 금융전, 조선신탁의 활동으로 일층 격심, 금융기관 태도 주목	《매일신보》	每日申報社	1934.10.7.	796
475	조선신탁 장기금융에 진출, 당국은 엄정 감독	《매일신보》	每日申報社	1934.10.11.	797
476	부동산금융전으로 협정필요론 대두, 조선신탁을 제일 문제시한다, 실현은 도저히 곤란	《매일신보》	每日申報社	1934.10.12.	797
477	조선신탁 대부 독자 방침으로 진행, 신탁재산 이외는 협조	《매일신보》	每日申報社	1934.10.16.	797

자료번호	자료명	자료(책, 신문 등)	발행처	발행일	본문쪽수
478	남신(南信)과의 합동공작, 조신(朝信) 측 태도 신중, 다니(谷) 사장의 방침 주목	《매일신보》	每日申報社	1934.10.28.	798
479	남선신탁의 합동 공작, 양 사장이 회의 교섭	《매일신보》	每日申報社	1934.11.9.	799
480	남선신탁과 매수상 난점, 계승 부채가 문제	《매일신보》	每日申報社	1934.11.10.	799
481	신탁의 합동 공작, 급속적 진전 상태	《매일신보》	每日申報社	1934.11.11.	800
482	합동 신탁 전후 5사, 전선일사(全鮮一社) 결국 실현, 합동 종료에 당하여 재무국장 담	《매일신보》	每日申報社	1934.11.13.	800
483	신탁합동 최종 공작, 남신(南信) 매수 마침내 성공, 총 매수가격 30만 원, 전선일신탁 이상 실현	《매일신보》	每日申報社	1934.11.13.	803
484	대구에 지점 설치, 매수 총회 후 실현	《매일신보》	每日申報社	1934.11.13.	804
485	금후 활약에 기대, 알선역 가토(加藤) 총재 담	《매일신보》	每日申報社	1934.11.13.	804
486	전력 경주 다니(谷) 조신(朝信) 사장 담	《매일신보》	每日申報社	1934.11.13.	804
487	1천 년, 장기신탁 조선인 모씨, 조신에 신탁사상 초(初) 기록	《매일신보》	每日申報社	1936.2.20.	805
488	무진업	『朝鮮金融經濟研究叢書』第1輯	大東學會	1932	807
489	비(秘) 무진 관계사항 참고서	『무진관계사항 참고서』	朝鮮金融制度調査會	1930.12.	817

참고문헌

정병욱, 『한국근대금융연구』, 역사비평사, 2004.

조명근, 『일제하 조선은행 연구 - 중앙은행 제도의 식민지적 변용 - 』, 아연출판부, 2019.

______, 「1930년대 중후반 식민지 조선 금융기구 개편론의 전개와 함의」, 『한국사연구』 190, 2020.

高杉東峰 編著, 『朝鮮金融機關發達史』, 實業タイムス社, 1930.

北岡伸一, 『日本陸軍と大陸政策, 1906 - 1918年』, 東京大學出版會, 1978.

山本四郎, 『寺內正毅關係文書 首相以前』, 京都女子大學, 1984.

『昭和財政史資料』 6 - 32.

『昭和財政史資料』 6 - 36.

朝鮮金融制度調査會, 「普通銀行改善に關する方策」, 1928.

朝鮮金融制度調査會, 「'銀行鈴'改訂に關する調査」, 1928.

朝鮮金融制度調査會, 「信託關係法規制定調査に關する要項」, 1931.

朝鮮殖産銀行, 『朝鮮殖産銀行十年誌』, 1920.

朝鮮殖産銀行, 『躍進半島と朝鮮殖産銀行』, 1940.

朝鮮銀行, 『朝鮮銀行二十五年史』, 1934.

朝鮮銀行史研究會 編, 『朝鮮銀行史』, 東洋經濟新報社, 1987.

朝鮮總督府, 『朝鮮總督府官報』.

朝鮮總督府財務局, 『朝鮮金融事項參考書』, 1939.

朝鮮總督府財務局, 『朝鮮金融年報』, 1943.

韓翼敎 編, 『韓相龍君を語る』, 青雲出版社, 1941.

한국사데이터베이스(db. history.go.kr)

| 찾아보기

ㄴ

ㄷ

ㄹ

ㅁ

ㅂ

ㅅ

ㅇ

ㅈ

ㅊ

ㅋ

ㅌ

동북아역사재단 일제침탈사 자료총서 41
경제편

재정·금융정책(2)
—일제강점기 특수은행과 각종 금융기관의 동향

초판 1쇄 발행 2023년 12월 20일

기획 | 동북아역사재단 일제침탈사 편찬위원회
편역 | 김명수 · 조명근
펴낸이 | 이영호
펴낸곳 | 동북아역사재단

등록 | 제312-2004-050호(2004년 10월 18일)
주소 | 서울시 서대문구 통일로 81 NH농협생명빌딩
전화 | 02-2012-6065
홈페이지 | www. nahf. or. kr
제작 · 인쇄 | (주)동국문화

ISBN 979-11-7161-043-3 94910
978-89-6187-783-1 (세트)